SYSTÈME NATIONAL

D'ÉCONOMIE POLITIQUE

SYSTÈME NATIONAL

D'ÉCONOMIE POLITIQUE

PAR

FRÉDÉRIC LIST,

Traduit de l'allemand

PAR HENRI RICHELOT,

CHEF DE BUREAU AU MINISTÈRE DU COMMERCE,

AVEC DEUX PRÉFACES,

UNE NOTICE BIOGRAPHIQUE ET DES NOTES

PAR LE TRADUCTEUR.

Et la patrie et l'humanité !

SECONDE ÉDITION

REVUE, CORRIGÉE ET MISE AU COURANT DES FAITS ÉCONOMIQUES.

PARIS,

CAPELLE, LIBRAIRE-ÉDITEUR,

Rue Soufflot, 18, près le Panthéon.

—

1857.

AVIS DE L'ÉDITEUR.

TABLE DES MATIÈRES.

LIVRE TROISIÈME. — LES SYSTÈMES.

LIVRE QUATRIÈME. — LA POLITIQUE.

NOUVELLE PRÉFACE DU TRADUCTEUR

(POUR LA SECONDE ÉDITION.)

Lorsque, il y a quelques années, j'ai publié pour la première fois la traduction du *Système national*, une préface de quelque étendue était nécessaire pour préparer mes compatriotes à la lecture d'un ouvrage étranger. Aujourd'hui que cet ouvrage a déjà acquis droit de bourgeoisie parmi nous, la seconde édition semble n'avoir pas besoin d'un introducteur. Je me bornerai donc ici à quelques courtes observations.

Les circonstances dans lesquelles paraît cette seconde édition sont bien différentes de celles dans lesquelles a paru la première. En 1851, la question du commerce international ne présentait guère, dans ce pays-ci, qu'un intérêt théorique ; d'autres questions, beaucoup plus graves, l'avaient refoulée sur l'arrière-plan. Aujourd'hui elle a repris toute son importance ; en présence de l'éventualité de changements considérables dans la législation des douanes, elle préoccupe un grand nombre d'esprits.

Un tel moment n'est peut-être pas inopportun pour une nouvelle édition de l'ouvrage le plus remarquable

1*

de notre siècle sur cette grande question du commerce international.

Le *Système national d'économie politique* est, dans son ensemble, la théorie de la vraie liberté du commerce en même temps que celle de la protection utile.

La protection y est sans doute plus accusée que la liberté. Lorsque, de l'autre côté du détroit, le libre échange allait se produire avec le double prestige du talent et du succès, il convenait qu'une protestation énergique contre son exagération révolutionnaire éclatât sur le continent. Mais, en dernière analyse, le *Système national* n'a rien d'exclusif ; c'est une doctrine de conciliation, qui fait la part de l'un et de l'autre principe, qui condamne seulement la domination absolue d'un principe unique.

Le *Système national* a fait de la théorie d'Adam Smith, théorie qui n'est autre chose que la négation de la protection douanière, une réfutation péremptoire et définitive. Il établit sur des bases rationnelles le système protecteur, que la force des choses et le bon sens public avaient soutenu, mais auquel avait manqué jusque-là une suffisante élaboration scientifique. Il en restreint, d'ailleurs, plutôt qu'il n'en élargit le domaine ; et loin de le perpétuer, il assigne un terme à son existence, en promettant son héritage à la liberté.

Il n'enseigne point une doctrine illibérale et rétrograde. Il fournit des arguments à de sages réformes tout aussi bien qu'aux résistances que doivent provoquer d'imprudentes innovations. Tous les grands faits de la réforme commerciale de l'Angleterre ont été annoncés et justifiés d'avance dans le *Système national* ; et ce sont ses principes qui ont présidé à celle de l'Autriche. Ceux qui liront ce livre avec fruit ne cesseront d'avoir devant les yeux la liberté comme un grand but ; seulement ils ne partageront pas l'engouement impatient et aveugle de certains partisans de la liberté, et, l'esprit libre de préjugés, ils n'emprunteront leur opinion sur la politique commerciale de leur pays qu'à l'étude attentive de ses besoins et de ses intérêts.

Le *Système national* a, depuis sa publication, acquis une nouvelle autorité par la justesse des prévisions qu'il contient. Non-seulement, comme nous le disions tout à l'heure, les principales mesures de la réforme commerciale anglaise s'y trouvent annoncées, mais les résultats considérables de ces mesures y sont aussi prédits clairement. Sur beaucoup d'autres faits abondent des pressentiments, dont la réalisation atteste l'exactitude de la doctrine autant que la sagacité de l'auteur.

On se ferait, du reste, de cet ouvrage une idée imparfaite, si l'on n'y voyait qu'une monographie, une large monographie d'un vaste sujet. Les titres de Frédéric List, comme économiste, ne consistent pas uniquement à avoir détruit les fondements de la liberté illimitée du commerce. Il a touché plus ou moins à diverses parties de la science, laissant partout sa forte empreinte. A l'occasion de la question du commerce international, d'autres questions se sont offertes à son esprit, et il les a traitées avec force et originalité. Quelques libre-échangistes, obligés de reconnaître, dans le domaine de la pratique, les rares services de cet homme actif et dévoué, ont contesté son mérite sur le terrain de la théorie. Il importe donc de signaler ici brièvement ses titres scientifiques, indépendamment de la vérité de sa doctrine commerciale.

List a mis en relief l'idée de nationalité, qui avait été, non pas seulement négligée, mais écartée par ses prédécesseurs, accoutumés à spéculer sur un genre humain idéal, et non sur le genre humain tel qu'il existe avec les nations inégalement avancées qui le composent. Un progrès notable a été ainsi acquis à la science positive de l'économie politique.

List a fait ressortir l'étroite connexité qui rattache les phénomènes économiques aux phénomènes politiques, et, par suite, rapproché, sans les confondre, deux sciences entre lesquelles un excès d'abstraction avait placé un abîme.

List, en justifiant la protection douanière comme assurant à la nation qui s'en sert avec discernement un accroissement permanent de ses forces productives au prix d'un sacrifice temporaire de valeurs échangeables, a démontré que la véritable richesse des nations consiste moins dans la masse de ces valeurs échangeables que dans le degré de développement des forces productives, et en particulier des forces morales.

List, reprenant le grand principe de la division du travail, ou, comme il le définit plus exactement, de l'association dans le travail, l'a étendu de la sphère étroite d'une fabrique à l'ensemble des industries d'une nation, et a retracé d'une manière saisissante la solidarité qui unit les unes aux autres, sur un même territoire, les occupations les plus diverses, ainsi que l'équilibre qui doit exister entre elles pour créer la prospérité nationale.

List a appliqué le même principe aux travaux de tout l'univers tels qu'ils se sont organisés depuis la découverte du nouveau monde et surtout depuis son affranchissement. Il a constaté la vocation manufacturière des nations des zones tempérées, la mission agricole de celles de la zone torride, et montré la division fondamentale du commerce universel dans l'échange des objets manufacturés des premières contre les denrées coloniales des secondes.

Sans nier ce qu'il y a de respectable, et de fécond dans l'épargne, List a prouvé qu'on avait exagéré le rôle économique de cette vertu, qu'elle était, dans certains cas, impuissante, et que des progrès de la civilisation, auxquels elle était complétement étrangère, exerçaient souvent une influence décisive sur la formation et sur l'accroissement des capitaux. L'immense augmentation de la richesse publique occasionnée par les inventions modernes et en particulier par les chemins de fer, a rendu palpable aujourd'hui cette vérité longtemps inaperçue des savants.

Une autre vérité, encore trop méconnue, brille aujourd'hui, grâce à List, de la lumière la plus vive. Il n'y a pas d'erreur plus grossière et en même temps plus répandue que la prétendue opposition d'intérêts entre l'agriculture et l'industrie manufacturière. Combien, épris, d'ailleurs avec raison, de l'agriculture, la première des industries, considèrent comme acquise à son détriment la prospérité des manufactures, lorsque, en réalité, cette prospérité est la sienne, lorsque, dans des manufactures florissantes, l'agriculture trouve ses débouchés, les capitaux qui la vivifient, les procédés savants qui la fécondent ! List s'est approprié la vraie doctrine à cet égard par la richesse de ses développements.

Je ne parlerai pas ici d'aperçus ingénieux, hardis, semés à profusion dans le *Système national.* Mais, en

terminant cet exposé des titres de List, je dois insister sur
le plus important de tous, sur celui qu'on jugera tel du
moins, si l'on est d'avis que, dans la science, une bonne
méthode a plus de prix encore qu'une découverte.

D'autres économistes avaient possédé des connaissances historiques étendues, leurs écrits en font foi ;
mais, dans l'étude de l'économie politique, le sens historique leur avait manqué ; ils étaient généralement restés
dans l'absolu. List s'est livré à de laborieuses investigations sur le passé, et l'histoire du commerce lui doit d'excellentes et larges esquisses; son mérite éminent n'est pas,
toutefois, celui de l'historien. En faisant justice des systèmes ambitieux qui prétendent à régir, par une formule,
tous les lieux et tous les temps, en enseignant que la
plupart des vérités économiques sont relatives et non absolues, en s'autorisant de l'histoire, il a posé avec éclat
une méthode historique, qui paraît avoir un grand
avenir. On peut en juger par les travaux remarquables
qu'elle a déjà inspirés outre-Rhin, en particulier par ceux
de M. Wilhelm Roscher, qui lui-même est un maître, et
que la science allemande peut citer avec orgueil à côté
des de Hermann et des Rau.

On voit donc que, indépendamment de la controverse
entre la protection douanière et le libre échange, le *Système national* présente un intérêt scientifique d'un ordre
élevé.

Voilà ce que j'avais à dire sur l'original ; qu'il me soit
permis d'ajouter deux mots sur la traduction française.

La première édition a provoqué, en son temps, contre
le traducteur la polémique, aussi vive qu'inattendue, d'un
économiste, enlevé depuis à la science, qu'un mot piquant

de l'auteur avait blessé (1). Il m'a été facile de me défendre
contre des attaques auxquelles leur évidente injustice retirait toute autorité ; ni les hommes sérieux ni les rieurs
ne me paraissent avoir été du côté de mon adversaire.
Ce n'était pas de misérables chicanes, c'était un examen
raisonné des doctrines, qu'on devait attendre, en France,
de ceux qui ne partageaient pas les idées de List.

Sortie victorieuse de cette épreuve, notre traduction a
obtenu un autre succès, dont elle est redevable à l'uni-
versalité de la langue française ; elle a suggéré à l'un
des hommes les plus instruits et les plus recommandables de Philadelphie, M. S. Colwell, l'idée d'une traduction anglaise. Cette œuvre a été exécutée avec talent
par un habitant de la même ville, Suisse d'origine,
M. G. A. Matile, qui a bien voulu traduire en outre
une grande partie de mes notes. M. Colwell a enrichi la
publication américaine de ses propres notes et d'une introduction savante. Voici en quels termes il apprécie le
livre étranger qu'il met sous les yeux de ses compatriotes : « Le livre de List, bien qu'imparfait à certains
égards, est le plus original et le plus précieux que l'Allemagne ait produit en ce genre, et il est, sous beaucoup
de rapports, supérieur à tous ceux qui l'ont précédé. »

Une seconde édition exigeait une révision attentive. Je
me suis appliqué à améliorer tant la traduction que les
notes. Les observations de M. Colwell et les écrits de
quelques économistes allemands, qui ont marché sur les
traces de List, m'offraient, pour les notes, des éléments
nouveaux ; je ne les ai pas négligés.

(1) Voir ci-après, p. 62.

Publié en 1841 au delà du Rhin, le *Système national* porte sa date, ainsi que le cachet du pays auquel il a été spécialement destiné. Il n'est point exempt d'imperfections; on peut lui reprocher parfois des redites, des exagérations, des erreurs. Mais, par l'originalité et la fécondité des vues, par la sagesse des doctrines, par la vigueur de la dialectique, par l'animation et la clarté du style, il vit toujours, il vivra longtemps ; et je le présente avec confiance à la France de 1857, comme je l'ai fait à celle de 1851.

Septembre 1857.

HENRI RICHELOT.

PRÉFACE DU TRADUCTEUR

(Première édition).

Frédéric List avait l'intention de traduire lui-même en français son livre du *Système national* ; pourquoi une mort cruelle a-t-elle brisé trop tôt sa plume ? Nul, mieux que lui, n'eût rendu, dans une langue qui lui était familière, les idées qu'il avait produites avec tant d'éclat dans l'idiome de son pays.

A défaut d'une main habile, glacée depuis quatre ans, je me suis chargé de cette tâche ingrate de traducteur. Le premier, en France, j'ai eu occasion de parler de List et du rôle considérable qu'il a été appelé à remplir outre Rhin ; l'esquisse imparfaite que j'ai tracée de sa doctrine dans un livre où elle ne pouvait composer qu'un épisode (1), m'oblige, pour ainsi dire, à faire connaître cette doctrine en son entier et telle que l'a exposée son auteur ; heureux si j'ai réussi, je ne dirai pas à reproduire fidèlement le sens d'un texte facile, mais à ne pas trop énerver la vigueur originale de l'expression !

A une époque où l'on a vu tant de nouveautés vaines, lueurs menteuses, lueurs éphémères, s'éteindre les unes après les autres dans le mépris et dans la dérision, le premier mouvement des esprits les meilleurs pourra être un sentiment de défiance vis-à-vis du *Système national*. D'économies politiques nouvelles, diront quelques-uns, n'en avons-nous pas

(1) *L'Association douanière allemande.*

1

déjà trop comme cela ? Hâtons-nous de le dire pour les rassurer, le *Système national* n'est point et n'a nulle prétention d'être une panacée sociale ni même une science nouvelle. List n'a traité qu'une seule question, une question vaste et controversée. Il est vrai qu'une intelligence vigoureuse telle que la sienne ne peut aborder une partie de la science sans l'élargir et sans toucher à tout le reste. A la vivacité de ses attaques contre l'auteur de la *Richesse des nations*, à cette dénomination, l'*école*, par laquelle il désigne les disciples d'Adam Smith, comme on qualifiait autrefois les philosophes qui suivaient aveuglément la bannière d'Aristote, on dirait un nouveau Descartes qui renverse une autre scolastique. Mais ne vous arrêtez pas à ces détails, plus d'une fois regrettables. Au fond List accepte une grande partie de l'héritage d'Adam Smith et de J.-B. Say ; mais il étend, il limite, il rectifie, sur certains points, les idées de ses prédécesseurs. Il ne démolit pas, pour le refaire, un édifice aux proportions déjà savantes ; il reconstruit seulement une aile imparfaite en s'attachant à la coordonner avec le reste du bâtiment. Que les économistes, s'il en existe de pareils, pour qui la science est close, pour qui tous les arrêts du maître sont définitifs et infaillibles, excommunient List comme un hérétique. Ceux qui ont à cœur les progrès de l'économie politique ne trouveront pas mauvais qu'il ait essayé d'en reculer les bornes, ni qu'il ait usé vis-à-vis de Smith de la même liberté dont les disciples les plus illustres de cet homme éminent ont plus ou moins largement usé eux-mêmes.

Le *Système national* est, à mon avis, l'ouvrage le plus remarquable qu'on ait publié sur la théorie du commerce international (1), depuis les chapitres de la *Richesse des nations* qui traitent de cette matière. Conçu sous l'impression de graves événements contemporains, et complété à l'aide des

---

(1) Pour éviter des malentendus dans la lecture du *Système national*, on croit devoir avertir que, sous la plume de List, l'*économie politique* signifie, le plus souvent, la partie de cette science qui traite du commerce international.

données de l'histoire, il a obtenu de nos jours d'éclatantes confirmations. Les dernières réformes commerciales de l'Angleterre, par la manière dont elles se sont accomplies, et plusieurs faits importants ont vérifié l'exactitude de ses principes et la justesse de ses prévisions. Le *Système national* se recommande encore éminemment par l'influence qu'il a exercée et qu'il exerce encore sur tout un grand peuple ; dans le domaine qui lui est propre, il a opéré en Allemagne une véritable révolution économique ; on y retrouve partout sa forte empreinte, dans la polémique des journaux, dans les délibérations des assemblées politiques, dans les écrits même de ses adversaires.

A Dieu ne plaise qu'en le plaçant sous les yeux des lecteurs français, je veuille mettre obstacle à de sages réformes dans notre législation de douane ! Personne, au contraire, ne' les désire plus vivement que moi.

Sur le terrain de la pratique, en partant des points de vue théoriques les plus opposés, de bons esprits peuvent se rencontrer quelquefois. L'homme le plus pénétré de l'excellence de la liberté commerciale illimitée, s'il est docile aux leçons de ses maîtres et s'il est prudent, ne se montrera ni radical ni impatient dans l'application ; il ne sera pas rare de le voir s'entendre avec celui qui reconnaît les avantages de la protection douanière, mais qui ne l'admet qu'en vue de l'intérêt général, qui ne la soutient et ne la respecte qu'autant que l'intérêt général en exige le maintien. Même sur le terrain de la pratique, toutefois, une théorie incomplète, exclusive, est presque toujours dangereuse ; elle entraîne et elle égare le plus souvent ceux qu'elle a séduits. Le moyen de se contenir en présence de tarifs et de règlements, qu'on envisage avec dégoût comme autant d'abominations arrachées ou surprises par les intrigues de la cupidité privée à la faiblesse ou à l'ignorance des gouvernements ! Dans l'élan d'une indignation vertueuse et patriotique, contre de pareils scandales, le moyen de n'être pas pressé de faire table rase ! S'il en est qui ne veulent faire entrer que peu à peu les nations dans le bain salu-

taire du libre échange, d'autres, assure-t-on, préféreraient les
y plonger tout d'un coup. On voit combien il importe qu'une
juste appréciation des choses ou qu'une bonne théorie préside
à l'accomplissement des réformes que le temps réclamera.

Abstraction faite de cet intérêt réel et sérieux du présent,
il importe aussi de donner satisfaction à un besoin d'un autre
ordre, à un besoin scientifique qui est de tous les temps
comme de tous les lieux. La théorie du commerce international est l'objet de contestations sans cesse renaissantes ; il
serait utile de lui trouver une formule exacte, rigoureuse,
qui terminât un long et fastidieux procès. Telle a été la prétention de List ; cette solution positive et véritablement scientifique, il a cru la donner dans le *Système national* ; il a cru
mettre fin, en cette matière, à un divorce trop prolongé entre
la théorie et la pratique.

Ce serait, sans doute, se flatter de chimériques espérances,
que de rêver la clôture des débats que soulève, dans la pratique, la question du commerce international. Tant qu'il existera
des tarifs de douane, et ils ne semblent pas à la veille de disparaître, la lutte entre les intérêts opposés continuera ; les
hommes d'État eux-mêmes, qui ne voient ou ne doivent voir
que l'intérêt du pays, inclineront plus ou moins de l'un ou
de l'autre côté, suivant la justesse de leur coup d'œil ou la
résolution de leur caractère ; il en sera ainsi sous le règne de
n'importe quelle théorie. Mais, si l'unanimité des opinions
dans les conseils politiques est invraisemblable, elle est possible dans les académies. La loi de la division du travail a été
établie avec une clarté irrésistible, et ce n'est pas, il s'en faut
de beaucoup, le seul point de l'économie politique qui ait été
mis hors de contestation ; pourquoi la théorie du commerce
international ne pourrait-elle pas acquérir le même degré
d'évidence ?

Bien qu'il s'agisse de l'application des principes beaucoup
plus que des principes eux-mêmes, je regrette de me voir ici
en dissentiment avec des hommes illustres dont je partage les
doctrines sur tant d'autres points ; mais, il y a longtemps

qu'on l'a dit, la vérité doit être préférée, même à Platon. Ceux qui ont répudié les erreurs de Platon, ne lui ont rien ôté de sa gloire. De même on peut, avec Robert Peel, considérer Adam Smith comme le Newton de l'économie politique ; on peut s'incliner avec respect devant les savants habiles qui sont venus après lui, et ne pas admettre néanmoins que, dans une question donnée, la science ait dit, par leur bouche, son dernier mot. Un économiste éminent de l'autre côté du détroit écrivait naguère que la *Richesse des nations* est défectueuse dans beaucoup de ses parties, et que dans toutes elle est incomplète (1).

Peut-être, du reste, est-il dans l'intérêt de la science elle-

(1) Je veux parler de M. J. Stuart Mill, auteur d'un traité d'économie politique, qui est un excellent résumé des progrès que la science a accomplis en Angleterre depuis Adam Smith, et où en particulier diverses questions qui se rattachent au commerce international sont habilement traitées. Une citation de cet ouvrage relative à la protection douanière trouvera ici naturellement sa place. Après avoir condamné la protection en tant que moyen de retenir le numéraire ou de procurer du travail aux nationaux, et indiqué dans quelle mesure la défense et l'indépendance du pays l'admettent, M. Stuart Mill ajoute ces lignes, d'autant plus dignes de remarque, qu'elles ont été écrites au milieu des succès du *Free trade*.

« Les droits protecteurs ne sauraient se justifier par de pures considérations d'économie politique que dans un seul cas, celui où on les établit à titre temporaire, particulièrement chez une nation jeune et grandissante, dans l'espérance d'y acclimater une industrie étrangère appropriée au pays. La supériorité d'un pays sur un autre dans une branche de travail tient souvent à ce qu'il s'y est adonné plus tôt; il peut ne posséder aucun avantage qui lui soit propre, mais seulement de l'habileté acquise et de l'expérience. Un pays qui a cette habileté et cette expérience à acquérir peut, sous d'autres rapports, offrir de meilleures conditions pour une industrie que ceux qui l'ont devancé dans l'arène. Or, on ne doit pas espérer que des individus, à leurs risques et périls, ou plutôt à leur préjudice certain, introduisent une fabrication nouvelle, et supportent la charge de son entretien jusqu'à ce que les producteurs nationaux aient achevé leur éducation et atteint des rivaux exercés de longue main. *Afin de faire face aux frais d'une telle expérience, un droit protecteur, continué pendant un temps raisonnable, est quelquefois pour une nation le mode de s'imposer qui présente le moins d'inconvénients.* Mais la protection doit être restreinte aux cas où l'on a de bonnes raisons de croire que l'industrie soutenue sera, au bout d'un certain délai, capable de s'en passer; et l'on ne doit pas laisser espérer aux producteurs nationaux qu'elle leur sera continuée au delà du temps strictement nécessaire pour l'épreuve de leurs forces. »

même de s'appliquer à séparer sa cause de celle d'opinions absolues que repousse le sentiment général. L'économie politique a rencontré dans ces derniers temps des adversaires de plus d'un genre ; elle ne peut qu'être honorée dès attaques de ceux qu'elle a convaincus d'extravagance ; mais il est pénible de la trouver méconnue par des hommes de sens rassis et de bon sens. Qu'est-ce donc qui lui fait ce tort auprès d'esprits éclairés ? Qu'est-ce qui a affaibli son autorité ? C'est, disons-le franchement, de la part de quelques-uns de ses interprètes, d'ailleurs consciencieux et recommandables, une visible exagération du principe de liberté, particulièrement en matière de commerce international. La campagne du libre échange a nui peut-être aux intérêts de la réforme commerciale ; elle a servi plus mal encore ceux de la science. Il est peu rationnel de s'en prendre à celle-ci des fautes, si fautes il y a, commises par ses organes ; car, d'abord, la science, qui n'a d'autre mission que d'établir des principes et d'en déduire des conséquences générales, n'est point responsable des applications que l'on en fait à telle situation particulière, et la vérité de ses enseignements n'est point atteinte par le seul fait d'une entreprise imprudente tentée en son nom. En second lieu, si, dans une question spéciale, elle ne répand encore qu'une clarté incertaine, il ne faut pas fermer les yeux à la brillante lumière qu'elle jette sur cent autres. Quoi qu'il en soit, beaucoup de personnes n'ont vu dans l'économie politique qu'une théorie de la liberté individuelle sans règle et sans mesure, et dans le libre échange qu'une variété de ces mêmes utopies du jour contre lesquelles les économistes ont rompu tant de lances. Or, pour détruire des préventions mal fondées, pour relever la science d'un discrédit fâcheux, est-il indifférent de propager une doctrine qui comprend et qui justifie la protection douanière tout aussi bien que la liberté commerciale ?

L'économie politique a mis en évidence la fécondité du principe de liberté, appliqué aux échanges internationaux tout comme à ceux qui s'effectuent dans l'intérieur d'un même État ; elle a renversé de fond en comble l'édifice compliqué, mais fragile, de la *Balance du commerce* ; elle a prouvé l'absurdité, non-seulement des restrictions qui avaient pour but d'attirer dans le pays de grandes masses de métaux précieux, mais encore de celles qui étaient dictées par les sentiments d'animosité d'une nation contre une autre ; loin d'accueillir la maxime impie, que le mal de l'un fait le bien de l'autre, elle a prouvé la solidarité de tous dans la perte et dans le gain, dans la ruine et dans la prospérité. Ce sont là, certes, de grands titres à l'estime et à la reconnaissance générales. L'économie politique a fait plus ; elle a fait ressortir les inconvénients qui, dans plus d'un cas, s'attachent aux encouragements donnés au travail du pays par le moyen de la législation de douane. Mais son tort, ou du moins le tort de ses fondateurs, est d'avoir ignoré les avantages de ces sortes d'encouragements, et d'avoir fulminé contre toute protection douanière un solennel anathème. Si forte et si décisive contre les restrictions commerciales, envisagées comme moyens d'une théorie puérile ou de haines nationales aveugles, leur argumentation est faible contre la protection douanière, employée comme instrument de progrès industriel ; et jusqu'ici elle n'a eu, on doit le dire, que peu d'autorité.

Nul d'entre eux n'a écrit à la louange de la liberté commerciale en termes plus éloquents que List ; et ce n'est pas de sa part un hommage hypocrite, un baiser de Judas. Qui a plus travaillé pour la liberté commerciale, qui a abaissé plus de barrières que le père du Zollverein, que le promoteur du réseau des chemins de fer allemands ? List, qui a suivi attentivement les progrès successifs de la liberté dans l'histoire de la civilisation, lui prévoit de nouvelles conquêtes dans l'avenir ; mais il ne lui donne pas, pour cela, dans l'ardeur d'un zèle fanatique, l'empire absolu du présent ; la liberté illimitée est pour lui un idéal vers lequel il faut tendre, mais qui ne peut pas être immédiatement atteint. Il a remarqué que ses prédécesseurs, en traitant la question du commerce international, n'ont pas suffisamment tenu compte d'un grand fait, la nationalité avec ses intérêts et ses besoins, l'existence de nations distinctes et développées inégalement ; et, par une analyse dont les esprits impartiaux peuvent aisément vérifier les résultats, il a constaté que, sans préoccupation de doctrine, par le seul instinct de leur conservation, ou dans une pensée d'avancement, la plupart des nations modernes ont été amenées à limiter la liberté de leur commerce extérieur, et que ces restrictions, suivant les conditions dans lesquelles elles avaient été établies, ont été tantôt avantageuses, tantôt stériles et funestes. Toute restriction, sans doute, par l'enchérissement des articles qui en sont l'objet, produit un mal immédiat, qui consiste dans une perte de valeurs ; mais ce sacrifice temporaire peut être, comme il l'a été dans plus d'un cas, largement compensé par un accroissement durable de la puissance productive ; or la puissance productive, ce point est capital dans la doctrine de List, est quelque chose de plus précieux que les valeurs qu'elle crée et qu'elle multiplie. Usez de la protection douanière, dit l'auteur du *Système national*, mais avec ménagement et intelligence ; réservez-la pour les industries considérables dont la possession importe à la prospérité et à l'indépendance du pays ; elle ne sera féconde que sur un espace assez vaste pour permettre un large développement de la division du travail national, et que dans de bonnes conditions, non-seulement géographiques, mais politiques et morales ; elle n'est bonne qu'autant qu'elle sert à l'éducation industrielle de la nation, et, cette mission une fois remplie, elle doit faire place à la liberté. La protection n'est qu'un moyen, c'est la liberté qui est le but.

La doctrine de List comporte des réserves, ainsi qu'on le verra dans les notes qui accompagnent la présente traduction (1) ; le livre où elle est exposée a les défauts comme les

---

(1) Ces notes du traducteur, qui consistent dans des rectifications et dans des éclaircissements sur des points de doctrine et de fait, sont signées de ses initiales, et elles seront ainsi facilement distinguées de celles de l'auteur lui-même.

qualités de l'œuvre d'un homme qui a vécu dans des luttes constantes, et qui, bien que très-instruit, a été formé par la vie plus que par les livres ; mais, sans être irréprochable, elle me paraît satisfaisante dans son ensemble. Permis à ceux qui soutiennent que la liberté illimitée est toujours excellente de même que deux et deux font toujours quatre, que la liberté illimitée suffit à tout, de n'y voir qu'un grossier empirisme. En appréciant convenablement la diversité et la mobilité des situations, en traçant les conditions générales dans lesquelles la liberté des échanges extérieurs peut être utilement restreinte, et celles dans lesquelles il convient de lui laisser ou de lui rendre tout son essor, List n'a pas procédé autrement qu'on ne procède dans les sciences sociales et qu'on n'a l'habitude de le faire notamment en économie politique.

/On conçoit que les économistes qui, avec Adam Smith, n'attribuent à peu près au gouvernement d'autres fonctions que celles d'un commissaire de police, et qui lui dénient toute compétence dans les matières de commerce et d'industrie, lui interdisent absolument de toucher à la liberté commerciale./Ce système de la liberté individuelle absolue ressemble beaucoup à celui du destin rigide qui règle tout, à cette doctrine qui, chez les Musulmans, *fait du magistrat*, comme parle Montesquieu, *un spectateur tranquille*, et elle produirait des effets tout aussi tristes. C'est une opinion entièrement dénuée de preuves, une simple vue de l'esprit ; ceux qui la partagent en sont réduits à torturer l'histoire, à contester les services les mieux reconnus par la conscience publique, à rabaisser les hommes d'Etat qui ont le mieux mérité de leur pays. Provoquée au siècle dernier par le spectacle des abus de la réglementation, elle a été réveillée de nos jours par la propagation de ces théories d'oppression et de mort qui absorbent l'individu dans l'État, et dont on peut la considérer comme l'inévitable réaction ; mais tout le talent et tout l'esprit du monde ne sauraient faire vivre un paradoxe. Si c'était une vérité, l'économie politique serait la plus vaine des scien-

ces, et elle mériterait, certes, plus que la médecine, la rail-
lerie de Méphistophélès ; « Étudiez dans tous leurs détails le
grand et le petit monde, pour les laisser à la fin aller comme
il plaît à Dieu. » Le génie du législateur, à ce point de vue,
consisterait uniquement à abroger tous les règlements qui
existent concernant le commerce et l'industrie. Or, tel ne
paraît pas être l'avis des gouvernements les plus éclairés ;
celui de l'Angleterre, par exemple, cité tant de fois pour modèle, obéit à tout autres maximes ; si d'une main il défait des
règlements surannés, de l'autre il en établit de nouveaux ; le
même jour où il abroge la législation des céréales, il encourage le *drainage* par des prêts énormes à l'agriculture ; à
peine a-t-il aboli les lois de navigation, qu'il soumet la marine marchande à des règles sévères et presque minutieuses ;
pour le développement des grands intérêts économiques du
pays, il ne se confie pas à la liberté pure et simple, il juge
toujours nécessaire d'intervenir ; seulement il change de
moyens selon les temps.

Ce n'est pas la science économique, c'est la science politique proprement dite qui définit les attributions et les devoirs
des gouvernements ; et celle-ci ne les a jamais réduits au rôle
de commissaires de police. Elle ne les charge pas seulement
de procurer aux individus le bien inappréciable de la sécurité,
elle leur confie de plus la surveillance et la haute direction de
tous les intérêts collectifs, moraux, aussi bien que matériels.
La science économique déclare ensuite, sur les données qu'elle
a recueillies et étudiées, de quelle manière le gouvernement
doit remplir ses devoirs vis-à-vis de l'industrie, dans quel cas
il doit agir et dans quel cas s'abstenir, suivant les temps et
suivant les lieux.

Les économistes, et c'est le plus grand nombre, qui se font
une idée juste des fonctions du gouvernement, et pour qui la
liberté individuelle n'est pas une recette unique, pas plus
qu'en médecine la saignée du docteur Sangrado, ne me semblent pas fondés à réprouver la protection douanière autant
que la petite église qui décline la compétence du gouverne-

ment en matière de travail. Eux qui approuvent d'autres encouragements plus ou moins efficaces employés par les pouvoirs publics, pourquoi déploient-ils tant de sévérité contre celui-là, contre un moyen qu'une si longue et si générale expérience a, en quelque sorte, consacré ? Ont-ils suivi, en le condamnant, la vraie méthode de la science ? Le philosophe illustre de l'antiquité qui, dans sa *Poétique*, a tracé les règles du goût, les avait puisées dans les œuvres des grands poètes ; les économistes qui ont essayé de formuler la théorie du commerce international, devaient-ils dédaigner, comme ils l'ont fait, les exemples des grands administrateurs et des grands hommes d'État ? C'est, le flambeau de l'histoire à la main, que Malthus a découvert, ou tout au moins a prouvé les lois de la population. Si l'on veut se bien édifier sur celles du commerce international, au lieu de railler légèrement tous les tarifs et tous les règlements protecteurs, ces expressions de la civilisation industrielle des peuples, il faudrait, avec le même soin et avec le même calme d'esprit que les physiciens et les chimistes en présence des phénomènes de la nature, en rechercher la signification, les tendances et les effets.

A défaut d'une investigation profonde et concluante dans le domaine des faits, trouve-t-on du moins dans les principes déjà établis et devenus évidents des arguments décisifs ?

L'objection célèbre, que la protection ne peut que changer artificiellement l'emploi du capital national, suppose que, au moment où le droit protecteur est établi, tout le capital du pays est employé, qu'il l'est de la manière la plus avantageuse, et qu'il n'est pas susceptible d'accroissement ; et elle oublie les capitaux étrangers. D'ailleurs, elle peut être alléguée contre tout autre encouragement donné par l'État à une industrie.

Mais un principe est depuis longtemps placé au-dessus de toutes les controverses, c'est celui de la division du travail. Incontestablement la division de travail s'accommode mal des barrières de douanes qui entoureraient un espace trop circonscrit, ou même, sur un territoire d'une grande étendue, des barrières trop multipliées, trop hautes, ou inconsidérément établies, c'est-à-dire des applications inintelligentes et abusives du système protecteur ; mais elle se concilie fort bien avec ce système convenablement pratiqué ; bien plus, dans certains cas elle l'appelle. Si l'on envisage la division du travail au sein d'un État, on reconnaît que, plus d'une fois, elle ne saurait se compléter ou se maintenir à l'aide de la liberté seule, par exemple, lorsque la concurrence d'autres nations plus avancées lui fait obstacle, ou menace, au retour de la paix, d'anéantir les progrès accomplis durant une longue guerre. Si on la considère sur le globe tout entier, on la trouve contrariée, assurément, par des tentatives insensées telles que celles de cultiver la vigne dans le nord de l'Écosse ou le caféier dans notre zone ; mais toutes les industries n'ont pas, à beaucoup près, un champ aussi nettement délimité que ces deux cultures, citées en exemple par Adam Smith et par J.-B. Say ; si, dans leurs essais pour acclimater de nouvelles branches de travail, les nations tâtonnent et se trompent quelquefois, c'est en cherchant à acquérir de nouveaux éléments de prospérité qu'elles révèlent les vocations diverses de chaque pays ; c'est ainsi que la civilisation s'étend et que la division territoriale du travail se réalise peu à peu. La division du travail universel, sous la loi d'une liberté absolue, est la plus féconde et la plus belle qu'on puisse concevoir ; mais elle ne peut être que l'œuvre des siècles ; la division du travail, l'histoire nous l'enseigne, s'applique d'abord à de petites localités, puis à des espaces plus grands, puis à de plus grands encore ; sous le régime d'une liberté limitée, mais progressive, elle a déjà gagné immensément de terrain, et elle en gagnera immensément encore.

La protection douanière est proscrite comme une usurpation des intérêts privés, comme une atteinte à la justice, comme un privilége pour quelques-uns au détriment de tous. Cobden en Angleterre l'a flétrie en la qualifiant de spoliation, et le mot a passé le détroit. Chez nous on lui a appliqué une expression qui a désigné des aspirations généreuses, mais à laquelle des événements terribles ont attaché depuis une signification sinistre : c'est du socialisme, s'est-on écrié, c'est un socialisme de vieille date, qui a constitué, au profit des chefs d'industrie, le même droit au travail que le nouveau réclame pour les ouvriers. Bastiat a prononcé un mot plus gros encore, celui de communisme, et c'est sa dernière malice contre le système protecteur.

Il n'y a pas, il ne peut pas y avoir de théorie pour soutenir l'intérêt particulier contre l'intérêt général. Si des influences privées sont assez puissantes pour extorquer des avantages que nulle considération d'intérêt public ne justifie, la science n'élèvera jamais la voix pour les défendre. Dans un pays où les hommes qui font la loi maintenaient une législation, dont le résultat était de hausser le taux de leurs fermages en augmentant le prix du pain, on comprend que le cri de spoliation soit sorti d'une poitrine indignée. Mais, encore un coup, c'est l'abus seul et non l'usage honnête et intelligent du système protecteur que ces reproches atteignent, sa corruption et non son *état d'innocence*, pour employer une expression de Vauban dans sa *Dîme royale*.

C'est une erreur capitale, en effet, d'admettre que, en établissant une protection, les pouvoirs publics ne font jamais que céder à la pression d'intérêts cupides et exigeants, qu'ils trahissent constamment leurs devoirs par corruption ou par faiblesse. Si l'abus qui se mêle à toutes les affaires humaines se retrouve ici comme ailleurs, le patriotisme et la fermeté connue d'hommes d'État célèbres de l'ancien et du nouveau monde protestent avec énergie contre une odieuse et gratuite supposition ; je ne parle pas de l'organisation des pouvoirs publics qui, dans plus d'un pays, la repousse avec la même force. Lorsqu'un gouvernement accorde à une industrie l'appui de la douane, dans la règle il a en vue un intérêt national, politique ou économique, de défense ou de richesse ; que des intérêts particuliers aient sollicité la mesure ou qu'ils en retirent profit, il n'est pas pour cela leur serviteur ; il l'est d'autant moins que c'est aux capitaux et au travail de tous et non pas de telles ou telles personnes qu'il ouvre ainsi un nouveau champ, et que la plupart de ceux qu'il favorise, par conséquent, sont pour lui des inconnus.

La justice n'est pas moins blessée, dira-t-on, d'avantages que les producteurs obtiennent aux dépens des consommateurs. Mais, ce que l'intérêt général exige peut-il être contraire à la justice, à moins qu'on ne parle de cette justice absolue qui a été qualifiée de souveraine injustice? Le sacrifice des consommateurs consiste à payer quelque temps certaines marchandises un peu plus cher; quel est donc l'avantage des producteurs? C'est, dans le commencement, la sécurité nécessaire aux tâtonnements et aux risques du début, et, pour ceux qui réussissent, un surcroît de profits. Mais, au bout d'une assez courte période, tous les traités d'économie politique le répètent, ces bénéfices élevés sont abaissés par la concurrence intérieure au taux commun des profits dans la contrée; tel est du moins le cas pour toutes les industries dans lesquelles la concurrence intérieure s'exerce sans obstacle naturel ou artificiel, c'est-à-dire pour les manufactures en général. Ainsi les industriels protégés, ces privilégiés, ces infâmes spoliateurs, se voient bientôt replacés sous la loi commune, et la nation s'est enrichie d'un élément durable de prospérité.

Cet encouragement, par lequel une nation paie, dans son intérêt bien ou mal entendu, les frais d'éducation d'une industrie nouvelle, que peut-il avoir de commun avec le droit au travail? La protection douanière ne constitue un droit pour personne; il n'appartient à aucun particulier de la réclamer à ce titre; les gouvernements sont toujours libres de la donner ou de la refuser. Parmi les devoirs des gouvernements envers le travail, on doit ranger celui d'en accroître, en tant qu'ils le peuvent, la vertu productive, de l'animer, d'en étendre le domaine, ce qui est le but du système protecteur; mais ils ne sont nullement chargés d'assurer à chacun du travail, par la protection ou autrement. Que, dans des jours de crise, l'État occupe des bras oisifs à des ouvrages peu féconds, c'est quelquefois une pénible nécessité; un système protecteur éclairé réserve les encouragements publics au travail riche d'avenir. Le travail n'a vis-à-vis des gouvernements qu'un seul droit à faire valoir, celui de n'être pas brusquement abandonné après avoir été soutenu.

Afin de décrier la protection et de la rendre odieuse à des esprits effrayés, on a fait un étrange abus des mots *socialisme, droit au travail, atteinte à la propriété*. Je ne veux parler que de ce qui s'est dit en ce genre de l'autre côté du Rhin, et je me bornerai à un seul exemple. Un ministre habile, M. de Bruck, le lendemain d'une grande révolution, opère dans la monarchie autrichienne des *réformes considérables*; après avoir fait tomber les barrières qui séparaient l'empire en deux moitiés, il remplace un système prohibitif, qui a une soixantaine d'années de date, par un système de simple protection ; des amis éclairés de la liberté commerciale eussent battu des mains; des hommes qui marchent sous la bannière de cette liberté n'ont pas craint de qualifier le nouveau tarif de l'Autriche de *révolte audacieuse contre la propriété*. Toute opinion a ses sectaires; c'est le même fanatisme économique qui a inspiré cette formule que j'ai lue, de mes propres yeux lue, dans une feuille allemande : *Le libre échange est un onzième commandement de Dieu* (Die Handelsfreiheit ist ein eilftes Gebot).

Des philanthropes imputent à la protection douanière tous nos malheurs ; chaque fois que le sol tremble, c'est la faute de la protection comme c'était dans un autre temps la faute de Voltaire et de Rousseau. Ils lui en veulent surtout d'avoir doté la France de l'industrie manufacturière. L'industrie manufacturière avec ses grèves d'ouvriers et les désordres de toute espèce qui l'accompagnent, est pour eux un objet d'horreur; c'est, dans notre société, la partie malade, le principe de dissolution et de mort. Pour sauver le corps social de la gangrène, ils souscriraient avec joie à l'amputation d'un membre vicié, à l'extirpation d'un germe funeste, à la destruction des manufactures en un mot: Aveugles qui ne voient pas les merveilles de l'industrie moderne! Ingrats qui méconnaissent ses bienfaits! Insensés qui détruiraient de gaieté de cœur le fruit glorieux de tant de labeur et de tant de génie!

Lorsque le sophisme et l'anarchie avaient envahi les ateliers et répandaient l'effroi dans les rues, on ne s'étonne pas que les adversaires de l'industrie manufacturière aient trouvé de l'écho; mais il est permis aujourd'hui d'envisager les choses avec plus de sang-froid. Exagérez autant que vous le voudrez les maux qui servent de cortége à l'industrie manufacturière, et je conviens de leur gravité; auriez-vous donc espéré qu'elle dût verser sur nous un torrent de joies sans mélange, et que ses prospérités fussent soustraites aux vicissitudes de la condition humaine? On lit dans l'*Esprit des lois*: «Aureng-Zeb, à qui l'on demandait pourquoi il ne bâtissait point d'hôpitaux, dit: Je rendrai mon empire si riche, qu'il n'aura pas besoin d'hôpitaux. Il aurait fallu dire: Je commencerai par rendre mon empire riche, et je bâtirai des hôpitaux.» Nos grandeurs industrielles, en effet, comme toutes les autres, sont mêlées de misères inévitables. Est-ce donc que l'agriculture serait exempte de souffrances? Un bras de mer sépare le paupérisme agricole du paupérisme manufacturier. Au lieu de se répandre en lamentations sur des plaies trop douloureuses, n'est-il pas plus sage de chercher à les adoucir? Sont-elles absolument irrémédiables? Une ville de fabrique est-elle nécessairement le foyer de tous les vices? Lowell n'offre-t-il pas le spectacle de la plus pure moralité au milieu de vastes et florissantes manufactures?

Les contrées qui n'ont d'autre ressource que l'agriculture sont dans un état voisin de la barbarie, et les grandes calamités ne leur sont pas pour cela épargnées. L'industrie manufacturière ouvre une nouvelle ère pour la civilisation, pour l'agriculture, en particulier, qui, jusque-là, est languissante, et qu'un nouvel et vaste débouché ranime. La détruire chez nous, ce serait faire rétrograder la civilisation de plusieurs siècles, ce serait porter un coup mortel à l'agriculture, cet objet exclusif de la sollicitude des mêmes personnes qui ont juré haine aux fabriques. Heureusement cette œuvre impie n'est pas possible. Nous conserverons avec un soin religieux cette splendeur manufacturière dont nous sommes fiers à si juste titre, comme nous conserverons nos chemins de fer malgré quelques effroyables désastres ; et, loin de trouver si coupable le système protecteur qui nous a aidés à y atteindre, loin de le rendre responsable de tous nos malheurs, nous y verrons un utile moyen de développement et de progrès.

Les institutions se recommandent aujourd'hui auprès de l'opinion publique par le plus ou moins d'avantages qu'elles procurent aux classes ouvrières ; et le système protecteur a été discuté aussi de ce point de vue. Le système protecteur est bienfaisant ou malfaisant sous ce rapport, suivant qu'il atteint ou qu'il manque son but, qui est l'accroissement de la prospérité générale. Lorsqu'il donne au travail une impulsion plus vive, qu'il multiplie les exploitations, et qu'il augmente la richesse, il est évident que les salaires des ouvriers s'élèvent. Ces mêmes salaires s'abaissent, au contraire, là où il soutient des industries factices, c'est-à-dire mal appropriées au pays, là où il ne sert que des intérêts particuliers, là enfin où il a pour effet la langueur et l'appauvrissement.

La paix est devenue le premier besoin des nations, des nations naguère encore les plus belliqueuses ; et elle a déjà résisté comme par miracle à deux grandes commotions européennes. Les promoteurs de la liberté commerciale illimitée sont aussi les apôtres de la paix : cause noble et sainte, pour laquelle on ne peut éprouver que des sympathies, mais, grâce à Dieu, déjà gagnée autant qu'elle peut l'être ! Les progrès de la liberté commerciale, qui pourrait en douter? accroîtront les garanties de cette paix si précieuse, et nous les appelons de tous nos vœux ; mais la protection douanière la trouble-t-elle? Si parfois elle a occasionné de légers tiraillements, quelles guerres a-t-elle provoquées de nos jours? Dans les pays où elle a élevé le plus haut ses barrières, en France, par exemple, a-t-elle empêché un commerce extérieur immense, et, par conséquent, les relations les plus étroites avec toutes les parties

2

du globe? En contribuant, chez les nations les plus avancées, au développement des manufactures, n'a-t-elle pas institué la plus efficace des propagandes en faveur de la paix?

Ainsi la protection n'est point nécessairement, comme ses adversaires le disent avec mépris ou avec colère, une illusion ou une spoliation féconde en calamités sans nombre ; restriction temporaire de sa nature, entre les mains d'un gouvernement habile, elle peut être et elle a été, en effet, un instrument de progrès. La doctrine de la protection peut s'allier, non pas avec la superstition, mais avec un culte éclairé de la liberté commerciale. Par cela seul qu'on la professe, on n'est pas un esprit étroit, illibéral ; si dans un pays les protectionnistes défendent la cause du passé, dans un autre ils sont les champions de l'avenir, dans un troisième enfin ce sont des conservateurs prudents. Entendue dans ce sens, la théorie du commerce international est en harmonie avec l'impartialité historique, caractère éminent d'une époque où l'on n'admet pas volontiers que le même régime économique, pas plus que la même constitution politique, convienne à tous les temps et à tous les lieux.

Elle est conforme à l'opinion la plus généralement répandue, et ce pourrait être dans certains cas un motif de douter d'elle. Cependant, quelque dédain qu'ils affichent pour le profane vulgaire, si rebelle à la vérité, les savants, trop sujets à l'esprit de système, ont souvent besoin d'être contrôlés par le grand nombre ; dans les questions de l'ordre moral, c'est du moins l'opinion des philosophes de notre siècle, leur tâche consiste principalement à préciser les notions vagues du sens commun, et c'est l'adhésion du sens commun qui donne à leurs conceptions le sceau de la vérité. Depuis près d'un siècle que la science a lancé ses foudres contre le système protecteur, le système protecteur, loin d'être gisant dans l'arène, ne s'est constitué que plus fortement sur le sol de l'Europe ; il a même pris possession de l'Amérique émancipée. On aurait mauvaise grâce à vouloir expliquer ses succès par des coalitions d'intérêts particuliers ; dans l'ensemble sinon dans les détails, on ne peut y voir que l'expression des volontés nationales. Les systèmes qui contrarient la nature des choses rencontrent dans l'instinct de conservation des sociétés un obstacle invincible ; et la protection douanière subsiste encore sous la réprobation d'Adam Smith, tout comme le prêt à intérêt a continué au moyen âge sous le double anathème d'Aristote et de l'Église.

Ce n'est pas que, dans la même période, la liberté commerciale n'ait rapidement accru son domaine ; les fonctions que je remplis me mettent à même d'en suivre les progrès mois par mois, et presque jour par jour ; mais ces progrès ont-été rarement l'œuvre de la théorie qui refuse toute aide au travail du pays. C'est l'insurrection des anciennes colonies contre leurs métropoles qui ouvre à toutes les nations de l'Europe le marché du nouveau monde ; c'est la victoire qui ouvre l'entrée de la Chine. La réforme commerciale de l'Angleterre est accomplie par Cobden et par Robert Peel avec les arguments d'Adam Smith ; mais ses auteurs véritables sont les Watt, les Arkwright et tous ces grands inventeurs qui, les circonstances aidant, ont donné à l'Angleterre le sceptre de l'industrie, et augmenté sa population au delà des ressources habituelles de son territoire. Sur notre continent, c'est avant tout la centralisation administrative et la tendance aux grandes agglomérations politiques qui suppriment les barrières de douane, témoin, dans ces derniers temps, la centralisation des péages en Suisse, et l'incorporation douanière des pays hongrois, du Schleswig et de la Pologne par l'Autriche, par le Danemarck et par la Russie. Lorsqu'on abolit ou qu'on diminue des restrictions par des motifs purement économiques, c'est presque toujours après avoir reconnu qu'elles ont fait leur temps, et que, comme on parle chez les Hollandais, *quand les courants ont changé il faut changer les balises* ; ou bien c'est pour les réduire aux justes proportions dont elles n'auraient jamais dû s'écarter. Ce sont autant de victoires, non pas pour la théorie qui ne voit point de salut hors de la liberté illimitée, mais pour celle qui fait la juste part de la protection comme de la liberté, en tenant compte des exigences des temps, pour celle, en un mot, que List a exposée dans son *Système national*.

Si, pour être exacte et complète, la science est obligée de reconnaître les barrières de la nationalité, elle-même ne s'arrête pas devant elles ; elle est essentiellement cosmopolite. Un des plus célèbres compatriotes de List, le grand poëte dont l'Allemagne célébrait, il y a deux ans, le centième anniversaire et dont l'imposante mémoire lui offrait comme un symbole de cette unité qu'elle poursuit vainement, Goëthe a dit quelque part : « Il n'y a point d'art national ni de science nationale. L'art et la science appartiennent au monde entier comme toutes les grandes choses, et ils ne peuvent avancer que par une libre action réciproque de tous les contemporains les uns sur les autres, accompagnée d'une étude constante des monuments du passé. » Le *Système national* n'est donc point une œuvre purement allemande. Si un ardent patriotisme a conduit la plume de son auteur, si la situation particulière de l'Allemagne y a dicté beaucoup de pages, les notions qu'il contient sur une grande contrée dont la fortune est si intimement liée à la nôtre et qui ressent le contre-coup de toutes nos révolutions, ne font qu'augmenter pour nous son intérêt. Mais le *Système national* n'est pas borné dans son application à l'espace qui s'étend du Rhin à la Vistule. Nous y reconnaissons aisément, sous une forme plus scientifique, il est vrai, des idées qui, depuis longtemps, ont cours parmi nous. Quoi qu'il en soit, on peut importer des vérités utiles d'outre Rhin, aussi bien que d'outre Manche, et aucun esprit élevé, à quelque école qu'il appartienne, ne dédaignera une doctrine dont la publication a été chez nos voisins un événement.

La question qui fait l'objet du *Système national* et qui agite aujourd'hui l'Allemagne plus vivement que jamais, n'est pas, à l'heure qu'il est, en possession d'émouvoir parmi nous les esprits ; mais il est évident qu'elle n'est qu'ajournée, et qu'elle s'emparera de l'attention publique dès que d'autres questions plus graves auront été résolues. Publié dans le moment ac-

tuel, le présent volume n'excitera donc pas un intérêt passionné ; on n'y verra pas, du moins, un ouvrage de circonstance, et ceux qui voudront bien le lire le jugeront plus sainement, l'étudieront avec plus de fruit. Peut-être, toutefois,
cette grandiose exposition anglaise, qui réunit dans le palais
de cristal de Hyde-Park les produits des deux hémisphères,
et où les ressources diverses de chaque climat et les conquêtes
industrielles de chaque race seront mises au grand jour, lui
donne-t-elle une certaine opportunité.

Mai 1851.

Henri RICHELOT.

NOTICE BIOGRAPHIQUE

SUR FRÉDÉRIC LIST.

Le *Système national d'Économie politique* a paru en 1841, et a eu en quelques années plusieurs éditions, sans éprouver de changement ; il devait avoir une suite, mais la rédaction du *Zollvereinsblatt*, fondé en 1843, divers opuscules, diverses affaires prirent depuis lors tous les instants de son auteur.

M. L. Haüsser, professeur d'histoire à l'université de Heidelberg, a réuni tout récemment les plus importants entre les autres écrits de l'homme éminent qui avait été son ami. Voici la liste de ces écrits avec la date de leur publication ou de leur composition :

1817. — *Avis sur la création d'une Faculté de sciences politiques.*

1818 à 1820. — *Écrits pour la Société de commerce.*

1839. — *La Liberté et les Restrictions en matière de commerce extérieur, envisagées du point de vue historique.*

1839. — *De l'Importance d'une industrie manufacturière nationale.*

1842. — *La Constitution agraire, l'Agriculture rabougrie et l'Émigration.*

1844. — *Des Chemins de fer allemands.*

1844. — *Des rapports de l'Agriculture avec l'Industrie et le Commerce.*

1845. — *De la Réforme économique du royaume de Hongrie.*

1846. — *L'Unité économique et politique de l'Allemagne.*

1846. — *De l'Importance et des Conditions d'une alliance entre l'Angleterre et l'Allemagne.*

M. Haüsser, s'acquittant avec piété et talent d'une mission qui lui avait été confiée par la famille, a consacré en même temps tout un précieux volume à la biographie de l'illustre défunt. Je ne puis qu'y renvoyer ceux qui désirent étudier à fond ce grand cœur. Mais, bien que le but de la présente publication soit avant tout théorique, je ne puis me dispenser de retracer en quelques pages la vie de celui dont j'ai traduit le principal ouvrage. C'est surtout au travail détaillé de M. Haüsser que j'emprunte les données qu'on va lire sur un homme que je n'ai connu que par ses écrits et par sa renommée.

Frédéric List naquit le 6 août 1789, en Souabe, dans la ville libre de Reutlingen, de parents considérés. Jean List, son père, mégissier en grand, était membre du *Magistrat*, et, plus tard, il fit partie du conseil municipal, lorsque la cité passa sous la domination du Wurtemberg. Envoyé à l'école latine, le jeune Frédéric montra, malgré sa vive intelligence, peu de goût pour les langues anciennes ; en revanche, il écrivait en allemand mieux qu'aucun de ses camarades. Sorti de l'école à l'âge de quatorze ans, on le destinait à exercer la profession paternelle, dans laquelle son frère aîné devait l'instruire ; mais la mégisserie lui allait moins encore que le latin. Son maître quittait-il un instant l'atelier, l'indocile et malin apprenti disparaissait aussitôt ; on le retrouvait ordinairement, dans le jardin, au pied d'un arbre, livré à une lecture, ou sur un étang du voisinage, occupé de quelque essai de navigation. Son frère perdit patience ; on désespéra de l'avenir de Frédéric comme mégissier, et, après l'avoir laissé quelque temps à lui-même et à ses livres, on se décida à en faire un employé.

List avait dix-sept ans lorsqu'il quitta sa ville natale pour suivre cette carrière. Après avoir rempli divers emplois dans plusieurs villes du pays, il occupait en 1816 une position honorable dans l'administration centrale du Wurtemberg et il y jouissait de la confiance d'un homme d'État distingué, le ministre Wangenheim. Wangenheim, chef d'un cabinet libéral, que soutenaient alors les sympathies du roi, avait trouvé dans ce talent généreux un utile auxiliaire.

Né dans une ville libre, List y avait puisé un vif attachement pour les libertés municipales ; la centralisation administrative qui existait en France sous l'empire et qui régnait aussi dans le Wurtemberg, lui était odieuse. Contre la bureaucratie wurtembergeoise en particulier, il avait des motifs personnels de ressentiment ; de misérables tracasseries, de scandaleuses exigences avaient abrégé les jours de sa mère et avaient été cause de la mort prématurée et déchirante de son frère aîné. Lui-même avait vu de près les abus de l'administration ; aussi prêtait-il le concours le plus zélé aux réformes de Wangenheim.

Dans la pensée de préparer au pays des serviteurs plus éclairés, ce ministre créa à Tubingen, en 1817, une faculté des sciences politiques ; il y offrit une chaire à son jeune collaborateur ; après quelque résistance, celui-ci se laissa décider par l'utilité du but à accepter une fonction, pour laquelle, disait-il lui-même, il était loin d'être mûr, et qui peut-être convenait mal à sa nature ardente. Pendant le peu de temps qu'il occupa cette chaire, suivant le vœu de son patron, il y fit la guerre aux préjugés et la propagande en faveur des principes du gouvernement constitutionnel.

En même temps, dans un journal fondé en 1818 à Heibronn avec quelques-uns de ses amis, l'*Ami du peuple de Souabe*, il créait un nouvel instrument pour la régénération de son pays, et il y réclamait une bonne représentation nationale, l'administration soumise à un contrôle, l'indépendance des communes, la liberté de la presse et le jury.

Cependant le ministère de la réforme avait cédé la place aux hommes de l'ancien régime ; et List avait perdu son appui officiel. Son journal ayant été trouvé incommode, on le supprima. Le libéralisme de son cours ne parut pas moins gênant, il donna lieu à des avertissements de l'autorité. A cette époque, c'était en 1819, List, se plaçant à la tête de la Société allemande d'industrie et de commerce, était entré dans une nouvelle et glorieuse carrière. L'administration wurtembergeoise l'accusa, à cette occasion, d'avoir, étant au service du Wurtemberg, accepté sans sa permission un emploi à l'étranger ; pour en finir avec toutes ces chicanes et pour se vouer tout entier à sa grande mission nationale, List se décida à se démettre de sa chaire, ce qu'il fit par une lettre remarquable au roi de Wurtemberg. Six semaines après cette démission, Reutlingen, sa ville natale, le nomma son représentant ; comme il n'avait pas trente ans accomplis, ce choix fut annulé par l'administration.

Les détails que List lui-même a donnés dans la préface du *Système national* sur l'agitation qu'il dirigea pour l'abolition des douanes intérieures, me dispensent de m'arrêter sur cette période importante de sa vie. L'idée de l'association commerciale jaillissait de la situation même de l'Allemagne, elle était en quelque sorte dans l'atmosphère. List, en se chargeant de cette idée, lui et quelques industriels, à la première foire de Francfort-sur-le-Mein en 1819, en la poussant pendant deux années fécondes, non-seulement par sa plume, mais par des démarches actives auprès des hommes influents et des ministres de toutes les cours, auprès des monarques eux-mêmes, lui fit faire, au milieu de difficultés sans nombre, un chemin rapide, et lui assura l'avenir, un avenir prochain.

De retour dans son pays, la ville de Reutlingen, à la fin de 1820, lui confia de nouveau un mandat politique, et les portes des États du Wurtemberg s'ouvrirent devant lui le 6 décembre. Dès les premiers jours de sa vie parlementaire, plein de la pensée qu'il avait personnifiée en lui, il saisit l'assemblée d'une proposition tendant à l'abolition des barrières intérieures et à l'union commerciale des États allemands. Quelques jours après il demandait la création d'une commission ayant pour but de soulager le pays de l'excès de ses charges et d'aviser à une répartition équitable de l'impôt ; par une troisième proposition, enfin, il réclamait des cham-

bres un budget annuel. Telle était l'ardeur dévorante de son
début ; mais l'ajournement de la Diète, qui eut lieu le 20 décembre, prévint les débats orageux que de telles propositions
auraient soulevés.

List n'était pas un révolutionnaire ; dans des notes biographi-
ques qu'il a laissées, il se défend contre un tel reproche. Le révolutionnaire, dit-il, ne fait que détruire sans édifier, ou, s'il
faut qu'il édifie, il cherche à bâtir son édifice sur une table
rase ; lui, il a toujours pris l'état de choses existant comme
point de départ de ses réformes, sa république avait toujours
à sa tête un roi ou un empereur. La vérité est que List n'allait pas et n'est jamais allé au delà du libéralisme constitutionnel ; mais il était, comme il l'a été à peu près toute sa vie,
fort en avant de ses compatriotes, et les abus avaient en lui un
adversaire décidé et fougueux.

C'est ainsi que, peu après la session, il traça le projet d'une
pétition qui devait être adressée par ses commettants à la
chambre des députés et servir de programme d'une opposition parlementaire ; projet hardi, imprudent, qui décida de
sa destinée. Un exemplaire lithographié de cette pièce étant,
par anticipation, tombée entre les mains du gouvernement,
des poursuites furent ordonnées contre son auteur ; en conséquence, en février 1821, la chambre des députés ayant été
convoquée de nouveau, son exclusion fut demandée par le
ministère, aux termes de la constitution, et, malgré une
belle et vigoureuse défense, elle fut prononcée par 56 voix
contre 36.

Cette étrange façon de comprendre le gouvernement constitutionnel fit scandale non-seulement en Wurtemberg,
mais dans toute l'Europe. Condamné, après un long procès,
à dix mois de travail forcé pour outrage et calomnie envers
le gouvernement, les tribunaux et l'administration du Wurtemberg, List chercha un refuge en France, et il fut sym-
pathiquement accueilli à Strasbourg comme un libéral persécuté. Il se plaisait dans cette ville, autant qu'il le pouvait
loin de sa femme et de ses enfants restés à Stuttgard, et il y

projetait divers travaux littéraires, entre autres une traduction annotée du *Traité d'économie politique* de J.-B. Say ; mais les rancunes de ses adversaires le poursuivirent dans cet asile, puis dans le pays de Bade, puis enfin en Suisse de canton en canton.

Dans un voyage qu'il avait fait à Paris, au commencement de 1823, pour y chercher une occupation, Lafayette lui avait offert généreusement de l'emmener avec lui en Amérique et de l'y patronner. Ce projet d'émigration souriait à List ; mais sa famille et ses amis l'en dissuadèrent. L'année suivante, las de la vie errante qu'il menait depuis deux ans et demi, il finit, sur leurs instances et comptant sur la clémence royale, par rentrer dans le Wurtemberg. Il ne tarda pas à se repentir de sa confiance. Enfermé dans la forteresse d'Asperg, on l'y employa à des expéditions et on le traita durement comme un malfaiteur. Enfin, par l'intercession de quelques amis, il fut élargi au mois de janvier 1825, sous la condition de s'expatrier. Ni l'Allemagne ni la France ne lui offraient de riantes perspectives ; des lettres de Lafayette, avec lequel il n'avait cessé d'être en relation et qui l'avait devancé de l'autre côté de l'Atlantique, le décidèrent à choisir les États-Unis pour son lieu d'exil.

Lui-même a retracé les impressions qu'il éprouva au moment solennel du départ : « Le 15 avril, au point du jour, nous nous mîmes en route, chargés comme des émigrants, à pas lents comme si nous avions peur d'atteindre trop tôt la frontière. Ma femme et moi, nous étions livrés à de tristes pensées ; nous allions quitter l'Allemagne et tout ce qui nous y était cher ; la quitter pour toujours peut-être, peut-être, en franchissant l'Océan, voir un de nos enfants enseveli dans ses abîmes, peut-être succomber à notre chagrin et les laisser orphelins sur la terre étrangère ! Nous n'osions nous regarder, craignant de nous trahir l'un à l'autre. Tout à coup les enfants se mirent à chanter la chanson : « *Allons mes frères, du courage ; nous allons par terre et par mer en Amérique.* » Il nous fut impossible alors de contenir notre

douleur. Ma femme fut la première à se remettre. « Tu n'as
rien à te reprocher, me dit-elle, tu t'es conduit comme un
homme, nous n'émigrons pas par caprice. Ayons confiance
en Dieu; c'est lui qui l'a voulu, il nous protégera. Mes enfants, nous allons chanter avec vous. » C'était une des plus
belles matinées que j'aie jamais vues. Le soleil dardait ses
premiers rayons sur ce paradis du Palatinat. Ce spectacle fut
pour notre peine un baume adoucissant, et bientôt nous
chantâmes joyeusement tout ce que nous savions de chan-
sonnettes de Schiller, et finalement la chanson badine
d'Uhland : « *J'ai donc enfin quitté la ville !* » Les gens qui
nous rencontraient devaient nous prendre pour la famille
d'un employé bavarois monté en grade plutôt que pour des
bannis. — Le bas Palatinat est une délicieuse contrée. La
nature y prodigue tout ce qui est nécessaire à l'homme, et
surtout le vin, ce don de Dieu, qui embellit la vie sociale et
accroît les forces de l'homme. C'est pour le pays un bonheur
que sa qualité ne s'élève pas au-dessus de la médiocrité dorée.
S'il avait un peu plus de prix, le peuple ne le ferait venir que
pour la table des grands. Tel qu'il est, il coule dans les veines
des vignerons ; à ceux qui l'ont produit à la sueur de leur
front il procure des heures de joie.

De Saarbruck nos exilés se rendirent au Havre par Metz,
Paris et Rouen. Dans ce trajet, List remarqua la fertilité et
et l'animation de la Normandie ; et l'activité manufacturière
de Bolbec lui remit à la pensée la théorie d'Adam Smith.
« J'ai déjà combattu cette théorie dans mes articles pour la
Société de commerce, mais la question mérite un plus mûr
examen. J'espère que les États-Unis m'offriront un bel exemple à l'appui de mon opinion ; ils ont pratiqué la théorie jusqu'à ce que leur industrie fût par terre, et alors ils ont eu
recours au système que les théoriciens réprouvent. »

Le Havre l'intéressa vivement, et il était d'avis qu'on pourrait aisément doubler le commerce de ce port en le joignant
au Rhin par des canaux ou par des chemins de fer.

Arrivé à New-York au mois de juin, après une traversée

assez heureuse, il se hâta d'aller trouver Lafayette à Philadelphie. Le héros des deux mondes le reçut avec bonté et l'invita obligeamment à l'accompagner dans sa marche triomphale au milieu du peuple américain. List assista ainsi, le 4 juillet 1825, à côté de Lafayette, à la fête de la déclaration d'indépendance qui l'émut profondément, et, grâce à cette recommandation puissante, il fit la connaissance de Henri Clay et des principaux hommes d'État de l'Amérique.

Après quelques tâtonnements, il résolut de fixer sa résidence dans la Pensylvanie, avec l'arrière-pensée de fonder une école des arts et métiers. Ayant acheté pour une somme assez modique, près de Harrisbourg, une maison avec jardin et prairie, qui paraissait avantageusement située, il y fit venir sa famille qu'il avait laissée à Philadelphie, acheta une douzaine de vaches, et s'occupa d'exploiter sa nouvelle propriété. Mais la mauvaise foi des habitants du pays rendit l'exploitation fort onéreuse ; le lieu était malsain, les nouveaux venus eurent la fièvre les uns après les autres, il fallut songer à se défaire de la maison à tout prix, et il ne se présentait pas d'acheteurs ; à bout de ressources, List accepta alors l'offre qu'on lui fit de rédiger une feuille allemande dans la petite ville de Reading.

Ce fut à cette époque qu'il publia sur la question de la liberté commerciale une série de lettres en langue anglaise qui firent une grande sensation, et qui contenaient le germe du *Système national*. La préface de ce dernier ouvrage présente à ce sujet d'intéressants détails. Ce succès avait encouragé List à la composition d'un ouvrage d'économie politique plus étendu, mais un bonheur fortuit vint l'en distraire, et ajourner ce travail à douze ans de là.

Ayant rencontré, en se promenant dans une montagne voisine, un gîte houiller des plus riches, il comprit sur-le-champ la portée de cette découverte, et réussit à former, pour en tirer parti, une société au capital de 700 mille dollars (3 millions 745 mille francs) ; non-seulement la mine fut exploitée, mais, pour la mettre en communication facile avec le canal de

Schuylkill, on construisit, sur sa proposition, le chemin de fer de Tamaqua à Port-Clinton. L'entreprise promettait de brillants succès, et comme une large part d'intérêt avait été assurée à son promoteur, l'aisance reparut au sein de la famille exilée.

Dans ces jours de prospérité, List ne pouvait se défendre de penser à cette Allemagne où il avait tant souffert : « Je viens de relire, écrivit-il à un ami en octobre 1828, ma correspondance pour la Société de commerce. Quels souvenirs ! C'étaient les jours dorés de l'espérance. J'ai eu le mal du pays pour six semaines et je n'ai pu tout ce temps m'occuper des affaires d'Amérique. Je suis pour mon pays comme une mère pour de laids enfants, elle les aime d'autant plus qu'ils ont été plus maltraités par la nature. Au fond de tous mes projets est l'Allemagne, le retour en Allemagne. » Dans les solitudes des montagnes Bleues, il rêvait un réseau de chemins de fer allemand, et en 1829, il adressait sur ce sujet à un haut fonctionnaire bavarois, Joseph de Baader, des lettres qui furent publiées dans la *Gazette d'Augsbourg* ; il écrivit au roi de Bavière lui-même ; dans un temps où en Angleterre même les chemins de fer n'avaient pas triomphé de tous les doutes, il s'écriait avec enthousiasme : « Quelle magnifique victoire de l'esprit humain sur la matière ! », et il retraçait avec une rare justesse de coup d'œil les immenses résultats qu'ils étaient destinés à produire.

Cependant le chemin de fer pensylvanien, qui se faisait sous ses auspices, avançait, et l'inauguration en eut lieu dans l'automne de 1831. Mais List n'y assistait pas ; quelques motifs qu'il eût de rester dans cette Amérique où il avait trouvé fortune et considération, il avait voulu revoir l'Europe. Peu de mois après notre révolution de Juillet, il avait obtenu du président Jackson une mission concernant les relations entre les États-Unis et la France ; le gouvernement fédéral l'avait en même temps désigné pour le consulat des États-Unis à Hambourg, poste qui devait lui frayer un retour honorable dans son pays. .

Il était arrivé dans les derniers jours de 1830 à Paris, homme nouveau sur un sol renouvelé. Cet esprit d'initiative, cette ardeur novatrice qui ne l'abandonnait jamais, l'avaient suivi aussi dans notre France. Il entretint de ses plans les hommes politiques du jour ; il appela notamment l'attention de MM. Rogier et Gendebien, de Belgique, alors à Paris, sur les avantages d'une jonction du port d'Anvers au Rhin par un chemin de fer ; dans la *Revue encyclopédique*, il écrivit sur les *Réformes économiques, commerciales et politiques applicables à la France*, et il y traita en particulier des chemins de fer ; dans le *Constitutionnel* il signala la nécessité d'une nouvelle loi sur l'expropriation pour cause d'utilité publique ; on sait que l'école saint-simonienne, avec laquelle il ne paraît avoir eu aucun rapport, propageait alors avec beaucoup d'éclat des idées semblables.

De lui-même List avait presque immédiatement renoncé au consulat de Hambourg, dont les émoluments, ainsi qu'il l'avait appris, étaient nécessaires à celui qui l'occupait alors ; bientôt, du reste, sa nomination donna lieu à une protestation de la ville de Hambourg, provoquée, comme il le pensa, par le gouvernement wurtembergeois, et elle ne fut pas ratifiée par le sénat américain. Sa mission remplie, à la fin d'octobre 1831, il retourna en conséquence aux États-Unis, mais seulement pour y aller régler ses affaires. Dès l'année suivante, possesseur d'une fortune qui assurait son indépendance, et nommé consul à Leipsick, titre qui, à défaut de revenus, le mettait à l'abri des persécutions en qualité de citoyen américain, il s'embarqua de nouveau, lui et sa famille, pour cette vieille Europe qu'il ne devait plus quitter, malgré ses torts envers lui. L'état de santé de sa femme l'ayant retenu près d'une année à Hambourg, il ne fixa sa résidence à Leipsick que dans l'été de 1833.

Débarqué à peine en Allemagne, il avait poursuivi l'exécution des projets qui lui avaient fait franchir l'Atlantique. Déjà, dans son récent séjour à Paris, il avait conçu le plan d'une petite encyclopédie des sciences politiques destinées à

répandre de saines doctrines sur ces matières ; il le reprit
alors avec ardeur, s'assura le concours de deux des meilleurs
écrivains politiques d'outre-Rhin, Rottek et Welcker, et conclut un arrangement avec un libraire. Cette publication du
Staatslexicon, dans laquelle il mit son argent en même temps
que son talent et ses soins de toute espèce, fut pour lui une
source d'ennuis ; mais, sans réaliser toutes ses espérances,
elle réussit néanmoins.

Il ne suivait pas avec moins de vivacité son idée favorite
d'un réseau de chemins de fer allemand ; à Hambourg cette
idée avait été repoussée comme chimérique ; à Leipsick elle
ne fut pas mieux accueillie dans le commencement ; mais peu
à peu elle y gagna du terrain, et une brochure lumineuse
que List publia sur un *Système de chemins de fer saxon comme
base d'un système allemand et en particulier sur l'établissement
d'une ligne de Leipsick à Dresde*, et où toutes les voies qui furent depuis construites en Allemagne sont indiquées de main
de maître, fit une sensation prodigieuse. Le gouvernement et
les chambres de Saxe, et les autorités municipales de Leipsick
votèrent des remercîments à l'auteur ; les chefs du commerce
de cette place vinrent à lui ; sous ses auspices une société se
forma pour la construction du chemin de Leipsick à Dresde ;
membre du comité, il donna une impulsion vigoureuse à
l'entreprise ; mais il n'y recueillit lui-même que des dégoûts.
Il avait eu la générosité de ne pas mettre de condition expresse
à son concours : « Les habitants de Leipsick, lui avait dit un
des membres les plus considérables de la Société, ne sont pas
des Yankees, ils se conduisent comme des hommes d'honneur. » Les Yankees avaient fait sa fortune ; les habitants de
Leipsick lui offrirent à titre de don honorifique une somme
de 2,000 thalers (7,500 fr.) ; tel était le prix de tant d'efforts,
de tant de sacrifices ! Après avoir raconté cette mesquinerie,
M. Haüsser ajoute qu'il n'y a pas lieu de s'en étonner, et que
les choses ne se font pas autrement en Allemagne.

Quelque blessé qu'il fût des procédés dont on usait à son
égard, l'indomptable activité de List n'en était pas ralentie ;

pour la cause des chemins de fer, il entretenait une correspondance suivie avec les principales villes d'Allemagne ; il faisait paraître dans les journaux les plus accrédités des articles sans nombre ; il faisait des démarches personnelles, notamment auprès des hommes les plus importants de Berlin. L'opinion publique était vivement émue pour ce grand intérêt national, et, si les gouvernements hésitaient encore, l'industrie particulière se mettait en campagne sur plusieurs points. Ce mouvement fut encore accéléré par le *Journal des chemins de fer*, que List fonda à la fin de 1835.

Peu après, la même cause le conduisit à Francfort-sur-le-Mein ; dans cette ville, l'idée lui vint d'aller revoir son pays natal après un éloignement de plus de quinze années. Ses compatriotes l'accueillirent à bras ouverts ; tout Stuttgard ne parla pendant quelques jours que du consul List ; il se crut réconcilié avec le gouvernement wurtembergeois ; en Wurtemberg, dans le pays de Bade, on lui témoignait partout les plus grands égards ; la Faculté de droit de Fribourg, après examen des pièces de son procès, en déclara la nullité ; dans sa joie d'une telle réception, il écrivait à sa femme : « Ce sont de braves gens que les Souabes ! », et il était décidé à se fixer de nouveau parmi eux ; mais on refusa de lui rendre sa qualité de citoyen, et l'on consentit seulement à le traiter comme un étranger ayant permission de résider dans le royaume. Cruellement déçu, il retourna à Leipsick, où de nouveaux chagrins l'attendaient ; son Journal des chemins de fer était en voie de prospérité ; le gouvernement autrichien interdit à cette feuille l'entrée du territoire impérial ; et à la même époque, il apprit que la crise financière des États-Unis l'avait à peu près ruiné. Afin de prendre sur ce dernier point des informations exactes et de se remettre des dégoûts dont on l'avait abreuvé dans son pays, à la fin de 1837, il partit pour Paris avec l'une de ses filles, qui écrivait sous sa dictée et qui savait parfaitement le français.

Dans ce voyage, il fit une halte agréable à Bruxelles ; il y fut accueilli poliment par M. Nothomb, cet homme d'État si

spirituel et si aimable ; le roi Léopold lui témoigna de l'intérêt ; enfin, la rencontre du docteur Kolb, dans une excursion à Ostende, renoua d'anciennes relations et ouvrit à l'éminent voyageur les colonnes de la *Gazette d'Augsbourg*.

En France, sur la recommandation du roi des Belges, il fut
admis auprès de Louis-Philippe ; il fut charmé de son entrevue avec ce prince, qui l'entretint de l'Allemagne, de l'Amérique du Nord, des cultivateurs allemands de la Pensylvanie,
et qui parla tour à tour français, allemand et anglais, suivant
qu'il était question de l'un ou de l'autre des trois pays. Mais,
il fut peu satisfait de la France ; en 1830, venant des États-
Unis, il nous avait trouvés frivoles ; alors, plus pénétré encore
de l'importance d'un réseau de chemins de fer français, il
s'écriait en présence de nos retards et de notre impuissance :
« Ces gens-là ne s'intéressent qu'au théâtre et à la guerre. »
Le temps qu'il passa dans notre capitale ne fut pas d'ailleurs
perdu pour lui ; la préface du *Système national* explique
comment un sujet de prix proposé par l'Académie des sciences
morales et politiques tourna son activité vers une question
qui l'avait occupé toute sa vie, celle du commerce international, comment un *Mémoire* improvisé devint peu à peu un
volume, et comment, par des articles insérés dans la *Revue
trimestrielle allemande* et dans la *Gazette d'Augsbourg*, il prépara ses compatriotes à la publication de ce beau livre. Tout
entier à la composition de son ouvrage, il vivait dans la
retraite, et ne voyait même parmi ses compatriotes que Heine,
Venedey et Laube : « Sitôt que j'aurai fini mon premier
volume, disait-il à ce dernier, je retournerai en Allemagne,
j'y prêcherai une économie nationale pratique, fruit de mon
expérience durant vingt années, et je m'y brouillerai avec
tous les savants. »

Le reste de sa famille était venue le rejoindre à Paris ; il était
plein de santé et paraissait heureux ; la mort de son fils vint
troubler sa félicité domestique. Ce jeune homme, dont il avait
voulu faire un ingénieur, entraîné par un goût décidé pour la
vie militaire, avait pris du service dans notre armée de l'Al-

gérie, et paraissait destiné à un avancement rapide ; il fut
emporté par la fièvre chaude. List fut accablé de ce coup, qu'il
ressentit jusqu'à ses derniers jours. Il n'avait plus rien à faire
en France (1) ; dans l'été de 1840, il reprit le chemin de l'Allemagne, laquelle semblait, à ce moment, sortir de sa langueur et où il croyait avoir à jouer un rôle.

En retournant à Leipsick, il eut connaissance qu'une. vive
inquiétude régnait dans les principautés thuringiennes au
sujet de la direction du chemin de fer de Halle à Cassel ; il
était question d'abandonner l'ancienne route commerciale par
Weimar, Erfurt, Gotha et Eisenach, afin d'abréger un peu
le parcours ; List comprit qu'on faisait une faute ; et, par sa
plume et son activité personnelle, il fit prévaloir le tracé le
plus conforme aux intérêts de la contrée. « C'est à un seul
homme, dit le duc de Saxe-Gotha, que nous sommes redevables de ce résultat, et cet homme est le consul List, que l'ingratitude dont on a payé son patriotisme n'a pas empêché de
nous consacrer son temps et ses efforts pour nous éclairer sur
nos véritables intérêts. » A cette occasion, en novembre 1840,
l'université d'Iéna lui décerna le diplôme de docteur en droit,
pour ses services dans la cause de la Société de commerce et
dans celle des chemins de fer allemands.

Après un court séjour à Weimar, le nouveau docteur
choisit Augsbourg pour sa résidence, agita de nouveau, dans
la *Gazette*, les grands intérêts économiques de son pays, et fit
paraître, au mois de mai 1841, le *Système national*, dont le
succès fut immense. Si la préface de cet ouvrage est, dans
quelques endroits, amère et passionnée, c'est (l'auteur l'a
expliqué plus tard dans une lettre à son ami) qu'elle fut écrite
sous l'impression de la nouvelle qu'il se négociait avec l'Angleterre un traité de commerce sur des bases ruineuses pour
l'Allemagne : « Sans cela, ajoute-t-il, comment me serais-je

(1) M. Haüsser parle ici d'offres obligeantes de M. Thiers, alors président
du conseil, qui ne purent retenir l'économiste allemand. M. Thiers m'a assuré n'avoir eu aucune relation avec List. J'ai, en conséquence, modifié ce
passage de la première édition.

avisé de porter aux nues, comme je l'ai fait, le jeune Marwitz ? » Le nom de List retentit alors dans toutes les bouches
avec les éloges des uns et les injures des autres ; et le banni
de 1825 atteignit enfin un but qu'il n'avait cessé de poursuivre
et qui toujours lui avait échappé ; à la suite d'une audience
que lui accorda le roi de Wurtemberg, le département cri-
minel lui notifia sa réhabilitation.

Rétabli d'une chute où il s'était cassé la jambe et qui avait
quelque temps interrompu ses travaux, List se prépara à des
luttes nouvelles. Le débat entre le libre échange et la protection était très-vif alors, et il avait été ranimé encore par le
congrès douanier de l'Association allemande en 1842. List
proposa à l'éditeur Cotta de fonder un organe spécial pour les
questions économiques en général, et pour le système protecteur en particulier. Le 1er janvier 1843, ce journal parut
sous le titre heureux de *Zollvereinsblatt*, ou feuille de Zollverein. Le rare talent de journaliste dont List avait déjà donné
tant de preuves, jeta alors plus d'éclat que jamais ; sans position officielle, sans titre, sans fortune, en butte à toutes sortes
d'attaques et de calomnies, le rédacteur en chef du *Zollvereinsblatt* devint un homme considérable par le seul prestige
de son talent et de son caractère.

Les dépêches des ministres britanniques le signalèrent au
cabinet de Londres comme un ennemi dangereux. Sa polémique était inspirée en effet par la pensée de soustraire complétement son pays au monopole manufacturier de l'Angleterre ;
mais il se défendait d'éprouver de la haine contre une nation
qu'il admirait, qui était pour lui la nation modèle. Voici ce
qu'il répondit une fois au reproche qu'un Anglais lui avait
adressé d'annoncer avec une joie barbare la chute prochaine
de la puissance britannique : « Bien loin de partager les sentiments ridicules des Français qui, à chaque désastre que les
Anglais éprouvent aux Indes orientales ou en Chine, à chaque
mauvaise nouvelle des Antilles ou du Canada, à chaque naufrage d'une frégate anglaise, prédisent d'un air triomphant la
chute de la Grande-Bretagne, nous avons toujours pensé que

l'Angleterre n'est qu'au début de sa grandeur. Non, nous n'irons pas de gaieté de cœur compromettre notre réputation de publiciste en annonçant un événement, qui ne saurait arriver, que si l'Angleterre continuait à abêtir systématiquement une grande partie de sa population, et à gouverner ses cent millions de sujets dans l'Inde plus mal que le pacha d'Égypte ne gouverne ses Fellahs. Peut-être aucun écrivain n'a exalté l'Angleterre autant que nous, et, loin de haïr les Anglais, nous sympathisons avec eux plus qu'avec aucun autre peuple. Ce que nous détestons de toute notre âme, c'est cette tyrannie commerciale de John Bull qui veut tout absorber, qui ne veut laisser s'élever aucune autre nation, et qui cherche à nous faire avaler les pilules fabriquées par sa cupidité comme un pur produit de la science ou de la philanthropie. »

Cependant ce chaleureux patriote, ce grand agitateur, avait ses jours de lassitude et de découragement. L'avenir des siens l'inquiétait ; des pourparlers pour lui donner une position officielle en Wurtemberg ou en Bavière n'avaient pas eu de suite ; sa santé et sa fortune détruites après tant d'efforts, il se voyait réduit à vivre de sa plume, d'une feuille que l'autorité pouvait supprimer au premier jour. Lui, qui habituellement travaillait avec autant de facilité que d'ardeur, se sentait quelquefois affaissé, et c'était pour lui un supplice horrible d'avoir à fournir de la *copie* pour remplir son journal.

A ses souffrances, à la fois physiques et morales, il cherchait un remède dans des voyages, voyages d'ailleurs bien remplis, bien employés. En 1844 nous le voyons en Belgique où il suggère les bases du traité de commerce et de navigation qui mit fin à un différend entre cet État et l'Association allemande, mais qui n'a pas réalisé les espérances conçues par ses négociateurs ; puis à Munich, où un congrès agricole lui fournit l'occasion de traiter, dans un écrit remarquable, de la solidarité qui existe entre l'industrie manufacturière et l'agriculture ; puis enfin à Vienne et en Hongrie, où son voyage est une continuelle ovation, et où il sème libéralement les idées dont sa tête est pleine.

A la suite de son séjour au milieu des Magyars, il écrivit sur
la Hongrie un mémoire, où nous lisons ces lignes en partie
prophétiques : « Quand même nous n'aurions en perspective
ni révolution, ni guerre européenne, il existe en·France trop
de mécontentement et d'irritation pour qu'il n'y ait pas lieu
de craindre du moins des troubles sérieux à la mort du roi.
Ces troubles tourneraient soudainement du côté de l'Ouest
toute l'attention de l'Autriche et de la Prusse. Supposons que
la plaie de la Hongrie reste encore ouverte, rien ne serait plus
naturel que de voir l'opposition hongroise saisir cette occasion favorable d'élever les plus hautes prétentions vis-à-vis
du gouvernement autrichien réduit aux abois. Ce serait alors
pour la Russie le moment propice d'intervenir entre l'Autriche et la Hongrie. »

' List était alors à l'apogée de son influence ; il répandait partout la vie autour de lui ; il était comme le centre auquel tous
les grands intérêts du pays aboutissaient ; il était, comme on
l'a appelé, l'Agent général de l'Allemagne (der Allgemeine
deutsche consulent) ; mais, malgré quelques témoignages de
la sympathie publique, sa situation personnelle restait toujours la même. En remerciant des industriels qui lui avaient
adressé un présent, il écrivait avec tristesse : « Lorsqu'en 1818
je me mis à la tête de cette Société de commerce d'où est né
le Zollverein, j'avais une belle fortune, et de plus une place
qui me donnait un honnête revenu et m'assurait un avenir
administratif. Mes efforts dans l'intérêt de l'industrie allemande ont eu pour conséquence la perte, non-seulement
d'une grande partie de ma fortune, mais encore de mon
emploi, de ma carrière, enfin de mon pays. A mon retour
d'Amérique, en 1831, j'étais redevenu riche. En travaillant
pour les chemins de fer et pour·une politique commerciale
allemande, j'espérais avoir bien mérité de mon pays et·con-
server au moins ma fortune. Pour prix de mon zèle,·j'ai été
persécuté et j'ai perdu une grande partie de ce que j'avais.
Aujourd'hui, près de la soixantaine, et affligé d'infirmités
physiques, je ne vois l'avenir qu'avec inquiétude ; je ne me

crois pas même assez de force pour émigrer une seconde fois
aux États-Unis ; où des amis m'appellent et où je me rétablirais
facilement en quelques années. » A la même époque, le déni-
grement stupide, l'envie, la calomnie se déchaînaient pour
lui contester ses titres les plus clairs, et comme pour lui
porter le dernier coup. Que je me sais de gré de lui avoir
rendu alors spontanément, dans l'*Association douanière allemande*, un humble hommage, dont j'ai appris depuis avec
bonheur qu'il avait été vivement touché !

Le *Zollvereinsblatt* avait souffert de fréquentes absences de
son rédacteur en chef, et celui-ci, à qui Cotta avait cédé sa
propriété, se disposait à lui imprimer un nouvel élan. C'était
en 1846 ; la ligue triomphait en Angleterre, comme il l'avait
toujours prévu ; il ne put résister à l'envie de voir Londres à
cette heure décisive. Il se mit en route au mois de juin : « J'ai
été témoin la nuit dernière, écrivit-il presque en arrivant, de
deux événements considérables ; dans la chambre haute, j'ai
vu la législation des céréales décéder aux acclamations de
leurs seigneuries, et, quelques heures après, dans la chambre basse le ministère Peel recevoir le coup de mort ; j'en
suis encore tout ému. La place que j'occupais m'offrait un
riche sujet d'observations. Devant moi était l'égyptien Ibrahim
avec sa suite. Quelques-uns des hommes politiques les plus
considérables, notamment lord John Russell, sont venus
échanger quelques paroles avec lui. Lord Monteagle a eu
l'obligeance de me désigner non-seulement les pairs et les littérateurs distingués qui se trouvaient dans notre voisinage,
mais les membres les plus importants de la chambre des
communes. « Le vieux monsieur que voici, me dit le docteur
« Bowring, le vieux monsieur au frac bleu, qui incline la tête
« sur sa poitrine comme s'il dormait, c'est le duc de fer (1).
« Voulez-vous me permettre de vous présenter M. Mac-Gre-
« gor ? » Un homme poli, au regard intelligent, me serra la
main. « M. Cobden désire faire votre connaissance, me dit-on,

(1) Le duc de Wellington.

« d'un autre côté ; » et un homme, encore jeune et à la
physionomie heureuse, tendit la main vers moi : « Vous êtes
« donc venu ici pour vous convertir ? — Oui, répondis-je, et
« pour demander l'absolution de mes péchés. » Je restai ainsi
un quart d'heure à plaisanter au milieu de mes trois grands
adversaires. Quelle vie politique dans ce pays-ci ! On y voit
l'histoire pousser. »

Dans ce séjour à Londres, qui dura environ trois mois, encouragé par le ministre de Prusse, de Bunsen, List composa
un mémoire concernant les avantages et les conditions d'une
alliance entre l'Angleterre et l'Allemagne. Il est question,
dans une note de la présente traduction, de cet écrit qui fut le
dernier de List et comme son testament politique et économique Le peu d'effet qu'il produisit sur les hommes d'État de
l'Angleterre auxquels il avait été adressé, acheva de décourager son auteur.

Déjà List semblait avoir le pressentiment de sa fin prochaine. Plus d'une fois, à Londres, il avait trahi ce douloureux
secret : « Je dois me hâter, disait-il un jour, de terminer mes
affaires, et de me mettre en route ; car il me semble que je
porte en moi une maladie mortelle et que je mourrai bientôt ;
or, je voudrais mourir et être inhumé dans mon pays. » Une
autre fois, il se plaignait de l'affaissement de son esprit et de
la fatigue que lui causaient un labeur quotidien et des efforts
sans relâche : « On dit, ajouta-t-il, que le Zollverein, pour
me récompenser de ce que j'ai fait pour lui, me mettra une
couronne sur la tête ; si c'est son intention, il faut qu'il se
hâte ; aujourd'hui il trouverait encore quelques cheveux gris
à couronner ; qui sait si l'an prochain il trouvera autre chose
qu'un cadavre ? » Celui qui prononçait ces paroles paraissait
cependant dans la pleine possession de ses rares facultés de
corps et d'esprit, et sa constitution robuste semblait lui pro-
mettre une longue carrière.

Mais cette apparence était trompeuse. Tant d'entreprises,
tant d'études et tant de combats, où il avait mis non-seulement
toutes ses forces, mais tout son cœur, n'avaient pu manquer

d'entamer cette vigoureuse nature. Toutefois il y avait bien autre chose chez lui que de la lassitude ; le mal qui le dévorait était celui des novateurs, des hommes de désir, qui s'irritent contre des obstacles opposés par les préjugés ou par des intérêts individuels au succès de leurs plans généreux ; c'était le chagrin et le dégoût que lui causait l'ingratitude de ses concitoyens. Lui qui avait tout fait pour son pays, lui dont les conceptions avaient enfanté autour de lui la richesse, lui dont les idées étaient devenues celles de tout un peuple, pour prix du dévouement exalté de toute sa vie, il n'avait recueilli que des mécomptes, des inimitiés, des humiliations. Cette coupable indifférence l'avait blessé profondément et lui avait brisé le cœur ; c'était la maladie mortelle dont il était atteint et à laquelle il a succombé.

La vie et le climat de l'Angleterrre ne lui convenaient pas ; il y avait été presque toujours indisposé, et ses douleurs d'entrailles avaient augmenté sensiblement. A son retour, en automne, sa famille et ses amis le trouvèrent changé. En novembre, son mal empira , il paraissait abattu, et cependant jusque dans ses derniers jours son activité organisatrice ne se reposait pas ; il était en train de fonder une vaste association en Bavière. Un matin, pour chercher un soulagement à ses souffrances dans les distractions d'un voyage, il partit pour Munich ; sa famille reçut de lui un billet de Tegernsee ; il voulait, y écrivait-il, aller à Meran, où la douceur de l'air lui ferait du bien. Quelques jours après, la *Gazette d'Augsbourg* apprenait sa fin tragique, avec cette citation de Sénèque : « *Non afferam mihi manus propter dolorem ; sic mori, vinci est. Hunc tamen si sciero perpetuò mihi esse patiendum, exibo non propter ipsum, sed quia impedimento mihi futurus est ad omne propter quod vivitur* (1). »

Arrivé à Schwatz, le mauvais temps avait obligé List de re-

_____

(1) Je ne porterai pas la main sur moi, en cédant à ma douleur; mourir ainsi, c'est être vaincu. Si cependant je sais que je dois la supporter toujours, je m'en irai non à cause d'elle, mais parce qu'elle me ferait obstacle pour tout ce qui constitue le but de la vie.

venir sur ses pas. Il s'arrêta à Kufstein dans un hôtel. Bien qu'il ne manquât pas d'argent, il refusa de belles chambres qu'on lui avait montrées : « Je suis trop pauvre, dit-il, donnez-moi la plus mauvaise chambre de la maison. » Il resta plusieurs jours au lit au milieu des souffrances les plus vives.

Une lettre adressée au docteur Kolb, la dernière qu'il écrivit, fait connaître son triste état.

« Mon cher Kolb, j'ai déjà essayé dix fois d'écrire aux miens, à mon excellente femme, à mes charmantes enfants, mais ma tête, ma main, ma plume m'ont refusé ce service. Que le ciel les soutienne ! — J'espérais que le mouvement et une courte résidence dans un pays plus chaud m'auraient rendu la force de travailler ; mais chaque jour augmentait mes douleurs de tête et mon oppression. — Et ce temps effroyable ! A. Schwatz j'ai dû rebrousser chemin, mais je n'ai pu aller au delà de Kufstein, où je suis resté gisant dans un état affreux, tout mon sang se précipitant vers mon cerveau, surtout le matin. — Et l'avenir ! Sans revenus de ma plume, je serais obligé, pour vivre, de dévorer la fortune de ma femme, qui est loin de suffire à ses besoins et à ceux de ses enfants. — Je suis comme désespéré ! — Dieu ait pitié de ma famille ! Chaque soir, depuis quatre jours, et aujourd'hui pour la cinquième fois, je projette de partir pour Augsbourg, et chaque matin j'y renonce. Dieu vous récompensera de ce que vous ou d'autres amis feront pour les miens. Adieu !

« Fr. LIST.»

Ces dernières lignes étaient tracées d'une main tremblante, et chargées de ratures.

Ce même matin il quitta l'hôtel et ne reparut pas le soir. L'aubergiste inquiet entra dans sa chambre, et apprit par la lettre qu'on vient de lire quel hôte il avait reçu. Des recherches furent ordonnées, on finit par trouver à peu de distance de la ville, couvert d'une neige fraîchement tombée, le cadavre du voyageur. Le médecin de Kufstein, ayant fait l'autopsie, constata dans le corps l'agglomération de masses de graisse, et l'interruption complète des fonctions digestives ; il déclara, que le défunt, à ses derniers instants, n'avait pu avoir l'usage de sa raison. Les habitants de cette ville obscure du Tyrol, douloureusement émus, inhumèrent avec solennité l'illustre écrivain. Né en 1789, List avait 57 ans révolus ; protestant, ce fut un cimetière catholique qui recueillit ses derniers restes.

Lorsque la nouvelle de cette mort inopinée se répandit, les compatriotes de List éprouvèrent une vive douleur ; ils sentirent qu'ils avaient fait une perte immense, et alors on put répéter ce mot qui s'est vérifié à l'égard de tant d'autres grands hommes : *divus dùm ne sit vivus.* Ce fut un vaste concert de regrets et d'éloges, concert que n'ont troublé, depuis, qu'un petit nombre de voix discordantes ; les témoignages furent les mêmes dans le Nord et dans le Midi, sur les bords de l'Isar et du Rhin, et sur ceux de l'Elbe et du Wéser ; en présence d'un froid cadavre, les inimitiés s'éteignirent et l'indifférence se passionna. On célébra à l'envi les belles qualités, les éclatants services de celui qui n'était plus ; la chaleur d'âme et la haute intelligence du patriote, l'originalité du penseur, la vigueur de l'écrivain, la fougue et la persévérance de l'agitateur, et en même temps les vertus simples et touchantes de l'homme privé Cet homme qui, dans une condition modeste, était devenu une puissance, et qui n'avait eu qu'une pensée, l'émancipation politique et industrielle de son pays, fut rangé, par la reconnaissance tardive de ses concitoyens, parmi ces grands esprits et parmi ces grands cœurs qui font l'orgueil d'une nation et marquent dans l'histoire une ère nouvelle ; on alla jusqu'à le comparer à Luther.

Mais cette admiration était mêlée d'un sentiment pénible, celui du remords : l'Allemagne avait eu de grands torts envers son plus noble et son plus intrépide athlète ; devant cette fosse, que ses criminels oublis avaient creusée, elle devait se voiler la tête de honte et de confusion. Tout autre eût été la destinée de List s'il fût né en Angleterre et qu'il y eût rendu les mêmes services à son pays ; l'Angleterre l'eût comblé d'honneurs, elle l'eût élevé aux premières dignités de l'État. Ce n'est point ainsi que l'Allemagne traite ses enfants les plus glorieux ; elle réserve toutes ses munificences pour les artistes qui l'amusent, elle laisse mourir les hommes qui l'éclairent et qui l'affranchissent. Si du moins un jour le peuple allemand régénéré construit un temple de la gloire, un Walhalla, à la mémoire de ceux qui auront travaillé à sa régénération, il devra ériger sur le seuil une colonne d'honneur à Frédéric List.

Ainsi, de l'autre côté du Rhin, s'exhalaient l'admiration et la douleur publiques, et la postérité commençait pour celui que ses contemporains avaient abandonné. Bientôt l'idée d'une réparation immédiate et signalée s'empara des esprits. Le Wurtemberg, où List avait reçu le jour, en prit l'initiative. Un comité se forma à Stuttgard dans le but d'acquitter la dette du pays envers le champion dévoué des intérêts allemands. Cet exemple fut suivi à Ulm, à Augsbourg, où le voyageur inquiet avait depuis plusieurs années fixé sa résidence ; à Munich, où il séjournait fréquemment ; dans les autres villes importantes du midi de l'Allemagne où ses idées trouvaient plus d'écho, et aussi sur plusieurs points du nord. Le roi de Bavière, le roi de Wurtemberg et le grand-duc de Bade s'associèrent avec empressement, par leurs offrandes, à l'œuvre des plus honorables habitants de la contrée. En dehors même du Zollverein, ce principal théâtre de l'activité de List, des honneurs furent rendus à sa mémoire ; la Société industrielle de Prague vota l'érection d'une tombe dans la petite ville autrichienne où cette brillante lumière s'était éteinte.

En 1847, parcourant l'Allemagne, j'appris que le nom de List venait d'être donné à une locomotive sur un chemin de fer du Wurtemberg, son pays ; List était bien, en effet, la locomotive ardente, entraînant ses concitoyens vers l'avenir. Mais un hommage à la fois plus solennel et plus touchant va être prochainement rendu à cette imposante mémoire par l'érection d'un monument à Reutlingen, sa ville natale.

Un peuple dont le défaut capital est l'irrésolution, la timidité à agir, ne saurait trop regretter cet homme décidé et actif, qui communiquait à tout ce qui l'approchait quelque chose de son énergie et de son ardeur. A l'étranger, quiconque apprécie le patriotisme et le talent, lui vouera ses sympathies.

Mai 1851.

HENRI RICHELOT.

SYSTÈME NATIONAL
D'ÉCONOMIE POLITIQUE

PRÉFACE DE L'AUTEUR

Si, comme on le dit, la préface d'un livre doit en raconter
l'origine, j'ai ici à retracer près de la moitié de ma vie ; car
plus de vingt-trois ans se sont écoulés depuis que le premier
doute s'est élevé en moi sur la vérité de la théorie régnante
en économie politique, depuis que je m'occupe de scruter les
erreurs de cette théorie et de rechercher les causes principales
qui leur ont donné naissance. Je serais bien à plaindre, en
vérité, s'il se trouvait à la fin que, pendant tout ce temps, je
n'ai fait que courir après des chimères, lorsque ce n'est ni
une trop haute opinion de mes forces ni un excès d'ambition
qui m'ont déterminé à me proposer un but si élevé et à le poursuivre si opiniâtrément. Les fonctions que je remplissais
m'en ont fourni la première occasion ; ma destinée m'a entraîné malgré moi et avec une force irrésistible, une fois entré
dans la voie du doute et de l'examen, à continuer d'y marcher.

Les Allemands de mon époque se rappelleront quelle profonde atteinte la prospérité de l'Allemagne avait éprouvée
en 1818. J'avais alors à préparer un cours d'économie politique ; j'avais, tout aussi bien qu'un autre, étudié ce qu'on
avait pensé et écrit sur ce sujet, mais je ne voulais pas me
borner à instruire la jeunesse de l'état de la science ; je tenais
à lui enseigner aussi les moyens de l'ordre économique capables de développer le bien-être, la culture et la puissance de

l'Allemagne. La théorie présentait le principe de la liberté
du commerce. Ce principe me paraissait raisonnable, assurément, et, de plus, éprouvé par l'expérience, lorsque je con-
sidérais les effets de l'abolition des douanes provinciales de
France, et ceux de l'union des trois royaumes britanniques ;
mais les prodigieux résultats du système continental et les
suites désastreuses de sa suppression étaient trop près de moi
pour que je pusse n'en point tenir compte ; ils me semblèrent
donner à ma doctrine un éclatant démenti, et en tâchant de
m'expliquer cette contradiction, je vins à reconnaître que toute
cette doctrine n'était vraie qu'autant que toutes les nations pra-
tiqueraient entre elles la liberté du commerce comme elle avait
été pratiquée par les provinces en question. Je fus conduit
ainsi à la notion de la nationalité ; je trouvai que la théorie
n'avait vu que l'humanité et les individus, et point les nations.
Il devint évident pour moi qu'entre deux pays très-avancés la
libre concurrence ne peut être qu'avantageuse à l'un et à l'autre, s'ils se trouvent à peu près au même degré d'éducation
industrielle, et qu'une nation en arrière, par un destin fâcheux, sous le rapport de l'industrie, du commerce et de la
navigation, qui, d'ailleurs, possède les ressources matérielles
et morales nécessaires pour son développement, doit avant tout
exercer ses forces afin de se rendre capable de soutenir la lutte
avec les nations qui l'ont devancée. En un mot, je distinguai
entre l'économie *cosmopolite* et l'économie *politique*, et je me
dis que l'Allemagne devait abolir ses douanes provinciales ;
puis, à l'aide d'un système commun vis-à-vis de l'étranger,
s'efforcer d'atteindre le même degré de développement en industrie et en commerce, auquel d'autres nations étaient parvenues au moyen de leur politique commerciale. Mais, au lieu
de poursuivre cette idée par l'étude, mon esprit pratique me
poussa à en tenter l'application ; j'étais jeune alors.

Il faut se transporter en imagination à l'année 1819, pour
s'expliquer ma conduite. Gouvernants et gouvernés, nobles et
bourgeois, administrateurs et savants, tout le monde se re-
paissait, en Allemagne, de plans de régénération politique.

L'Allemagne ressemblait à un domaine dévasté par la guerre, où les anciens propriétaires, rentrés dans leurs droits et redevenus maîtres de leurs biens, sont à la veille de se réinstaller. Les uns demandaient le rétablissement de l'ordre de choses antérieur avec tout son vieux bagage et toutes ses friperies; les autres, des institutions rationnelles et des instruments tout neufs. Ceux qui écoutaient à la fois la voix de la raison et celle de l'expérience, désiraient un moyen terme entre les prétentions anciennes et les besoins nouveaux. Partout régnaient la contradiction, la lutte entre des opinions diverses, partout se formaient des associations pour la poursuite de buts patriotiques. La constitution fédérale elle-même était une forme nouvelle, tracée à la hâte, considérée, même par des diplomates éclairés et réfléchis, comme un embryon, dont le développement à l'état de corps bien organisé était voulu par ses propres auteurs, mais laissé aux progrès du temps. Un article, le dix-neuvième, avait expressément réservé l'organisation d'un système de commerce national. Je vis dans cet article la base sur laquelle il fallait fonder la prospérité industrielle et commerciale de ma patrie allemande, et alors je conçus l'idée de créer une association de fabricants et de négociants (1), ayant

---

(1) Dans les premières éditions du *Conversation's-Lexicon* (Dictionnaire de la conversation), M. J.-M. Elch, de Kaufbeuren, est nommé comme le fondateur de cette association; quant à moi, non-seulement on ne m'attribue qu'une part très-subalterne dans sa création et dans ses travaux, mais encore on me reproche d'avoir, dans la conduite de ses affaires, commis de grandes négligences. Lorsque, de retour dans mon pays, je m'enquis de l'auteur de cet article, on me cita un nom qui m'expliqua tout; c'était celui d'un homme qui a de grandes obligations envers M. J.-M. Elch, et dont le rôle personnel, dans cette affaire, paraît d'autant plus grand, que le mien est plus rapetissé. Peu tourmenté par l'ambition, je n'avais pas cru devoir prendre la peine de réclamer contre l'article. Mais récemment je me suis vu dans l'absolue nécessité d'en entretenir le public. On sait qu'il y a peu de temps la faculté de droit d'Iéna m'a honoré du diplôme de docteur; le correspondant de la *Gazette d'Augsbourg* à Iéna avait fait, à cette occasion, la remarque que, le premier, j'avais émis l'idée d'une association des États allemands dans un même système de douanes. La rédaction de la *Gazette* reçut la réclamation suivante:

« La note écrite d'Iéna, le 1ᵉʳ décembre 1840, à la *Gazette d'Augsbourg,* d'après laquelle M. Frédéric List aurait émis la première idée de la liberté

4

pour but d'obtenir la suppression des douanes provinciales, et l'adoption d'un système commun de commerce. On sait comment cette société s'est constituée et quelle influence elle a

commerciale à l'intérieur et vis-à-vis de l'étranger, exige une rectification ; l'honneur de cette première idée appartient au négociant J.-M. Elch, de Kaufbeuren, lequel, à la foire de Pâques, à Francfort, adressa à divers négociants de tous les Etats allemands, une circulaire où il les invitait à signer dans ce but une pétition à la Diète. Le hasard amena quelques jours après M. le professeur List de Tubingen à Francfort ; enthousiasmé par cette idée, il se chargea de rédiger la pétition, il s'acquitta supérieurement de cette tâche, et se fit ainsi une grande réputation. Quand la Société se fut constituée, M. le professeur List en fut nommé l'agent, et accompagné de feu M. Schnell, de Nuremberg, il se rendit dans les cours allemandes, afin d'appuyer auprès d'elles les demandes de la Société. »

Il me suffira de retracer en peu de mots l'histoire de la Société pour réduire à leur juste valeur les prétentions de M. Elch ou de ses avocats. Des affaires particulières me conduisirent, en effet, à Francfort-sur-le-Mein, au printemps de 1819 ; mais il n'en est pas moins vrai que j'avais conçu l'idée d'une pareille société longtemps avant ce voyage. Il existe encore des hommes que j'ai entretenus de ce sujet avant et pendant mon voyage à Francfort, et la correspondance de feu le baron de Cotta peut en offrir des preuves écrites. Arrivé dans cette ville, je confiai mon projet à M. Schnell, de Nuremberg, qu'on m'avait vanté comme un négociant intelligent et patriote. Schnell en fut vivement ému, me parla de MM. Bauereis à Nuremberg, Ueber à Gera, Arnoldi à Gotha, qui lui avaient fait part de leurs doléances au sujet du nouveau tarif des douanes de Prusse, et exprima l'opinion que l'affaire aurait d'autant plus de retentissement parmi les négociants et les fabricants présents à la foire de Francfort, qu'un M. Elch, de Kaufbeuren, négociant en toiles, était sur le point de recueillir des signatures pour une pétition à la Diète, où l'on réclamait des mesures contre les restrictions commerciales à l'intérieur de l'Allemagne. Schnell m'ayant, sur ma demande, fait faire la connaissance de M. Elch, celui-ci me communiqua son projet de pétition à la Diète, ou plutôt de simples matériaux, qui, si je ne me trompe, se trouvent encore parmi mes papiers. Il y était surtout question des entraves que l'Autriche venait de mettre à l'exportation des toiles de la haute Souabe en Italie ; le tout était plat et dans un style de comptoir. D'un commun accord, nous appelâmes à nos délibérations d'autres fabricants, notamment MM. Leisler et Blachière, de Hanau, Hartmann, de Heidenheim, Herrosé, d'Aarau, etc. Il ne s'agissait pas encore de fonder une société. Ce ne fut que lorsque la pétition à la Diète eut été rédigée et accueillie par de vifs applaudissements, que je produisis mes projets ultérieurs. Personne ne saurait mettre en doute que toutes les propositions concernant la fondation et l'organisation de la société sont émanées de moi seul ; et le peu de temps que je mis à exécuter mes plans, montre assez que je les avais médités d'avance.

Qu'on veuille bien maintenant relire la réclamation ci-dessus en faveur de M. Elch, et l'on remarquera avec étonnement que la contradiction entre

exercée sur la formation d'une association entre les souverains éclairés et magnanimes de Bavière et de Wurtemberg, et plus tard sur celle de l'Association douanière allemande.

M. Elch et moi ne porte pas, à proprement parler, sur les faits, qu'elle tient à une différence totale dans notre manière de raisonner. M. Elch réclame le mérite d'avoir le premier émis l'idée de la liberté du commerce à l'intérieur et vis-à-vis de l'étranger. C'est une prétention que je n'ai pas et que je ne puis avoir, par la raison que, longtemps avant notre entrevue à Francfort, cette idée avait été émise par Gournay, Quesnay et Adam Smith, et que je n'ai jamais voulu la liberté pure et simple dans les rapports avec les autres nations, que j'ai demandé constamment, au contraire, un système de commerce intelligent et national. M. Elch se fait encore un titre d'honneur, d'avoir répandu, parmi les négociants qui se trouvaient à la foire de Francfort, une circulaire à l'effet de leur demander leur concours à une pétition à la Diète par lui projetée, et ayant pour objet la liberté du commerce. Je ne nie point ce fait; mais tout le monde reconnaîtra qu'à supposer que M. Elch eût réalisé son projet de pétition, qu'il eût réuni en effet une multitude de signatures, qu'il eût été capable de composer une pétition de nature à attirer sur elle l'attention publique, il n'en serait absolument rien résulté. C'est ce que j'essayai de faire comprendre aux signataires de mon projet; je leur dis : « Voici la pétition ; elle fera sensation, parce qu'elle est écrite d'un point de vue national et que les termes en sont pressants, mais elle n'aura pas plus de suite que cent autres pétitions à la Diète. Pour obtenir quelque résultat, nous devons rallier au but commun tous les fabricants et tous les négociants d'Allemagne, nous concilier les gouvernements et les fonctionnaires publics, envoyer des députations auprès des cours, des assemblées politiques et des congrès, recueillir et publier les faits qui parlent en notre faveur, nous assurer la plume d'écrivains de talent, nous emparer de l'opinion publique en faisant paraître un journal et des brochures, chaque année, enfin, nous réunir sur ce champ de foire, pour adresser toujours de nouvelles pétitions à la Diète. » M. Elch n'a rien fait de tout cela. Cependant, d'après la réclamation, je serais fortuitement venu à Francfort ; enthousiasmé de l'idée sublime de M. Elch, j'aurais fortuitement encore obtenu l'honneur de la revêtir de paroles, et je n'aurais pas fait autre chose ensuite que d'accompagner M. Schnell dans les cours allemandes. Le sacrifice que j'ai fait à cette œuvre de ma place, de ma carrière, de mon repos, mes avances considérables pour faire face aux premiers frais, mon initiative jusqu'en 1821 dans tous les actes de la société, et la manière dont j'ai rempli ce rôle, tout cela, on le passe entièrement sous silence. *(Note de l'auteur.)*

—Depuis la publication de cette note de l'auteur, le négociant Elch a gardé le silence ; mais l'envie a essayé encore une fois d'enlever à List le mérite de ses efforts comme agent de la Société de commerce et d'industrie, en l'attribuant à un nommé Franz Miller, d'Immerstadt, mort depuis quelques années. Dans les numéros du *Zollvereinsblatt* des 24 février et 3 mars 1846, List a établi que ce Franz Miller, petit négociant failli, qu'il avait accueilli sur la recommandation de M. Elch et par des motifs d'humanité, n'a rempli

Comme agent de la Société de commerce, ma position était délicate. Tous les fonctionnaires publics instruits, tous les rédacteurs de journaux et de brochures, tous les écrivains qui traitaient les matières économiques, élevés comme ils l'étaient à l'école cosmopolite, voyaient dans une protection douanière quelconque une abomination théorique ; joignez à cela les intérêts de l'Angleterre et ceux des courtiers de l'industrie anglaise dans les ports maritimes et dans les places de foire. On sait que le cabinet anglais, accoutumé à ne pas lésiner quand il s'agit des intérêts commerciaux du pays, possède dans son *secret service money* (fonds secrets) le moyen de venir partout, à l'étranger, en aide à l'opinion publique. Il parut une multitude de correspondances et de brochures, émanées de Hambourg et de Brême, de Leipsick et de Francfort, contre le vœu insensé des fabricants allemands en faveur d'une protection de douane commune, et contre leur conseiller ; ils reprochaient à ce dernier, dans des termes durs et méprisants, de ne pas savoir les premiers principes de l'économie politique, principes reconnus par tous les hommes instruits, ou du moins de n'être pas capable de les comprendre. Ces organes des intérêts anglais avaient d'autant plus beau jeu que la théorie régnante et la conviction des hommes de science étaient pour eux. Dans le sein de la Société elle-même il régnait une grande diversité d'avis. Les uns ne voulaient que la liberté du commerce au dedans, laquelle, sans protection vis-à-vis de l'étranger, eût été évidemment, dans l'état du monde, quelque chose de pis que le maintien des douanes provinciales ; c'étaient ceux qui avaient des intérêts dans le commerce des foires et dans celui des denrées coloniales. Les autres, surtout les fabricants, réclamaient le principe de rétorsion comme étant le plus sage, le plus avantageux et le plus juste. Ces derniers étaient en petit nombre, et une partie d'entre eux étaient ruinés à demi ou entièrement par la concurrence anglaise. Quoi qu'il en soit, l'agent était tenu de les suivre pour avoir des partisans. Une

auprès de lui que des fonctions subalternes, et a été loin de les exercer avec honneur. (H. R.).

œuvre politique, et en général une œuvre en commun, n'est possible qu'au moyen de transactions entre les opinions diverses de ceux qui poursuivent le même but immédiat. Le but prochain était alors l'abolition des douanes provinciales, et l'établissement d'une douane nationale. Les barrières intérieures une fois tombées, aucune divinité ne pourrait les relever. Lorsque la douane nationale aurait été établie, on aurait toujours le temps de lui donner une meilleure base, et cela d'autant mieux que le principe de rétorsion accordait pour le moment au delà des exigences du principe de protection.

Le combat était visiblement inégal : d'un côté une théorie achevée dans toutes ses parties et d'une autorité incontestée, une école compacte, un parti puissant ayant des orateurs dans toutes les législatures et dans tous les conseils, mais surtout le grand levier, l'argent (1) ; de l'autre côté, la pauvreté et le besoin, la diversité d'opinions, la discorde intestine et le manque absolu de base théorique. Cette lutte servit à l'avancement de mes idées, autant qu'elle nuisit à ma réputation. Au milieu des combats quotidiens que j'avais à soutenir, je découvris la distinction entre la théorie des *valeurs* et celle des *forces productives* et l'abus que fait l'école du mot *de capital* ; j'aperçus la différence qui existe entre l'industrie manufacturière et l'agriculture, je reconnus la fausseté des arguments de l'école, lorsqu'elle invoque en faveur du libre commerce, des produits manufacturés, des considérations qui n'ont de force qu'à l'égard des produits agricoles. Je commençai à con-

---

(1) La sentimentalité et le romantisme n'ont pas joué non plus, dans cette circonstance, un faible rôle, comme partout où l'art a chassé le naturel. Pour certains esprits un attelage de bœufs traçant un sillon est un plus beau spectacle que les trains à vapeur qui sillonnent la terre, et plus les sociétés rétrogradent dans la civilisation, plus ils y trouvent de grandeur. De leur point de vue ils ont grandement raison. Combien l'état pastoral ne semble-t-il pas plus pittoresque que la prosaïque agriculture, et combien le sauvage sans culottes, avec son arc et ses flèches, n'est-il pas plus romantique que le berger! Encore quinze ans après, lorsqu'il s'agissait de l'accession de Bade au Zollverein, un député sentimental parla dans la chambre badoise de *tapis de verdure*, de *rosée matinale*, du *parfum des fleurs* et de *l'harmonie des couleurs*.

cevoir le principe de la *division du travail* mieux que l'école ne l'a expliqué, et à comprendre comment il est applicable à des nations entières. Mais je n'avais fait connaître que très-imparfaitement ma pensée, et j'acquis si peu de gloire par mes consciencieux efforts, que le *Conversations-Lexicon*, pendant mon absence de l'Allemagne, ne craignit pas de représenter sous le jour le plus défavorable toute ma conduite, comme agent de la Société de commerce allemande, et même de soutenir que je m'étais paré des dépouilles d'autrui.

Depuis, j'ai parcouru l'Autriche, l'Allemagne du Nord, la Hongrie et la Suisse, la France et l'Angleterre, et j'ai cherché partout à m'instruire par l'étude de l'état social ainsi que par des lectures. Ma destinée m'ayant ensuite conduit aux États-Unis, je laissai là tous les livres ; ils n'auraient pu que m'égarer. Le meilleur livre sur l'économie politique qu'on puisse lire dans cette contrée nouvelle, c'est la vie. On y voit des solitudes se changer en riches et puissants États. C'est là seulement que je me suis fait une idée nette du développement graduel de l'économie des peuples. Un progrès qui, en Europe, a exigé une suite de siècles, s'accomplit là sous nos yeux ; on y voit les sociétés passer de l'état sauvage à l'élève du bétail, de cette dernière condition à l'agriculture, et de l'agriculture aux manufactures et au commerce. C'est là qu'on peut observer comment la rente de la terre s'élève peu à peu de zéro à un chiffre considérable. Là, le simple paysan connaît mieux que les savants les plus perspicaces de l'ancien monde, les moyens de faire prospérer l'agriculture et d'augmenter la rente ; il s'efforce d'attirer des manufacturiers, des fabricants dans son voisinage. Là, les contrastes entre les pays agricoles et les pays de manufactures se produisent de la manière la plus tranchée et occasionnent les plus violentes convulsions. Nulle part on n'apprécie mieux les voies de communication et leur influence sur la vie morale et matérielle des peuples. Ce livre, je l'ai lu avidement et assidûment, et les leçons que j'y ai puisées, j'ai essayé de les coordonner avec les résultats de mes études, de mes expériences et de mes réflexions antérieures. De là est sorti un système, qui, quelque défectueux qu'il puisse paraître encore, ne repose pas du moins sur un cosmopolitisme vague, mais sur la nature des des choses, sur les leçons de l'histoire et sur les besoins des nations. Ce système offre les moyens de mettre d'accord la théorie et la pratique, et de rendre accessible à tout esprit cultivé, la science de l'économie politique, qui, jusqu'ici, par sa boursouflure scolastique, par ses contradictions et par sa terminologie vicieuse, a dérouté le sens commun. C'est là une mission que j'ai eue devant les yeux depuis la fondation de la Société de commerce allemande, mais que j'ai souvent désespéré de pouvoir accomplir.

Ma destinée a voulu que je trouvasse dans l'Amérique du Nord un encouragement inattendu à poursuivre mes idées. Me trouvant en relation avec les hommes d'État de l'Union les plus considérables, en particulier avec le président de la Société pensylvanienne pour l'avancement des manufactures et des arts, Ch. J. Ingersoll, on sut que je m'étais occupé d'économie politique. Or, en 1827, les fabricants américains et les défenseurs de l'industrie nationale étant vivement attaqués au sujet du tarif par les partisans du libre commerce, M. Ingersoll m'engagea à traiter cette question. Je le fis, et avec quelque succès, comme le prouve le document ci-joint (1).

Les douze lettres où j'exposais mon système, ont été non-

(1) *Extrait des procès-verbaux de la Société pour l'avancement des manufactures et des arts de Philadelphie.*

« La Société prend les résolutions suivantes :

« Elle déclare publiquement que le professeur Frédéric List, par ses distinctions basées sur la nature des choses entre l'économie politique et l'économie cosmopolite, et entre la théorie des forces productives et la théorie des valeurs, ainsi que par les arguments qui en découlent, a fondé un système d'économie politique nouveau et vrai, et a rendu ainsi un éminent service aux États-Unis.

« Elle invite le professeur List à composer deux ouvrages, l'un savant, où sa théorie sera complétement développée, l'autre populaire, destiné à la propager dans les écoles.

« La Société souscrit pour sa part à cinquante exemplaires de ces écrits ; elle engage les législateurs des États intéressés au système américain à sui-

seulement publiées dans la *Gazette nationale* de Philadelphie, mais encore reproduites par plus de cinquante journaux des provinces, éditées sous forme de brochure par la Société pour l'avancement des manufactures avec ce titre : « *Outlines of a new System of Political Economy* (1), » et répandues à plusieurs milliers d'exemplaires. Je reçus aussi des félicitations des hommes les plus considérables du pays, par exemple du vénérable James Madison, de Henry Clay, d'Edouard Livingston, etc.

Je me livrais avec ardeur, suivant le vœu de la Société pour l'avancement des manufactures et des arts de Philadelphie, à la composition d'un grand ouvrage sur l'économie politique, et déjà l'introduction en était imprimée, quand une affaire qui s'offrit à moi m'empêcha pour longtemps de m'occuper de travaux littéraires. La politique et le métier d'écrivain sont, aux États-Unis, des occupations peu lucratives ; celui qui veut s'y consacrer et qui n'a pas de fortune, cherche d'abord à assurer, au moyen de quelque entreprise, son existence et son avenir. Je jugeai à propos de me conformer à cette maxime ; et les connaissances en matière de chemins de fer que j'avais précédemment acquises en Angleterre, l'heureuse découverte d'un nouveau gîte houiller, et l'achat non moins heureux de terrains considérables qui en dépendaient, m'en fournirent l'occasion.

Cette affaire toute matérielle et, en apparence, sans relation avec mes travaux littéraires, me fit faire de sérieux progrès dans mes études et dans mes idées économiques. Jusque-là je n'avais compris l'importance des voies de communication que d'après la théorie des valeurs ; je n'en avais observé les

vre son exemple, et elle emploiera tous les moyens pour répandre un tel ouvrage

« Pour témoigner publiquement au professeur List le cas qu'elle fait de lui, elle lui donnera un repas à l'hôtel de M. Head, et elle y invitera les citoyens les plus recommandables.

                              « CH.-J. INGERSOLL, *président.*

                    « REDWOOD FISCHER, *secrétaire.* »

(1) *Esquisse d'un nouveau système d'économie politique.*

effets que dans le détail et relativement à l'extension du marché, ainsi qu'à la diminution des prix des produits matériels. Alors, je commençai à les envisager du point de vue de la théorie des forces productives et dans leur action collective, comme système national de communications, par suite, sous le rapport de leur influence sur l'existence morale et politique, sur les relations sociales, sur la force productive et sur la puissance des nations. Je compris alors la corrélation qui existe entre l'industrie manufacturière et un système national de communications; je vis qu'ils ne pouvaient attendre un grand développement l'un sans l'autre. Je me trouvai ainsi en état de traiter cette matière, d'une manière plus large, je puis le dire, qu'aucun autre économiste avant moi, et en particulier de mettre en évidence la nécessité et les avantages de *systèmes nationaux de chemins de fer*, avant qu'aucun autre économiste, en Angleterre, en France ou aux États-Unis, eût songé à les considérer de ce point de vue élevé.

J'aurais à m'accuser moi-même de jactance au sujet de cette déclaration, si je ne m'y voyais pas obligé par les outrages et les mauvais procédés de toute espèce qu'il m'a fallu essuyer pour m'être fait le promoteur d'un système allemand de chemins de fer. On m'a dépeint au public comme un homme qui cherche à acquérir de l'importance, un nom, de l'influence et de l'argent, en exaltant déclamatoirement quelque nouveauté. Un journal littéraire, très-respectable d'ailleurs, du nord de l'Allemagne, après une appréciation passablement superficielle de mon article *Canaux et chemins de fer* dans le *Staatslexicon* (dictionnaire politique), a fait de moi une espèce d'enthousiaste, dont l'imagination échauffée grossit tout, et voit une multitude de choses que les yeux des autres hommes ne perçoivent pas. Il y a quatre ou cinq ans, plusieurs articles datés de Leipsick, publiés dans des journaux de Nuremberg et de Francfort, ont été plus insultants encore (1); on a poussé l'ignorance et l'insolence au point de

(1) Je ne puis omettre ici qu'à mon arrivée à Leipsick en 1833, mon nom n'avait pas été oublié de ceux dont j'av is eu à combattre, en 1821, les pré-

me signaler au public allemand comme un charlatan ou un
rêveur économique. Dans l'article *Chemins de fer* du nouveau
Conversations-Lexicon (dictionnaire de conversation), on a été
jusqu'à me reprocher d'avoir été le principal fauteur de ces
misérables jeux de bourse qui, à la suite de la première sous-
cription de Leipsick, ont jeté tant de discrédit sur ces entreprises, tandis que, au contraire, c'est mon énergique opposition contre les jeux de bourse qui m'a fait encourir la disgrâce
des joueurs. Mon article ci-dessus mentionné s'explique trop
clairement à ce sujet, pour qu'il soit nécessaire de me défendre ici contre de méprisables attaques. Je n'ai qu'une observation à faire, c'est qu'on a usé envers moi de mauvais procédés, de procédés que rien ne justifie, parce que je m'étais
trouvé sur le chemin de certaines personnes, de certains intérêts privés, et qu'ensuite, comme par surcroît, on m'a décrié, parce que, craignant que je ne révélasse dans toute
leur nudité les intrigues dont j'avais été l'objet, on a voulu
me prévenir auprès du public allemand. Mes adversaires, en
général, plutôt trompés que trompeurs, ne connaissaient ni
mes sentiments, ni ma situation, ni l'étendue de mes ressources.

Bien loin de songer à importuner le public allemand de
ces misérables débats privés, dès le commencement de ces intrigues, j'avais pris la ferme résolution de supporter en silence toutes les calomnies publiques ou particulières ; d'a-
bord, pour ne pas nuire à la bonne cause à laquelle j'ai déjà
sacrifié tant d'années de ma vie, et tant d'argent si péniblement gagné, puis pour ne pas m'ôter la tranquillité d'esprit
que réclame la poursuite de mon but ; puis enfin, dans l'espé-

jugés et les intérêts particuliers comme agent de la Société de commerce, que
les animosités conçues à mon égard dans cette lutte par plusieurs habitants
influents se ranimèrent alors et ont dû être l'origine du désaccord qui éclata
entre les chefs du commerce de cette ville et moi. Cela paraîtra fort vraisemblable, si l'on réfléchit que la grande Association allemande ne se constitua
que pendant mon séjour à Leipsick, que, par conséquent, la première fois
que j'y parus, l'influence en bien ou en mal qu'elle pouvait exercer sur cette
place de foire était encore un problème.

rance que j'avais et que j'ai toujours, qu'on finira par me rendre justice, du moins sous cé rapport.

Dans un tel état de choses, je puis bien ne pas craindre l'accusation de vanterie, quand je revendique comme un travail qui m'est exclusivement propre, à part les détails d'intérêt local, les arguments et les considérations économiques qui se trouvent dans les rapports de Leipsick, quand je soutiens que c'est moi, moi seul qui, dès le commencement, ai donné au comité du chemin de fer de Leipsick cette tendance *nationale* qui a si fortement ému l'Allemagne entière, et qui a porté de si beaux fruits ; que, durant les huit dernièresan - nées, j'ai été occupé nuit et jour à pousser la question des chemins de fer dans toutes les parties de l'Allemagne par des excitations, par des lettres, par des mémoires. J'affirme tous ces faits avec la pleine conviction que nul homme d'honneur en Saxe ne pourra ou ne voudra, publiquement et en signant son nom, me contredire sur aucun.

Les intrigues qui viennent d'être dénoncées expliquent en grande partie pourquoi les économistes allemands ont, jusqu'à présent, rendu si peu de justice à mes travaux sur les chemins de fer, pourquoi, dans leurs écrits, au lieu de reconnaître ce que les miens ont de neuf et d'original, ils m'ont, ou passé entièrement sous silence, ou cité d'une manière générale (1).

Mes efforts dans le but de créer un réseau de fer allemand, mission qui seule avait pu me déterminer à quitter pour de longues années une situation brillante aux États-Unis, ces efforts, dis-je, et les occupations toutes pratiques auxquelles je m'étais livré en Amérique, m'avaient empêché de poursuivre mes travaux littéraires, et peut-être ce livre n'eût-il jamais vu le jour, si, grâce aux mauvais procédés dont j'ai parlé, je ne m'étais pas trouvé inoccupé, et stimulé par le désir de sauver ma réputation.

Pour rétablir une santé altérée par le travail et par des chagrins inouïs, je fis au printemps de 1837 le voyage de Paris.

_____

(1) Je dois excepter de ce reproche M. le conseiller d'Etat Nebenius. La modestie me défend de répéter ici ce qu'il m'a dit de vive voix à ce sujet.

J'y appris par hasard qu'une question relative à la liberté et aux restrictions en matière de commerce, déjà une fois proposée, avait été remise au concours par l'Académie des sciences morales et politiques. Là-dessus, je me décidai à mettre par écrit la substance de mon système (1). Mais, réduit,

(1) Lorsque List composait un mémoire en français pour l'Académie, il n'était pas à son début dans ce genre. La *Revue encyclopédique*, dirigée par MM. Auguste Jullien et Anselme Petetin, contient, dans ses cahiers de mars et avril 1831, un intéressant travail de l'économiste allemand, sous ce titre : *Idées sur les réformes économiques, commerciales et financières applicables à la France.* Dans le premier article, il retrace les avantages que la France pourrait retirer, pour ses relations intérieures, d'un système complet de chemins de fer, sujet alors tout neuf parmi nous; dans le second, il expose ses vues sur les développements promis au commerce extérieur de notre pays. Ce dernier article commence par ces lignes qui offrent le germe du *système national :*

« Quoique partisan des théories de la liberté du commerce, nous croyons à la nécessité d'une sage protection pour l'industrie nationale ; cosmopolite par principe et plein de foi dans l'utopie de la paix éternelle, nous ne pouvons cependant nous persuader que, dans l'état actuel du globe, une nation agit prudemment en démolissant ses forteresses et en négligeant tous ses moyens de défense. Nous comprenons fort bien les heureux effets de l'abolition des tarifs provinciaux en France, mais nous ne pensons point que l'abolition des tarifs établis sur les frontières de nation à nation fût également conseillée par une saine politique. La liberté du commerce et la paix perpétuelle, sont, à ce qu'il nous paraît, deux principes qui reposent sur la même base et qui sont intimement liés; elles ne seront possibles toutes deux que lorsque la civilisation, la condition politique et l'industrie des nations seront tellement avancées, seront devenues tellement semblables, que leur union puisse être utile à chacune d'elles comme celle qui existe entre les vingt-quatre États de l'Amérique du Nord leur est à tous avantageuse. En attendant, l'homme d'État politique, voyant des dangers réels dans l'abandon d'avantages certains et d'une sécurité présente pour la recherche d'un avenir douteux, ne doit pas être tenu d'obéir à des théories, lesquelles présupposent un état de choses qui n'est pas encore établi. »

L'auteur insiste ensuite particulièrement sur les moyens de développer les échanges entre la France et les États-Unis.

A la fin de ce travail, nous trouvons un post-scriptum qu'on jugera remarquable, si l'on se reporte à l'époque où il fut publié, et qui traite des *Avantages d'une route à ornières du Havre à Strasbourg par Paris. « Nous écrivions ce qu'on vient de lire, dit List, quand des cris se sont fait entendre dans les rues de Paris : Du travail! du pain! Ces cris de détresse nous font abandonner la suite de cette argumentation, pour proposer sans délai aux ministres un moyen de donner de l'occupation à la population pauvre de Paris et de la France entière. Il n'est point question de bâtir des monuments

faute d'avoir avec moi mes travaux antérieurs, aux seules ressources de ma mémoire, et n'ayant devant moi qu'un délai
rigoureux d'à peine quinze jours, mon œuvre dut être naturellement très-imparfaite. Néanmoins la commission de l'Académie le rangea parmi les trois premiers mémoires, sur
vingt-sept qui lui avaient été adressés (1). J'eus lieu d'être
satisfait de ce résultat, pour un travail fait si rapidement, le
prix n'ayant pas été décerné (2), et surtout les juges appartenant tous par leur foi scientifique à l'école cosmopolite. Aujour-
d'hui, en effet, pour ce qui est de la théorie du commerce international et de la politique commerciale, c'est peut-être pis
encore en France qu'en Allemagne. M. Rossi, homme d'un
rare mérite dans les sciences politiques en général, et en particulier dans l'économie politique, dont il a élaboré plusieurs
points particuliers, mais élevé dans de petites cités de l'Italie
et de la Suisse où il est impossible de comprendre et d'apprécier l'industrie et le commerce dans les proportions nationales (3), où l'on est obligé, par conséquent, de fonder toutes ses
espérances sur la mise en pratique de la liberté générale du

de luxe, qui, une fois terminés, restent improductifs ; il s'agit d'un travail
qui multiplie à l'infini dans l'avenir les éléments de la production et de la
richesse. Nous proposons de construire une route à ornières du Havre à
Paris et de Paris à Strasbourg. »
Il est encore digne de remarque que List recommande l'exécution et l'exploitation des nouveaux chemins par l'industrie particulière avec la garantie
d'un minimum de 4 pour 100 de la part de l'État. (H. R.)
(1) Le mien portait la devise caractéristique de mon système : *Et la patrie
et l'humanité !*
(2) La question mise au concours était ainsi posée : « Lorsqu'une nation
se propose d'établir la liberté du commerce ou de modifier la législation sur
les douanes, quels sont les faits qu'elle doit prendre en considération pour
concilier, de la manière la plus équitable, les intérêts des producteurs nationaux et ceux de la masse des consommateurs. » J'emprunte ce renseignement
à un article sur List, de M. Joseph Garnier, que le *Dictionnaire d'économie
politique* a publié depuis la première édition de la présente traduction.
Le prix n'aurait pas été décerné, parce que les auteurs des mémoires
avaient traité la question générale de la liberté du commerce, au lieu de la
question spéciale qui était l'objet du concours. (H. R.)
(3) C'est par la même raison que les écrits sur l'économie politique de
M. Simonde de Sismondi, si distingué comme historien, sont dénués de tout

commerce, comme ceux qui ne trouvent plus de consolations
ici-bas, ont coutume de mettre tout leur espoir dans les joies
de l'autre monde ; M. Rossi n'a pas conçu de doutes touchant
le principe cosmopolite, et l'idée ne lui est pas venue que
l'histoire pouvait fournir sous ce rapport d'autres lumières
que celles qu'on trouve chez Adam Smith. M. Blanqui, connu
en Allemagne par son *Histoire de l'Économie politique*, a depuis, borné son ambition à délayer J.-B. Say, qui lui-même
avait délayé Adam Smith. Quiconque a jeté un coup d'œil impartial et réfléchi sur l'histoire du commerce et de l'industrie, trouvera dans ses ouvrages un déluge de choses insipides (1).

mérite, pour ce qui concerne le commerce international et la politique commerciale. Chez M. de Sismondi, les yeux du corps voient tout rouge foncé ;
les yeux de son esprit semblent être pareillement altérés dans les questions
d'économie politique. Il veut, par exemple, qu'on mette un frein à l'esprit
d'invention !

(1) Mon rôle de traducteur m'impose ici, quoi qu'il m'en coûte, une fidélité
scrupuleuse. Le bon sens des lecteurs reconnaîtra aisément ce qu'il y a d'injuste et de passionné dans ces jugements et dans quelques autres. Quant à
Rossi en particulier, dont je puis parler plus librement depuis qu'une mort
glorieuse l'a ravi à la science et aux affaires, j'aurai plus loin occasion de
faire remarquer qu'il se rapproche, à plus d'un égard, de la doctrine de List
en matière de commerce international.   (*Note de la première édition.*)

C'est le passage auquel se rapporte la note ci-dessus et la note elle-même
qui ont excité la colère de Blanqui, et provoqué de sa part les attaques les
plus violentes contre List et contre son traducteur. Blanqui avait sujet de se
plaindre de List ; mais il aurait fait plus sagement, au lieu de s'acharner
contre sa mémoire, à propos d'une boutade, de se borner à répondre qu'il
ne faisait pas partie, en 1837, de l'Académie des sciences morales et politiques. Quant aux torts du traducteur, ils étaient imaginaires.

La polémique qui a eu lieu en 1852 a ce sujet entre Blanqui et moi, et
dans laquelle ni les esprits sérieux ni les rieurs n'ont été du côté de l'a-
gresseur, se trouve dans le *Moniteur industriel*, le *Journal des Économistes*,
et dans la *Patrie*.

Qu'il me soit permis de reproduire une pièce de ce procès, savoir la lettre
que j'adressai au directeur du *Journal des Économistes* à l'occasion de
l'article inséré par Blanqui dans cette revue. (H. R.)

A Monsieur le Directeur du *Journal des Économistes.*

MONSIEUR,

Le dernier numéro du *Journal des Économistes* publie sur le *Système national* de Frédéric List et sur son traducteur, un article de M. Blanqui, dont

Ce n'est pas de ces deux hommes, assurément, qu'émane le jugement favorable porté sur mon mémoire, je l'attribue au baron Dupin. M. Dupin, qui a de l'éloignement pour toute

j'ai sujet de me plaindre. On peut porter, sur le mérite de mes travaux, le jugement qu'on voudra, mais il n'est permis à personne d'en contester la sincérité. Réclamer contre une odieuse accusation, c'est un devoir envers moi-même, et c'est mon droit. Je pourrais me prévaloir de ce droit légal, mais votre loyauté m'accordera, sans doute, d'elle-même, la faculté de répondre dans le même recueil où j'ai été attaqué.

Voici les faits. List a écrit, dans la préface de son *Système national*, que M. Blanqui avait borné son ambition à *délayer J.-B. Say, qui, lui-même, avait délayé Adam Smith*. Cette épigramme a justement blessé votre collaborateur, qui l'exagère, du reste, en la qualifiant d'*injure brutale ;* et il m'a fait l'honneur de m'adresser, à ce sujet, en octobre dernier, une lettre vive. Je me suis empressé de lui répondre poliment. Mes explications, apparemment, ne l'ont pas satisfait ; car, dans ses *Lettres sur l'Exposition de Londres*, qui ont paru peu après, on lit, sur Frédéric List, une note regrettable et qui dépare le volume. M. Blanqui avait annoncé, en outre, qu'il publierait un article terrible. Le foudre vengeur était depuis si longtemps suspendu sur ma tête que je n'y pensais plus ; il est tombé enfin ; mais, heureusement pour moi, il a raté ; cette fois, quelque maligne influence avait paralysé le bras du Jupiter économique. L'article du *Journal des Économistes* n'est guère qu'une répétition de la lettre et une amplification de la note ; il se distingue, néanmoins, de l'une et de l'autre par une amertume particulière contre le traducteur.

J'admets le grief de M. Blanqui contre List, bien que je trouve notre pauvre compatriote bien acharné dans sa rancune, mais je ne puis m'expliquer sa malveillance à mon égard.

M. Blanqui trouve mauvais que j'aie traduit le *Système national*. Étrange reproche, en vérité ! Singulier libéralisme ! Vous voulez ouvrir notre marché aux laines et aux bestiaux d'Allemagne et le fermer aux produits de la pensée allemande ! Vous réclamez la concurrence étrangère pour les éleveurs français, et vous n'en voulez pas pour vous-même, économiste français ! Que toutes les barrières tombent, mais qu'on en élève une nouvelle à votre profit contre la science d'outre-Rhin ; vous suffisez si pleinement, en effet, aux besoins de la consommation française !

M. Blanqui aurait désiré que certain passage de la préface de l'auteur fût omis dans la traduction. « Ce n'est pas ainsi qu'on traduit quand on est Français, » m'a-t-il fait l'honneur de m'écrire en octobre dernier. Je ne savais pas que la qualité de Français dispensât un traducteur de l'exactitude et de la fidélité. Le passage dont il s'agit, je l'ai traduit littéralement comme tous les autres ; mais j'en ai décliné la responsabilité par la note suivante : « Mon rôle de traducteur m'impose ici, quoi qu'il m'en coûte, une fidélité scrupuleuse. Le bon sens des lecteurs reconnaîtra aisément ce qu'il y a d'injuste et de passionné dans ces jugements et dans quelques autres. » Ce correctif suffisait, certes ; l'idée ne m'était pas venue un instant qu'un homme

théorie, et qui est cependant un homme de beaucoup de réflexion et d'expérience, n'a point trempé dans les systèmes. Lui à qui la France doit un tableau statistique de ses forces

d'esprit pût attacher de l'importance à de pareilles misères : mais il y a des amours-propres maladifs que rien ne satisfait.

« Cet ouvrage, dit M. Blanqui, semble avoir été traduit avec amour par un *complice.* » Complice de quel crime, s'il vous plaît ? Ce crime, c'est celui de la modération ; on avait inventé, sous la terreur, le crime de modérantisme ; M. Blanqui le ressuscite, et, Fouquier-Tinville du libre-échange, il s'engage à le poursuivre de ses réquisitoires impitoyables ; il aura, nous le craignons, comme son prédécesseur, de nombreux procès à instruire.

Mais voici quelque chose de plus fort. « Frédéric List, dit M. Blanqui, a trouvé dans M. Henri Richelot un traducteur à la hauteur de ses principes. Tant vaut la préface de l'un, tant vaut la préface de l'autre. C'est la même incertitude de doctrine, *le même trouble de la conscience ; ils sentent bien, tous deux, qu'ils ne sont pas dans la bonne voie ;* pourtant, *si j'avais à décider quel est celui des deux qui me paraît le plus sincère, je préférerais l'Allemand ;* et je crains bien que le traducteur n'ait publié sa traduction qu'en vue de plaire aux astres qui brillaient naguère sur l'horizon républicain, filateurs, maîtres de forges et autres coryphées de cette brillante Assemblée législative qui se pâmait d'admiration devant les discours prohibitionnistes de M. Thiers. »

A de telles insinuations ma réponse sera facile. N'ayant jamais soutenu d'autres doctrines commerciales que celles que je professe dans ma préface, et ce sont les doctrines qui prévalent dans les grandes administrations du continent, je crois pouvoir être cru quand j'affirme que j'ai fait une œuvre de bonne foi, que ma conscience est parfaitement tranquille, et que j'ai l'intime conviction d'être dans la bonne voie. Dès 1845, avant que le libre échange eût arboré son drapeau en France, j'avais eu occasion d'exprimer le cas que je faisais du *Système national.* En mettant ce beau livre à la portée des lecteurs français, j'ai suivi ma propre inspiration ; je n'ai reçu commission de personne ; dans l'accomplissement de cette tâche laborieuse et d'un mince profit, je n'ai été mû, je n'ai été soutenu que par un sentiment élevé d'intérêt public ; et je repousse avec mépris une calomnieuse accusation.

Si M. Blanqui en veut aux morts, à List, pour ce que nous savons, à la défunte Assemblée législative pour n'avoir pas goûté ses statistiques, il en veut bien davantage aux vivants, et je suis le préféré de sa colère : « On peut pardonner bien des choses, dit-il, à un esprit aigri par la souffrance et par le malheur ; mais qu'ont donc fait à M. Richelot, *heureusement bien portant,* les économistes de son pays, pour qu'il se soit associé, dans sa préface de traducteur, aux haines et aux bizarreries de cet Allemand nébuleux et atrabilaire ? »

Je remercie M. Blanqui de l'intérêt qu'il veut bien prendre à ma santé, et j'aime à croire, de mon côté, que l'émotion que lui a causée la publication du *Système national* n'aura pas altéré la sienne. Quoi qu'il en soit, je n'hésite

productives, aurait dû trouver la doctrine des forces productives, s'il avait pu vaincre sa répugnance pour les théories. Dans la préface de cet ouvrage, M. Dupin exprime nettement cette aversion. Il a J.-B. Say en vue, lorsqu'il dit, avec une intention railleuse, qu'il n'a pas eu la vaine prétention de forger des systèmes, et de juger de toutes les nations d'après une seule. Je ne vois pas, toutefois, comment, sans une bonne théorie, on peut arriver à une pratique conséquente. On pourra objecter, il est vrai, que les hommes d'État anglais ont, sans théorie, été d'assez bons praticiens durant des siècles ; mais il serait facile de répondre que la maxime, *vendre*

pas à le reconnaître, les économistes de mon pays, tant les économistes *dignes de ce nom*, suivant M. Blanqui, c'est-à-dire les libre-échangistes, que les économistes *indignes*, ne m'ont jamais fait aucun mal ; mais je suis tout aussi innocent à leur égard qu'ils sont irréprochables envers moi, M. Blanqui excepté, bien entendu. Est-ce qu'on nuit aux gens pour n'être pas de leur avis en tout point ? Est-ce qu'on est l'ennemi de ceux dont on combat les doctrines avec courtoisie ? Tous ceux qui liront ma préface la trouveront calme et polie ; tous ceux qui liront mes notes témoigneront du soin que j'ai mis à rectifier quelques jugements erronés de l'auteur allemand, de mon culte pieux pour la mémoire des fondateurs d'une science que je cultive, quoique indigne. Dans deux de ces notes j'ai cité M. Blanqui, l'ingrat !

C'est moi qui ai le droit de dire à mon adversaire : Qu'est-ce que je vous ai donc fait pour être en butte aux traits de votre haine ? Qu'est-ce que je vous ai fait pour que vous cherchiez par tous les moyens à dénigrer un honnête homme ? Ou plutôt, comment êtes-vous ennemi de vous-même à ce point de descendre, par un tel langage, des hauteurs de l'Institut ?

En terminant cette réponse, je ne puis assez m'étonner de la légèreté avec laquelle un professeur parle d'un livre sérieux qu'il ne paraît pas même avoir lu. Que trouve-t-on dans ce compte rendu ? L'éternelle plaisanterie sur les *cornes de cerf* et les *langues de vipère*, qui constitue le fond de la polémique de M. Blanqui depuis vingt-cinq ans ; des invectives contre l'auteur et contre le traducteur : voilà tout, absolument tout. M. Blanqui déclare List prohibitionniste, lorsqu'il n'y a pas dans tout l'ouvrage un seul argument en faveur de la prohibition. A l'en croire, l'auteur du *Système national* serait un homme obscur. De bonne foi, M. Blanqui aurait-il été piqué au vif par la boutade d'un homme obscur, et conterait-il sa peine à tous les échos, comme ces maris trompés, qui font du scandale, afin d'apprendre leur mésaventure à tout l'univers ?

Je vous serai obligé, monsieur le directeur, de vouloir bien insérer la présente lettre dans votre plus prochain numéro, et de recevoir l'assurance de ma parfaite considération.

HENRI RICHELOT.

des objets fabriqués et acheter des matières brutes, a, durant
des siècles, en Angleterre, tenu lieu de toute une théorie. Ce
n'est vrai, toutefois, qu'en partie, puisque cette maxime n'a
pas épargné à l'Angleterre la faute grossière de prohiber, à
diverses époques, l'importation du blé et d'autres produits
agricoles. Quoi qu'il en soit, je crois pouvoir le conclure de
quelques mots que m'a dits M. Dupin, l'affinité de ses tableaux
statistiques avec ma théorie n'avait pu échapper à sa sagacité ;
de là son jugement favorable. Il y avait dans ce concours
d'autres juges ayant écrit sur l'économie politique ; mais si
l'on feuilletait leurs ouvrages, pour y chercher quelque chose
qui ressemblât à une pensée originale, on n'y trouverait rien
de plus que *political economy made easy* (1), comme parlent les
Anglais ; des choses à l'usage des dames qui se mêlent de
politique, des petits maîtres parisiens et autres amateurs,
enfin les paraphrases des paraphrases d'Adam Smith ; de
pensées originales, il n'en était pas question ; cela faisait pitié.

Le travail en langue française, cependant, ne fut pas plus
dépourvu d'utilité pour moi que mes précédents travaux en
anglais ; non-seulement je fus confirmé dans ma première
opinion, qu'un bon système devait reposer sur une bonne
base historique ; mais je reconnus de plus que je n'avais pas
poussé mes études historiques assez loin. Aussi, lorsque, après
avoir avancé ces études, je relus plus tard mes écrits en langue anglaise et particulièrement les cinq feuilles déjà imprimées d'une introduction historique, je les trouvai pitoya-
bles. Peut-être le lecteur inclinera-t-il à trouver tels aussi
ceux que je lui présente sous le costume allemand. J'avoue
franchement et sans affectation, beaucoup peut-être ne le
croiront que trop volontiers, qu'en relisant mes premiers
chapitres, après l'achèvement du dernier, je n'en fus pas plus
satisfait, et que je fus sur le point de sacrifier mon œuvre
allemande, comme j'avais sacrifié mes œuvres anglaise et
française. Mais je changeai d'avis. Celui qui poursuit ses

_____

(1) *L'économie politique mise à la portée de tout le monde.*

études, va toujours en avant, et l'élaboration doit cependant
avoir un terme. Je me présente donc devant le public, avec la
pensée décourageante, qu'on trouvera beaucoup à reprendre
dans mon ouvrage ; je reconnais moi-même en écrivant cette
préface que j'aurais pu mieux faire et mieux dire ; une espérance, cependant, me soutient, c'est qu'on trouvera aussi dans
ce livre plus d'une vérité neuve et quelques vues éminemment utiles à ma patrie allemande.

C'est principalement ce désir d'être utile à mon pays qui
explique pourquoi, souvent peut-être téméraire et tranchant,
j'ai porté un arrêt de condamnation sur les opinions et sur
les travaux de quelques auteurs et d'écoles tout entières. La
présomption n'y a été pour rien, je l'assure ; partout j'ai obéi
à la conviction que les opinions blâmées étaient dangereuses,
et que, pour agir utilement, il fallait les combattre avec
énergie et sans détours. On a tort, du reste, de croire que les
hommes qui ont rendu d'éminents services à la science doivent être respectés dans leurs erreurs ; tout au contraire, les
hommes célèbres et qui font autorité nuisent par leurs erreurs
plus que des écrivains insignifiants, et ils doivent, par conséquent, n'être combattus qu'avec plus de rigueur. Qu'une
forme plus douce, plus modérée, plus humble, avec certaines réserves, et des compliments distribués à droite et à
gauche, eût mieux servi mes intérêts personnels, je ne l'i-
gnore pas ; je sais aussi que le juge sera jugé à son tour. Mais
où est le mal ? Je mettrai à profit les sévères arrêts de mes
adversaires pour corriger mes fautes, dans le cas où, ce que
j'ose à peine espérer, cet ouvrage parviendrait à une seconde
édition. J'aurai été ainsi doublement utile, excepté à moi-
même.

Pour les juges équitables et indulgents qui voudront bien
admettre mon excuse, j'ajoute que je n'ai pas employé à la
composition de cet ouvrage autant de temps, à beaucoup
près, qu'à mes recherches et à mes méditations, que les chapitres en ont été écrits à diverses époques, et souvent avec
rapidité, et que je suis loin de me figurer doué de facultés

intellectuelles extraordinaires. Cette observation est nécessaire, afin qu'on ne conçoive pas de trop grandes espérances d'un enfantement si pénible après une gestation si longue ; afin que l'on s'explique pourquoi çà et là je parle d'un temps à demi ou tout à fait écoulé comme du présent, et qu'on ne me reproche pas trop des répétitions fréquentes ou même des contradictions sur des détails. Pour ce qui est des répétitions, quiconque est un peu initié à l'économie politique sait que les diverses parties de cette science s'enchevêtrent les unes dans les autres, et qu'il vaut beaucoup mieux répéter dix fois la même chose que de laisser un seul point obscur. Du reste, l'opinion que j'ai de mes propres forces ressort surtout de l'aveu qu'il m'a fallu tant d'années pour mener à fin quelque chose de passable. Les grands esprits produisent promptement et aisément ; les esprits ordinaires ont besoin de beaucoup de temps et de labeur. Mais aussi, favorisés par les circonstances, ils peuvent parfois produire une œuvre extraordinaire, surtout s'ils trouvent une théorie mûre pour tomber, et si la nature les a doués d'un peu de jugement et de quelque persévérance à éclaircir leurs doutes. Le pauvre, lui aussi, peut devenir riche en accumulant pfennig sur pfennig, thaler sur thaler.

Pour aller au-devant du soupçon de plagiat (1), je ferai remarquer que la plupart des idées développées dans cet écrit ont été déjà bien des fois émises par moi dans des journaux allemands et français, notamment dans la *Gazette d'Augsbourg*, souvent, il est vrai, très en raccourci dans des articles de correspondance. Je ne puis pas m'empêcher, à cette occasion, de témoigner publiquement ma reconnaissance envers mon intelligent et savant ami, le docteur Kolb, qui n'a pas craint de donner place dans un journal aussi accrédité que le

(1) Malgré ces observations, le reproche de plagiat n'a pas été épargné à l'auteur du *Système national*. On a essayé notamment, mais sans aucun succès, de faire honneur de ce système à un professeur obscur d'une université hessoise, auquel List l'aurait pris purement et simplement sans avouer son larcin. Les pièces de ce procès se trouvent dans les numéros du *Zollvereins-blatt* des 27 janvier et 3 février 1846. (H. R.)

sien à des idées et à des arguments jugés d'abord souvent si
téméraires. J'ai une dette semblable à acquitter envers le
baron de Cotta, lequel marche avec une si glorieuse ardeur
sur les traces d'un père qui a rendu de si grands services à
l'industrie comme à la littérature allemandes. C'est un devoir
pour moi de déclarer hautement que le propriétaire de la
plus célèbre librairie du monde m'a prêté, dans l'œuvre des
chemins de fer allemands, plus d'assistance que qui que ce
soit en Allemagne, et que c'est lui qui m'a déterminé à publier, d'abord une esquisse de mon système dans la *Vierteliahrschrift* (Revue trimestrielle), puis le présent ouvrage.

Afin qu'on ne me reproche pas à tort d'avoir été incomplet,
il est bon d'avertir, que mon dessein dans ce premier volume
a été de réunir ce que j'avais à dire de neuf et d'original sur
le commerce international et la politique commerciale et en
particulier sur les moyens de constituer un système national
allemand. J'ai cru aussi, dans ce moment décisif, servir ainsi
beaucoup mieux la cause de l'industrie allemande, qu'en
mêlant le neuf avec le vieux, le certain avec le douteux, et en
réchauffant ce qui a été déjà dit cent fois. J'ai dû aussi omettre
d'autres découvertes que je crois avoir faites dans d'autres
branches de l'économie politique, et que je dois à mes observations et à mes expériences, à mes voyages et à mes études.
J'ai étudié notamment l'organisation agraire et la constitution
des propriétés, les moyens de faire naître l'aptitude au travail
et d'éveiller l'esprit d'entreprise en Allemagne, les maux qui
accompagnent l'industrie manufacturière, et les moyens d'y
porter remède et de les prévenir, l'émigration et la colonisation, la création d'une marine allemande et l'extension du
commerce extérieur, les effets de l'esclavage et son abolition,
la situation et les vrais intérêts de la noblesse allemande. Les
résultats de ces études, quand bien même ils n'étendraient pas
démesurément cet ouvrage, ne doivent pas y trouver place.

Dans mes articles de la *Vierteliahrschrift* (1), j'ai voulu en

(1. *L'économie nationale envisagée du point de vue historique*, 5ᵉ cahier et
De l'importance d'une industrie manufacturière nationale, 9ᵉ cahier.

quelque sorte interroger l'opinion publique, en Allemagne,
sur le point de savoir s'il est permis, s'il n'est pas scandaleux,
d'exposer des vues et des principes, qui diffèrent essentiellement de ceux de l'école régnante en économie politique. Je
voulais en même temps fournir aux partisans de cette école
une occasion de me ramener dans la bonne voie, si je m'étais
égaré dans le sentier de l'erreur. Mais ces articles sont depuis
deux ans sous les yeux du public, sans qu'une seule voix favorable ou contraire se soit fait entendre. Mon amour-propre
me dit qu'on n'a pas pu me réfuter ; mais mon penchant au
doute m'insinue, qu'on fait de moi trop peu de cas pour
m'honorer d'une réfutation. Lequel dois-je croire ? Je l'i-
gnore ; je sais seulement que, dans une question où il s'agit
de la prospérité ou de la détresse, de la vie ou de la mort
d'une nation, et de la nôtre, de la nation allemande, l'opinion
du dernier des hommes mérite d'être prise en considération,
ou tout au moins d'être combattue.

« Mais, pourra dire l'école, comme déjà en effet elle l'a dit
souvent, le système mercantile, nous l'avons victorieusement
combattu dans cent et cent écrits, articles et discours ; faut-il
entreprendre une millième réfutation d'une erreur que l'on
réchauffe ? » A cela il n'y aurait rien à répondre, si je n'avais
fait que réchauffer le système mercantile. On n'a qu'à lire
l'introduction qui suit, pour se convaincre que je n'ai pris de
ce système si décrié que ce qu'il avait de bon et que j'en ai
rejeté toutes les erreurs ; que j'ai donné à ses vérités une tout
autre base, celle de l'histoire et de la nature des choses, que
j'ai agi de la même manière avec le système agricole et avec
ce qu'on appelle le système industriel, improprement désigné
par le nom que mérite le système appelé mercantile ; que j'ai
fait plus ; que, le premier, j'ai réfuté, au nom de la nature
des choses et des leçons de l'histoire, les arguments mille fois
reproduits par l'école cosmopolite ; que, le premier, j'ai mis
en lumière les déceptions de son cosmopolitisme vague, de sa
terminologie équivoque et de ses arguments erronés. Certes,
cela méritait bien l'attention de l'école et une sérieuse ré-

ponse. Dû moins l'homme qui avait directement provoqué
ces articles, n'aurait pas dû laisser à terre le gant que je lui
avais jeté.

Pour l'intelligence de ceci, je suis obligé de rappeler des
faits antérieurs. Dans un compte rendu de l'exposition industrielle de Paris en 1839, que j'avais adressé à la *Gazette
d'Augsbourg*, je m'étais avisé de jeter en passant un coup
d'œil sur l'état de la science, et en particulier sur l'école française. Je fus tancé à ce sujet, dans la même feuille, par un
correspondant du Rhin, et je le fus d'un ton et avec des arguments qui me montraient clairement que j'avais affaire à
l'une des premières autorités scientifiques de l'Allemagne (1).
Il trouvait mauvais qu'en parlant de la théorie régnante je
n'eusse nommé que Smith et Say, et il donnait à entendre
que l'Allemagne aussi possédait des théoriciens illustres.
Chacune de ses paroles respirait cette confiance qu'une
théorie parvenue à une domination incontestée inspire à ses
disciples, surtout vis-à-vis des sceptiques auxquels ils refu-
sent toute connaissance sérieuse de la doctrine qu'ils ont ap-
prise par cœur. Après avoir reproduit les arguments connus
de l'école contre le système mercantile, tout en regrettant
d'avoir à revenir sur des vérités cent fois redites et universel-
lement reconnues, il s'écriait : que Jean-Paul avait dit quelque part, qu'une fausse théorie ne saurait être *remplacée* que
par une meilleure.

J'ignore où et à quel propos Jean-Paul a émis cette sentence ; mais il me sera permis de dire que, présentée comme
elle l'a été par le correspondant du Rhin, elle ressemble fort
à un lieu commun. Le mauvais, en effet, ne peut jamais être
remplacé avec avantage que par le meilleur. Mais il ne s'ensuit
nullement que, lorsque quelque chose de mauvais a jusque-là
passé pour bon, on n'ait pas le droit de le montrer tel qu'il
est. Il s'ensuit moins encore qu'on ne doive pas jeter à bas

---

(1) Il y a lieu de croire que List veut parler ici de M. Rau, professeur distingué à l'université de Heidelberg, et auteur d'un traité d'économie politique, qui a eu plusieurs éditions. (H. R.)

une théorie dont on a reconnu la fausseté, afin de faire place pour une meilleure, ou de montrer qu'une théorie meilleure est à découvrir. Pour ma part, je ne me suis pas borné à prouver que la théorie régnante est fausse et insoutenable, j'ai de plus, dans mes articles de la *Vierteljahrschrift*, soumis au public, à titre d'essai, l'esquisse d'une nouvelle théorie que je croyais meilleure ; j'ai accompli par conséquent, à la lettre, les conditions requises par la sentence de Jean-Paul. Cependant cette autorité considérable de l'école cosmopolite garde le silence depuis deux ans.

A la rigueur, du reste, il n'est pas complétement vrai qu'aucune voix ne se soit fait entendre, au sujet des deux articles précurseurs de mon livre. Si je ne me trompe, c'est à moi que l'auteur d'un article publié dans un des derniers numéros d'une feuille périodique honorablement placée, a fait allusion, quand il a parlé d'attaques aux idées reçues en économie politique, attaques dont les auteurs « ne sont pas des hommes de la spécialité et trahissent peu de connaissance de la théorie par eux combattue, laquelle ils ont généralement mal saisie dans son ensemble et dans ses détails. »

Cette polémique sublime est tellement enveloppée sous des phrases scolastiques et sous des sentences obscures, que l'idée ne peut venir à personne, excepté à moi, qu'elle me concerne, moi et mes articles. Par ce motif, et comme je ne suis pas bien sûr qu'il s'agisse en effet de moi, fidèle à mon dessein de n'attaquer nominativement et de ne provoquer dans cet ouvrage aucun écrivain allemand existant, je ne veux pas désigner avec plus de précision mon adversaire et son article. Je ne me tairai pas cependant, afin de ne pas laisser à l'auteur, dans le cas où il aurait voulu parler de moi, l'opinion qu'il m'a dit quelque chose de fort. Dans ce cas, sans autre désignation, il saura bien que je veux parler de lui. Je déclare donc franchement à cet adversaire, que je crois être tout aussi initié que lui-même aux profonds mystères de sa science ; que des paroles ambiguës et des phrases profondes en apparence, mais creuses en réalité, comme celles qui sont entassées les

unes sur les autres au commencement de son article, sont en
économie politique comme les fausses monnaies dans la circulation ; que des affirmations vagues et la prétention à un savoir exceptionnel ne prouvent que la conscience de quelque
infirmité ; que ce n'est plus le temps d'attribuer à Adam Smith
la sagesse de Socrate ni de considérer Lotz, qui l'a délayé en
allemand, comme une grande lumière ; que lui, mon adversaire, s'il pouvait secouer le joug d'autorités en grande partie
inapplicables, il acquerrait la conviction humiliante que ses
nombreux écrits ont besoin d'une sérieuse révision ; qu'une
si héroïque résolution, du reste, lui ferait beaucoup plus
d'honneur qu'une persistance obstinée dans un savoir appris
par cœur, qu'il contribuerait ainsi puissamment à éclairer les
praticiens débutant en économie politique sur les vrais intérêts de la patrie, au lieu de continuer à les égarer.

Une pareille conversion devrait être considérée comme un
résultat important pour le pays ; car on sait quelle influence
des professeurs d'économie politique, même au début, surtout s'ils appartiennent à des universités en renom et fréquen-
tées, exercent sur l'opinion de la génération présente et de la
génération à venir. Aussi ne puis-je m'empêcher, autant que
cela se peut dans une préface, d'aider la personne dont il s'a-
git à sortir de ses rêves théoriques. Elle parle sans cesse d'un
monde des richesses. Dans ce mot il y a un monde d'erreurs ; il
n'existe pas de monde des richesses. La notion de monde
implique quelque chose d'intellectuel et de vivant, fût-ce
même la vie ou l'intelligence animale. Mais qui pourrait parler, par exemple, d'un monde minéral ? Otez l'esprit, et ce qui
s'appelle richesse, ne sera plus qu'une matière morte. Qu'est
devenue la richesse de Tyr et de Carthage, ou la valeur des
palais de Venise, depuis que l'esprit a disparu de ces masses
de pierres ? Avec votre monde des richesses vous voulez faire
exister la matière par elle-même, et là réside toute votre erreur. Vous nous disséquez un cadavre, vous nous montrez la
structure et les parties constitutives de ses membres ; mais, de
ces membres refaire un corps, leur donner la vie, les mettre

en mouvement, vous ne le pouvez pas ; votre monde des richesses est une chimère.

D'après ces observations, on croira sans peine que la crainte
n'est pas le motif qui m'a détourné de parler dans cet ouvrage
des travaux des économistes allemands. J'ai voulu seulement
éviter une polémique inutile ou fâcheuse ; car, ce n'est que
depuis la fondation du Zollverein que les Allemands ont pu
envisager l'économie politique du point de vue national ; depuis lors, d'anciens prôneurs du système cosmopolite ont bien
pu changer de sentiment, et il y aurait méchanceté évidente,
dans un tel état de choses, à mettre obstacle par des critiques
à la conversion de pareils hommes.

Cette considération, toutefois, ne s'applique qu'aux auteurs
vivants, mais, à parler franchement, il n'y a rien de particulier à reprendre chez les morts ; ils ont partagé toutes les erreurs de Smith et de Say, et n'ont, en dernière analyse, rien dit
de neuf. Ici comme dans le reste de cet ouvrage, il convient
d'en faire la remarque, nos appréciations se restreignent à la
théorie du commerce international et de la politique commerciale ; par conséquent, nous ne contestons nulle part les
services que des auteurs morts ou vivants ont pu rendre dans
d'autres branches de l'économie politique. Qu'on lise les écrits
de Lotz, de Politz, de Rotteck, de Soden, pour ne pas parler
d'esprits subalternes tels que Krause, Fulda, etc.; et l'on reconnaîtra que, dans la matière dont il s'agit, ils ne sont que
les aveugles disciples de Smith et de Say, et que, là où ils se
séparent de leurs maîtres, leurs opinions sont dépourvues de
valeur. On doit en dire autant de l'intelligent Weitzel, un des
meilleurs écrivains politiques de l'Allemagne ; Rudhart lui-
même, si expérimenté, si clairvoyant, n'a dans cet important
sujet que de rares éclairs.

Je regrette, au moment où l'on réunit les œuvres de
Rotteck, d'être obligé de prononcer publiquement sur lui ce
jugement, qu'il n'a compris nettement ni le commerce international ni la politique commerciale, ni les systèmes ni l'application de l'économie politique. On m'excusera, si l'on ré-

fléchit que Rotteck a porté sur moi et sur mes actes un arrêt non-seulement sévère, mais injuste, et qu'il m'a mis ainsi dans la nécessité de me défendre. Lorsque Rotteck me reproche d'avoir pris pour texte de mes plaintes la détresse des fabricants, et non l'écoulement des espèces et l'appauvrissement de l'État, lorsqu'il allègue que le système de la Société de commerce allemande était en partie inexécutable, et présentait des inconvénients de plus d'une sorte, ces observations portent la même empreinte qu'offre tout le chapitre de cet auteur sur l'administration publique, celle de l'ignorance. Qu'après avoir lu mon livre, on lise ce chapitre de Rotteck, et l'on ne taxera pas, je l'espère, ce jugement d'injustice. Qu'on lise seulement ce que j'ai écrit sur le principe de rétorsion (1), et qu'on examine ensuite l'opinion de Rotteck, on reconnaîtra que Rotteck a mal à propos porté sur le terrain du droit une simple question d'*éducation industrielle des nations*, qu'il l'a envisagée comme publiciste au lieu de le faire comme économiste. Cette inintelligence totale de mes actes et de ma valeur comme économiste, cette attaque personnelle peut bien m'autoriser à dire toute ma pensée : Rotteck eût fait plus sagement d'avouer franchement dans ses écrits comme dans ses discours parlementaires, qu'il ne possédait pas la moindre notion pratique en matière de commerce international et de politique commerciale, et que le domaine de l'économie politique lui était entièrement étranger, au lieu de s'exprimer dans les uns et dans les autres de manière à diminuer son autorité sous d'autres rapports. On se rappellera que MM. de Rotteck et Welcker, après avoir déclaré qu'ils n'entendaient rien au commerce, ne combattirent pas moins avec beaucoup de vivacité dans le parlement badois l'accession de Bade à la grande Association allemande. Connu de l'un et de l'autre, sur la nouvelle qu'ils prendraient un tel parti, je m'étais permis de leur adresser d'énergiques représentations, elles m'attirèrent une réponse où l'on parut piqué. Ces représentations de ma part

(1) Voir le chapitre XVII du 2e livre de cet ouvrage.

ont-elles exercé ou non de l'influence sur l'appréciation mal-
veillante de Rotteck ? Je ne le déciderai pas.

Politz, qui n'avait d'originalité en rien et qui manquait
d'expérience en tout, n'était en cette matière qu'un com-
pilateur. Je vais donner un exemple du jugement que possédait dans les questions économiques cet inintelligent titulaire
de la première chaire politique de l'Allemagne. A l'époque
où, habitant Leipsick, mes projets d'un chemin de fer de
Leipsick à Dresde et d'un réseau allemand me livraient à la
risée des esprits sérieux, je demandai à M. Politz son concours et ses avis. Il me répondit, qu'il n'était pas encore possible de dire avec précision jusqu'à quel point cette entreprise
pouvait être utile ou nécessaire, puisqu'on ne pouvait pas
savoir de quel côté se dirigeraient les marchandises à l'avenir.
Cette profonde vue théorique a depuis, si je ne me trompe,
passé dans ses tristes annuaires.

La première fois que je me trouvai en rapport avec Lotz,
je pris la liberté de l'entretenir discrètement de quelques
idées nouvelles en économie politique, dans le but de connaître ses propres idées et de lui exposer les miennes.
M. Lotz n'entra dans aucune explication ; son visage prit une
expression mêlée d'importance et d'ironie, qui, pour moi,
signifia clairement qu'il croyait sa position trop élevée pour
entrer avec moi en discussion sans se compromettre. Il pro-
nonça, du reste, quelques paroles dont le sens était que des
discussions entre des amateurs et des hommes de science
profonde ne pouvaient mener à rien. A cette époque je n'avais
pas relu depuis quinze ans les ouvrages de M. Lotz; mon
respect pour leur auteur était donc de très-ancienne date.
Mais une telle conduite m'édifia sur le mérite de ces écrits,
avant même que je les eusse relus. Comment, pensai-je, dans
une science expérimentale comme l'économie politique, un
homme qui repousse ainsi l'expérience, serait-il capable de
quelque chose de bien? Lorsque plus tard ses épais volumes
revinrent devant mes yeux, la conduite de M. Lotz me parut
facile à comprendre. Rien de plus naturel que de voir des

auteurs qui n'ont fait que copier ou commenter leurs devanciers, et qui ont puisé tout leur savoir dans les livres, tout émus et tout étourdis; lorsque des expériences vivantes, en désaccord avec leur science routinière, et des idées toutes nouvelles leur apparaissent.

Le comte Soden, que j'ai beaucoup connu, était, au contraire, infiniment plus instructif dans sa conversation que dans ses écrits, et d'une extrême facilité vis-à-vis du doute et de la contradiction ; la nouveauté de ses écrits consistait surtout dans la méthode et dans la terminologie. Mais hélas! cette terminologie est plus boursouflée que les précédentes, et elle plongerait la science dans la scolastique plus avant encore que celle de Smith et de Say.

Weitzel, dans son *Histoire des sciences politiques*, apprécie tous les économistes absolument comme le fait l'école cosmopolite.

Si, par les motifs déjà allégués, je m'abstiens de tout blâme à l'égard des économistes d'Allemagne encore vivants, je ne dois pas moins rendre justice aux excellentes choses que renferment les ouvrages de Nebenius, de Hermann, de Mohl, etc. (1).

Je suis généralement d'accord, comme on le verra, avec l'écrit de Nebenius sur le Zollverein allemand, en ce qui touche le système à suivre immédiatement par cette association. Le livre ayant été visiblement écrit dans l'intention d'exercer une influence immédiate sur le développement du

____

(1) Je donne plus loin un extrait d'un écrit publié en 1847 par M. de Hermann sur la théorie du commerce international. Quant à Nebenius, je saisis cette occasion de réparer une omission dont je me suis involontairement rendu coupable à son égard dans mon livre de l'*Association douanière allemande*. Nebenius mérite une place distinguée dans une histoire du Zollverein. Dès 1819, il avait fait paraître une brochure remarquable, où étaient nettement exposées les considérations qui devaient décider les États allemands à former entre eux une union commerciale, ainsi que les maximes qui devaient servir de base à cette union, et qui servirent en effet de base au Zollverein; en 1820, il était l'un des membres les plus importants du congrès de Darmstadt. Plus tard, il contribua puissamment à l'accession de Bade qui avait soulevé dans le grand-duché une vive opposition. (H. R.)

Zollverein, il était naturel que l'auteur, esprit pénétrant qui
·a si bien mérité de l'industrie allemande, négligeât complétement la théorie et l'histoire. On y trouve par conséquent
toutes les qualités et tous les défauts d'un ouvrage de circonstance. Un tel ouvrage peut rendre dans le moment un
grand service, mais ne met pas à l'abri des complications de
l'avenir. Supposons, par exemple, que les Anglais et les Français vinssent à abolir leurs droits d'entrée sur les produits
agricoles et forestiers allemands, d'après l'argumentation de
Nebenius, il n'y aurait plus de motif de maintenir le système
protecteur en Allemagne. La *Science de la police* de Mohl
contient beaucoup de vues très-saines sur le système protecteur, et l'on sait quelle part puissante et directe Hermann a
prise à l'achèvement du Zollverein, et au développement de
l'industrie bavaroise en particulier.

A cette occasion, je ne puis m'empêcher de mentionner ce
fait, que les Allemands, en cela différents de toutes les autres
nations, font des matières économiques l'objet de deux enseignements distincts ; sous le nom d'économie nationale,
d'économie politique, d'économie publique, ils enseignent la
théorie cosmopolite de Smith et de Say ; dans la science de
la police, *Polizeiwissenschaft*, ils recherchent jusqu'à quel
point l'autorité a mission d'intervenir dans la production,
dans la distribution et dans la consommation des biens matériels. Say, qui est toujours d'autant plus tranchant qu'il
connaît moins ce dont il parle, reproche sur le ton du per-
siflage aux Allemands de confondre l'économie politique
avec la science de l'administration (1). Comme Say ne savait
pas l'allemand, et qu'aucun ouvrage allemand d'économie
politique n'a été traduit en français, il doit avoir eu connaissance de ce fait par quelque grand homme de Paris qui avait
voyagé. Au fond, cette division de la science, qui a donné

(1) « C'est par suite des fausses notions répandues par le système règle-
mentaire, que la plupart des écrivains allemands regardent l'économie politique comme la science de l'administration. » J.-B. Say, *Cours d'économie
politique*, tom II, pag. 551. édition Guillaumin.

lieu, après tout, jusqu'ici à beaucoup de malentendus et de contradictions, ne prouve qu'une chose, c'est que les Allemands avaient compris avant les Français qu'il y a une économie cosmopolite et une économie politique ; ils ont appelé la première économie nationale, et la seconde science de la police (1).

Pendant que j'écrivais ce qui précède, il m'est tombé entre les mains un livre, qui me donne occasion de confesser que j'ai jugé Adam Smith avec beaucoup plus d'indulgence que, dans ma conviction, je n'aurais dû le faire. C'est la seconde partie de la *Galerie de portraits d'après la conversation et la correspondance de Rahel*, éditée par Varnhagen Von Ense. J'étais curieux de lire ce qu'on y dit d'Adam Müller et de Frédéric Gentz, que j'ai personnellement connus (2) ; mais j'ai trouvé les perles autre part qu'où je les cherchais, savoir dans la correspondance entre Rahel et Alexandre de Marwitz. Ce jeune homme plein d'intelligence, avait, pour préparer un examen, lu et en même temps critiqué Adam Smith. On peut lire dans la note ci-jointe ce que, durant cette étude, il écrivit sur Smith et sur ses disciples en Allemagne (3). Et ce jugement,

(1) Je reviendrai, dans une note ultérieure, sur cette distinction. (H. R.)

(2) Plus tard l'occasion pourra s'offrir à moi de donner quelques explications sur les idées et sur les actes remarquables de ces deux hommes en ce qui touche la politique commerciale allemande. Je les ai connus personnellement l'un et l'autre au congrès de Vienne en 1820. Müller, avec lequel je me suis souvent trouvé chez le feu duc d'Anhalt-Cœthen, qui faisait alors de l'opposition contre la Prusse, m'a honoré de sa confiance. Gentz était moins abordable à cause du poste qu'il occupait et de ses rapports avec l'Angleterre ; cependant il eut à plusieurs reprises avec moi des discussions, qui, bien que non dépourvues d'intérêt, n'aboutirent pas à une commune entente; car, immédiatement après mon départ de Vienne, il entama contre moi, dans la *Gazette d'Augsbourg*, une polémique anonyme, que je me flatte d'avoir soutenue avec quelque honneur.

(3) Page 57. « Ils ont pris toute leur sagesse dans Adam Smith, esprit étroit, mais plein de pénétration dans son étroite sphère, dont ils proclament les maximes à tout propos, avec des développements insipides et en les récitant comme des écoliers. Sa science est très-commode, car, indépendamment de toute idée, abstraction faite de toutes les autres directions de la vie humaine, il construit un système commercial universel, qui convient également à tous les peuples et à toutes les circonstances, et où l'art consiste à

qui renferme tout en vingt lignes, tout ce qu'on peut dire sur Smith et sur son école, Marwitz le porta, la première fois qu'il lut Smith. Lui, jeune homme de vingt-quatre ans, entouré de savants qui professent pour Adam Smith un respect superstitieux, seul, il renverse l'idole d'une main forte et sûre, la met en pièces, et rit de la folie de ses adorateurs. Et ce jeune homme appelé à ouvrir les yeux à son pays, au monde, on l'abasourdit de questions stupides dans un examen dont il se félicite d'avoir pu se tirer. Et il devait mourir avant d'avoir compris sa grande mission !

Le plus grand économiste de l'Allemagne, son seul économiste à un certain point de vue, devait mourir sur la terre étrangère; vainement vous cherchez son tombeau. Rahel seule fut son public, et trois observations écrites en courant dans des lettres intimes furent tous ses ouvrages. Que dis-je ? Marwitz n'a-t-il pas envoyé à Rahel six feuilles entières sur Adam Smith ? Puissent-elles se trouver dans les papiers que Rahel a laissés ! Puisse M. de Varnhagen vouloir bien les communiquer au public allemand !

laisser les gens faire ce qu'ils voudront. Son point de vue est celui de l'intérêt privé ; que l'État doive en avoir un autre plus élevé, et qu'en vertu de celui-là l'industrie nationale doive suivre une direction tout autre que ne le désire celui qui ne poursuit que de vulgaires jouissances, il ne s'en doute pas. Combien une telle sagesse, développée avec une sagacité dont la profondeur seule peut venir à bout, avec du savoir, de l'érudition même, doit séduire un siècle tout entier placé au même point de vue ! Je le lis et je le critique. Il ne se lit que lentement, car il conduit par un labyrinthe d'abstractions stériles au milieu de l'enchevêtrement artificiel de ses forces productives, où il est plus fatigant encore que difficile de le suivre. » — Page 61. « Je viens d'en finir avec Adam Smith à ma grande satisfaction, car, vers la fin, quand il vient à parler grandes affaires d'État, guerre, justice, éducation, il devient tout à fait stupide... Il faudra que j'écrive sur lui avec détail ; cela en vaut la peine, car, avec Napoléon, c'est actuellement le monarque le plus puissant en Europe. » (Littéralement vrai.) — Page 73. « J'en suis à ma sixième feuille sur Adam Smith et j'aurai fini demain. J'emporterai à Berlin mon travail. » — Page 56. « L'économiste Krause copie Adam Smith de la façon la plus inepte et la plus impertinente, si platement qu'il va jusqu'à employer les mêmes exemples ; seulement, lorsqu'Adam Smith parle d'un fabricant de draps, il dit un fabricant de toiles ; et à la place de Calcut et de Londres, il met Tranquebar et Copenhague. » (Littéralement exact.)

En vérité, je ne me suis jamais trouvé si petit qu'en lisant ces lettres de Marwitz. Cet imberbe était arrivé dans l'espace de quinze jours à soulever le voile de l'idole de l'école cosmopolite, et pour cela il m'a fallu, à moi, de longues années dans l'âge mûr. On doit admirer surtout son parallèle entre Napoléon et Adam Smith, tracé en deux mots : Ce sont les deux plus puissants monarques de la terre ; il aurait dit sans doute *ravageurs* de la terre, si cette expression n'avait pas été périlleuse en l'année 1810. Quel coup d'œil jeté sur les grandes affaires du monde ! Quelle intelligence !

Après ces déclarations je ferai l'aveu sincère, que j'ai raturé, après l'avoir achevé, le chapitre de ce volume qui traitait d'Adam Smith ; je l'ai fait uniquement par un respect exagéré pour un nom célèbre et dans la crainte qu'on ne qualifiât d'arrogance la franchise de mon appréciation.

Ce que j'ai dit dans ce premier travail, je ne pourrais le répéter ici en détail, sans grossir ma préface aux proportions d'un volume, car j'ai réduit au moins six feuilles d'impression à une seule ; je dois me borner à de courtes indications. Je disais que l'économie politique avait, dans ses parties les plus importantes, celles qui traitent du commerce internationale et de la politique commerciale, immensément reculé sous l'influence d'Adam Smith ; que, par lui, le sophisme, la scolastique, l'obscurité, le mensonge et l'hypocrisie avaient pénétré dans cette science ; que la théorie était devenue l'arène de talents douteux et qu'elle avait effarouché la plupart des hommes d'intelligence, d'expérience, de bon sens et de rectitude d'esprit ; que Smith a pourvu les sophistes d'arguments, pour frustrer les nations de leur présent et de leur avenir. Je rappelais, d'après la biographie faite par Dugald Steward, que ce grand esprit ne serait pas mort tranquille si tous ses manuscrits n'avaient pas été brûlés, et je trouvais dans ce fait comme un véhément soupçon que ces papiers portaient témoignage contre sa sincérité (1). Je montrais comment,

(1) L'animosité de List contre Adam Smith est ici d'une exagération puérile. N'était-il pas plus naturel de supposer que l'auteur de la *Richesse des*

depuis Pitt jusqu'à Melbourne, sa théorie avait été exploitée
par les ministres anglais pour jeter de la poudre aux yeux
des autres nations au profit de l'Angleterre. J'en faisais un
observateur, dont le regard saisit des grains de sable, des
mottes de terre, des herbes ou des arbrisseaux, mais ne peut
embrasser l'ensemble d'un paysage ; je le représentais comme
un peintre qui retrace des détails avec une merveilleuse
précision, mais qui ne sait pas en composer un tout harmonieux, et qui, ainsi, peint un monstre dont les membres sont
parfaitement rendus, mais appartiennent à des corps différents.

Le trait caractéristique du système que j'expose, c'est la
nationalité. Tout mon édifice est construit sur l'idée de la nation comme intermédiaire entre l'individu et le genre humain. J'ai longtemps balancé si je ne l'appellerais pas *système
naturel* d'économie politique, dénomination qui aurait pu
se justifier tout autant et peut-être mieux à quelques égards
que celle que j'ai choisie ; je représente en effet tous les systèmes antérieurs comme n'étant pas fondés sur la nature des
choses, comme étant en désaccord avec l'histoire ; mais j'ai
été détourné de ce projet par la remarque d'un ami, que des
hommes superficiels, qui jugent les livres principalement
d'après l'étiquette qu'ils portent, pourraient y voir une exhu-
mation pure et simple du système physiocratique.

Je ne me suis préoccupé, dans ce travail, ni de m'insinuer
dans quelque docte camaraderie, ni de me créer des titres
pour une chaire d'Économie politique, ni de me faire un nom
comme auteur d'un manuel adopté par toutes les chaires, ni
de donner des preuves d'aptitude pour un emploi élevé ;
j'avais uniquement en vue les intérêts nationaux de l'Allemagne, et un tel but exigeait impérieusement une expression

---

nations a fait mettre au feu ses manuscrits, par le même motif que Virgile
demanda jadis la destruction, heureusement non accomplie, du poëme auquel
il n'avait pas mis la dernière main? On a vu, du reste, dans la *Notice bio-
graphique,* page 35, sous quelle impression List a écrit ces pages, que plus
tard il a regrettées. (H. R.)

franche de ma conviction, sans mélange d'ingrédients doux et flatteurs pour le goût et pour l'odorat, mais nuisibles à l'effet, un style avant tout populaire. Si la théorie économique doit servir en Allemagne les intérêts nationaux, il faut que des chaires des professeurs, des cabinets des savants et de ceux des hauts fonctionnaires, elle descende dans les comptoirs des fabricants, des négociants, des armateurs, des capitalistes et des banquiers ; dans les bureaux de tous les fonctionnaires publics et de tous les hommes d'affaires, dans les demeures des propriétaires, mais surtout dans les assemblées publiques, qu'elle soit, en un mot, le bien commun de tout ce qui, dans le pays, a quelque culture. C'est seulement alors que le système commercial de l'Association allemande acquerra cette stabilité, sans laquelle, même avec les meilleures intentions, les hommes d'État les mieux doués ne pourront faire que du mal. La nécessité d'une telle stabilité et l'importance d'une opinion publique éclairée et fortifiée par une discussion libre ne sont nulle part plus évidentes qu'en matière de traités de commerce. Des traités de Méthuen ne peuvent être conclus que dans des pays où l'avis du gouvernement est tout, et où l'opinion publique n'est rien. L'histoire récente de la politique commerciale allemande a mis l'exactitude de cette remarque dans un jour éclatant. Si la publicité est une garantie pour le trône, et il en est ainsi partout où elle vivifie la force nationale, où elle répand les lumières, et où elle contrôle l'administration dans l'intérêt du pays, c'est surtout dans les questions d'industrie et de commerce. Les princes allemands ne sauraient mieux servir leurs intérêts dynastiques qu'en permettant la discussion publique sur les intérêts matériels du pays et même en la provoquant et en l'encourageant de tout leur pouvoir. Mais, pour éclairer ces débats, il est indispensable que la théorie de l'économie politique et les expériences des autres peuples deviennent la propriété commune de tout ce qui pense dans le pays.

Par ce motif, je n'ai rien eu plus à cœur dans la composition de cet écrit que d'être clair et intelligible, même aux dépens du style et au risque de ne pas paraître docte ou profond. J'ai été effrayé, lorsqu'un ami, qui avait parcouru quelques chapitres, me dit qu'il y avait trouvé de beaux passages. Le beau style ne convient pas à l'économie politique. Ce n'est pas une qualité, c'est un défaut dans les ouvrages de ce genre, car on n'en abuse que trop souvent pour déguiser une logique vicieuse ou faible ou pour faire admettre des sophismes comme des arguments solides et profonds. La clarté, la simplicité, telles sont dans cette science les qualités essentielles. Les déductions qui ont un air de profondeur, les phrases ambitieuses et les expressions recherchées ne sont employées que par ceux qui manquent de la sagacité nécessaire pour bien connaître la nature des choses, par ceux qui ne se comprennent pas eux-mêmes, et qui, par suite, ne sont pas capables de se faire comprendre des autres.

Je ne me suis pas conformé non plus à la mode des citations fréquentes. J'ai lu cent fois plus d'écrits que je n'en ai mentionné. Mais je crois avoir remarqué que la plupart des lecteurs qui ne font pas profession de science, et peut-être les plus intelligents et les plus avides de s'instruire, éprouvent de cruelles angoisses lorsqu'on leur présente des légions de témoins et d'autorités. Je ne voulais pas non plus employer inutilement la place qui m'était si nécessaire. Je suis loin de prétendre que les citations multipliées n'aient pas un grand prix dans des manuels et dans des ouvrages de recherches historiques ; je veux qu'on sache seulement que je n'ai pas voulu composer un manuel.

Il y a lieu de croire que je rends à la bureaucratie allemande un service assez signalé, en lui fournissant une théorie conforme à sa pratique et en faisant ressortir les erreurs de gens qui ne l'ont jamais traitée avec beaucoup de respect. Certes, la division qui règne entre la théorie et la pratique n'a jamais été très-favorable à l'autorité des chancelleries. L'étudiant le plus inexpérimenté, dont les cahiers cosmopolites ont à peine eu le temps de se sécher, se croit tenu de sourire avec mépris, chaque fois qu'un conseiller plein d'expérience ou un homme d'affaires habile et réfléchi parle de droits protecteurs.

Nous ne pensons pas avoir moins de titres à l'approbation de la noblesse, riche ou pauvre, de l'Allemagne. Nous lui avons montré qu'elle a été en partie appauvrie, ruinée même par ses frères d'Angleterre, les tories, et que nous, les industriels et leurs organes, nous avons rétabli ses affaires par nos efforts durant la dernière période décennale ; nous lui avons prouvé qu'à elle revient la portion la plus considérable et la meilleure du miel que nous portons à la ruche ; que nous travaillons en effet à l'accroissement de ses fermages et de la valeur de ses propriétés ; que nous lui donnons les filles de nos plus riches industriels, et qu'ainsi, après avoir vu se fermer par la suppression des abbayes, des évêchés et des archevêchés, les sources où elle trouvait son bien-être et les moyens de pourvoir ses cadets et ses filles, elle est par nous largement indemnisée. La noblesse allemande n'a besoin que de jeter un regard sur la noblesse anglaise pour reconnaître les avantages que la richesse du pays, un grand commerce extérieur, une navigation marchande, des flottes, des colonies, pourraient et devraient lui procurer. Ce qu'on devient, au contraire, avec une agriculture grossière, une bourgeoisie mendiante et privée de droits, le servage des paysans, une noblesse placée au-dessus des lois, le système féodal et toutes ces merveilles que des *laudatores temporis acti* (1), nés en haut lieu, rêvaient encore dans ces derniers temps, un simple coup d'œil sur la noblesse de Pologne et sur sa condition actuelle peut l'apprendre. Que la noblesse allemande n'envisage donc pas dorénavant nos efforts d'un œil d'envie ou de haine. Qu'elle devienne *parlementaire* et avant tout *nationale* ; au lieu de se poser comme notre adversaire, qu'elle se mette à la tête de notre mouvement national ; c'est là sa vraie mission. Partout et en tout temps les époques les plus heureuses pour les nations ont été celles où la noblesse et la bourgeoisie ont travaillé de concert à la grandeur nationale ; les plus tristes, celles

(1) Admirateurs des temps passés.

où elles se sont fait une guerre d'extermination. Le service militaire a depuis longtemps cessé de constituer l'aristocratie ; et s'écoulera-t-il beaucoup de temps encore avant que la physique, la mécanique et la chimie remplacent presque le courage personnel, et détruisent peut-être même la guerre ? Nous avons montré en un mot que, sans un essor national dans l'agriculture, les manufactures et le commerce, sans un étroit attachement à leurs intérêts, il n'y a point de salut pour l'aristocratie allemande.

Il nous reste à expliquer le sens de deux mots qui se trouvent dans plusieurs endroits de cet ouvrage, ceux de *liberté* et d'*unité nationale*.

Aucun homme de sens ne réclamera pour l'Allemagne une autre liberté ou une autre forme de gouvernement que celle qui garantit aux dynasties et à la noblesse, non-seulement le plus haut degré de prospérité, mais encore, ce qui importe infiniment plus, la durée. Dans notre opinion, une forme de gouvernement, autre que la monarchie constitutionnelle, ne serait pas moins funeste à l'Allemagne que la forme monarchique aux États-Unis ou le régime constitutionnel à la Russie. Dans notre opinion, cette forme est celle qui est la mieux appropriée au génie et à l'état du pays, et, en particulier, au degré de culture auquel il est parvenu. Si nous considérons comme pernicieuse et comme insensée toute tentative ayant pour but de miner en Allemagne la puissance royale et l'existence de la noblesse, d'un autre côté, la haine, la défiance, la jalousie qui voudraient empêcher le développement d'une bourgeoisie libre, industrieuse et riche, et le règne de la loi, seraient à nos yeux plus criminelles encore, parce que là réside la garantie principale de prospérité et de durée pour les dynasties et pour la noblesse. Ne pas vouloir, dans des pays avancés en civilisation, l'avénement légal de la bourgeoisie, c'est placer le pays dans l'alternative du joug étranger ou des convulsions intérieures. Aussi est-il affligeant d'entendre alléguer les maux qui, de nos jours, sont le cortége de l'industrie, comme un motif de repousser l'industrie elle-même. Il y a des maux beaucoup plus grands qu'une classe de prolétaires : un trésor vide, l'impuissance, la servitude, l'anéantissement de la nation.

Aucun homme honnête et sensé ne désirera non plus pour l'Allemagne une autre nationalité que celle qui garantirait à chaque État, l'indépendance et la liberté d'action dans son cercle particulier, en ne le subordonnant à la volonté collective que pour ce qui touche aux intérêts nationaux ; qui, loin d'opprimer ou d'anéantir les dynasties, assurerait à toutes et à chacune la continuation de leur existence ; une unité basée sur l'esprit primitif des fils de Teut, cet esprit qui est toujours le même sous la forme républicaine, comme en Suisse et dans l'Amérique du Nord, ou sous la forme de la monarchie. On sait où conduit une nationalité morcelée, qui est, par rapport aux nationalités véritables, ce que les fragments d'un vase brisé sont à un tout ; c'est encore dans toutes les mémoires. Un âge d'homme ne s'est pas écoulé depuis que toutes les côtes maritimes de l'Allemagne portaient le nom de départements français, depuis que le fleuve sacré de l'Allemagne donnait son nom à la fatale confédération des vassaux d'un conquérant étranger, depuis que les fils de l'Allemagne versaient leur sang dans les sables brûlants du Midi comme sur les champs glacés du Nord pour la gloire et pour l'ambition d'un étranger. Nous voulons parler d'une unité nationale qui nous préserve, nous, notre industrie, nos dynasties et notre noblesse, du retour de pareils temps ; nous n'en demandons pas d'autre.

Mais vous, si décidés contre le retour de la domination gauloise, trouvez-vous donc tolérable ou glorieux, que vos fleuves et vos ports, vos côtes et vos mers continuent d'être assujettis à l'influence britannique?

INTRODUCTION.

Aucune branche de l'économie politique ne présente une aussi grande diversité de vues entre les théoriciens et les praticiens que celle qui traite du commerce international et de la politique commerciale. Il n'existe cependant pas, dans le domaine de cette science, de question qui, sous le rapport du bien-être et de la civilisation des peuples en même temps que de leur indépendance, de leur puissance et de leur durée, offre le même degré d'importance. Des pays pauvres, faibles et barbares ont dû principalement à la sagesse de leur système commercial d'être devenus riches et puissants, et d'autres, qui avaient jeté un grand éclat, se sont éclipsés faute d'un bon système ; on a vu même des nations privées de leur indépendance et de leur existence politique, surtout parce que leur régime commercial n'était pas venu en aide au développement et à l'affermissement de leur nationalité.

Aujourd'hui plus qu'à aucune autre époque, entre toutes les questions du ressort de l'économie politique, celle du commerce international acquiert un intérêt prépondérant. Car plus le génie de la découverte et du perfectionnement industriel, ainsi que celui du progrès social et politique, marche avec rapidité, plus s'agrandit la distance entre les nations stationnaires et celles qui avancent, plus il y a de péril à rester en arrière. Si jadis il a fallu des siècles pour monopoliser la principale fabrication d'autrefois, celle des laines, plus tard quelques dizaines d'années ont suffi pour l'industrie bien autrement considérable du coton, et de nos jours une avance de peu d'années a mis l'Angleterre à même d'attirer à elle toute l'industrie linière du continent européen.

Le monde n'a vu à aucune autre époque une puissance manufacturière et commerciale, pourvue des ressources immenses que possède celle qui règne aujourd'hui, poursuivre un système aussi conséquent et mettre la même énergie à accaparer l'industrie manufacturière, le grand commerce, la navigation maritime, les colonies importantes, la domination des mers, et à asservir tous les peuples, comme les Hindous, à son joug manufacturier et commercial.

Effrayée par les conséquences de cette politique, que dis-je? contrainte par les convulsions qu'elle avait produites, on a vu dans notre siècle une nation continentale mal préparée encore à l'industrie manufacturière, la Russie, chercher son salut dans le système prohibitif si réprouvé par la théorie; et qu'y a-t-elle trouvé? la prospérité nationale.

D'un autre côté, encouragée par les promesses de la théorie, l'Amérique du Nord, qui s'élevait rapidement à l'aide du système protecteur, s'est laissé entraîner à rouvrir ses ports aux produits manufacturés de l'Angleterre; et quels fruits cette libre concurrence a-t-elle portés? des convulsions et des ruines.

De semblables expériences sont bien propres à faire naître des doutes sur l'infaillibilité que la théorie s'arroge et sur l'absurdité qu'elle impute à la pratique, à faire craindre que notre nationalité ne soit à la fin mise en danger de périr d'une erreur de la théorie, comme ce malade, qui, en se conformant à une ordonnance imprimée, mourut d'une faute d'impression; enfin à faire naître le soupçon que cette théorie vantée n'aurait été construite si large et si haute que pour cacher des armes et des soldats, comme un autre cheval de Troie, et pour nous porter à abattre de nos propres mains les murs qui nous protégent.

Du moins est-il avéré que, depuis plus d'un demi-siècle que la grande question de la politique commerciale est discutée

chez toutes les nations, dans les livres et dans les conseils lé-
gislatifs, par les esprits les plus sagaces, l'abîme qui, depuis
Quesnay et Smith, sépare la théorie de la pratique, non-seulement n'a pas disparu, mais ne fait que s'élargir d'année en
année. Qu'est-ce donc qu'une science qui n'éclaire pas la voie
que doit suivre la pratique? Est-il raisonnable de supposer
que l'un, par la puissance infinie de son intelligence, a partout
exactement reconnu la nature des choses, et que l'autre, dans
l'impuissance également infinie de la sienne, n'a pas su comprendre les vérités découvertes et mises en lumière par le
premier, et continue durant dés générations entières à prendre
des erreurs visibles pour des vérités? Ou ne vaut-il pas mieux
admettre que les praticiens, bien qu'en général trop enclins à
s'attacher à ce qui existe, n'auraient pas si longtemps et si opiniâtrément résisté à la théorie, si la théorie elle-même ne con-
trariait la nature des choses?

Dans la réalité nous croyons pouvoir établir que la contradiction entre la théorie et la pratique au sujet de la
politique commerciale est la faute des théoriciens tout aussi
bien que celle des praticiens.

L'économie politique, en matière de commerce international, doit puiser ses leçons dans l'expérience, approprier les
mesures qu'elle conseille aux besoins du présent, à la situation
particulière de chaque peuple, sans néanmoins méconnaître
les exigences de l'avenir et celles du genre humain tout entier.
Elle s'appuie par conséquent sur *la philosophie*, sur *la politique* et sur *l'histoire*.

Dans l'intérêt de l'avenir et du genre humain, la philosophie réclame : le rapprochement de plus en plus intime des
nations entre elles, la renonciation à la guerre autant que possible, la consolidation et le développement du droit international, le passage de ce qu'on appelle aujourd'hui le droit des
gens à un droit fédéral, la liberté des relations de peuple à
peuple dans l'ordre moral aussi bien que dans l'ordre matériel, enfin l'union de tous les peuples sous le régime du droit,
ou l'association universelle.

Dans l'intérêt de tel ou tel peuple en particulier, la politique demande, au contraire : des garanties de son indépendance et de sa durée, des mesures destinées à hâter ses progrès en civilisation, en bien-être et en puissance, à perfectionner son état social de manière à en faire un corps complétement et harmonieusement développé dans toutes ses parties, parfait en soi et politiquement indépendant.

L'histoire, de son côté, appuie d'une manière non équivoque les exigences de l'avenir, en apprenant comment, à toutes les époques, le progrès matériel et intellectuel a été en rapport avec l'étendue de l'association politique et des relations commerciales. Mais elle justifie en même temps celles de la politique et de la nationalité, en enseignant comment des nations ont péri pour n'avoir pas suffisamment veillé aux intérêts de leur culture et de leur puissance ; comment un commerce entièrement libre avec des nations plus avancées a été avantageux aux peuples encore dans les premières phases de leur développement, mais comment ceux qui avaient fait un certain chemin n'ont pu qu'au moyen de certaines restrictions à leur commerce avec les étrangers aller plus loin et rejoindre ceux qui les avaient devancés. L'histoire indique ainsi le moyen de concilier les exigences respectives de la philosophie et de la politique.

Mais la pratique et la théorie, telles qu'elles se produisent actuellement, prennent exclusivement parti, la première pour les exigences particulières de la nationalité, la seconde pour les réclamations absolues du cosmopolitisme.

La pratique, ou, en d'autres termes, ce qu'on appelle le *système mercantile*, commet la grave erreur de soutenir l'utilité et la nécessité absolues, universelles, des restrictions, parce qu'elles ont été utiles et nécessaires chez certaines nations et dans certaines périodes de leur développement. Elle ne voit pas que les restrictions ne sont qu'un moyen, et que la liberté est le but. N'envisageant que la nation, et jamais l'humanité, que le présent, et jamais l'avenir, elle est exclusivement politique et nationale, elle manque du coup d'œil philosophique, de la tendance cosmopolite.

La théorie régnante, au contraire, telle qu'elle a été rêvée par Quesnay et élaborée par Adam Smith, est exclusivement préoccupée des exigences cosmopolites de l'avenir, de l'avenir même le plus éloigné. L'association universelle et la liberté absolue des échanges internationaux, ces idées peut-être réalisables après des siècles, elle les considère comme réalisables dès aujourd'hui. Méconnaissant les nécessités du présent et l'idée de nationalité, elle ignore l'existence de la nation et par suite le principe de *l'éducation de la nation en vue de l'indépendance*. Dans son cosmopolitisme exclusif, elle voit toujours le genre humain, le bien-être de l'espèce entière, jamais la nation et la prospérité nationale; elle a horreur de la politique; elle condamne l'expérience et la pratique comme routinières. Ne tenant compte des faits historiques qu'en tant qu'ils répondent à ses tendances particulières, elle ignore ou défigure les leçons de l'histoire qui contrarient son système, elle se voit dans la nécessité de nier les effets de l'Acte de navigation, du traité de Méthuen, de la politique commerciale de l'Angleterre en général, et de soutenir contre toute vérité que l'Angleterre est parvenue à la richesse et à la puissance malgré cette politique et non par elle. Une fois édifiés sur ce qu'il y a d'exclusif dans l'un et dans l'autre système, nous ne nous étonnerons plus que, malgré ses graves erreurs, la pratique n'ait ni voulu ni pu se laisser réformer par la théorie; nous comprendrons aussi pourquoi la théorie n'a voulu entendre parler ni de l'histoire et de l'expérience, ni de la politique et de la nationalité. Si cette théorie vague, cependant, se prêche dans toutes les rues et sur tous les toits, et surtout chez les nations dont elle a le plus compromis l'existence, il faut s'en prendre au penchant prononcé de l'époque pour les expérimentations philanthropiques et pour l'étude des problèmes de philosophie.

Mais, dans la vie des peuples comme dans celle des individus, il y a contre les illusions de l'idéologie deux puissants remèdes : l'expérience et la nécessité. Si nous ne nous trompons, tous les peuples qui, récemment, ont cru trouver leur salut dans les libres relations avec la puissance prépondérante dans les manufactures et dans le commerce, sont à la veille d'importantes expériences.

Il est impossible qu'en persévérant dans leur régime commercial actuel, les États-Unis parviennent à mettre quelque ordre dans leur économie nationale. Il faut absolument qu'ils reviennent à leur ancien tarif. Les États à esclaves auront beau résister et le parti dominant les soutenir, la force des choses prévaudra (1). Tôt ou tard même, nous le craignons, le canon tranchera une question qui était un nœud gordien pour les législateurs ; l'Amérique paiera son solde à l'Angleterre avec de la poudre et du plomb ; les prohibitions de fait qui résultent de la guerre remédieront aux défauts du tarif américain ; et la conquête du Canada mettra fin pour jamais au vaste système de contrebande anglaise annoncé par Huskisson. Puissions-nous être dans l'erreur ! Mais, si notre prophétie devait s'accomplir, c'est la théorie du libre échange que nous rendons responsable de cette guerre. Étrange ironie de la destinée, qu'une théorie basée sur la grande idée de la paix perpétuelle allume la guerre entre deux puissances si bien faites, au dire des théoriciens, pour trafiquer l'une avec l'autre ! C'est presque aussi bizarre que de voir, par suite de cette philanthropique abolition du commerce des esclaves, des milliers de noirs engloutis au fond de la mer (2).

(1) Ces pressentiments de List furent promptement vérifiés par le vote du tarif whig de 1842, sous lequel les manufactures américaines ont prospéré. Il est vrai que ce tarif fortement protecteur fit place, sous l'administration du président Polk, au tarif relativement libéral de 1846; mais ce dernier acte, désigné sous le nom de tarif de revenu impliquant protection, protégeait encore assez fortement la plupart des industries du pays, bien qu'il ait donné lieu aux vives et justes réclamations de quelques-unes. Il a été modifié en 1857, comme produisant des recettes trop considérables. L'acte du 14 mars de cette dernière année a diminué les différents taux des droits, et, par une compensation en faveur de l'industrie, admis en franchise la plupart des matières qu'elle emploie. (H. R.)

(2) N'eût-il pas été plus raisonnable de provoquer tout d'abord de la part des États à esclaves des lois d'après lesquelles les planteurs eussent été as-

Dans le cours des cinquante dernières années, ou plutôt des vingt-cinq dernières (car il est difficile de tenir compte de la période de révolution et de guerre), la France a expérimenté en grand le système des restrictions avec ses erreurs, ses accroissances et ses exagérations. Le succès de l'expérience est manifeste pour tout esprit impartial. Que la théorie le mette en question, elle le doit, pour être conséquente avec elle-même. Quand elle a pu avancer et persuader au monde cette assertion audacieuse, que l'Angleterre est devenue riche et puissante en dépit et non à cause de sa politique commerciale, comment hésiterait-elle à soutenir une thèse beaucoup plus facile à établir, à savoir que, sans protection pour ses manufactures, la France serait incomparablement plus riche et plus florissante qu'elle ne l'est aujourd'hui? Si des praticiens éclairés combattent une pareille thèse, nombre d'esprits réputés instruits et judicieux la prennent pour de l'argent comptant; et de fait, en France, à l'heure qu'il est, on paraît assez généralement soupirer après les bénédictions d'un libre commerce avec l'Angleterre. Il serait difficile de contester, et nous entrerons ailleurs dans quelques développements sur ce point, qu'une plus grande activité des échanges tournerait, à beaucoup d'égards, au profit des deux peuples. Il est visible, toutefois, que l'Angleterre aspire à échanger, non-

treints à accorder aux esclaves une certaine part de propriété dans le sol qu'ils cultivent, et un certain degré de liberté personnelle; en un mot d'établir un servage adouci avec la perspective de l'émancipation, et de préparer ainsi le nègre à la plénitude de la liberté? Les noirs étaient-ils donc moins esclaves sous leurs despotes en Afrique que dans les plantations américaines? La transition de la liberté de la nature à celle de la civilisation était-elle possible, sans qu'une population barbare fût disciplinée par une rigoureuse obéissance? Est-ce que, par des actes du Parlement, on a pu subitement transformer les noirs des Indes occidentales en travailleurs libres? Le genre humain tout entier n'a-t-il pas été façonné de la sorte au travail et à la liberté? Assurément les Anglais ne sont pas assez étrangers à l'histoire de la civilisation pour n'avoir pas, depuis longtemps, en eux-mêmes, répondu d'une manière satisfaisante à cette question. Il est évident que ce qu'ils ont fait, et ce qu'ils font encore pour l'abolition de l'esclavage des noirs, a de tout autres motifs que ceux de la pure philanthropie, ainsi que nous l'explirons ailleurs.

seulement des matières brutes, mais surtout des masses considérables d'articles manufacturés de consommation générale, contre les produits agricoles et les objets de luxe de la France. Si le gouvernement et les chambres de France sont disposés à se prêter à ces vues, s'ils s'y prêteront en effet, on ne saurait le dire (1). Mais, au cas où ils donneraient effectivement pleine satisfaction à l'Angleterre, ce serait un exemple de plus donné au monde pour la solution de cette grande question : dans l'état actuel des choses, deux grandes nations manufacturières, dont l'une est décidément supérieure à l'autre sous le rapport des frais de production et de l'extension de son marché extérieur, peuvent-elles lutter librement l'une avec l'autre sur leurs propres marchés, et quels doivent être les effets d'une telle concurrence ?

En Allemagne les questions dont il s'agit sont devenues, par suite de l'union douanière, des questions nationales et pratiques. Tandis qu'en France le vin est l'appât de l'Angleterre pour obtenir un traité de commerce, en Allemagne c'est le blé et le bois. Ici pourtant tout n'est encore qu'hypothèse, car on ne peut savoir actuellement si les tories en démence pourront être ramenés à la raison, jusqu'à faire au gouvernement, pour l'introduction du blé et du bois d'Allemagne, des concessions dont il se prévaudrait vis-à-vis du Zollverein (2). Or, on est assez avancé en Allemagne en matière de politique commerciale, pour trouver ridicule, sinon

(1) On sait qu'il n'a été donné aucune suite aux négociations commerciales ouvertes alors entre la France et l'Angleterre. (H. R.)

(2) Depuis que ces lignes ont été écrites, si les tories, à part ceux qui ont suivi sir Robert Peel, n'ont pu être ramenés à la raison, du moins on a eu raison d'eux dans la question des céréales ; mais l'Angleterre a renoncé à obtenir de l'étranger, par voie de traité de commerce, de meilleures conditions pour ses produits. On doit remarquer, du reste, que, depuis un certain nombre d'années, l'Angleterre avait constamment échoué dans ses négociations commerciales, notamment avec l'Association allemande; sur ce dernier point je renvoie à une correspondance échangée entre le *Foreign-Office* et le ministère des affaires étrangères de Prusse, où le ministre prussien, M. Bulow, se sert vis-à-vis de l'Angleterre d'arguments analogues à ceux de List.

(H. R.)

impertinente, la supposition qu'on pourrait s'y payer d'illusions et d'espérances, comme si c'était de l'or et de l'argent
en barres. Dans le cas où ces concessions seraient faites par le
Parlement, les plus graves questions de politique commerciale
deviendraient sur-le-champ, en Allemagne, l'objet d'une discussion publique. Le dernier rapport du docteur Bowring
nous a donné un avant-goût de la tactique que l'Angleterre
adopterait en pareil cas. L'Angleterre n'envisagera pas ces
concessions comme un équivalent des avantages exorbitants
qu'elle continue de posséder pour ses produits fabriqués sur
le marché allemand, ni comme une faveur destinée à empêcher l'Allemagne d'apprendre à fabriquer elle-même peu à
peu le fil de coton dont elle a besoin, et de tirer directement
à cet effet, des pays chauds, la matière première, en la payant
avec les produits de ses propres manufactures, ni comme un
moyen de faire cesser l'énorme disproportion qui existe encore
entre les importations et les exportations des deux pays. Non,
l'Angleterre verra dans l'approvisionnement de l'Allemagne
en coton filé, un droit acquis, elle réclamera un nouvel équivalent de ses concessions, et ce ne sera rien moins que le
sacrifice de ses manufactures de coton, de laine, etc. ; elle les
présentera à l'Allemagne comme un plat de lentilles, prix de
la renonciation à son droit d'aînesse. Si le docteur Bowring
ne s'est pas fait illusion durant son séjour en Allemagne, si,
ce que nous soupçonnons fort, il n'a pas pris trop au sérieux
la courtoisie berlinoise, dans ces régions où s'élabore la politique de l'Association allemande, on en est encore aux errements de la théorie cosmopolite ; par exemple, on ne fait pas
de distinction entre l'exportation des produits manufacturés et
celle des produits agricoles, on croit pouvoir servir les intérêts nationaux en développant celle-ci aux dépens de celle-là ;
on n'a pas encore admis le principe de l'*éducation industrielle
du pays* comme base de l'association douanière ; on ne se fait
point de scrupule d'immoler à la concurrence étrangère des
industries qui, après plusieurs années de protection, ont assez
grandi pour que la concurrence intérieure ait déjà fortement

abaissé leurs prix, et, par là, d'attaquer dans son germe l'esprit d'entreprise en Allemagne ; car toute fabrique ruinée par un amoindrissement de protection et, en général, par une mesure de gouvernement, est comme un cadavre pendu, qui fait reculer au loin d'épouvante tout être vivant de la même espèce. Il s'en faut de beaucoup, nous le répétons, que nous ajoutions foi à ces assurances ; mais c'est déjà un mal qu'elles aient été, qu'elles aient pu être rendues publiques ; car, en ébranlant la confiance dans le maintien de la protection douanière, elles ont porté un coup sensible à l'esprit d'entreprise industrielle. Le rapport nous fait pressentir sous quelle forme l'industrie allemande recevait le poison mortel, de manière que la cause de la désorganisation ne fût pas trop apparente, et n'attaquât que plus sûrement les sources de la vie. Les droits au poids seraient remplacés par des droits à la valeur, ce qui ouvrirait la porte à la contrebande anglaise et aux fraudes en douane, et cela justement sur les articles de consommation générale qui offrent la moindre valeur relative et la plus grande masse totale, par conséquent sur les articles qui forment la base de l'industrie manufacturière.

On voit quelle est aujourd'hui l'importance pratique de la grande question du libre commerce de peuple à peuple, et combien il est nécessaire de rechercher une bonne fois impartialement et à fond jusqu'à quel point la théorie et la pratique se sont trompées en cette matière, de manière à les mettre enfin d'accord l'une avec l'autre, ou du moins d'agiter sérieusement le problème de ce rapprochement.

En vérité, l'auteur le déclare non par une modestie affectée, mais avec le sentiment d'une profonde défiance de ses forces, c'est après plusieurs années de résistance contre lui-même, après avoir cent fois mis en doute la rectitude de ses idées et s'en être assuré cent fois, après avoir soumis les idées contraires à des épreuves réitérées, et en avoir constamment reconnu l'inexactitude, qu'il s'est décidé à aborder la solution de ce problème. Il se croit exempt de la vaine ambition de contredire d'anciennes autorités et de

7

fonder des théories nouvelles. Anglais, il eût difficilement conçu des doutes sur le principe fondamental de la théorie d'Adam Smith. Ce fut la situation de son pays qui fit naître en lui, il y a plus de vingt ans, les premiers doutes sur l'infaillibilité de cette théorie ; ce fut la situation de son pays qui, depuis lors, le décida à développer, d'abord dans des articles anonymes, puis dans des articles signés et plus étendus, des opinions contraires. Aujourd'hui, c'est principalement l'intérêt de l'Allemagne qui lui a donné le courage de publier le présent écrit ; il ne dissimulera pas, toutefois, qu'un motif personnel s'y est joint, savoir la nécessité par lui reconnue de montrer par un ouvrage plus considérable qu'il n'est pas tout à fait incompétent en matière d'économie politique.

Au rebours de la théorie, l'auteur commencera par interroger l'histoire, il en déduira ses principes fondamentaux ; après les avoir exposés, il fera la critique des systèmes antérieurs, et, comme sa tendance est essentiellement pratique, il finira par retracer la nouvelle phase de la politique commerciale.

Pour plus de clarté, il donne ici un aperçu des principaux résultats de ses recherches et de ses méditations.

L'association des forces individuelles pour la poursuite d'un but commun est le moyen le plus efficace d'opérer le bonheur des individus. Seul et séparé de ses semblables, l'homme est faible et dénué. Plus le nombre de ceux avec lesquels il est uni est grand, plus l'association est parfaite, et plus est grand et parfait le résultat, qui est le bien moral et matériel des individus.

La plus haute association des individus, actuellement *réalisée*, est celle de l'*État*, de la *nation* ; la plus haute *imaginable* est celle du *genre humain*. De même que l'individu est beaucoup plus heureux au sein de l'État que dans l'isolement, toutes les nations seraient beaucoup plus prospères si elles étaient unies ensemble par le droit, par la paix perpétuelle et par la liberté des échanges.

La nature mène peu à peu les nations vers cette association

suprême; en' les invitant, 'par la variété des climats, des terrains et des productions; à l'échange, par le trop plein de la
population et par la surabondance des capitaux et des talents,
à l'émigration et à la fondation de colonies. *Le commerce
international*, en éveillant l'activité et l'énergie par les nouveaux besoins qu'il crée, en propageant d'une nation à l'autre
les idées, les découvertes et les forces, est l'un des plus puissants instruments de la civilisation et de la prospérité des
peuples.

Mais aujourd'hui l'union des peuples au moyen du commerce est encore très-imparfaite, car elle est interrompue ou
du moins affaiblie par la guerre ou par les mesures égoïstes
de telles ou telles nations.

Par la guerre, une nation peut être privée de son indépen-
pendance, de ses biens, de sa liberté, de sa constitution et de
ses lois, de son originalité propre et en général du degré de
culture et de bien-être qu'elle a déjà atteint ; elle peut être
asservie. Par les mesures égoïstes de l'étranger elle peut être
troublée ou retardée dans son développement économique.

Conserver, développer et perfectionner sa nationalité, tel
est donc aujourd'hui, et tel doit être l'objet principal de ses
efforts. Il n'y a là rien de faux et d'égoïste ; c'est une tendance raisonnable, parfaitement d'accord avec le véritable
intérêt du genre humain ; car elle conduit naturellement à
l'association universelle, laquelle n'est profitable au genre
humain qu'autant que les peuples ont atteint un même degré
de culture et de puissance et que, par conséquent, elle se réalise par la voie de la confédération.

Une association universelle, prenant son origine dans la
puissance et dans la richesse prépondérantes d'une seule
nation, et basée par conséquent sur l'assujettissement et sur la
dépendance de toutes les autres, aurait pour résultat l'anéantissement de toutes les nationalités et de toute émulation entre
les peuples ; elle heurte les intérêts comme les sentiments de
toutes les nations qui se sentent appelées à l'indépendance et
à la possession d'une grande richesse ainsi que d'une haute

importance politique ; ce ne serait qu'une répétition de ce qui a déjà existé, de la tentative des Romains, réalisée cette fois au moyen des manufactures et du commerce, au lieu de l'être, comme autrefois, avec l'acier, mais ramenant également vers la barbarie.

La civilisation, l'éducation politique et la puissance des peuples dépendent principalement de leur état économique, et réciproquement ; plus l'économie est avancée, plus la nation est civilisée et puissante ; plus sa civilisation et sa puissance augmentent, plus sa culture économique se développera.

Dans le développement économique des peuples, il faut distinguer les principales phases que voici : l'*état sauvage*, l'*état pastoral*, l'*état agricole*, l'*état agricole et manufacturier*, enfin, l'*état agricole, manufacturier et commercial*.

Évidemment, la nation qui, sur un territoire étendu, pourvu de ressources variées et couvert d'une population nombreuse, réunit l'agriculture, les manufactures, la navigation, le commerce intérieur et extérieur, est incomparablement plus civilisée, plus développée sous le rapport politique et plus puissante qu'un peuple purement agriculteur. Mais les manufactures constituent la base du commerce intérieur et extérieur, de la navigation et de l'agriculture perfectionnée, conséquemment de la civilisation et de la puissance politique ; et un peuple qui réussirait à *monopoliser toute la vie manufacturière du globe* et à comprimer les autres nations dans leur développement économique en les réduisant à ne produire que des denrées agricoles et des matières brutes et à n'exercer que les industries locales indispensables, ce peuple parviendrait nécessairement à la *domination universelle*. Une nation qui attache quelque prix à son indépendance et à sa conservation doit donc s'efforcer de s'élever le plus promptement possible d'un degré inférieur de civilisation à un degré supérieur, de réunir le plus promptement possible sur son territoire l'agriculture, les manufactures, la navigation et le commerce.

Le passage de l'état sauvage à l'état pastoral, et celui de l'état pastoral à l'état agricole, ainsi que les premiers progrès dans l'agriculture, sont secondés de la manière la plus efficace par la liberté des relations avec les peuples manufacturiers et commerçants.

L'élévation des peuples agriculteurs au rang de peuples à la fois agriculteurs, manufacturiers et commerçants ne saurait s'opérer d'elle-même, sous l'empire du libre échange, que dans le cas où toutes les nations appelées à l'industrie manufacturière se trouveraient dans le même moment au même degré de civilisation, où elles n'apporteraient aucun obstacle au développement économique les unes des autres, où elles n'arrêteraient pas les progrès les unes des autres par la guerre ou par des lois de douane.

Mais quelques-unes d'entre elles, favorisées par les circonstances, ayant devancé les autres dans les manufactures, dans le commerce et la navigation, et ayant reconnu de bonne heure que leurs progrès leur procuraient le moyen le plus assuré d'acquérir et de conserver la suprématie politique, ont adopté et maintiennent aujourd'hui encore des mesures calculées pour leur donner le monopole des manufactures et du commerce et pour arrêter dans leurs progrès les nations moins avancées qu'elles. L'ensemble de ces mesures, prohibitions d'entrée, droits d'importation, restrictions maritimes, primes de sortie, etc., s'appelle le système douanier.

Les progrès antérieurs des autres peuples, les systèmes de douane étrangers, la guerre enfin ont obligé les nations en arrière de chercher les moyens d'opérer la transition de l'état agricole à l'état manufacturier, et de restreindre par un système de douane, autant qu'elles le pouvaient, le commerce avec les nations plus avancées qui aspiraient au monopole des manufactures.

Le système douanier n'est donc pas, comme on l'a prétendu, une invention de têtes spéculatives, c'est une *consé-quence naturelle de la tendance des peuples à chercher des*

*garanties de leur conservation et de leur prospérité ou à établir
leur prépondérance.*

Cette tendance n'est légitime et raisonnable qu'en tant
qu'elle facilite, au lieu d'entraver, le développement économique de la nation, et qu'elle n'est pas en opposition avec le
but supérieur de l'humanité, qui est la confédération universelle de l'avenir.

De même que la société humaine doit être envisagée
sous deux points de vue, savoir le *cosmopolite* qui embrasse
tout le genre humain, et le *politique* qui s'attache aux intérêts nationaux, toute économie, celle des particuliers
comme celle de la société, doit être considérée sous deux
aspects principaux, par rapport aux *forces individuelles,
sociales et physiques* au moyen desquelles se produisent les
richesses, et par rapport à la *valeur échangeable des biens
matériels.*

Il y a, par conséquent, une *économie cosmopolite* et une
économie politique, une *théorie des valeurs échangeables* et
une *théorie des forces productives*, doctrines essentiellement
distinctes et appelées à se développer séparément.

Les forces productives des peuples ne dépendent pas seulement du travail, de l'épargne, de la moralité et de l'intelligence des individus ou de la possession de fonds naturels et
de capitaux matériels ; elles dépendent aussi des institutions
et des lois sociales, politiques et civiles, et, avant tout, des
garanties de leur durée, de leur indépendance et de leur
puissance comme nations. Inutilement les individus seraient
laborieux, économes, ingénieux, entreprenants, intelligents,
et moraux ; sans l'*unité nationale*, sans la *division du travail*
et la *coopération des forces productives*, le pays ne saurait
atteindre un haut degré de prospérité et de puissance, ni se
maintenir dans la possession durable de ses richesses intellectuelles, sociales et matérielles.

Le principe de la division du travail n'a été jusqu'ici compris que imparfaitement. La productivité tient beaucoup moins
au partage des diverses opérations d'une industrie entre plu-

sieurs individus qu'à l'association morale et matérielle de ces
individus pour un but commun.

Ce principe ne s'applique donc pas seulement à une fabrique ou à une exploitation rurale ; il s'étend à toute l'industrie agricole, manufacturière et commerciale d'une nation.

La division du travail et la combinaison des forces productives existent dans la nation, lorsque la production intellectuelle y est en rapport avec la production matérielle, lorsque l'agriculture, l'industrie manufacturière et le commerce
y sont également et harmonieusement développés.

Chez la nation purement agricole, même lorsqu'elle communique librement avec des peuples manufacturiers et commerçants, *une portion considérable des forces productives et
des ressources naturelles demeure oisive et inemployée.* Sa
culture intellectuelle et politique et ses moyens de défense
sont bornés. Elle ne possède ni navigation importante, ni
commerce étendu ; sa prospérité, en tant qu'elle résulte du
commerce extérieur, peut être interrompue, troublée, anéantie par des mesures de l'étranger et par des guerres.

L'industrie manufacturière, au contraire, est favorable aux
sciences, aux arts et aux progrès politiques ; elle augmente le
bien-être général, la population, le revenu de l'État, et la
puissance du pays ; elle fournit à celui-ci les moyens d'é-
tendre ses relations dans toutes les parties du monde, et de
fonder des colonies ; elle alimente les pêcheries, la navigation marchande et la marine militaire. Par elle seulement
l'agriculture du pays atteint un haut point de perfection.

*L'agriculture et l'industrie manufacturière réunies chez
un même peuple, sous la même autorité politique, vivent dans
une paix perpétuelle* ; elles ne sont troublées dans leur action
réciproque, ni par la guerre, ni par les mesures de l'étranger ;
elles garantissent par conséquent à la nation le développement incessant de sa prospérité, de sa civilisation et de sa
puissance.

L'agriculture et l'industrie manufacturière sont soumises
par la nature à des conditions particulières.

*Les pays de la zone tempérée sont spécialement propres
au développement de l'industrie manufacturière* ; car la zone
tempérée est la région des efforts intellectuels et physiques.

Si les pays de la zone torride sont peu favorisés sous le
rapport des manufactures, en revanche ils possèdent le monopole naturel de précieuses denrées que ceux de la zone tempérée recherchent. C'est principalement l'échange des produits manufacturés des uns contre les denrées des autres
qui constitue *la division du travail et la coopération des forces
productives dans le monde entier*, ou le grand commerce
international.

Un pays de la zone torride ferait une tentative des plus funestes en cherchant à devenir manufacturier. N'y étant point
appelé par la nature, il avancera beaucoup plus rapidement
en richesse et en civilisation, s'il continue à échanger
productions agricoles contre les produits des manufactures de
la zone tempérée.

Il est vrai que les pays de la zone torride tombent ainsi
dans la dépendance de la zone tempérée ; mais cette dépendance sera exempte d'inconvénients ou plutôt elle cessera
d'exister, si, dans la zone tempérée, plusieurs nations se font
équilibre sous le rapport des manufactures, du commerce
de la navigation et de la puissance politique ; si ces nations
non-seulement sont intéressées à ce qu'aucune d'entre elles
n'abuse de sa supériorité vis-à-vis des peuples faibles de la
zone torride, mais si elles sont en mesure de l'empêcher. Il
n'y aurait danger et dommage qu'autant que les manufactures, le grand commerce, la grande navigation et la puissance maritime seraient le monopole d'une seule nation.

Les peuples qui possèdent dans la zone tempérée un territoire vaste et pourvu de ressources variées, renonceraient à
l'une des sources les plus abondantes de la prospérité, de la
civilisation et de la puissance, s'ils ne s'efforçaient pas de
réaliser la division nationale du travail et la coopération nationale des forces productives, sitôt qu'il en acquièrent les
conditions économiques, morales et sociales.

Par conditions *économiques* nous entendons une agriculture suffisamment avancée et qui ne peut plus être sensiblement stimulée par l'exportation de ses produits ; par conditions *morales*, une grande culture chez les individus; par conditions *sociales*, enfin, nous entendons des lois qui garantissent au citoyen sécurité pour sa personne et pour ses propriétés, et libre exercice de ses facultés morales et physiques, des institutions qui règlent et facilitent le commerce, en même temps que la suppression de celles qui oppriment l'industrie, la liberté, l'intelligence et la moralité, la suppression des institutions féodales, par exemple.

Il est dans l'intérêt du peuple qui réunit ces conditions de s'appliquer d'abord à alimenter sa consommation avec les produits de ses manufactures, puis à nouer progressivement des relations directes avec les pays de la zone torride, à leur porter sur ses bâtiments ses produits manufacturés et à recevoir leurs denrées en échange.

Comparativement à cet échange entre les produits manufacturés de la zone tempérée et les productions agricoles de la zone torride, tout autre commerce international est d'une importance secondaire, si l'on en excepte celui de quelques articles, notamment du vin.

La production des matières brutes et des denrées alimentaires, chez les grandes nations de la zone tempérée, n'a de véritable importance que sous le rapport du commerce intérieur. Par l'exportation du blé, du vin, du lin, du chanvre et de la laine, une nation inculte ou pauvre peut, à l'origine, améliorer notablement son agriculture; mais ce n'est pas ainsi qu'un grand peuple parvient à la richesse, à la civilisation et à la puissance.

On peut poser en principe qu'une nation est d'autant plus riche et d'autant plus puissante qu'elle exporte plus de produits manufacturés, qu'elle importe plus de matières brutes et qu'elle consomme plus de denrées de la zone torride.

Les denrées de la zone torride servent aux contrées manufacturières de la zone tempérée, non-seulement comme matières premières et comme denrées alimentaires; mais aussi, mais surtout comme stimulants pour le travail agricole et manufacturier. On trouvera donc toujours que le peuple qui consomme le plus de denrées de la zone torride est aussi celui dont la production agricole et manufacturière est relativement la plus considérable et qui consomme le plus de ses propres produits.

Dans le développement économique des peuples, par le moyen du commerce extérieur, il faut donc distinguer *quatre* périodes. Dans la première, l'agriculture est encouragée par l'importation des articles manufacturés étrangers et par l'exportation de ses produits; dans la seconde, des manufactures s'élèvent en même temps que s'importent les articles des manufactures étrangères; dans la troisième, les manufactures du pays approvisionnent en majeure partie le marché intérieur; la quatrième, enfin, voit exporter sur une grande échelle les produits des manufactures du pays et importer de l'étranger des matières brutes et des produits agricoles.

Le système douanier, envisagé comme moyen d'aider au développement économique de la nation, en réglant son commerce extérieur, doit constamment prendre pour règle le *principe de l'éducation industrielle du pays.*

Encourager l'agriculture à l'aide de droits protecteurs, est une entreprise insensée; car, l'agriculture ne peut être utilement encouragée que par l'existence dans le pays d'une industrie manufacturière, et l'exclusion des matières brutes et des produits agricoles de l'étranger ne fait qu'arrêter l'essor des manufactures du pays.

L'éducation économique d'un pays encore à un degré inférieur d'intelligence et de culture, ou faiblement peuplé relativement à l'étendue et à la fertilité de son territoire, se fait le plus sûrement par la liberté du commerce avec des peuples avancés, riches et industrieux. Toute restriction commerciale ayant pour but d'y établir des manufactures, est prématurée, et tourne au détriment, non-seulement de la civilisation en général, mais des progrès de la nation en particulier. Lorsque son éducation intellectuelle, politique et économique, sous l'empire de la liberté du commerce, a été poussée assez loin pour que l'importation des articles des manufactures étrangères et le manque de débouchés pour ses produits mettent obstacle à son développement ultérieur, alors seulement des mesures de protection peuvent se justifier.

Un peuple dont le territoire est peu étendu et borné dans ses ressources, qui ne possède pas les embouchures de ses cours d'eau ou enfin qui n'est pas convenablement arrondi, ne peut user du système protecteur ou ne le peut du moins avec un plein succès. Il faut au préalable qu'il se complète par voie de conquête ou de négociation.

L'industrie manufacturière se rattache à tant de branches de la science et de l'art, elle implique tant d'expérience, tant de pratique et d'habitude, que l'éducation industrielle d'un peuple ne peut s'effectuer que lentement. Toute protection excessive ou prématurée s'expie par une diminution de la prospérité nationale.

Rien de plus dangereux et de plus blâmable que la clôture subite et absolue du pays au moyen de prohibitions. Elles peuvent se justifier, toutefois, lorsque le pays, séparé des autres pays par une longue guerre, s'est trouvé dans un état de prohibition forcée vis-à-vis des produits des manufactures étrangères et dans l'absolue nécessité de se suffire à lui-même.

En pareil cas, la *transition graduelle du système prohibitif au système protecteur doit s'opérer au moyen de droits arrêtés d'avance et peu à peu décroissants.* Un peuple, en revanche, qui veut passer de l'absence de protection au régime protecteur, doit commencer par de faibles droits, qui s'élèveront ensuite peu à peu suivant une échelle convenue.

Les droits ainsi arrêtés d'avance doivent être *rigoureusement maintenus* par l'autorité. Elle doit se garder de les diminuer avant le temps, mais les élever au cas où ils ne suffiraient pas.

Des droits d'importation trop élevés, qui excluent absolument la concurrence étrangère, sont préjudiciables au pays même qui les adopte ; car ils suppriment l'émulation entre les fabricants indigènes et les fabricants étrangers, et entretiennent chez les premiers l'indolence.

Lorsque, sous l'empire de droits convenables et progressifs, les manufactures du pays ne fleurissent pas, c'est une preuve que la nation ne possède pas encore les conditions requises pour être manufacturière.

Le droit protecteur en faveur d'une industrie ne doit pas descendre assez bas pour que l'existence de celle-ci puisse être compromise par la concurrence étrangère. On doit prendre pour règle invariable de conserver ce qui existe, de protéger l'industrie nationale dans son tronc et dans ses racines.

La concurrence étrangère doit simplement prendre sa part dans l'accroissement annuel de la consommation. Les droits doivent être haussés, lorsqu'elle prend la plus forte part ou la totalité de cet accroissement annuel.

Un pays tel que l'Angleterre, qui, dans l'industrie manufacturière, a une grande avance sur les autres, *ne peut mieux maintenir et étendre sa suprématie manufacturière et commerciale que par la plus grande liberté possible des échanges.* Pour lui, le principe cosmopolite et le principe national ne sont qu'une seule et même chose.

C'est ce qui explique le penchant des économistes les plus éclairés de l'Angleterre pour la liberté du commerce et la répugnance des plus clairvoyants des autres pays à appliquer ce principe dans l'état actuel du monde.

Depuis un quart de siècle le système prohibitif et protecteur de l'Angleterre fonctionne à son détriment et dans l'intérêt des nations ses rivales.

Rien ne lui porte plus préjudice que ses restrictions à l'importation des matières brutes et des denrées alimentaires.

Les *unions douanières* et les *traités de commerce* sont les moyens les plus efficaces de faciliter les échanges entre les peuples.

Mais les traités de commerce ne sont légitimes et durables que lorsque les avantages en sont réciproques. Ils sont funestes et illégitimes, ceux par lesquels un pays sacrifie à un autre, en échange de concessions sur ses produits agricoles, une *industrie manufacturière déjà en voie de développement*, les traités à la façon de celui de Méthuen, les traités léonins en un mot.

Ce fut un traité léonin que celui qui fut conclu entre l'Angleterre et la France en 1786. Toutes les propositions faites depuis par l'Angleterre et la France et à d'autres pays sont de même nature.

Si le droit protecteur renchérit pour quelque temps les produits des manufactures indigènes, il assure pour l'avenir des prix moindres, par suite de la concurrence du dedans ; car une industrie parvenue à son complet développement peut établir le prix de ses articles d'autant plus bas que l'exportation des matières brutes et des denrées alimentaires et l'importation des objets fabriqués coûtent des frais de transport et les profits du commerce.

La perte causée par les droits protecteurs ne consiste après tout qu'en *valeurs*; mais le pays acquiert ainsi des *forces*, au moyen desquelles il est mis pour toujours en mesure de produire des masses incalculables de valeurs. Cette dépense de valeurs doit être considérée comme le *prix de l'éducation industrielle du pays*.

Le droit protecteur sur les produits manufacturés ne retombe pas sur les agriculteurs du pays. Par le développement de l'industrie manufacturière, la richesse, la population et par suite la demande des produits agricoles, la rente et la valeur échangeable de la propriété foncière augmentent extraordinairement, tandis que les objets manufacturés nécessaires aux agriculteurs baissent de prix avec le temps. Le gain surpasse dans la proportion de dix à un la perte que la hausse passagère des objets manufacturés fait supporter aux agriculteurs.

Le commerce intérieur et le commerce extérieur profitent

pareillement du système protecteur ; car ils ne présentent
d'importance que chez les peuples qui satisfont à leurs besoins au moyen de leur industrie manufacturière, qui consomment eux-mêmes leurs produits agricoles et achètent des
matières et des denrées exotiques avec le surplus de leurs
articles manufacturés. L'un et l'autre sont insignifiants chez
les nations purement agricoles de la zone tempérée, et le commerce extérieur de celles-ci se trouve d'ordinaire entre les
mains des nations manufacturières et commerçantes en relation avec elles.

Un bon système protecteur n'accorde *point de monopole*
aux manufacturiers du pays ; il donne seulement une garantie
contre les pertes à ceux qui consacrent leurs capitaux, leurs
talents et leurs efforts à des industries nouvelles.

Il n'accorde point de monopole, parce que la concurrence
intérieure supplée à la concurrence étrangère, et qu'il est libre
à tout citoyen de prendre sa part des primes offertes par le
pays aux individus. Il accorde seulement un monopole aux
nationaux contre les étrangers qui jouissent eux-mêmes dans
leur pays d'un monopole semblable.

Mais ce monopole est utile, en ce sens, non-seulement qu'il
réveille dans le pays des forces productives dormantes et oisives, mais encore qu'il y attire des forces productives de l'é-
tranger, des capitaux matériels et moraux à la fois, des entrepreneurs, des industriels habiles, des ouvriers.

D'un autre côté, l'absence d'une industrie manufacturière
chez une nation de culture ancienne, dont la puissance productive ne peut plus être sensiblement excitée par l'exportation des matières brutes et des produits agricoles et par l'importation des articles des manufactures étrangères, l'expose à
des inconvénients nombreux et graves.

L'agriculture d'un pareil pays doit nécessairement se *ra-
bougrir ;* car l'excédant de la population, qui, au milieu d'un
grand développement manufacturier, trouverait des moyens
d'existence dans les fabriques et créerait une grande demande
pour les produits agricoles, qui, par conséquent, assurerait de

beaux profits à l'agriculture, sera réduit au travail des champs,
et de là un *morcellement de la terre* et une *petite culture* aussi
préjudiciables à la puissance et à la civilisation du pays qu'à
sa richesse.

Une nation agricole composée en majeure partie de petits
cultivateurs ne peut ni verser dans le commerce intérieur des
masses considérables de produits ni occasionner une forte demande d'objets fabriqués ; chacun y est à peu près borné à sa
propre production comme à sa propre consommation. Sous
un tel régime, un système complet de communications ne peut
s'établir, et les avantages immenses qui en découlent sont in-
terdits au pays.

De là nécessairement pour le pays faiblesse morale et matérielle, individuelle et politique. Le péril s'aggrave si des
nations voisines suivent la voie opposée ; si elles avancent sous
tous les rapports pendant que nous reculons, si, chez ces nations, la pensée d'un meilleur avenir exalte le courage et
l'esprit d'entreprise des citoyens, pendant que, chez nous, le
défaut d'espérance éteint de plus en plus l'intelligence et l'ardeur.

L'histoire offre même des exemples de nations entières qui
ont péri, pour n'avoir pas su, en temps opportun, résoudre le
grand problème d'assurer leur indépendance morale, économique et politique, par l'établissement de manufactures et
par la constitution d'une classe puissante de manufacturiers
et de commerçants (1).

(1) De même que le compositeur d'un opéra réunit dans l'ouverture les
motifs les plus remarquables de son œuvre lyrique, List a condensé dans
cette belle introduction les éléments essentiels de son *Système national.* Les
observations auxquelles ce système peut donner lieu, trouveront mieux leur
place dans les chapitres où les principes qui le constituent ont reçu leur développement. (H. R.)

LIVRE PREMIER.

—

CHAPITRE PREMIER.

LES ITALIENS.

Lors de la renaissance de la civilisation en Europe, aucune contrée ne se trouvait, sous le rapport commercial et industriel, aussi favorisée que l'Italie. La barbarie n'avait pu y détruire jusque dans ses racines l'ancienne culture romaine. Un ciel propice et un sol fertile fournissaient à une agriculture sans art d'abondants moyens de subsistance pour une nombreuse population. Les arts et les métiers les plus nécessaires n'avaient pas plus disparu que les anciennes municipalités romaines. Une pêche côtière fructueuse servait partout à former des marins, et la navigation le long d'un littoral étendu suppléait largement au défaut de voies de transport à l'intérieur. Le voisinage de la Grèce, de l'Asie Mineure et de l'Égypte et la facilité des communications par mer avec ces pays assuraient à l'Italie des avantages marqués pour le commerce de l'Orient, commerce qui, précédemment, bien que sur une petite échelle, s'était fait par l'intermédiaire de la Russie en se dirigeant vers le Nord. Grâce à ces relations, l'Italie dut nécessairement s'initier à ces connaissances, à ces arts, à ces fabrications que la Grèce avait sauvés de la civilisation de l'antiquité.

Depuis l'émancipation des villes italiennes par Othon le Grand, on avait vu se confirmer de nouveau une vérité dont l'histoire fournit tant de preuves, à savoir que la liberté et l'industrie sont des compagnes inséparables, bien qu'il ne soit pas rare de voir l'une naître avant l'autre. Que le commerce et l'industrie apparaissent quelque part, on peut être sûr que la liberté n'est pas loin ; que la liberté déploie quelque part sa bannière, c'est un signe certain que tôt ou tard l'industrie fera son avénement. Car il est dans la nature que l'homme qui a conquis les biens matériels et moraux cherche des garanties de la transmission de cette conquête à sa postérité, ou qu'après être entré en jouissance de la liberté, il emploie tous ses efforts pour améliorer sa condition matérielle et morale.

Pour la première fois depuis la chute des villes libres de l'antiquité, les cités italiennes rendent alors au monde le spectacle de communes libres et riches. Les villes et les campagnes travaillent à la prospérité les unes des autres, et sont, dans leurs efforts, puissamment aidées par les croisades. Le transport des croisés et leur approvisionnement n'encouragent pas seulement la navigation, ils provoquent l'établissement de fécondes relations commerciales avec l'Orient, l'introduction de nouvelles industries, de nouveaux procédés, de nouvelles plantes, la connaissance de jouissances nouvelles. D'un autre côté, l'oppression du système féodal se trouve, sous plus d'un rapport, allégée au profit de l'agriculture libre et des villes.

A côté de Venise et de Gênes, Florence se distingue surtout par ses manufactures et par son commerce d'argent. Dès le douzième et le treizième siècle, ses fabriques de tissus de soie et de laine sont florissantes, les corporations qui exercent ces industries prennent part au gouvernement ; la république se constitue sous leur influence. L'industrie des laines compte à elle seule 200 ateliers ; chaque année se fabriquent 80,000 pièces de drap, dont la matière première est tirée d'Espagne. De plus, Florence importe annuellement pour 300,000 florins d'or de draps communs d'Espagne, de France, de Belgique et d'Allemagne, qui, après avoir été apprêtés chez elle, sont expédiés dans le Levant. Florence est le

8

banquier de toute l'Italie ; on y compte 80 comptoirs de banque (1). L'État jouit d'un revenu annuel de 300,000 florins
d'or, soit 15 millions de francs de notre monnaie ; il est beaucoup plus riche, par conséquent, que les royaumes de Naples et d'Aragon à la même époque et que la Grande-Bretagne
et l'Irlande au temps de la reine Élisabeth (2).

Ainsi, dès le douzième et le treizième siècle, nous voyons
l'Italie en possession de tous les éléments de la prospérité nationale, et, dans le commerce et dans l'industrie, fort en
avance sur tous les autres pays. Son agriculture et ses fabriques servent aux autres contrées de modèle et d'objet d'émulation. Ses chemins et ses canaux sont les plus parfaits qui
existent en Europe. C'est à elle que le monde civilisé doit les
banques, la boussole, le perfectionnement des constructions
navales, les lettres de change, une multitude de coutumes et
de lois commerciales des plus utiles, ainsi qu'une grande
partie des institutions municipales et politiques. Sa marine
marchande et sa marine militaire sont de beaucoup les premières dans les mers du Midi. Le commerce du globe est entre ses mains ; car, si l'on excepte un mouvement d'affaires
encore insignifiant dans les mers septentrionales, ce commerce
ne s'étend pas au delà de la Méditerranée et de la mer Noire.
L'Italie approvisionne tous les autres pays d'articles manufacturés et d'objets de luxe ainsi que des denrées de la zone
torride, et elle en reçoit des matières premières. Il ne lui manque qu'une chose pour être ce que l'Angleterre est devenue
de nos jours, et, faute de posséder ce bien unique, tout le reste
lui échappe ; il lui manque l'unité nationale et la puissance
que donne cette unité.

Les villes et les seigneurs d'Italie ne se considèrent pas
comme les membres d'un seul et même corps ; ils se combattent, ils se détruisent les uns les autres, comme autant de puissances indépendantes. Outre ces luttes extérieures, chaque commune est agitée par les luttes intestines entre la démocratie,

(1) Delécluse, *Florence, ses vicissitudes,* etc., p. 23, 26, 32, 103, 213.
(2) Pecchio, *Histoire de l'économie politique en Italie.*

l'aristocratie et le pouvoir d'un seul. Ces guerres calamiteuses sont entretenues et envenimées par les puissances étrangères et par leurs invasions ; elles le sont aussi par une théocratie indigène, et par ses excommunications, qui séparent encore chaque cité en deux factions hostiles.

L'Italie se ruine elle-même, l'histoire de ses puissances maritimes en fait foi. Du huitième au onzième siècle, nous voyons d'abord Amalfi grande et puissante (1). Ses navires couvrent les mers, et tout l'argent qui circule en Italie et dans le Levant est amalfitain. Amalfi possède les meilleures lois en matière de navigation marchande, et son code maritime est adopté dans tous les ports de la Méditerranée. Au douzième siècle, cette puissance maritime est détruite par Pise. Pise à son tour tombe sous les coups de Gênes, et Gênes elle-même, après une lutte séculaire, est forcée de s'incliner devant Venise.

On peut voir aussi dans la chute de Venise une conséquence indirecte de cette politique étroite. Il n'eût pas été difficile à une ligue des puissances maritimes de l'Italie, non-seulement de maintenir la prépondérance italienne en Grèce, dans l'Archipel, dans l'Asie Mineure et en Égypte, mais encore de l'étendre et de l'affermir de plus en plus, d'arrêter les progrès des Turcs et leurs pirateries, de disputer même aux Portugais la route du Cap. Mais, par le fait, Venise fut réduite à ses propres forces, et elle se trouva paralysée au dehors par les autres États italiens en même temps que par les puissances européennes du voisinage.

Il n'eût pas été difficile à une ligue bien organisée des puissances continentales italiennes de défendre l'indépendance de l'Italie contre les grandes monarchies. La fondation d'une ligue pareille fut essayée en 1526, mais dans un moment de danger et seulement dans un but de défense temporaire. La

(1) Amalfi comptait 50,000 habitants au temps de sa splendeur; Flavio Gioja, l'inventeur de la boussole, était un de ses citoyens. Au pillage d'Amalfi par les Pisans en 1135 ou 1137, on trouva ce vieux livre qui plus tard a été si fatal à la liberté et à l'énergie de l'Allemagne, les Pandectes.

tiédeur et la trahison de ses membres et de ses chefs eurent
pour conséquence l'accroissement du Milanais et la chute de
la république toscane. De cette époque date le déclin de l'industrie et du commerce de l'Italie (1).

Avant ce temps-là, comme depuis, Venise avait voulu être
à elle toute seule une nation. Tant qu'elle n'eut affaire qu'aux
fragments de nationalité de l'Italie ou à la Grèce expirée, elle
n'eut pas de peine à maintenir sa suprématie manufacturière
et commerciale sur le littoral de la Méditerranée et de la
mer Noire. Mais, quand des nations complètes et pleines de
vie parurent sur la scène politique, on reconnut que Venise
n'était qu'une ville, et son aristocratie qu'une aristocratie municipale. Sans doute elle avait subjugué beaucoup d'îles et de
vastes provinces, mais elle les avait gouvernées constamment
en pays conquis ; et chacune de ses conquêtes, au témoignage
de tous les historiens, l'avait affaiblie au lieu de la fortifier.

En même temps s'éteignait peu à peu au sein de la république l'esprit auquel elle devait sa grandeur. La puissance
et la prospérité de Venise, œuvre d'une aristocratie patriote
et héroïque, issue d'une démocratie énergique et jalouse de
sa liberté, durèrent, tant que la liberté entretint l'énergie démocratique et que celle-ci fut dirigée par le patriotisme, la
sagesse et l'héroïsme de l'aristocratie ; mais, à mesure que
l'aristocratie dégénéra en une oligarchie despotique, étouffant
toute liberté, toute énergie populaire, les racines de cette puissance et de cette prospérité se desséchèrent, bien que les branches et la cime de l'arbre continuassent encore quelque
temps à fleurir (2).

(1) Ainsi Charles-Quint détruisit le commerce et l'industrie en Italie, de
même que dans les Pays-Bas et en Espagne. Avec lui apparurent les lettres
de noblesse et l'idée qu'il était honteux pour les nobles de s'adonner au commerce et aux arts, idée qui exerça une désastreuse influence sur l'industrie
nationale. Jusque-là l'opinion opposée avait prévalu; les Médicis continuèrent
à faire le commerce, lorsqu'ils étaient déjà depuis longtemps souverains

(2) « Quand les nobles, au lieu de verser leur sang pour la patrie, au lieu
d'illustrer l'État par des victoires et de l'agrandir par des conquêtes, n'eurent plus qu'à jouir des honneurs et à se partager des impôts, on dut se demander pourquoi il y avait huit ou neuf cents habitants de Venise qui se

« Dans une nation qui est dans la servitude, dit Montesquieu, on travaille plus à conserver qu'à acquérir ; dans une nation libre, on travaille plus à acquérir qu'à conserver (1). » A cette remarque pleine de justesse, il aurait pu ajouter : « Et pendant qu'on ne songe qu'à conserver et jamais à acquérir, on se ruine, » car une nation qui n'avance pas décline, et doit finalement périr. Bien loin d'étendre leur commerce et de faire de nouvelles découvertes, les Vénitiens n'eurent seulement pas l'idée de tirer parti des découvertes des autres. Exclus du commerce des Indes orientales par la découverte d'une nouvelle route, ils n'admirent point que cette route eût été trouvée. Ce que tout le monde voyait, ils ne voulurent pas le croire. Et, quand ils commencèrent à soupçonner les conséquences fatales du changement opéré, ils essayèrent de maintenir l'ancienne route, au lieu de prendre part aux bénéfices de la nouvelle ; ils employèrent de misérables intrigues pour conserver et pour obtenir ce qu'une habile exploitation du nouvel état des choses, l'esprit d'entreprise et le courage pouvaient seuls leur procurer. Et, lorsqu'enfin ils eurent tout perdu et que les richesses des Indes orientales affluèrent vers Cadix et vers Lisbonne et non plus vers leur port, comme des sots ou comme des dissipateurs, ils recoururent à l'alchimie (2).

Au temps où la république était en voie de progrès et de prospérité, l'inscription sur le Livre d'or était considérée comme la récompense de services éclatants dans le commerce et dans l'industrie, dans le gouvernement et dans la guerre. A ce titre elle était accessible aux étrangers ; les plus distingués des fabricants de soie qui émigrèrent de Florence, par exemple, obtinrent cette faveur (3). Mais le livre fut fermé, quand

disaient propriétaires de toute la république. » Daru, *Histoire de Venise*, vol. IV, c. xviii.

(1) Montesquieu, *Esprit des lois*.

(2) Un charlatan vulgaire, Marco Brasadino, qui prétendait posséder l'art de faire de l'or, fut accueilli par l'aristocratie comme un sauveur. Daru, *Histoire de Venise*, vol. III, c. xix.

(3) Venise, comme plus tard la Hollande et l'Angleterre, mit à profit toutes

on commença à regarder les distinctions honorifiques et les
revenus de l'État comme le patrimoine héréditaire des patri-
ciens. Plus tard, lorsqu'on reconnut la nécessité de rajeunir
un patriciat vieilli et dégénéré, le Livre fut ouvert de nouveau. Ce ne furent plus les services envers le pays comme
autrefois, mais la richesse et une origine ancienne, qui devinrent les titres principaux à l'admission. Cependant le Livre
d'or était tellement discrédité, qu'il resta inutilement ouvert
durant un siècle.

Si l'on interroge l'histoire sur les causes de la chute de
cette république et de son commerce, voici ce qu'elle répond :
La première de ces causes est la folie, l'énervement et la lâcheté d'une aristocratie dégénérée, l'apathie d'un peuple
tombé dans la servitude. Le commerce et les manufactures
de Venise auraient dû périr, quand même la route du cap de
Bonne-Espérance n'eût pas été trouvée.

Cette chute, de même que celle de toutes les autres républiques italiennes, s'explique aussi par le manque d'unité nationale, par la prépondérance étrangère, par la théocratie indigène et par l'apparition en Europe de nationalités grandes,
fortes et compactes.

Si l'on examine en particulier la politique commerciale de
Venise, on reconnaît tout d'abord que celle des puissances
commerçantes et manufacturières des temps modernes n'est
qu'une copie, sur une grande échelle, c'est-à-dire dans les
proportions nationales, de la politique vénitienne. Des restrictions maritimes et des droits d'entrée favorisent les marins
et les fabricants du pays, et déjà règne la maxime d'importer
de préférence des matières brutes et d'exporter des objets
manufacturés (1).

On a récemment soutenu à l'appui du principe de la liberté

les occasions d'attirer à elle les arts et les capitaux de l'étranger. Lucques
aussi, où, au treizième siècle, la fabrication du velours et du brocart avait
atteint un haut degré de prospérité, vit partir un grand nombre de ses fabricants pour Venise, afin de se soustraire au joug du tyran Castruccio Castra-
cani. Sandu, *Histoire de Venise*, vol. I.

(1) Sismondi, *Histoire des républiques italiennes*, 1re partie.

absolue du commerce, que la chute de Venise était due à ces restrictions ; il y a dans cette thèse un peu de vérité avec beaucoup d'erreur. En étudiant sans prévention l'histoire de cette république, nous trouvons qu'ici, comme depuis dans les grands empires, la liberté et la limitation du commerce extérieur ont été, suivant les temps, favorables ou nuisibles à la puissance et à la prospérité publiques. La liberté illimitée du commerce fut utile à la république dans la première période de son élévation. Car comment un hameau de pêcheurs eût-il pu autrement devenir une puissance commerçante ? Mais les restrictions lui furent avantageuses aussi, lorsqu'elle eut atteint un certain degré de puissance et de richesse ; car c'est par elles qu'elle conquit la suprématie manufacturière et commerciale. Les restrictions ne lui devinrent funestes que lorsqu'elle fut arrivée à son apogée ; car elles bannirent l'émulation entre ses citoyens et l'étranger, et elles entretinrent l'indolence. Ce ne fut donc pas l'établissement de ces restrictions, ce fut leur maintien après qu'elles avaient cessé d'avoir un objet, qui fut préjudiciable aux Vénitiens.

La thèse est fausse encore en ce qu'on ne tient pas compte de l'avènement des grandes nationalités régies par la monarchie héréditaire. Venise, malgré la domination qu'elle exerçait sur des provinces et sur des îles, n'était après tout qu'une ville italienne ; comme puissance manufacturière et commerçante, elle n'avait grandi qu'en face des autres cités d'Italie, et son système exclusif ne pouvait avoir de portée qu'autant que des nations entières ne surgiraient pas avec leur force collective. Quand cet événement se réalisa, elle n'eût pu conserver sa suprématie qu'en se plaçant à la tête de toute l'Italie et en étendant sa politique commerciale sur toute cette péninsule. Mais il n'était au pouvoir d'aucun système, quelque habile qu'il fût, de maintenir longtemps, en présence de grandes nations, la suprématie commerciale d'une seule ville.

L'exemple de Venise, en tant que de nos jours on peut l'invoquer contre le système restrictif, ne prouve donc que ceci, ni plus ni moins, savoir, qu'une ville isolée ou un petit

État, en présence de grands empires, ne peut employer ni conserver utilement ce système, et qu'une puissance parvenue à l'aide des restrictions à la suprématie manufacturière et commerciale, ce but une fois atteint, a intérêt à revenir au principe de la liberté du commerce.

Ici, comme dans tous les débats sur la liberté du commerce international, nous rencontrons une confusion de mots qui a donné lieu à de graves erreurs. On parle de la liberté commerciale comme de la liberté religieuse et civile. Les amis et les champions de la liberté en général se tiennent pour obligés de défendre la liberté sous toutes ses formes, et c'est ainsi que la liberté du commerce est devenue populaire, sans qu'on ait distingué entre la liberté du commerce intérieur et celle du commerce international, qui, dans leur essence et dans leur résultat, diffèrent si profondément l'une de l'autre. Car, si les restrictions mises au commerce intérieur ne sont que dans très-peu de cas compatibles avec la liberté individuelle des citoyens, en matière de commerce extérieur le plus haut degré de liberté individuelle s'accorde avec de grandes restrictions. Il se peut même que l'extrême liberté du commerce extérieur ait pour conséquence la servitude nationale, comme nous le montrerons plus tard par l'exemple de la Pologne. C'est en ce sens que Montesquieu a dit : « C'est dans les pays de la liberté que le négociant trouve des contradictions sans nombre, et il n'est jamais moins croisé par les lois que dans les pays de la servitude (1). »

CHAPITRE II.

LES ANSÉATES.

Parvenu à la domination en Italie, le génie de l'industrie, du commerce et de la liberté franchit les Alpes, traversa l'Al-

(1) *Esprit des lois*, liv. **XX**, ch. **XII**.

lemagne et se construisit un nouveau trône sur le littoral de
•la mer du Nord.

Déjà Henri Ier, père du libérateur des communes italiennes,
avait encouragé la fondation de villes nouvelles et l'agrandissement des villes existantes, dont une partie s'étaient élevées
sur l'emplacement des anciennes colonies romaines ou sur
les domaines impériaux.

Comme plus tard les rois de France et d'Angleterre, lui et
ses successeurs virent dans les cités le contre-poids le plus sérieux de l'aristocratie, la source la plus féconde du revenu public et un nouveau moyen de défense pour le pays. Par suite
de leurs relations commerciales avec les villes l'Italie, de leur
rivalité avec l'industrie italienne et de leurs institutions libres,
les villes allemandes atteignirent bientôt un haut degré de
prospérité et de civilisation. La vie communale enfanta l'esprit
de progrès dans les arts et l'envie de se distinguer par la richesse et par les entreprises, en même temps que le bien-
être matériel faisait naître le désir des améliorations politiques.

Fortes dans leur jeune liberté et dans leur florissante industrie, mais inquiétées sur terre et sur mer par des brigands,
les villes maritimes du nord de l'Allemagne se virent bientôt
obligées de conclure une étroite alliance défensive. Dans ce
but, Hambourg et Lubeck formèrent en 1241 une ligue, qui,
dans le cours du même siècle, réunit toutes les villes de
quelque importance sur la côte de la mer du Nord et de la
Baltique, sur les rives de l'Oder et de l'Elbe, du Weser et du
Rhin, au nombre de quatre-vingt-cinq. Cette confédération
s'appela la *Hanse*, ce qui, en bas allemand, signifie union.

La Hanse reconnut bientôt les avantages que l'industrie
particulière pouvait retirer de l'association, et elle ne tarda
pas à concevoir et à développer une politique commerciale,
dont le résultat fut une prospérité jusque-là sans exemple.
Convaincus que, pour acquérir et pour conserver un grand
commerce maritime, il faut être en mesure de le défendre,
les Anséates créèrent une puissante marine de guerre;

comprenant d'ailleurs que la puissance d'un pays s'élève ou tombe avec sa navigation marchande et avec ses pêcheries, ils décidèrent que les marchandises de la Hanse ne seraient transportées que sur ses bâtiments, et ils établirent de grandes pêcheries maritimes. L'acte de navigation de l'Angleterre a pris pour modèle l'acte de la Hanse, imité lui-même de l'acte vénitien (1).

Ainsi l'Angleterre n'a fait que suivre l'exemple de ceux qui l'avaient précédée dans la suprématie maritime. Au temps même du Long Parlement, la proposition d'établir un acte de navigation n'était rien moins que nouvelle. Dans son appréciation de cette mesure, Adam Smith (2) semble avoir ignoré ou du moins avoir dissimulé que, plusieurs siècles auparavant et à diverses reprises, on avait déjà essayé d'introduire des restrictions semblables. Proposées par le Parlement en 1460, elles avaient été repoussées par Henri VI ; proposées par Jacques Ier, elles avaient été repoussées par le Parlement en 1622 (3) ; longtemps même avant ces deux tentatives, elles avaient été réellement appliquées en 1381 par Richard II ; mais, ayant bientôt cessé d'être en vigueur, elles étaient tombées dans l'oubli. Évidemment le pays n'était pas mûr alors pour une telle mesure. Les actes de navigation, comme la protection douanière en général, sont si naturels aux peuples qui ont le pressentiment de leur grandeur commerciale et industrielle à venir, que les États-Unis, à peine émancipés, adoptèrent des restrictions maritimes sur la proposition de James Madison, et cela, comme on le verra dans un chapitre subséquent, avec infiniment plus de succès que l'Angleterre un siècle et demi auparavant.

Les princes du Nord, auxquels le commerce avec les Anséates promettait de grands avantages, en leur donnant occasion, non-seulement de vendre l'excédant des produits de leur sol et d'obtenir en échange des objets fabriqués bien

---

(1) Anderson, *Origine du commerce*, 1re partie.
(2) *Richesse des nations*, liv. IV, chap. ii.
(3) Hume, *Histoire d'Angleterre*, 1e partie, chap. xxi.

supérieurs à ceux de leurs pays, mais encore de remplir leur trésor (1) au moyen des droits d'entrée et de sortie, et d'accoutumer au travail des sujets adonnés à la paresse, à la débauche et aux rixes, ces princes considérèrent comme une bonne fortune que les Anséates fondassent chez eux des comptoirs, et ils les y encouragèrent par des priviléges et par toutes sortes de faveurs. Les rois d'Angleterre se signalèrent particulièrement sous ce rapport.

« Le commerce anglais, dit Hume, était alors tout entier entre les mains des étrangers et particulièrement des *Esterlings* (2), que Henri III avait organisés en corporation, dotés de priviléges et affranchis des restrictions et des droits d'entrée auxquels les autres marchands étrangers étaient assujettis. Les Anglais avaient alors si peu d'expérience commerciale, qu'à partir d'Édouard II les Anséates, connus sous le nom de *marchands de Stahlhof,* monopolisèrent tout le commerce extérieur du royaume. Comme ils n'employaient que leurs bâtiments, la navigation anglaise se trouva réduite à l'état le plus misérable (3).

Longtemps avant cette époque, des marchands allemands isolés, de Cologne notamment, avaient trafiqué avec l'Angleterre ; ce fut en 1250 qu'ils établirent enfin à Londres, sur

---

(1) A cette époque, les rois d'Angleterre retiraient plus de revenus des exportations que des importations. La libre exportation et l'importation restreinte, surtout l'importation des objets fabriqués, supposent une industrie déjà avancée et une administration éclairée. Les gouvernements et les peuples du Nord étaient alors à peu près au même degré de culture et de science administrative où nous voyons aujourd'hui la Sublime Porte. On sait que le Grand Seigneur a récemment conclu des traités de commerce dans lesquels il s'engage à ne pas percevoir à l'exportation des matières brutes ou des produits fabriqués au delà de 12 pour 100 de la valeur, et à l'importation, au delà de 5 pour 100. Dans ses États, par conséquent, le système de douane qui se préoccupe avant tout du revenu de l'État, est en pleine vigueur. Les hommes d'État et les écrivains qui poursuivent ou défendent ce système devraient se rendre en Turquie ; ils s'y trouveraient tout à fait à la hauteur de leur époque.

(2) Les Anséates étaient alors appelés en Angleterre *Esterlings* ou marchands de l'Est, par opposition à ceux de l'Ouest, c'est-à-dire aux Belges et aux Hollandais.

(3) Hume, *Hist. d'Angleterre,* chap. xxxv.

l'invitation du roi, ce comptoir si connu sous le nom de *Stahlhof* (cour d'acier), qui, au commencement, exerça tant d'influence sur le développement de la culture et de l'industrie en Angleterre, mais qui y excita bientôt une jalousie nationale si ardente, et, dans les 375 ans qui s'écoulèrent depuis sa naissance jusqu'à sa dissolution, donna lieu à de si vifs et à de si longs débats.

L'Angleterre était alors pour les Anséates ce que la Pologne fut plus tard pour la Hollande, et l'Allemagne pour les Anglais ; elle leur fournissait des laines, de l'étain, des peaux, du beurre et d'autres produits de ses mines et de son agriculture ; elle recevait d'eux en échange des articles manufacturés. Les matières brutes que les Anséates avaient achetées en Angleterre et dans les autres royaumes du Nord étaient portées par eux dans leur établissement de Bruges fondé en 1252, et échangées contre les draps et les autres objets fabriqués de la Belgique et contre les divers produits de l'Orient arrivés d'Italie, qu'ils distribuaient dans les pays situés autour de la mer du Nord.

Un troisième comptoir, créé à Novogorod, en Russie, dans l'année 1272, faisait le commerce des pelleteries, du lin, du chanvre et d'autres matières brutes en échange de produits manufacturés.

Un quatrième, établi en 1278 à Bergen en Norwége, se livrait principalement à la pêche et au commerce de l'huile et des poissons (1).

L'expérience de tous les pays et de tous les temps enseigne que, tant qu'un peuple est à l'état barbare, un commerce entièrement libre, qui écoule les produits de sa chasse, de ses pâturages, de ses forêts et de ses champs, ses matières brutes de toute espèce en un mot, et lui fournit des vêtements, des outils, des meubles plus parfaits, et le grand instrument des échanges, les métaux précieux, lui procure d'immenses avantages ; ce qui fait qu'il l'accueille avec joie dans le commen-

---

(1) Sartorius, *Histoire de la Hanse.*

cement. Mais elle enseigne aussi que le même peuple, à mesure qu'il avance en industrie et en civilisation, ne voit plus ce commerce d'un œil aussi favorable, et qu'il en vient finalement à y trouver des dangers et un obstacle à ses progrès ultérieurs. Ce fut le cas du commerce entre l'Angleterre et la Hanse. A peine un siècle s'était-il écoulé depuis la fondation du comptoir de Stahlhof, qu'Édouard III fut d'avis qu'il pouvait y avoir quelque chose de plus utile et de plus avantageux pour un pays que d'exporter des laines brutes et d'importer des draps. Par des faveurs de toute espèce il essaya d'attirer de Flandre dans son royaume des ouvriers en drap, et, après en avoir fait venir un assez bon nombre, il fit défense de se vêtir de draps étrangers (1).

Les sages mesures de ce roi furent merveilleusement secondées par la conduite insensée d'autres princes ; ce qui n'est pas rare dans l'histoire de l'industrie. Tandis que les anciens maîtres des Flandres et du Brabant s'étaient appliqués à faire fleurir autour d'eux l'industrie, les nouveaux s'étudièrent à exciter le mécontentement des commerçants et des manufacturiers, et à les pousser à l'émigration (2).

Dès 1413, l'industrie des laines en Angleterre avait fait de tels progrès, que Hume a pu dire de cette période : « Une grande jalousie régnait alors à l'égard des marchands étrangers ; ils eurent à supporter une multitude d'entraves ; par exemple, ils furent obligés, avec l'argent qu'ils retiraient de leurs importations, d'acheter des marchandises du pays (3). »

Sous Édouard IV, cette jalousie s'accrut au point que l'importation des draps étrangers, ainsi que celle de divers autres articles, fut entièrement prohibée.

Bien que le roi fût ensuite contraint par les Anséates de révoquer cette prohibition et de leur restituer leurs anciens priviléges, l'industrie anglaise paraît avoir été puissamment encouragée par la mesure ; car Hume écrit ce qui suit au su-

(1) 11e année d'Édouard III, chap. v.
(2) Rymer's Fœdera; de Witte, *Interest of Holland.*
(3) Hume, *Histoire d'Angleterre*, chap. xxv.

jet du règne de Henri VII, postérieur d'un demi-siècle à celui d'Edouard IV :

« Les progrès accomplis dans les métiers et dans les arts réprimèrent plus énergiquement que la sévérité des lois la funeste habitude où était la noblesse d'entretenir un grand nombre de serviteurs. Au lieu de rivaliser par le nombre et par la bravoure de leurs gens, les seigneurs s'éprirent d'une émulation différente, plus conforme au génie de la civilisation ; chacun chercha à se distinguer par la magnificence de son hôtel, par l'élégance de ses équipages et par le luxe de ses meubles. Les hommes du peuple, alors, ne pouvant plus se livrer à l'oisiveté au service des grands, se virent forcés de se rendre utiles à eux-mêmes et à la société en apprenant un état. Des lois furent itérativement rendues pour empêcher l'exportation des métaux précieux, monnayés ou en lingots ; comme on en reconnut l'inefficacité, on astreignit de nouveau les marchands étrangers à acheter des marchandises indigènes en échange de celles qu'ils importaient (1). »

Sous Henri VIII, le grand nombre des fabricants étrangers avait sensiblement haussé à Londres le prix de toutes les denrées alimentaires ; preuve certaine des avantages considérables que l'agriculture du pays avait retirés du développement d'une industrie manufacturière indigène.

Le roi, néanmoins, se méprenant sur les causes et sur les conséquences de ce fait, prêta l'oreille aux injustes plaintes des fabricants anglais contre les fabricants étrangers, plus adroits, plus laborieux, plus économes qu'ils ne l'étaient eux-mêmes, et ordonna l'expulsion de quinze mille Belges, « *parce qu'ils renchérissaient tous les vivres et exposaient le pays au danger d'une famine.* » Pour détruire le mal dans sa racine, on décréta aussitôt des lois somptuaires, des règlements au sujet des vêtements, des tarifs du prix des aliments ainsi que des salaires. Cette politique obtint naturellement l'entier assentiment des Anséates ; car ils mirent leurs bâtiments de

_____

(1) Hume, chap. XXVI.

guerre à la disposition de ce prince avec le même empressement qu'ils avaient témoigné aux précédents rois d'Angleterre
bien disposés envers eux, et que de nos jours les Anglais ont
montré aux rois de Portugal. Durant tout ce règne, le commerce des Anséates avec l'Angleterre fut encore très-animé.
Ils avaient des navires et de l'argent, et savaient, avec tout
autant d'habileté que les Anglais de notre temps, acquérir de
l'influence auprès des peuples et des gouvernements qui ne
comprenaient pas leurs intérêts. Seulement leurs arguments
reposaient sur d'autres bases que ceux des monopoleurs commerciaux d'aujourd'hui. Les Anséates fondaient leur droit de
fournir des articles fabriqués aux nations étrangères sur des
traités et sur une possession immémoriale, tandis qu'actuellement les Anglais veulent établir le leur sur une théorie qui a
pour auteur un de leurs douaniers. Ceux-ci sollicitent au nom
d'une prétendue science ce que ceux-là réclamaient au nom
des conventions et du droit.

Sous le gouvernement d'Edouard VI, le conseil privé chercha et trouva des prétextes pour retirer aux marchands de
Stahlhof leurs privilèges. « Les Anséates firent d'énergiques
remontrances contre cette innovation ; mais le conseil privé
persista dans la résolution qu'il avait prise, et bientôt le pays
en ressentit les plus heureux effets. Les marchands anglais
possédaient, comme habitants du pays, des avantages décidés
sur les étrangers pour le commerce du drap, de la laine et des
autres marchandises ; mais, ne se rendant pas suffisamment
compte de ces avantages, ils n'avaient pas songé à entrer en
lice avec une compagnie opulente. Du jour où tous les
marchands étrangers furent assujettis aux mêmes entraves,
les Anglais se sentirent encouragés aux opérations commerciales, et l'esprit d'entreprise se développa aussitôt dans tout
le royaume (1). »

Après avoir été, pendant quelques années, entièrement
exclus d'un marché où ils avaient exercé durant trois siècles

(1) Hume, chap. xxxv.

une domination absolue, semblable à celle des Anglais d'aujourd'hui en Amérique et en Allemagne, sur les représentations de l'empereur d'Allemagne ils furent réintégrés par la reine Marie dans leurs anciens priviléges (1).

Mais cette fois leur joie fut de courte durée. « Dans le but, non-seulement de conserver, mais encore d'accroître ces priviléges. au commencement du règne d'Élisabeth, ils se plaignirent hautement du traitement qu'ils avaient éprouvé sous Édouard et sous Marie. La reine leur répondit adroitement qu'il n'était pas en son pouvoir de rien innover, mais qu'elle laisserait volontiers les Anséates en possession des priviléges et des immunités dont ils jouissaient. Cette réponse ne les satisfit point. Peu après, leur commerce fut de nouveau suspendu, au grand profit des marchands anglais, qui eurent alors occasion de montrer de quoi ils étaient capables. Les marchands anglais s'emparèrent de tout le commerce extérieur, et leurs efforts furent couronnés d'un complet succès; ils se divisèrent en deux classes, les uns faisant le commerce dans le pays, les autres allant chercher fortune à l'étranger en vendant des draps et d'autres articles anglais. Ce succès excita à tel point la jalousie des Anséates, qu'ils ne négligèrent aucun moyen de discréditer les marchands anglais. Ils obtinrent même un édit impérial qui interdisait à ceux-ci tout commerce au sein de l'empire d'Allemagne. Par représailles contre cette mesure, la reine fit saisir 60 bâtiments anséates, qui, de concert avec les Espagnols, exerçaient la contrebande. Son intention était d'abord uniquement d'amener les Anséates à un arrangement amiable. Mais, sur la nouvelle qu'une diète de la Hanse se tenait à Lubeck pour délibérer sur les moyens à employer pour mettre obstacle au commerce extérieur des Anglais, elle confisqua les navires avec leurs cargaisons; deux cependant furent relâchés et envoyés par elle à Lubeck avec ce message, qu'elle avait le plus profond mépris pour la Hanse, ses délibérations et ses mesures (2). »

(1) Hume, chap. xxxvii.
(2) *Lives of the admirals*, vol. I.

C'est ainsi qu'Élisabeth traita ces marchands, dont son père et tant d'autres rois d'Angleterre avaient emprunté les bâtiments pour livrer leurs batailles ; à qui tous les potentats de l'Europe avaient fait la cour ; qui, pendant plusieurs siècles, avaient eu pour vassaux les rois de Danemark et de Suède, les avaient, suivant leur bon plaisir, mis sur le trône et déposés, avaient colonisé et civilisé toutes les côtes sud-est de la Baltique et expulsé les pirates de toutes les mers ; qui, à une époque encore peu éloignée, avaient, l'épée à la main, forcé un roi d'Angleterre de reconnaître leurs priviléges ; à qui, plus d'une fois, les rois d'Angleterre avaient donné leur couronne en gage, et qui avaient poussé vis-à-vis de ce royaume la cruauté et l'insolence jusqu'à noyer cent pêcheurs anglais qui avaient osé approcher de leurs pêcheries. Les Anséates étaient encore assez puissants pour se venger de la reine ; mais leur ancien courage, leur brillant esprit d'entreprise, la force qu'ils puisaient dans la liberté et dans l'association, tout cela avait disparu. Ils s'affaiblirent chaque jour davantage, et finirent en 1630 par dissoudre formellement leur ligue, après avoir mendié dans toutes les cours européennes des priviléges pour le commerce d'importation et essuyé partout un humiliant refus.

Diverses causes extérieures, indépendamment des intérieures dont nous parlerons plus loin, contribuèrent à leur chute. Le Danemark et la Suède, voulant se venger de l'asservissement dans lequel cette ligue les avait si longtemps tenus, entravèrent par tous les moyens le commerce des Anséates. Les czars de Russie avaient octroyé des priviléges à une compagnie anglaise. Les ordres de chevalerie, leurs alliés séculaires et comme les enfants de la Hanse, étaient en décadence et en dissolution. Les Hollandais et les Anglais les chassèrent de tous les marchés, les supplantèrent dans toutes les cours. La découverte de la route du Cap de Bonne-Espérance leur fit aussi beaucoup de tort.

Eux qui, dans les jours de la puissance et de la prospérité, s'étaient rappelé à peine qu'ils appartenaient à l'empire d'Allemagne, s'adressèrent dans les jours de détresse à la Diète ; ils représentèrent que les Anglais exportaient annuellement 200,000 pièces de drap, dont une grande partie passait en Allemagne, et que le seul moyen de leur faire recouvrer leurs anciens privilèges en Angleterre, était de prohiber l'importation des draps anglais en Allemagne. Suivant Anderson, une résolution aurait été projetée ou même prise à cet effet ; mais cet écrivain ajoute que l'ambassadeur anglais auprès de la Diète germanique, M. Gilpin, sut en empêcher la mise en vigueur.

Un siècle et demi après la dissolution officielle de la Hanse, les villes qui en faisaient partie avaient perdu tout souvenir de leur grandeur passée. Justus Moser a écrit quelque part que, s'il allait dans les Villes Anséatiques raconter aux marchands la puissance et la grandeur de leurs ancêtres, ils auraient peine à le croire. Hambourg, autrefois la terreur des pirates sur toutes les mers, célèbre dans toute la chrétienté par les services qu'il avait rendus à la civilisation en poursuivant les corsaires, était tombé si bas, qu'il dut acheter, par un tribut annuel aux Algériens, la sûreté de ses bâtiments ; car, le sceptre des mers ayant passé aux mains des Hollandais, une autre politique était suivie alors vis-à-vis de la piraterie. A l'époque de la domination des Anséates, les pirates étaient considérés comme les ennemis du monde civilisé, et l'on s'attachait à les détruire. Les Hollandais ne virent dans les corsaires barbaresques que des partisans utiles, par lesquels, en pleine paix, le commerce maritime des autres peuples était paralysé à leur profit. En citant une observation de Witt au sujet de cette politique, Anderson fait cette laconique remarque : *fas est et ab hoste doceri* (1) ; avis qui, malgré sa brièveté. n'a été que trop bien compris et suivi par ses compatriotes ; car, à la honte de la chrétienté, les Anglais ont toléré jusqu'à notre époque cette abominable industrie des corsaires du nord de l'Afrique, que les Français ont la gloire d'avoir fait disparaître.

(1) Il est permis de se laisser instruire par un ennemi.—Anderson, vol. I.

Le commerce des Villes Anséatiques n'était point national ; il n'était ni établi sur l'équilibre et sur le complet développement des forces productives du pays, ni soutenu par une puissance politique suffisante. Les liens qui unissaient les membres de la confédération étaient trop faibles ; le désir de la prépondérance et d'avantages particuliers, ou, comme parlerait un Suisse ou un Américain, l'esprit de canton, l'esprit d'État, était trop puissant, et bannissait le patriotisme fédéral, qui seul eût pu faire prévaloir les intérêts généraux de l'association sur ceux de chaque cité. De là des jalousies et souvent des trahisons ; c'est ainsi que Cologne exploita à son profit l'inimitié de l'Angleterre contre la ligue, et que Hambourg chercha à tirer avantage d'une querelle entre le Danemark et Lubeck.

Les Villes Anséatiques ne fondèrent point leur commerce sur la production et la consommation, sur l'industrie agricole et manufacturière de la contrée à laquelle elles appartenaient. Elles avaient négligé de stimuler l'agriculture de leur patrie, pendant qu'elles donnaient une vive impulsion, par leur commerce, à celle des pays étrangers ; elles trouvèrent plus commode d'acheter des objets fabriqués en Belgique que d'établir des fabriques dans leur pays, elles encouragèrent la culture des plaines de la Pologne, l'élève des moutons de l'Angleterre, la production du fer de Suède et les manufactures de la Belgique. Elles pratiquèrent durant des siècles le précepte des théoriciens de nos jours ; *elles achetèrent les marchandises là où elles les trouvaient au meilleur marché.* Mais, quand elles furent exclues des pays où elles achetaient et de ceux où elles vendaient, ni leur agriculture ni leur industrie manufacturière n'avaient pris assez de développement pour que l'excédant de leur capital commercial pût y trouver emploi ; ce capital émigra en Hollande et en Angleterre, où il accrut l'industrie, la richesse et la puissance de leurs ennemis. Preuve éclatante que l'industrie particulière abandonnée à elle-même ne rend pas toujours un pays prospère et puissant !

Dans leur poursuite exclusive de la richesse matérielle,

ces villes avaient complétement perdu de vue leurs intérêts
politiques. Au temps de leur puissance, elles semblaient ne
plus appartenir à l'empire d'Allemagne. Cette bourgeoisie
étroite, intéressée et fière était flattée de se faire faire la cour
par des princes, par des rois, par des empereurs, et de jouer
sur les mers le rôle de souveraine. Combien il lui eût été
facile, à l'époque de sa domination maritime, d'accord avec
les villes fédérées de la haute Allemagne, de former une
puissante seconde chambre, de faire contre-poids à l'aristocratie de l'Empire, de constituer, avec l'aide des empereurs,
l'unité nationale, d'unir sous une seule nationalité tout le littoral depuis Dunkerque jusqu'à Riga, et, par là, de conquérir
et d'assurer au peuple allemand la suprématie dans l'industrie, dans le commerce et dans la navigation ! Mais, lorsque
le sceptre des mers lui fut tombé des mains, il ne lui resta pas
même auprès de la Diète germanique assez d'influence pour
obtenir que son commerce fût considéré comme un intérêt
national. Au contraire, l'aristocratie s'appliqua à compléter
son humiliation. Les villes de l'intérieur tombèrent l'une
après l'autre au pouvoir de princes absolus, et celles du littoral perdirent ainsi leurs relations au dedans.

Toutes ces fautes furent évitées en Angleterre. Là le commerce extérieur et la navigation trouvèrent la base solide
d'une agriculture et d'une industrie manufacturière indigènes ; là le commerce du dedans s'accrut concurremment
avec celui du dehors, et la liberté individuelle grandit sans
préjudice pour l'unité et pour la puissance nationales ; là se
consolidèrent et s'unirent de la façon la plus heureuse les
intérêts de la couronne, de l'aristocratie et des communes.

En présence de ces faits historiques, est-il possible de soutenir que, sans le système qu'ils ont suivi, les Anglais
auraient pu pousser aussi loin qu'ils l'ont fait leur industrie
manufacturière, ou parvenir au commerce et à la prépondérance maritime dont ils sont en possession ? Non ; cette thèse
que les Anglais sont arrivés à leur grandeur commerciale
actuelle à cause et non en dépit de leur politique commerciale,

est, à nos yeux, un des plus grands mensonges du siècle. Si les Anglais avaient abandonné les choses à elles-mêmes, s'ils avaient laissé faire, comme le demande l'école régnante, les marchands du Stahlhof exerceraient encore aujourd'hui leur négoce à Londres, et les Belges fabriqueraient encore des draps pour les Anglais ; l'Angleterre serait toujours le pâturage à moutons de la Hanse, comme le Portugal, grâce au stratagème d'un diplomate délié, est devenu et est resté jusqu'ici le vignoble de l'Angleterre. Que dis-je ! Il est plus que vraisemblable que, sans politique commerciale, l'Angleterre ne jouirait pas du même degré de liberté civile qu'elle possède aujourd'hui ; car cette liberté est fille de l'industrie et de la richesse.

Après ces considérations historiques, on a lieu de s'étonner qu'Adam Smith n'ait pas essayé de retracer depuis l'origine la lutte industrielle et commerciale entre la Hanse et l'Angleterre. Quelques passages de son livre montrent pourtant que les causes du déclin de la Hanse et ses conséquences ne lui étaient pas inconnues.

« Un marchand, dit-il, n'est nécessairement citoyen d'aucun pays en particulier. Il lui est, en grande partie, indifférent en quel lieu il fait son commerce, et il ne faut que le plus léger dégoût pour qu'il se décide à emporter son capital d'un pays dans un autre, et avec lui toute l'industrie que ce capital mettait en activité. On ne peut pas dire qu'aucune partie en appartienne à un pays en particulier, jusqu'à ce que ce capital y ait été répandu pour ainsi dire sur la surface de la terre en bâtiments ou en améliorations durables. De toutes ces immenses richesses qu'on dit avoir été possédées par la plupart des Villes Anséatiques, il ne reste plus maintenant de vestiges, si ce n'est dans les chroniques obscures des treizième et quatorzième siècles. On ne sait même que très-imparfaitement où quelques-unes d'entre elles furent situées, ou à quelles villes de l'Europe appartiennent les noms latins qui sont données à certaines villes (1). »

(1) Adam Smith, *Richesse des nations*, liv. III, chap. II.

Il est étrange qu'Adam Smith, avec cette intelligence si nette des causes secondaires qui avaient amené la chute de la Hanse, n'ait pas eu l'idée d'en rechercher les causes premières. Il n'avait pas besoin pour cela de s'enquérir où étaient situées celles des Villes Anséatiques qui ont disparu, et quelles cités désignent les noms latins des obscures chroniques. Il n'avait pas même besoin de feuilleter ces chroniques. Ses compatriotes Anderson, King et Hume suffisaient pour l'édifier à ce sujet.

Mais comment et pourquoi un esprit si pénétrant s'est-il abstenu de cette intéressante et féconde investigation ? C'est, nous ne voyons pas d'autre motif, qu'elle eût abouti à un résultat peu propre à confirmer son principe de la liberté absolue du commerce. Il n'eût pas manqué de reconnaître, qu'après que le libre échange avec les Anséates eut arraché l'agriculture anglaise à la barbarie, la politique restrictive adoptée ensuite par l'Angleterre l'avait conduite, aux dépens des Anséates, des Belges et des Hollandais, à la suprématie manufacturière et commerciale.

Ces faits, il paraît qu'Adam Smith ne voulut ni les savoir, ni les admettre. Ils étaient apparemment de ces faits importuns dont J.-B. Say avoue *qu'ils s'étaient montrés rebelles à son système.*

CHAPITRE III.

LES FLAMANDS ET LES HOLLANDAIS.

Le génie et les mœurs, l'origine et le langage des habitants, de même que les relations politiques et la situation géographique, rattachaient la Hollande, la Flandre et le Brabant à l'empire d'Allemagne. Déjà ces provinces avaient dû se ressentir dans leur culture du fréquent séjour de Charlemagne et de la proximité de sa résidence, plus heureuses en cela que des parties de l'Allemagne plus éloignées. Puis la Flandre et le Brabant étaient particulièrement favorisés par la nature pour l'agriculture et pour les fabriques, comme la Hollande pour l'élève du bétail et pour le commerce. Sur aucun point de l'Allemagne une vaste et commode navigation maritime et fluviale ne facilitait les communications intérieures au même degré que dans cette région côtière. La bienfaisante influence des transports par eau sur le perfectionnement de l'agriculture et sur l'agrandissement des cités dut nécessairement provoquer de bonne heure des travaux pour les rendre plus faciles, et la construction de canaux.

La Flandre fut spécialement redevable de sa splendeur à ses comtes, qui comprirent, mieux que les autres princes allemands, le prix de la sûreté publique, l'avantage des routes, des manufactures et de la prospérité des villes. Aidés par la nature du sol, leur occupation favorite fut de purger le pays d'une noblesse adonnée au brigandage et des animaux malfaisants. Il s'ensuivit naturellement des relations animées entre la ville et la campagne, et le développement de l'élève du bétail, de celle des moutons en particulier, ainsi que de la culture du lin et du chanvre. Là où la matière brute est produite en abondance, on trouve bientôt des bras et de l'adresse pour les mettre en œuvre, pour peu que la propriété et le commerce jouissent de la sécurité. Les comtes de Flandre n'attendirent pas, du reste, que le hasard leur amenât des tisserands en laine ; l'histoire apprend qu'ils les firent venir de l'étranger.

A l'aide du négoce intermédiaire des Anséates et des Hollandais, la Flandre devint bientôt, par ses fabriques de laine, le centre commercial du Nord, comme Venise, par son industrie et par sa marine marchande, était devenue le centre commercial du Midi. La navigation et le commerce intermédiaires de la Hanse et des Hollandais formèrent avec les manufactures flamandes un ensemble, un système d'industrie nationale. Il ne pouvait être question ici de restrictions de douane, la suprématie manufacturière de la Flandre ne rencontrant encore aucune rivalité. Que, dans de pareilles circonstances, l'industrie se trouve au mieux de la liberté du commerce, les comtes de Flandre le comprirent sans avoir lu Adam Smith. Ce fut tout à fait dans l'esprit de la théorie actuelle que le comte Robert III, engagé par le roi d'Angleterre à exclure les Écossais de ses marchés, répondit, que la Flandre s'était de tout temps considérée comme un marché ouvert à toutes les nations, et que son intérêt ne lui permettait pas de se départir de ce principe.

Après que la Flandre eut été durant plusieurs siècles le premier pays manufacturier, et Bruges le premier marché du nord de l'Europe, l'industrie et le commerce, auxquels les comtes n'avaient pas su faire ces concessions qu'ils réclament toujours lorsqu'ils ont atteint un haut degré de prospérité, émigrèrent dans le Brabant. Anvers devint alors la première place de commerce, et Louvain la première ville de fabrique de l'Europe septentrionale. Par suite de cette révolution, l'agriculture du Brabant ne tarda pas non plus à prospérer. La transformation de bonne heure effectuée des impôts en nature en impôts en argent, et surtout l'adoucissement du système féodal contribuèrent aussi beaucoup à son développement.

Cependant les Hollandais, en combinant de mieux en mieux leurs forces et en rivalisant chaque jour davantage avec la Hanse, avaient jeté les fondements de leur domination maritime à venir. Les torts et les faveurs de la nature avaient été également pour ce peuple une source de bénédictions. Une lutte perpétuelle contre les envahissements de la mer développa forcément chez lui l'esprit d'entreprise, l'activité, l'économie, et un sol conquis, un sol à conserver par des efforts inouïs, devint pour lui une possession précieuse à laquelle il ne pouvait consacrer trop de soins. Bornés par la nature à la navigation, à la pêche, à la production de la viande, du beurre et du fromage, les Hollandais durent s'appliquer, au moyen des transports maritimes, du commerce intermédiaire, et de l'exportation des fromages et des poissons, à gagner de quoi se procurer du blé, des matériaux à construire et à brûler, et des articles d'habillement.

Là est la cause principale pour laquelle les Anséates furent peu à peu supplantés plus tard par les Hollandais dans le commerce avec les Etats du Nord. Les Hollandais avaient besoin de quantités beaucoup plus considérables de produits agricoles et forestiers que les Anséates, en majeure partie approvisionnés sous ce rapport par leur voisinage. La proximité des fabriques belges et celle du Rhin, avec son vaste et fertile bassin, si riche en vignobles, et sa navigation qui s'étend jusqu'aux montagnes de la Suisse, leur furent aussi très-avantageuses.

C'est une règle générale que l'activité commerciale et la prospérité du littoral dépendent du plus ou moins d'importance du bassin fluvial auquel il se rattache (1). Qu'on jette les yeux sur la carte d'Italie, et l'on trouvera dans la grande étendue et dans la fertilité de la vallée du Pô l'explication naturelle de la supériorité marquée du commerce de Venise sur celui de Pise et de Gênes. Le commerce de la Hollande était alimenté par le bassin du Rhin et de ses tributaires ; il dut surpasser celui des Anséates, dans la même proportion que ce bassin l'emportait en richesse et en fertilité sur ceux du Weser et de l'Elbe.

A ces avantages vint se joindre une bonne fortune, la découverte de l'art de saler les harengs. Les procédés de pêche et de conservation trouvés par Pierre Bœckel restèrent longtemps le secret des Hollandais ; ils surent donner ainsi à un produit de leur pêche des qualités qui manquaient aux harengs pêchés par les autres nations, et qui leur assuraient partout un débouché privilégié avec de meilleurs prix (2). Anderson assure que, plusieurs siècles après l'emploi en

(1) Les routes et plus encore les chemins de fer ont sensiblement modifié cette règle.

(2) On a récemment attribué la supériorité des Hollandais, indépendamment de leurs règlements de pêche, à l'emploi du bois de chêne dans les tonneaux où les harengs sont enfermés et expédiés.

Hollande de ces nouveaux procédés, les pêcheurs anglais et écossais, malgré des primes d'exportation considérables, ne pouvaient pas trouver d'acheteurs à l'étranger pour leurs harengs, même à des prix beaucoup plus bas. Si l'on considère quelle était avant la réformation l'importance de la consommation du poisson de mer en tout pays, on comprendra sans peine qu'à une époque où la navigation anséate commençait déjà à décliner, les Hollandais purent construire chaque année deux mille nouveaux bâtiments.

La réunion de toutes les provinces belges et bataves sous la domination bourguignonne procura à cette contrée le grand bienfait de l'*unité nationale*, circonstance qui, dans l'étude des causes qui ont donné aux Hollandais l'avantage sur les villes rivales du nord de l'Allemagne, ne doit pas être négligée. Sous Charles-Quint, les Pays-Bas composaient une réunion de forces et de ressources, qui, mieux que toutes les mines d'or du monde entier, mieux que toutes les faveurs et toutes les bulles des papes, auraient assuré à leur maître l'empire de la terre et de la mer, s'il eût compris la nature de ces forces, et s'il eût su s'en emparer et s'en servir.

Si Charles-Quint avait repoussé la couronne d'Espagne, comme on repousse une pierre qui menace de nous entraîner dans l'abîme, combien la destinée des Pays-Bas et de l'Allemagne eût été différente ! Souverain des Pays-Bas, empereur d'Allemagne et chef de la réformation, Charles avait en ses mains tous les moyens matériels et moraux de fonder le plus puissant État industriel et commerçant, la plus grande domination maritime et continentale qui eût jamais existé ; une domination maritime qui eût réuni toutes les voiles sous un seul et même pavillon depuis Dunkerque jusqu'à Riga.

Il suffisait alors d'une seule idée, d'une seule volonté, pour faire de l'Allemagne l'empire le plus riche et le plus considérable du globe, pour étendre sa domination manufacturière et commerciale sur toutes les parties du monde, et pour lui assurer peut-être des siècles de durée.

Charles-Quint et son fils, le sombre Philippe II, suivirent

la voie opposée ; se mettant à la tête des fanatiques, ils voulurent *hispaniser* les Pays-Bas. On sait ce qui s'ensuivit. Les
provinces du nord, défendues par l'élément qu'elles avaient
asservi, conquirent leur indépendance ; dans celles du sud,
l'industrie, les arts et le commerce périrent par la main du
bourreau, lorsqu'ils ne purent s'y soustraire par la fuite.
Amsterdam remplaça Anvers comme centre du monde commerçant. Les villes de Hollande, où déjà antérieurement,
après les troubles du Brabant, un grand nombre de tisserands
belges étaient allés s'établir, n'eurent plus alors assez de place
pour contenir tous les fugitifs ; beaucoup furent obligés
d'émigrer en Angleterre et en Saxe. La lutte de l'indépendance enfanta en Hollande un héroïsme maritime, qui bravait
toutes les difficultés, tous les dangers, en même temps que le
fanatisme énervait l'Espagne. Par les courses de ses marins,
la Hollande s'enrichit des dépouilles de l'Espagne, notamment en capturant ses galions. Elle faisait aussi un immense
commerce de contrebande avec la Péninsule et avec la Belgique. Après la réunion du Portugal à l'Espagne, elle s'empara des plus importantes colonies portugaises des Indes
orientales, et conquit une partie du Brésil. Jusqu'à la première
moitié du dix-septième siècle, nous voyons les Hollandais aussi
supérieurs aux Anglais pour les fabriques, pour les colonies,
pour le commerce et pour la navigation, que les Anglais
le sont aujourd'hui aux Français sous ces rapports.

Mais la révolution d'Angleterre amena de brusques changements. L'esprit de liberté s'était retiré en Hollande. Comme
dans toutes les aristocraties de marchands, tant que la vie et
les biens avaient été en péril, tant qu'il avait été question
d'avantages matériels évidents, on avait été capable de grandes choses ; mais on manquait de vues profondes. On ne
comprit pas que la suprématie conquise ne peut être maintenue qu'à la condition de reposer sur la base d'une large
nationalité et d'être soutenue par un esprit national énergique. D'un autre côté, au sein de ces États auxquels la monarchie avait donné la nationalité sur une vaste échelle, mais

qui étaient restés en arrière dans le commerce et l'industrie,
on fut honteux de voir un petit coin de terre jouer le premier
rôle dans les manufactures et dans le négoce, dans les pêcheries et dans la marine. A ce sentiment se joignit en Angleterre l'énergie d'une jeune république. L'acte de navigation fut le gant que la suprématie future de l'Angleterre jeta
à la suprématie existante de la Hollande ; et, quand on en
vint aux prises, on reconnut que la nationalité de l'Angleterre
était d'un beaucoup plus gros calibre que celle de la Hollande. Le résultat ne pouvait être douteux.

L'exemple de l'Angleterre fut suivi par la France. Colbert
avait calculé que l'ensemble des transports maritimes de la
France employait environ 20,000 voiles, et que 16,000 étaient
hollandaises ; ce qui était hors de proportion avec la petitesse
du pays auquel elles appartenaient. Par suite de l'avénement
des Bourbons au trône d'Espagne, la France étendit son commerce sur la Péninsule au détriment des Hollandais. Elle fit
de même dans le Levant. En même temps les encouragements
donnés en France aux manufactures, à la navigation marchande et aux pêches maritimes causèrent à l'industrie et au
commerce des Hollandais un incalculable préjudice.

Par le fait de l'Angleterre, la Hollande avait perdu la plus
grande partie de ses relations avec les pays du Nord, le commerce de contrebande avec l'Espagne et ses colonies, la plus
grande partie de son négoce dans les Indes orientales et occidentales et de ses pêcheries. Mais le traité de Méthuen, en 1703,
lui porta le coup le plus sensible, en consommant la ruine de
son commerce avec le Portugal et ses colonies et avec les
. Indes orientales.

Quand le commerce extérieur de la Hollande commença
ainsi à lui échapper, on vit se renouveler chez elle ce qui avait
eu lieu dans les Villes Anséatiques et à Venise ; la portion de
ses capitaux matériels et moraux qui ne trouvait plus d'emploi
dans le pays, passa, par l'émigration ou sous la forme de
prêts, chez les peuples qui avaient hérité de la suprématie
hollandaise.

Si la Hollande, réunie à la Belgique, avait formé avec le bassin du Rhin et avec l'Allemagne du Nord un territoire national, l'Angleterre et la France eussent difficilement réussi, par la guerre et par la politique commerciale, à porter à sa marine, à son commerce extérieur et à son industrie le coup qu'elles leur portèrent. Une pareille nation eût été en mesure d'opposer sa propre politique commerciale à celle de ces États. Si son industrie eût souffert du développement de leurs manufactures, ses ressources intérieures et la colonisation l'auraient largement indemnisée de ses pertes. La Hollande succomba donc, parce qu'un étroit littoral, habité par une petite population de pêcheurs, de marins, de marchands et d'éleveurs allemands, voulut être à lui seul une puissance, et que la partie du continent avec laquelle elle formait un ensemble géographique, fut considérée et traitée par elle comme une contrée étrangère.

Ainsi l'exemple de la Hollande enseigne, comme celui de la Belgique, comme ceux des Villes Anséatiques et des républiques italiennes, que l'activité particulière est impuissante à conserver le commerce, l'industrie et la richesse des États, si les conditions générales de la société ne sont pas favorables, et que les individus doivent la majeure partie de leurs forces productives à l'organisation politique du gouvernement et à la puissance du pays. La Belgique vit fleurir de nouveau son agriculture sous la domination autrichienne. Pendant sa réunion à la France, son industrie manufacturière reprit son ancien et gigantesque essor. La Hollande isolée n'était pas en mesure d'adopter et de soutenir vis-à-vis des grands États une politique commerciale indépendante. Du jour où son union avec la Belgique, après le rétablissement de la paix générale, accrut assez ses ressources, sa population et son territoire, pour lui permettre de tenir tête aux grandes nationalités et de trouver en elle-même une grande quantité et une grande variété de forces productives toujours croissantes, nous voyons le système protecteur apparaître dans les Pays-Bas, et l'agriculture, les fabriques et le commerce prendre sous son influence un remarquable élan. Cette union s'est dissoute par des causes en dehors de nos recherches, et en même temps le système protecteur a été miné en Hollande, tandis qu'il subsiste toujours en Belgique.

La Hollande vit actuellement de ses colonies et de son commerce intermédiaire avec l'Allemagne. Mais la première guerre peut la dépouiller de ses possessions, et, à mesure que le Zollverein allemand comprendra mieux ses intérêts et saura mieux faire usage de ses forces, il sentira davantage la nécessité de s'incorporer la Hollande.

CHAPITRE IV.

LES ANGLAIS.

Nous avons vu, à l'occasion des Anséates, comment en Angleterre la culture du sol et l'élève du bétail furent stimulées par le commerce extérieur, comment plus tard l'immigration de fabricants étrangers persécutés dans leurs pays et les encouragements du gouvernement firent peu à peu prospérer l'industrie des laines, comment enfin, par suite de ce progrès et des mesures aussi habiles qu'énergiques de la reine Élisabeth, le commerce extérieur du pays, d'abord presque entièrement accaparé par les étrangers, passa aux mains des nationaux.

Après avoir ajouté quelques observations sur l'origine de l'industrie anglaise, nous reprendrons ici l'historique du développement économique de l'Angleterre au point où nous l'avons laissé dans le second chapitre.

La grandeur industrielle et commerciale de l'Angleterre dérive principalement de l'élève du bétail et de la fabrication des laines. Quand les Anséates abordèrent dans ce pays, la culture du sol y était détestable, et l'élève du bétail de peu

d'importance. Le fourrage d'hiver manquait ; il fallait tuer
en automne une grande partie des animaux domestiqués. On
n'avait donc ni fonds de bétail ni engrais. Comme dans toutes
les contrées incultes, telles que jadis l'Allemagne et aujour-
d'hui encore les solitudes de l'Amérique, on se nourrissait
surtout de chair de porc, ce qui se conçoit aisément. Les
porcs exigeaient peu de surveillance, cherchaient eux-mêmes
leur nourriture, la trouvaient abondamment dans les forêts
et dans les champs non cultivés, et il suffisait de conserver
pendant l'hiver un petit nombre de laies, pour retrouver au
printemps suivant des troupeaux considérables.

Mais le commerce étranger eut pour effet de restreindre
l'élève des porcs, d'étendre celle des moutons, d'améliorer en
général la culture du sol et l'éducation du bétail.

On trouve dans l'*Histoire d'Angleterre* de Hume de très-
intéressantes données sur l'agriculture anglaise au commencement du quatorzième siècle. En 1327, lord Spencer
comptait sur 63 domaines 28,000 moutons, 1,000 bœufs,
1,200 vaches, 560 chevaux et 2,000 porcs, soit par domaine
environ 450 moutons, 35 bêtes à cornes, 9 chevaux et
32 porcs. On voit quelle proportion favorable le nombre des
moutons présente déjà comparativement à celui des autres
espèces d'animaux. Les gros profits que l'aristocratie anglaise retirait de l'élève des moutons, lui donnèrent du goût
pour l'industrie et pour les perfectionnements agricoles à
une époque où, dans la plupart des pays du continent, la noblesse ne connaissait pas de meilleur emploi de ses propriétés
que l'entretien d'un grand nombre de bêtes fauves, ni de plus
glorieuse occupation que celle de nuire aux villes et à leur
commerce par toutes sortes d'actes hostiles.

Les troupeaux de moutons devinrent alors si nombreux,
comme on l'a vu récemment en Hongrie, que, sur beaucoup
de propriétés, on comptait de 10,000 à 24,000 têtes. Dans un
tel état de choses, la fabrication des laines, qui, déjà sous les
règnes précédents, avait accompli de notables progrès, ne
put manquer d'atteindre promptement un haut degré de

prospérité sous l'influence des mesures prises par la reine Élisabeth (1).

Dans le mémoire plus haut mentionné, par lequel les Anséates réclamaient de la Diète germanique des mesures de rétorsion, l'exportation des draps de l'Angleterre est estimée à 200,000 pièces, et déjà, sous Jacques Iᵉʳ, la valeur des draps anglais exportés avait atteint le chiffre énorme de 2 millions da livres sterling, tandis qu'en 1354 celle des laines exportées ne s'élevait qu'à 277,000 livres, et celle des autres articles à 16,400. Jusqu'au règne du prince que je viens de nommer, la plupart des draps étaient envoyés en Belgique pour y être teints et apprêtés ; mais, en conséquence des mesures de protection et d'encouragement adoptées par Jacques Iᵉʳ et par Charles Iᵉʳ, l'apprêt se perfectionna tellement en Angleterre, que l'importation des draps fins y cessa presque entièrement et qu'elle n'exporta plus que des draps teints et apprêtés.

Pour donner une idée exacte et complète de ces résultats de la politique commerciale anglaise, on doit remarquer qu'avant le grand essor qu'ont pris dans ces derniers temps les industries du lin, du coton, de la soie et du fer, la fabrication du drap offrait le moyen d'échange le plus important de beaucoup, tant avec tous les pays d'Europe et particulièrement de l'Europe du Nord qu'avec le Levant et les Indes orientales et occidentales. On peut en juger par ce fait que, dès le temps de Jacques Iᵉʳ, les articles en laine entraient pour les neuf dixièmes dans l'ensemble des exportations anglaises (2).

Cette industrie fournit à l'Angleterre les moyens de supplanter les Anséates sur les marchés de la Russie, de la Suède, de la Norwége et du Danemark, et d'attirer à elle la meilleure part du commerce du Levant et des deux Indes. Ce fut

---

(1) La prohibition de sortie des laines et les restrictions au commerce de cette matière sur les côtes dans le but d'empêcher l'exportation, étaient des mesures vexatoires et injustes ; elles ne contribuèrent pas moins à l'avancement de l'industrie anglaise et à l'abaissement de l'industrie flamande.

(2) Hume, année 1603.—Macpherson, *Histoire du commerce,* année 1651.

elle qui développa l'exploitation du charbon de terre ; de là un cabotage considérable et une pêche active, ces deux bases de la puissance maritime, qui rendirent l'acte de navigation possible et fondèrent ainsi la suprématie navale du pays. Autour d'elle s'élevèrent toutes les autres branches de fabrication comme autour d'un tronc commun, et c'est ainsi qu'elle fut le principe de la grandeur industrielle, commerciale et maritime de l'Angleterre.

Cependant les autres branches d'industrie n'étaient point négligées. Déjà, sous la reine Élisabeth, l'importation des métaux, des cuirs ouvrés et d'une multitude d'autres objets fabriqués avait été interdite (1), en même temps que l'immigration de mineurs et de forgerons allemands avait été encouragée. Auparavant on achetait des navires anséates ou on faisait construire dans les ports de la Baltique ; Élisabeth, à l'aide de restrictions et d'encouragements, introduisit dans le pays l'art de la construction. Le bois nécessaire à cet effet s'importa des États du Nord-Est, ce qui accrut énormément les envois de l'Angleterre dans ces pays. On avait appris des Hollandais à pêcher le hareng, des Basques à pêcher la baleine, et l'on avait stimulé l'une et l'autre pêche au moyen de primes. Jacques Ier eut particulièrement à cœur le développement de la construction navale et des pêcheries. Quelque ridicules que puissent nous paraître les infatigables exhortations à manger du poisson que ce roi adressait à ses sujets, nous devons lui rendre cette justice qu'il avait compris de quoi dépendait l'avenir du peuple anglais. L'immigration des fabricants chassés de Belgique et de France par Philippe II et par Louis XIV ajouta immensément à l'habileté industrielle et au capital manufacturier de l'Angleterre. Elle leur doit ses fabriques de tissus de laine fins ; ses progrès dans la chapellerie, dans la verrerie, dans la papeterie, dans l'horlogerie, dans l'industrie du lin et dans celle de la soie, et une partie de ses usines métallurgiques ; toutes ces branches de travail,

(1) Anderson, année 1561.

10

elle sut les faire fleurir promptement au moyen de prohibitions ou de droits élevés (1).

Cette île emprunta à tous les pays du continent leurs arts particuliers, et les acclimata chez elle sous l'abri de son système douanier. Il fallut que Venise, entre autres industries de luxe, lui cédât celle du cristal, et la Perse elle-même celle des tapis.

Une fois en possession d'une industrie, elle l'entourait pendant des siècles de sa sollicitude, comme un jeune arbre qui a besoin d'appuis et de soins. Celui qui ignore qu'à force de labeur, d'adresse et d'économie une industrie devient avantageuse avec le temps, et que, dans un pays suffisamment avancé dans son agriculture et dans sa civilisation générale, de nouvelles fabriques, convenablement protégées, quelque imparfaits, quelque coûteux que soient au commencement leurs produits, peuvent, à l'aide de l'expérience et de la concurrence du dedans, égaler sous tous les rapports les fabriques anciennes de l'étranger ; celui qui ne sait pas que la *prospérité d'une fabrication spéciale est subordonnée à celle d'un grand nombre d'autres*, et qui ne comprend pas à quel point une nation peut développer ses forces productives, quand elle veille sans relâche à ce que chaque génération poursuive l'œuvre du progrès industriel en la prenant là où la génération précédente l'a laissée; celui-là doit commencer par étudier l'histoire de l'industrie anglaise, avant de se mettre à bâtir des systèmes et à donner des conseils aux hommes d'État qui ont les destinées des peuples entre les mains.

Sous Georges Ier, les hommes d'État de l'Angleterre étaient depuis longtemps édifiés sur les fondements de la grandeur du pays. Les ministres de ce roi lui firent prononcer ces paroles lors de l'ouverture du parlement de 1721: « Il est évident que rien ne contribue autant au développement de la prospérité publique que *l'exportation des objets manufacturés et l'importation des matières brutes* (2). » Tel était, depuis

(1) Anderson, année 1685.

(2) Ustaritz, *Théorie du commerce*, ch. xxviii. On le voit, Georges Ier ne

des siècles, le principe dirigeant de la politique commerciale de l'Angleterre ; telle avait été précédemment celle de Venise. C'est aujourd'hui encore comme au temps de la reine Élisabeth. Les fruits que ce principe a portés, sont visibles pour tous. Les théoriciens ont prétendu depuis que l'Angleterre était devenue riche et puissante, non *à cause*, mais *en dépit* de sa politique commerciale. On pourrait soutenir tout aussi bien qu'un arbre est devenu fort et fertile, non à cause, mais en dépit des étais qui l'ont soutenu dans ses premières années.

L'histoire de l'Angleterre nous montre aussi le rapport intime qui existe entre la politique générale et l'économie politique. Évidemment, l'établissement de fabriques en Angleterre et l'accroissement de population qui s'ensuivit, déterminèrent une forte demande de poisson salé et de charbon de terre, ce qui exigea l'emploi d'une plus grande quantité de bâtiments à la pêche et au cabotage. La pêche et le cabotage étaient entre les mains des Hollandais. Encouragés par des droits élevés et par des primes, les Anglais, à leur tour, s'adonnèrent à la pêche, et l'acte de navigation leur assura le transport du charbon et les transports maritimes en général. La marine commerciale de l'Angleterre augmenta, et ses forces navales prirent une extension proportionnée ; ce qui la mit en mesure de tenir tête aux flottes hollandaises. Peu après la promulgation de l'acte de navigation, éclata entre l'Angleterre et la Hollande une guerre maritime, dans laquelle le commerce des Hollandais avec les pays de l'autre côté du canal fut presque complétement interrompu et leur navigation dans la mer du Nord et dans la mer Baltique à peu près anéantie par les corsaires anglais. Hume évalue à 1,600 le nombre des bâtiments hollandais tombés entre les mains des Anglais, et Davenant assure dans son ouvrage sur les revenus publics,

voulait pas uniquement acheter et n'importer que de l'or, ce qu'on présente comme le principe fondamental du système dit mercantile, et ce qui eût été d'ailleurs une absurdité ; il voulait exporter des produits manufacturés et des matières brutes.

que, vingt ans après la publication de l'acte de navigation, la marine marchande de l'Angleterre avait doublé.

Parmi les conséquences les plus notables de l'acte de navigation, il faut ranger :

1° L'extension du commerce de l'Angleterre avec tous les États du Nord, avec l'Allemagne et la Belgique, commerce consistant en exportation d'articles fabriqués et en importation de matières brutes, et dont, suivant une observation d'Anderson, année 1603, elle avait été à peu près exclue par les Hollandais ;

2° Un développement extraordinaire du commerce de contrebande avec l'Espagne et le Portugal ainsi qu'avec leurs colonies des Indes occidentales ;

3° Un accroissement considérable de la part des Anglais à la pêche du hareng et à celle de la baleine, dont les Hollandais avaient à peu près le monopole ;

4° La conquête, en 1655, de la plus importante colonie de l'Angleterre dans les Indes occidentales, de la Jamaïque, et avec elle du commerce des sucres ;

5° Mais surtout la conclusion, en 1703, avec le Portugal du traité de Méthuen, sur lequel nous nous arrêterons à l'occasion de l'Espagne et du Portugal. Par ce traité, les Hollandais et les Allemands perdirent entièrement un commerce étendu avec le Portugal et ses colonies ; le Portugal fut complétement asservi à l'Angleterre, et l'Angleterre fut en mesure, avec l'or et l'argent que lui procurait son commerce avec cette contrée, d'accroître immensément ses relations avec les Indes orientales et la Chine, de fonder plus tard son vaste empire de l'Inde et d'expulser les Hollandais de leurs principales positions.

Ces deux dernières conséquences se tiennent de très-près. L'art avec lequel les Anglais surent se faire du Portugal et de l'Inde les instruments de leur grandeur, est particulièrement digne d'attention. Le Portugal et l'Espagne n'avaient guère à offrir que des métaux précieux ; indépendamment des draps, c'étaient surtout des métaux précieux que demandait l'Orient.

Jusque-là tout allait bien. Mais l'Orient n'avait guère à vendre que des étoffes de coton et de soie, ce qui ne s'ajustait pas avec la règle précitée des ministres anglais, de n'importer que des matières brutes et de n'exporter que des produits fabriqués. Que firent-ils donc? Se contentèrent-ils des profits que leur promettait d'une part le commerce des draps avec le Portugal, de l'autre le commerce des tissus de soie et de coton avec les Indes orientales? Nullement. Les ministres anglais avaient la vue plus longue. S'ils avaient permis en Angleterre la libre importation des tissus de coton et de soie de l'Inde, les fabriques anglaises de tissus de coton et de soie se seraient immédiatement arrêtées. L'Inde avait pour elle non-seulement le bas prix de la matière première et de la main-d'œuvre, mais encore une longue pratique, une dextérité traditionnelle. Sous le régime de la concurrence, l'avantage lui était assuré; mais l'Angleterre ne voulait pas fonder des établissements en Asie, pour tomber sous leur joug manufacturier. Elle aspirait à la domination commerciale, et elle comprenait que, de deux pays qui trafiquent librement l'un avec l'autre, celui qui vend des produits fabriqués domine, tandis que celui qui ne peut offrir que des produits agricoles obéit (1). Déjà, à l'égard de ses colonies de l'Amérique du Nord, l'Angleterre avait pris pour maxime de ne pas y laisser fabriquer une tête de clou, encore moins de laisser entrer chez elle une tête de clou qui aurait été fabriquée dans ces colonies. Comment eût-elle pu livrer à un peuple aussi heureusement doué pour une industrie séculaire, à un peuple aussi nombreux et aussi frugal que les Indous, sa consommation intérieure, le fondement de de sa grandeur à venir?

(1) La nation qui exporte des produits fabriqués est généralement plus avancée en civilisation que celle qui ne vend que des produits bruts, et ce genre d'envois trouve un marché plus étendu; mais on ne voit pas comment elle lui commanderait par cela même. List se contredit plus loin, du reste, lorsque, à propos de démêlés entre l'Angleterre et les États-Unis, il montre la première de ces puissances placée dans la dépendance de la seconde, qui lui fournit à peu près exclusivement le coton qu'elle file et qu'elle tisse. La domination est attachée au monopole, qu'il s'exerce sur des produits fabriqués ou sur des produits bruts. (H. R.)

L'Angleterre prohiba donc les articles de ses propres facto-
reries, les étoffes de soie et de coton des Indes orientales (1).
Elle les prohiba absolument, et sous des peines sévères; elle
ne voulut pas consommer un fil de l'Inde, elle repoussa ces
produits si beaux et à si bon marché, elle préféra se servir des
tissus mauvais et chers qu'elle avait fabriqués elle-même; elle
vendit à bas prix aux pays du continent les étoffes bien supérieures de l'Orient ; elle leur laissa tout l'avantage de ce bon
marché, pour elle-même elle n'en voulut pas. En cela l'Angleterre a-t-elle agi follement? Oui, d'après Adam Smith et
J. B. Say, d'après la *théorie des valeurs*. Car, en vertu de
cette théorie, devant acheter les marchandises qui lui étaient
nécessaires là où elle les trouvait au meilleur marché et de
meilleure qualité, elle était insensée de les fabriquer elle-même
plus chèrement qu'elle n'eût pu les acheter, et de faire, pour
ainsi dire, un cadeau au continent.

Il en est autrement suivant notre théorie, que nous appelons
la *théorie des forces productives*, et à laquelle les ministres
anglais obéissaient sans l'avoir approfondie, quand ils prati-
quaient cette maxime : *acheter des produits bruts, vendre des
produits fabriqués*. Les ministres anglais songeaient, non pas
à obtenir à bas prix des marchandises périssables, mais à acquérir avec des sacrifices une puissance manufacturière
durable.

Ils ont obtenu le succès le plus éclatant. Aujourd'hui l'Angleterre produit pour 70 millions de livres sterling (1,750 millions de francs) de tissus de coton et de soie; elle approvisionne
toute l'Europe, le monde entier, jusqu'à l'Inde, de ses produits fabriqués. Sa production actuelle est de cinquante à cent
fois plus considérable que son commerce d'autrefois en objets
fabriqués de l'Inde.

Qu'eût-elle gagné à acheter, il y a cent ans, les articles à bon
marché de l'Inde?

Qu'ont gagné les peuples qui les lui achetaient? Les Anglais

_____

(1) Anderson, année 1720.

ont acquis de la force, une force immense ; c'est tout le contraire qui est échu aux autres peuples.

Comment, malgré l'évidence de ces résultats, Adam Smith a-t-il pu juger l'acte de navigation tout de travers comme il l'a fait? On se l'explique de la même manière que les jugements erronés de cet écrivain célèbre sur les restrictions en général, ainsi que nous le ferons voir dans un autre chapitre. Ces faits contrariaient son idée favorite, celle de la liberté illimitée du commerce ; il dut en conséquence chercher à écarter les objections que les résultats de l'acte de navigation pouvaient fournir contre son principe, en distinguant le but *politique* du but *économique*, et en soutenant que, politiquement parlant, l'acte de navigation était nécessaire et utile, mais que, sous le rapport économique, il avait été préjudiciable et nuisible. Il ressort de notre exposé que la nature des choses et l'expérience ne justifient pas cette distinction. Sans être éclairé, comme il eût dû l'être, par l'expérience de l'Amérique du Nord, J. B. Say, en cette matière comme dans tous les cas où le principe libéral et le principe restrictif sont en présence, va plus loin encore que son prédécesseur. Il calcule ce que coûte en France un matelot par suite des primes de pêche, afin de prouver l'absurdité des primes. En général, la question des restrictions à la navigation étrangère est une grande pierre d'achoppement pour les champions de la liberté illimitée du commerce ; ils la passent volontiers sous silence, surtout s'ils appartiennent au commerce des villes maritimes.

La vérité, c'est qu'il en est de la marine marchande comme du commerce. La libre navigation et le libre commerce des étrangers conviennent aux peuples qui débutent, tant qu'ils n'ont pas encore suffisamment avancé leur agriculture et leur industrie manufacturière. Faute de capitaux et de marins expérimentés, ces peuples abandonnent volontiers aux étrangers les transports maritimes et le négoce extérieur. Plus tard, quand ils ont développé, dans une certaine mesure, leurs forces productives, et qu'ils se sont peu à peu instruits dans la construction navale et dans la navigation, ils éprouvent le désir d'étendre leur commerce extérieur, d'y employer leurs propres navires et de devenir, eux aussi, des puissances maritimes. Peu à peu leur navigation marchande acquiert une certaine importance ; ils se sentent en mesure d'exclure la navigation étrangère et d'effectuer leurs opérations lointaines ave · leurs propres bâtiments. C'est le moment de recourir utilement à des restrictions, pour éloigner de ces opérations des étrangers riches, expérimentés et puissants. Mais leur navigation marchande et leur puissance maritime sont-elles parvenues à l'apogée, alors commence une autre époque, au sujet de laquelle le docteur Priestley (1) a dit qu'il serait aussi habile d'abolir les entraves à la navigation qu'il l'avait été de les établir. Alors, en concluant des traités de navigation sur la base de l'égalité, d'une part, ils obtiennent vis-à-vis de peuples moins avancés des avantages non équivoques, et ils empêchent ces peuples d'adopter eux-mêmes des restrictions dans leur propre intérêt ; d'autre part, ils préservent leurs nationaux de l'indolence, et ils les tiennent en haleine de manière à n'être pas devancés par d'autres dans l'art de construire et dans celui de naviguer (2). Nul doute que Venise, dans sa période de développement, fut grandement redevable à ses restrictions maritimes ; parvenue à la suprématie dans le commerce, dans les arts industriels et dans la navigation, elle fut insensée de les maintenir. Elle resta ainsi, pour la construction navale, pour l'art de naviguer, pour l'aptitude de ses hommes de mer, fort en arrière des puissances maritimes et commerciales qui s'élevaient auprès d'elle. L'Angleterre a, par sa politique, augmenté sa puissance maritime ; au moyen

---

(1) Priestley, *Leçons d'histoire et de politique générale.*

(2) C'est cette politique qu'a adoptée l'Angleterre, en abolissant, par l'acte du 26 juin 1849, non toutefois sans quelques réserves, les rigueurs de ses anciennes lois de navigation. Quelque supériorité que la marine britannique ait atteinte sous cette protection séculaire, il a été reconnu, et c'est une confirmation remarquable de la doctrine de List, que cette marine était menacée de décadence par la continuation du même régime, et qu'il y avait par conséquent urgence à le faire cesser. (H. R.)

de celle-ci elle a accru ses ressources industrielles et commerciales ; et ces accroissements ont par contre-coup déterminé une nouvelle augmentation de sa puissance maritime et
coloniale.

En soutenant que l'acte de navigation n'a pas été avantageux à l'Angleterre commercialement parlant, Adam Smith
accorde qu'il a du moins augmenté sa puissance, et que *la
puissance importe plus que la richesse* (1).

Il est vrai, la puissance importe plus que la richesse ; mais
pourquoi cela ? Parce que la puissance est pour un pays une
force qui procure de nouveaux moyens de production, parce
que les forces productives résident dans l'arbre sur lequel
croissent les richesses, et que l'arbre qui porte le fruit a plus
de prix que le fruit lui-même. La puissance importe plus que
la richesse, parce qu'à l'aide de la puissance un pays non-seulement acquiert de nouveaux moyens de production, mais
s'assure la possession des anciens et la jouissance des richesses
déjà acquises, et parce que le contraire de la puissance ou la
faiblesse livre aux mains des puissants tout ce que nous possé-
dons, nos richesses, et de plus nos forces productives, notre
civilisation, notre liberté, jusqu'à notre indépendance nationale ; c'est ce que montre l'histoire des républiques italiennes,
celle de la ligue anséatique, celle des Belges et des Hollandais,
celle de l'Espagne et du Portugal.

Comment, en présence de cette action réciproque de la
puissance, des forces productives et de la richesse, Adam
Smith a-t-il pu soutenir que le traité de Méthuen et l'acte de
navigation n'avaient pas été, commercialement parlant, avantageux à l'Angleterre ?

Nous avons montré comment l'Angleterre avait, par sa
politique, acquis la puissance, par sa puissance la force productive, et par sa force productive la richesse ; nous allons
voir maintenant comment, en conséquence de cette politique,
elle a accumulé la puissance sur la puissance, et la force productive sur la force productive.

(1) Adam Smith dit la *sûreté de l'État* et non pas la puissance.   (H. R.)

L'Angleterre a pris les clefs de toutes les mers, elle tient tous les peuples en échec, les Allemands par Helgoland, les Français par Guernesey et Jersey, les Américains du Nord par la Nouvelle-Écosse et les Bermudes, les Américains du Centre par la Jamaïque, toutes les côtes de la Méditerranée par Gibraltar, Malte et les îles Ioniennes ; elle possède toutes les étapes des deux routes de l'Inde, excepté l'isthme de Suez, qu'elle convoite ; elle ferme la Méditerranée par Gibraltar, la mer Rouge par Aden, et le golfe Persique par Bouchir et Karek. Il ne lui manque plus que les Dardanelles, le Sund et les isthmes de Suez et de Panama, pour pouvoir ouvrir et clore à son gré toutes les mers et toutes les routes maritimes.

Ses forces navales surpassent celles de toutes les autres nations ensemble, sinon par le nombre des voiles, au moins par l'habileté militaire.

Son industrie manufacturière surpasse aussi en importance celle de tous les autres pays. Bien que, depuis Jacques Ier, sa production en drap ait plus que décuplé en atteignant une valeur de 44 millions et demi de liv. st. (1 milliard 106 millions de francs), une autre industrie dont elle s'est enrichie dans le siècle dernier, celle du coton, est plus puissante encore, puisqu'elle produit pour 52 millions et demi de liv. st. (1 milliard 312 millions de francs) (1).

(1) Nous empruntons ces chiffres et ceux qui suivent sur l'Angleterre, à un article du statisticien anglais Mac-Queen, inséré dans le *Tait's Edinburgh Magazine*, de juillet 1839. Peut-être sont-ils un peu exagérés ; mais s'ils le sont en effet, il est plus que probable qu'ils seront atteints dans le cours de la présente période décennale.   (*Note de l'auteur.*)

— Ces chiffres sont exagérés en effet ; au lieu de 13 milliards et demi de francs, par exemple, Porter n'évalue qu'à 5 milliards 500 millions le revenu brut de l'agriculture. Une estimation plus récemment soumise au parlement le porte à 7 milliards 125 millions. Quant à l'industrie manufacturière, l'ensemble des produits annuels de la filature et du tissage a été estimé, par des autorités dignes de foi, à environ 2 milliards 300 millions de francs. savoir : 1,250 millions, pour l'industrie du coton ; plus de 600 pour celle de la laine ; plus de 300 pour celle de la soie, et à peu près 150 pour celle du lin. Au reste, les évaluations de la statistique en pareille matière ne peuvent être que de très-larges approximations.

— La note qui précède date de 1851. Depuis cette époque la puissance productive de l'Angleterre s'est prodigieusement accrue.   (H. R.)

Non contente de ces résultats, elle est à la veille d'élever à la même hauteur, sinon plus haut encore, sa production en tissus de lin, branche dans laquelle elle avait été de tout temps dépassée par d'autres pays ; déjà elle lui a fait atteindre le chiffre de 15 millions et demi de liv. st. (387 millions et demi de francs).

Elle qui, au quatorzième siècle, était si pauvre en fer qu'elle crut devoir prohiber la sortie de ce métal indispensable, elle fabrique au dix-neuvième plus d'articles en fer et en acier que tous les autres pays du monde, savoir pour 31 millions de liv. st. (775 millions de francs), et elle extrait pour 34 millions (850 millions de francs) de charbon et d'autres minéraux. Les deux sommes s'élèvent à plus de sept fois la valeur de la production totale du globe en or et en argent, qui est d'environ 220 millions de francs.

Elle fabrique aujourd'hui plus d'étoffes de soie que toutes les républiques italiennes du moyen âge réunies, savoir pour 13 milllions et demi de liv. st. (337 millions et demi de francs).

Des industries, dont on savait à peine le nom à l'époque de Henri VIII et d'Élisabeth, produisent aujourd'hui des sommes énormes; c'est, par exemple, 11 millions de liv. st. (275 millions de francs) pour la fabrication de la porcelaine et de la faïence, 4 millions et demi (112 millions et demi de francs) pour celle du cuivre et du laiton, 14 millions (350 millions de francs) pour celles du papier, des livres, des couleurs et des meubles. Elle livre pour 16 millions de liv. st. (400 millions de francs) de cuirs et pour 10 millions (250 millions de francs) d'articles divers; sa fabrication de bière et d'eau-de-vie dépasse de beaucoup en valeur toute la production du pays au temps de Jacques Ier, soit 47 millions de liv. st. (1 milliard 175 millions de francs).

L'ensemble de la production manufacturière des trois royaumes a été récemment évalué à 259 millions et demi de liv. st. (6 milliards 487 millions et demi de francs).

Par suite, oui, principalement par suite de cette énorme production manufacturière, l'énergie productive de l'agriculture s'est accrue jusqu'à rendre une valeur totale de plus du double de cette somme ou de 539 millions (13 milliards 475 millions de francs).

Sans doute, cette augmentation de puissance et de force productive, l'Angleterre ne la doit pas seulement à ses restrictions commerciales, à son acte de navigation, à ses traités de commerce, elle en est aussi, pour une forte part, redevable à ses conquêtes dans le domaine des sciences et des arts.

Mais d'où vient qu'aujourd'hui un million d'ouvriers anglais est en état d'exécuter le travail de centaines de millions d'hommes? La grande demande d'objets manufacturés que la politique sage et vigoureuse de l'Angleterre lui a procurée à l'étranger et surtout dans ses colonies, la sage et énergique protection qu'elle a toujours accordée à son industrie, les puissants encouragements de sa loi des brevets en faveur des inventions nouvelles, le développement extraordinaire de ses voies de transport, de ses routes, de ses canaux et de ses chemins de fer : telles sont les causes de ce prodige.

L'Angleterre a montré au monde combien les moyens de transport influent puissamment sur l'accroissement des forces productives, et, par suite, sur l'accroissement de la richesse, de la population et de la puissance politique ; elle a montré ce qu'une nation libre, industrieuse et bien administrée, en temps de guerre et dans le court espace d'un demi-siècle, est capable de faire sous ce rapport. Les œuvres des républiques italiennes en ce genre n'étaient que jeux d'enfants. On estime à 118 millions de liv. st. (2 milliards 950 millions de francs), les sommes employées en Angleterre pour ces grands instruments de la production nationale (1).

Mais l'Angleterre n'a entrepris ces ouvrages qu'à l'époque où son industrie manufacturière commençait à prendre des forces. Depuis lors il est devenu évident pour tous que de pa-

(1) Ce chiffre a été depuis énormément accru par le développement des voies de fer. On évaluait en 1848 à plus de 6 milliards de francs le capital qui aurait été employé dans les chemins de fer de la Grande-Bretagne après l'achèvement de toutes les lignes autorisées par le parlement.   (H. R.)

reils travaux ne peuvent être achevés que par un peuple dont l'industrie manufacturière commence à se développer sur une grande échelle ; que ces instruments dispendieux ne valent la dépense qu'ils occasionnent que dans un pays où l'industrie manufacturière et l'agriculture grandissent ensemble ; que dans un tel pays seulement ils remplissent convenablement leur office.

Sans doute, la puissance productive extraordinaire et la richesse colossale de l'Angleterre ne sont pas uniquement le résultat de la force matérielle de la nation et du labeur des individus ; le sentiment primitif de la liberté et du droit, l'énergie, l'esprit religieux et la moralité du peuple y ont concouru ; la constitution politique, les institutions, la sagesse et la vigueur du gouvernement et de l'aristocratie y ont leur part ; la situation géographique, la destinée du pays, d'heureux accidents même y ont aussi la leur.

Il est difficile de décider si les forces physiques agissent davantage sur les forces morales, on les secondes sur les premières ; si les forces sociales agissent plus sur les forces individuelles ou celles-ci sur celles-là. Toujours est-il qu'elles exercent les unes sur les autres une énergique influence, que le développement des unes profite aux autres, et que les unes ne peuvent s'énerver sans que les autres s'énervent en même temps.

Que ceux qui cherchent l'origine de la grandeur de l'Angleterre exclusivement dans le mélange de la race anglo-saxonne et de la race normande, jettent un coup d'œil sur l'état de cette contrée avant Édouard III. Où étaient alors le travail et la bonne économie ? Que ceux qui la cherchent dans la liberté constitutionnelle veuillent bien se rappeler comment Henri VIII et Élisabeth traitaient leurs parlements. Où était alors la liberté constitutionnelle ? A cette époque les villes de l'Allemagne et de l'Italie jouissaient de la liberté individuelle dans une bien plus grande mesure que l'Angleterre.

Entre les autres peuples d'origine germanique, la branche anglo-normande n'avait conservé qu'un seul fleuron de liberté, le jury ; ce fut le germe du sentiment de la liberté et du droit chez les Anglais. Lorsqu'en Italie on eut déterré les Pandectes, et que ce cadavre, celui d'un grand homme après tout, celui d'un sage, répandait la peste du droit sur le continent, les barons anglais décidèrent qu'il ne serait point fait de changement dans les lois anglaises. Quel trésor de force morale ils assurèrent ainsi à leur postérité ! Et combien cette force ne réagit-elle pas plus tard sur la production matérielle !

La langue latine fut de bonne heure exclue en Angleterre de la société et de la littérature, de l'administration et des tribunaux ; quelle influence cette exclusion n'exerça-t-elle pas sur le développement de la nation, sur la législation et sur l'administration de la justice, sur la littérature et sur l'industrie ! Qu'a produit en Allemagne le maintien prolongé de cette langue ainsi que des lois étrangères ? Qu'a-t-elle produit en Hongrie, jusqu'au temps où nous vivons ?

Quelle part l'invention de la poudre à canon, celle de l'imprimerie, la réformation, la découverte de la nouvelle route de l'Inde et celle de l'Amérique ont-elles eue à la liberté, à la civilisation, à l'industrie de l'Angleterre ? Étudiez les effets de ces événements en Allemagne et en France, et comparez. En Allemagne vous trouverez la division dans l'empire et dans les provinces et jusque dans l'enceinte des villes, de misérables controverses, la barbarie dans la littérature, dans l'administration et dans les tribunaux ; la guerre civile, la persécution et le bannissement ; des invasions étrangères, le pays dépeuplé et dévasté ; la ruine des cités, celle de l'industrie, de l'agriculture et du commerce, la chute de la liberté et des institutions civiles ; la souveraineté de la haute aristocratie ; l'anéantissement de l'autorité impériale et de la nationalité ; la séparation des plus belles portions de l'Empire. En France, c'est l'asservissement des villes et de l'aristocratie à l'absolutisme ; l'alliance de celui-ci avec le sacerdoce contre la liberté, mais l'unité nationale et la puissance ; la conquête avec ses profits et ses malédictions, en même temps la ruine de la liberté et de l'industrie. L'Angleterre offre la prospérité des

villes, les progrès de l'agriculture, du commerce et des arts ;
la soumission de l'aristocratie à la loi, et cette aristocratie
appelée à prendre la première part dans la législation, dans
le gouvernement, dans l'administration de la justice et dans
les bénéfices de l'industrie ; le développement au dedans et
l'agrandissement au dehors ; la paix intérieure, l'influence
sur tous les pays de moindre culture ; des bornes mises à l'autorité royale, mais au profit de la couronne qui y gagne en
revenus, en éclat et en durée ; en résumé un haut degré de
prospérité, de civilisation et de liberté au dedans et une puissance prépondérante au dehors.

Qui peut dire la part qui, dans ces brillants résultats, doit
être attribuée à l'esprit national et à la constitution, celle qui
appartient à la situation géographique et à l'influence du
passé, celle enfin qui revient au hasard, à la destinée ou au
bonheur ?

Mettez Henri VIII à la place de Charles-Quint, et, en conséquence d'une misérable demande en divorce, peut-être
(on comprend pourquoi nous disons peut-être) l'Allemagne
et les Pays-Bas auront-ils le sort de l'Angleterre, et l'Angleterre celui de l'Espagne. Mettez à la place d'Élisabeth une
faible femme, qui prenne Philippe II pour mari ; que de-
viendront la puissance, la culture et la liberté de la Grande-
Bretagne ?

Si, dans cette révolution, le génie des peuples avait prévalu,
la meilleure part de ses bienfaits n'aurait-elle pas dû échoir
au peuple qui en était l'auteur, c'est-à-dire, aux Allemands ?
Mais ils n'ont recueilli de ce progrès que malheur et qu'impuissance.

Dans aucun État de l'Europe l'institution de la noblesse
n'a été aussi sagement calculée qu'en Angleterre, pour assurer
à l'aristocratie, vis-à-vis de la couronne comme de la bourgeoisie, indépendance, dignité et durée, pour lui procurer
une éducation et une situation parlementaires, pour donner
à ses efforts une direction patriotique et nationale, pour la
recruter au moyen de l'élite de la bourgeoisie, de tout ce qui

dans les rangs de celle-ci se distingue par l'intelligence, par une grande opulence ou par d'éclatants services, pour y rejeter d'autre part le trop plein de sa postérité de manière à fondre ensemble la bourgeoisie et la noblesse dans les générations à venir. La noblesse reçoit ainsi constamment de la bourgeoisie une nouvelle infusion d'activité civile et patriotique, de lumières, d'instruction, d'intelligence et de richesses, tandis qu'elle lui rend une partie de l'éducation et de l'indépendance d'esprit qui lui sont propres, abandonne ses cadets à leurs ressources personnelles, et sert de stimulant à la bourgeoisie pour de grandes actions. Chez un lord anglais, quel que soit le nombre de ses enfants, il n'y a qu'un seul noble à sa table ; les autres convives sont des gens des communes, qui exercent une profession libérale, servent l'État ou s'adonnent au commerce, à l'industrie ou à l'agriculture. On raconte d'un des premiers ducs d'Angleterre, qu'il eut l'idée, il y a quelque temps, d'inviter toute sa parenté à une fête ; mais qu'il renonça à ce projet, parce qu'il lui aurait fallu convoquer toute une légion, sans que, dans son arbre généalogique, il remontât au delà de quelques siècles. Il y aurait un livre à écrire, pour mettre en lumière les effets de cette institution sur l'esprit d'entreprise, la colonisation, la puissance et la liberté, et, en général, sur les forces productives du pays.

La situation géographique de l'Angleterre a exercé aussi une influence considérable sur le développement original de la nation. Vis-à-vis de l'Europe, l'Angleterre a toujours formé un monde à part ; elle fut toujours à l'abri des influences de la jalousie, des préjugés, de l'égoïsme, des passions et des calamités des autres peuples. C'est à cet isolement qu'elle doit, en majeure partie, le développement libre et pur de sa constitution ; elle lui doit l'établissement facile de la réformation, la sécularisation des biens ecclésiastiques si féconde pour son industrie, et, à part ses guerres civiles, une paix ininterrompue durant plusieurs siècles. Cet isolement lui a permis de se passer d'armées permanentes et d'organiser de bonne heure un système de douanes conséquent.

Grâce à lui, l'Angleterre n'a pas seulement échappé aux désastreux effets des guerres continentales, mais elle a retiré de ces guerres d'immenses avantages pour sa suprématie manufacturière. Les ravages de la guerre nuisent, à divers titres, aux manufactures des pays qui en sont le théâtre : d'abord indirectement, en ce que les interruptions et les désastres qu'ils causent à l'agriculture ôtent au cultivateur le moyen d'acheter des produits fabriqués et de fournir au fabricant des matières brutes et des denrées alimentaires ; puis directement, soit en détruisant un grand nombre de manufactures, soit en arrêtant l'arrivage de leurs matières premières et l'envoi de leurs produits, ou en les mettant hors d'état de trouver des capitaux et d'occuper des ouvriers, par les contributions extraordinaires dont on les accable. La guerre leur fait tort même quand elle a cessé ; car les capitaux et les bras se retirent de l'industrie manufacturière et se dirigent vers l'agriculture, à proportion que l'agriculture a souffert davantage pendant la guerre, et qu'elle promet par conséquent plus de profits au retour de la paix. Tandis que l'Allemagne subissait un tel état de choses plusieurs fois par siècle, au détriment de ses fabriques, l'industrie anglaise avançait sans un seul temps d'arrêt. Vis-à-vis des fabriques du continent, celles de l'Angleterre se trouvaient doublement ou triplement favorisées, chaque fois que l'Angleterre prenait part à la guerre étrangère, par l'équipement de flottes ou d'armées, ou par des subsides, ou des deux manières à la fois.

Nous ne sommes pas de ceux qui défendent les dépenses inutiles, en particulier celles qu'occasionnent la guerre et l'entretien des grandes armées, ou qui soutiennent l'utilité absolue d'une dette publique considérable ; mais nous ne pensons pas non plus que l'école régnante ait raison, quand elle présente comme absolument nuisibles les consommations qui ne sont pas directement reproductives, par exemple celles de la guerre. Les préparatifs militaires, les guerres et les dettes qu'elles entraînent peuvent, dans certains cas, l'exemple de l'Angleterre le prouve, contribuer immensément à l'accrois-

sement des forces productives d'un pays. Les capitaux matériels peuvent être consommés improductivement dans le sens
étroit du mot, et cependant ces consommations provoquer
dans les manufactures des efforts extraordinaires, des inventions nouvelles, des améliorations, et, en général, déterminer
un accroissement de la puissance productive. Cette puissance
productive est quelque chose de durable ; elle continue de
s'accroître, tandis que les dépenses de guerre n'ont eu lieu
qu'une fois (1). Et de même il peut arriver dans des circonstances favorables telles que celles qui se sont rencontrées en
Angleterre, qu'une nation gagne infiniment plus qu'elle ne
perd à ces consommations jugées improductives par les
théoriciens. Pour l'Angleterre, des chiffres l'établissent : ce
pays a, pendant la guerre, acquis dans la seule fabrication du
coton une puissance productive, qui donne annuellement une
somme de valeurs de beaucoup supérieure à celle des intérêts
qu'il paye pour l'augmentation de sa dette (2) ; je ne parle pas
du vaste développement de ses autres branches d'industrie ni
de l'accroissement de sa richesse coloniale.

Les guerres continentales, soit que l'Angleterre entretînt
des corps d'armée sur le continent, soit qu'elle lui fournît

(1) La dette publique de l'Angleterre ne serait pas un aussi grand mal
qu'elle nous paraît aujourd'hui, si l'aristocratie anglaise consentait à ce que
le fardeau en fût supporté par ceux auxquels les dépenses de guerre ont été
si profitables, c'est-à-dire par les riches. D'après Mac-Queen, le capital des
trois royaumes dépasse 4 milliards de liv. st. (100 milliards de francs), et Martin estime à environ 2 milliards 600 millions (65 milliards de francs) celui
qui est employé dans les colonies. Il suit de là que le neuvième des fortunes
privées suffirait au remboursement de toute la dette. Rien ne serait plus
juste qu'un tel remboursement ou du moins que le paiement des intérêts de
la dette publique au moyen d'une taxe sur les revenus. Mais l'aristocratie anglaise trouve plus commode d'y faire face par des impôts de consommation
qui ont plongé les classes laborieuses dans une misère insupportable.

(*Note de l'auteur.*)

— On sait que sir Robert Peel a, en 1842, fait adopter une taxe sur les
revenus, première condition de ses grandes réformes commerciales, et que
cet impôt, établi pour trois années seulement, a été depuis continué, mais
que l'expiration en est fixée à un terme prochain.   (H. R.)

(2) On connaît le mot de Richard Arkwright, qu'avec les profits de ses fabriques de coton il paierait la dette de l'Angleterre.   (H. R.)

des subsides, procurèrent à son industrie manufacturière des avantages évidents. Toute cette dépense fut dirigée sous la forme d'objets fabriqués vers le théâtre de la guerre, où ces importations contribuèrent puissamment à écraser le fabricant étranger déjà aux abois, et à conquérir pour toujours le marché extérieur aux manufactures anglaises ; elle opéra comme une prime d'exportation établie en faveur de la fabrication indigène et au détriment de la fabrication étrangère.

Ainsi, l'industrie continentale a toujours plus souffert de l'alliance que de l'inimitié de l'Angleterre ; il suffit de rappeler ici la guerre de Sept ans et les guerres contre la République française et contre l'Empire.

Quelque grands qu'aient été les avantages dont je viens de parler, ils furent surpassés encore par ceux que l'Angleterre retira des immigrations, et que lui valut sa situation politique, religieuse et géographique. Déjà, au douzième siècle, des troubles politiques conduisirent des tisserands flamands dans le pays de Galles. Quelques siècles plus tard, des bannis italiens vinrent à Londres, pour y faire le commerce de l'argent et du change. On a vu dans notre second chapitre qu'à diverses époques des fabricants de Flandre et du Brabant avaient immigré en masse. D'Espagne et de Portugal il vint des juifs persécutés ; des Villes Anséatiques et de Venise en décadence, des négociants avec leurs navires, leurs connaissances commerciales, leurs capitaux et leur esprit d'entreprise. Plus importantes encore furent les immigrations de fabricants, provoquées par la réformation et par les persécutions religieuses en Espagne, en Portugal, en France, en Belgique, en Allemagne et en Italie ; puis celles des négociants et des manufacturiers de la Hollande, conséquence de la stagnation commerciale et industrielle causée dans ce pays par l'acte de navigation et par le traité de Méthuen. Chaque mouvement politique, chaque guerre sur le continent a fait passer en Angleterre, comme dans le pays qui possédait pour ainsi dire le privilége de la liberté et de l'asile, de la tranquillité intérieure et de la paix, de la sûreté légale et de la prospérité, des

masses de capitaux et de talents. C'est ce qu'ont fait en dernier
lieu la révolution française et les guerres de l'Empire ; c'est ce
qu'ont fait les troubles politiques, réactionnaires ou révolutionnaires, de l'Espagne, du Mexique et de l'Amérique du
Sud. Longtemps, par sa loi sur les brevets, l'Angleterre s'est
fait un monopole du génie inventif de tous les pays. Il est
juste aujourd'hui, qu'après avoir atteint l'apogée de son développement industriel, elle restitue aux peuples du continent
une portion des forces productives qu'elle leur a empruntées.

CHAPITRE V.

LES ESPAGNOLS ET LES PORTUGAIS.

Tandis que les Anglais mirent des siècles à construire sur
les fondements les plus solides l'édifice de leur prospérité nationale, les Espagnols et les Portugais durent à leurs découvertes une rapide fortune, parvinrent en peu de temps à une
grande richesse. Mais ce n'était que la richesse du dissipateur
qui a gagné le gros lot à la loterie, au lieu que la richesse des
Anglais ressemble à celle du père de famille laborieux et
économe. Par ses dépenses et par son luxe, le premier fera
peut-être envie pendant quelque temps plus que le second ;
mais, entre ses mains, la richesse ne sert qu'à des prodigalités, qu'aux jouissances du moment, tandis que l'autre y voit
surtout un moyen d'assurer l'existence morale et matérielle de
sa plus lointaine postérité.

Les Espagnols possédèrent de bonne heure de beaux troupeaux de moutons, puisque Henri Ier d'Angleterre, en 1172,
parut disposé à prohiber l'entrée des laines espagnoles, et dès
les dixième et onzième siècles, les fabriques de lainages en
Italie tiraient de chez eux la plus grande partie de leur matière
première. Déjà deux siècles auparavant, les riverains du golfe

de Gascogne s'étaient distingués dans la fabrication du fer, dans la navigation et dans la pêche de la baleine; en 1619, ils y étaient encore si supérieurs aux Anglais, que ceux-ci leur envoyèrent des pêcheurs pour faire auprès d'eux leur éducation (1).

Déjà au dixième siècle, sous Abdoulrahman III, de 912 à 950, les Maures exploitaient dans les plaines fertiles de Valence de grandes plantations de coton, de sucre et de riz, et produisaient de la soie. Séville et Grenade offraient, au temps des Maures, d'importantes fabriques de coton et de soie (2). Hérencia, Ségovie, Tolède et plusieurs autres villes de Castille se distinguaient par leurs manufactures de laine. Séville seule compta jusqu'à 16,000 métiers à tisser, et les manufactures de laine de Ségovie occupaient en 1552 13,000 ouvriers. Toutes les autres branches d'industrie, notamment la fabrication des armes et celle du papier, s'étaient développées dans la même proportion. Jusqu'au temps de Colbert, les Français tiraient les draps fins d'Espagne (3). Les ports maritimes de cette contrée étaient animés par un grand commerce, par une pêche maritime active, et, jusqu'à Philippe II, sa marine était de toutes la plus puissante. En un mot, l'Espagne était pourvue de tous les éléments de la grandeur et de la prospérité, lorsque le fanatisme religieux, ligué avec le despotisme, se mit à l'œuvre pour étouffer le génie de la nation. Cette œuvre de ténèbres fut commencée par l'expulsion des Juifs et terminée par celle des Maures; deux millions des plus industrieux et des plus riches habitants furent ainsi chassés d'Espagne avec leurs capitaux. En même temps que l'Inquisition s'appliquait ainsi à exiler l'industrie du pays, elle empêchait avec un entier succès l'établissement de fabricants étrangers.

La découverte de l'Amérique et de la route par le cap de Bonne-Espérance n'augmenta qu'en apparence et momenta-

---

(1) Anderson, vol. I, p. 127. — Vol. II, p. 350.

(2) M. C. G. Simon, *Recueil d'observations sur l'Angleterre.* — Ustaritz, *Théorie et pratique du commerce.*

(3) Chaptal, *De l'industrie française,* vol. II.

nément la richesse de l'Espagne et du Portugal. Leur industrie et leur puissance en reçurent le coup de mort. Car, au lieu
d'échanger contre les produits des deux Indes ceux de leurs
propres manufactures, comme le firent plus tard la Hollande
et l'Angleterre, ces pays achetèrent les articles fabriqués à l'é-
tranger avec l'or et l'argent qu'ils avaient extorqués dans leurs
colonies ; ils transformèrent d'utiles et industrieux citoyens en
surveillants d'esclaves et en tyrans coloniaux ; ils alimentèrent
l'industrie, le commerce et la navigation de la Hollande et de
l'Angleterre, et se suscitèrent en celles-ci des rivales, qui devinrent bientôt assez puissantes pour détruire leurs flottes et
pour leur enlever les sources de leur opulence. Inutilement les
rois d'Espagne interdirent-ils par des lois l'exportation du numéraire et l'importation des produits fabriqués ; l'esprit d'entreprise, l'amour du travail et le commerce ne jettent de racines que sur le terrain de la liberté politique et religieuse ;
l'or et l'argent ne restent que là où l'industrie les attire et les
emploie.

Le Portugal, toutefois, sous un ministre habile et énergique, fit pour relever son industrie manufacturière une tentative, dont les premiers résultats nous étonnent. Ce pays était,
comme l'Espagne, en possession immémoriale de beaux troupeaux de moutons. Déjà Strabon rapporte qu'on y avait introduit d'Asie une belle race de moutons qui atteignaient jusqu'au
prix d'un talent. Lorsqu'en 1681 le comte d'Ericeira parvint
au ministère, il conçut le projet d'établir dans le pays des manufactures de drap, destinées à mettre en œuvre les laines indigènes, de manière à suffire à l'approvisionnement du Portugal et de ses colonies. A cet effet, on fit venir d'Angleterre
des ouvriers en drap, et, avec l'appui qui leur fut donné, les
fabriques fleurirent si promptement qu'au bout de trois ans,
en 1684, on put prohiber l'importation des draps étrangers.
Depuis ce moment le Portugal, employant ses laines, alimenta
sa propre consommation et celle de ses colonies, et, au témoignage d'un écrivain anglais (1), il s'en trouva fort bien durant

_____

(1) *British merchant*, vol. III, p. 69.

dix-neuf ans. Il est vrai que les Anglais donnèrent dès cette époque des preuves de cette adresse que plus tard ils poussèrent au plus haut degré de perfection ; pour échapper aux restrictions portugaises, ils fabriquèrent des étoffes de laine, à quelques égards différentes du drap, mais de nature à rendre le même service, et les introduisirent dans le Portugal sous le nom de serges, ou de *droguets* de laine. Mais cette ruse fut bientôt découverte et déjouée par la prohibition de ces étoffes (1). Le succès de ces mesures est d'autant plus surprenant, que, peu auparavant, le pays avait perdu, par l'expulsion des Juifs, une masse considérable de capitaux, qu'il était en proie à tous les maux du fanatisme, et qu'il gémissait sous un gouvernement détestable et sous une aristocratie féodale pesant sur la liberté populaire en même temps que sur l'agriculture.

En 1703, après la mort du comte d'Ericeira, le fameux ministre anglais Méthuen réussit à persuader au gouvernement portugais qu'il serait extrêmement avantageux pour le Portugal d'obtenir l'admission de ses vins en Angleterre avec une diminution du tiers sur le droit d'entrée acquitté par les vins des autres pays, en consentant de son côté à recevoir les draps anglais au droit établi avant 1684, soit 23 pour 100. Il paraît que de la part du roi l'espérance d'un accroissement de ses recettes de douane, de la part de l'aristocratie la perspective d'une augmentation de ses fermages, furent les motifs déterminants de ce traité de commerce, depuis lequel le roi d'Angleterre appelle le roi de Portugal son plus ancien *ami et allié*, absolument dans le même sens que le sénat romain conférait ces titres aux souverains qui avaient eu le malheur de se trouver en rapport intime avec lui.

Immédiatement après la mise en vigueur de ce traité, le Portugal fut inondé de produits manufacturés anglais, et cette inondation eut pour premier effet la ruine soudaine et complète des fabriques portugaises, effet tout à fait semblable à celui du traité d'Eden conclu plus tard avec la France et à celui de la suppression du système continental en Allemagne.

(1) *British merchant*, vol. III, p. 71.

Au témoignage d'Anderson, les Anglais étaient, déjà à cette époque, si expérimentés dans l'art de déclarer leurs articles beaucoup au-dessous de la valeur, *qu'ils ne payaient pas en réalité plus de la moitié des droits établis par le tarif* (1).

« Après que la prohibition eut été levée, dit le *British merchant* (2), nous leur prîmes une si forte quantité de leur argent qu'il ne leur en restait plus que très-peu pour les usages nécessaires (*very little for their necessary occasions*). Nous fîmes de même de leur or. » Les Anglais ont continué cette opération jusqu'à ces derniers temps ; ils exportaient tous les métaux précieux que les Portugais recevaient de leurs colonies, et en transportaient une grande partie dans l'Inde et en Chine, où, comme nous l'avons montré en parlant de l'Angleterre, ils obtenaient en échange des marchandises, qu'ils vendaient au continent contre des matières premières. Les importations annuellement effectuées par l'Angleterre en Portugal surpassaient les exportations d'un million de livres sterling. Cette balance favorable déprimait de 15 pour 100 le cours du change au détriment du Portugal. « Nous avons une balance de commerce bien meilleure avec le Portugal qu'avec tout autre pays, dit l'auteur du *British merchant*, dans sa dédicace à sir Paul Méthuen, fils du célèbre ministre ; notre importation de numéraire de ce pays, qui ne s'élevait autrefois qu'à 300,000 liv. st., atteint un million et demi (3). »

Ce traité fut dès lors regardé par tous les négociants, par tous les économistes, par tous les hommes d'État de l'Angleterre, comme le chef-d'œuvre de la politique commerciale anglaise. Anderson, qui est assez clairvoyant en ce qui touche les intérêts commerciaux de son pays, et qui s'exprime partout avec une grande sincérité, à sa manière, l'appelle un *traité éminemment équitable et avantageux*, et ne peut s'empêcher de s'écrier naïvement : « Puisse-t-il durer à tout ja-

---

(1) Anderson, vol. III, p. 67.
(2) *British merchant*, vol. III, p. 267.
(3) *Ibid.*, vol. III.

mais (1)! » Il était réservé à Adam Smith d'exprimer une opinion diamétralement opposée à l'opinion reçue, et de soutenir que le traité de Méthuen n'avait point procuré d'avantages notables au commerce anglais. Si quelque chose atteste le respect aveugle avec lequel le public a adopté les paradoxes de cet homme illustre, c'est ce fait, qu'une pareille assertion est restée sans contradicteur (2).

· Au vi⁰ chapitre de son IVᵉ livre, Smith dit que le traité de Méthuen, en admettant les vins portugais sous un droit moindre d'un tiers que celui qui se percevait sur les autres vins, avait accordé aux Portugais un privilége, tandis que les Anglais, obligés de payer pour leurs draps en Portugal le même droit que toute autre nation, n'en avaient obtenu aucun en retour. Mais est-ce que les Portugais n'avaient pas jusque-là tiré de France, de Hollande, d'Allemagne et de Belgique une grande partie des articles étrangers qui leur étaient nécessaires? Les Anglais n'obtinrent-ils pas alors le monopole du marché portugais pour un produit fabriqué dont ils possédaient la matière première? Ne trouvèrent-ils pas le moyen de ne payer que la moitié du droit? Le cours du change ne favorisait-il pas la consommation des vins portugais en Angleterre par une différence d'environ 15 pour 100? L'usage des vins de France et d'Allemagne ne cessa-t-il pas presque complétement en Angleterre? L'or et l'argent du Portugal ne fournirent-ils pas aux Anglais les moyens d'acheter dans l'Inde des masses de marchandises et d'en inonder le continent européen? Les fabriques de drap du Portugal ne furent-elles pas entièrement ruinées au profit des fabriques anglaises? Toutes les colonies du Portugal, particulièrement le riche Brésil, ne devinrent-elles pas ainsi de véritables colonies anglaises?

---

(1) Anderson, année 1703.

(2) L'opinion d'Adam Smith sur le traité de Méthuen est étrange en effet; mais elle a trouvé d'autres contradicteurs que List. Dans une note relative à ce passage de la *Richesse des nations*, M. Blanqui, dont le témoignage en pareille matière n'est pas suspect, s'exprime ainsi : « Les faits ont démontré assez éloquemment depuis un siècle que le traité de Méthuen n'était pas au désavantage de la Grande-Bretagne. » (H. R)

Sans doute, ce traité donna aux Portugais un privilége, *mais purement nominal*; il conféra aux Anglais un privilége *de fait*. Le même esprit se retrouve dans les autres traités de commerce conclus par les Anglais. Toujours cosmopolites et philanthropes en paroles, ils ont été constamment monopoleurs d'intention.

D'après le second argument d'Adam Smith, le traité n'aurait point été avantageux aux Anglais par la raison suivante : le numéraire qu'ils recevaient des Portugais pour prix de leurs draps, ils étaient obligés de l'expédier en majeure partie dans d'autres pays et de l'échanger contre des marchandises, tandis qu'ils auraient eu plus de profit à échanger directement ces draps contre les marchandises dont ils avaient besoin, et à obtenir ainsi par une seule opération ce qui, dans leur commerce avec le Portugal, exigeait deux échanges. En vérité, sans la haute opinion que nous avons du caractère et de la sagacité du célèbre écrivain, ce raisonnement nous ferait douter ou de sa sincérité ou de son intelligence. Pour l'honneur de l'une ou de l'autre, nous nous bornerons à gémir sur l'infirmité de la nature humaine, à laquelle Adam Smith, lui aussi, devait payer un large tribut avec ses arguments étranges et presque ridicules, aveuglé qu'il était par la pensée, généreuse en elle-même, de justifier la liberté absolue du commerce.

L'argument qu'on vient de citer n'est ni plus raisonnable ni plus logique que cette thèse : qu'un boulanger qui vend du pain à ses pratiques pour de l'argent, et avec cet argent achète au meunier de la farine, ne fait pas une affaire avantageuse, par la raison que, s'il avait directement échangé le pain contre la farine, il eût atteint son but par un échange au lieu de deux. Il ne faut pas beaucoup de sagacité pour répondre que peut-être le meunier ne consomme pas autant de pain que le boulanger pourrait lui en fournir, que peut-être même il sait boulanger et boulange en effet, et que, par conséquent, l'opération du boulanger n'aurait pas eu lieu sans ces deux échanges. Telle était la situation commerciale du

Portugal et de l'Angleterre à l'époque du traité. Le Portugal recevait de l'Amérique du Sud de l'or et de l'argent pour les articles manufacturés qu'il y expédiait ; mais, trop paresseux ou trop dépourvu de jugement pour fabriquer lui-même ces articles, il les achetait de l'Angleterre avec des métaux précieux. La partie de ces métaux précieux qui n'était pas utile à la circulation de leur pays, les Anglais l'exportaient aux Indes orientales et en Chine, y achetaient des marchandises, et les vendaient ensuite au continent européen, d'où ils importaient des produits agricoles, des matières brutes ou même encore des métaux précieux.

Nous le demanderons maintenant au nom du sens commun : qui eût acheté aux Anglais tous ces draps qu'ils fournissaient au Portugal, si les Portugais eussent préféré les fabriquer eux-mêmes ou les acheter ailleurs ? Ils ne les auraient point écoulés dans le Portugal, et déjà ils vendaient aux autres contrées autant de draps que celles-ci pouvaient en prendre. Ils auraient donc cessé de fabriquer tout le drap qu'ils fournissaient au Portugal ; ils n'auraient plus envoyé dans l'Inde les métaux précieux qu'ils recevaient en échange : ils auraient rapporté en Europe et vendu au continent européen une quantité d'autant moindre d'articles de l'Inde, et par suite importé du continent européen d'autant moins de matières premières.

Le troisième argument d'Adam Smith, que les Anglais, à défaut des espèces du Portugal, se seraient procuré autrement celles dont ils avaient besoin, ne soutient pas mieux l'examen. Le Portugal, dit-il, aurait toujours envoyé à l'étranger son excédant en métaux précieux, et d'une manière ou d'une autre, par conséquent, ces métaux seraient parvenus aux Anglais. Nous supposons que les Portugais eussent eux-mêmes fabriqué leurs draps, eux-mêmes expédié en Chine et aux Indes Orientales leur surplus de métaux précieux, et vendu à l'étranger leurs cargaisons de retour, et nous nous permettrons de demander si, dans une pareille hypothèse, les Anglais auraient pu voir beaucoup d'or du Portugal. Il en

eût été de même, si le Portugal avait conclu un traité de
Méthuen avec la Hollande ou avec la France. Dans ces deux
cas, sans doute, l'Angleterre eût bien touché quelque peu
d'argent, mais seulement celui qu'elle aurait retiré de ses
ventes de laines brutes. En un mot, l'industrie manufacturière, le commerce et la navigation des Anglais n'auraient
pu, sans le traité de Méthuen, prendre l'essor qu'ils ont pris.

Mais, quelque opinion qu'on ait des résultats du traité de
Méthuen par rapport à l'Angleterre, il paraît du moins
reconnu qu'en ce qui touche le Portugal ils n'ont pas été de
nature à encourager les autres pays à sacrifier leur industrie
manufacturière à la concurrence anglaise pour favoriser
l'exportation de leurs produits agricoles. L'agriculture et les
fabriques, le commerce et la navigation du Portugal, loin
d'être ranimés par les rapports avec l'Angleterre, ne firent
que décliner de plus en plus. Vainement Pombal essaya de les
relever ; la concurrence anglaise rendit tous ses efforts im-
puissants. On ne doit pas méconnaître d'ailleurs, que, dans
un pays tel que le Portugal, où tout le système social entravait
le développement de l'agriculture et du commerce, la politique commerciale ne pouvait rien produire de satisfaisant.
Le peu de bien que fit Pombal prouve, toutefois, combien un
gouvernement animé de sollicitude pour l'industrie peut lui
rendre de services, du moment où les obstacles qui tiennent à
l'organisation sociale sont écartés.

On fit la même expérience en Espagne sous le gouvernement de Philippe. V et de ses deux premiers successeurs.
Quelque insuffisante que fût la protection qu'on accorda sous
le règne des Bourbons à l'industrie nationale, et quelque
mollesse qu'on mit dans l'exécution des lois de douane, toutes
les branches d'industrie, toutes les provinces du royaume
reçurent visiblement un remarquable élan (1) de l'importation

(1) Macpherson, *Annales du commerce*, années 1771 et 1774. — Des restrictions à l'importation des produits étrangers contribuèrent puissamment
au développement des fabriques espagnoles. Jusque-là l'Espagne avait tiré
d'Angleterre les dix-neuf vingtièmes de sa consommation en articles fabri-

de France en Espagne de la politique commerciale de Colbert. Quand on lit Ustaritz et Ulloa (1), on s'étonne de ces résultats dans un tel pays. Partout des routes affreuses, praticables seulement pour des mulets ; nulle part d'auberges bien tenues, nulle part de ponts, ni de canaux, ni de navigation fluviale ; chaque province séparée du reste du pays par des lignes de douane ; un péage royal aux portes de chaque ville ; le brigandage et la mendicité exercés comme des professions ; le commerce de contrebande au plus haut point de prospérité ; le système d'impôts le plus écrasant : telles étaient, d'après ces écrivains, les causes de la décadence de l'industrie et de l'agriculture. Ils n'osaient pas dénoncer les causes premières de ces maux, savoir : le fanatisme, l'avidité et les vices du clergé, les priviléges de la noblesse, le despotisme du gouvernement, le manque de lumières et de liberté dans le peuple.

Un digne pendant du traité de Méthuen est le traité d'*asiento* conclu par l'Espagne en 1713 ; cet acte, en autorisant les Anglais à importer annuellement dans l'Amérique espagnole une certaine quantité de nègres d'Afrique et à visiter chaque année avec un navire le port de Porto-Bello, les mit à même d'introduire par fraude sur ce continent des masses de produits fabriqués.

Ainsi tous les traités de commerce de l'Angleterre nous présentent une tendance constante à conquérir à son industrie manufacturière les pays avec lesquels elle négocie, en leur offrant des avantages apparents pour leurs produits agricoles et pour leurs matières brutes. Partout elle vise à ruiner leurs fabriques par le bon marché de ses articles et par la longueur de ses crédits. Quand elle ne peut obtenir un faible tarif, elle s'applique à éluder les droits ou à organiser la contrebande sur une grande échelle ; le premier mode lui a réussi, comme on l'a vu, en Portugal ; le second, en Espagne. La perception

qués. — Brougham, *Recherches sur la politique coloniale des puissances européennes*, tom. I.

(1) Ustaritz, *Théorie du commerce.* — Ulloa, *Rétablissement des manufactures d'Espagne.*

des droits d'entrée d'après la valeur l'a particulièrement
servie ; aussi l'a-t-on vue récemment s'évertuer à discréditer
le système des droits au poids établi par la Prusse.

CHAPITRE VI.

LES FRANÇAIS.

La France, elle aussi, avait conservé des débris de la civilisation romaine. Sous l'influence des Germains, qui n'aimaient que la chasse, et qui ramenèrent à l'état de bois et de
bruyères beaucoup de champs depuis longtemps cultivés, ils
disparurent en majeure partie. C'est aux monastères, qui dans
la suite devinrent un si grand obstacle à la civilisation, que
la France, de même que le reste de l'Europe, doit la meilleure part de ses progrès dans l'agriculture durant le moyen
âge. Les habitants de ces demeures n'entretenaient point de
querelles comme la noblesse, ils n'accablaient point leurs
vassaux de services militaires, leurs champs et leur bétail
étaient moins exposés au pillage et à la destruction. Les ecclésiastiques aimaient à bien vivre, ils haïssaient la guerre, et ils
cherchaient à acquérir de la considération en soutenant les
nécessiteux. De là le proverbe : « Il fait bon habiter sous la
crosse. »

Les croisades, la fondation par saint Louis des communes
et des corporations, et le voisinage de l'Italie et de la Flandre
aidèrent de bonne heure au développement des arts et des
métiers en France. Dès le quatorzième siècle, la Normandie
et la Bretagne fournissaient des étoffes de laine et de lin pour
la consommation intérieure et pour l'exportation en Angleterre. A la même époque, les envois de vin et de sel, principalement par l'intermédiaire des Anséates, étaient considéra-

bles. François Ier introduisit l'industrie de la soie dans le midi de la France ; Henri IV la favorisa, ainsi que celles du verre, des toiles de lin et des tissus de laine ; Richelieu et Mazarin encouragèrent les manufactures de soie, la fabrication du velours et des lainages de Rouen et de Sedan, ainsi que les pêcheries et la navigation.

Aucun pays ne se ressentit autant que la France de la découverte de l'Amérique. Les provinces de l'Ouest expédiaient en Espagne beaucoup de blé. Un grand nombre de paysans émigraient chaque année du pied des Pyrénées dans le nord-est de l'Espagne pour y chercher de l'ouvrage. De grandes quantités de vin et de sel étaient envoyées dans les Pays-Bas espagnols, et les soieries, les velours et en général les articles de luxe de la France trouvaient un important débouché dans les Pays-Bas, en Angleterre, en Espagne et en Portugal. L'or et l'argent de l'Espagne entrèrent ainsi de bonne heure abondamment dans la circulation du royaume.

Cependant la période brillante de l'industrie française ne commença qu'avec Colbert.

A la mort de Mazarin, ni l'industrie manufacturière, ni le commerce, ni la navigation, ni la pêche maritime du pays n'avaient d'importance, et les finances étaient dans un état déplorable. Colbert eut le courage d'entreprendre à lui seul une œuvre que l'Angleterre n'a menée à fin qu'après trois siècles d'efforts et deux révolutions. Il fit venir de toutes parts les fabricants et les ouvriers les plus habiles, acheta des secrets de fabrique, se procura des machines et des instruments meilleurs. A l'aide d'un système général de douanes bien conçu, il assura à l'industrie du pays le marché du pays ; en supprimant ou en restreignant le plus possible les douanes provinciales, en construisant des routes et des canaux, il encouragea le commerce intérieur. Ces mesures profitèrent à l'agriculture plus encore qu'aux fabriques, en doublant, en triplant le nombre des consommateurs de ses produits, et en mettant les producteurs en communication facile avec les consommateurs. Il favorisa de plus l'agriculture par la diminution des impôts directs sur la terre, par des adoucissements dans le mode de perception, jusque-là très-rigoureux, par une équitable répartition des charges, enfin par des mesures tendant à réduire le taux de l'intérêt. Il ne défendit l'exportation du blé que dans les temps de cherté. Il eut surtout à cœur l'extension du commerce extérieur et le développement des pêcheries ; il rétablit les relations avec le Levant, augmenta le commerce avec les colonies, ouvrit le commerce avec le Nord. Dans toutes les branches de l'administration, il fit régner l'économie et l'ordre les plus sévères. A sa mort, la France comptait 50,000 métiers à tisser la laine, et produisait pour 50 millions de francs de soieries ; ses revenus publics s'étaient accrus de 28 millions, et elle possédait des pêcheries florissantes, une vaste navigation et une puissante marine (1).

Un siècle après, les économistes blâmèrent sévèrement Colbert ; ils prétendirent que cet homme d'État avait voulu faire fleurir l'industrie manufacturière aux dépens de l'agriculture ; reproche qui ne prouve rien, sinon qu'eux-mêmes ne s'étaient pas rendu compte de la nature de l'industrie manufacturière (2).

Bien que Colbert commît une faute en mettant à l'exportation des produits bruts des obstacles périodiques, il augmenta tellement, par le développement de l'industrie manufacturière, la demande des produits agricoles, qu'il indemnisa au décuple l'agriculture du tort que ces restrictions lui causaient. Si, contre les principes d'une politique éclairée, il prescrivit des procédés nouveaux et obligea par la contrainte les fabri-

---

(1) *Éloge de Jean-Baptiste Colbert*, par Necker, 1773.

(2) Voyez dans l'écrit de Quesnay : *Physiocratie ou du gouvernement le plus avantageux au genre humain*, 1768, note 5, sur la maxime VIII, où Colbert est réfuté et jugé par Quesnay en deux pages, tandis qu'il en a fallu cent à Necker pour mettre son système et ses actes en lumière. On ne sait si l'on doit s'étonner davantage de l'ignorance de Quesnay en matière d'industrie, d'histoire et de finances, ou de la présomption avec laquelle, sans alléguer de motifs, il maltraite un homme tel que Colbert. Ce rêveur ignorant n'a pas même eu la sincérité de mentionner l'expulsion des Huguenots ; que dis-je ? il n'a pas rougi de soutenir contre toute vérité que Colbert avait empêché, par une police vexatoire, le commerce du blé de province à province.

cants à les adopter, il faut se rappeler que ces procédés étaient après tout les meilleurs et les plus avantageux de son temps, et qu'il avait affaire à un peuple qui, plongé dans l'apathie par un long despotisme, repoussait toute nouveauté, fût-elle une amélioration. Mais le reproche d'avoir, par le système protecteur, détruit une grande partie de l'industrie française, ne pouvait être adressé à Colbert que par une école qui ignorait entièrement la révocation de l'édit de Nantes et ses funestes conséquences. Par cette déplorable mesure, la France perdit, après la mort de Colbert, dans l'espace de trois ans, un demi-million de ses habitants les plus industrieux, les plus adroits, les plus riches, lesquels, au double préjudice du pays qu'ils avaient enrichi, transportèrent leur industrie et leurs capitaux en Suisse, dans toute l'Allemagne protestante, et particulièrement en Prusse, de plus en Hollande et en Angleterre. Ainsi les intrigues d'une maîtresse bigote ruinèrent en trois ans le brillant ouvrage de toute une génération et firent retomber la France dans son ancienne apathie; tandis que l'Angleterre, soutenue par sa constitution et animée de toute l'énergie que sa révolution lui avait imprimée, poursuivait sans relâche et avec une ardeur croissante l'œuvre d'Élisabeth et des ses prédécesseurs.

Le triste état auquel l'industrie et les finances de la France avaient été réduites par l'incapacité prolongée de son gouvernement, et le spectacle de la grande prospérité de l'Angleterre excitèrent, peu avant la révolution française, l'émulation des hommes d'Etat de la France. Imbus des théories creuses des économistes, au rebours de Colbert, ils cherchèrent un remède dans l'établissement de la liberté commerciale. On crut restaurer d'un trait de plume la prospérité du royaume, en procurant aux vins et aux eaux-de-vie de France un marché plus étendu en Angleterre, en admettant les produits fabriqués de l'Angleterre à des conditions favorables, soit au droit de 12 pour 100. Ravie de la proposition, l'Angleterre accorda volontiers à la France une seconde édition du traité de Méthuen dans le traité d'Eden, copie qui produisit bientôt des effets tout aussi désastreux que l'original portugais.

Les Anglais, accoutumés aux vins capiteux de la Péninsule, n'augmentèrent pas leur consommation aussi rapidement qu'on s'en était flatté. D'un autre côté, on découvrit en France avec effroi qu'on n'avait à offrir aux Anglais que des modes et des objets de luxe, dont la valeur totale était insignifiante, tandis que les fabricants anglais surpassaient de beaucoup ceux de France, tant pour le bas prix des marchandises que pour leur bonne qualité et pour la longueur des crédits, dans tous les articles de première nécessité, dont la valeur totale était immense. Cette concurrence ayant en peu de temps mis les fabriques de la France à deux doigts de leur perte, pendant que les vignobles français n'avaient réalisé que de faibles bénéfices, le gouvernement français essaya, par l'abandon du traité (1), de mettre un terme au progrès de la ruine, mais il ne fit qu'acquérir la conviction qu'il est beaucoup plus facile de ruiner en quelques années des fabriques florissantes que de relever dans une génération des fabriques ruinées. La concurrence anglaise avait fait naître en France pour les articles anglais un goût qui longtemps encore entretint une contrebande étendue et difficile à réprimer. Les Anglais n'eurent pas autant de peine, après la cessation du traité, à accoutumer de nouveau leurs palais aux vins de la Péninsule.

Bien que les troubles de la révolution et les guerres continuelles de Napoléon ne fussent guère favorables à l'industrie française, et que, durant cette période, les Français eussent perdu la plus grande partie de leur commerce maritime et toutes leurs colonies, néanmoins les fabriques françaises, uniquement grâce à la possession exclusive du marché intérieur et à l'abolition des entraves féodales, jouirent, sous l'Empire, d'une prospérité plus grande qu'à aucune époque de l'ancien régime. On a fait la même remarque à l'égard de l'Allemagne et de tous les pays auxquels s'étendit le système continental.

Napoléon avait dit dans son style monumental qu'un pays

(1) Le traité subsista jusqu'à la guerre avec la Grande-Bretagne.   (H. R.

qui, dans l'état actuel du monde, pratiquerait le principe de la liberté du commerce, serait réduit en poussière. En cela, il avait montré plus de sens politique que les économistes contemporains dans tous leurs ouvrages. On est étonné de la pénétration avec laquelle ce grand esprit, sans avoir étudié les systèmes d'économie politique, s'était rendu compte de la nature et de l'importance de l'industrie manufacturière (1). Autrefois, a dit Napoléon, il n'y avait qu'une sorte de propriété, la propriété foncière ; il en a surgi une nouvelle, l'industrie. Ainsi Napoléon voyait et exprimait clairement ce que les économistes de l'époque ne voyaient pas, ou du moins n'exprimaient pas avec netteté ; savoir qu'un pays, qui réunit l'industrie manufacturière et l'agriculture, est infiniment plus complet et plus riche qu'un pays purement agricole. Ce que Napoléon a fait pour consolider ou développer l'éducation industrielle de la France, pour y ranimer le crédit, pour y introduire et y mettre en œuvre les découvertes nouvelles et les perfectionnements, pour y améliorer enfin les voies de transport, est trop connu pour qu'il soit nécessaire de le retracer. Peut-être le serait-il de rappeler quels jugements étranges et injustes les théoriciens du temps ont portés sur ce monarque éclairé et ferme.

A la chute de Napoléon, la concurrence anglaise, jusque-là restreinte à la contrebande, reprit pied sur le continent de l'Europe et sur celui de l'Amérique. Pour la première fois alors on entendit les Anglais condamner le système protecteur et vanter la théorie du libre commerce d'Adam Smith,

(1) Châteaubriand, dans ses *Mémoires d'outre-tombe*, Ve volume, nous apprend que cet homme extraordinaire n'était pas resté étranger aux études économiques : « Entre 1784 et 1793 s'étend la carrière littéraire de Napoléon, courte par l'espace, longue par les travaux..... Il travaillait sur les historiens, les philosophes, les économistes, Hérodote, Strabon, Diodore de Sicile, Filangieri, Mably, Smith, etc.

— M. Colwell, le commentateur américain, a ajouté à la note ci-dessus la note suivante : « La vaste collection des économistes italiens, par le baron Custodi, en 50 volumes in-8, est une preuve de l'intérêt que Napoléon prenait à l'économie politique ; cette collection a été publiée sur son ordre et à ses frais, pendant qu'il était le maître de l'Italie. »   (H. R.)

théorie que ces insulaires si pratiques n'avaient considérée
jusque-là que comme une utopie. Le froid observateur pouvait
aisément apercevoir que l'enthousiasme de la philanthropie
était étranger à cette conversion; car c'était seulement lorsqu'il était question de faciliter l'exportation des produits fabriqués anglais sur le continent de l'Europe ou sur celui de
l'Amérique, que se produisaient des arguments cosmopolites;
lorsqu'il s'agissait de la libre importation du blé ou même de
la concurrence des articles des fabriques étrangères sur le
marché anglais, on entendait un tout autre langage (1). Malheureusement, disait-on, la longue application d'un système
contraire à la nature avait créé en Angleterre un état de choses
artificiel, qui ne pouvait être changé subitement sans entraîner
les conséquences les plus funestes; on était obligé de procéder
avec beaucoup de circonspection et de prudence; l'Angleterre en cela était à plaindre; il était d'autant plus heureux
pour les peuples du continent de l'Europe et de celui de l'Amérique, que leur situation leur permît de jouir sans retard des
bienfaits de la liberté du commerce.

(1) Un spirituel orateur américain, M. Baldwin, actuellement juge suprême
aux États-Unis, a dit avec justesse et malice du système de libre commerce
de Canning et de Huskisson, « qu'il en était de ce système comme de la
plupart des produits des manufactures anglaises, qui ont été fabriqués beaucoup moins pour la consommation du pays que pour l'exportation. »

On ne sait si l'on doit rire ou pleurer quand on se rappelle avec quel enthousiasme les libéraux de France et d'Allemagne, mais surtout les théoriciens cosmopolites, entre autres J. B. Say, accueillirent l'annonce des réformes de Canning et de Huskisson. On eût dit, à leur allégresse, que le millénaire était arrivé. Écoutons ce que le biographe de M. Canning a dit des
opinions de ce ministre sur la liberté du commerce :

« M. Canning était pleinement convaincu de la vérité du principe abstrait
que le commerce prospère d'autant plus qu'il est plus exempt d'entraves;
mais, comme telle n'avait été l'opinion ni de nos ancêtres, ni des nations qui
nous environnent, et que des restrictions avaient été mises, en conséquence,
à toutes les opérations commerciales, il en était résulté un état de choses
dans lequel l'application irréfléchie du principe abstrait, quelle que fût la vérité
de ce principe en théorie, pourrait avoir des conséquences désastreuses. »
(*Vie politique de M. Canning*, par M. Stapleton.)

En 1828, cette pratique anglaise se révéla de nouveau avec la plus grande
clarté, lorsque le libéral M. Hume parla sans scrupule d'étrangler les fabriques du continent.

La France, bien que son ancienne dynastie lui eût été ramenée sous la bannière ou du moins par l'or de l'Angleterre, ne prêta que peu de temps l'oreille à ces arguments. Le libre commerce avec l'Angleterre causa de si terribles convulsions dans une industrie qui avait grandi sous le système continental, qu'il fallut chercher un prompt refuge dans le régime prohibitif, sous l'égide duquel, au témoignage de M. Dupin (1), l'industrie manufacturière de la France doubla de 1815 à 1827.

CHAPITRE VII.

LES ALLEMANDS.

Nous avons vu à propos des Anséates comment l'Allemagne, après l'Italie, mais longtemps avant les autres États européens, avait prospéré par le commerce ; nous allons ici continuer l'histoire industrielle de ce pays ; mais jetons d'abord un coup d'œil sur son état primitif et sur ses premiers développements.

. La plus grande partie du sol, dans l'ancienne Germanie, était employée en pâturages et en garennes. Les esclaves et les femmes se livraient à une agriculture encore insignifiante et grossière. Les hommes libres s'occupaient exclusivement de guerre et de chasse. Telle est l'origine de toute la noblesse germanique.

Cette noblesse ne cessa, durant tout le moyen âge, d'être oppressive pour l'agriculture, hostile à l'industrie manufacturière, et de fermer les yeux aux avantages qu'en sa qualité de propriétaire du sol elle aurait retirés de la prospérité de l'une et de l'autre.

(1) *Forces productives de la France.*

L'attachement à ses occupations favorites d'autrefois est toujours si profondément enraciné en elle, qu'encore aujourd'hui, bien qu'enrichie depuis longtemps par la charrue et par la navette, elle rêve de garennes et de droit de chasse dans les assemblées législatives, comme si le loup et la brebis, l'ours et l'abeille pouvaient vivre en paix l'un à côté de l'autre, comme si le sol pouvait servir à la fois au jardinage, à la culture des arbres, à un labourage intelligent, et à l'entretien de sangliers, de cerfs et de lièvres.

L'agriculture des Allemands demeura longtemps barbare, malgré l'incontestable influence que les villes et les monastères exerçaient sur leur voisinage.

Les villes s'élevèrent dans les anciennes colonies romaines, près des résidences des princes et des seigneurs spirituels et temporels, à côté des monastères, sur les domaines et autour des palais des empereurs, qui les favorisèrent, dans les lieux enfin où la pêche et les communications par terre et par eau en provoquaient la fondation. Les besoins locaux, le commerce intermédiaire étranger, tels furent à peu près leurs seuls moyens de prospérité. Pour qu'une industrie considérable et travaillant en vue de l'exportation eût pu y naître, il eût fallu de grands troupeaux de moutons et une culture du lin étendue. Mais la culture du lin suppose une industrie agricole avancée, et l'élève du mouton en grand, la sécurité vis-à-vis des loups et des voleurs. Le dernier point était impossible au milieu des éternelles querelles des nobles et des princes entre eux et avec les villes. Le bétail de pacage était toujours la première proie. De plus, avec les vastes forêts que, dans sa passion pour la chasse, la noblesse entretenait soigneusement, on ne pouvait songer à la destruction des bêtes féroces. Le peu de bétail qui existait, le défaut de sécurité légale, et le manque de capital et de liberté chez ceux qui maniaient la charrue, ainsi que d'intérêt pour l'agriculture chez les propriétaires du sol, arrêtaient nécessairement l'essor du travail agricole et, par suite, celui des villes.

En présence de cet état de choses, on comprend comment

la Flandre et le Brabant, dans des circonstances toutes différentes, parvinrent de bonne heure à un haut degré de liberté et de prospérité.

Les cités allemandes fleurirent, en dépit de ces obstacles, sur la mer Baltique et sur la mer du Nord, à l'aide de la pêche, de la navigation et du commerce intermédiaire par la voie de mer ; dans la haute Allemagne et au pied des Alpes, sous l'influence de l'Italie et de la Grèce, et au moyen du commerce intermédiaire par la voie de terre ; aux bords du Rhin, de l'Elbe et du Danube, par la culture de la vigne et le commerce du vin, par la rare fertilité du sol et par la navigation fluviale, qui, au moyen âge, où les routes de terre étaient si mauvaises et si peu sûres, avait plus d'importance que de nos jours.

Cette diversité d'origine explique la diversité des associations entre les villes allemandes, sous les noms d'Anséatique, de Rhénane, de Souabe, de Hollandaise et d'Helvétique.

Fortes pendant quelque temps par l'esprit de liberté qui les animait au début, il manquait à ces associations la garantie de la durée, le principe d'unité, le ciment. Séparées les unes des autres par les possessions de la noblesse et par la population serve des campagnes, leur union devait se rompre tôt ou tard par l'effet du développement successif et de la richesse croissante de la population rurale, au sein de laquelle l'autorité des princes maintenait l'unité. En contribuant, suivant la nature des choses, à la prospérité de l'agriculture, les villes travaillèrent à leur propre ruine, pour n'avoir su s'adjoindre ni la population rurale ni la noblesse. Il leur eût fallu pour cela plus d'intelligence et plus de lumières ; mais leurs vues politiques dépassaient rarement leur enceinte.

Deux de ces ligues seulement ont réalisé cette fusion, non par réflexion toutefois, mais à la faveur et sous la loi des circonstances ; ce sont la Confédération Suisse et les sept Provinces Unies, et elles subsistent encore aujourd'hui. La Confédération Suisse n'est pas autre chose qu'une agglomération de villes impériales allemandes, formée et cimentée par la population libre des campagnes qui les séparaient.

Les autres durent leur ruine à leur mépris pour la population rurale, à un orgueil insensé de citadins, qui se complut à tenir le peuple des campagnes dans l'abaissement au lieu de l'élever.

Les villes n'auraient pu parvenir à l'unité qu'à l'aide de la monarchie héréditaire. Mais la monarchie en Allemagne se trouva à la discrétion de princes qui, pour n'être pas gênés dans leurs fantaisies et pour tenir sous le joug les villes et la petite noblesse, étaient intéressés à ne pas laisser prévaloir l'hérédité.

On voit pourquoi l'idée de l'empire romain se conserva chez les monarques allemands. Ils n'étaient puissants qu'à la tête des armées ; c'était seulement quand il y avait à guerroyer au dehors qu'ils pouvaient réunir les princes et les villes sous leur bannière. C'est pour cela qu'ils favorisèrent en Allemagne la liberté municipale, dont ils étaient les ennemis et les oppresseurs en Italie.

Mais les expéditions de Rome n'affaiblirent pas seulement de plus en plus l'autorité souveraine en Allemagne, elles détruisirent aussi les dynasties, qui auraient pu fonder une puissance compacte au sein de l'Empire, dans le cœur même du pays. Quand la maison de Hohenstaufen s'éteignit, le cœur du pays se brisa en mille morceaux.

Le sentiment de l'impossibilité de réunir ces débris conduisit la maison de Habsbourg, originairement si faible et si dénuée, à se servir de la force nationale pour fonder au sudest de l'empire, en subjuguant des tribus étrangères, un royaume héréditaire compacte. Cette politique fut imitée dans le nord-est par les margraves de Brandebourg. Ainsi s'élevèrent au sud-est et au nord-est deux monarchies héréditaires basées sur l'asservissement de tribus étrangères, tandis que, au nord-ouest et au sud-ouest, se constituaient deux républiques, qui se séparèrent chaque jour davantage de l'Allemagne, et que dans l'intérieur, au cœur même du pays, le morcellement, l'impuissance et la dissolution allaient toujours croissant.

Le malheur de la nation allemande fut complété par l'invention de la poudre et par celle de l'imprimerie, par la prépondérance du droit romain et par la réformation, enfin par la découverte de l'Amérique et de la nouvelle route de l'Inde.

La révolution morale, sociale et économique qui s'ensuivit, enfanta la division et la discorde dans l'Empire, division entre les princes, division entre les villes, division même entre la bourgeoisie des villes et ses voisins de tout rang. L'énergie de la nation fut détournée alors de l'industrie manufacturière, de l'agriculture, du commerce et de la navigation, de l'acquisition de colonies, du perfectionnement des institutions, et, en général, de toutes les améliorations positives; on se battit pour des dogmes et pour l'héritage de l'Église.

En même temps tombèrent la Hanse et Venise, et avec elles le grand commerce de l'Allemagne, et la puissance et la liberté des cités allemandes du nord comme du sud.

La guerre de Trente Ans vint ensuite étendre ses dévastations sur toutes les campagnes et sur toutes les villes. La Hollande et la Suisse se détachèrent, et les plus belles portions de l'Empire furent conquises par la France. De simples villes, telles que Strasbourg, Nuremberg et Augsbourg, qui auparavant avaient surpassé des électorats en puissance, furent réduites alors à une impuissance absolue par le système des armées permanentes.

Si, avant cette révolution, les villes et l'autorité impériale s'étaient plus étroitement unies, si un prince exclusivement allemand s'était mis à la tête de la réformation et l'avait accomplie au profit de l'unité, et de la puissance et de la liberté du pays, l'agriculture, l'industrie manufacturière et le commerce de l'Allemagne auraient pris un tout autre développement. Combien paraît pauvre et inapplicable, après cela, la théorie économique qui fait découler la prospérité des nations uniquement des efforts des individus et qui n'aperçoit pas que la force productive des individus dépend, en grande partie, de l'état social et politique du pays!

L'adoption du droit romain n'affaiblit aucun pays autant que l'Allemagne. L'incroyable confusion qu'elle apporta dans les relations privées n'en fut pas la pire conséquence. Elle causa plus de mal encore, en créant une caste de lettrés et de juristes séparée du peuple par l'esprit et par le langage, qui traita le peuple comme un ignorant, comme un mineur, refusa toute valeur au sens commun, substitua partout le secret à la publicité, et, placée dans une étroite dépendance de l'autorité, fut partout l'organe et le champion de celle-ci, se prit partout à la liberté. C'est ainsi qu'au commencement du dix-huitième siècle nous ne voyons encore en Allemagne que barbarie : barbarie dans la littérature et dans la langue, barbarie dans la législation, l'administration et la justice; barbarie dans l'agriculture; disparition de l'industrie manufacturière et du grand commerce; absence d'unité et de force nationales; partout impuissance et faiblesse vis-à-vis de l'étranger.

Les Allemands n'avaient conservé qu'une seule chose, leur caractère primitif; leur goût pour le travail, pour l'ordre, pour l'économie et pour la modération; leur persévérance et leur courage dans l'étude et dans les affaires, leur sincère désir du mieux, un grand fonds naturel de moralité, de mesure et de réflexion.

Ce caractère a été le partage commun des gouvernants comme des gouvernés. Quand la nationalité eut presque totalement disparu et qu'on goûta quelque repos, on se mit dans chaque circonscription particulière à organiser, à améliorer, à marcher en avant. Nulle part l'éducation, la moralité, le sentiment religieux, l'art et la science ne furent l'objet d'une égale sollicitude; nulle part le pouvoir absolu ne fut exercé avec plus de modération et ne servit mieux à la propagation des lumières, à l'ordre, à la morale, à la répression des abus et au développement de la prospérité publique.

La première base de la renaissance de la **nationalité alle-**

mande fut évidemment posée par les gouvernements eux-mêmes, lorsqu'ils appliquèrent consciencieusement le revenu des biens sécularisés à l'éducation et à l'instruction, à l'encouragement des arts, des sciences et de la morale, et, en général, à des objets d'utilité publique. C'est par ce moyen que la lumière pénétra dans l'administration et dans la justice, dans l'enseignement et dans les lettres, dans l'agriculture, dans les arts industriels et dans le commerce, qu'elle pénétra en un mot dans les masses. L'Allemagne a suivi ainsi dans sa civilisation une tout autre marche que les autres pays. Au lieu que, partout ailleurs, la haute culture de l'esprit a été le résultat du développement des forces productives matérielles, le développement des forces productives matérielles en Allemagne a été la conséquence de la culture morale qui l'avait précédé. Ainsi toute la civilisation actuelle des Allemands est pour ainsi dire théorique. De là ce défaut de sens pratique, cette gaucherie que, de nos jours, l'étranger remarque chez eux. Ils se trouvent aujourd'hui dans le cas d'un individu, qui, ayant été jusque-là privé de l'usage de ses membres, a appris théoriquement à se tenir debout et à marcher, à manger et à boire, à rire et à pleurer, et s'est mis ensuite à exercer ces fonctions. De là leur engouement pour les systèmes de philosophie et pour les rêves cosmopolites. Leur intelligence, qui ne pouvait se mouvoir dans les affaires de ce monde, a essayé de se donner carrière dans le domaine de la spéculation. Nulle part non plus la doctrine d'Adam Smith et de ses disciples n'a trouvé plus d'écho qu'en Allemagne; nulle part on n'a ajouté plus de foi à la générosité cosmopolite de MM. Canning et Huskisson.

L'Allemagne doit ses premiers progrès dans les manufactures à la révocation de l'édit de Nantes et aux nombreux réfugiés que cette mesure insensée avait conduits dans presque toutes les parties de l'Allemagne et qui répandirent partout les industries de la laine, de la soie, de la bijouterie, des chapeaux, des verres, de la porcelaine, des gants, et bien d'autres encore.

Les premières mesures de gouvernement pour l'encouragement des manufactures en Allemagne furent prises par l'Autriche et par la Prusse. En Autriche, ce fut sous Charles VI
et Marie-Thérèse, mais plus encore sous Joseph II. L'Autriche avait précédemment éprouvé des pertes considérables
par l'expulsion des protestants, ses habitants les plus industrieux ; et l'on ne saurait signaler chez elle, dans les temps
qui suivirent, de sollicitude pour les lumières et pour la culture de l'esprit. Néanmoins, à l'aide des droits protecteurs,
de l'amélioration de l'élève des moutons, du perfectionnement des routes et de divers encouragements, les arts industriels firent déjà sous Marie-Thérèse de remarquables
progrès.

Cette œuvre fut poussée avec plus d'énergie et avec infiniment plus de succès sous Joseph II. Au commencement, il est
vrai, les résultats furent minces, parce que l'empereur, à sa
manière, précipita cette réforme comme toutes les autres, et
que l'Autriche était encore fort en arrière des autres États. On
reconnut là aussi qu'il ne faut pas faire trop de bien d'un seul
coup, et que les droits protecteurs, pour opérer conformément à la nature des choses et de manière à ne pas troubler les rapports existants, ne doivent pas être trop élevés
dans l'origine. Mais plus ce système a duré, plus s'en est
révélée la sagesse. L'Autriche lui doit une industrie aujour-
d'hui brillante et la prospérité de son agriculture.

L'industrie de la Prusse avait souffert, plus que celle de
tout autre pays, des ravages de la guerre de Trente Ans. Sa
fabrication principale, celle des draps de la marche de Brandebourg, avait été presque anéantie. La plupart des fabricants
avaient émigré en Saxe, et déjà, à cette époque, les envois de
l'Angleterre empêchaient toute industrie de surgir. Par bonheur pour la Prusse eurent lieu alors la révocation de l'édit de
.Nantes et la persécution des protestants dans le Palatinat et
dans l'évêché de Salzbourg.

Le grand-électeur comprit du premier coup-d'œil ce qu'a-
vant lui Élisabeth avait vu si clairement. Attirés par lui, un

grand nombre de ces fugitifs se dirigèrent vers la Prusse, fécondèrent l'agriculture de ce pays, y introduisirent une multitude d'industries et y cultivèrent les sciences et les arts. Ses successeurs suivirent tous ses traces; mais nul ne le fit avec plus de zèle que le grand roi, plus grand par sa sagesse dans la paix que par ses succès dans la guerre. Ce n'est pas le lieu d'entrer dans des détails sur les mesures sans nombre par lesquelles Frédéric II attira en Prusse une multitude de cultivateurs étrangers, défricha des terrains incultes, encouragea la culture des prairies, des fourrages, des légumes, des pommes de terre et du tabac, l'élève perfectionnée du mouton, du bœuf et du cheval, les engrais minéraux, etc., et procura aux agriculteurs des capitaux et du crédit. S'il fut utile à l'agriculture par ces moyens directs, il lui fit indirectement plus de bien encore à l'aide des manufactures, auxquelles un système douanier qu'il perfectionna, les voies de transport qu'il entreprit, et la banque qu'il institua imprimèrent en Prusse un plus grand essor que dans tout le reste de l'Allemagne; cependant la situation géographique du pays et son morcellement en diverses provinces séparées les unes des autres, étaient loin de seconder ces mesures, et les inconvénients des douanes, c'est-à-dire les pernicieux effets de la contrebande, devaient y être beaucoup plus sensibles que dans de grands États bien arrondis et bornés par des mers, par des fleuves ou par des chaînes de montagnes.

Nous n'entendons pas, par cet éloge, justifier les fautes du système, par exemple les restrictions à la sortie des matières premières; mais la puissante impulsion que le système a donnée, malgré ces fautes, à l'industrie prussienne, ne sera mise en doute par aucun historien éclairé et impartial. Pour tout esprit libre de préjugés et que de fausses théories n'auront point obscurci, il doit être évident que c'est moins par ses conquêtes que par ses sages mesures pour l'encouragement de l'agriculture, des fabriques et du commerce, et par ses progrès dans la littérature et dans les sciences, que la Prusse a été mise à même de prendre rang parmi les puis-

sances européennes. Et tout cela fut l'œuvre d'un seul homme,
d'un homme de génie !

La couronne, pourtant, n'était pas soutenue par l'énergie
d'institutions libres ; elle l'était uniquement par une administration bien réglée et consciencieuse, mais emprisonnée dans
le mécanisme mort d'une bureaucratie hiérarchique.

Cependant le reste de l'Allemagne était resté depuis des
siècles sous l'influence de la liberté du commerce ; c'est-à-dire,
que tout le monde pouvait porter des articles fabriqués et
d'autres produits en Allemagne, et que personne ne voulait
recevoir les articles fabriqués et les autres produits de celle-ci.
Cette règle souffrait des exceptions, mais en petit nombre.
On ne saurait invoquer l'expérience de cette contrée en faveur
des maximes et des promesses de l'école touchant les grands
avantages de la liberté du commerce ; on reculait partout plus
qu'on n'avançait. Des villes telles qu'Augsbourg, Nuremberg,
Mayence, Cologne, etc., ne comptaient plus que le tiers ou le
quart de leur ancienne population, et l'on désirait souvent la
guerre, ne fût-ce que pour se débarrasser d'un excédant de
produits sans valeur.

La guerre arriva à la suite de la révolution française, et,
avec elle, les subsides de l'Angleterre et sa concurrence sur
une plus grande échelle ; de là une nouvelle chute des fabriques au milieu d'une prospérité croissante, mais apparente
et passagère, de l'agriculture.

Ce fut alors que le blocus continental de Napoléon vint
faire époque dans l'histoire de l'industrie allemande comme
dans celle de l'industrie française, bien que J. B. Say, le
disciple le plus célèbre d'Adam Smith, l'ait qualifié de cala-
mité. En dépit des théoriciens, et particulièrement des théoriciens anglais, il est reconnu, et tous ceux qui connaissent
l'industrie allemande peuvent l'attester, tous les relevés
statistiques du temps en fournissent la preuve, que c'est de ce
blocus que date l'essor des manufactures allemandes en tous
genres (1), que l'amélioration de l'élève des moutons, anté-

_____

(1) Ce système a dû opérer inégalement en France et en Allemagne, l'Alle-

rieurement commencée, a reçu alors seulement une forte
impulsion ; qu'alors seulement on s'est occupé sérieusement
de perfectionner les voies de transport. Il est vrai que l'Allemagne perdit en grande partie son ancien commerce d'exporta-
tation, notamment en tissus de lin ; mais le profit surpassa
sensiblement la perte, surtout pour les fabriques de Prusse et
d'Autriche, qui avaient pris les devants sur celles du reste de
l'Allemagne.

Au retour de la paix, les manufacturiers de l'Angleterre
firent de nouveau à ceux de l'Allemagne une concurrence
redoutable ; car, durant une période de clôture réciproque,
de nouvelles inventions et la possession presque exclusive du
marché du monde leur avaient donné une immense supériorité ; d'ailleurs, mieux pourvus de capitaux, ils pouvaient
coter leur prix beaucoup plus bas, offrir des articles beaucoup
plus parfaits et accorder des crédits beaucoup plus longs que
les Allemands, qui avaient encore à lutter contre les difficultés
du début. Il s'ensuivit une ruine générale et des cris de détresse
parmi ces derniers, surtout parmi les manufacturiers du
Rhin inférieur, de cette région qui, après avoir fait partie de
la France, se voyait alors fermer le marché de cet État.
L'ancien tarif prussien avait éprouvé aussi beaucoup de
modifications dans le sens de la liberté absolue du commerce,
et n'accordait pas une protection suffisante contre la concurrence anglaise. La bureaucratie prussienne, toutefois, résista
longtemps à cette demande de secours. Elle s'était trop imbue,
dans les universités, de la théorie d'Adam Smith, pour pouvoir promptement comprendre les besoins de l'époque. Il y
eut même alors en Prusse des économistes qui ne craignirent
pas de songer à ressusciter le système des physiocrates, mort
depuis si longtemps. Mais, ici encore, la nature des choses fut
plus forte que la théorie. On n'osa pas rester trop longtemps
sourd au cri de détresse des manufactures, ce cri partant
d'ailleurs d'une contrée qui regrettait son ancienne union

magne étant en grande partie exclue du marché français, tandis que le marché allemand était ouvert à l'industrie française.

avec la France et dont il importait de conquérir l'attachement.
En ce temps-là s'accréditait de plus en plus l'opinion que le
gouvernement anglais favorisait de tout son pouvoir l'inondation des marchés continentaux en produits fabriqués, dans le
but d'étouffer au berceau les manufactures du continent.
Cette opinion a été tournée en ridicule ; elle était cependant
assez naturelle, d'abord parce que l'inondation avait lieu en
effet comme si elle avait été organisée dans ce but ; et en second lieu, parce qu'un membre illustre du Parlement,
M. Henri Brougham, aujourd'hui lord Brougham, avait
déclaré crûment en 1815, « qu'on pouvait bien courir des
risques de perte sur l'exportation des marchandises anglaises,
afin d'étouffer au berceau les manufactures étrangères. »
Cette pensée d'un homme si vanté depuis comme philan-
thrope cosmopolite et libéral, fut, dix ans plus tard, reproduite presque dans les mêmes termes par un autre membre
du Parlement non moins vanté pour son libéralisme,
M. Hume ; lui aussi voulait « qu'on étouffât dans leur maillot
les fabriques du continent. »

Enfin la prière des manufacturiers prussiens fut exaucée,
tardivement il est vrai, on ne peut pas le dissimuler, quand
on songe combien il est pénible de lutter des années entières
contre la mort, mais elle le fut de main de maître. Le tarif
prussien de 1818 satisfit, dans le temps où il fut promulgué,
à tous les besoins de l'industrie de la Prusse, sans exagérer
aucunement la protection et sans entraver les relations utiles
du pays avec l'étranger. Il fut, dans le taux de ses droits, incomparablement plus modéré que les tarifs d'Angleterre et
de France, et il devait l'être ; car il s'agissait, non de passer
peu à peu du système prohibitif au système protecteur, mais
de ce qu'on appelle la liberté du commerce à la protection.
Un autre mérite éminent de ce tarif, envisagé dans son ensemble, consistait en ce que la plupart de ses taxes étaient
établies d'après le poids, et non d'après la valeur. Non-seulement on évitait ainsi la contrebande et les déclarations de
valeurs insuffisantes, mais on atteignait en même temps un

grand but : les objets de consommation générale que toute
contrée peut le plus aisément fabriquer elle-même, et dont la
production lui importe le plus à cause du chiffre élevé de sa
valeur totale, étaient le plus fortement imposés, et les droits
protecteurs s'abaissaient à mesure que s'élevaient la finesse et
le prix de la marchandise, partant la difficulté de la fabrication et l'attrait comme la possibilité de la contrebande.

Cette tarification d'après le poids dut, on le conçoit aisément, atteindre le commerce des autres États allemands à un
plus haut degré que celui des nations étrangères. Les États
petits et moyens de l'Allemagne, déjà exclus des marchés
de l'Autriche, de la France et de l'Angleterre, le furent
alors presque entièrement du marché de la Prusse ; ce qui
leur fut d'autant plus sensible, que plusieurs d'entre eux
étaient en totalité ou en grande partie enclavés dans les
provinces prussiennes.

La même mesure qui avait apaisé les fabricants de la Prusse,
excita donc une douloureuse émotion parmi ceux du reste de
l'Allemagne. Déjà peu auparavant l'Autriche avait grevé
l'importation des produits fabriqués allemands en Italie,
surtout celle des toiles de la haute Souabe. Bornés de toutes
parts, pour leurs débouchés, à de petits territoires, et séparés
même entre eux par de petites lignes de douane, les manufacturiers de ces États étaient dans un état voisin du désespoir.

Ce fut cette extrémité qui provoqua l'association de cinq à
six mille fabricants et négociants allemands, fondée en 1819 à
la foire du printemps de Francfort-sur-le-Mein, dans le but,
d'une part d'abolir les douanes intérieures, de l'autre d'établir en Allemagne un système commun de commerce et de
douanes.

Cette association se donna une organisation régulière. Les
statuts en furent soumis à l'approbation de la Diète germanique, ainsi que de tous les princes et de tous les gouvernements d'Allemagne. Elle eut dans chaque ville allemande un
correspondant local, dans chaque pays un correspondant
provincial. Tous les membres et tous les correspondants

13

s'engagèrent à concourir au but commun de tous leurs
moyens. La ville de Nuremberg fut choisie pour centre de
l'association, et autorisée à nommer un comité central,
chargé de diriger les affaires avec l'aide d'un agent, fonction
à laquelle l'auteur de cet écrit fut appelé. Une feuille hebdo-
madaire, intitulée *Organe du commerce et des fabriques de
l'Allemagne* (Organ des deutschen Handels-und Fabrican-
tenstandes), publia les débats et les mesures du comité central,
ainsi que les idées, propositions, mémoires et notices statistiques concernant le but de l'association. Chaque année une
assemblée générale se tenait à la foire de Francfort pour
entendre le rapport du comité.

Après que l'association eut adressé à la Diète germanique
une pétition où la nécessité et l'utilité des mesures proposées
par elle étaient établies (1), le comité central entra en activité
à Nuremberg. Il envoya aussitôt une députation à toutes les
cours allemandes, puis au congrès ministériel de Vienne en
1820. Un résultat fut obtenu à ce congrès, c'est que plusieurs
États moyens et petits convinrent de tenir à ce sujet un
congrès particulier à Darmstadt. Les débats qui eurent lieu
dans cette dernière assemblée conduisirent d'abord à une
association entre le Wurtemberg et la Bavière, puis à l'union
de quelques États allemands avec la Prusse, puis à celle des
États du centre de l'Allemagne, puis enfin, et, principalement grâce aux efforts du baron de Cotta, à la fusion de ces
trois confédérations douanières ; de telle sorte que, à l'excep-

---

(1) Le rapport d'une section de la Société de Hambourg pour l'avancement
des arts, rédigé par MM. Wurm et Muller, et publié en 1847 sous le titre de
Mission des Villes unséatiques vis-à-vis de l'Association allemande (die Auf-
gabe der Hansestædte gegenuber der deutschen Zollverein), a donné la
substance de cette pétition composée par List, et en a reproduit quelques
passages. Elle tendait à la suppression des barrières intérieures et à l'établissement d'un système de douane vis-à-vis de l'étranger basé sur le principe
de rétorsion jusqu'à ce que le principe de la liberté du commerce eût été
reconnu en Europe. Il est digne de remarque que, sous l'influence des mé-
contentements produits dans les petits États par le nouveau tarif prussien,
elle combattait avec énergie *l'erreur des hommes d'État qui croyaient pouvoir stimuler l'industrie nationale au moyen de droits de douane.* (H. R.)

tion de l'Autriche, des deux Mecklembourg, du Hanovre et des Villes anséatiques, l'Allemagne entière est réunie dans une association de douane qui a supprimé les barrières intérieures, et élevé vis-à-vis de l'étranger une douane commune, dont le produit est partagé entre les États particuliers dans la mesure de leur population.

Le tarif de cette association est, en substance, le tarif prussien de 1818, c'est-à-dire un tarif de protection modérée.

Sous l'influence de cette association, l'industrie manufacturière, le commerce et l'agriculture des États allemands qu'elle embrasse ont déjà accompli des progrès immenses.

CHAPITRE VIII.

LES RUSSES.

La Russie doit ses premiers progrès en civilisation et en industrie à ses rapports avec la Grèce, puis au commerce des Anséates par Novogorod, et quand Jean Vassiliévitsh eut détruit cette ville et que la route des côtes de la mer Blanche eut été découverte, au commerce avec les Anglais et les Hollandais.

Le grand essor de son industrie comme de sa civilisation ne date, toutefois, que du règne de Pierre le Grand. L'histoire de la Russie dans les cent quarante dernières années fournit une preuve éclatante de la puissante influence qu'exercent l'unité nationale et la constitution politique sur la prospérité économique des peuples. C'est à cette autorité impériale, par laquelle l'unité a été établie et maintenue entre une multitude de hordes barbares, que la Russie doit la création de ses manufactures, le progrès rapide de son agriculture et de sa population, le développement de son commerce intérieur à l'aide de canaux et de routes, un vaste commerce extérieur, toute son importance commerciale en un mot.

Mais le système commercial de la Russie ne remonte qu'à 1821.

Déjà, sans doute, sous Catherine II, les avantages offerts aux ouvriers et aux fabricants étrangers avaient fait faire quelques progrès aux métiers et aux fabriques ; mais la nation était encore trop arriérée dans la culture, pour avoir pu dépasser les premiers rudiments dans la fabrication de la toile, du fer, de la verrerie, etc., et, en général, dans ces branches de travail pour lesquelles le pays était particulièrement favorisé par ses richesses agricoles et minérales.

De plus grands progrès dans les manufactures n'étaient pas, du reste, conformes alors à l'intérêt économique du pays. Si l'étranger avait reçu en paiement les denrées alimentaires, les matières brutes et les produits fabriqués communs que la Russie était en mesure de fournir, s'il n'y avait point eu de guerres ni de complications extérieures, la Russie aurait eu, longtemps encore, plus d'avantage à continuer ses relations avec des pays plus avancés qu'elle ; sa culture générale aurait été plus développée par ces relations que par le système manufacturier. Mais les guerres, le blocus continental et les mesures restrictives des nations étrangères contraignirent cet empire à chercher son salut dans d'autres voies que celle de l'exportation des matières brutes et de l'importation des produits fabriqués. Ces événements interrompirent les anciennes relations maritimes de la Russie. Le commerce par terre avec l'ouest du continent ne pouvait pas la dédommager de cette perte. Elle se vit en conséquence obligée de mettre elle-même en œuvre ses matières brutes.

Après le rétablissement de la paix générale, on voulut revenir aux anciens errements. Le gouvernement, le czar lui-même avaient du penchant pour la liberté du commerce. Les écrits de M. Storch ne faisaient pas moins autorité en Russie que ceux de M. Say en Allemagne. On ne se laissa pas même effrayer par le premier choc que les fabriques indigènes, créées durant le système continental, eurent à supporter de la part de la concurrence anglaise. Ce premier choc une fois passé, disaient les théoriciens, on ne tarderait pas à goûter les béatitudes de la liberté du commerce. Les conjonctures commerciales étaient, en effet, des plus favorables à la transition. La mauvaise récolte de l'Europe occidentale avait provoqué une forte exportation de produits agricoles, et la Russie eut ainsi pendant quelque temps d'abondants moyens de solder ses importations considérables de produits manufacturés étrangers.

Mais lorsque cette demande extraordinaire des produits de l'agriculture russe eut cessé, lorsque, bien au contraire, l'Angleterre eut, dans l'intérêt de son aristocratie, entravé l'importation des blés, et, dans l'intérêt du Canada, celle des bois étrangers, la ruine des fabriques du pays et l'excès de l'importation des objets fabriqués se firent doublement sentir. Après avoir, avec M. Storch, considéré la balance du commerce comme une chimère dont il était aussi honteux et aussi ridicule pour un homme intelligent et instruit d'admettre l'existence que celle des sorcières au dix-septième siècle, on vit alors avec effroi qu'il se passait pourtant entre des contrées indépendantes quelque chose d'analogue à la balance du commerce. L'homme d'État le plus éclairé et le plus pénétrant de la Russie, le comte Nesselrode, n'hésita point à le professer publiquement. Il déclara, dans une circulaire officielle de 1821, « que la Russie se voyait forcée par les circonstances de recourir à un système de commerce indépendant ; que les produits de l'empire ne trouvaient point de débouché au dehors ; que les fabriques du pays étaient ruinées ou sur le point de l'être ; que tout le numéraire s'écoulait à l'étranger, et que les maisons de commerce les plus solides étaient à la veille d'une catastrophe. »

Les effets bienfaisants du système protecteur de la Russie ne contribuèrent pas moins que les conséquences désastreuses du rétablissement de la liberté du commerce à discréditer les principes et les assertions des théoriciens. Des capitaux, des talents et des bras affluèrent de tous les pays civilisés, surtout d'Angleterre et d'Allemagne, pour prendre leur part des avan-

tages offerts aux manufactures indigènes. La noblesse prit
exemple sur la politique impériale. Ne trouvant point au dé-
hors de marché pour ses produits, elle essaya de résoudre le
problème inverse, à savoir de rapprocher le marché des produits ; elle fonda des fabriques sur ses domaines. La demande
de laines fines qu'occasionnèrent les fabriques de lainages
nouvellement créées, eut pour effet une rapide amélioration
de l'élève des moutons dans l'empire. Le commerce avec l'é-
tranger augmenta au lieu de diminuer, surtout le commerce
avec la Perse, la Chine et d'autres contrées voisines en Asie. Les
crises commerciales cessèrent, et il suffit de parcourir les derniers rapports du département du commerce de Russie, pour
se convaincre que la Russie doit à ce système un haut degré de
prospérité, et qu'elle avance à pas de géant dans la carrière de
la richesse et de la puissance. Il est insensé en Allemagne de
vouloir amoindrir ces progrès et de se répandre en doléances
sur le préjudice que le système russe a causé au nord-est de
l'Allemagne. Une nation, comme un individu, n'a pas d'intérêts plus chers que les siens propres. La Russie n'est pas chargée de la prospérité de l'Allemagne. Que l'Allemagne s'occupe de l'Allemagne et la Russie de la Russie. Au lieu de
se plaindre, au lieu de se repaître d'espérances et d'attendre le
Messie de la future liberté du commerce, il serait mieux de
jeter le système cosmopolite au feu et de profiter de l'exemple
de la Russie.

Que l'Angleterre voie d'un œil jaloux la politique commerciale de la Russie, c'est fort naturel. La Russie s'est
par là émancipée de l'Angleterre. Elle s'est mise ainsi en mesure de rivaliser avec l'Angleterre en Asie. Si l'Angleterre
fabrique à meilleur marché, dans le commerce avec l'intérieur de l'Asie, cet avantage est compensé par le voisinage et
par l'influence politique de l'Empire. Si, vis-à-vis de l'Europe,
la Russie est peu cultivée encore, vis-à-vis de l'Asie c'est un
pays civilisé.

On ne doit pas méconnaître, toutefois, que le défaut de civilisation et d'institutions politiques constituera par la suite

un grand obstacle aux progrès ultérieurs de la Russie dans l'industrie et dans le commerce, à moins que le gouvernement impérial ne réussisse, en établissant une bonne organisation municipale et provinciale, en restreignant peu à peu, puis en abolissant complétement le servage, en faisant surgir une classe moyenne instruite et des paysans libres, en améliorant les moyens de transport à l'intérieur, en facilitant enfin les communications avec l'Asie, à mettre la civilisation générale en rapport avec les besoins de l'industrie. Voilà les conquêtes que la Russie a à faire dans ce siècle; elles sont la condition de ses progrès ultérieurs dans l'agriculture et dans l'industrie manufacturière, comme dans le commerce, la navigation marchande et la puissance navale. Mais pour que de pareilles réformes soient possibles, pour qu'elles s'accomplissent, il faut d'abord que la noblesse russe comprenne que ses intérêts matériels s'y rattachent étroitement (1).

(1) Les données de ce chapitre seront utilement complétées par le passage suivant d'un livre écrit en langue allemande par un homme qui a dirigé, durant une vingtaine d'années, les finances de la Russie, feu le comte Cancrin, livre publié en 1845 sous le titre d'*Économie des sociétés humaines* :

« On a beaucoup déclamé contre ce qu'on appelle le système de clôture de la Russie; qu'il me soit permis de dire ici quelques mots de l'état vrai des choses.

« Bien avant Catherine II, qui, accomplissant la pensée de Pierre le Grand, a *européanisé* en tout la Russie, des droits protecteurs avaient été établis dans l'empire; et, à l'époque du congrès de Vienne, il y existait un système complet de protection, en partie même de prohibition, ayant pour objet de mettre un frein au luxe et de retenir l'argent dans le pays.

« Dans les traités de paix les diplomates insérèrent des articles sur la liberté du commerce, qui s'accommodaient peu à la situation de la Russie. De là le tarif libéral de 1819, sous l'action duquel la Russie fut inondée de marchandises étrangères, et un grand nombre de fabriques furent ruinées ou à la veille de l'être. On reconnut que, malgré l'accroissement des recettes de la douane, ce régime ne pouvait pas durer; l'industrie fit éclater ses plaintes, et en 1821 fut promulgué un nouveau tarif plus sévère et renfermant des prohibitions.

« L'auteur trouva ce tarif en vigueur, lorsqu'en 1823 il fut nommé ministre des finances. Il l'a successivement corrigé et complété, il a aboli des prohibitions, il a abaissé des droits, il en a élevé d'autres dans l'intérêt du revenu ou de la protection, il a modifié les règlements de douane en quel-

CHAPITRE IX.

LES AMÉRICAINS DU NORD.

Après avoir retracé, l'histoire en main, la politique commerciale des peuples européens, de ceux du moins qui ont quelque chose à nous apprendre, nous jetterons un coup d'œil

ques points. Il n'est donc pas l'auteur du système protecteur de la Russie.

« Ce système n'entrave pas le commerce d'une manière exagérée; c'est ce que prouvent les recettes annuelles, qui ont triplé depuis 1823, et dont une portion considérable est fournie par les articles des fabriques étrangères. Mais pourquoi toutes ces clameurs?

« Jusqu'en 1823, on n'avait pas su réprimer une contrebande, qui procurait de grands bénéfices aux pays voisins sur la frontière de l'ouest. Non-seulement dans les lignes de douane, mais dans les bureaux mêmes et jusque dans les ports, cette contrebande s'exerçait sur une grande échelle. On faisait les papiers en double, on s'entendait avec les douaniers. De la sorte, le système protecteur était fréquemment éludé, et le négociant honnête ne pouvait pas observer la loi; plus tard, il fut très-reconnaissant de le pouvoir. L'auteur changea en grande partie le personnel des douanes; car un bon poste dans la douane était devenu une fortune. Les douaniers furent établis sur un pied régulier aux frontières, et ils forment sur la ligne européenne un corps bien rétribué, d'environ 9,000 hommes d'élite à pied et à cheval; il y en a 20,000 en France. Les visiteurs furent choisis parmi les soldats qui avaient fait leur temps. Contre les doubles papiers, on eut recours à un timbre, le contrôle fut accéléré, la contrebande fut soigneusement poursuivie à l'intérieur par des employés habiles et sûrs, etc. A l'aide de toutes ces mesures, on réduisit la contrebande, surtout celle qui s'exerçait dans les bureaux de douane, aux proportions les plus faibles; ce ne fut point en rendant l'accès de la Russie difficile; les touristes peuvent attester que le voyageur n'est nulle part traité avec plus d'indulgence et de politesse; il n'y a que les allées et venues des contrebandiers qui trouvent quelques obstacles à la frontière; encore le commerce de la frontière a-t-il été notablement facilité dans ces derniers temps.

« La contrebande devint ainsi plus périlleuse, les primes d'assurance haussèrent, les marchandises encombrantes ne furent plus guère de son domaine; les captures avaient été au commencement très-considérables, elles diminuèrent peu à peu. *Hinc illæ lacrymæ!* Certaines gens, dans les pays limitrophes, éprouvèrent de fortes pertes; de là les plaintes qui ont retenti dans

de l'autre côté de l'Atlantique, sur un peuple de colons, qui, presque sous nos yeux, s'est élevé d'un complet assujettissement à sa mère patrie et du morcellement entre diverses provinces qu'aucun lien politique ne rattachait entre elles, à l'état de nation compacte, bien organisée, libre, puissante,

les journaux et dans les livres. On se plaît à répéter que l'industrie manufacturière de la Russie a une existence tout artificielle ; les libéraux, les esprits passionnés trouvent extrêmement injuste que la Russie s'occupe de ses intérêts et non pas de ceux de l'étranger, malgré le désespoir que leur cause un système de clôture qui, à proprement parler, n'existe pas. List a dit la vérité.

« Il est faux en outre que l'industrie russe vive à l'aide de sacrifices du gouvernement. Elle est forte par elle-même, et, depuis vingt-cinq ans, aucune somme importante n'a été consacrée à soutenir les fabriques. On a, depuis 1823, employé de tout autres moyens pour le développement de l'industrie : une gazette du commerce, un journal des manufactures, des agents à l'étranger pour faire connaître toutes les nouvelles découvertes, tous les perfectionnements, l'expédition régulière d'échantillons, l'engagement d'étrangers habiles, un conseil des manufactures avec ses sections et ses correspondants, un grand institut technologique, des écoles industrielles, l'envoi de jeunes gens à l'étranger, des expositions périodiques des produits de l'industrie à Moscou et à Saint-Pétersbourg avec des récompenses pour le mérite, des écoles gratuites de dessin, des règlements pour une meilleure police du travail, et beaucoup d'autres moyens que j'omets. Tout cela a contribué à accroître les lumières, le zèle, en un mot le capital intellectuel, à perfectionner les méthodes, à développer les dispositions naturelles de la nation, enfin à porter l'industrie au degré d'avancement auquel elle est parvenue et à réduire les prix, peut-être dans une trop forte proportion. Si cette industrie est encore en arrière pour les qualités superfines, elle réussit parfaitement dans les bonnes qualités, dans les articles moyens et inférieurs. Les draps ordinaires de la Russie sont meilleurs que ceux de France et ne coûtent pas davantage. Le tissage et la filature du coton y sont en bonne voie, pour les soieries, il n'y a qu'avec Lyon qu'elle ne puisse pas rivaliser. Saint-Pétersbourg et Moscou sont remplis de fabriques; les bronzes de Saint-Pétersbourg, s'ils le cèdent pour la forme à ceux de France, sont d'un meilleur travail et d'une dorure plus solide, un peu plus chers toutefois. Du reste, si des écrivains sérieux, je ne nomme personne, dépeignent l'industrie russe comme artificielle, on doit l'expliquer sans doute par l'influence épidémique des rêveries du libre échange. »

Je dois ajouter que les modifications apportées au tarif russe depuis un certain nombre d'années ont eu généralement pour but d'accorder des facilités au commerce. Le tarif de novembre 1850 avait aboli la plupart des prohibitions en les remplaçant, il est vrai, par des droits extrêmement élevés. Un nouveau tarif, qui apporte au régime en vigueur de notables adoucissements, a été signé le 9 juin 1857. (H. R.)

industrieuse, riche, indépendante, et où peut-être nos petits-
fils verront la première puissance maritime et commerciale
du monde. L'histoire commerciale et industrielle de l'Amérique du Nord est plus instructive que toute autre à notre point
de vue ; le développement y est rapide, les périodes de commerce libre et de commerce restreint se succèdent promptement ; les résultats se manifestent avec toute évidence, et le
mécanisme entier de l'industrie nationale et de l'administration publique se met à découvert sous l'œil de l'observateur.

Les colonies de l'Amérique du Nord furent tenues par la
métropole, sous le rapport des arts industriels, dans un si
complet asservissement, qu'outre la fabrication domestique et
les métiers usuels, on n'y toléra aucune espèce de fabriques.
En 1750, une fabrique de chapeaux établie dans le Massachusets provoqua l'attention et la jalousie du Parlement, qui déclara toutes les fabriques coloniales dommageables au pays
(*common nuisances*), sans en excepter les forges, dans une
contrée qui possédait en abondance tous les éléments de la fabrication du fer. En 1778, le grand Chatham, alarmé par les
premiers essais manufacturiers de la Nouvelle-Angleterre,
soutint qu'on ne devait pas permettre qu'il se fabriquât dans
les colonies un fer à cheval.

Adam Smith a le mérite d'avoir le premier signalé l'ini-
quité de cette politique.

Le monopole de l'industrie manufacturière par la mère patrie est l'une des principales causes de la révolution américaine ; la taxe sur le thé ne fit que déterminer l'explosion.

Affranchis des entraves qu'on leur avait imposées, en possession de toutes les conditions matérielles et intellectuelles
de l'industrie manufacturière, et séparés du pays d'où ils
tiraient des objets fabriqués et où ils vendaient leurs produits
bruts, réduits, par conséquent, à leurs propres ressources
pour la satisfaction de tous leurs besoins, les États de l'Amérique du Nord virent, durant la guerre de l'indépendance, les
fabriques de toute espèce prendre chez eux un remarquable
essor, et l'agriculture en retirer de tels avantages, que la va-

leur du sol, de même que le salaire du travail, haussa partout dans une forte proportion, nonobstant les charges publiques et les ravages de la guerre. Mais, après la paix de Paris, une constitution vicieuse n'ayant pas permis d'établir un système commun de commerce, par suite les produits fabriqués de l'Angleterre ayant trouvé de nouveau un libre accès, et fait aux jeunes fabriques américaines une concurrence impossible à soutenir, la prospérité dont le pays avait joui pendant la guerre disparut plus promptement encore qu'elle n'était venue.

Un orateur a dit plus tard dans le congrès au sujet de cette crise : « Nous achetions, suivant le conseil des modernes théoriciens, là où nous pouvions le faire au meilleur marché, et nous étions inondés de marchandises étrangères ; les articles anglais se vendaient à plus bas prix dans nos places maritimes qu'à Liverpool et à Londres. Nos manufacturiers furent ruinés ; nos négociants, ceux-là mêmes qui avaient espéré de s'enrichir par le commerce d'importation, firent faillite, et toutes ces causes réunies exercèrent une si fâcheuse influence sur l'agriculture, qu'il s'ensuivit une dépréciation générale de la propriété, et que la déconfiture devint générale parmi les propriétaires. » Cet état de choses ne fut malheureusement pas instantané ; il dura depuis la paix de Paris jusqu'à l'établissement de la constitution fédérale ; plus que toute autre circonstance, il disposa les différents États à resserrer plus étroitement leurs liens politiques et à accorder au congrès les pouvoirs nécessaires pour l'adoption d'un commun système de commerce. De tous les États, sans en excepter celui de New-York et la Caroline du Sud, le congrès fut assailli de demandes de protection en faveur de l'industrie du pays ; et, le jour de son inauguration, Washington porta un habit en drap indigène, « afin, dit un journal du temps qui se publiait à New-York, de donner à tous ses successeurs et à tous les législateurs à venir, avec la simplicité expressive qui appartient à ce grand homme, une leçon ineffaçable sur les moyens de développer la prospérité du pays. » Bien que le premier tarif américain, celui de 1789, n'établît que de faibles droits

d'entrée sur les articles fabriqués les plus importants, il eut,
dès les premières années, de si heureux résultats, que Washington, dans son message de 1791, put féliciter la nation de
l'état florissant dans lequel se trouvaient les manufactures,
l'agriculture et le commerce.

On reconnut bientôt l'insuffisance de cette protection ;
l'obstacle d'un faible droit fut aisément vaincu par les fabricants d'Angleterre dont les procédés s'étaient améliorés. Le
congrès porta à 15 pour cent le droit sur les articles les plus
importants ; mais ce ne fut qu'en 1804, lorsque la modicité
des recettes de douane le contraignait à augmenter le revenu.
Déjà, depuis longtemps, les fabricants du pays s'étaient
épuisés en doléances sur le manque de protection, et les intérêts opposés, en arguments sur les avantages de la liberté du
commerce ainsi que sur les inconvénients des droits protecteurs élevés.

Dès 1789, sur la proposition de James Madison, la navigation avait obtenu une protection suffisante ; son essor con-
trastait avec les faibles progrès généralement accomplis par
les manufactures ; de 200,000 tonneaux en 1789, elle s'était
élevée en 1801 à plus d'un demi-million.

Sous l'abri du tarif de 1804, l'industrie manufacturière de
l'Amérique du Nord ne se maintint qu'avec peine devant
celle de l'Angleterre, que fortifiaient de continuels perfectionnements et qui avait atteint des proportions colossales ; elle
aurait sans doute succombé dans la lutte, si l'embargo et la
déclaration de guerre de 1812 ne lui étaient venus en aide.
Alors, comme durant la guerre de l'indépendance, les fabriques américaines prirent un essor si extraordinaire, que, non
contentes de satisfaire aux besoins du pays, elles commencèrent bientôt à exporter. D'après un rapport du comité du
commerce et des manufactures au congrès, les seules industries du cotonet de la laine occupaient, en 1815, 100,000 ouvriers, produisant annuellement pour plus de 60 millions de
dollars (321 millions de francs) (1). De même que pendant

(1) Le dollar = 5 fr. 35 cent.

la guerre de la révolution, on remarqua, comme une conséquence nécessaire de l'extension de l'industrie manufacturière, une hausse rapide de toutes les valeurs, des produits bruts et de la main-d'œuvre aussi bien que de la propriété foncière, partant la prospérité commune des propriétaires, des ouvriers et du commerce intérieur.

Après la paix de Gand, le congrès, instruit par l'expérience de 1786, doubla pour la première année les droits existants, et le pays, durant cette année, continua de prospérer. Mais, sous la pression des intérêts particuliers opposés aux manufactures et des arguments de la théorie, il décréta, pour 1816, une diminution sensible des droits d'entrée, et bientôt reparurent les mêmes résultats que la concurrence étrangère avait déjà produits de 1786 à 1789, savoir : ruine des fabriques, dépréciation des produits bruts ainsi que de la propriété foncière, détresse générale des agriculteurs. Après que le pays avait, pour la seconde fois, goûté, en temps de guerre, les bienfaits de la paix, il souffrait, pour la seconde fois aussi pendant la paix, plus de maux que la guerre la plus dévastatrice n'aurait pu lui en causer. Ce ne fut qu'en 1824, lorsque les effets de l'acte extravagant de l'Angleterre sur les céréales se furent fait sentir dans toute leur étendue, et que l'intérêt agricole des États du Centre, du Nord et de l'Ouest se vit obligé de faire cause commune avec l'intérêt manufacturier, qu'un tarif un peu plus élevé passa dans le congrès. M. Huskisson ayant pris sur-le-champ des mesures pour en paralyser les conséquences au point de vue de la concurrence anglaise, ce tarif ne tarda pas à être reconnu insuffisant, et complété, après un vif débat, par celui de 1828.

La statistique officielle de l'État du Massachusets récemment publiée (1) donne quelque idée de l'essor qu'à l'aide du

---

(1) *Tableau statistique du Massachusets pour l'année finissant le 1er avril* 1837, par J.-P. Bigelow, secrétaire de la République. Boston 1838. — Aucun autre État américain ne possède de pareils relevés statistiques. Celui qui est mentionné ici est dû au gouverneur Everett, aussi distingué comme savant et comme écrivain que comme homme d'État.

système protecteur et malgré les adoucissements apportés ensuite au tarif de 1828, les manufactures prirent dans les États-Unis, surtout dans le Centre et dans le Nord. En 1837, le Massachusets renfermait 282 manufactures de coton et 565,031 broches en activité, lesquelles occupaient 4,997 ouvriers et 14,757 ouvrières ; 37,275,917 livres (16,844,629 kilog.) (1) de coton y étaient mises en œuvre, et 126 millions de yards (115 millions de mètres) (2) de tissus y étaient fabriqués, ce qui produisait une valeur de 13,056,659 dollars (69,953,125 fr.), au moyen d'un capital de 14,369,719 dollars (76,877, 796 fr.).

L'industrie de la laine présentait 192 manufactures, 501 machines, et occupait 3,612 ouvrières et 3,485 ouvriers, qui mettaient en œuvre 10,858,988 livres (4,924,551 kilog.) de laine, et produisaient 11,313,426 yards (10,345,865 mètres) de tissus représentant une valeur de 10,399,807 dollars (55,637,955 fr.), au moyen d'un capital de 5,770,750 dollars (30,873,512 fr.)

Il se fabriquait 16,689,877 paires de souliers et de bottes, destinées en grande partie aux États de l'Ouest, pour une valeur de 16,642,520 dollars (89,037,482 fr).

Les autres fabrications offraient un développement proportionné.

L'ensemble de la production manufacturière de l'État, indépendamment de la construction navale, était évalué à plus de 86 millions (460 millions de fr.), au moyen d'un capital d'environ 60 millions de dollars (311 millions de francs).

Le nombre des ouvriers était de 117,352, sur une population totale de 701,331.

Il n'était point question de misère, de grossièreté, ni de vices parmi la population des manufactures; tout au contraire, chez les nombreux ouvriers de l'un et de l'autre sexe règne la moralité la plus sévère, la propreté et l'élégance du vêtement; ils trouvent dans des bibliothèques à leur usage

(1) La livre = 0 kil. 4,535.
(2) Le yard = 0 mètre 9,143.

des livres utiles et instructifs ; le travail n'épuise pas leurs forces ; leur nourriture est abondante et saine. La plupart des jeunes filles s'amassent une dot (1).

Ce dernier point tient visiblement au bas prix des denrées alimentaires, à la médiocrité et à la juste répartition des impôts. Que l'Angleterre supprime ses entraves à l'importation des produits agricoles, qu'elle diminue ses taxes de consommation de moitié ou des deux tiers, qu'elle couvre le déficit par un impôt sur le revenu, et elle assurera une condition semblable aux ouvriers de ses fabriques (2).

Aucun pays n'a été si méconnu et si mal jugé que l'Amérique du Nord, en ce qui touche son avenir et son économie publique, par les théoriciens comme par les praticiens. Adam Smith et J. B. Say avaient déclaré que les *États-Unis étaient voués à l'agriculture comme la Pologne.* La comparaison n'était pas très-flatteuse pour cette confédération de jeunes et ambitieuses républiques, et la perspective qui leur était ainsi offerte était peu consolante. Les théoriciens que je viens de nommer avaient établi que la nature avait destiné les Américains du Nord exclusivement à l'agriculture, tant que la terre la plus fertile pourrait y être acquise presque pour rien. On les avait vivement félicités d'obéir de si bon cœur aux prescriptions de la nature et d'offrir à la théorie un si bel exemple des merveilleux effets de la liberté du commerce ; mais l'école éprouva bientôt la contrariété de perdre cette preuve importante de la rectitude et de l'applicabilité de sa théorie, et de voir les États-Unis chercher leur fortune dans une voie diamétralement opposée à celle de la liberté commerciale absolue.

Cette jeune nation, que l'école avait chérie jusque-là comme la prunelle de ses yeux, devint alors l'objet du blâme le plus

---

(1) Les journaux américains de juillet 1839 rapportent que, dans la seule ville de Lowel, on comptait plus de cent ouvrières ayant déposé à la caisse d'épargne au delà de 100 dollars (5,350 francs).

(2) On voit que List pressentait les réformes commerciales et financières que l'Angleterre était à la veille d'accomplir.   (H. R.)

énergique chez les théoriciens de toute l'Europe. Le nouveau
monde, disait-on, avait fait peu de progrès dans les sciences
politiques; au moment où les peuples européens travaillaient,
avec le zèle le plus sincère, à la réalisation de la liberté générale
du commerce, au moment où l'Angleterre et la France en
particulier se préparaient à faire des pas signalés vers ce grand
but philanthropique, les États-Unis retournaient, pour développer leur prospérité, à ce système mercantile vieilli depuis
longtemps et si nettement réfuté par la science. Un pays tel
que l'Amérique du Nord, dans lequel de si vastes espaces de
la terre la plus fertile étaient encore sans culture et où le salaire était si élevé, ne pouvait mieux employer ses capitaux et
son trop-plein de population qu'à l'industrie agricole; une fois
celle-ci parvenue à son complet développement, l'industrie
manufacturière surgirait d'elle-même et sans excitation fac-
tice; en faisant naître artificiellement des manufactures, les
États-Unis portaient préjudice non-seulement aux pays de
plus ancienne culture, mais surtout à eux-mêmes.

Chez les Américains, toutefois, le bon sens et le sentiment
des nécessités du pays furent plus forts que la foi dans les
préceptes de la théorie. On scruta les arguments des théoriciens, et l'on conçut des doutes sérieux sur l'infaillibilité d'une
doctrine à laquelle ses propres adeptes ne se conformaient
même pas.

A l'argument tiré de la grande quantité de terrains fertiles restés encore sans culture, on répondit : que dans les
États de l'Union, déjà populeux, déjà bien cultivés et mûrs
pour les fabriques, de tels terrains étaient aussi rares que
dans la Grande-Bretagne; que le trop-plein de population de
ces États était obligé de se transporter à grands frais vers
l'Ouest, pour en défricher de pareils. De là, chaque année,
pour les États de l'Est, non-seulement une perte considérable en capitaux matériels et intellectuels, mais encore, ces
émigrations transformant des consommateurs en concurrents,
une dépréciation de leurs propriétés et de leurs produits agricoles. L'Union ne pouvait avoir intérêt à ce que les solitudes

qu'elle possédait jusqu'aux bords de la mer Pacifique, fussent mises en culture avant que la population, la civilisation et les forces militaires des États eussent atteint un développement convenable. Au contraire, les États de l'Est n'avaient d'avantages à retirer du défrichement de ces lointaines solitudes, qu'en s'adonnant à l'industrie manufacturière de manière à échanger leurs articles fabriqués contre les denrées de l'Ouest. On alla plus loin ; on se demanda si l'Angleterre ne se trouvait pas dans une situation tout à fait semblable ; si elle ne disposait pas, dans le Canada, dans l'Australie et dans d'autres régions, d'une vaste étendue de terrains fertiles et encore incultes ; si elle n'avait pas, pour transporter dans ces pays le trop-plein de sa population, à peu près les mêmes facilités que les États-Unis pour envoyer le leur des bords de l'océan Atlantique à ceux du Missouri ; pourquoi, néanmoins, l'Angleterre non-seulement continuait de protéger son industrie manufacturière, mais travaillait à la développer de plus en plus.

L'argument de l'école, que, là où les salaires étaient élevés dans le travail agricole, les fabriques ne pouvaient venir naturellement et n'étaient que des plantes de serre chaude, ne parut fondé qu'en partie, savoir à l'égard de ces articles qui, présentant peu de volume et de poids relativement à leur valeur, étaient produits principalement par le travail manuel, mais non en ce qui touche ceux dont le prix n'est que faiblement influencé par le taux du salaire et pour lesquels l'élévation de ce taux est compensée par l'emploi de machines ou de moteurs hydrauliques, par le bon marché des matières brutes et des denrées alimentaires, par l'abondance et le bas prix des combustibles et des matériaux de construction, enfin par la modicité des impôts et par l'énergie du travail.

L'expérience avait d'ailleurs enseigné depuis longtemps aux Américains que l'agriculture d'un pays ne peut parvenir à un haut degré de prospérité qu'autant que l'échange des produits fabriqués est garanti pour l'avenir ; que, si l'agriculteur demeure dans l'Amérique du Nord et le manufactu-

14

rier en Angleterre, cet échange sera fréquemment interrompu par la guerre, par des crises commerciales ou par des mesures restrictives adoptées à l'étranger ; que, par conséquent, pour asseoir sur une base solide la prospérité du pays, le manufacturier, suivant l'expression de Jefferson, doit s'établir à côté de l'agriculteur.

Les Américains du Nord comprenaient enfin qu'une grande nation ne doit pas poursuivre exclusivement des avantages matériels immédiats ; que la civilisation et la puissance, qui, comme Adam Smith le reconnaît, sont des biens plus précieux et plus désirables que la richesse matérielle, ne sauraient être acquises et maintenues qu'à l'aide de l'industrie manufacturière ; qu'une nation qui se sent appelée à prendre le rang parmi les plus cultivées et parmi les plus puissantes, ne doit reculer devant aucun sacrifice pour posséder la condition de ces biens, et que, cette condition, les États voisins de l'Atlantique la possédaient.

C'est sur les rivages de l'Atlantique que la population et la civilisation européenne ont pris pied d'abord ; c'est là que se sont formés d'abord des États populeux, cultivés et riches ; là est le berceau des pêcheries maritimes, de la navigation côtière et des forces navales du pays ; là fut conquise son indépendance, et sa fédération fut fondée ; c'est par ces États du littoral qu'a lieu son commerce extérieur ; par eux il est en contact avec le monde civilisé, par eux il reçoit le trop-plein de l'Europe en population, en capital matériel et en ressources morales ; c'est sur la civilisation, sur la puissance et sur la richesse de ces États que repose l'avenir de civilisation, de puissance et de richesse de toute la nation, son indépendance et sa future influence sur les pays moins avancés.

Supposons que la population de ces États du littoral diminue au lieu de s'accroître, que leurs pêcheries, leur cabotage, leur navigation avec l'étranger, leur commerce extérieur, que leur prospérité enfin décroisse ou reste stationnaire au lieu d'augmenter, nous verrons s'amoindrir dans la même proportion les moyens de civilisation de tout le pays, les garanties de son indépendance et de son influence. On peut même . concevoir le territoire des États-Unis cultivé tout entier d'une mer à l'autre, rempli d'États agricoles et couvert d'une nombreuse population, et la nation demeurée cependant à un degré inférieur de civilisation, d'indépendance, de puissance et de commerce extérieur. Nombre de peuples se trouvent dans cette situation, et, avec une grande population, sont sans marine marchande et sans forces navales.

Si une puissance avait conçu le plan d'arrêter le peuple américain dans son essor, de lui imposer à jamais son joug industriel, commercial et politique, elle n'atteindrait son but qu'en dépeuplant les États de l'Atlantique et en poussant vers l'intérieur tout ce qui leur accroît de population, de capital et de forces morales. Par là elle entraverait le pays dans le développement de sa puissance maritime ; elle pourrait espérer même d'occuper de vive force, avec le temps, les principaux points de défense sur la côte de l'Atlantique et aux embouchures des fleuves. Le moyen est fort simple ; il suffirait d'empêcher que l'industrie manufacturière ne fleurît dans les États de l'Atlantique, et de faire adopter en Amérique le principe de la liberté absolue du commerce extérieur.

Si les États de l'Atlantique n'étaient pas manufacturiers, ils ne pourraient pas se maintenir au même degré de civilisation, ils déclineraient sous tous les rapports. Comment les villes du littoral de l'Atlantique pourraient-elles prospérer sans manufactures ? Ce ne serait pas en expédiant les denrées de l'intérieur du pays en Europe, et les marchandises anglaises dans l'intérieur du pays ; car quelques milliers d'individus suffisent pour une telle opération. Que deviendraient les pêcheries ? La plus grande partie de la population qui s'est portée vers l'intérieur préfère la viande fraîche et le poisson d'eau douce au poisson salé ; elle n'a pas besoin d'huile de baleine, ou du moins elle n'en consomme que de minimes quantités. Comment le cabotage aurait-il de l'activité ? La plupart des États du littoral sont peuplés d'agriculteurs, qui produisent eux-mêmes les denrées alimentaires, les matériaux de con-

struction et les combustibles dont ils ont besoin ; il n'y aurait
donc rien à transporter le long de la côte. Comment le commerce extérieur et la navigation avec l'étranger prendraient-
ils de l'accroissement ? Le pays n'a rien à offrir de ce que les
peuples les moins avancés possèdent en abondance, et les nations manufacturières, chez lesquelles il écoulerait ses produits, protégent leur marine marchande. Dans ce déclin des
pêcheries, du cabotage, de la navigation avec l'étranger et du
commerce extérieur, que deviendra la marine militaire ?
Comment, sans marine militaire, les États de l'Atlantique
pourront-ils se défendre contre les attaques du dehors ? Comment l'agriculture même pourra-t-elle fleurir dans ces États,
lorsque, transportées dans l'Est par les canaux et par les chemins de fer, les denrées des terres beaucoup plus fertiles et
beaucoup moins chères de l'Ouest, de ces terres qui n'ont pas
besoin d'engrais, pourront s'y vendre à meilleur marché que
l'Est lui-même ne peut les produire avec un sol depuis longtemps épuisé ? comment, dans un pareil état de choses, la civilisation des États de l'Est pourrait-elle avancer et leur population s'accroître, lorsqu'il est évident que, sous l'empire du
libre commerce avec l'Angleterre, tout leur trop-plein de
population et de capital agricole se porterait vers l'Ouest ? La
situation actuelle de la Virginie ne donne qu'une faible idée
de celle à laquelle le dépérissement des manufactures réduirait les États de l'Atlantique ; la Virginie, en effet, de même
que tous les États méridionaux du même littoral, prend parfois une large part à l'approvisonnement des États manufacturiers en produits agricoles.

L'existence d'une industrie manufacturière dans les États
de l'Atlantique change entièrement la face des choses. Alors
affluent de toutes les contrées européennes population, capital, habileté technique, ressources intellectuelles ; alors augmente, avec les envois de matières brutes de l'Ouest, la
demande des produits manufacturés de ces États ; alors leur
population, le nombre et l'importance de leurs villes, leur
richesse, enfin, se développent dans les mêmes proportions

que la culture des solitudes occidentales ; alors, avec une population qui s'accroît, leur propre agriculture est stimulée
par une plus forte demande de viande, de beurre, de fromage , de lait, de légumes , de plantes oléagineuses et de
fruits ; alors augmente la demande des poissons salés et de
l'huile de poisson, partant la pêche maritime ; alors le cabotage trouve à transporter des masses de denrées alimentaires,
de matériaux de construction, de houilles etc., que réclame
une population manufacturière ; alors les manufactures produisent une multitude d'articles à exporter dans tous les pays
du monde, ce qui donne lieu à des retours avantageux ; alors,
par le cabotage, par la pêche maritime et par la navigation
avec l'étranger s'accroissent les forces navales et, avec elles,
les garanties de l'indépendance du pays et de son influence
sur les autres nations, particulièrement sur celles de l'Amérique du Sud ; alors les arts et les sciences, la civilisation et la
littérature prennent dans les États de l'Est un nouvel essor
et se répandent ensuite sur ceux de l'Ouest.

Voilà comment les États-Unis ont été amenés à restreindre
l'importation des articles des fabriques étrangères et à protéger leurs propres fabriques. Avec quel succès, nous l'avons
fait voir. L'expérience des États-Unis eux-mêmes et l'histoire
de l'industrie chez les autres peuples montrent que, sans ces
mesures, le littoral de l'Atlantique ne serait jamais devenu
manufacturier.

Les crises commerciales, si fréquentes en Amérique, ont
été représentées à tort comme une conséquence de ces restrictions. L'expérience antérieure de l'Amérique du Nord,
tout comme la plus récente, enseigne, au contraire, que ces
crises n'ont jamais été plus fréquentes ni plus désastreuses
que dans les moments où les relations avec l'Angleterre étaient
le moins entravées. Les crises commerciales, dans les États
agricoles qui s'approvisionnent d'articles fabriqués au dehors,
proviennent du manque d'équilibre entre l'importation et
l'exportation. Les États manufacturiers, plus riches en capital que les États agricoles, et toujours préoccupés d'aug-

menter leurs débouchés, livrent leurs marchandises à crédit
et poussent à la consommation. C'est comme une avance sur
la prochaine récolte. Or, si la récolte est insuffisante, de
telle sorte que sa valeur reste au-dessous de celle des consommations antérieures, ou si elle est trop abondante, et que
les produits faiblement demandés ne se vendent qu'à vil prix,
si en même temps le marché demeure encombré d'articles des
fabriques étrangères, cette disproportion entre les moyens de
payer et les consommations antérieures, comme entre l'offre
et la demande des produits agricoles et des produits fabriqués,
donne naissance à la crise commerciale. Cette crise est accrue,
aggravée, mais elle n'est pas produite par les opérations des
banques de l'étranger et du pays. Nous donnerons dans un
chapitre ultérieur des explications à ce sujet.

CHAPITRE X.

LES LEÇONS DE L'HISTOIRE.

En tout temps et en tout lieu l'intelligence, la moralité et
l'activité des citoyens se sont réglées sur la prospérité du pays,
et la richesse a augmenté ou décru avec ces qualités ; mais
nulle part le travail et l'économie, l'esprit d'invention et
l'esprit d'entreprise des individus n'ont rien fait de grand là
où la liberté civile, les institutions et les lois, l'administration et la politique extérieure, et surtout l'unité et la puissance nationale, ne leur ont pas prêté appui.

Partout l'histoire nous montre une énergique action des
forces sociales et des forces individuelles les unes sur les autres. Dans les villes italiennes et dans les villes anséatiques, en
Hollande et en Angleterre, en France et en Amérique, nous
voyons les forces productives et par conséquent les richesses
des individus augmenter avec la liberté, avec le perfectionne-

ment des institutions politiques et sociales, et celles-ci, à leur tour, trouver dans l'accroissement des richesses matérielles et des forces productives des individus les éléments de leur perfectionnement ultérieur. L'essor de l'industrie et de la puissance de l'Angleterre ne date que de l'affermissement de sa liberté. L'industrie et la puissance des Vénitiens et des Anséates, des Espagnols et des Portugais se sont éclipsées avec leur liberté. Les individus ont beau être laborieux, économes, intelligents et inventifs, ils ne sauraient suppléer au défaut d'institutions libres. L'histoire enseigne, par conséquent, que les individus puisent la majeure partie de leur puissance productive dans les institutions et dans l'état de la société.

Nulle part l'influence de la liberté, de l'intelligence et des lumières sur la puissance, et, par suite, sur la force productive et sur la richesse du pays, n'apparaît plus clairement que dans la navigation. De toutes les branches de travail, la navigation est celle qui exige le plus d'énergie et de courage, le plus d'audace et de persévérance, qualités qui évidemment ne peuvent éclore que dans l'atmosphère de la liberté. Dans aucune autre l'ignorance, la superstition et le préjugé, l'indolence, la lâcheté et la mollesse ne sont aussi funestes ; nulle part le sentiment de l'indépendance personnelle n'est indispensable au même dégré. Aussi l'histoire ne fournit-elle point d'exemple de peuple asservi qui ait excellé dans la navigation. Les Indous, les Chinois et les Japonais se sont de toute antiquité bornés à naviguer sur leurs canaux, sur leurs fleuves, ou leurs côtes. Dans l'ancienne Égypte, la navigation maritime était réprouvée, apparemment parce que les prêtres et les monarques craignaient qu'elle ne donnât un aliment à l'esprit de liberté et d'indépendance. Les États les plus libres et les plus éclairés de la Grèce furent aussi les plus puissants sur la mer ; avec leur liberté cessa leur puissance maritime ; et l'histoire, qui raconte tant de victoires remportées sur terre par les rois de Macédoine, se tait sur leurs victoires navales.

Quand les Romains sont-ils puissants sur la mer, et quand n'entend-on plus parler de leurs flottes ? A quelle époque l'Italie commande-t-elle en souveraine sur la Méditerranée, et depuis quand son cabotage même est-il tombé aux mains des étrangers ? L'Inquisition avait depuis longtemps prononcé sur les flottes espagnoles un arrêt de mort, avant qu'il fût exécuté par celles de l'Angleterre et de la Hollande. Du jour où surgissent les oligarchies marchandes des Villes anséatiques, la puissance et l'audace se retirent de la Hanse. Dans les anciens Pays-Bas, les navigateurs conquièrent seuls leur liberté; ceux qui se soumettent à l'Inquisition sont condamnés à voir fermer jusqu'à leurs fleuves. La flotte anglaise, victorieuse, dans la Manche, de celle de la Hollande, ne fit que prendre possession de la domination maritime, que l'esprit de la liberté lui avait depuis longtemps attribuée. La Hollande, pourtant, a conservé jusqu'à nos jours une grande partie de sa marine, tandis que celle des Espagnols et des Portugais est à peu près anéantie. Inutilement quelques grands administrateurs essaient de donner une flotte à la France sous le règne du despotisme, cette flotte disparaît toujours. Aujourd'hui la marine marchande et la marine militaire de la France grandissent sous nos yeux. A peine l'indépendance des États-Unis de l'Amérique du Nord est-elle accomplie, que déjà ils luttent glorieusement contre les flottes géantes de la mère patrie. Mais qu'est-ce que la navigation de l'Amérique du Centre et de celle du Sud ? Tant que leurs pavillons ne flotteront pas sur toutes les mers, l'efficacité de leur régime républicain sera contestable. Voyez, au contraire, le Texas; à peine éveillé à la vie, il réclame déjà sa part de l'empire de Neptune.

La navigation n'est qu'un élément de la force industrielle du pays, élément qui ne peut croître et fleurir que dans l'ensemble et par l'ensemble. En tous temps et en tous lieux, la navigation, le commerce intérieur et extérieur, l'agriculture elle-même ne se montrent prospères que là où les manufactures sont parvenues à une grande prospérité. Mais, si la liberté est la condition fondamentale du développement de la navigation, à combien plus forte raison n'est-elle pas la condition essentielle de l'accroissement de l'industrie manufacturière, de toute la puissance productive du pays? L'histoire ne connaît pas de peuple riche, de peuple adonné au commerce et aux arts, qui n'ait été en même temps un peuple libre.

Partout c'est avec les manufactures qu'on voit apparaître les voies de communication, l'amélioration de la navigation fluviale, la construction de canaux et de routes, la navigation à vapeur et les chemins de fer, ces conditions essentielles d'une agriculture avancée et de la civilisation.

L'histoire enseigne que les arts et les métiers ont voyagé de ville en ville, de pays en pays. Persécutés et opprimés dans leur patrie, ils s'enfuyaient dans les villes et dans les contrées qui leur assuraient liberté, protection et appui. C'est ainsi qu'ils passèrent de Grèce et d'Asie en Italie, de là en Allemagne, en Flandre et en Brabant, et de ces derniers lieux en Hollande et en Angleterre. Partout ce fut la démence et le despotisme qui les chassèrent et la liberté qui les attira. Sans les extravagances des gouvernements du continent, l'Angleterre serait difficilement parvenue à la suprématie industrielle. Mais lequel nous semble le plus raisonnable, d'attendre que d'autres peuples soient assez insensés pour expulser leurs industries et pour les contraindre à chercher parmi nous un refuge, ou, sans compter sur de pareilles éventualités, de les attirer chez nous en leur offrant des avantages? L'expérience apprend, il est vrai, que le vent porte les graines d'une contrée dans une autre, et que des espaces incultes se sont changés ainsi en forêts épaisses ; mais le forestier serait-il sage d'attendre que le vent opérât cette transformation dans le cours des siècles? Est-il insensé, lorsqu'il ensemence des terrains incultes, afin d'atteindre le but en quelques dizaines d'années? L'histoire nous enseigne que des peuples entiers ont accompli avec succès ce que nous voyons faire au forestier.

Quelques cités libres ou de petites républiques, bornées dans leur territoire, dans leur population, dans leur puissance militaire, ou encore des associations de pareilles villes et de pareils États, soutenues par l'énergie de leur jeune liberté, favorisées par leur situation géographique et par d'heureuses circonstances, ont brillé dans l'industrie et dans le commerce longtemps avant les grandes monarchies, par de libres relations avec ces dernières, auxquelles elles fournissaient des produits manufacturés en échange de produits agricoles. Elles se sont élevées à un haut degré de richesse et de puissance. Tel a été le cas de Venise et de la Hanse, de la Flandre et de la Hollande.

La liberté du commerce n'a pas été moins avantageuse dans le commencement aux grands États avec lesquels elles trafiquaient. Dans l'abondance de leurs ressources naturelles et dans la rudesse de leur état social, la libre importation des produits fabriqués étrangers et l'exportation de leurs produits agricoles étaient les moyens les plus certains et les plus efficaces de développer leurs forces productives, d'accoutumer au travail des habitants paresseux et querelleurs, d'intéresser les propriétaires du sol et les nobles à l'industrie, d'éveiller l'esprit d'entreprise endormi chez les marchands, en un mot, d'accroître leur culture, leur industrie et leur puissance.

La Grande-Bretagne surtout a retiré ces avantages de ses relations avec les Italiens et les Anséates, avec les Flamands et les Hollandais. Mais, parvenus à l'aide du libre commerce à un certain degré de développement, les grands États comprirent que le plus haut point de culture, de puissance et de richesse ne pouvait être atteint qu'au moyen de l'association des manufactures et du commerce avec l'agriculture ; ils sentirent que les manufactures récentes du pays ne pourraient soutenir avec succès la libre concurrence des manufactures anciennes de l'étranger ; que leurs pêcheries et leur navigation marchande, bases de la puissance maritime, ne pourraient prospérer qu'à l'aide de faveurs particulières, et qu'à côté d'étrangers supérieurs par les capitaux, par l'expérience et par les lumières, les commerçants nationaux continueraient à être paralysés. Ils cherchèrent, en conséquence, par des restrictions, par des faveurs et par des encouragements, à transplanter sur leur propre sol les capitaux, l'habileté et l'esprit d'entreprise des étrangers, et cela avec plus ou moins de succès, avec plus ou moins de rapidité, suivant que les moyens employés avaient été choisis avec plus ou moins de discernement et appliqués avec plus ou moins d'énergie et de suite.

L'Angleterre, particulièrement, a recouru à cette politique. Mais, des monarques inintelligents ou livrés à leurs passions, des troubles intérieurs ou des guerres étrangères en ayant interrompu fréquemment l'application, ce ne fut qu'à la suite des règnes d'Édouard VI et d'Élisabeth et de ses révolutions qu'elle eut un système arrêté et approprié au but. Car quelle efficacité pouvaient avoir les mesures d'Édouard III, lorsque, jusques à Henri VI, on ne permettait ni la circulation du blé d'un des comtés de l'Angleterre dans l'autre, ni son exportation à l'étranger? Lorsque, encore sous Henri VII et sous Henri VIII, toute espèce d'intérêt, jusqu'aux profits du change, était réputée usure, et qu'on croyait encourager les métiers en taxant très-bas les tissus de laine et les salaires, la production du blé en restreignant les grands troupeaux de moutons? Et combien la fabrication des laines et la navigation de l'Angleterre n'auraient-elles pas atteint plus tôt un haut degré de prospérité, si Henri VIII n'avait pas considéré comme un mal la hausse du prix du blé, si, au lieu de chasser du pays en masse les ouvriers étrangers, il avait, à l'exemple de ses prédécesseurs, cherché à en attirer un plus grand nombre, si Henri VII n'avait pas rejeté l'acte de navigation qui lui avait été proposé par le parlement !

En France nous voyons les manufactures, la libre circulation au dedans, le commerce extérieur, les pêcheries, la marine marchande et militaire, en un mot tous les attributs d'une nation grande, puissante et riche, que l'Angleterre n'avait réussi à acquérir que par des siècles d'efforts, surgir en quelques années, comme par enchantement, à la voix d'un grand génie, mais disparaître plus promptement encore sous la main de fer du fanatisme religieux et du despotisme.

Nous voyons le principe du libre commerce lutter sans succès, dans des circonstances défavorables, contre la restriction revêtue de la puissance ; la Hanse est anéantie et la Hollande succombe sous les coups de l'Angleterre et de la France.

La décadence de Venise, de l'Espagne et du Portugal, le mouvement rétrograde de la France après la révocation de l'édit de Nantes, et l'histoire de l'Angleterre, où nous voyons la liberté marcher toujours du même pas que l'industrie, que le commerce et que la richesse nationale, enseignent que la politique restrictive n'est efficace qu'autant qu'elle est soutenue par le développement de la civilisation et par des institutions libres dans le pays.

D'un autre côté l'histoire des États-Unis et l'expérience de l'Angleterre apprennent qu'une culture très-avancée avec ou sans institutions libres, si elle n'est appuyée par une bonne politique commerciale, n'est qu'une faible garantie des progrès économiques d'une nation.

L'Allemagne moderne, dépourvue d'une politique commerciale énergique et collective, livrée sur son territoire à la concurrence d'une industrie manufacturière étrangère supérieure à tous égards, exclue en même temps des marchés étrangers par des restrictions arbitraires et souvent capricieuses, loin d'accomplir dans son industrie des progrès en harmonie avec son degré de culture, ne peut pas même se maintenir à son ancien rang, et se verra exploitée comme une colonie par le même peuple, qui, il y a quelques siècles, était de même exploité par ses marchands, jusqu'à ce qu'enfin ses gouvernements se décident, par un système commun et vigoureux, à assurer le marché intérieur à son industrie.

Les États-Unis, plus en mesure qu'aucun autre pays avant eux de tirer parti de la liberté du commerce, influencés d'ailleurs au berceau même de leur indépendance par les leçons de l'école cosmopolite, s'efforcent plus qu'aucun autre d'appliquer ce principe. Mais nous les voyons deux fois obligés, par leurs guerres avec la Grande-Bretagne, de fabriquer eux-mêmes les objets manufacturés que, sous le régime du libre commerce, ils tiraient du dehors ; deux fois, après le rétablissement de la paix, conduits par la libre concurrence avec l'étranger à deux doigts de leur perte, et avertis par

cette leçon que, dans l'état actuel du monde, une grande
nation doit chercher avant tout dans le développement propre
et harmonieux de ses forces particulières la garantie de sa
prospérité et de son indépendance.

Ainsi, l'histoire enseigne que les restrictions sont beaucoup
moins les créations de têtes spéculatives que les conséquences
naturelles de la diversité des intérêts et de l'effort des peuples
vers l'indépendance ou vers la suprématie, par conséquent
des rivalités nationales et de la guerre, et qu'elles doivent
cesser aussi avec ce conflit des intérêts nationaux ou par
l'association des peuples sous le régime du droit. La question
de savoir comment les peuples peuvent être réunis dans une
fédération, et comment, dans les démêlés entre peuples indépendants, les arrêts judiciaires doivent être substitués à la
force des armes, est donc l'équivalent de celle-ci : comment
les systèmes nationaux de commerce peuvent-ils être remplacés par la liberté commerciale universelle ?

Les essais de quelques nations qui ont appliqué chez elles
la liberté du commerce en présence d'une nation prépondérante par l'industrie, par la richesse et par la puissance,
ainsi que par un système commercial restreint, par exemple
ceux du Portugal en 1703, de la France en 1786, des États-
Unis en 1786 et en 1806, de la Russie de 1815 à 1821, et de
l'Allemagne durant des siècles, nous montrent qu'on ne fait
ainsi que sacrifier la prospérité d'un pays, sans profit pour le
genre humain en général, et pour le seul avantage de la
puissance qui tient le sceptre des manufactures et du commerce. La Suisse, ainsi que nous le montrerons plus loin,
forme une exception, qui prouve beaucoup et peu en même
temps pour ou contre l'un ou l'autre système.

Colbert n'est pas, à nos yeux, l'inventeur du système auquel
les Italiens ont donné son nom ; nous avons vu que les Anglais
l'avaient élaboré longtemps avant lui. Colbert n'a fait que
mettre en pratique ce que la France devait adopter tôt ou tard
pour accomplir sa destinée. S'il faut adresser à Colbert un
reproche, ce serait d'avoir essayé d'exécuter sous un gouver-

nement absolu une œuvre qui ne pouvait durer qu'après un profond remaniement de la constitution politique.

On pourrait répondre d'ailleurs pour la justification de Colbert, que son système, poursuivi par de sages monarques et par des ministres éclairés, aurait, par voie de réformes, écarté les obstacles qui arrêtaient les progrès des fabriques, de l'agriculture et du commerce de même que ceux des libertés publiques, et que la France n'aurait pas eu de révolution ; que, excitée dans son développement par l'action réciproque que l'industrie et la liberté exercent l'une sur l'autre, elle serait depuis un siècle et demi l'heureuse émule de l'Angleterre dans les manufactures, dans les communications intérieures, dans le commerce avec l'étranger et dans la colonisation, ainsi que dans les pêcheries et dans la marine marchande et militaire.

L'histoire nous enseigne enfin comment des peuples doués par la nature de tous les moyens de parvenir au plus haut degré de richesse et de puissance, peuvent et doivent, sans se mettre en contradiction avec eux-mêmes, changer de système à mesure qu'ils font des progrès. D'abord, en effet, par le libre commerce avec des peuples plus avancés qu'eux, ils sortent de la barbarie et améliorent leur agriculture ; puis, au moyen de restrictions, ils font fleurir leurs fabriques, leurs pêcheries, leur navigation et leur commerce extérieur ; puis enfin, après avoir atteint le plus haut dégré de richesse et de puissance, par un retour graduel au principe du libre commerce et de la libre concurrence sur leurs propres marchés étrangers, ils préservent de l'indolence leurs agriculteurs, leurs manufacturiers et leurs négociants, et les tiennent en haleine afin de conserver la suprématie qu'ils ont acquise. Au premier de ces degrés nous voyons l'Espagne, le Portugal, et au second l'Allemagne et l'Amérique du Nord ; la France nous paraît sur la limite du dernier ; mais l'Angleterre seule aujourd'hui y est parvenue. (1)

---

(1) On trouvera un tableau suffisamment détaillé des faits dont ce livre donne une vigoureuse esquisse au point de vue du *Système national*, dans l'*Histoire du commerce de toutes les nations*, par M. H. Scherer, que j'ai traduite de l'allemand avec la collaboration de M. Charles Vogel.   (H. R.)

LIVRE DEUXIÈME

LA THÉORIE.

———

CHAPITRE PREMIER.

L'ÉCONOMIE POLITIQUE ET L'ÉCONOMIE COSMOPOLITE.

Avant Quesnay et les économistes français, il n'y avait qu'une pratique de l'économie politique exercée par l'administration. Les administrateurs et les écrivains qui traitaient des matières administratives s'occupaient exclusivement de l'agriculture, des manufactures, du commerce et de la navigation du pays auquel ils appartenaient, sans analyser les causes de la richesse, sans s'élever jusqu'à l'étude des intérêts de l'humanité.

Quesnay, qui conçut l'idée de la liberté universelle du commerce, étendit le premier ses recherches au genre humain tout entier, sans tenir compte de l'idée de nation. Son ouvrage a pour titre : *Physiocratie, ou du gouvernement le plus avantageux au genre humain* (1) ; il veut qu'on se représente les marchands de tous les pays comme formant une seule république commerçante (2). Évidemment Quesnay traite de l'éco-

(1) Les principaux ouvrages de Quesnay ont été réunis sous ce titre, non point par Quesnay lui-même, mais par Dupont de Nemours, son disciple. Du reste, le chef de l'école physiocratique a plusieurs fois employé cette expression : l'ordre le plus avantageux au genre humain.   (H. R.)

(2) Quesnay admet, en effet, une république commerciale universelle, mais, en même temps, des nations a côté d'elle. Voici ce qu'on lit dans les *Observations* qui suivent son *Tableau économique* : « Un royaume agricole et commerçant réunit deux nations distinctes l'une de l'autre : l'une forme la

nomie *cosmopolite*, c'est-à-dire de la science qui enseigne comment le genre humain peut arriver à la possession du bien-être, tandis que l'économie *politique* se borne à enseigner comment une nation, dans des circonstances données, parvient, au moyen de l'agriculture, de l'industrie manufacturière et du commerce, à la prospérité, à la civilisation et à la puissance (1).

Adam Smith donna la même étendue à sa doctrine, en s'attachant à établir l'idée cosmopolite de la liberté absolue du commerce, malgré les fautes grossières commises par les

partie constitutive de la société attachée au territoire ; l'autre une addition extrinsèque, qui fait partie de la république générale du commerce extérieur, employée et défrayée par les nations agricoles.   (H. R.)

(1) Cette distinction entre l'économie politique et l'économie cosmopolite, sur laquelle insiste l'auteur, ne saurait être acceptée. La science est toujours cosmopolite, en ce sens qu'elle ne circonscrit pas ses recherches et ses préceptes à une nation en particulier, qu'elles les étend, au contraire, sur tous les pays comme sur toutes les époques Mais, dans ses méditations sur le genre humain, elle doit l'envisager tel qu'il a été, tel qu'il est et tel qu'il sera longtemps peut-être, sinon toujours, c'est-à-dire composé de sociétés différentes à des degrés divers de développement. Si elle ne tient pas compte de ce grand fait, si elle spécule sur une humanité idéale, c'est une science en l'air ou plutôt ce n'est plus une science. Tel serait le cas de cette économie cosmopolite qui se réduirait a quelques abstractions vides et inapplicables. L'économie politique, qui n'est point à l'usage de telle ou telle société, de l'Angleterre, de la France et de l'Allemagne, mais qui repose sur l'étude attentive de toutes les sociétés et qui doit les éclairer toutes, ne peut être opposée qu'à l'économie privée.

Cette distinction de List rappelle celle que Rossi a faite entre l'économie publique *pure* ou *rationnelle* et l'économie politique *appliquée*. L'une et l'autre de ces sciences ont le même objet, la richesse ; mais la première en traite d'une manière générale, humanitaire ; la seconde d'une manière plus spéciale, plus nationale ; l'économie pure néglige le temps, l'espace, la nationalité ; l'économie appliquée tient compte de ces trois circonstances. On ne peut admettre davantage cette distinction nouvelle, qui semble avoir été imaginée par un esprit ingénieux pour faire passer certains théorèmes excessifs de ses devanciers. Il n'y a qu'une seule économie politique ; il ne peut y avoir deux sciences pour un seul et même objet. Une distinction rationnelle serait celle d'une économie *théorique*, et d'une économie *appliquée*, la première exposant les lois qui président à la production et à la distribution des richesses, la seconde déduisant de ces lois des préceptes généraux, celle-là correspondant à la physiologie, celle-ci à l'hygiène et à la thérapeutique.

                                   (H. R.)

physiocrates contre la nature des choses et contre la logique. Pas plus que Quesnay, Adam Smith ne se proposa de traiter de l'objet de l'économie politique, c'est-à-dire de la politique que chaque pays doit suivre pour accomplir des progrès dans son état économique. Il intitula son ouvrage : *De la nature et des causes de la richesse des nations*, c'est-à-dire de toutes les nations dont se compose le genre humain. Il consacra aux divers systèmes d'économie politique une partie de son travail, mais uniquement afin d'en montrer le néant et de prouver que l'économie politique ou *nationale* devait faire place à l'économie *humanitaire*. Si parfois il parle de la guerre, ce n'est jamais qu'en passant. L'idée de la paix perpétuelle sert de base à tous ses arguments. Suivant la remarque significative de Dugald-Stewart, son biographe, il avait pris pour point de départ de ses recherches cette maxime, « que la plupart des mesures de gouvernement pour l'avancement de la prospérité publique sont inutiles, et que, pour élever un État du dernier degré de barbarie au plus haut point d'opulence, il ne faut que trois choses, des taxes modérées, une bonne administration de la justice et la paix. » Évidemment Adam Smith entendait par ce dernier mot la paix perpétuelle de l'abbé de Saint-Pierre.

J.-B. Say demande explicitement qu'on admette l'existence d'une république universelle pour concevoir l'idée de la liberté du commerce. Cet écrivain, qui au fond n'a fait que construire un édifice scientifique avec les matériaux fournis par Adam Smith, dit en propres termes dans son *Economie politique pratique* (1) : « Nous pouvons confondre dans les mêmes considérations la famille et le chef qui pourvoit à ses besoins. Les principes, les observations qui les concernent, composent l'*économie privée*; l'*économie publique* embrasse les observations et les principes qui ont rapport aux intérêts d'une nation considérée en particulier et comme pouvant être opposés aux intérêts d'une autre nation. Enfin l'éco-

(1) IX· partie, *Tableau général de l'Économie des sociétés.*

nomie politique regarde les intérêts de quelque nation que ce soit ou de la société en général (1). »

On doit remarquer ici : premièrement que Say reconnaît, sous le nom d'*économie publique* l'existence d'une économie nationale ou politique, dont il ne s'est point occupé dans ses ouvrages ; en second lieu qu'il donne le nom d'*économie politique* à un enseignement évidemment cosmopolite par sa nature, et que, dans cet enseignement, il ne traite que de l'économie qui a exclusivement en vue les intérêts collectifs du genre humain, sans avoir égard aux intérêts séparés de chaque nation.

Cette confusion de mots aurait disparu, si, après avoir développé ce qu'il appelle l'économie politique, et ce qui n'est autre chose que l'économie cosmopolite ou l'économie du monde, l'économie du genre humain, Say nous eût initiés aussi aux principes de la doctrine qu'il appelle *économie publique*, mais qui n'est autre chose que l'économie de nations données, ou l'économie politique. Dans la définition et dans l'exposé de cette science, il aurait pu difficilement s'empêcher de partir de l'idée de nation et de montrer quels changements essentiels l'économie du genre humain doit éprouver par ce seul fait que le genre humain est partagé en nationalités distinctes, formant un faisceau de forces et d'intérêts, et placées dans leur liberté naturelle vis-à-vis d'autres sociétés semblables. Mais, en donnant à son économie humanitaire le nom d'économie politique, il s'est dispensé d'un tel exposé; par une confusion de mots il a produit une confusion d'idées, et masqué une série d'erreurs théoriques des plus graves.

Tous les écrivains postérieurs ont partagé cette erreur. Sismondi appelle l'économie politique « *la science qui se charge du bonheur de l'espèce humaine.* » Ainsi Adam Smith et ses disciples n'ont enseigné au fond autre chose que ce que

<hr>

(1) Cette distinction de J.-B. Say n'est pas plus heureuse que celles dont il a été question dans une note précédente. Il est évident que son *économie publique* rentre dans le domaine de l'économie politique, laquelle serait incomplète, si elle faisait abstraction des intérêts séparés des nations diverses dont se compose le genre humain.   (H. R.)

Quesnay et son école avaient enseigné avant eux ; car l'article de la *Revue méthodique* concernant les physiocrates dit, à peu près dans les mêmes termes, que le bonheur des individus dépend en général de celui de l'espèce humaine. Le premier des coryphées américains de la liberté du commerce telle que l'entend Adam Smith, Thomas Cooper, président du collège de Colombie, va jusqu'à nier l'existence de la nationalité ; il appelle la nation « une invention grammaticale, imaginée uniquement pour épargner des périphrases, une *non-entité*, quelque chose qui n'a d'existence que dans le cerveau des hommes politiques. » Cooper est d'ailleurs parfaitement conséquent avec lui-même, beaucoup plus que ses devanciers et que ses maîtres ; car, du moment qu'on reconnaît l'existence des nations avec leurs conditions d'être et leurs intérêts, on se voit obligé de modifier l'économie de la société humaine conformément à ces intérêts particuliers ; si donc on a l'intention de signaler ces modifications comme des erreurs, il est habile de contester tout d'abord aux nations leur existence.

Pour notre part, nous sommes très-loin de rejeter la théorie de l'économie cosmopolite, telle qu'elle a été élaborée par l'école ; nous pensons seulement que l'économie *politique*, ou ce que Say appelle l'*économie publique*, doit aussi être élaborée scientifiquement, et qu'il vaut toujours mieux désigner les choses par leur nom véritable que de leur donner des dénominations contraires au sens des mots.

Pour rester fidèle à la logique et à la nature des choses, il faut opposer à l'économie privée l'économie sociale, et distinguer dans celle-ci l'économie politique ou nationale, qui, prenant l'idée de nationalité pour point de départ, enseigne comment une nation donnée, dans la situation actuelle du monde et eu égard aux circonstances qui lui sont particulières, peut conserver et améliorer son état économique ; et l'économie cosmopolite ou humanitaire, qui part de l'hypothèse que toutes les nations du globe ne forment qu'une société unique vivant dans une paix perpétuelle.

Si l'on présuppose, avec l'école, l'association universelle ou

une fédération de tous les peuples, garantie de la paix perpétuelle (1), le principe de la liberté du commerce entre les
nations serait parfaitement établi. Moins un individu est entravé dans la poursuite de son bien-être, plus ceux avec
lesquels il a de libres relations sont nombreux et riches, plus
vaste est le champ ouvert à son activité, et plus il lui sera
facile d'employer à l'amélioration de sa condition les facultés
qu'il a reçues de la nature, les lumières et les talents qu'il a
acquis, les forces naturelles qui se trouvent à sa disposition.
Il en est des communes, des provinces comme des individus.
Il faudrait être insensé pour soutenir que l'union commerciale est moins avantageuse que les douanes provinciales aux
États-Unis de l'Amérique du Nord, aux provinces de la
France et aux États de la Confédération germanique.

Les trois royaumes unis de la Grande-Bretagne et de l'Irlande offrent un exemple éclatant et décisif des immenses résultats de la liberté du commerce entre des peuples associés (2). Qu'on se représente une association semblable entre

(1) On peut comparer ce passage remarquable de List à quelques pages
du *Cours* de Rossi, dans le chapitre de la *Théorie de la liberté commerciale*;
elles commencent ainsi : « Représentons-nous le monde industriel et commercial sans aucune barrière politique, comme si, pour les rapports économiques, la diverse nationalité des peuples était complétement effacée. » Après
avoir retracé les faits qui se produiraient dans une hypothèse, suivant lui,
malheureusement romanesque, l'habile économiste développe avec force
l'argument tiré de la diverse nationalité, et il lui fait sa part. Dans un autre
chapitre, relatif au système colonial, il s'exprime en ces termes : « Répétons-
le, dans la théorie on n'a pas assez tenu compte du fait de la nationalité.
Tandis que les praticiens l'exagèrent au point de vouloir faire, de chaque
nation, une association de monopoleurs, en guerre permanente avec le monde
entier, les théoriciens l'ont complétement oubliée. » Ce sont presque les expressions de l'auteur du *Système national*. Rossi qui savait l'allemand, et
qui lisait, son cours nous l'apprend, la *Revue trimestrielle allemande*, con-
naissait-il les doctrines de List?—Si les théoriciens ont oublié la nationalité,
ce n'est pas à dire qu'ils ont manqué de patriotisme ; en réclamant la liberté
du commerce international la plus étendue, ils ont toujours cru, à tort ou à
raison, servir les intérêts de leur pays.   (H. R.)

(2) Nous n'admettons pas que le libre échange avec la Grande-Bretagne
ait été avantageux pour l'Irlande. Au contraire, il lui a été nuisible et il a
retardé ses progrès. Qu'un peu de bien ait accompagné le mal, on ne le
conteste pas, mais il serait difficile de l'apprécier maintenant. Les maux de

toutes les nations du globe, et l'imagination la plus vive ne saurait se figurer la somme de bien-être et de jouissance qu'elle procurerait au genre humain (1).

Incontestablement l'idée d'une confédération de tous les peuples et de la paix perpétuelle est enseignée à la fois par la raison et par la religion (2). Si le duel entre individus est déraisonnable, combien le duel entre nations ne l'est-il pas davantage? Les preuves que l'économie sociale puise dans l'histoire de la civilisation en faveur de l'association de tous les hommes sous le régime du droit, sont peut-être celles qui frappent le plus une saine intelligence. L'histoire enseigne que là où les individus vivent à l'état de guerre, le bien-être

l'Irlande n'ont pas tous, on le reconnaît également, le libre échange pour origine, mais ils sont en très-grande partie son ouvrage, c'est ce qui ressort de la situation économique du pays. Il n'y a pas de pays civilisé où les occupations soient moins variées. L'Irlande n'est qu'une ferme de l'Angleterre, cultivée pour les convenances du commerce avec celle-ci, et non dans l'intérêt de sa propre population. Elle est bornée à l'agriculture, et cette agriculture est bornée elle-même à la consommation de la Grande-Bretagne. Aussi, sur une terre des plus fertiles, les habitants, en nombre toujours croissant, n'ont-ils pu gagner de quoi se nourrir, et quand la pomme de terre, leur principal aliment, est devenue malade, plus d'un million d'individus a été emporté par la famine. — Je crois de même qu'aux États-Unis, le Midi a énormément souffert, et le Nord énormément profité du libre échange résultant de l'unité douanière. (S. Colwell.)

(1) Nous ne pouvons adopter une telle opinion. Si toutes les nations étaient également capables de supporter la concurrence, on verrait surgir une rivalité universelle et destructrice, alors la protection s'universaliserait, ou les travailleurs supporteraient de grands maux.   (S. Colwell.)

— Le commentateur américain perd de vue que l'association commerciale universelle dont il s'agit suppose l'établissement préalable d'une harmonie industrielle du globe, excluant les effets désastreux qu'il redoute. Ce n'est là sans doute qu'un idéal, qu'un rêve étranger à la science. La science peut du moins constater un développement progressif des relations commerciales en même temps que de la division du travail entre les différentes nations.
(H. R.)

(2) La religion chrétienne prescrit la paix perpétuelle; mais, avant que la prophétie : « il y aura un seul berger et un seul troupeau, » ne s'accomplisse, la maxime, vraie en elle-même, des quakers sera difficile à pratiquer. Il n'y a pas de meilleure preuve de la divinité du christianisme que de voir ses enseignements et ses prophéties dans un parfait accord avec les exigences de la prospérité matérielle comme du développement moral du genre humain.

des hommes est à son degré le plus bas, et qu'il s'élève à mesure que grandissent les associations humaines. Dans l'état primitif du genre humain, nous n'apercevons que des familles, puis nous voyons des villes, puis des confédérations de villes, puis la réunion de toute une contrée, puis enfin l'association de plusieurs États sous un régime légal. Si la nature des choses a été assez forte pour étendre jusqu'à des centaines de millions d'âmes l'association qui a commencé par la famille, on peut lui supposer assez d'énergie pour opérer la réunion de tous les peuples. Si l'esprit humain a été capable de reconnaître les avantages de ces grandes sociétés, on peut l'estimer en état de comprendre aussi ceux d'une association de l'espèce entière. Une multitude de signes révèlent cette tendance. Il nous suffira de rappeler les progrès accomplis dans les sciences et dans les arts, dans l'industrie et dans l'organisation sociale. Dès aujourd'hui on peut prévoir avec certitude que, dans quelques dizaines d'années, grâce au perfectionnement des moyens de transport, les peuples civilisés seront, dans leurs rapports à la fois matériels et moraux, unis entre eux aussi étroitement et plus étroitement encore que les différents comtés de l'Angleterre ne l'étaient il y a un siècle. Déjà les gouvernements des nations continentales possèdent dans le télégraphe le moyen de s'entretenir les uns avec les autres, presque comme s'ils se trouvaient en un seul et même lieu (1). Des forces puissantes, jusque-là inconnues, ont déjà élevé l'industrie à un degré de développement qu'on n'avait pas soupçonné, et d'autres plus puissantes encore ont annoncé leur apparition. Mais plus l'industrie avance, plus elle s'étend également sur les différentes contrées, moins la guerre devient possible. Deux peuples également avancés en industrie se feraient mutuellement plus de mal en une semaine qu'ils ne pourraient en réparer dans l'espace d'une gé-

_____

(1) La télégraphie électrique, dont l'invention est postérieure à cet ouvrage, permet ces communications non-seulement aux gouvernements, mais au commerce, et ce n'est pas uniquement sur le continent qu'elle fonctionne, elle a déjà franchi la mer.   (H. R.)

nération. Ajoutez que ces forces nouvelles, qui jusqu'à présent ont été particulièrement employées à la production, ne refuseront pas leurs services à la destruction, qu'elles servent à la défense des peuples en général, à celle des peuples de l'Europe continentale en particulier, menaçant d'enlever au Royaume-Uni les avantages défensifs de sa situation insulaire. Déjà, dans les congrès des grandes puissances, l'Europe possède l'embryon du futur congrès des nations. Dès aujourd'hui, la tendance à arranger au moyen de protocoles les différends entre les peuples prévaut sur celle de se faire justice par la force des armes. Des idées plus justes sur la richesse et sur l'industrie ont déjà convaincu les meilleurs esprits dans tous les pays civilisés, que la civilisation des peuples barbares, ou à demi barbares, de ceux qui ont rétrogradé, et la fondation de colonies offrent aux nations avancées, pour le développement de leurs forces productives, un champ qui promet des fruits infiniment plus abondants et plus assurés que la guerre ou que des restrictions commerciales hostiles. A mesure que cette conviction s'établira et que l'extension des moyens de transport ouvrira aux nations civilisées les pays qui ne le sont pas, ces nations comprendront de plus en plus que la civilisation des peuples barbares, des peuples déchirés par l'anarchie ou opprimés par de mauvais gouvernements, est une mission qui leur promet à toutes les mêmes avantages, une mission qui leur est commune à toutes et qui ne peut être accomplie qu'au moyen de l'association.

Que la civilisation de tous les peuples, que la culture de tout le globe soit la mission du genre humain, c'est ce qui ressort de ces lois inaltérables de la nature, en vertu desquelles les nations civilisées sont poussées par une force irrésistible à étendre leurs forces productives sur des pays d'une moindre culture. Partout, sous l'influence de la civilisation, nous voyons la population, les forces intellectuelles et les capitaux matériels s'accroître au point d'être obligés de refluer sur d'autres pays moins cultivés. Lorsque le sol ne suffit plus à nourrir la population et à employer les habitants des campagnes, les bras inoccupés vont chercher dans des contrées lointaines des terres labourables ; lorsque les talents et les capacités industrielles en trop grand nombre n'obtiennent plus dans le pays une rémunération suffisante, ils émigrent vers les lieux qui les recherchent ; lorsque, par l'accumulation des capitaux matériels, le taux de l'intérêt tombe si bas que le petit capitaliste n'y trouve plus de quoi vivre, celui-ci cherche dans des pays moins riches un placement plus avantageux.

Le système de l'école repose donc sur une idée vraie, idée que la science doit admettre et élaborer pour remplir sa vocation, qui est d'éclairer la pratique, idée que la pratique ne peut méconnaître sans s'égarer. Seulement l'école a négligé de tenir compte des nationalités, de leurs intérêts, de leur état particulier, et de les concilier avec l'idée de l'union universelle et de la paix perpétuelle.

L'école a admis comme réalisé un état de choses à venir. Elle présuppose l'existence de l'association universelle et de la paix perpétuelle, et en conclut les grands avantages de la liberté du commerce. Elle confond ainsi l'effet avec la cause. La paix perpétuelle, existe entre des provinces et des États déjà associés ; c'est de cette association qu'est dérivée leur union commerciale ; ils ont dû à la paix perpétuelle où ils vivent les avantages que celle-ci leur a procurés. Tous les exemples que nous présente l'histoire nous montrent l'union politique précédant l'union commerciale. Elle n'en fournit point où la seconde ait frayé la voie à la première. Dans l'état actuel du monde, la liberté du commerce enfanterait, au lieu de la république universelle, l'assujettissement universel des peuples à la suprématie de la puissance prépondérante dans les manufactures, dans le commerce et dans la navigation ; il y a pour cela des raisons fort graves, à notre avis hors de contestation.

La république universelle, telle que l'entendaient Henri IV et l'abbé de Saint-Pierre, c'est-à-dire une association dans laquelle toutes les nations reconnaîtraient entre elles un régime légal et renonceraient à se faire elles-mêmes justice, n'est réalisable qu'autant qu'un certain nombre seraient parvenues à un degré à peu près égal d'industrie et de civilisation, d'éducation politique et de puissance. La liberté du commerce ne peut s'étendre que par le développement graduel de cette union; c'est par elle seulement qu'elle peut procurer à tous les peuples les grands avantages dont les provinces et les États associés nous offrent aujourd'hui l'exemple. Le système protecteur, en tant qu'il est l'unique moyen d'élever les États moins avancés en civilisation au niveau de la nation prépondérante, laquelle n'a point reçu de la nature, à tout jamais, le monopole de l'industrie manufacturière, mais a seulement pris les devants sur les autres; le système protecteur apparaît, envisagé de ce point de vue, comme le plus puissant promoteur de l'association finale des peuples, par conséquent de la vraie liberté du commerce. Et, de ce même point de vue, l'économie politique se présente comme la science qui, tenant compte des intérêts existants et de la situation particulière des nations, enseigne comment chacune d'elles peut parvenir à ce degré de développement économique auquel l'association avec d'autres nations d'une égale culture, partant la liberté du commerce, lui deviendra possible et avantageux.

Mais l'école a confondu les deux doctrines; elle commet la grande faute d'appliquer à la situation des divers pays des principes purement cosmopolites, et en même temps de méconnaître, par des considérations politiques, la tendance cosmopolite des forces productives.

C'est pour avoir méconnu la tendance cosmopolite des forces productives que Malthus est tombé dans cette erreur de vouloir restreindre l'accroissement de la population; que tout récemment Chalmers et Torrens ont conçu l'étrange idée que l'augmentation des capitaux et une production sans bornes étaient des maux auxquels l'intérêt général commandait de mettre un terme; que Sismondi a déclaré les fabriques des choses nuisibles à la société (1). La théorie ressemble ici à

(1) Dans toute science, surtout dans une science qui n'a pas encore atteint

Saturne, qui dévore ses propres enfants. Elle, qui, du développement de la population, des capitaux et des machines, fait sortir la division du travail et explique par cette loi le progrès de la société, arrive à considérer ces forces comme des monstres menaçants pour la prospérité des peuples ; parce que, l'œil exclusivement fixé sur l'état présent de telle ou telle nation, elle perd de vue l'état du globe tout entier et les progrès futurs du genre humain.

Il n'est pas vrai que la population s'accroisse avec plus de rapidité que la production des subsistances ; du moins serait-il insensé d'admettre cette disproportion et de chercher à l'établir au moyen de pénibles calculs et de sophismes, tant que le globe offrira une quantité immense de forces inemployées,

son complet développement, on doit s'attendre, de la part de ceux qui la cultivent, à des tâtonnements, à des opinions hasardées, à des erreurs ; mais les erreurs restent la propriété des individus, et les vérités seules entrent dans la science. C'est ainsi que la science n'a pas admis les inquiétudes conçues par quelques esprits au sujet d'un prétendu excès de production, inquiétudes que List trouve avec raison étranges, et dont J.-B. Say a fait bonne justice par sa théorie des débouchés. La science a repoussé également des exagérations auxquelles une réputation acquise par d'importants travaux historiques n'ont valu que trop de succès, même auprès des intelligences les plus distinguées. Quant aux travaux de Malthus sur la population, tout en y rectifiant quelques formules, la science les a adoptés dans leur ensemble.

Il est regrettable, dans un temps, où l'on cherche à flétrir par l'épithète de Malthusien tous ceux qui n'épousent pas des utopies insensées, de voir l'autorité d'un homme éminent du côté des déclamateurs. Mais List a parlé de la théorie de Malthus sous l'influence de sentiments généreux et irréfléchis plutôt que d'un examen sérieux auquel il ne s'était pas livré. Sans doute, le globe que nous habitons présente de vastes espaces incultes, et la production des denrées alimentaires, par conséquent la population, y est susceptible d'un accroissement immense ; il n'est pas moins vrai que le progrès de la population ne peut sans danger précéder celui de la production ; une saine morale n'exige pas moins de l'homme de ne pas céder aveuglément, comme la brute, à ses appétits, et une charité éclairée ne doit pas moins recommander aux classes ouvrières la prudence en matière de mariage, comme la condition essentielle de leur indépendance et de leur bien-être.

Dans quelques leçons de son *Cours d'économie politique* et dans son introduction à l'ouvrage de Malthus sur la population, Rossi a traité ces questions si graves avec une haute raison et avec un sentiment vrai des intérêts de la population laborieuse.   (H. R.)

de manière à nourrir dix et peut-être cent fois plus d'hommes qu'il n'en existe aujourd'hui.

C'est une vue étroite que de prendre la puissance actuelle des forces productives pour mesure du nombre d'hommes qui peuvent trouver leur subsistance sur un espace donné. Le sauvage, le chasseur et le pêcheur n'auraient pas, dans leur manière de calculer, trouvé place sur la terre entière pour un million d'hommes; le pasteur pour dix millions; l'agriculteur ignorant pour cent millions, et cependant l'Europe seule aujourd'hui contient deux cent millions d'hommes. La culture des pommes de terre ainsi que des plantes fourragères et les récents progrès de l'économie agricole en général ont décuplé la puissance de l'homme pour la production des denrées alimentaires. En Angleterre, au moyen-âge, un acre de terre rendait en froment quatre pour un, il rend aujourd'hui de dix à vingt, et cinq fois plus de terrains ont été mis en culture. Dans plusieurs contrées européennes, dont le sol possède la même fertilité naturelle que celui de l'Angleterre, le produit actuel ne dépasse pas quatre. Qui pourrait assigner des bornes aux découvertes, aux inventions, aux progrès du genre humain? La chimie agricole est encore dans son enfance; qui peut dire si demain une nouvelle découverte, un procédé nouveau ne quadruplera pas ou ne décuplera pas la fécondité du sol? Déjà les puits artésiens ont donné le moyen de transformer d'arides solitudes en des champs fertiles. Et quelles forces ne sont peut-être pas enfermées encore dans les entrailles de la terre? Supposez qu'une découverte nouvelle mette à même de produire partout de la chaleur à bas prix, sans recourir aux combustibles aujourd'hui connus, que de terrains ne pourrait-on pas mettre en culture, et dans quelle proportion incalculable la puissance productive d'un espace donné ne pourrait-elle pas s'accroître! Si la théorie de Malthus nous paraît étroite dans sa tendance, dans ses moyens elle se montre contraire à la nature, destructive de la morale et de l'énergie, horrible enfin. Elle veut détruire un mobile, que la nature emploie pour stimuler les hommes aux efforts de corps

et d'esprit, pour éveiller et pour entretenir leurs plus nobles
sentiments, un mobile auquel le genre humain doit la plus
grande partie de ses progrès. Elle érige en loi l'égoïsme le
plus sec, elle demande que nous fermions notre cœur à ceux
qui ont faim, parce qu'en leur donnant à manger et à boire,
nous serions causes que dans trente ans peut-être un autre
serait affamé. Elle met le calcul à la place de la pitié. Une
telle doctrine changerait les cœurs des hommes en pierres. Et
qu'attendre d'un peuple où les citoyens porteraient dans leurs
poitrines des pierres au lieu de cœurs, sinon la ruine complète de la morale, et avec elle des forces productives, par
suite de toute la richesse, de toute la civilisation, de toute la
puissance du pays?

Si, chez une nation, la population dépasse la production
des subsistances, si les capitaux finissent par s'accumuler
tellement qu'ils ne trouvent plus d'emploi dans le pays, si les
machines mettent une multitude d'individus sur le pavé, si
enfin les produits fabriqués encombrent les magasins, c'est
une preuve que la nature n'a pas voulu que l'industrie, la
civilisation, la richesse et la puissance fussent le partage
exclusif d'un seul peuple, lorsqu'une portion considérable des
terres susceptibles de culture n'est habitée que par des animaux sauvages, et que la plus grande partie de l'espèce humaine est plongée dans la barbarie, dans l'ignorance et dans
la misère.

Nous venons de montrer dans quelles erreurs est tombée
l'école en envisageant du point de vue politique les forces
productives du genre humain. Signalons maintenant celles
qu'elle a commises en considérant du point de vue cosmopolite
les intérêts particuliers des nations. S'il existait, en effet, une
confédération des peuples telle que celle des État-Unis de l'A-
mérique du Nord, le trop-plein de population, de talents, de
capacités industrielles et de capital matériel refluerait de
l'Angleterre sur le continent, de même qu'il reflue des États
orientaux de l'Union américaine sur les États occidentaux,
bien entendu sous la condition que les pays du continent of-

friraient la même sûreté pour les personnes et pour les biens, la même constitution, les mêmes lois générales, et que le gouvernement anglais serait soumis à l'autorité collective de la confédération universelle. Dans une telle hypothèse, il n'y aurait pas de meilleur moyen d'élever tous ces pays au degré de richesse et de civilisation où l'Angleterre est parvenue, que la liberté du commerce ; tel est l'argument de l'école. Mais, dans l'état actuel du monde, quels seraient les effets de cette liberté?

La nation anglaise, en tant que nation indépendante et isolée, prendrait son intérêt pour règle souveraine de sa politique ; attaché à sa banque, à ses lois, à ses institutions, à ses habitudes, l'Anglais emploierait, autant que possible, ses forces et ses capitaux dans l'industrie de son pays ; la liberté du commerce, en ouvrant tous les pays du monde aux produits des manufactures anglaises, ne pourrait que l'y encourager ; l'idée ne lui viendrait pas aisément de fonder des manufactures en France ou en Allemagne. Tout excédant de son capital serait dès lors appliqué en Angleterre au commerce extérieur. S'il était dans le cas d'émigrer ou de placer ses capitaux à l'étranger, comme aujourd'hui, il préférerait aux pays continentaux de son voisinage les contrées lointaines où il retrouverait sa langue, ses lois et ses institutions. L'Angleterre deviendrait ainsi une seule et immense cité manufacturière. L'Asie, l'Afrique et l'Australie seraient civilisées par elle et couvertes de nouveaux États à son image. Avec le temps surgirait, sous la présidence de la métropole, un monde d'États anglais, dans lequel les nations du continent de l'Europe viendraient se perdre comme des races insignifiantes et stériles. La France partagerait avec l'Espagne et le Portugal la mission de fournir au monde anglais les vins les meilleurs et de boire elle-même les plus mauvais ; tout au plus conserverait-elle la fabrication de quelques articles de mode. L'Allemagne n'aurait guère autre chose à fournir à ce monde anglais que des jouets d'enfants, des horloges de bois, des écrits philologiques, et parfois un corps auxiliaire destiné à aller se

consumer dans les déserts de l'Asie et de l'Afrique pour.
étendre la suprématie manufacturière et commerciale, la littérature et la langue de l'Angleterre. Il ne s'écoulerait pas
beaucoup de siècles avant que, dans ce monde anglais, on
parlât des Allemands et des Français avec tout autant de
respect que nous parlons aujourd'hui des peuples asiatiques.

Mais la politique trouve que ce développement au moyen
de liberté du commerce est contraire à la nature; si au temps
des Anséates, c'est ainsi qu'elle raisonne, on avait établi la
liberté générale du commerce, la nationalité allemande, au
lieu de la nationalité anglaise, aurait pris les devants sur
toutes les autres dans le commerce et dans les manufactures.
Il serait souverainement injuste d'attribuer aux Anglais, par
des considérations cosmopolites, toute la richesse et toute la
puissance du globe, uniquement parce qu'ils ont développé
les premiers leur propre système commercial, et que, plus que
tous les autres, ils ont méconnu le principe cosmopolite. Afin
que la liberté du commerce puisse opérer naturellement, il faut
d'abord que les peuples moins avancés qu'eux soient élevés
par des mesures artificielles au même degré de développement où l'Angleterre est artificiellement parvenue. De peur
que, en vertu de cette tendance cosmopolite des forces productives qui vient d'être indiquée, des contrées lointaines ne
soient pas plus promptement mises en valeur que le continent
de l'Europe, les nations qui se sentent, par leur état moral,
intellectuel, social et politique, capables de devenir manufacturières, doivent recourir au système protecteur comme au
plus sûr moyen d'atteindre ce but. Les effets du système protecteur sont ici de deux sortes : premièrement, en excluant
peu à peu les produits étrangers de notre marché, nous dé-
terminons dans d'autres pays un trop-plein de bras, de capacités industrielles et de capitaux qui sera obligé de chercher
de l'emploi à l'étranger; en second lieu, par les primes offertes à l'immigration des bras, des capacités industrielles et.
des capitaux, nous attirons chez nous ce trop plein de forces:

productives qui, sans cela, émigrerait vers des régions lointaines ou aux colonies.

La politique renvoie à l'histoire, et elle demande si l'Angleterre n'a pas par ce moyen attiré chez elle une quantité
immense de forces productives d'Allemagne, d'Italie, de Hollande, de Belgique, de France et de Portugal. Elle demande
pourquoi l'école cosmopolite, en comparant les inconvénients
et les avantages du système protecteur, omet entièrement ce
grand résultat.

CHAPITRE II.

LA THÉORIE DES FORCES PRODUCTIVES ET LA THÉORIE DES VALEURS.

L'ouvrage célèbre d'Adam Smith a pour titre : « De la
nature et des causes de la richesse des nations. » Le fondateur de l'école régnante a ainsi indiqué avec exactitude le
double point de vue sous lequel on doit envisager l'économie
des nations aussi bien que celle des particuliers. Les causes
de la richesse sont tout autre chose que la richesse elle-même.
Un individu peut posséder de la richesse, c'est-à-dire des valeurs échangeables ; mais s'il n'est pas capable de produire
plus de valeurs qu'il n'en consomme, il s'appauvrira. Un individu peut être pauvre, mais, s'il est en état de produire au
delà de sa consommation, il deviendra riche.

Le *pouvoir de créer des richesses* est donc infiniment plus
important que la richesse elle-même ; il garantit non-seulement la possession et l'accroissement du bien déjà acquis,
mais encore le rétablissement de celui qu'on a perdu. S'il en
est ainsi des simples particuliers, c'est plus vrai encore des
nations, qui ne peuvent pas vivre de rentes. L'Allemagne a
été dans chaque siècle désolée par la peste, par la famine ou

par la guerre civile et étrangère ; mais elle a toujours sauvé une grande partie de ses forces productives, et ainsi elle a toujours recouvré promptement quelque prospérité, tandis que l'Espagne riche et puissante, mais foulée par les despotes et par les prêtres, l'Espagne en pleine possession de la paix du dedans est tombée dans une pauvreté et dans une misère toujours plus profondes. Le même soleil éclaire encore les Espagnols ; ils possèdent toujours le même sol, leurs mines sont encore aussi riches, c'est toujours le même peuple qu'avant la découverte de l'Amérique et avant l'établissement de l'inquisition ; mais ce peuple a peu à peu perdu sa puissance productive, et c'est pour cela qu'il est devenu pauvre et misérable. La guerre de l'émancipation a coûté à l'Amérique du Nord des centaines de millions ; mais la conquête de son indépendance a immensément accru sa puissance productive ; aussi, dans l'espace de peu d'années après la paix, a-t-elle acquis infiniment plus de richesses qu'elle n'en avait jusque-là possédé. Comparez l'état de la France en 1809 et en 1839, quelle différence ! Et pourtant la France a perdu depuis 1809 la domination sur une partie considérable du continent européen, subi deux invasions dévastatrices, et payé des milliards en contributions de guerre et en indemnités.

Un esprit aussi pénétrant que l'était Adam Smith ne pouvait pas méconnaître entièrement la différence qui existe entre la richesse et ses causes, ni l'influence décisive de ces causes sur la condition des peuples. Dans son introduction, il dit en termes nets que « le travail est le fonds qui fournit à une nation ses richesses, et que l'accroissement de ces richesses dépend principalement de la force productive du travail, c'est-à-dire du degré d'habileté, de dextérité et d'intelligence qu'on apporte dans l'application du travail, et de la proportion existante entre le nombre de ceux qui sont employés à un travail utile et le nombre de ceux qui ne le sont pas. » On le voit, Smith avait parfaitement reconnu que la condition des peuples dépend principalement de la quantité de leurs forces productives.

Mais il paraît qu'il n'est pas dans l'ordre de la nature qu'une science sorte tout achevée de la tête d'un seul penseur. Évidemment, l'idée cosmopolite des physiocrates, celle de la liberté générale du commerce, et sa grande découverte de la division du travail l'absorbèrent trop pour lui permettre de poursuivre cette idée de la force productive. Quelque nombreuses obligations que lui ait la science dans ses autres parties, la découverte de la division du travail était, à ses yeux, son titre le plus éclatant. Elle devait faire la réputation de son ouvrage et la célébrité de son nom. Trop habile pour ne pas comprendre que celui qui veut vendre une pierre précieuse d'une grande valeur ne porte pas le joyau au marché dans un sac rempli de blé, quelque utile que le blé puisse être d'ailleurs, mais qu'il entend mieux son intérêt en le mettant en vue ; trop expérimenté pour ignorer qu'un débutant, et il l'était en matière d'économie politique au moment de la publication de son ouvrage, qu'un débutant qui a le bonheur de faire fureur au premier acte, obtient aisément de l'indulgence si, dans les actes suivants, il ne fait que s'élever un peu au-dessus du médiocre, il fut entraîné à commencer son ouvrage par la doctrine de la division du travail. Smith ne s'est pas trompé dans ses calculs, son premier chapitre a fait la fortune de son livre et fondé son autorité.

Pour notre part, nous croyons pouvoir l'affirmer, ce fut ce désir de mettre dans un jour avantageux l'importante découverte de la division du travail (1) qui empêcha Adam Smith

(1) On sait qu'Adam Smith n'a découvert la division du travail ni comme fait ni comme principe. Il a eu le mérite d'en faire usage dans un *Traité d'économie politique*. La division du travail était si évidente pour les hommes pratiques, même pour les moins attentifs, qu'il ne peut y avoir à rechercher par qui elle a été découverte. Divers écrivains l'avaient nettement expliquée longtemps avant Smith. Il suffira de citer un passage d'un philosophe chinois, Mencius, qui vivait il y a deux mille ans : « Le fermier tisse-t-il le drap ou confectionne-t-il le chapeau qu'il porte? Non, il les achète avec du grain. Pourquoi ne les fait-il pas lui-même? Pour ne pas nuire à son exploitation. Fabrique-t-il ses ustensiles de cuisine ou ses outils en fer? Non, il les achète avec du grain. L'industrie du mécanicien et celle du fermier ne doivent pas être réunies. »   (S. Colwell.)

de poursuivre cette idée de la force productive énoncée dans son introduction, puis souvent reproduite, en passant il est vrai, dans le reste de son livre, et de donner à sa doctrine une forme plus parfaite. Le haut prix qu'il attachait à son idée de la division du travail l'a conduit à représenter le travail comme le fonds de toutes les richesses des nations, bien que lui-même ait vu clairement et qu'il déclare que la productivité du travail dépend du degré d'habileté et d'intelligence avec lequel le travail est employé. Nous le demandons, est-ce raisonner scientifiquement, que donner pour cause à un phénomène ce qui n'est que le résultat d'une multitude de causes plus profondes?

Il est hors de doute que la richesse ne saurait être acquise autrement qu'à l'aide d'efforts de l'esprit et du corps ou du travail; mais ce n'est pas là assigner une cause d'où l'on puisse tirer des déductions utiles; car l'histoire apprend que des nations entières, malgré les efforts et l'économie des citoyens, sont tombées dans la pauvreté et dans la misère. Celui qui désire se rendre compte comment une nation s'est élevée de la pauvreté et de la barbarie à l'opulence et à la civilisation et comment une autre est tombée de la richesse et de la prospérité dans la pauvreté et dans la détresse, sur cette réponse, que le travail est la cause de la richesse et la paresse celle de la pauvreté (remarque que, du reste, le roi Salomon avait faite longtemps avant Adam Smith), ne manquera pas de faire cette nouvelle question : Quelle est donc la cause du travail et quelle est celle de la paresse? On pourrait avec plus d'exactitude donner pour causes de la richesse les membres de l'homme, sa tête, ses mains et ses pieds; du moins serait-on ainsi beaucoup plus près de la vérité; il s'agirait alors de savoir ce qui fait que ces têtes, ces mains et ces pieds s'appliquent à la production et que leurs efforts sont fructueux. Qu'est-ce autre chose que l'esprit qui anime les individus, que l'ordre social qui féconde leur activité, que les forces naturelles dont l'usage est à leur disposition ? Plus l'homme comprend qu'il doit songer à l'avenir, plus ses idées et ses sentiments le por-

tent à assurer la destinée de ceux qui lui touchent de plus près
et à les rendre heureux ; plus il est habitué dès le bas âge à
la réflexion et à l'activité, plus ses instincts généreux ont été
cultivés, son corps et son esprit exercés ; plus il a eu dans son
enfance de beaux exemples sous les yeux, plus il a occasion
d'employer ses forces intellectuelles et physiques à l'amélioration de son sort ; moins il est entravé dans son activité légitime, plus ses efforts sont heureux et plus les résultats lui en
sont garantis ; plus l'ordre et l'activité lui donnent de titres à
l'estime et à la considération publiques, moins, enfin, son
esprit est en proie aux préjugés, à la superstition, à l'erreur
et à l'ignorance ; plus il appliquera sa tête et ses membres à
la production, plus il sera capable de produire, et mieux il
saura tirer parti des fruits de son travail. Sous tous ces rapports, le principal est l'état de la société dans laquelle l'individu a été élevé et se meut ; il s'agit de savoir si les sciences
et les arts y fleurissent, si les institutions et les lois y engen-
drent le sentiment religieux, la moralité et l'intelligence, la
sûreté pour les personnes et pour les biens, la liberté et la
justice, si, dans le pays, tous les éléments de la prospérité
matérielle, agriculture, industrie manufacturière et commerce, sont également et harmonieusement développés, si la
puissance nationale est assez grande pour assurer aux individus la transmission des progrès matériels et moraux d'une
génération à l'autre, et pour les mettre en état non-seulement
d'utiliser en totalité les forces naturelles du pays, mais encore,
au moyen du commerce extérieur et des colonies, de disposer
des forces naturelles des pays étrangers.

Adam Smith a si peu compris la nature de ces forces en
général qu'il ne considère même pas comme productif le travail intellectuel de ceux qui s'occupent de la justice et de
l'ordre, qui donnent l'instruction, qui entretiennent le sentiment religieux, qui cultivent la science ou l'art. Ses recherches se restreignent à cette activité de l'homme qui produit
des valeurs matérielles. Il reconnaît que le pouvoir productif
de cette activité dépend de l'adresse et de l'intelligence avec

lesquelles on l'emploie, mais ses investigations sur les causes de cette adresse et de cette intelligence ne le conduisent pas au delà de la division du travail, qu'il explique uniquement par l'échange, par l'accroissement du capital matériel et par l'extension du marché. Ainsi sa doctrine devient de plus en plus matérialiste, particulière et individuelle. S'il avait poursuivi l'idée de force productive sans se laisser dominer par celle de valeur, de valeur échangeable, il serait arrivé à comprendre qu'à côté d'une théorie des valeurs, une théorie indépendante des forces productives est nécessaire pour expliquer les phénomènes économiques. Mais il s'est égaré jusqu'à expliquer les forces morales par des circonstances purement matérielles, et de là découlent toutes les absurdités et toutes les contradictions dont son école, ainsi que nous le montrerons, est coupable jusqu'à ce jour, et qui sont la cause unique pour laquelle les leçons de l'économie politique ont trouvé si peu d'accès dans les meilleurs esprits. L'école de Smith n'enseigne autre chose que la théorie des valeurs, et c'est ce qui ressort de cette idée de valeur échangeable qui sert partout de base à sa doctrine, et de la définition même qu'elle donne de la science.

C'est, d'après J.-B. Say, la science qui enseigne comment les richesses ou les valeurs échangeables se produisent, se distribuent et se consomment. Évidemment, ce n'est pas là la science qui apprend comment les forces productives sont éveillées et entretenues, et comment elles sont comprimées ou anéanties. Mac Culloch l'appelle expressément la *science des valeurs*, et de récents auteurs anglais la désignent sous le nom de *science de l'échange* (1).

_____

(1) Il y a plusieurs observations à faire sur ce passage. J'admets volontiers qu'Adam Smith n'a pas tiré de l'idée de force productive tout le parti possible; mais, loin de l'avoir méconnue, il l'a très-nettement comprise, au contraire. Qu'est-ce que sa *division du travail*, sinon un moyen efficace d'augmenter notre puissance productive? Ne revient-il pas fréquemment sur la sécurité générale en tant que condition nécessaire de la fécondité du travail? Bien qu'Adam Smith n'ait pas établi scientifiquement, à proprement parler, le travail comme source unique de la richesse, et que, pour désigner la ri-

Des exemples tirés de l'économie privée mettent dans tout son jour la différence qui existe entre la théorie des forces productives et la théorie des valeurs.

chesse, il se serve habituellement de cette expression, *le produit annuel du travail et de la terre*, List a mauvaise grâce à lui contester l'honneur d'avoir mis le travail en relief vis-à-vis des physiocrates qui refusaient à l'industrie humaine la faculté de produire des richesses.

Il fait aussi une mauvaise chicane à J.-B. Say et à Mac Culloch.

La définition de l'économie politique par J.-B. Say est restée comme la plus simple et la plus claire de celles qu'on a produites jusqu'à ce jour; on peut seulement la formuler d'une manière plus brève, en disant simplement que l'économie politique est *la science de la production et de la distribution des richesses*. Elle n'implique rien de contraire aux idées de l'auteur du *Système national*; la richesse est incontestablement l'objet de l'économie politique: mais l'énoncé de cette proposition n'empêche nullement de préférer à la richesse les facultés qui la produisent.

Quant à Mac Culloch, après avoir défini la science à peu près comme J.-B. Say, il ajoute, page 3 de ses *Principes :* « L'économie politique pourrait être appelée la science des *valeurs*; car aucun objet dépourvu de valeur échangeable ne peut entrer dans le cercle de ses investigations. » Mac Culloch, distinguant la *valeur* de l'*utilité*, veut ici tout simplement éliminer, comme étrangères à l'économie politique, les richesses que la nature prodigue gratuitement à tous, et auxquelles le travail ou tout au moins l'appropriation n'a pas communiqué de valeur échangeable. Ailleurs il assigne pour mission à l'économie politique de rechercher les moyens d'accroître la puissance productive du travail.

M. J. Stuart Mill a signalé le vice de la définition par laquelle quelques-uns de ses compatriotes ont fait de l'économie politique la science des échanges; il a établi que les lois de la production seraient les mêmes, quand l'échange n'existerait pas, et que, bien que la rémunération du travail, dans notre état social, dépende du prix des marchandises, l'échange n'est pas plus la loi fondamentale de la distribution, que les routes et les voitures ne constituent les lois du mouvement. Les deux faits essentiels de l'économie politique sont la production et la distribution des richesses; ce sont eux seuls qui doivent entrer dans sa définition.

Quoi qu'il en soit, la distinction entre la théorie des valeurs et celle des forces productives ne me paraît pas plus admissible que celle du précédent chapitre entre l'économie politique ou l'économie cosmopolite; elle ne sert, comme cette dernière, qu'à faire ressortir des erreurs ou des omissions commises par les devanciers de List. On a dit avec raison, que les forces productives ne peuvent pas plus être séparées des valeurs créées par elle que les causes de leurs effets, d'autant moins que, dans l'enchaînement des phénomènes économiques, ce qui était effet devient cause à son tour. Tous les traités d'économie politique contiennent une analyse telle quelle des forces productives; mais il est très-vrai que des économistes, et des meilleurs, ont trop

Si, de deux pères de famille, pareillement propriétaires, économisant chacun la même somme de 1,000 thalers (3,750 francs) par an, et ayant chacun cinq fils, l'un place ses épargnes et retient ses fils au travail manuel, tandis que l'autre emploie les siennes à faire de deux de ses fils des agriculteurs intelligents, et à préparer les trois autres à des professions conformes à leur aptitude, le premier agit suivant la théorie des valeurs, et le second d'après celle des forces productives. Au moment de sa mort, celui-là sera plus riche que celui-ci en valeurs échangeables ; mais, quant aux forces productives, ce sera tout le contraire. La propriété de l'un sera divisée en deux parts, et chacune d'elles, plus habilement exploitée, donnera un produit net égal à celui que la totalité donnait auparavant ; en même temps les trois autres fils auront dans leurs talents de larges moyens d'existence. La propriété de l'autre sera divisée en cinq parts, et chacune d'elles sera aussi mal cultivée que l'ensemble l'avait été jusque-là. Dans l'une des familles ont été éveillées et développées beaucoup de forces morales, beaucoup de talents destinés à s'accroître de génération en génération ; et chaque génération nouvelle possédera ainsi plus de ressources pour acquérir de la richesse que celle qui l'a précédée. Dans l'autre famille, au contraire, la stupidité et la pauvreté croîtront à proportion que la propriété se divisera davantage (1). C'est ainsi que le planteur augmente,

souvent porté dans la science un esprit étroit, en se préoccupant uniquement des gains actuels ou des pertes immédiates des valeurs. Toutefois, au lieu de construire une théorie nouvelle à côté d'une théorie déjà existante, il s'agit purement et simplement d'élargir celle-ci en substituant à un point de vue rétréci un point de vue plus vaste. Dans le paragraphe qui suit, List montre d'une façon saisissante en quoi ils diffèrent l'un de l'autre.   (H. R.)

(1) Dans la leçon déjà citée sur la théorie de la liberté commerciale, Rossi emploie aussi cette comparaison du père de famille et des sacrifices qu'il fait en vue de l'avenir, sous une autre forme, il est vrai, mais pareillement pour motiver des exceptions temporaires au principe de la liberté : « Au point de vue économique, demander si le principe de la liberté commerciale admet des exceptions, c'est demander s'il y a des circonstances où le système restrictif puisse augmenter la somme de la richesse nationale. Or, si l'on entend par là une augmentation immédiate, de pareilles circonstances ne peuvent

au moyen des esclaves, la somme de ses valeurs échangeables, mais ruine la force productive des générations à venir.
Toute dépense pour l'instruction de la jeunesse, pour l'observation de la justice, pour la défense du pays, etc., est une
destruction de valeurs au profit de la force productive. La
majeure partie de la consommation d'un pays a pour but l'é-
ducation de la génération nouvelle, le soin de la force productive à venir.

Le christianisme, la monogamie, l'abolition de l'esclavage
et du servage, l'hérédité du trône, les inventions de l'imprimerie, de la presse, de la poste, de la monnaie, des poids et
des mesures, du calendrier et des montres, la police de sûreté,
l'affranchissement de la propriété territoriale et les moyens de
transport, sont de riches sources de la force productive. Pour
s'en convaincre, on n'a qu'à comparer l'état de l'Europe avec
celui de l'Asie. Pour se faire une juste idée de l'influence que
la liberté de penser et la liberté de conscience exercent sur
les forces productives d'une nation, on n'a qu'à lire l'une après
l'autre l'histoire d'Angleterre et l'histoire d'Espagne. La publicité des débats judiciaires, le jury, le vote des lois par un
parlement, le gouvernement soumis à un contrôle public,
l'administration des communes et des corporations par elles-
mêmes, la liberté de la presse, les associations dans un but
d'utilité générale communiquent, dans les États constitutionnels, aux citoyens comme au pouvoir, un degré d'énergie et
de force qui s'acquerrait difficilement par d'autres moyens.
On ne saurait guère imaginer de loi ou d'institution publique

jamais se rencontrer. Jamais on ne s'enrichira du premier coup en payant
cher ce qu'on peut avoir à bon marché. Mais il n'y a pas de père de famille
qui ne sache qu'il est des circonstances où le sacrifice d'aujourd'hui peut être
suivi plus tard d'un bénéfice qui le compense et le dépasse. Une administration à la fois prudente et éclairée commande dans certains cas des tentatives
aléatoires, des avances qui peut-être ne rentreront pas en entier. Il n'est pas
de père de famille qui, ayant de fortes raisons de croire qu'il existe dans son
domaine un grand dépôt de richesses minérales, ne se crût obligé, s'il en
avait les moyens, de faire des essais pour vérifier le fait et ouvrir à ses enfants cette nouvelle source de prospérité. La même chose peut être vraie
d'une nation. »   (H. R.)

qui n'exerce plus ou moins d'influence sur l'accroissement ou sur la diminution de la puissance productive (1).

Si l'on présente le travail corporel comme la cause unique de la richesse, comment expliquera-t-on ce fait, que les nations modernes sont incomparablement plus riches, plus populeuses, plus puissantes et plus prospères que les nations de l'antiquité? Chez les anciens, il y avait, par rapport à la population totale, infiniment plus de bras occupés; le travail était beaucoup plus rude; chacun possédait plus de terre, et cependant les masses étaient beaucoup plus mal nourries, beaucoup plus mal vêtues que chez les modernes. Ce fait, nous l'expliquons par tous les progrès que les cours des siècles écoulés a vus s'accomplir dans les sciences et dans les arts, dans la famille et dans l'État, dans la culture de l'esprit et dans la capacité productive (2). L'état actuel des peuples est le résultat de l'accumulation des découvertes, des inventions, des améliorations, des perfectionnements, des efforts de toutes les générations qui nous ont précédés; c'est là ce qui constitue le capital intellectuel de l'humanité vivante, et chaque nation n'est productive que dans la mesure où elle a su s'assimiler cette conquête des générations antérieures et l'accroître par ses acquisitions particulières; qu'autant que les ressources naturelles, l'étendue et la situation géographique de son territoire, le nombre de ses habitants et sa puissance politique lui permettent de cul-

---

(1) Say dit dans son *Économie politique pratique* : « Les lois ne peuvent pas créer des richesses. » Sans doute elles ne le peuvent pas, mais elles créent une force productive, qui est plus importante que la richesse ou que la possession de valeurs échangeables.

(2) Pour le développement de la puissance productive dans les sociétés modernes, je renvoie à la deuxième leçon du *Cours d'économie politique* de M. Michel Chevalier, année 1841-42. On y voit que l'accroissement de cette puissance productive, dans l'industrie du fer, est, depuis quatre ou cinq cents ans, dans le rapport de 1 à 25 ou à 30; que, dans la mouture du blé, le progrès a été dans le rapport de 1 à 144 depuis Homère; que, dans la fabrication des tissus de coton, il est de 1 à 320 depuis 70 ans, et, dans la filature du lin, de 1 à 240 depuis quelques années seulement; que, dans l'industrie des transports enfin, de l'autre côté de l'Atlantique, la force productive est dans le rapport de 1 à 11,500 comparativement avec ce qu'elle était dans l'empire de Montézuma.   (H. R.)

tiver chez elle, supérieurement et harmonieusement, toutes les branches de travail, et d'étendre son action morale, intellectuelle, industrielle, commerciale et politique sur d'autres nations moins avancées et sur le monde en général.

L'école voudrait nous faire croire que la politique et la puissance de l'État n'ont rien de commun avec l'économie politique. En tant qu'elle restreint ses recherches aux valeurs et à l'échange, elle peut avoir raison; il est possible de définir la valeur et le capital, le profit, le salaire et la rente territoriale, de les décomposer dans leurs éléments, et de raisonner sur les causes qui les font hausser et baisser, sans tenir compte de la situation politique. Mais c'est là évidemment un élément de l'économie privée aussi bien que de l'économie des nations. Il suffit de lire l'histoire de Venise, celle de la Ligue anséatique, celle du Portugal, de la Hollande et de l'Angleterre, pour comprendre à quel point la richesse matérielle et la puissance politique réagissent l'une sur l'autre. Partout où cette réciprocité d'action se manifeste, l'école tombe dans les contradictions les plus étranges. Nous nous bornerons à rappeler le singulier jugement d'Adam Smith sur l'acte anglais de navigation.

Faute de pénétrer dans la nature des forces productives, et d'embrasser l'ensemble de la civilisation des peuples, l'école méconnaît en particulier l'importance d'un développement parallèle de l'agriculture, de l'industrie manufacturière et du commerce, de la puissance publique et de la richesse nationale, et surtout celle d'une industrie manufacturière indépendante et développée dans toutes ses branches. Elle commet l'erreur d'assimiler l'industrie manufacturière à l'agriculture, et de parler en général du travail, des forces naturelles, du capital, etc., sans avoir égard aux différences qui existent entre l'une et l'autre. Elle ne voit pas qu'entre le pays purement agriculteur et le pays agriculteur et manufacturier la différence est beaucoup plus grande qu'entre un peuple de pasteurs et un peuple de cultivateurs. Sous le régime de l'agriculture pure et simple règnent l'arbitraire et la servitude, la superstition et l'ignorance, le manque de civilisation, de relations, de moyens de transport, la pauvreté, l'impuissance politique enfin. Dans un pays purement agriculteur, la plus faible partie seulement des forces intellectuelles et corporelles est mise en jeu et développée, la plus faible partie des forces naturelles dont il dispose est employée, il ne s'accumule que peu ou point de capital. Comparez la Pologne avec l'Angleterre ; les deux pays ont été autrefois au même degré de culture, et aujourd'hui quelle différence ! Les manufactures et les fabriques sont les mères et les filles de la liberté civile, des lumières, des arts et des sciences, du commerce intérieur et extérieur, de la navigation et des voies de transport perfectionnées, de la civilisation et de la puissance politique. Elles sont le moyen principal d'affranchir l'agriculture, de l'élever au rang d'industrie, d'art, de science, d'augmenter la rente de la terre, les profits agricoles, le salaire du manouvrier, et de donner au sol de la valeur. L'école a attribué cette puissance civilisatrice au commerce extérieur ; en cela elle a pris l'intermédiaire pour la cause. Ce sont les manufactures étrangères qui fournissent au commerce étranger les marchandises qu'il nous apporte, et qui consomment les produits agricoles et les matièrs brutes que nous livrons en échange. Si les relations avec des manufactures éloignées exercent une action si bienfaisante sur notre agriculture, combien doit être plus féconde l'influence des manufactures qui sont avec nous dans une intimité à la fois locale, commerciale et politique, qui nous demandent non pas seulement une faible partie, mais la majeure partie des denrées alimentaires et des matières brutes qui leur sont nécessaires, dont les produits ne sont pas renchéris pour nous par des frais de transport considérables, dont les relations avec nous ne peuvent être interrompues, ni par l'ouverture de nouveaux marchés aux manufactures étrangères, ni par la guerre, ni par les prohibitions !

Voyons maintenant dans quelles erreurs, dans quelles contradictions étranges l'école est tombée, pour avoir borné ses recherches à la richesse matérielle ou aux valeurs échangeables, et en n'admettant comme force productive que le travail corporel.

D'après elle, celui qui élève des porcs est dans la société un membre productif ; celui qui élève des hommes est un membre improductif. Celui qui fabrique pour les vendre des cornemuses ou des guimbardes, est un producteur ; les plus grands virtuoses ne le sont pas, parce que ce qu'ils jouent ne peut être apporté sur le marché. Le médecin qui sauve son malade n'appartient pas à la classe productive ; mais le garçon pharmacien en fait partie, bien que les valeurs échangeables ou les pilules qu'il produit n'aient que quelques minutes d'existence avant d'être anéanties. Un Newton, un Watt, un Kepler ne sont pas aussi productifs qu'un âne, qu'un cheval, qu'un bœuf de charrue, travailleurs que récemment M. Mac Culloch a rangés parmi les membres productifs de la société humaine.

Ne croyez pas que J.-B. Say, par sa fiction des produits immatériels, ait redressé cette erreur de la doctrine d'Adam Smith ; il n'a fait que masquer l'absurdité de ses conséquences, mais il ne l'a pas retirée du matérialisme dans lequel elle est plongée. Pour lui, les producteurs intellectuels ou immatériels ne sont productifs que parce qu'ils sont rémunérés avec des valeurs échangeables, et que leurs connaissances ont été acquises au prix de pareilles valeurs, mais non parce qu'*ils produisent des forces productives* (1). Ils ne sont pour lui qu'un capital accumulé. Mac Culloch va plus loin ; il dit que l'homme est un produit du travail tout aussi bien que la machine qu'il fabrique, et il lui semble que, dans toutes les recherches économiques, l'homme doit être envisagé de ce point de vue. Smith, dit-il, a compris la justesse de ce principe, mais il n'en a pas tiré la conséquence légitime. Une des

(1) Entre les nombreux passages où J.-B. Say exprime cette opinion, nous nous bornerons à emprunter celui-ci à son *Économie politique pratique* : « Le talent d'un avocat, d'un médecin, qui a été acquis au prix de quelques sacrifices et qui produit un revenu, est une valeur capitale, non transmissible, à la vérité, mais qui réside néanmoins dans un corps visible, celui de la personne qui le possède. »

conséquences que lui-même en tire, c'est que manger et boire
sont des occupations productives. Thomas Cooper évalue un
bon jurisconsulte américain 3,000 dollars (16,050 fr.), environ trois fois autant qu'un bon esclave de labour.

Les erreurs et les contradictions de l'école que je viens de
signaler peuvent aisément se rectifier au point de vue de la
théorie des forces productives. Ceux qui élèvent des porcs et
ceux qui fabriquent des cornemuses ou des pilules sont en
effet productifs, mais les instituteurs de la jeunesse et de
l'âge mûr, les virtuoses, les médecins, les juges et les administrateurs, le sont à un plus haut degré. Ceux-là *produisent
des valeurs échangeables*, et ceux-ci des *forces productives* ;
l'un de ces derniers prépare la génération future à la production, l'autre développe dans la génération présente le sens
moral et religieux, le troisième travaille à ennoblir et à élever
l'esprit humain, le quatrième conserve les forces productives
de son malade, le cinquième produit la sûreté légale et le
sixième l'ordre public ; le septième, enfin, par son art et par
les jouissances qu'il procure, encourage à la production de
valeurs échangeables. Dans la doctrine des valeurs, ces producteurs de la force productive ne peuvent être pris en considération qu'autant que leurs services sont rémunérés avec des
valeurs échangeables, et cette manière d'envisager leurs
fonctions peut avoir dans plus d'un cas son utilité pratique,
par exemple, en matière d'impôts, lesquels doivent être ac-
quittés en valeurs échangeables; mais, quand il s'agit des
rapports internationaux ou de l'ensemble des rapports du
pays, ce point de vue est insuffisant, et il conduit à une série
d'idées étroites et fausses (1).

(1) On a beaucoup disserté sur le travail productif et sur le travail improductif. Cette distinction remonte aux physiocrates qui, ne comprenant pas
que la production consiste à changer de forme ou de lieu les choses qui nous
entourent de manière à leur donner une utilité qu'elles n'avaient pas, et non
à faire de rien quelque chose, considéraient, très-gratuitement d'ailleurs, le
travail agricole comme le seul productif ; elle a été adoptée par Adam Smith,
qui a étendu la dénomination de productifs à tous les travaux donnant de
la valeur à l'objet matériel sur lequel ils s'exercent, mais l'a refusée à tous
les autres, sans méconnaître d'ailleurs le mérite de ces derniers. Aujourd'hui

La prospérité d'un peuple ne dépend pas, comme Say le pense, *de la quantité de richesses et de valeurs échangeables qu'il possède*, mais *du degré de développement des forces productives*. Si les lois et les institutions ne produisent pas directement des valeurs, elles produisent du moins de la force productive, et Say est dans l'erreur quand il soutient qu'on a vu des peuples s'enrichir sous toutes les formes de gouvernement, et que les lois ne peuvent pas créer de richesses.

Le commerce extérieur de la nation ne doit pas être apprécié, comme celui du marchand, exclusivement d'après la théorie des valeurs, c'est-à-dire par la seule considération du profit matériel du moment ; la nation doit en même temps

elle est unanimement rejetée, et l'on reconnaît que tout travail utile est un travail productif. (Voir en particulier sur ce sujet le chapitre de la Consommation de la richesse dans les *Principes d'Économie politique* de Mac Culloch.)

Néanmoins c'est une question de savoir si l'on doit ranger parmi les producteurs, au point de vue de l'économie politique, tous ceux qui se livrent à un travail utile, de quelque nature qu'il soit ; la solution de cette question dépend du plus ou du moins d'étendue qu'on assigne au domaine de la science. Certains esprits, et Malthus, par exemple, était de cet avis, pensent que l'objet propre de l'économie politique est la richesse, la richesse matérielle, et que la production de ces choses immatérielles auxquelles le mot de richesse a été appliqué par métaphore, appartient à un autre ordre d'études ; ils remarquent que le terme même d'économie politique réveille habituellement dans les esprits l'idée d'intérêts matériels et que les auteurs qui élargissent le plus l'horizon de la science ne traitent guère d'autre chose. Pour ceux-là, les magistrats et les administrateurs, les savants et les poëtes, les avocats et les médecins, enfin, tous les producteurs de ces biens moraux sans lesquels on ne conçoit pas de civilisation, ne sont au point de vue économique proprement dit, que des producteurs *indirects*. En les appelant ainsi, on ne veut pas, bien entendu, rabaisser des services, qui non-seulement sont souvent supérieurs en thèse générale à ceux des producteurs directs, mais quelquefois même concourent à la production de la richesse plus puissamment que les plus rares efforts du génie industriel ; on essaie seulement de définir le genre de concours qu'ils prêtent à cette production matérielle.

En qualifiant ces producteurs indirects de *producteurs de forces productives*, List se place au même point de vue ; peut-être seulement fait-il mieux ressortir leur importance sociale et économique, et indique-t-il mieux les rapports qui lient le monde matériel au monde moral.

Je crois inutile de relever dans le passage ci-dessus quelques plaisanteries fort injustes de l'auteur à l'égard de Mac Culloch.   (H. R.)

embrasser du regard l'ensemble des rapports d'où dépendent son existence, sa prospérité et sa puissance dans le présent et dans l'avenir.

La nation doit faire le sacrifice et supporter la privation de richesses matérielles, pour acquérir des forces intellectuelles ou sociales ; elle doit sacrifier des avantages présents pour s'assurer des avantages à venir. Pour une nation, ainsi que nous croyons l'avoir historiquement établi, une industrie manufacturière développée dans toutes ses branches est la condition d'un haut degré de civilisation, de prospérité matérielle et de puissance politique. S'il est vrai, comme nous croyons pouvoir le démontrer, que, dans l'état actuel du monde, une jeune industrie manufacturière, dénuée de protection, ne saurait soutenir la concurrence d'une industrie affermie depuis longtemps, d'une industrie protégée sur son propre territoire ; comment, avec des arguments empruntés à la théorie des valeurs, peut-on entreprendre de prouver qu'une nation, de même qu'un particulier, doit acheter les marchandises dont elle a besoin là où elle les trouve au meilleur marché ; qu'on est insensé de fabriquer soi-même ce qu'on pourrait se procurer au dehors à plus bas prix ; qu'on doit abandonner l'industrie du pays aux efforts des particuliers ; que les droits protecteurs sont des monopoles dont les industriels sont pourvus aux dépens de la nation ?

Il est vrai que les droits protecteurs renchérissent au commencement les articles fabriqués ; mais il est également vrai, et l'école même l'admet, qu'à la longue, chez un peuple capable d'un vaste développement industriel, ces articles peuvent être produits à meilleur marché qu'on ne peut les importer du dehors. Si donc ces droits protecteurs entraînent un sacrifice de *valeurs*, le sacrifice est compensé par l'acquisition d'une *force productive*, qui non-seulement assure à la nation pour l'avenir une quantité infiniment supérieure de richesses matérielles, mais encore l'indépendance industrielle en cas de guerre. A l'aide de l'indépendance industrielle et de la prospérité qui en résulte, la nation acquiert les moyens de se livrer au commerce extérieur, et d'étendre sa navigation ; elle élève sa civilisation, elle perfectionne ses institutions au dedans, elle affermit sa puissance au dehors.

Ainsi une nation qui a une vocation manufacturière se conduit, en recourant au système protecteur, absolument comme ce propriétaire qui sacrifie des valeurs matérielles afin de faire apprendre à quelques-uns de ses enfants une industrie productive.

A quel point s'est fourvoyée l'école en appréciant, d'après la théorie des valeurs, des rapports qui doivent être principalement envisagés du point de vue de la théorie des forces productives ; on le verra ressortir avec clarté du jugement que J.-B. Say porte sur les primes qu'accorde une nation étrangère dans le but de favoriser son exportation ; il soutient que ce sont des cadeaux qu'elle fait à notre pays. Supposons donc que la France considère comme suffisant un droit protecteur de 25 pour cent pour ses fabriques encore incomplétement affermies, mais que l'Angleterre alloue des primes de sortie de 30 pour cent ; quelle serait la conséquence du cadeau que l'Angleterre aurait ainsi fait à la France ? Pendant quelques années les consommateurs français obtiendraient à bien meilleur marché qu'auparavant les articles fabriqués dont ils ont besoin ; mais les fabriques françaises seraient ruinées, et des millions d'hommes réduits à la mendicité, ou obligés, soit de s'expatrier, soit de se livrer à l'agriculture. Dans l'hypothèse la plus favorable, les consommateurs acquis jusque-là aux agriculteurs français deviendraient leurs concurrents, la production agricole augmenterait en même temps que diminuerait la consommation. De là nécessairement en France dépréciation des produits agricoles et des propriétés, appauvrissement et affaiblissement du pays. Le cadeau de l'Angleterre en valeurs serait chèrement payé en forces productives ; il ressemblerait au présent que le sultan a coutume de faire à ses pachas, lorsqu'il leur envoie un cordon de soie précieux.

Depuis que les Troyens ont été gratifiés par les Grecs d'un

cheval de bois, il est délicat pour un peuple de recevoir des présents d'un autre. Les Anglais ont fait au continent des cadeaux d'une valeur énorme sous la forme de subsides ; mais les nations continentales les ont payés chèrement en perte de forces. Ces subsides ont opéré comme des primes d'exportation en faveur des fabriques anglaises et au détriment des fabriques allemandes. Si l'Angleterre s'engageait aujourd'hui à fournir gratuitement aux Allemands, durant plusieurs années, tous les articles manufacturés qui leur sont nécessaires, nous ne leur conseillerions pas d'accepter cette offre. Supposons que les Anglais se trouvent, par de nouvelles inventions, en état de fabriquer la toile à 40 pour cent meilleur marché que les Allemands par les anciens procédés, et qu'ils aient sur les Allemands, dans l'emploi des procédés nouveaux, une avance de quelques années, une des plus importantes et des plus anciennes industries de l'Allemagne sera ruinée faute d'un droit protecteur ; ce sera comme si la nation allemande avait perdu un de ses membres ; mais qui pourrait se consoler de la perte d'un bras, par ce motif que ses chemises lui ont coûté 40 pour cent de moins ?

Souvent les Anglais sont dans le cas de faire des cadeaux aux étrangers ; la forme est différente, et il n'est pas rare qu'ils soient généreux contre leur gré ; les étrangers ne doivent pas moins se demander si le présent est acceptable. En possession, dans le monde, du monopole manufacturier et commercial, leurs fabriques se trouvent de temps en temps dans cet état qu'ils désignent par le mot de *glut* (engorgement), et qui provient de ce qu'ils appellent *overtrading* (excès de la spéculation). Alors chacun jette sur les bateaux à vapeur tout ce qu'il a de marchandises en magasin. Elles sont rendues au bout de huit jours à Hambourg, à Berlin et à Francfort, au bout de trois semaines à New-York, où elles sont offertes à 50 pour cent au-dessous de leur valeur réelle. Les fabricants anglais éprouvent une souffrance temporaire, mais ils sont sauvés et ils s'indemnisent plus tard par de meilleurs prix. Les fabricants allemands et américains sont punis pour les fautes des Anglais ; ils sont ruinés. Le peuple anglais voit le feu, entend le bruit de l'explosion, c'est dans d'autres pays que le désastre éclate ; et, lorsque les habitants de ces pays gémissent sur leurs blessures qui saignent, le commerce intermédiaire soutient que ce sont les conjonctures qui ont fait le mal. Quand on réfléchit combien de fois, par de telles conjonctures, l'ensemble de l'industrie manufacturière, le système de crédit, l'agriculture elle-même, en un mot toute l'économie des peuples qui admettent la libre concurrence de l'Angleterre, ont été ébranlés de fond en comble, quand on songe que plus tard ces mêmes peuples ont largement indemnisé les fabricants anglais en leur payant de plus hauts prix, n'est-il pas permis de douter que la théorie des valeurs et les maximes cosmopolites doivent servir de règle au commerce entre les nations? L'école n'a pas jugé à propos d'expliquer les causes et les effets de ces crises commerciales.

Les grands hommes d'État des temps modernes, presque sans exception, ont compris la grande influence des manufactures et des fabriques sur la richesse, sur la civilisation et sur la puissance des nations, et la nécessité de les protéger : Édouard III comme Élisabeth, Frédéric le Grand comme Joseph II, Washington comme Napoléon. Sans plonger dans les profondeurs de la théorie, leur coup d'œil intelligent a compris l'industrie manufacturière dans son ensemble et l'a jugée sainement. Il était réservé aux physiocrates, égarés par de faux raisonnements, de l'envisager sous un autre aspect. L'édifice fantastique de cette école s'est évanoui ; l'école nouvelle elle-même l'a renversé, mais elle ne s'est point affranchie des erreurs fondamentales de sa devancière, elle n'a fait que s'en écarter un peu. N'ayant point fait la distinction entre la force productive et la valeur échangeable, et ayant subordonné la première à la seconde au lieu de l'étudier séparément, elle ne pouvait pas se rendre compte de la différence qui existe entre la force productive agricole et la force productive manufacturière. Elle ne voit pas que l'industrie manufacturière, en surgissant dans un pays agriculteur,

17

emploie et utilise une masse de forces de l'esprit et du corps, de forces naturelles et de forces instrumentales, ou de capitaux comme l'école les appelle, qui jusque-là étaient restées inactives, et qui, sans elle, auraient toujours dormi. L'école s'imagine que l'introduction de l'industrie manufacturière dérobe ces forces à l'agriculture pour les porter sur les fabriques, tandis qu'une puissance en majeure partie nouvelle a été créée, puissance qui, bien loin d'avoir été acquise aux dépens de l'agriculture, aide celle-ci à prendre un plus grand essor.

CHAPITRE III.

LA DIVISION NATIONALE DES TRAVAUX ET L'ASSOCIATION DES FORCES PRODUCTIVES DU PAYS.

L'école doit à son illustre fondateur la découverte de cette loi naturelle qu'elle appelle *division du travail ;* mais ni Adam Smith ni aucun de ses successeurs n'ont approfondi cette loi et ne l'ont poursuivie dans ses plus importantes conséquences.

Déjà l'expression *division du travail* est insuffisante et donne nécessairement une idée fausse ou du moins incomplète.

Il y a division du travail, lorsque, dans la même journée, un sauvage va à la chasse ou à la pêche, coupe du bois, répare sa cabane, et fabrique des flèches, des filets et des vêtements. Mais il y a aussi division du travail dans l'exemple cité par Adam Smith, lorsque dix personnes se partagent les différentes opérations nécessaires pour la fabrication d'une aiguille. La première est une division objective, la seconde une division subjective ; celle-ci est favorable à la production, et celle-là lui est nuisible. La différence essentielle entre l'une et l'autre consiste en ce que, dans un cas, une seule personne divise son travail pour produire des objets divers, et que, dans l'autre, plusieurs personnes partagent entre elles la production d'un seul objet.

Les deux faits pourraient tout aussi bien être désignés par le mot d'association de travail ; le sauvage unit dans sa personne différents travaux, et, dans la fabrication d'une aiguille, plusieurs personnes s'unissent pour une production en commun.

Cette loi naturelle, au moyen de laquelle l'école explique de si importants phénomènes dans l'économie des sociétés, ne consiste pas évidemment dans une simple division du travail ; c'est *une division entre plusieurs individus des différentes opérations d'une industrie*, c'est en même temps *une combinaison ou une association d'activités, de lumières et de forces diverses en vue d'une production commune*. La puissance productive de ces opérations ne tient pas uniquement à la *division*, elle dépend essentiellement de l'*association*. Adam Smith lui-même le sent bien lorsqu'il dit que les objets nécessaires à la vie du plus humble membre de la société sont le produit du travail collectif (joint labour) et du concours (cooperation) d'une multitude d'individus (1). Quel dommage qu'il n'ait pas poursuivi cette idée, si nettement exprimée, du travail collectif !

Si nous nous arrêtons sur l'exemple d'une fabrique d'ai-

(1) L'idée du concours de forces diverses est impliquée sans doute dans la loi découverte par Adam Smith, et que Mac Culloch, entre autres économistes, formule en ces termes : *Division and combination of employment.* Mais on ne saurait contester à List le mérite de l'avoir dégagée, de l'avoir mise en lumière, et de lui avoir donné de riches développements.

M. John Stuart Mill, dans ses excellents *Principes d'économie politique*, emploie les mots de *cooperation or combination of labour* ; il attribue à son compatriote, M. Wakefield, l'honneur d'avoir le premier, dans une note d'une édition d'Adam Smith, montré que la coopération est un principe plus large que la division, et distingué deux espèces de coopérations, la simple et la complexe, suivant que plusieurs personnes s'entr'aident dans un même travail, ou dans des travaux différents. La même observation a pu être faite à la fois et séparément en Allemagne et en Angleterre.

Les effets d'une bonne division *nationale* du travail ou de l'harmonie de forces productives au sein de la nation n'avaient jamais été retracés comme

guilles donné par Adam Smith, pour expliquer les avantages
de la division du travail, et que nous recherchions les causes
de ce fait que dix personnes produisent infiniment plus d'aiguilles, lorsqu'elles sont réunies dans une fabrique, que si
chacune d'elles exerçait séparément cette industrie, nous
trouvons que le partage des opérations, sans l'*association des
forces productives dans un but commun*, ne viendrait que fort
peu en aide à cette production. Afin qu'un tel résultat puisse
être obtenu, il faut que les différents individus soient réunis
et concourent à l'œuvre intellectuellement et corporellement.
Celui qui fait les têtes d'aiguilles, doit compter sur le travail
de celui qui fait les pointes, afin de n'être pas exposé à fabriquer inutilement des têtes. Une proportion convenable doit
exister entre les diverses tâches, les ouvriers doivent être
rapprochés les uns des autres le plus possible, leur coopération
doit être assurée. Supposons par exemple que chacun de ces
dix ouvriers habitât un pays différent ; combien de fois leur
coopération ne serait-elle pas interrompue par la guerre, par
les difficultés des communications, par les crises commerciales, etc. ! Combien le produit ne serait-il pas renchéri, et
par conséquent l'avantage du partage des opérations diminué !
Un seul ouvrier se retirant ou se trouvant séparé de l'association n'arrêterait-il pas le travail de tous les autres ?

En signalant le partage des opérations comme le caractère
essentiel de cette loi naturelle, l'école a eu tort de l'appliquer
uniquement à une fabrique ou à une exploitation rurale ; elle
n'a pas vu que la même loi étend son influence sur l'ensemble
de l'industrie manufacturière et agricole, et en général sur
toute l'économie de la nation.

De même que la fabrique d'aiguilles ne prospère que par
la combinaison des forces productives des individus, une
fabrique (1), quelle qu'elle soit, ne peut fleurir que par la

ils le sont dans ce beau chapitre. Quant à la division du travail sur le globe,
l'un des principaux arguments sur lesquels se fonde la liberté du commerce
entre les nations, elle avait été mieux étudiée ; List, cependant, me paraît
l'avoir définie plus nettement qu'aucun autre avant lui.   (H. R.)

(1) L'industrie des machines fournit à l'appui de cette idée l'exemple le

combinaison de ses forces productives avec celles de toutes les autres fabriques. Ainsi, pour la prospérité d'un atelier de machines, il faut que les mines et les usines métalliques lui fournissent les matières qu'elle emploie, et que les cent espèces de manufactures qui ont besoin de machines consomment ses produits. Faute d'ateliers pour la construction des machines, une nation, en temps de guerre, serait exposée à perdre la majeure partie de sa puissance manufacturière. L'industrie manufacturière et l'agriculture, envisagées dans leur ensemble, prospèrent d'autant plus qu'elles sont plus rapprochées et qu'elles sont moins troublées dans l'influence réciproque qu'elles exercent l'une sur l'autre. Les avantages de leur association sous une seule et même autorité politique sont, en cas de guerre, de querelles nationales, de crises commerciales, de mauvaises récoltes, etc., non moins éclatants que ceux de la réunion, sous un seul et même toit, des ouvriers employés à une fabrication d'aiguilles.

Smith soutient que la division du travail est moins applicable

---

plus frappant. Jamais la construction des machines ne peut atteindre le plus haut degré de perfection, là où un seul atelier est obligé, pour pouvoir exister, de fabriquer les machines et les instruments les plus divers. Pour produire aussi bien et à aussi bas prix que possible, la demande doit être telle dans le pays, que chaque atelier de construction ne s'applique qu'à un seul genre ou à un petit nombre, par exemple aux machines pour fabriquer le coton ou le lin, aux machines à vapeur, etc.; car c'est alors seulement que le constructeur peut se procurer les outils les plus parfaits, appliquer tous les nouveaux procédés, et obtenir, pour un salaire modéré, les ouvriers les plus habiles et les meilleurs artistes. Le défaut de cette division du travail explique surtout pourquoi les ateliers de l'Allemagne n'ont pas encore atteint la perfection de ceux de l'Angleterre. Mais la cause pour laquelle la division du travail n'existe pas encore en Allemagne, c'est surtout que les différentes espèces de filatures qui occasionneraient une forte demande de machines n'y sont pas encore établies. Ainsi l'importation du fil étranger arrête la branche de fabrication la plus importante, celle qui fabrique des fabriques.

La division du travail n'est pas moins importante dans les autres branches de l'industrie manufacturière. La filature, le tissage et l'impression, par exemple, ne peuvent atteindre le plus haut degré de perfection et de bon marché, que lorsque la demande met chaque fabrique en état de produire exclusivement certaines espèces de fils, de tissus et d'imprimés.

à l'agriculture qu'à l'industrie manufacturière ; Smith n'a envisagé qu'une fabrique ou qu'un domaine isolé. Il a négligé d'étendre son principe à des régions, à des provinces entières. Nulle part la division des tâches et la combinaison des forces productives n'exercent plus d'influence que lorsque chaque région, chaque province se voit en état de se consacrer exclusivement, ou du moins principalement, à cette branche de la production agricole pour laquelle elle a été particulièrement douée par la nature. Ici l'on voit surtout réussir le blé et le houblon, là le vin et les fruits ; dans un autre endroit, les forêts et l'élève du bétail. Si chaque région cultive toutes ces branches à la fois, il est visible que son travail et son sol ne peuvent pas être, à beaucoup près, aussi productifs que si elle s'appliquait de préférence aux branches que la nature lui a spécialement assignées, et qu'elle échangeât l'excédant de sa production particulière contre celui de provinces qui possèdent aussi des avantages naturels pour la production d'autres denrées alimentaires et d'autres matières brutes. Ce partage des tâches, cette combinaison des forces productives employées dans l'agriculture, ne peut se réaliser qu'en un pays parvenu à un haut degré de développement dans toutes les branches de fabrication ; car là seulement existe une forte demande pour les produits agricoles les plus variés ; là seulement la demande de l'excédant de la production agricole est assez certaine et assez considérable pour que le producteur puisse être sûr de vendre dans l'année, ou au moins l'année suivante, à un prix convenable, tout le surplus de sa récolte ; ce n'est que dans un pareil pays que de puissants capitaux peuvent être consacrés à la spéculation sur les produits de la terre et à leur emmagasinement, que des voies de communication perfectionnées, telles que canaux et chemins de fer, lignes de bateaux à vapeur, chaussées bien entretenues, peuvent être utilement employés à leur transport ; et c'est seulement à l'aide d'un bon système de communications, que les provinces, même les plus éloignées, peuvent opérer l'échange du surplus de leurs productions respectives. Là où chacun produit ce qu'il consomme, il y a peu d'occasions d'échange, partant nul besoin de communications dispendieuses.

Remarquez comment l'accroissement des forces productives, conséquence de la séparation des opérations industrielles et de la combinaison des forces individuelles, commence par la fabrique et s'étend jusqu'à l'association nationale. La fabrique est d'autant plus prospère que les tâches y sont plus divisées, que les ouvriers y sont plus intimement unis et que la coopération de chacun est plus assurée. La force productive de chaque fabrique est d'autant plus grande que l'ensemble de l'industrie manufacturière du pays est plus développé dans toutes ses ramifications, et qu'elle-même est plus étroitement rattachée aux autres branches de fabrication. La force productive agricole est aussi d'autant plus grande que l'agriculture est plus étroitement unie par des relations à la fois locales, commerciales et politiques à une industrie manufacturière perfectionnée dans toutes ses branches. A mesure que l'industrie manufacturière se développe, le partage des opérations et la combinaison des forces productives se dessinent dans l'agriculture, et elles s'élèvent au plus haut degré de perfection. La nation la mieux pourvue de forces productives, et par conséquent la plus riche, sera celle qui, sur son territoire, aura porté les fabrications de toute espèce au plus haut point d'avancement, et dont l'agriculture pourra fournir à la population des fabriques la majeure partie des denrées alimentaires et des matières brutes dont elle a besoin.

Retournons maintenant l'argument. Une nation qui n'exerce que l'agriculture et les arts les plus indispensables, manque de la première et de la principale division des tâches entre ses citoyens, et de la moitié la plus importante de ses forces productives ; elle manque même d'une utile division dans les opérations des branches particulières de l'agriculture. Une nation aussi incomplète n'est pas seulement moitié moins productive qu'une nation complète ; avec un territoire de même étendue ou d'une étendue beaucoup plus considérable, avec une population égale ou même plus nombreuse, sa puissance productive

créera peut-être à peine le cinquième ou même à peine le
dixième des richesses matérielles qu'une nation complète est
capable de produire, et cela par la même raison que, dans
une fabrication compliquée, dix personnes ne produisent pas
seulement dix fois plus, mais trente fois plus peut-être qu'une
seule, et que l'homme qui n'a qu'un bras ne fait pas seulement moitié moins, mais infiniment moins de besogne que
celui qui en a deux.

Cette perte de forces productives sera d'autant plus sensible que les machines viennent mieux seconder le travail manufacturier et sont moins applicables au travail agricole. Une
portion de la force productive ainsi perdue pour la nation
agricole profitera à celle qui livrera ses objets fabriqués en
échange des denrées de la première. Il n'y aura d'ailleurs de
perte positive que lorsque la nation agricole aura déjà atteint
le degré de civilisation et de développement politique nécessaire pour l'établissement d'une industrie manufacturière. Si
ce degré n'a pas encore été atteint par elle, si elle est encore
à l'état de barbarie ou de demi-civilisation, si son économie
rurale n'est pas encore sortie de sa grossièreté primitive,
l'importation des articles des fabriques étrangères et l'exportation de ses produits bruts ne peuvent qu'augmenter sensiblement chaque année sa prospérité, qu'éveiller et accroître
ses forces intellectuelles et sociales. Si ces relations ne sont
interrompues, ni par les prohibitions de l'étranger contre les
matières brutes, ni par la guerre, ou si le territoire de la nation agricole est situé dans la zone torride, l'avancement sera
des deux côtés également considérable, et il sera dans la nature des choses ; car, sous l'influence de pareils échanges,
une pareille nation avancera infiniment plus vite et plus sûrement que si elle avait été abandonnée à elle-même. Mais si
la nation agricole est parvenue au point culminant de son développement rural, en tant que l'influence du commerce extérieur peut l'y élever, ou si la nation manufacturière se refuse
à prendre les produits de la nation agricole en paiement de
ses articles fabriqués, et que la concurrence victorieuse de

la nation manufacturière sur les marchés de la nation agricole y mette obstacle à la création de fabriques, alors l'agriculture de cette dernière est exposée au danger de se rabou-
grir.

Nous appelons *agriculture rabougrie* cet état dans lequel,
faute d'une industrie manufacturière florissante ou en voie de
développement, tous les individus dont la population s'accroît
s'adonnent à l'agriculture, consomment le surplus des produits agricoles, et, sitôt qu'ils ont atteint l'âge d'homme, émigrent ou partagent le sol avec les cultivateurs déjà existants,
jusqu'à ce que la portion de chaque famille devienne si petite
que chacune ne produise plus que les denrées alimentaires et
les matières brutes qui lui sont indispensables, sans excédant
appréciable qu'elle puisse échanger contre les objets manufacturés dont elle a besoin. Dans un développement normal
des forces productives, la plupart des individus dont la population s'accroît, dès qu'ils sont parvenus à un certain degré
de culture, vont aux fabriques, et l'excédant des produits
agricoles sert, d'une part à fournir à la population manufac-
rière des aliments et des matières premières, de l'autre à
mettre le cultivateur à même d'acheter les produits, les machines et les instruments que sa consommation et l'accroissement de sa production réclament.

Si ces rapports s'établissent en temps convenable, les
forces productives agricoles et manufacturières aideront les
unes aux autres, et elles croîtront à l'infini. La demande de
produits agricoles du côté de la population manufacturière
deviendra si considérable que l'agriculture n'emploiera pas
plus de bras et que le sol ne sera pas plus divisé qu'il ne le
faut pour obtenir le surplus de production le plus grand
possible. C'est dans la mesure de cet excédant que la population agricole se verra en état de consommer les produits des
fabriques. Un accroissement progressif de l'excédant de la
production rurale aura pour effet d'accroître la demande de
bras pour les fabriques. Le trop-plein de la population agricole continuera donc de trouver de l'emploi dans les fabri-

ques, et la population manufacturière finira non-seulement
par égaler en nombre, mais par surpasser la population des
champs. C'est le cas de l'Angleterre ; l'état contraire se rencontre dans une partie de la France et de l'Allemagne. C'est
principalement l'élève des moutons et l'industrie des laines à
laquelle elle se livra sur une grande échelle, bien avant les
autres pays, qui ont conduit l'Angleterre à ce partage naturel
des opérations entre l'une et l'autre industrie. Ailleurs l'agriculture s'est rabougrie, principalement sous l'influence de la
féodalité et du droit du plus fort. La propriété du sol ne donnait de considération et de puissance qu'autant qu'elle servait
à l'entretien d'un certain nombre de vassaux, que le suzerain
employait dans ses querelles. Plus on avait de vassaux, plus
on avait de soldats. D'ailleurs, dans la barbarie de cette époque, le propriétaire ne pouvait consommer ses rentes autrement qu'en entretenant un grand nombre de domestiques, et
il ne pouvait mieux les payer et les attacher à sa personne
qu'en leur donnant un morceau de terre à cultiver, sous la
condition d'un service personnel et d'une faible redevance en
nature. C'est ainsi qu'une division exagérée du sol fut artificiellement produite; et, lorsque, aujourd'hui, l'autorité publique essaie de la restreindre par des moyens également
artificiels, elle ne fait que rétablir la nature des choses.

Pour arrêter le rabougrissement de l'agriculture d'une nation, et pour le faire graduellement cesser lorsque d'anciennes
institutions l'ont produit, le moyen le meilleur, indépendamment des encouragements à l'émigration, consiste dans une
industrie manufacturière. Peu à peu, ainsi, l'accroissement
de la population est attiré dans les fabriques, et une plus
grande demande de produits agricoles est créée; par suite les
grandes exploitations deviennent plus profitables, et le fermier est encouragé à tirer de son champ le plus grand surplus de produits possible.

La puissance productive du fermier ainsi que de l'ouvrier
de l'agriculture sera toujours plus ou moins grande, suivant que l'échange des produits agricoles contre les articles

fabriqués sera plus ou moins facile. Sous ce rapport le commerce extérieur est utile à une nation peu avancée, nous l'avons prouvé dans un précédent chapitre par l'exemple de l'Angleterre. Mais une nation déjà passablement civilisée, riche et populeuse, trouve dans l'existence de manufactures indigènes beaucoup plus d'avantages pour son agriculture que dans le commerce extérieur le plus prospère sans manufactures. Par là elle se met à l'abri des fluctuations que la guerre, les restrictions étrangères ou les crises commerciales peuvent causer; elle économise la plus grande partie des frais de transport et des profits commerciaux qu'entraînent l'expédition des matières brutes et l'arrivage des marchandises fabriquées; elle retire des communications perfectionnées, dont l'industrie manufacturière provoque l'établissement, un avantage immense, celui de l'éveil d'une multitude de forces personnelles et naturelles jusque-là restées oisives; enfin l'action réciproque de l'industrie manufacturière et de l'agriculture l'une sur l'autre est d'autant plus grande que le fermier et le fabricant sont plus près l'un de l'autre, et qu'ils sont moins exposés à voir leurs échanges interrompus par des accidents divers.

Dans les lettres que j'adressai en 1828 à M. Charles J. Jungersoll, président de la Société pour l'encouragement des beaux-arts et des arts industriels à Philadelphie (*Outlines of a new system of political economy*) (1), j'essayais, dans les termes suivants, de faire ressortir les avantages d'une réunion de l'industrie manufacturière et de l'agriculture sur un seul et même sol et sous une seule et même autorité politique :

« Supposez que vous ignoriez l'art de moudre le blé, qui, dans son temps, fut assurément un grand art; supposez de plus que l'art de la boulangerie vous fût resté étranger, de même que, suivant Anderson, les vrais procédés pour la salaison du hareng étaient encore, au dix-septième siècle, ignorés des Anglais; supposez, par conséquent, que vous fussiez

(1) *Esquisse d'un nouveau système d'économie politique.*

obligés d'envoyer votre blé en Angleterre pour être converti
en farine et en pain ; quelle quantité de ce blé ne garderaient
pas les Anglais pour prix de la mouture et de la cuisson !
Combien n'en consommeraient pas les charretiers, les marins,
les négociants occupés à exporter le blé et à importer le pain !
Combien en reviendrait-il aux mains de ceux qui l'ont semé?
Il va sans dire que le commmerce extérieur aurait une grande
activité ; mais il est fort douteux que de telles relations fussent bien favorables à la prospérité et à l'indépendance du
pays. Songez seulement au cas où la guerre éclaterait entre
cette contrée (l'Amérique du Nord) et la Grande-Bretagne;
où en seraient ceux qui produisaient du blé pour les moulins
et pour les boulangeries britanniques, où en seraient ceux qui
étaient accoutumés au pain d'Angleterre? De même qu'il est
dans l'intérêt du producteur de blé que le meunier demeure
dans son voisinage, ainsi l'intérêt de l'agriculteur en général
demande que le manufacturier habite près de lui ; celui de la
plaine, qu'une ville prospère et industrieuse s'élève dans son
sein ; celui de l'agriculture tout entière d'une contrée, que
l'industrie manufacturière de la même contrée ait atteint le
plus haut degré de développement. »

Comparons l'état de l'agriculture dans le voisinage d'une
cité populeuse ou dans des provinces reculées.

Ici le fermier ne cultive pour les vendre que les denrées qui
supportent un long voyage et qui ne peuvent pas être fournies
à plus bas prix et en qualités meilleures par les terrains plus
rapprochés. Une notable portion de son prix de vente est
absorbée par les frais de transport. Les capitaux qu'il emploierait utilement sur sa ferme, il a peine à les trouver. A
défaut de bons exemples et de moyens de s'instruire, les nouveaux procédés, les instruments perfectionnés et les cultures
nouvelles parviennent difficilement jusqu'à lui. Les ouvriers
eux-mêmes, faute de bons exemples, faute de stimulants et
d'émulation , ne développeront que faiblement leurs forces
productives, et s'abandonneront à la nonchalance et à la paresse.

Dans le voisinage de la ville, au contraire, le fermier est en mesure de consacrer chaque coin de terre aux cultures les mieux appropriées à la nature du sol. Il produira avec profit les objets les plus variés. Herbes potagères, volailles, œufs, lait et beurre, fruits et autres produits que le fermier qui demeure au loin considère comme d'insignifiants accessoires, lui rapporteront un gros revenu. Tandis que le premier est réduit à la simple éducation du bétail, le second retire de l'engraissage des bénéfices bien supérieurs, et se voit par là encouragé à perfectionner sa culture de fourrages. Une multitude d'objets qui n'ont point ou que peu de valeur pour le fermier éloigné, telles que pierres, sable, force de l'eau, sont pour lui d'un prix immense. Les machines et les instruments les meilleurs, ainsi que les moyens de s'instruire, sont la plupart sous sa main. Il trouve aisément les capitaux nécessaires pour améliorer son exploitation. Propriétaires et ouvriers seront excités par les jouissances que leur offre la ville, par l'émulation qu'elle fait naître parmi eux, et par la facilité des gains, à employer à l'amélioration de leur sort toutes leurs forces intellectuelles et physiques.

La même différence se retrouve entre la nation qui réunit sur son territoire l'agriculture et l'industrie manufacturière et celle qui échange ses produits agricoles contre les articles des manufactures étrangères.

L'économie sociale d'une nation en général doit être appréciée d'après le principe de la division des tâches et de la combinaison des forces productives. La prospérité publique est dans la grande société qu'on appelle nation ce que l'aiguille est dans une fabrique d'aiguilles. La division supérieure des travaux dans la nation est celle des *travaux intellectuels* et des *travaux matériels*. Ils dépendent étroitement les uns des autres. Plus les producteurs intellectuels contribuent à développer la moralité, le sentiment religieux, les lumières, la liberté et le progrès politique, la sûreté des personnes et des propriétés au dedans, l'indépendance et la puissance de la nation au dehors; plus la production matérielle sera consi-

dérable, plus les producteurs matériels produiront de richesses, et plus la production intellectuelle pourra prendre d'essor.

La plus haute division des travaux, la plus haute combinaison des forces productives dans la production matérielle,
est celle de l'*agriculture* et de l'*industrie manufacturière*.
Ainsi que nous l'avons déjà montré, ces deux industries sont
solidaires l'une de l'autre.

Dans la nation, comme dans la fabrique d'aiguilles, la
puissance productive de chaque individu, de chaque branche
de travail, et finalement de l'ensemble des travaux, dépend
d'une juste proportion dans l'activité de tous les individus les
uns par rapport aux autres. C'est ce que nous appelons l'*é-
quilibre* ou l'*harmonie des forces productives*. Un pays peut
posséder trop de philosophes, de philologues et de littérateurs,
et trop peu d'industriels, de marchands et d'hommes de mer.
C'est la conséquence d'une culture littéraire avancée, qui n'est
appuyée ni par une industrie manufacturière avancée pareillement, ni par un vaste commerce intérieur et extérieur;
c'est comme si, dans une fabrique d'aiguilles, il se fabriquait
plus de têtes d'aiguilles que de pointes. Dans un pareil pays
les têtes d'aiguilles en excès consistent en une multitude de
livres inutiles, de systèmes subtils et de controverses savantes,
qui remplissent de ténèbres l'esprit de la nation plus qu'elles
ne l'éclairent, la détournent des occupations utiles, et, par
conséquent, empêchent le développement de sa puissance productive, presque autant que si elle possédait trop de prêtres et
pas assez d'instituteurs, trop d'hommes de guerre et pas assez
d'hommes d'état, trop d'administrateurs et pas assez de
juges et de défenseurs de la loi.

Une nation adonnée exclusivement à l'agriculture est comme
un individu qui, dans sa production matérielle, est privé d'un
bras. Le commerce n'est que l'intermédiaire entre l'agriculture et l'industrie manufacturières et entre leurs branches
particulières. Une nation qui échange ses produits agricoles
contre des articles des manufactures étrangères est un individu qui n'a qu'un bras, et qui s'appuie sur un bras étranger.

Cet appui lui est utile, mais il ne remplace pas le bras qui lui manque, par cela seul que son activité est soumise au caprice de l'étranger. En possession d'une industrie manufacturière, elle peut produire autant de denrées alimentaires et de matières brutes que ses propres manufactures en consomment ; dépendante des manufactures étrangères, elle ne peut produire en excédant que ce que les peuples étrangers ne peuvent pas produire eux-mêmes et ce qu'ils sont obligés d'acheter au dehors.

De même qu'entre les diverses parties d'un même pays, une division du travail et une association des forces productives existent entre les différents peuples du globe. Au lieu du commerce intérieur ou national, le commerce international leur sert d'intermédiaire. Mais l'association internationale des forces productives est très-imparfaite, en tant qu'elle est fréquemment interrompue par les guerres, par les restrictions, par les crises commerciales, etc. Bien qu'elle soit la plus élevée de toutes, puisqu'elle rattache les uns aux autres les différents peuples du globe, néanmoins, au point de vue de la prospérité particulière des nations déjà avancées en civilisation, elle est la moins importante, et c'est ce que l'école reconnaît par cette maxime, que le marché intérieur d'une nation est incomparablement plus considérable que son marché extérieur. Il s'ensuit qu'il est dans l'intérêt d'une grande nation de faire de l'association nationale des forces productives le principal objet de ses efforts et d'y subordonner l'association internationale.

La division internationale du travail, aussi bien que la division nationale, dépend en grande partie du climat et de la nature. On ne peut pas dans tous les pays produire du thé comme en Chine, des épices comme à Java, du coton comme à la Louisiane, du blé, de la laine, des fruits, des objets fabriqués comme dans les contrées de la zone tempérée. Une nation serait insensée de vouloir obtenir, par la division nationale du travail ou par la production indigène, des articles pour lesquels elle n'est pas douée par la nature et que la division interna-

tionale du travail, ou le commerce extérieur, pourra lui procurer meilleurs et à plus bas prix ; mais elle trahirait un manque de culture ou d'activité, si elle n'employait pas toutes les
forces mises à sa disposition pour satisfaire ses propres besoins et pour acquérir, au moyen d'un excédant de production,
les objets que la nature a refusés à son sol.

Les *pays les plus favorisés par la nature* pour la division à
la fois nationale et internationale du travail sont évidemment
ceux dont le sol produit en meilleure qualité et au plus bas
prix les objets de première nécessité, et dont le climat se prête
le mieux aux efforts du corps et de l'esprit, c'est-à-dire *les pays
de la zone tempérée.* C'est là surtout que fleurit l'industrie
manufacturière, au moyen de laquelle, non-seulement la nation
parvient au plus haut degré de développement intellectuel et
social et de puissance politique, mais encore se rend en quelque sorte tributaires les pays de la zone torride et les nations
d'une faible culture. Les pays de la zone tempérée sont par
conséquent appelés avant tous les autres à porter la division
nationale du travail au plus haut degré de perfection, et à employer la division internationale à l'augmentation de leur
richesse.

CHAPITRE IV.

L'ÉCONOMIE PRIVÉE ET L'ÉCONOMIE NATIONALE.

Nous avons prouvé à l'aide de l'histoire que l'unité de la
nation est la condition essentielle d'une prospérité durable ;
nous avons montré que là seulement où l'intérêt privé a été
subordonné à l'intérêt public, et où une suite de générations a
poursuivi un seul et même but, les peuples sont parvenus à
un développement harmonieux de leurs forces productives,
que, sans les efforts collectifs des individus d'une même gé-

nération ainsi que des générations successives en vue d'un but commun, l'industrie particulière ne saurait fleurir. Nous avons de plus, dans le précédent chapitre, essayé d'établir comment la loi de l'association des forces exerce son action bienfaisante dans une fabrique et comment elle opère avec la même énergie sur l'industrie de nations entières. Nous ferons voir dans celui-ci comment l'école a masqué son inintelligence des intérêts nationaux et des effets de l'association des forces nationales, en confondant les maximes de l'économie privée avec celles de l'économie publique.

« Ce qui est prudence dans la conduite de chaque famille en particulier, dit Adam Smith (1), ne peut guère être folie dans celle d'un grand empire... Tout en ne poursuivant que son propre intérêt, chaque individu travaille nécessairement pour l'intérêt de la société... Chaque individu, par ses connaissances locales et par l'attention qu'il met à ses affaires, est beaucoup mieux à même de juger du meilleur emploi à donner à ses capitaux que ne pourrait le faire un homme d'État ou un législateur. L'homme d'État qui entreprendrait de diriger les particuliers dans l'emploi de leurs capitaux, non-seulement s'embarrasserait du soin le plus inutile, mais s'arrogerait sur le producteur une autorité, qui ne saurait être plus dangereusement placée que dans les mains de l'homme assez présomptueux pour se croire capable de l'exercer. »

Adam Smith conclut de là que les restrictions commerciales en vue d'encourager l'industrie du pays sont absurdes, qu'une nation doit, comme un individu, acheter là où elle trouve le meilleur marché, et que, pour atteindre le plus haut degré de prospérité publique, on n'a qu'à suivre la maxime du laisser faire et du laisser passer. Smith et Say comparent une nation qui veut encourager son industrie à l'aide de droits protecteurs, à un tailleur qui voudrait confectionner ses chaussures et à un cordonnier qui établirait un péage à la porte de sa maison afin d'augmenter sa richesse.

(1) *Richesse des nations*, liv. IV, ch. II, *passim*.

Thomas Cooper, dans un livre dirigé contre le système protecteur américain (1), pousse à l'extrême cette idée, de même que toutes les erreurs de l'école. « L'économie politique, dit-il, est à peu près la même chose que l'économie privée de tous les individus ; la politique n'est point un élément essentiel de l'économie politique ; c'est folie de distinguer la société d'avec les individus dont elle se compose. Chacun sait parfaitement comment il doit employer son travail et ses capitaux. La richesse de la société n'est pas autre chose que l'agglomération de la richesse de tous les individus, et, si chaque individu connaît mieux que personne ses propres intérêts, le peuple le plus riche doit être celui chez lequel chaque individu est le plus entièrement abandonné à lui-même. »

Les partisans du système protecteur américain avaient répondu à cet argument déjà soutenu en faveur de la liberté du commerce par les négociants importateurs, que les lois de navigation avaient donné une vigoureuse impulsion à la marine marchande, au commerce extérieur et aux pêcheries des États-Unis, et que des millions étaient dépensés tous les ans sur la flotte uniquement pour la protection de la navigation maritime, que, d'après la théorie, ces lois et cette dépense étaient tout aussi condamnables que les droits protecteurs. « A tout prendre, s'écrie Cooper, il n'y a pas de commerce maritime qui vaille une guerre maritime ; c'est aux négociants à se protéger eux-mêmes. »

Ainsi l'école, qui avait commencé par ignorer la nationalité et les intérêts nationaux, aboutit à mettre leur existence en question et à laisser aux individus le soin de leur propre défense.

Eh quoi ! La sagesse de l'économie privée est-elle donc aussi la sagesse de l'économie publique ? Est-il dans la nature de l'individu de se préoccuper des besoins de l'avenir, comme c'est dans la nature de la nation et de l'État ? Considérez seu-

---

(1) *Leçons d'Économie politique*, par Thomas Cooper, *passim*.

lement, la fondation d'une ville américaine; chacun abandonné à lui-même ne songerait qu'à ses propres besoins ou tout au plus à ceux de sa descendance immédiate; tous les individus réunis en société se préoccupent des soins et des convenances des générations les plus éloignées; ils soumettent dans ce but la génération vivante à des privations et à des sacrifices qu'aucun homme de sens ne pourrait attendre des individus. L'individu peut-il, d'ailleurs, dans la conduite de ses affaires privées, avoir égard à la défense du pays, à la sûreté publique, à mille buts qui ne peuvent être atteints que par la société? La nation n'impose-t-elle pas à cet effet des restrictions à la liberté des individus? N'exige-t-elle pas le sacrifice d'une portion de leur gain, d'une portion de leur travail intellectuel et corporel, de leur vie même? Il faut, avec Cooper, détruire d'abord toute notion de l'État et de la société, avant d'adopter une pareille maxime.

Oui, ce qui serait folie dans l'économie privée peut être sagesse dans l'économie publique, et réciproquement, par la raison fort simple qu'un tailleur n'est pas une nation et qu'une nation n'est pas un tailleur, qu'une famille est tout autre chose qu'une association de millions de familles, et une maison qu'un vaste territoire.

Si l'individu connaît et entend mieux que personne son propre intérêt, il ne sert pas toujours par sa libre activité les intérêts de la nation. Nous demanderons à ceux qui siègent dans les tribunaux, s'il ne leur arrive pas souvent d'envoyer des individus aux travaux forcés pour excès d'imaginative et d'industrie. Les brigands, les voleurs, les contrebandiers et les escrocs connaissent parfaitement autour d'eux les choses et les hommes, et consacrent l'attention la plus vigilante à leurs affaires; mais il ne s'ensuit nullement que la société soit d'autant plus prospère que de pareils individus sont moins entravés dans l'exercice de leur industrie privée.

Dans mille cas l'autorité se voit obligée de mettre des entraves à l'industrie particulière. Elle interdit à l'armateur de charger des esclaves à la côte occidentale d'Afrique et de les

transporter en Amérique. Elle donne des prescriptions pour
la construction des bâtiments à vapeur et pour la police de la
navigation en mer, afin que les passagers et les matelots ne
soient pas abandonnés à la cupidité et au caprice des capitaines. Récemment même on a proposé en Angleterre certaines règles pour la construction des navires, parce qu'on
avait découvert une ligue infernale entre les compagnies
d'assurance et les armateurs, par laquelle des milliers de vies
humaines et des millions de valeurs étaient annuellement sa-
crifiés à l'avarice des particuliers. Dans l'Amérique du Nord,
le meunier s'engage, sous une pénalité, à ne pas enfermer
moins de 198 livres (un peu plus de 90 kil.) de bonne farine
dans un baril, et il y a des inspecteurs sur tous les marchés,
bien que dans aucune autre contrée on n'attache autant de
prix à la liberté individuelle. Partout l'autorité se croit tenue
de garantir le public contre les dangers et contre les dommages auxquels il est exposé, par exemple dans le commerce des denrées alimentaires et dans la vente des médica-
ments.

« Mais, nous répondra l'école, les cas que vous citez constituent des atteintes coupables à la propriété et à la sûreté
des personnes ; ce n'est pas là le commerce honnête qui
s'exerce sur des objets utiles ; ce n'est pas là l'activité innocente et profitable des particuliers ; celle-là, le gouvernement
n'a pas le droit de l'entraver. » Sans doute, tant que cette
activité est innocente et utile ; mais ce qui est innocent, utile
dans le commerce du globe en général, peut être nuisible et
dangereux dans le commerce du pays, et réciproquement.
En temps de paix et au point de vue cosmopolite, la course en
mer est une industrie nuisible ; en temps de guerre elle est
favorisée par les gouvernements. L'immolation préméditée
d'un homme est un crime en temps de paix, en temps de
guerre c'est un devoir. Le commerce de la poudre, du plomb
et des armes est permis pendant la paix, mais celui qui pendant
la guerre envoie de pareils articles à l'ennemi est puni comme
un traître.

Par de semblables motifs, le gouvernement est non-seulement autorisé, mais astreint à limiter et à réglementer dans l'intérêt de la nation un commerce innocent en lui-même. En décrétant des prohibitions et des droits protecteurs, il ne prescrit point aux individus, ainsi que l'école le soutient mensongèrement, l'emploi qu'ils doivent donner à leurs forces productives et à leur capitaux. Il ne dit point à celui-ci : « Tu placeras ton argent dans la construction d'un bâtiment ou dans l'établissement d'une manufacture ; » ni à celui-là : « Tu seras un capitaine de navire ou un ingénieur civil ; » il laisse chacun maître d'employer son capital comme il le jugera convenable, et de choisir la profession qui lui plaira. Il dit seulement : « Notre pays a intérêt à fabriquer lui-même tel ou tel article : mais, comme la libre concurrence de l'étranger nous empêcherait d'y réussir, nous la limitons autant que nous l'estimons nécessaire pour garantir ceux d'entre nous qui appliqueront leurs capitaux ou qui consacreront leurs forces physiques et intellectuelles à cette nouvelle branche d'industrie, pour les garantir contre la perte de leurs capitaux et contre la stérilité de leurs efforts, et pour inviter les étrangers à apporter parmi nous leur forces productives. » De la sorte le gouvernement n'entrave point l'industrie particulière ; au contraire, il ouvre aux forces personnelles et naturelles ainsi qu'aux capitaux du pays un plus vaste champ d'activité. Loin de faire ainsi rien que les individus sachent mieux et puissent faire mieux que lui, il fait ce que les particuliers, quelles que soient leurs lumières, seraient incapables d'exécuter eux-mêmes.

L'assertion de l'école, que le système protecteur entraîne une intervention illégitime et anti-économique du gouvernement dans l'emploi du capital et dans l'industrie des particuliers, tombe d'elle-même si nous considérons que ce sont les règlements commerciaux des étrangers qui sont coupables de pareils empiétements dans notre industrie privée, et que c'est seulement à l'aide du système protecteur que nous pouvons détourner les funestes conséquences de la politique étran-

gère. Quand les Anglais excluent nos grains de leurs marchés, que font-ils autre chose qu'interdire à nos cultivateurs
de semer le blé que, sous le régime de la libre importation,
ils auraient expédié en Angleterre ? S'ils frappent nos laines,
nos vins et nos bois de construction de droits si élevés que nos
envois en Angleterre cessent entièrement ou à peu près, quelques-unes de nos industries ne sont-elles pas entravées dans
une certaine mesure par le gouvernement britannique ? Il est
évident que, dans de pareils cas, la législation étrangère
donne à nos capitaux et à nos forces productives personnelles
une direction que sans elle ils auraient difficilement suivie. Il
suit de là que si nous négligions de donner, par notre propre
législation, à notre industrie nationale une direction conforme
à nos intérêts nationaux, nous ne pourrions pas empêcher du
moins les peuples étrangers de régler notre industrie nationale
dans leur intérêt réel ou supposé, et, en tout cas, de manière
à arrêter le développement de nos forces productives. Mais
lequel est le plus raisonnable, le plus avantageux à nos concitoyens, de laisser régler notre industrie privée par une législation étrangère, ou de la régler nous-mêmes conformément à
nos intérêts ? L'agriculteur allemand ou américain se sent-il
moins entravé, lorsqu'il est obligé chaque année d'étudier les
actes du parlement britannique, pour savoir s'il doit étendre
ou restreindre sa production de blé ou de laine, que lorsque la
législation de son pays met les articles des manufactures
étrangères moins à sa portée et lui assure en même temps
pour tous ses produits un marché qui ne peut plus lui être
ravi par les tarifs étrangers ?

Quand l'école prétend que les droits protecteurs procurent
aux fabricants du pays un monopole aux dépens des consommateurs du pays (1), elle fait une mauvaise chicane ; car,

(1) L'école, pour parler le langage de l'auteur n'admet pas ou n'admet
plus, quoiqu'on l'ait souvent soutenu en son nom, que la protection constitue un monopole absolu et permanent au profit des manufacturiers. Voici
à ce sujet une note de Ricardo, au chapitre xxii de ses *Principes de l'économie politique et de l'impôt.*

« M. Say pense que l'avantage des manufacturiers nationaux est plus que

tout individu dans le pays étant libre d'exploiter le marché intérieur assuré à l'industrie nationale, il n'y a point là de monopole privé ; il n'y a qu'un privilége octroyé à tous nos

temporaire. « Un gouvernement, dit-il, qui défend l'introduction d'une « marchandise étrangère, établit un monopole en faveur de ceux qui produi- « sent cette marchandise contre ceux qui la consomment, c'est-à-dire que « ceux de l'intérieur qui la produisent, ayant le privilége exclusif de la ven- « dre, peuvent en élever le prix au-dessus du taux naturel, et que les con- « sommateurs de l'intérieur, ne pouvant l'acheter que d'eux, sont obligés de « la payer plus cher. » Mais comment peuvent-ils maintenir constamment leurs produits au-dessus du prix naturel, lorsque chacun de leurs concitoyens a la possibilité de se livrer au même genre d'industrie ? Ils sont protégés contre la concurrence des étrangers et non contre celle des nationaux. Le mal réel que ressent un pays par l'effet de ces monopoles, s'il est permis de leur donner ce nom, vient, non de ce qu'ils font hausser le prix courant de ces produits, mais bien de ce qu'ils en font hausser le prix réel et naturel. En augmentant les frais de production, ils sont cause qu'une portion de l'indus- trie est employée d'une manière moins productive. »

J.-B. Say eut la bonne foi de convenir de son erreur.

« M. Ricardo, dit-il, me paraît avoir ici raison contre moi. En effet, quand le gouvernement prohibe un produit étranger, il ne saurait élever dans l'in- térieur les bénéfices qu'on fait sur sa production au-dessus du taux commun des profits ; car alors les producteurs de l'intérieur, en se livrant à ce genre de production, en ramèneraient bientôt, par leur concurrence, les profits au niveau de tous les autres. Je dois, dès lors, pour expliquer ma pensée, dire que je regarde le taux naturel d'une marchandise comme étant le prix le plus bas auquel on peut se la procurer par la voie du commerce ou par toute autre industrie. Si l'industrie commerciale peut la donner à meilleur marché que les manufactures, et si le gouvernement force à la produire par les ma- nufactures, il force dès lors à préférer une manière plus dispendieuse. »

En regard de cette dernière observation de J.-B. Say, je crois devoir re- produire l'aveu suivant d'Adam Smith : « A la vérité, il peut se faire qu'à l'aide de ces sortes de règlements, un pays acquière un genre particulier de manufacture plutôt qu'il ne l'aurait acquis sans cela, et qu'au bout d'un cer- tain temps, ce genre de manufacture se fasse dans le pays à aussi bon mar- ché ou à meilleur marché que chez l'étranger. » *Richesse des nations*, liv. IV, ch. II. (H. R.)

— Mac Culloch reproduit la même pensée : « L'avantage qui résulte du monopole est en réalité insignifiant. Par suite de la libre concurrence entre les producteurs nationaux, l'exclusion de certains produits fabriqués étran- gers ne peut élever au-dessus du niveau commun les profits de ceux qui en fabriquent de semblables dans le pays, et ne fait qu'attirer vers une branche particulière d'industrie une plus grande quantité de capitaux. On n'a jamais soutenu que les industries protégées soient plus lucratives que celles qui sont exposées à la concurrence. »

Ces déclarations de trois grands maîtres de la science économique ne sont

compatriotes vis-à-vis des étrangers, privilége d'autant plus légitime que les étrangers en possèdent chez eux un semblable, et que nos compatriotes sont mis ainsi sur le même pied qu'eux. Il n'y a de privilége absolu ni au profit des producteurs ni au détriment des consommateurs ; car, si les producteurs demandent dans le commencement des prix élevés, c'est qu'ils ont à faire face à de grands risques, à ces pertes, à ces sacrifices extraordinaires qui accompagnent toujours les débuts d'une fabrication. Mais, contre une indécente exagération des profits et contre leur durée indéfinie, les consommateurs trouvent une garantie dans la concurrence intérieure qui surgit ensuite, et qui, en général, fait tomber les prix beaucoup plus bas qu'il ne fussent descendus sous la libre concurrence de l'étranger. Si les agriculteurs, qui sont le principal débouché des manufactures, payent plus cher les articles fabriqués, ils sont largement dédommagés de cet inconvénient par une demande plus forte de leurs produits agricoles et par une élévation de leurs propres prix.

L'école fait un autre sophisme que masque la confusion de la théorie des valeurs et de celle des forces productives, lorsque de cette maxime, que la richesse nationale n'est que la réunion de la richesse de tous les individus, et que l'intérêt privé de chaque individu a plus de puissance que toutes les mesures des gouvernements pour la production et pour l'accumulation de la richesse, elle conclut que l'industrie nationale sera dans les meilleures conditions pour prospérer, si on laisse chaque individu poursuivre paisiblement ses travaux. On peut admettre la maxime, sans que la conclusion de l'école s'ensuive nécessairement ; car il ne s'agit pas, nous l'avons montré dans un précédent chapitre, d'accroître directement, au moyen des restrictions commerciales, la somme de valeurs échangeables du pays, mais bien celle de ses forces productives. Or, la somme des forces productives de la nation

pas d'accord avec les opinions des écrivains et des orateurs libre-échangistes, qui ont dénoncé les industriels protégés par de hauts droits comme des monopoleurs qui s'enrichissent aux dépens de la société.   (S. Colwell.)

n'équivaut par à la réunion des forces productives de tous les individus pris isolément ; elle dépend principalement de l'état social et politique, et, en particulier, du degré auquel la nation a réalisé chez elle la division du travail et l'association des forces productives / nous l'avons suffisamment établi dans le dernier chapitre.

Le système de l'école ne voit partout que des individus jouissant d'une entière liberté de relations les uns avec les autres, et satisfaits pourvu qu'on les abandonne à l'instinct naturel qui porte chacun à poursuivre son intérêt particulier. Il est évident que ce n'est pas là un système d'économie nationale, mais un système d'économie privée du genre humain, tel qu'il pourrait se concevoir sans l'intervention des gouvernements, sans la guerre, sans les mesures hostiles de l'étranger. Nulle part il n'explique par quels moyens les nations aujourd'hui florissantes sont parvenues au degré de puissance et de prospérité où nous les voyons, et par quelles causes d'autres ont perdu leur prospérité et leur puissance d'autrefois. Il enseigne comment, dans l'industrie privée, les agents naturels, le travail et le capital concourent à mettre sur le marché des objets ayant de la valeur, et de quelle façon ces objets se distribuent dans le genre humain et s'y consomment. Mais, les moyens à employer pour mettre en activité et en valeur les forces naturelles qui se trouvent à la disposition de tout un peuple, pour faire parvenir une nation pauvre et faible à la prospérité et à la puissance, elle ne les laisse pas entrevoir, par la raison que l'école, repoussant absolument la politique, ignore la situation particulière des différentes nations, et ne s'inquiète que de la prospérité du genre humain. Quand il s'agit du commerce international, c'est toujours l'habitant du pays qu'on oppose à l'étranger ; on emprunte tous les exemples aux relations particulières des commerçants ; on parle toujours de marchandises en général, sans distinguer entre les produits agricoles et les produits fabriqués, pour montrer qu'il est indifférent au pays que les importations et les exportations s'effectuent en argent, en

matières brutes ou en objets fabriqués, et qu'elles soient ou
non en équilibre. Si, par exemple, effrayés des crises commerciales qui sévissent dans l'Amérique du Nord comme un fléau
endémique, nous consultons cette théorie sur les moyens de
les éloigner ou d'en diminuer les ravages, elle nous laisse
dénués de toute consolation, de tout enseignement ; nous ne
pouvons pas même leur donner une explication scientifique,
parce que, sous peine de passer pour des obscurantistes ou
pour des ignorants, nous n'osons pas même prononcer le mot
de balance du commerce, qui retentit pourtant dans toutes
les assemblées législatives, dans toutes les administrations et
dans toutes les bourses. Pour le bien de l'humanité, c'est un
devoir pour vous de croire que les exportations se balancent
toujours d'elles-mêmes avec les importations, en dépit des
rapports publics où nous lisons comment la Banque d'Angleterre vient en aide à la nature des choses, en dépit des actes
sur les céréales, qui permettent difficilement aux agriculteurs
des pays en relations avec l'Angleterre de payer avec leurs
produits agricoles les articles fabriqués qu'ils consomment.

L'école n'admet pas de distinction entre les peuples qui ont
atteint un degré supérieur de développement économique, et
ceux qui sont placés plus bas sous ce rapport. Partout elle
veut exclure l'intervention de l'État, partout l'individu doit
être d'autant plus capable de produire que le gouvernement
s'occupe moins de lui. D'après cette doctrine, en vérité, les
sauvages devraient être les producteurs le plus actifs et les
plus riches du globe ; car nulle part d'individu n'est plus
abandonné à lui-même, nulle part l'intervention du gouvernement n'est moins sensible que dans l'état sauvage (1).

───────────

(1) Les économistes qui possèdent le plus d'autorité en Angleterre et sur
le continent, de quelque manière d'ailleurs qu'ils envisagent le commerce
international, sont loin, aujourd'hui, de professer la doctrine de l'abstention
de l'État vis-à-vis de l'industrie.

Mac Culloch, dans la dernière édition de ses *Principes d'économie politique*, combat avec énergie l'opinion, qu'en ce qui touche la production de
la richesse, les devoirs du gouvernement seraient purement négatifs et se
borneraient à garantir la sûreté des biens et la liberté de l'industrie. Les

La statistique et l'histoire enseignent, au contraire, que l'action du pouvoir législatif et de l'administration devient partout plus nécessaire à mesure que l'économie de la nation se développe. De même que la liberté inviduelle en général n'est bonne qu'autant qu'elle ne contrarie pas le but social, l'industrie privée ne peut raisonnablement prétendre à une activité sans limites qu'autant que cette activité est conciliable avec la prospérité de la nation. Mais, si l'activité des individus est impuissante, ou si elle est de nature à nuire à la nation, elle a droit de réclamer l'appui de la force collective du pays, ou elle doit se soumettre dans son propre intérêt à des restrictions légales. /

En représentant la libre concurrence des producteurs comme le moyen le plus sûr de développer la prospérité du

devoirs du gouvernement lui paraissent beaucoup plus étendus. Après avoir essayé de les définir dans un chapitre important, il résume ainsi ses idées à cet égard : « La maxime *ne pas trop gouverner* doit être constamment présente à la pensée des législateurs et des ministres. Lorsqu'ils songent à réglementer, ils entrent dans un sentier difficile, ils doivent s'y arrêter du moment qu'ils cessent de voir clair devant eux et qu'une énergique conviction ne les décide pas à avancer. Dans le cas contraire, ils ne doivent pas hésiter dans leur marche. Le nombre des cas dans lesquels le gouvernement doit intervenir est considérable, et c'est le devoir de la législature, après s'être édifiée par un examen attentif sur l'utilité d'une mesure, de l'adopter résolûment. » M. J. Stuart Mill, dans son récent traité, envisage la question au même point de vue, et consacre une partie considérable de son ouvrage à définir les devoirs du gouvernement vis-à-vis de l'industrie.

On connaît l'opinion sur la matière des hommes qui, parmi nous, sont, à des points de vue divers, les interprètes officiels de l'économie politique. Dans le discours d'ouverture de son cours de 1850, M. Chevalier prenait une position de sage milieu entre les hommes qui, dans ces derniers temps, ont exagéré l'action de l'État, et ceux qui, en face de doctrines funestes, ont reproduit, d'ailleurs avec verve et talent, le laissez faire du siècle dernier : « Un des plus graves défauts des doctrines qui se sont répandues dans ces derniers temps réside dans la prépondérance systématique qu'elles donnent à l'action de l'État. Ces doctrines partent d'une fausse notion de la nature humaine, car elles méconnaissent la puissance du ressort individuel. Elles conduiraient à une impitoyable tyrannie dont le joug serait avilissant. Je le crois, je l'enseigne. Mais; aussi bien, j'estime qu'une doctrine qui s'appuierait exclusivement sur l'intérêt personnel, qui récuserait toute intervention de l'autorité, et réduirait le gouvernement au rôle de gendarme, serait également fautive, également impraticable. »   (H. R.)

genre humain, l'école a parfaitement raison du point de vue où elle s'est placée. Dans l'hypothèse de l'association universelle, toute restriction à un commerce honnête entre des pays différents paraît déraisonnable et nuisible. Mais, tant que d'autres nations subordonneront les intérêts collectifs de l'humanité à leurs propres intérêts, il sera insensé de parler de libre concurrence entre individus de nations différentes. Les arguments de l'école en faveur de la libre concurrence ne sont donc applicables qu'aux relations des habitants d'un seul et même État. Une grande nation doit, par conséquent, s'efforcer de former un tout complet qui entretienne des relations avec d'autres unités de même espèce, dans la limite que comportent ses intérêts particuliers comme société ; or, on reconnaît que ces intérêts sociaux diffèrent immensément des intérêts privés de tous les individus de la nation, si l'on envisage chaque invidu isolément et non comme membre de l'association nationale, si, à l'exemple de Smith et de Say, on ne voit dans les individus que des producteurs et des consommateurs et non des citoyens ou des nationaux. En cette qualité, les individus n'ont nul souci de la prospérité des générations futures ; ils trouvent absurde, ainsi que Cooper nous l'a déjà démontré en effet, qu'on travaille à acquérir au prix des sacrifices certains du moment un bien encore incertain et placé dans les vastes lointains de l'avenir, quelque précieux qu'il soit d'ailleurs ; la durée de la nation leur importe peu ; ils abandonnent les navires de leurs négociants à l'audace des pirates ; ils s'inquiètent peu de la puissance, de l'honneur et de la gloire du pays ; tout au plus peuvent-ils prendre sur eux de s'imposer quelques sacrifices matériels pour élever leurs enfants et pour leur faire apprendre un métier, pourvu que les jeunes gens soient mis au bout de quelques années en état de gagner eux-mêmes leur pain.

Dans la théorie régnante, en effet, l'économie politique ressemble tellement à l'économie privée, que J.-B. Say, lorsque, par exception, il permet à l'État de protéger l'industrie nationale, y met cette condition, qu'il y ait apparence qu'au

bout de quelques années elle sera capable de vivre par elle-
même ; il la traite ainsi comme un apprenti cordonnier auquel on n'accorde que quelques années pour savoir son
métier de manière à pouvoir se passer de l'aide de ses parents.

CHAPITRE V.

LA NATIONALITÉ ET L'ECONOMIE DE LA NATION.

Le système de l'école, nous l'avons fait voir dans les précédents chapitres, présente trois défauts essentiels : premièrement un cosmopolitisme chimérique, qui ne comprend pas la
nationalité et qui ne se préoccupe pas des intérêts nationaux ;
en second lieu, un matérialisme sans vie, qui voit partout la
valeur échangeable des choses, sans tenir compte ni des intérêts moraux et politiques, ni du présent et de l'avenir, ni
des forces productives de la nation ; troisièmement un parti-
cularisme, un individualisme désorganisateur, qui, méconn-
naissant la nature du travail social et l'opération de l'association
des forces dans ses conséquences les plus élevées, ne
représente au fond que l'industrie privée telle qu'elle se déve-
lopperait dans de libres rapports avec la société, c'est-à-dire
avec le genre humain tout entier, s'il n'était pas partagé en
différentes nations.

Mais, entre l'individu et le genre humain existe la nation,
avec son langage particulier et sa littérature, avec son origine
et son histoire propres, avec ses mœurs et ses habitudes, ses
lois et ses institutions, avec ses prétentions à l'existence, à
l'indépendance, au progrès, à la durée, et avec son territoire
distinct ; association devenue, par la solidarité des intelligences et des intérêts, un tout existant par lui-même, qui reconnaît chez elle l'autorité de la loi, mais vis-à-vis des autres

sociétés semblables possède encore sa liberté naturelle, et par conséquent, dans l'état actuel du monde, ne peut maintenir son indépendance que par ses propres forces et par ses ressources particulières. De même que l'individu acquiert, principalement par la nation et dans le sein de la nation, culture intellectuelle, puissance productive, sûreté et bien-être, la civilisation du genre humain ne peut se concevoir et n'est possible qu'au moyen de la civilisation et du développement des nations.

Il existe d'ailleurs actuellement entre les nations d'énormes différences ; nous trouvons parmi elles des géants et des nains, des corps bien constitués et des avortons, des civilisés, des demi-barbares et des barbares. Mais toutes, aussi bien que les individus, ont reçu de la nature l'instinct de la conservation et le désir du progrès. C'est la mission de la politique de civiliser les nationalités barbares, d'agrandir les petites et de fortifier les faibles, et, avant tout, d'assurer leur existence et leur durée. La mission de l'économie politique est de faire l'éducation économique de la nation et de préparer celle-ci à entrer dans la société universelle de l'avenir.

La nation normale possède une langue et une littérature, un territoire pourvu de nombreuses ressources, étendu, bien arrondi, une population considérable ; l'agriculture, l'industrie manufacturière, le commerce et la navigation y sont harmonieusement développés ; les arts et les sciences, les moyens d'instruction et la culture générale y sont à la hauteur de la production matérielle. La constitution politique, les lois et les institutions y garantissent aux citoyens un haut degré de sûreté et de liberté, y entretiennent le sentiment religieux, la moralité et l'aisance, ont pour but, en un mot, le bien de tous. Elle possède des forces de terre et de mer suffisantes pour défendre son indépendance et pour protéger son commerce extérieur. Elle exerce de l'influence sur le développement des nations moins avancées qu'elle ; et, avec le trop-plein de sa population et de ses capitaux intellectuels et matériels, elle fonde des colonies et enfante des nations nouvelles.

Une population considérable et un territoire vaste et pourvu de ressources variées sont des éléments essentiels d'une nationalité normale, les conditions fondamentales de la culture morale comme du développement matériel et de la puissance politique. Une nation bornée dans sa population et dans son territoire, surtout si elle parle une langue particulière, ne peut offrir qu'une littérature rabougrie, que des établissements nains pour l'encouragement des sciences et des arts. Un petit État ne peut, dans l'enceinte de son territoire, pousser à leur perfection les différentes branches de travail. Toute protection y constitue un monopole privé. Ce n'est que par des alliances avec des nations plus puissantes, par le sacrifice d'une portion des avantages de la nationalité et au moyen d'efforts extraordinaires, qu'il peut maintenir péniblement son existence.

.. Une nation qui ne possède ni littoral ni navigation marchande ni forces navales ou qui n'a pas en sa puissance les embouchures de ses fleuves, dépend des autres peuples pour son commerce extérieur ; elle ne peut ni établir de colonies ni enfanter des nations nouvelles ; le trop-plein de sa population, de ses ressources morales et matérielles, qui se répand sur les pays non encore cultivés, est perdu tout entier pour sa littérature, pour sa civilisation, pour son industrie, et profite à d'autres nationalités.

. Une nation dont le territoire n'est pas arrondi par des mers et par des chaînes de montagnes, est exposée aux attaques de l'étranger et ne peut qu'à l'aide de grands sacrifices, et en tous cas, d'une manière très-insuffisante, établir chez elle un système de douane.

Les imperfections territoriales sont corrigées, soit par une succession, comme il est arrivé pour l'Angleterre et l'Écosse, soit par un achat, comme pour la Floride et la Louisiane, soit encore par la conquête, comme pour la Grande-Bretagne et l'Irlande.

Récemment on a recouru à un quatrième moyen, qui mène au but d'une manière plus conforme au droit ainsi qu'au bien des peuples et qui ne dépend pas du hasard comme la succession, savoir l'association des intérêts des États au moyen de traités librement consentis. C'est par son association douanière que la nation allemande a acquis la jouissance d'un des plus importants attributs de la nationalité. Toutefois cette institution ne doit pas être considérée comme parfaite, tant qu'elle ne s'étendra pas à tout le littoral, des embouchures du Rhin aux frontières de la Pologne, y compris la Hollande et le Danemark. Une conséquence naturelle de cette union est l'admission de ces deux pays dans la Confédération germanique, partant, dans la nationalité allemande, qui obtiendra ainsi ce qui lui manque aujourd'hui, savoir des pêcheries et des forces de mer, un commerce maritime et des colonies. Les deux peuples appartiennent d'ailleurs par leur origine et par toute leur existence à la nationalité allemande. La dette dont le fardeau les accable n'est qu'une suite d'efforts excessifs pour maintenir leur indépendance, et il est dans la nature des choses que le mal atteigne un point où il devienne insupportable, et où l'incorporation dans une plus grande nationalité leur semble à eux-mêmes désirable et nécessaire.

La Belgique a besoin de s'associer avec une voisine plus puissante, pour remédier aux inconvénients de l'exiguité de son territoire et de sa population. L'Union américaine et le Canada, à mesure qu'ils se peupleront et que le système protecteur américain se développera, se sentiront plus attirés l'un vers l'autre, et l'Angleterre sera plus impuissante à empêcher entre eux une confédération.

Sous le rapport économique, les nations ont à parcourir les phases de développement que voici : état sauvage, état pastoral, état purement agricole, état à la fois agricole, manufacturier et commerçant (1).

(1) Cette distinction des quatre degrés dans le développement économique des nations de la zone tempérée a eu un grand succès, qu'elle méritait à beaucoup d'égards. Elle a été cependant attaquée par quelques-uns, qui y cherchaient une rigoureuse précision scientifique, à laquelle, dans ses grandes lignes, elle ne prétendait pas. Elle n'implique nullement que le développement de toutes les nations soit le même, qu'elles aient été toutes desti-

L'histoire de l'industrie montre, et nulle part plus clairement qu'en Angleterre, que le passage de l'état sauvage à
l'élève du bétail, celui de l'élève du bétail à l'agriculture et
celui de l'agriculture aux premiers essais dans les manufactures et dans la navigation, s'opère de la manière la plus rapide et la plus avantageuse par le libre commerce avec les
cités et avec les États plus avancés ; mais une industrie manufacturière perfectionnée, une marine marchande considérable
et un vaste commerce extérieur ne peuvent s'acquérir que par
l'intervention du gouvernement.

Moins l'agriculture a fait de progrès, plus le commerce
extérieur offre occasion d'échanger l'excédant des produits
agricoles et des matières brutes du pays contre les articles
fabriqués de l'étranger ; plus en même temps la nation est
plongée dans la barbarie et a besoin du régime de la monarchie absolue, et plus le libre commerce, c'est-à-dire l'exportation des produits agricoles et l'importation des produits manufacturés, concourt à sa prospérité et sa civilisation.

Au contraire, plus l'agriculture est développée chez un
peuple ainsi que les arts utiles et l'état social et politique en
général, moins il peut tirer d'avantages de l'échange de ses
produits agricoles et de ses matières brutes contre des produits manufacturés exotiques, plus la concurrence de nations
manufacturières plus avancées lui cause de mal.

C'est seulement chez des peuples semblables, c'est-à-dire
chez ceux qui possèdent toutes les qualités, toutes les ressources morales et matérielles requises pour établir chez eux une
industrie manufacturière et pour parvenir ainsi au plus haut
degré de civilisation, de prospérité, de puissance politique,
mais que la concurrence d'une industrie étrangère déjà fort
avancée arrêterait dans leurs progrès, c'est chez eux seulement que les restrictions commerciales en vue de créer
et de soutenir une industrie manufacturière peuvent être

nées à parcourir les mêmes phases et à les parcourir dans le même ordre. Le
quatrième degré, en particulier, comporte bien des inégalités et bien des
diversités. (H. R.)

légitimes ; elles ne le sont que jusqu'à ce que cette industrie devienne assez forte pour ne plus craindre la concurrence étrangère ; elles ne le sont dans cet intervalle que dans la mesure nécessaire pour protéger cette industrie dans ses fondements.

Le système protecteur serait contraire non-seulement aux maximes de l'économie cosmopolite, mais encore à l'intérêt bien entendu de la nation, s'il excluait complétement et tout d'un coup la concurrence étrangère, s'il isolait la nation du reste du monde. Lorsque l'industrie manufacturière est encore dans la première phase de son développement, les droits protecteurs doivent être très-modérés ; ils doivent s'élever peu à peu, à mesure que s'accroissent dans le pays les capitaux intellectuels et matériels, l'habileté technique et l'esprit d'entreprise. Il n'est d'ailleurs pas nécessaire que toutes les branches d'industrie soient également protégées. Les plus importantes, celles dont l'exploitation exige un grand capital fixe et circulant, beaucoup de machines, partant beaucoup de connaissances techniques, de dextérité et d'expérience, et un grand nombre de bras, dont les produits se rangent parmi les premières nécessités de la vie, et présentent, par conséquent, une importance considérable sous le rapport de leur valeur totale de même qu'au point de vue de l'indépendance du pays, telles que la fabrication de la laine, du coton ou du lin, celles-là seules ont droit à une protection spéciale (1). Lorsqu'elles sont convenablement appréciées et développées, toutes les autres branches de moindre importance grandissent autour d'elles, même avec une protection moindre. Là où le salaire est élevé et la population peu considérable relativement à l'étendue du territoire, par exemple aux États-Unis, l'intérêt de la nation lui commande de protéger moins les industries qui emploient peu de machines que celles où les machines

---

(1) Est-ce à dire, comme on l'a prétendu avec une étrange irréflexion, que List s'intéresse de préférence aux gros manufacturiers? Non; mais les mesures restrictives ne sont légitimées à ses yeux que par un grand intérêt national.   (H. R.)

exécutent la plus grande partie de la besogne, pourvu que les peuples qui lui apportent les produits des premières industries accordent à ses produits agricoles un libre accès.

L'école méconnaît complétement la nature des rapports économiques entre les peuples, quand elle croit que l'échange des produits agricoles contre des produits manufacturés est tout aussi utile à la civilisation, à la prospérité et en général aux progrès sociaux de pareilles nations que l'établissement dans leur propre sein d'une industrie manufacturière. Une nation purement agricole ne développera pas à un haut degré son commerce intérieur et extérieur, ses voies de communication, sa navigation marchande ; elle n'accroîtra pas sa population en même temps que sa prospérité : elle n'accomplira pas de progrès sensibles dans sa culture morale, intellectuelle, sociale et politique ; elle n'acquerra pas une grande puissance politique ; elle ne sera pas capable d'influer sur la civilisation et sur les progrès des peuples moins avancés ni de fonder des colonies. Le pays purement agriculteur est infiniment au-dessous du pays à la fois agriculteur et manufacturier. Le premier, économiquement et politiquement, dépend toujours plus ou moins des nations étrangères qui lui prennent ses produits agricoles en retour de leurs articles fabriqués. Il ne peut pas déterminer lui-même l'étendue de sa production ; il faut qu'il attende les achats de l'étranger. Les acheteurs, qui sont des peuples à la fois agriculteurs et manufacturiers, produisent eux-mêmes des quantités immenses de matières brutes et de denrées alimentaires, et ne demandent aux peuples agriculteurs que de quoi combler leur déficit. Ceux-ci dépendent donc, pour leur vente, de l'éventualité d'une récolte plus ou moins abondante chez les peuples agriculteurs et manufacturiers ; ils ont de plus pour rivaux d'autres peuples agriculteurs, de sorte qu'un débouché déjà très-incertain devient plus incertain encore. Enfin ils sont exposés à voir leurs relations avec les nations manufacturières interrompues par la guerre ou par des mesures commerciales, et ils éprouvent alors le double inconvénient de ne point trouver d'acheteurs pour le trop-plein de leur production agricole et d'être privés des articles fabriqués dont ils ont besoin. Un peuple purement agriculteur, nous l'avons déjà dit, est un individu qui n'a qu'un bras et qui se sert d'un bras étranger, dont le secours, toutefois, ne lui est pas toujours assuré; un peuple à la fois agriculteur et manufacturier est un individu disposant de deux bras, qui lui appartiennent.

Une erreur fondamentale de l'école est de représenter le système protecteur comme une conception bâtarde de politiques spéculatifs. L'histoire est là pour attester que les mesures de protection ont eu pour causes, soit l'effort naturel des nations vers la prospérité, l'indépendance et la puissance, soit la guerre et les mesures hostiles de peuples manufacturiers et prépondérants.

L'idée d'indépendance et de puissance naît avec celle de nation. L'école n'en a tenu compte, parce qu'elle a pris pour objet de ses recherches, non point l'économie des différentes nations, mais l'économie de la société en général, c'est-à-dire du genre humain tout entier. Si l'on imagine toutes les nations réunies dans une confédération universelle, il n'y a plus à s'occuper de l'indépendance et de la puissance de chacune d'elles. La garantie de leur indépendance réside dans la constitution légale de la société universelle, de même, par exemple, que la garantie de l'indépendance des États de Rhode-Island et de Delaware réside dans celle de l'Union américaine. Depuis que cette union existe, ces petits États ne se sont jamais avisés de songer à l'accroissement de leur puissance politique, ni de se croire moins indépendants que les grands États avec lesquels ils sont unis.

Quelque conforme à la raison que soit l'association universelle, il serait insensé de la part d'une nation de régler sa politique dans l'attente de cette association et de la paix perpétuelle, comme si c'étaient déjà des faits accomplis. Nous le demandons, un homme de sens ne taxerait-il pas d'extravagance un gouvernement qui, confiant dans les avantages de la paix perpétuelle, licencierait ses armées, démolirait ses bâtiments de guerre et raserait ses forteresses? Un pareil gouvernement ne ferait pas autre chose que ce que l'école réclame des peuples, en les invitant, sur la foi des avantages du libre commerce, à renoncer à ceux de la protection.

La guerre exerce une action destructive sur les rapports commerciaux de peuple à peuple. Par elle l'agriculteur qui habite un pays est violemment séparé du manufacturier qui réside dans un autre pays. Tandis que le manufacturier, surtout s'il appartient à un peuple navigateur et commerçant sur une grande échelle, trouve encore aisément à s'approvisionner chez les agriculteurs de son propre pays ou dans d'autres contrées agricoles qui lui sont ouvertes, l'habitant du pays agricole souffre doublement de cette perturbation dans les rapports. Il manque alors de tout débouché pour ses produits, partant de tout moyen de solder les articles manufacturés dont le commerce lui a fait un besoin; il se voit restreint à la fois dans sa production et dans sa consommation.

Lorsqu'une nation agricole, ainsi restreinte par la guerre dans sa production et dans sa consommation, a déjà une population, une civilisation et une agriculture suffisamment développées, l'interruption du commerce causée par la guerre fait naître chez elle des manufactures et des fabriques. La guerre opère sur elle comme un système de prohibition. Elle comprend ainsi l'immense avantage que procure la possession d'une industrie manufacturière, et elle reconnaît par le fait qu'à cette interruption du commerce elle a plus gagné que perdu. Elle se pénètre de l'idée qu'elle est appelée à passer de la situation de nation purement agricole à celle de nation agricole et manufacturière, et d'atteindre ainsi le plus haut degré de prospérité, de civilisation et de puissance. Mais, après que ce peuple a déjà fait de grands pas dans la carrière des manufactures que la guerre lui a ouverte, si la paix se rétablit et que les deux nations veuillent renouer leurs anciennes relations, alors toutes les deux s'aperçoivent que la guerre a donné naissance à de nouveaux intérêts que la reprise des échanges antérieurs ruinerait totalement. Le peuple agriculteur reconnaît que, pour rouvrir le débouché extérieur à ses produits agricoles, il aurait à sacrifier l'industrie manufacturière qui s'est élevée chez lui dans l'intervalle ; la nation manufacturière comprend qu'une partie de la production agricole qui s'est développée chez elle durant la guerre serait anéantie par une libre importation. Toutes les deux essaient donc de protéger ces intérêts au moyen des droits d'entrée. Telle est l'histoire de la politique commerciale pendant les cinquante dernières années.

La guerre a fait surgir les systèmes protecteurs modernes, et nous n'hésitons pas à soutenir qu'il était dans l'intérêt des puissances manufacturières de second et de troisième ordre de les maintenir et de les compléter, quand bien même, après le retour de la paix, l'Angleterre n'eût pas commis l'énorme faute de restreindre l'importation des denrées alimentaires et des matières brutes, par conséquent, de laisser subsister jusque pendant la paix les motifs de la protection. De même qu'une nation primitive et dont l'agriculture est à l'état barbare ne peut avancer que par le commerce avec des peuples manufacturiers et policés, celle qui a atteint un certain degré de culture ne peut parvenir qu'à l'aide de l'industrie manufacturière au plus haut point de prospérité, de civilisation et de puissance. Une guerre qui facilite le passage du régime agricole au régime agricole et manufacturier est donc une bénédiction pour un pays. C'est ainsi que la guerre de l'indépendance de l'Amérique du Nord, malgré les énormes sacrifices qu'elle a coûtés, y a été pour toutes les générations futures un véritable bienfait. Au contraire, une paix qui rejette dans l'agriculture pure et simple un peuple appelé à exercer l'industrie manufacturière, est pour lui une malédiction, et lui est incomparablement plus nuisible que la guerre.

Heureusement pour les puissances manufacturières de second et de troisième rang, l'Angleterre, après le rétablissement de la paix générale, a d'elle-même arrêté sa marche vers le monopole manufacturier du globe, en limitant l'importation des denrées alimentaires et des matières brutes. Au surplus, si les agriculteurs anglais, qui, durant la guerre, avaient eu la possession exclusive du marché intérieur, eussent été gravement affectés, au commencement, par la concurrence étrangère, plus tard, ainsi que nous l'expliquerons avec détail dans un autre endroit, ils auraient été largement dédommagés de leurs pertes par le monopole manufacturier que leur pays aurait obtenu.

Il ne serait que plus insensé de la part des nations manufacturières de second et de troisième ordre, chez lesquelles l'industrie a été appelée à la vie par vingt-cinq années de guerre et a été tellement consolidée ensuite par vingt-cinq années d'interdiction du marché anglais à leurs produits agricoles, qu'il ne lui faut plus peut-être que dix ou quinze ans d'une protection énergique pour soutenir la libre concurrence de l'industrie anglaise ; il ne serait que plus insensé, disons-nous, après les sacrifices d'un demi-siècle, de renoncer aux immenses avantages attachés à l'industrie manufacturière, et, du haut degré de culture, de prospérité et d'indépendance qui caractérise les pays à la fois agriculteurs et manufacturiers, de descendre au rang inférieur de peuples agriculteurs dépendants, par cela seul qu'il plaît aujourd'hui à l'Angleterre de reconnaître sa faute et de pressentir l'élévation prochaine des nations du continent qui rivalisent avec elle.

Supposez même que l'intérêt manufacturier en Angleterre acquière assez d'influence pour obliger à des concessions, en ce qui touche l'importation des produits agricoles, la chambre haute entièrement composée de grands propriétaires fonciers, et la chambre des communes où les gentilshommes de la campagne (country squires) sont en majorité, qui nous garantit qu'au bout de quelques années un nouveau ministère tory, dans d'autres circonstances, ne fera pas passer un nouveau bill des céréales (1)? Qui nous répondra qu'une nouvelle

(1) On sait que l'intérêt manufacturier, avec Cobden pour athlète, a obtenu en effet ces concessions en 1846; on sait de plus que le ministère tory de

guerre maritime, un nouveau système continental ne séparera pas les agriculteurs du continent des manufacturiers insulaires, et n'obligera pas les nations de l'Europe de se remettre aux manufactures et d'employer de nouveau le meilleur de leurs forces à surmonter les premières difficultés, pour tout sacrifier ensuite à la paix ?

Ainsi l'école condamnerait les peuples du continent à rouler perpétuellement le rocher de Sisyphe, à élever toujours des fabriques pendant la guerre pour les laisser tomber toujours au retour de la paix.

L'école n'a pu aboutir à de si absurdes résultats que parce que, en dépit du nom qu'elle a donné à sa science, elle en a complétement exclu la politique (1), en méconnaissant absolument la nationalité, en ne tenant aucun compte des effets de la guerre sur le commerce entre des nations différentes.

Tout autres sont les rapports entre l'agriculteur et le manufacturier, lorsque tous deux habitent un seul et même pays, et sont unis ainsi l'un à l'autre par la paix perpétuelle. Toute extension, tout perfectionnement d'une fabrique déjà existante augmente la demande des produits agricoles. Cette demande n'est point incertaine, elle ne dépend point des lois ni des fluctuations commerciales de l'étranger, des agitations politiques ni des guerres, des inventions ni des progrès, ni enfin des récoltes de l'étranger; le cultivateur du pays ne la partage point avec ceux du dehors, il en est sûr tous les ans. Quel que soit l'état de la récolte dans les autres pays, quelques troubles qui puissent s'élever dans le monde politique,

---

1852, loin de les retirer, a été amené à les confirmer solennellement. Qu'il nous soit permis de renvoyer ici, pour le tableau détaillé de ces événements, à notre *Histoire de la réforme commerciale en Angleterre.*   (II. R.)

(1) La science pourrait tout aussi bien s'appeler l'économie *publique* ou *sociale* que l'économie *politique*, nom que l'usage a consacré et qui ne signifie pas autre chose que l'économie de la cité, de la nation par opposition à l'économie particulière ; mais, quelle que soit sa dénomination, il ne lui est pas permis de faire abstraction des données générales de la politique.

(H. R.)

il peut compter sur l'écoulement de ses produits et sur son approvisionnement en articles fabriqués à des prix raisonnables et constants. D'un autre côté, chaque amélioration dans l'agriculture du pays, chaque culture nouvelle est un nouveau stimulant pour les fabriques du pays ; car tout accroissement de la production agricole y a pour conséquence une augmentation correspondante de la production manufacturière. Par cette action réciproque de ces deux grandes industries, le progrès de la nation est assuré pour toujours.

La puissance politique ne garantit pas seulement à la nation l'accroissement de sa prospérité par le moyen du commerce extérieur et des colonies, elle lui assure de plus la possession de cette prospérité et de son existence nationale, qui importe infiniment plus que la richesse matérielle. Par son acte de navigation, l'Angleterre a acquis la puissance politique, et, par la puissance politique, elle a été mise à même d'étendre sa suprématie manufacturière sur tous les peuples. Mais la Pologne a été rayée de la liste des nations, faute de posséder une bourgeoisie vigoureuse que l'industrie manufacturière seule eût pu appeler à l'existence.

L'école ne peut nier que le commerce intérieur d'un peuple est dix fois plus considérable que son commerce avec l'étranger, même lorsque ce dernier est à son plus haut point de splendeur ; mais elle a omis d'en tirer la conséquence, si simple cependant, qu'il est dix fois plus utile d'exploiter et de conserver son marché intérieur que de chercher la richesse au dehors, et que le commerce extérieur ne peut être important que là où l'industrie nationale est parvenue à un haut degré de développement.

L'école n'a envisagé le marché que du point de vue cosmopolite et nullement du point de vue politique. La plus grande partie des côtes du continent européen se trouvent dans le rayon naturel d'approvisionnement des fabricants de Londres, de Liverpool ou de Manchester ; les fabricants des autres pays ne sauraient pour la plupart lutter contre eux dans leurs propres cités maritimes. Des capitaux plus considérables, un

marché intérieur plus étendu et entièrement à eux, qui leur
permet de fabriquer sur une plus grande échelle et, par conséquent, à meilleur marché, des procédés plus avancés, enfin
le bas prix du transport par mer, assurent aujourd'hui aux
manufacturiers anglais vis-à-vis de ceux du pays des avantages
qu'une longue et persévérante protection et le perfectionnement des voies de communication peuvent seuls procurer à
ces derniers. Or, le marché du littoral est d'une haute importance pour une nation tant au point de vue des débouchés du
dedans que de ceux du dehors ; et une nation dont le littoral
appartient au commerce étranger plus qu'au sien propre est
à la fois économiquement et politiquement divisée. Que dis-
je? il ne peut pas y avoir pour une nation de situation plus
fâcheuse, sous l'un et sous l'autre rapport, que de voir ses
places maritimes sympathiser plus vivement avec l'étranger
qu'avec elle-même.

La science ne doit pas mettre en question la nationalité,
elle ne doit pas l'ignorer ni la défigurer dans un but cosmopolite. On ne peut atteindre un pareil but qu'en se conformant à la nature et en essayant d'élever les différents peuples
d'après ses lois. Voyez le peu de succès que les leçons de l'é-
cole ont obtenu jusqu'ici dans la pratique. C'est moins la faute
des praticiens, qui ont assez exactement compris les intérêts
nationaux, que celle de théories contraires à l'expérience, devant lesquelles la pratique à dû se troubler. Ces théories ont-
elles empêché des peuples aussi peu avancés que ceux de
l'Amérique du Sud d'adopter le système protecteur? Ont-
elles empêché d'étendre la protection à la production des
denrées alimentaires et des matières brutes, production qui
n'a pas besoin d'être protégée et sur laquelle toute restriction
ne peut que nuire à la fois au peuple qui l'a établie et à celui
contre lequel elle l'a été? Ont-elles empêché de comprendre
les articles fabriqués les plus délicats, les objets de luxe,
parmi ceux qui doivent être protégés, bien qu'évidemment
ils puissent être abandonnés à la concurrence sans le moindre
danger pour la prospérité du pays? Non! la théorie n'a jus-

qu'à présent opéré aucune réforme capitale (1), et elle n'en opérera aucune tant qu'elle restera en contradiction avec la nature des choses. Qu'elle s'appuie sur cette même nature des choses, et elle en accomplira de considérables.

Tout d'abord elle rendra un grand service à toutes les nations, si elle prouve que les entraves au commerce des produits naturels et des matières brutes causent le plus grand dommage à la nation même qui les établit, et que le système protecteur n'est légitime qu'autant qu'il a pour but l'*éducation industrielle du pays*. En appuyant sur de sages principes le système protecteur appliqué aux manufactures, elle décidera les États chez lesquels le système prohibitif subsiste encore, la France par exemple, à y renoncer peu à peu. Les manufacturiers ne s'opposeront point à ce changement, du moment qu'ils auront acquis la certitude que les théoriciens, loin de poursuivre leur ruine, admettent le maintien et le développement des manufactures existantes comme bases d'une saine politique commerciale.

Si la théorie enseigne aux Allemands qu'ils ne peuvent utilement encourager leur industrie manufacturière que par une élévation graduelle, puis ensuite par une diminution, graduelle pareillement, de leur droits protecteurs, et que la concurrence étrangère dans une certaine mesure ne peut qu'aider au progrès de leurs fabriques, elle rendra en définitive à la liberté du commerce un plus grand service qu'en concourant à la ruine de l'industrie allemande.

La théorie ne doit pas exiger des États-Unis qu'ils abandonnent à la libre concurrence de l'étranger les branches de fabrication dans lesquelles ils sont secondés par le bas prix des

(1) C'est bien cependant au nom de la théorie combattue ou du moins limitée par List, que s'est accomplie la réforme anglaise, réforme capitale assurément; mais si Adam Smith a fourni des arguments pour l'abolition du système protecteur au delà du détroit, l'honneur de sa chute revient surtout à ces inventions des Watt, des Arkwright et de tant d'autres qui ont porté si haut la puissance productive de la Grande-Bretagne; de sorte que la réforme anglaise est une éclatante confirmation de la doctrine de List, qui l'avait prévue et annoncée.   (H. R.)

matières brutes et des denrées alimentaires ainsi que par la puissance des machines ; mais elle ne trouvera pas de contra-diction, si elle soutient que les États-Unis, tant que le salaire y sera infiniment plus élevé que dans les pays d'ancienne culture, travailleront efficacement au développement de leurs forces productives, de leur civilisation et de leur puissance politique, en accordant l'accès le plus facile aux articles fa-briqués dans le prix desquels la main-d'œuvre constitue l'élé-ment principal, sous la condition que les autres pays admet-tront leurs produits agricoles et leurs matières brutes.

La théorie de la liberté du commerce trouvera alors bon accueil en Espagne, en Portugal et à Naples, en Turquie, en Égypte, dans toutes les contrées plus ou moins barbares et sous tous les climats chauds. On ne concevra plus dans ces pays, au degré de civilisation où ils sont actuellement, l'idée extra-vagante de créer une industrie manufacturière au moyen du système protecteur.

L'Angleterre, alors, cessera de croire qu'elle est appelée au monopole manufacturier du globe. Elle ne demandera plus que la France, l'Allemagne et les États-Unis sacrifient leurs manufactures à l'avantage de voir admettre chez elle leurs produits agricoles et leurs matières brutes. Elle recon-naîtra la légitimité du système protecteur dans ces contrées, tout en étendant chez elle de plus en plus la liberté du com-merce, instruite qu'elle sera par la théorie qu'une nation par-venue à la suprématie manufacturière ne peut préserver ses fabricants et ses négociants du recul et de l'indolence que par la libre importation des denrées alimentaires et des matières brutes et par la concurrence des articles étrangers.

L'Angleterre suivra une marche entièrement opposée à celle qu'elle a suivie jusqu'à présent ; au lieu de solliciter les au-tres peuples à adopter la liberté du commerce tout en conser-vant chez elle le système prohibitif le plus rigoureux, elle leur ouvrira son propre marché sans se préoccuper de leurs sys-tèmes protecteurs. Elle ajournera son espoir de l'avénement de la liberté du commerce jusqu'au moment où d'autres peuples n'auront plus à redouter de la libre concurrence la destruction de leurs fabriques.

En attendant que ce jour arrive, l'Angleterre s'indemnisera de la diminution que les systèmes protecteurs étrangers feront subir à ses exportations d'objets manufacturés de consommation générale, par des envois plus considérables d'articles plus fins et par l'ouverture de nouveaux débouchés.

Elle pacifiera l'Espagne, l'Orient, les États de l'Amérique centrale et méridionale, elle emploiera son influence dans tous les pays barbares ou à demi barbares de cette partie du monde, ainsi que de l'Asie et de l'Afrique, pour qu'ils aient des gouvernements éclairés et forts, pour que la sûreté des biens et des personnes y règne, pour que des routes et des canaux y soient construits, l'instruction et les lumières, la moralité et l'industrie encouragées, le fanatisme, la superstition et la paresse anéanties. Si en même temps elle lève ses restrictions d'entrée sur des denrées alimentaires et sur les produits bruts, ses exportations d'objets manufacturés s'accroîtront dans une énorme proportion et beaucoup plus sûrement que si elle continuait à spéculer sur la ruine des fabriques continentales.

Mais, pour que ces efforts civilisateurs de l'Angleterre chez les peuples barbares entièrement ou à demi puissent réussir, elle ne doit pas se montrer exclusive ; elle ne doit pas, au moyen de priviléges commerciaux tels que ceux qu'elle a obtenus au Brésil (1), essayer d'accaparer ces marchés et d'en exclure les autres nations.

Une pareille conduite excitera toujours la jalousie des autres peuples et les portera à contrarier les efforts de l'Angleterre. C'est évidemment cette politique égoïste qui explique comment l'influence des puissances civilisées sur la civilisation de ces pays a été si faible jusqu'à ce jour. L'Angleterre devrait donc introduire dans le droit des gens le principe de l'égalité de traitement pour le commerce de toutes les nations

---

(1) Ces priviléges lui ont été retirés peu d'années après la publication du *Système national.* (H. R.)

manufacturières dans tous ces pays ; non-seulement elle s'assurerait ainsi le concours de toutes les puissances éclairées dans ses efforts civilisateurs, mais encore, sans nuire à son commerce, elle permettrait à d'autres peuples manufacturiers des entreprises analogues. Sa supériorité dans toutes les branches lui garantirait partout la meilleure part dans l'approvisionnement de ces marchés.

Les intrigues continuelles des Anglais contre les manufactures des autres nations se justifieraient encore, si le monopole du globe était indispensable à la prospérité de l'Angleterre, s'il n'était pas démontré jusqu'à l'évidence que les peuples qui prétendent, à côté de l'Angleterre, à une grande puissance manufacturière, peuvent très-bien parvenir à leur but sans qu'il en résulte d'abaissement pour elle ; que l'Angleterre ne deviendrait pas plus pauvre, parce que d'autres nations seraient devenues plus riches, et que la nature offre assez de ressources pour que, sans porter atteinte à sa prospérité, il se développe en Allemagne, en France et dans l'Amérique du Nord une industrie égale à la sienne.

A cet égard on doit remarquer d'abord qu'une nation qui conquiert son marché intérieur et ses manufactures gagne à la longue dans sa production et dans sa consommation d'objets fabriqués infiniment plus que celui qui l'a jusque-là approvisionnée ne perd par l'exclusion prononcée contre elle ; car, en fabriquant elle-même, en complétant son développement économique, elle devient incomparablement plus riche et plus populeuse, par conséquent plus capable de consommer des articles fabriqués que si elle était restée dans la dépendance de l'étranger à l'égard de ces articles.

En ce qui touche, du reste, l'exportation des objets manufacturés, les pays de la zone tempérée, que la nature a particulièrement destinés à la fabrication, doivent trouver leur débouché principal dans les pays de la zone torride, qui leur fournissent des denrées coloniales en échange. Mais la consommation en objets manufacturés des pays de la zone torride se règle d'une part sur la faculté qu'ils possèdent de produire un excédant d'articles particuliers à leur climat, de l'autre sur l'activité de la demande que leur font les pays de la zone tempérée.

Si l'on établit qu'avec le temps les pays de la zone torride pourront produire de cinq à dix fois plus de sucre, de riz, de café, de coton, etc., qu'ils n'en ont produit jusqu'à présent, on aura prouvé en même temps que les pays de la zone tempérée pourront quintupler ou décupler le montant actuel de leurs envois d'objets manufacturés dans les pays de la zone torride.

La possibilité pour les nations du continent d'augmenter dans cette porportion leur consommation de denrées coloniales est demontrée par l'accroissement de la consommation de l'Angleterre pendant les cinquante dernières années ; encore ne doit-on pas perdre de vue que cet accroissement aurait été, selon toute apparence, infiniment plus considérable sans l'énormité des droits.

Quant à la possibilité d'augmenter la production de la zone torride, la Hollande à Sumatra et à Java, et l'Angleterre dans les Indes orientales, nous en ont fourni dans cinq années écoulées d'irrécusables preuves. De 1835 à 1839 l'Angleterre a quadruplé son importation en sucre des Indes orientales ; son importation en café s'est accrue dans une proportion beaucoup plus forte ; et les apports de coton de la même contrée ont aussi notablement augmenté. Les journaux anglais de la date la plus récente (février 1840) annoncent avec allégresse que la puissance productive des Indes orientales pour ces articles est sans bornes, et que le temps n'est pas éloigné où l'Angleterre se sera rendue indépendante à leur égard de l'Amérique et des Indes occidentales. La Hollande, de son côté, est embarrassée de l'écoulement de ses produits coloniaux, et elle leur cherche sans relâche de nouveaux marchés. Qu'on réfléchisse en outre que l'Amérique du Nord continue d'accroître sa production cotonnière, qu'un État se constitue dans le Texas, qui conquerra indubitablement tout le Mexique (1) et fera de cette contrée fertile

---

(1) Ce sont. on le sait, les États-Unis, qui, après s'être incorporé le Texas, ont conquis une portion du Mexique, notamment cette Californie où l'exploi-

ce que sont actuellement les États méridionaux de l'Union
américaine ; qu'on songe que l'ordre et les lois, le travail et
l'intelligence s'étendront peu à peu sur l'Amérique du Sud de
Panama au cap Horn, puis sur toute l'étendue de l'Afrique et
de l'Asie, et augmenteront partout la production et l'excédant
des produits, et l'on comprendra sans peine qu'il y a là, pour
l'écoulement des objets manufacturés, un champ ouvert à plus
d'une nation. Si l'on calcule la superficie des terrains employés actuellement à la production des denrées coloniales et
qu'on la compare à celle que la nature y a rendue propre, on
trouve qu'on a utilisé à peine le quinzième de cette dernière.

Comment l'Angleterre pourrait-elle s'attribuer l'approvisionnement exclusif en produits manufacturés de tous les pays
producteurs de denrées coloniales, lorsque les envois des
Indes orientales pourraient seuls suffire à ses besoins en
produits de la zone torride? Comment l'Angleterre peut-elle
espérer pour ses manufactures un débouché dans des pays
dont elle ne peut prendre les denrées en retour de ses articles?
Et comment une vaste demande de denrées coloniales pourrait-elle naître sur le continent européen, si le continent, par
sa production manufacturière, n'est pas mis en état de solder et de consommer ces denrées ?

Il est donc évident que la compression des fabriques du
continent peut bien arrêter le continent dans son essor, mais
non augmenter la prospérité de l'Angleterre.

Il est évident encore qu'aujourd'hui et pour un long avenir
les pays de la zone torride offrent de suffisants éléments d'é-
change à tous les peuples qui ont une vocation manufacturière.

Il est évident, enfin, qu'un monopole manufacturier, tel que
celui qui résulterait aujourd'hui de la libre admission des produits fabriqués anglais sur le continent de l'Europe et sur celui de l'Amérique du Nord, n'est, à aucun égard, plus avantageux au genre humain que le système protecteur qui tend

lation des mines d'or est appelée à hâter la communication des deux Océans
à travers l'isthme, et par suite la civilisation de la côte occidentale du continent américain.   (H. R.)

au *développement de l'industrie manufacturière dans toute la zone tempérée au profit de l'agriculture de la zone torride tout entière.*

L'avance que l'Angleterre a prise dans les manufactures, dans la navigation et dans le commerce, ne doit donc détourner aucun des peuples appelés à l'industrie manufacturière par leur territoire, par leur puissance et par leur intelligence, d'entrer en lice avec la nation qui tient le sceptre des manufactures. Les manufactures, le commerce et la navigation marchande ont un avenir qui dépassera le présent autant que le présent dépasse le passé. Il suffit d'avoir le courage de croire à un grand avenir national et de se mettre en marche avec cette foi. Mais, avant tout, il faut avoir assez d'esprit national pour planter et pour étayer aujourd'hui l'arbre qui offrira ses fruits les plus abondants aux générations futures. Il faut d'abord conquérir au pays lui-même le marché du pays, au moins quant aux objets de consommation générale, et s'attacher à tirer directement de la zone torride les produits de cette zone en échange de nos produits manufacturés. Tel est en particulier le problème que l'Association allemande doit résoudre, si l'Allemagne ne veut pas rester trop en arrière de la France, de l'Amérique du Nord, ou même de la Russie.

CHAPITRE VI.

L'ÉCONOMIE PUBLIQUE ET L'ÉCONOMIE DE L'ÉTAT. L'ÉCONOMIE POLITIQUE ET L'ÉCONOMIE NATIONALE.

Ce qui se rapporte à la perception, à l'emploi et à l'administration des moyens matériels du gouvernement d'une société, ou l'*économie financière de l'État*, ne doit jamais être confondu avec les institutions, les règlements, les lois et les circonstances qui régissent la condition économique des citoyens.

20

ou avec l'*économie publique*. Cette distinction est applicable à toutes les sociétés, petites ou grandes, à une nation tout entière ou à des fragments de nation.

Dans un État fédératif, l'économie financière se divise en économie des États particuliers et en économie de l'association.

L'économie publique (*Volks-OEkonomie*) devient une économie nationale (*National-OEkonomie*), lorsque l'État ou la fédération embrasse une nation complète à laquelle sa population, l'étendue de son territoire, ses institutions politiques, sa civilisation, sa richesse et sa puissance promettent l'indépendance, la durée et l'importance politique. L'économie publique et l'économie nationale ne sont alors qu'une seule et même chose. Elles composent, avec l'économie financière de l'État, l'économie politique de la nation.

Dans les États, au contraire, dont la population et le territoire ne consistent que dans une fraction de nation ou de territoire national, et, qui, ni par le lien politique immédiat, ni par le lien fédératif, ne forment un ensemble avec les autres fractions, il ne peut être question que d'une économie publique par opposition à l'économie privée ou à l'économie financière de l'État. Dans cette condition imparfaite, les objets et les besoins d'une grande nationalité ne sauraient être pris en considération ; l'économie publique ne saurait être réglée en vue de constituer une nation complète en elle-même, d'assurer son indépendance, sa durée et sa puissance. Ici, par conséquent, la politique doit être exclue de l'économie ; ici l'on n'a à tenir compte que des lois naturelles de l'économie sociale en général, telles qu'elles se manifesteraient, s'il n'existait nulle part de puissante et compacte nationalité ou d'économie nationale.

C'est de ce point de vue que s'est développée en Allemagne la science qu'on a appelée d'abord économie de l'État (*Staatswirthschaft*), puis économie nationale (*National-OEkonomie*), puis économie politique (*Politische-OEkonomie*), puis économie publique (*Volkswirthschaft*), sans que l'erreur fondamentale des systèmes ainsi désignés y ait été découverte.

La notion de l'économie nationale ne pouvait pas être comprise, parce qu'il n'existait pas de nation économique, et qu'à l'idée particulière et déterminée de *nation* on avait substitué l'idée générale et vague de *société*, idée applicable au genre humain tout entier ou à un petit pays ou à une seule ville, tout aussi bien qu'à la nation.

CHAPITRE VII.

L'INDUSTRIE MANUFACTURIÈRE ET LES FORCES PRODUCTIVES PERSONNELLES, SOCIALES ET POLITIQUES DU PAYS (1).

Sous le régime d'une agriculture informe règnent la paresse d'esprit, la lourdeur de corps, l'attachement à de vieilles idées,

(1) Dans ce chapitre et dans ceux qui suivent, List met en relief, avec beaucoup de force, les avantages de cette industrie manufacturière que plusieurs économistes ont systématiquement dépréciée et dont on s'est plu, dans ces dernières années, à exagérer les inconvénients. Il ne s'agit pas ici, du reste, à proprement parler, d'une comparaison entre l'agriculture et l'industrie manufacturière; List ne reprend pas cette thèse banale ; mais, à ce qu'il appelle l'état purement agricole, il oppose l'état à la fois agricole et manufacturier. Cette dernière condition de la société est incontestablement un développement de la civilisation, et elle nous donne de grands biens, quelquefois, il est vrai, mêlés de grands maux.

On a reproché à List d'avoir fait exclusivement honneur à l'industrie manufacturière de résultats qui pourraient être justement revendiqués pour le commerce. Voici comment s'exprime à cet égard l'auteur allemand de l'*Économie nationale du passé et de l'avenir*, M. Hildebrand.

« List oublie le grand rôle historique du commerce intermédiaire, principal objet de l'activité des républiques italiennes du moyen âge ainsi que des villes anséatiques et de la Hollande, et il exagère l'influence des manufactures. C'est de ces dernières qu'il fait dériver, non-seulement la prospérité de l'agriculture et du commerce, mais les sciences et les beaux-arts, et il oublie que ni la culture intellectuelle des anciens, ni l'art du moyen âge, ni la littérature anglaise depuis Bacon et Shakespeare jusqu'à Hume, ne doivent leur origine à l'industrie manufacturière, cette fille des temps modernes. Cette puissante influence sur la civilisation du genre humain, dont List lui fait

à de vieilles habitudes, à de vieux usages et à de vieux procédés, le défaut d'éducation, de bien-être et de liberté. Le
désir d'un continuel accroissement des biens moraux et matériels, l'émulation et l'amour de la liberté caractérisent, au
contraire, le pays manufacturier et commerçant.

Cette différence s'explique en partie par la différence de
genre de vie et d'éducation des agriculteurs et des manufacturiers, en partie par celle de leurs occupations et des ressources qu'elles exigent. Les agriculteurs vivent dispersés sur toute
la surface du pays et n'entretiennent les uns avec les autres
que des rapports éloignés. L'un fait à peu près ce que fait
l'autre, et leur production est généralement la même. Ce sont
à peu près les mêmes choses qu'ils ont en excédant ou dont
ils ont besoin, et chacun est le meilleur consommateur de ses
produits; il ne s'offre, par conséquent, que peu d'occasions de
commerce moral et matériel. Le cultivateur s'adresse moins
aux hommes qu'à la nature inanimée. Accoutumé à ne ré-
colter là où il a semé qu'après un long intervalle, et à s'en
remettre à la volonté d'une puissance supérieure du succès de
ses efforts, la modération, la patience, la résignation, mais
aussi la nonchalance et la paresse d'esprit, deviennent pour
lui une seconde nature. Ses occupations le tenant éloigné du

honneur, devrait plutôt être attribuée au commerce. L'histoire entière de la
civilisation, depuis les Hindous et les Phéniciens dans l'antiquité jusqu'à
l'Amérique de nos jours, atteste que les points du globe où les nations se
trouvent en contact, les rives des fleuves et les côtes de la mer sont toujours
les berceaux de la culture intellectuelle et politique, et s'il faut reconnaître
que, actuellement, aucune nation ne peut conserver de part au commerce de
l'univers, si elle ne possède une industrie florissante, une telle condition n'é-
tait nullement nécessaire dans le passé. »

Nous reconnaissons volontiers qu'une partie de ce qui est dit dans le présent ouvrage sur l'influence de l'industrie manufacturière, est également applicable au commerce. Mais il ne faut pas perdre de vue que, même dans
l'antiquité et au moyen âge, l'industrie manufacturière a toujours été plus
ou moins étroitement liée au commerce, sinon à celle savante et féconde industrie des temps modernes sans laquelle il ne peut plus se concevoir de grand
commerce, ni de grande civilisation, du moins celle que comportait l'époque; et que en dernière analyse, le commerce lui-même n'a pris quelque essor
et n'a existé à proprement parler que du jour où le travail manufacturier a
surgi en se détachant du travail agricole.   (H. R.)

commerce des hommes n'exigent habituellement de lui que peu d'efforts intellectuels et qu'une médiocre dextérité. Il s'instruit par l'exemple dans le cercle étroit de la famille où il a reçu l'existence, et l'idée lui vient rarement qu'on pourrait travailler autrement et mieux. Depuis le berceau jusqu'à la tombe il se meut constamment dans le même cercle étroit de personnes et de relations. Les exemples d'une prospérité éclatante due à des efforts extraordinaires frappent rarement ses regards. La propriété, comme la misère, se transmet sous ce régime de génération en génération, et presque toute la force productive que crée l'émulation est annihilée.

La vie des manufactures est essentiellement différente. Rapprochés les uns des autres par leurs occupations, les manufacturiers ne peuvent vivre qu'en société et par la société, dans le commerce et par le commerce. Toutes les denrées alimentaires et toutes les matières brutes qui leur sont nécessaires, ils les achètent sur le marché, et ce n'est que la plus faible part de leurs produits qu'ils réservent pour leur consommation. Tandis que l'agriculteur compte principalement sur les bienfaits de la nature, la fortune, l'existence même du manufacturier dépend surtout du commerce. Tandis que le premier ne connaît pas son consommateur ou du moins se préoccupe peu de son débouché, le second ne vit que par sa clientèle. Les cours des matières brutes, des denrées alimentaires, de la main-d'œuvre, des marchandises fabriquées et de l'argent, varient sans cesse; le manufacturier ne sait jamais avec exactitude quel sera le montant de ses profits. Les faveurs de la nature et un travail ordinaire ne lui assurent pas l'existence et le bien-être comme à l'agriculteur.

C'est son intelligence et son activité seules qui les lui donneront. Il doit travailler à acquérir le superflu pour être sûr du nécessaire, à devenir riche pour ne pas tomber dans la pauvreté. S'il est un peu plus prompt que les autres, il réussit; un peu plus lent, sa ruine est certaine. Il a constamment à acheter et à vendre, à échanger, à négocier. Partout il est aux prises avec les hommes, avec des rapports variables,

avec les lois et les institutions ; il a cent fois plus d'occasions
de former son esprit que l'agriculteur. Pour la conduite de
ses affaires, il a besoin de connaître l'étranger. Pour l'établissement de son industrie, il est tenu à des efforts extraordinaires.
Tandis que l'agriculteur n'a de rapports qu'avec son voisinage,
les relations du manufacturier s'étendent sur toutes les parties
du monde. Le désir d'acquérir ou de conserver la confiance
de ses compatriotes, et une concurrence sans fin qui ne cesse
de menacer son existence et sa fortune, sont pour lui de vifs
stimulants à une incessante activité et à des progrès ininter-
rompus. Mille exemples lui prouvent que, par des efforts extraordinaires, on peut s'élever de la position la plus infime
aux premiers rangs de la société, mais qu'on peut aussi, par
la routine et par la négligence, tomber du haut de l'échelle
sociale à ses plus bas degrés. Cet état de choses fait naître chez
le manufacturier une énergie dont on n'aperçoit nulle trace
sous le régime d'une informe agriculture.

Si l'on envisage dans leur ensemble les travaux des manufactures, on reconnaît tout d'abord qu'ils développent et
mettent en jeu des facultés et des talents infiniment plus variés,
infiniment plus élevés que ne le fait l'agriculture.

Adam Smith, assurément, a soutenu un de ces paradoxes
qu'il aimait tant, au dire de son biographe Dugald-Stewart,
lorsqu'il a prétendu que l'agriculture exige plus d'habileté
que les arts industriels. Sans rechercher si la confection d'une
montre exige plus d'habileté que la direction d'une ferme,
nous nous contenterons de faire remarquer que toutes les occupations d'une ferme sont de même nature, tandis que celles
d'une manufacture sont variées à l'infini. On ne doit pas ou-
blier non plus que, dans la comparaison dont il s'agit, c'est
l'agriculture dans son état primitif qu'il faut envisager, et
non pas celle qui s'est perfectionnée sous l'influence des manufactures. Si la condition de l'agriculteur en Angleterre paraissait à Adam Smith beaucoup plus noble que celle du fabricant, c'est qu'il lui échappait qu'elle avait été relevée par
l'action des manufactures et du commerce.

Évidemment l'agriculture ne requiert que les mêmes espèces de capacités, la force du corps et la persévérance dans l'exécution de tâches grossières, unies à un certain esprit d'ordre, tandis que les manufactures exigent une immense variété de facultés intellectuelles, de talents naturels et acquis. La demande de cette grande diversité de dispositions, dans un pays manufacturier, permet à chaque individu de trouver une occupation, une vocation conforme à son aptitude, au lieu que, dans un pays agricole, le choix est des plus limités. Dans le premier, les dons de l'esprit sont infiniment plus estimés que dans le second, où le mérite d'un homme se mesure en général sur sa force corporelle. Il n'est pas rare d'y voir le travail de l'homme débile, de l'impotent, obtenir un prix beaucoup plus élevé que celui de l'homme le plus robuste. La moindre force, celle de l'enfant et de la femme, celle de l'impotent et du vieillard, trouve dans les manufactures emploi et rémunération.

Les manufactures sont filles des sciences et des beaux-arts, et ce sont elles aussi qui les entretiennent et qui les nourrissent. Voyez comme le cultivateur primitif a peu recours aux sciences et aux beaux-arts, comme il a peu besoin de leur aide pour la fabrication des grossiers instruments dont il se sert. Sans doute c'est l'agriculture qui dans l'origine a permis à l'homme, au moyen de la rente de la terre, de s'adonner aux sciences et aux beaux-arts ; mais, en l'absence des manufactures, ils sont restés constamment le partage de castes, et leurs effets bienfaisants se sont à peine fait sentir des masses. Dans un pays manufacturier, l'industrie des masses est éclairée par les sciences, qui à leur tour, ainsi que les beaux-arts, sont nourries par l'industrie des masses. A peine y a-t-il une opération manufacturière qui ne se rattache à la physique, à la mécanique, à la chimie, aux mathématiques, ou à l'art du dessin. Il n'y a point de progrès, point de découverte dans les sciences, qui n'améliore et ne transforme cent industries. Dans un pays manufacturier, par conséquent, les sciences et les beaux-arts doivent devenir populaires. Le besoin de culture et d'instruction à l'aide d'écrits et d'exposés, éprouvé par un grand nombre de personnes appelées à appliquer les résultats des recherches scientifiques, décide des talents spéciaux à se vouer à l'enseignement et à la profession d'écrivain. La concurrence de ces talents, jointe à une forte demande de leurs services, provoque une division et une combinaison des travaux scientifiques, qui exercent l'influence la plus heureuse non-seulement sur le développement des sciences, mais sur le perfectionnement des beaux-arts et des arts industriels. Les effets de ces perfectionnements s'étendent bientôt jusqu'à l'agriculture. Nulle part on ne trouve de machines ni d'instruments agricoles plus parfaits, nulle part l'agriculture des champs n'est pratiquée avec autant d'intelligence que dans les pays où fleurit l'industrie manufacturière. Sous l'influence de celle-ci l'agriculture devient une industrie, un art, une science.

L'union des sciences avec les arts industriels a créé cette grande force physique qui, pour les sociétés modernes, remplace au décuple le travail des esclaves de l'antiquité, et qui est appelée à exercer une si profonde influence sur la condition des masses, sur la civilisation des pays barbares, sur l'assainissement des pays inhabités et sur la puissance des nations d'ancienne culture, la force des machines.

La nation manufacturière a cent fois plus d'occasions d'employer des machines que la nation purement agricole. Un homme impotent peut, en dirigeant une machine à vapeur, produire cent fois plus que l'homme le plus robuste avec son bras.

La force des machines jointe aux voies de transport perfectionnées des temps modernes procure au pays manufacturier une supériorité immense sur le pays purement agriculteur. Il est évident que les canaux, les chemins de fer et la navigation à vapeur ne doivent leur existence qu'à l'industrie manufacturière et ne peuvent s'étendre que par elle sur toute la surface du territoire. Le pays purement agriculteur, où chacun produit la plus grande partie des objets qui lui sont nécessaires et consomme la plupart de ses produits, où les individus n'entretiennent que peu de rapports les uns avec les autres, ne peut offrir un mouvement de marchandises ni de personnes assez vaste pour couvrir les frais de construction et d'entretien de pareilles machines.

Les inventions nouvelles et les améliorations sont peu appréciées dans un pays purement agriculteur. Ceux qui les poursuivent y perdent en général leurs recherches et leurs efforts. Dans un pays manufacturier, au contraire, il n'y a point de voie qui mène plus vite à la richesse et à la considération que celle des inventions et des découvertes. Dans ce dernier, le génie est plus estimé et mieux rémunéré que le talent, le talent que la force physique. Dans le pays agriculteur, si l'on excepte les services publics, c'est à peu près l'opposé qui est la règle.

Les manufactures n'agissent pas moins sur le développement de la puissance du travail physique que sur celui des forces morales de la nation; elles offrent aux ouvriers des jouissances et des stimulants qui les excitent à déployer toutes leurs forces et l'occasion de les employer. C'est un fait incontesté que, dans les pays manufacturiers qui prospèrent, l'ouvrier, indépendamment du secours qu'il trouve dans des machines et dans des instruments meilleurs, exécute chaque jour infiniment plus d'ouvrage que dans les pays purement agriculteurs.

Déjà cette circonstance que dans les pays manufacturiers le temps a incomparablement plus de prix que dans les pays agriculteurs, témoigne de la situation plus élevée qu'y obtient le travail. Le degré de civilisation d'un peuple et le cas qu'il fait du travail ne sauraient mieux se mesurer que sur le prix qu'il attache au temps. Le sauvage reste des jours entiers oisif dans sa cabane. Comment le pasteur connaîtrait-il le prix du temps, lui pour qui c'est un fardeau, que le chalumeau ou le sommeil peut seul lui rendre supportable? Comment un esclave, un serf, un corvéable apprendrait-il à ménager le temps, lui pour qui le travail est une punition et l'oisiveté un profit ? Ce n'est que par l'industrie manufacturière que les peuples arrivent à comprendre la valeur du temps. C'est alors que gagner ou perdre du temps, c'est gagner ou perdre des intérêts. Le zèle que met le manufacturier à tirer de son temps le meilleur parti possible se communique à l'agriculteur. Les manufactures augmentant la demande des produits agricoles, la rente s'élève, partant la valeur du sol ; des capitaux plus considérables sont employés à l'exploitation, les consommations se multiplient ; il faut retirer de la terre un plus grand produit pour faire face à une rente plus élevée, aux intérêts des capitaux et à une consommation plus étendue. On est en position d'offrir de plus forts salaires, mais on réclame en même temps de plus grands services. L'ouvrier commence à s'apercevoir que, dans sa force corporelle et dans l'adresse avec laquelle il en fait usage, il possède le moyen d'améliorer sa condition. Il commence à comprendre pourquoi l'on dit en Angleterre : Le temps c'est de l'argent.

L'isolement dans lequel vit le cultivateur et son peu de lumières ne lui permettent guère de contribuer à la civilisation générale ni d'apprécier le mérite des institutions politiques, encore moins de prendre une part active à la conduite des affaires publiques et à l'administration de la justice, ou de défendre sa liberté et ses droits. Partout les nations purement agricoles ont vécu dans l'esclavage ou du moins sous le joug du despotisme, de la féodalité ou de la théocratie. Déjà la possession exclusive du sol assure à l'autocrate, aux grands ou à la caste des prêtres, sur la masse de la population rurale, une autorité à laquelle celle-ci ne saurait se soustraire d'elle-même.

Partout, sous l'empire de l'habitude, le joug imposé par la force ou par la superstition et par la puissance théocratique aux nations purement agricoles s'imprime sur elles si fortement qu'elles finissent par le considérer comme une partie essentielle d'elles-mêmes et comme une condition de leur existence.

La loi de la division des tâches et de l'association des

forces productives rapproche, au contraire, avec une puissance irrésistible les manufacturiers les uns des autres. Le frottement produit les étincelles de l'esprit tout comme celles du feu. Mais il n'y a de frottement intellectuel que là où l'on est voisin, là où les relations d'affaires et d'études, celles de la société et de la vie politique sont fréquentes, là où il existe un grand commerce de marchandises et d'idées. Plus les hommes vivent unis dans un seul et même lieu, plus chacun d'eux a besoin pour son industrie du concours de tous les autres ; plus son industrie exige de lumières, de prudence et de culture, moins l'arbitraire, l'absence des lois, l'oppression et les prétentions illégitimes sont compatibles avec l'activité des individus et avec leur poursuite du bien-être ; plus les institutions civiles sont parfaites, plus la liberté est étendue, plus on a occasion de se former soi-même ou d'aider à l'éducation des autres. Aussi dans tous les lieux et dans tous les temps la liberté et la civilisation sont-elles sorties des villes : témoin, dans l'antiquité la Grèce et l'Italie, au moyen âge l'Italie, l'Allemagne, la Belgique et la Hollande, plus tard l'Angleterre, et tout récemment l'Amérique du Nord et la France.

Mais il y a deux espèces de villes ; nous appellerons les unes productives, les autres consommatrices. Il y a des villes qui mettent en œuvre les matières brutes, et qui les paient à la campagne en articles manufacturés, de même que les denrées alimentaires dont elles ont besoin ; ce sont les cités manufacturières, les villes productives. Leur prospérité fait la prospérité de l'agriculture, et elles grandissent d'autant plus que l'agriculture déploie plus de ressources. Mais il y a aussi des villes où vivent ceux qui consomment la rente de la terre. Dans tous les pays quelque peu cultivés, une grande portion du revenu national est consommée à titre de rentes au sein des villes. Ce serait une erreur que de soutenir en thèse générale que ces consommations nuisent à la production ou même ne lui sont pas utiles ; car la possibilité de s'assurer, au moyen d'une rente territoriale, une existence indépen-

dante, est un puissant aiguillon à l'économie, à l'emploi des
épargnes dans l'agriculture et aux améliorations agricoles. De
plus, jaloux de se distinguer parmi ses concitoyens, le propriétaire, que son éducation et l'indépendance de sa position
favorisent, prête un concours utile à la civilisation, aux institutions publiques, à l'administration de l'État, aux sciences
et aux beaux-arts. Le degré auquel la rente influe ainsi sur
l'industrie, sur la prospérité et sur la civilisation du pays,
dépend toujours, d'ailleurs, du plus ou moins de liberté que
le pays a conquis. Le désir de se rendre utile à la société par
une activité volontaire et de se distinguer parmi ses concitoyens, ne se développe que chez les peuples où cette activité
procure la reconnaissance, l'estime publique et des dignités ;
mais non pas chez ceux où l'ambition de l'estime publique et
l'indépendance vis-à-vis du pouvoir sont regardées d'un œil
jaloux. Chez ces derniers, le propriétaire s'abandonnera plutôt
à la débauche ou à l'oisiveté, et, en livrant ainsi au mépris
l'activité utile, en portant atteinte à la morale, il compro-
mettra jusqu'au principe même de la force productive du
pays. Si sa consommation encourage jusqu'à un certain point
les manufactures des villes, ces manufactures doivent être
considérées comme des fruits creux et malsains ; elles ne serviront guère au développement de la civilisation, de la prospérité et de la liberté du pays. Une saine industrie manufacturière produisant en général la liberté et la civilisation, on
peut dire que, d'un fonds d'oisiveté, de débauche et d'immoralité qu'était la rente, elle en fait un fonds de production intellectuelle, et que, par conséquent, elle transforme en villes
productives les villes purement consommatrices.

Une autre ressource des villes consommatrices consiste
dans les consommations des fonctionnaires publics et de l'administration en général. Ces consommations peuvent donner
à la ville un air de prospérité ; mais le point de savoir si elles
sont utiles ou nuisibles à la force productive du pays, à sa
prospérité et à ses institutions, dépend de l'influence bonne
ou mauvaise des fonctions exercées par les consommateurs.

C'est ce qui explique pourquoi, dans les pays purement agriculteurs, il peut y avoir de grandes villes, qui, malgré le nombre considérable de personnes riches et la variété des industries qu'elles renferment, n'exercent qu'une influence inappréciable sur la civilisation, sur la liberté et sur la force productive du pays. Les gens de métier y partagent nécessairement les opinions de leur clientèle ; on ne doit voir en eux que les domestiques des propriétaires et des fonctionnaires publics. A côté du grand luxe de ces villes, la pauvreté, la misère, l'étroitesse d'esprit et la bassesse des sentiments règnent parmi les habitants de la campagne. Les manufactures n'exercent, en général, sur la civilisation, sur le perfectionnement des institutions publiques et sur la liberté de la nation un effet salutaire, que là où, indépendantes des propriétaires et des fonctionnaires publics, elles travaillent, soit pour la masse de la population rurale, soit pour l'exportation, et achètent une grande quantité de produits agricoles pour les mettre en œuvre ou pour s'en nourrir. A mesure que cette saine industrie manufacturière se fortifiera, elle attirera à elle celle que les consommateurs dont on vient de parler avaient fait naître ; en même temps que les propriétaires, les employés de l'État et les institutions publiques se perfectionneront au profit de la communauté.

Considérez une grande ville où les manufacturiers sont nombreux, indépendants, amis de la liberté, instruits et riches, où les négociants ont les mêmes intérêts et la même situation, où les propriétaires se sentent obligés de se concilier l'estime publique, où les employés de l'État sont soumis au contrôle de l'opinion, où les savants et les artistes travaillent pour le grand public et tirent de lui leurs moyens d'existence ; considerez la masse des ressources intellectuelles et matérielles accumulées dans cet étroit espace ; remarquez l'intime union qui existe entre cette masse de forces sous la loi de la division des tâches et de l'association des forces productives ; songez avec quelle rapidité chaque amélioration, chaque progrès dans les institutions publiques et dans l'état économique et

social, et de même chaque pas rétrograde, chaque atteinte
aux intérêts généraux se font partout sentir ; réfléchissez combien il est facile à cette population qui réside en un seul et
même lieu de s'entendre sur un but commun et sur des mesures communes, et combien de ressources elle est en état de
rassembler sur-le-champ ; voyez quelles relations étroites une
communauté si puissante, si éclairée et si attachée à sa liberté entretient avec d'autres communautés semblables du
même pays ; pesez tout cela, et vous serez aisément convaincus qu'en comparaison des villes dont toute la force, nous
l'avons montré, repose sur la prospérité des manufactures et
du commerce qui s'y rattache, la population rurale, dispersée
sur toute la surface du territoire, ne peut, quelque nombreuse
qu'elle soit, exercer qu'une faible influence sur la conservation et sur le perfectionnement des institutions publiques.

L'action prépondérante des villes sur le régime politique et
civil de la nation, bien loin d'être préjudiciable aux habitants
des campagnes, leur procure d'incalculables avantages. L'intérêt des villes leur fait un devoir d'appeler les agriculteurs
au partage de leur liberté, de leur culture et de leur prospérité. Car plus ces richesses intellectuelles se multiplient parmi
les habitants des campagnes, et plus s'accroît aussi la quantité
des denrées alimentaires et des matières brutes qu'ils fournissent aux villes, et par conséquent celle des articles fabriqués qu'ils y achètent, plus augmente la prospérité des villes.
La campagne reçoit des villes l'énergie, les lumières, la
liberté et les institutions ; mais les villes s'assurent à elles-
mêmes la possession de la liberté et des institutions, en faisant participer les habitants de la campagne à leurs conquêtes.
L'agriculture, qui n'avait nourri jusque-là que des maîtres et
des valets, donne alors à la société les champions les plus indépendants et les plus vigoureux de sa liberté. Dans l'économie
rurale elle-même, alors, toute force peut se produire. L'ouvrier peut s'élever au rang de fermier, le fermier au rang de
propriétaire. Les capitaux, ainsi que les moyens de transport
que l'industrie manufacturière provoque et établit, fécondent

partout la culture des champs. Le servage, les droits.féodaux, les lois et les institutions qui entravent le travail et la liberté disparaissent. Le propriétaire foncier retire alors un revenu cent fois plus fort de son bois que de sa chasse. Ceux qui, dans le triste produit de la corvée, trouvaient à peine le moyen de mener une vie grossière à la campagne, dont l'unique plaisir consistait à entretenir des chevaux et des chiens et à chasser le gibier, qui, en conséquence, voulaient que tout ce qui les troublait dans cette jouissance fût puni comme un attentat contre leur majesté seigneuriale, sont alors, par l'augmentation de leurs rentes, par le produit du travail libre, en état de passer une partie de l'année dans les villes. Là le spectacle et la musique, le culte des arts et la lecture adoucissent les mœurs. Là, dans la société des artistes et des hommes instruits, ils apprennent à estimer l'esprit et le talent. De Nemrods qu'ils étaient, ils deviennent des hommes civilisés. L'aspect d'une communauté laborieuse, dans laquelle chacun travaille à améliorer sa condition, éveille aussi chez eux l'esprit d'amélioration. Au lieu de courir les cerfs et les lièvres, ils poursuivent l'instruction et les idées. De retour à la campagne, ils offrent aux moyens et aux petits fermiers des exemples utiles à suivre, et ils obtiennent leur estime au lieu de leurs malédictions.

A mesure que fleurissent l'industrie manufacturière et l'agriculture, l'esprit humain est moins enchaîné, la tolérance gagne du terrain, et la vraie morale, le véritable sentiment religieux remplace la contrainte des consciences. Partout l'industrie a plaidé la cause de la tolérance, partout elle a changé le prêtre en instituteur du peuple et en lettré. Partout la langue et la littérature, les beaux-arts et les institutions civiles ont marché du même pas que les manufactures et que le commerce.

Ce sont les manufactures qui rendent la nation capable de faire le commerce avec d'autres nations moins cultivées, d'augmenter sa navigation marchande, de devenir une puissance maritime et d'employer le trop-plein de sa population à l'établissement de colonies utiles à l'accroissement de sa prospérité et de sa puissance.

La statistique comparée enseigne qu'un territoire suffisamment étendu et fertile, où l'industrie manufacturière et l'agriculture sont complétement et harmonieusement développées, peut nourrir une population deux ou trois fois plus considérable et incomparablement plus prospère qu'un pays exclusivement adonné à l'agriculture. Il suit de là que toutes les forces intellectuelles de la nation, les revenus de l'État, les moyens de défense matériels et moraux et la garantie de l'indépendance nationale, augmentent dans la même proportion par la possession d'une industrie manufacturière.

Dans un temps où l'art et la mécanique exercent une si forte influence sur la conduite de la guerre, où toutes les opérations militaires dépendent à un si haut degré de la situation du trésor public, où la défense du pays est plus ou moins assurée, suivent que la masse de la population est riche ou pauvre, intelligente ou stupide, énergique ou plongée dans l'apathie, suivant que ses sympathies appartiennent sans réserve à la patrie, ou sont en partie acquises à l'étranger, suivant qu'elle peut armer plus ou moins de soldats ; plus que jamais, dans un pareil temps, les manufactures doivent être envisagées du point de vue de la politique.

CHAPITRE VIII.

L'INDUSTRIE MANUFACTURIÈRE ET LES FORCES PRODUCTIVES NATURELLES DU PAYS.

A mesure que l'homme avance en civilisation, il sait mieux tirer parti des forces naturelles placées à sa portée, et sa sphère d'action s'agrandit.

Le chasseur n'emploie pas la millième partie, le pasteur

pas la centième de la nature qui l'environne. La mer et les climats étrangers ne lui fournissent ni objets de consommation, ni instruments de travail, ni stimulants, ou du moins ils ne lui en fournissent qu'une insignifiante quantité.

Dans une agriculture informe, une grande partie des forces naturelles reste encore inemployée ; l'homme borne toujours ses relations à son voisinage immédiat. L'eau et le vent sont à peine utilisés comme forces motrices ; les minéraux et ces terres de diverses espèces auxquelles les manufactures savent donner tant de valeur sont négligés ; les combustibles sont gaspillés, ou bien, comme la tourbe par exemple, ils sont réputés un obstacle à la culture ; les pierres, le sable et la chaux ne servent que rarement aux constructions ; au lieu de porter les fardeaux que les hommes leur confient ou de fertiliser les champs voisins, les cours d'eau ravagent le pays. La zone torride et la mer ne fournissent aux cultivateurs que fort peu de leurs produits.

La principale force naturelle même, ou la puissance productive de la terre, n'est utilisée que dans une faible proportion, tant que l'agriculture n'est pas soutenue par l'industrie manufacturière.

Dans un pays purement agriculteur, chaque région doit produire tout ce qui lui est nécessaire, car elle ne peut écouler abondamment dans les autres le trop-plein de sa production ni en tirer ce qui lui manque. Quelque fertile que soit une région, quelque propre qu'elle soit à la culture des plantes oléagineuses ou des plantes tinctoriales ou des herbes fourragères, il faut qu'on y fasse croître du bois, parce que le combustible tiré de montagnes éloignées par des routes de terre en mauvais état y reviendrait à un trop haut prix. Le terrain qui rapporterait, comme vignoble ou comme jardin potager, un revenu triple ou quadruple, est consacré à la culture des grains et des fourrages. Celui qui trouverait avantage à élever purement et simplement le bétail doit aussi l'engraisser, et celui pour qui il y aurait profit à se livrer exclusivement à cette dernière industrie est obligé d'y joindre la première. Quelque intérêt qu'on ait à se servir d'engrais minéraux, tels que le plâtre, la chaux ou la marne, ou à brûler de la tourbe, du charbon de terre, etc., au lieu de bois, et à défricher les forêts, on manque de moyen de communication pour transporter utilement ces matières au delà d'un étroit rayon. Quelque riche produit que les prairies pussent rapporter dans les vallées si l'irrigation y était pratiquée sur une grande échelle, les cours d'eau ne servent qu'à détacher et à entraîner un sol fertile.

Lorsque l'industrie manufacturière vient à naître dans un pays agricole, on établit des routes, on construit des chemins de fer, on creuse des canaux, on rend les fleuves navigables, on organise des lignes de bateaux à vapeur. Par là non-seulement les produits dont les agriculteurs peuvent se passer deviennent des machines à donner des rentes, non-seulement le travail qu'ils emploient est mis en activité, et la population rurale peut tirer des richesses naturelles par elle appropriées un revenu beaucoup plus considérable qu'auparavant, mais encore tous les minéraux, tous les métaux restés enfouis dans la terre trouvent de l'emploi et de la valeur. Des matières qui précédemment n'étaient transportables qu'à une distance de quelques milles, comme le sel, le charbon de terre, le marbre, les ardoises, le plâtre, la chaux, le bois, les écorces, etc., peuvent alors se distribuer sur toute la surface d'un empire. Des objets jusque-là dépourvus de valeur prennent ainsi, dans le tableau de la production du pays, une importance qui surpasse de beaucoup celle de tout le revenu antérieur de l'agriculture. Alors il n'y a pas un pouce cube de chute d'eau qui n'ait un service à rendre, et, jusque dans les parties les plus reculées du pays, le bois et divers combustibles, dont on n'avait su jusque-là faire aucun usage, acquièrent du prix.

Les manufactures créent une demande pour une multitude de denrées ainsi que de matières brutes, auxquelles certains terrains peuvent être consacrés avec plus d'avantage qu'à la production du blé, d'ordinaire le principal article des pays purement agricoles. La demande de lait, de beurre et de viande qu'elles occasionnent, amène une plus-value des terrains jusque-là employés comme pâturages, la suppression des jachères et l'établissement de canaux d'irrigation ; celle des fruits et des légumes transforme les champs en potagers et en vergers.

La perte que le pays purement agriculteur éprouve faute d'employer ses ressources naturelles, est d'autant plus forte que la nature l'a mieux doué pour les manufactures, et que son territoire est plus riche en matières brutes et en forces naturelles particulièrement utiles aux fabricants ; elle l'est surtout pour les pays accidentés et montagneux, moins appropriés à la culture sur une grande échelle, mais qui offrent aux industriels de la force hydraulique, des minéraux, du bois et des pierres en abondance, et aux fermiers des facilités pour faire venir les produits que les manufactures réclament.

La zone tempérée est propre aux fabriques et aux manufactures, et elle seule à peu près leur convient. Une température modérée est infiniment plus favorable que la chaleur au développement et à l'emploi des forces. Mais la rigueur de l'hiver, où l'observateur superficiel voit une disgrâce de la nature, est le plus puissant encouragement aux habitudes de travail opiniâtre, de prévoyance, d'ordre et d'économie. Un homme qui, durant six mois, ne peut obtenir de la terre aucun fruit, et qui, cependant, a besoin de certaines provisions pour se nourrir, lui et ses bestiaux, de certains vêtements pour se défendre contre le froid, ne peut manquer de devenir infiniment plus laborieux et plus économe que celui qui n'a à se garantir que de la pluie, et qui toute l'année vit dans l'abondance. C'est la nécessité qui produit l'assiduité au travail, l'économie, l'ordre, la prévoyance ; l'habitude et l'éducation en font ensuite une seconde nature. Le travail et l'épargne donnent la main à la morale, comme la paresse et la dissipation à l'immoralité, et sont une source féconde de force, comme celles-ci de faiblesse.

Une nation purement agricole, sous un climat tempéré, laisse, par conséquent, sans emploi la meilleure partie de ses ressources naturelles.

Faute de distinguer l'agriculture de l'industrie manufacturière en appréciant l'influence du climat sur la production
des richesses, l'école est tombée, en ce qui touche les avantages et les inconvénients des mesures de protection, dans de
lourdes erreurs, sur lesquelles nous ne pouvons pas nous empêcher d'insister ici, bien que nous les ayons déjà signalées
ailleurs en termes généraux.

Afin de prouver qu'il serait insensé de vouloir tout produire dans un seul et même pays, l'école demande s'il serait
raisonnable en Angleterre ou en Écosse de songer à produire
du vin en serre chaude. Sans doute on obtiendrait aussi du
vin ; mais ce vin serait moins bon et il coûterait plus cher que
ceux que l'Angleterre et l'Écosse achètent au moyen de leurs
produits fabriqués. Pour ceux qui ne veulent pas ou ne peuvent pas pénétrer au fond des choses, l'argument est saisissant,
et l'école lui doit une grande partie de sa popularité, au moins
chez les propriétaires de vignes et les fabricants de soie de
France, ainsi que chez les planteurs de coton et les négociants
en cet article de l'Amérique du Nord. Mais, examiné de près,
l'argument est sans valeur, par la raison que les restrictions
opèrent sur l'agriculture tout autrement que sur l'industrie
manufacturière.

Voyons d'abord quel effet elles exercent sur l'agriculture.

Que la France repousse de ses frontières les bestiaux et les
blés allemands, qu'en résultera-t-il? Tout d'abord l'Allemagne
cessera de pouvoir acheter des vins français. La France tirera
donc un parti d'autant moins avantageux de celles de ses terres
qu'elle consacre à la culture de la vigne. Moins d'individus seront spécialement appliqués à cette culture, par conséquent
moins de denrées alimentaires du pays seront réclamées pour
la consommation des vignerons. Il en sera de la production de
l'huile tout comme de celle du vin. La France perdra donc
beaucoup plus dans toutes les autres branches de son industrie
agricole qu'elle ne gagnera dans une seule en favorisant par
la prohibition un élève et un engraissement du bétail qui ne
se sont pas développés d'eux-mêmes et qui, vraisemblable-

ment, ne sont pas des plus avantageux pour les régions où on les a artificiellement fait surgir. Voilà ce qui arrivera, si l'on envisage l'une vis-à-vis de l'autre la France et l'Allemagne comme deux contrées purement agricoles, et si l'on suppose que l'Allemagne n'usera pas de représailles. Mais une telle politique paraîtra plus préjudiciable encore, si l'on considère que l'Allemagne, sous la loi impérieuse de son intérêt, aura recours, elle aussi, à des mesures restrictives, et que la France est un pays manufacturier en même temps qu'agriculteur. L'Allemagne frappera de droits élevés non-seulement les vins, mais tous ceux des produits agricoles de la France qu'elle peut produire elle-même ou dont elle peut se passer plus ou moins ou enfin qu'elle peut faire venir d'ailleurs ; de plus elle restreindra sévèrement l'importation des articles manufacturés que, actuellement, elle ne peut pas produire elle-même avec avantage, mais qu'elle peut tirer d'autre part que de la France. Ainsi le dommage que la France s'est attiré par de pareilles restrictions est deux ou trois fois plus considérable que l'avantage qu'elles lui ont procuré. Évidemment la culture de la vigne, celle de l'olivier et l'industrie manufacturière ne peuvent employer en France que le nombre d'individus que les denrées alimentaires et les matières brutes produites par la France elle-même ou tirées par elle de l'étranger peuvent nourrir et occuper. Or, nous avons vu que les restrictions à l'importation n'accroissent pas la production agricole, mais ne font que la transporter d'une partie du pays à l'autre. Si l'on avait laissé au commerce des produits rivaux une libre carrière, l'importation de ces produits, et par suite l'exportation du vin, de l'huile et des objets manufacturés se seraient constamment accrues, et en même temps la population occupée à la culture de la vigne, à celle de l'olivier et aux manufactures, puisque d'un côté les denrées alimentaires et les matières brutes leur seraient arrivées en quantités toujours croissantes, et que, de l'autre, la demande de leurs propres produits aurait augmenté. L'accroissement de cette population aurait déterminé une demande plus considérable de denrées alimentaires et de matières brutes, objets qui ne s'importent pas aisément de l'étranger et dont l'agriculture du pays possède le monopole naturel ; l'agriculture du pays aurait, par conséquent, réalisé de bien plus grands bénéfices. La demande des produits agricoles auxquels le sol de la France est particulièrement approprié, serait, sous ce régime de liberté, beaucoup plus forte que celle qui a été créée artificiellement par la restriction. Un agriculteur n'aurait pas perdu ce que l'autre a gagné, l'ensemble de l'agriculture du pays y aurait gagné, et l'industrie manufacturière plus encore. La restriction n'a donc pas accru la puissance agricole du pays, elle l'a diminuée, au contraire, et elle a de plus anéanti cette puissance manufacturière, résultat du développement de l'agriculture du pays en même temps que de l'importation des denrées alimentaires et des matières brutes de l'étranger. On n'a obtenu par elle autre chose qu'une hausse de prix au profit des agriculteurs d'une localité, mais aux dépens de ceux d'une autre, et surtout aux dépens de la puissance productive du pays en général.

Les inconvénients de ces restrictions au commerce des produits agricoles sont plus apparents encore en Angleterre qu'en France. Les lois sur les céréales ont provoqué, il est vrai, la mise en culture d'une vaste étendue de terrains infertiles ; mais on se demande si sans elles ces terrains infertiles n'eussent pas été cultivés. Plus l'Angleterre eût importé de laine, de bois de construction, de bétail et de grains, et plus elle aurait vendu d'objets fabriqués, plus elle aurait pu entretenir d'ouvriers dans ses fabriques, plus se fût accru chez elle le bien-être des classes laborieuses. L'Angleterre aurait doublé peut-être le nombre de ses ouvriers. Chacun de ceux-ci en particulier aurait été mieux logé, aurait eu plus aisément un jardin pour sa récréation et pour les besoins de son ménage, se serait nourri beaucoup mieux lui et sa famille. Il est évident qu'un si fort accroissement de la population laborieuse, de son bien-être et de ses consommations aurait créé une demande énorme de ces denrées dont le pays pos-

sède le monopole naturel ; et il est plus que vraisemblable
que deux ou trois fois plus de terres eussent été mises en
culture qu'il n'en a été mis à l'aide des restrictions. On peut
en voir la preuve dans le voisinage d'une grande ville. Quelque masse de denrées que cette ville fasse venir de loin, on
ne trouvera pas à une distance d'un mille un coin de terre
inculte, si maltraité qu'il ait été par la nature. Qu'on y défende
l'importation des grains de localités éloignées, l'on ne fera
par là que diminuer la population, son industrie, sa prospérité, et obliger les fermiers du voisinage à adopter des cultures moins avantageuses.

On voit qu'en ce point nous sommes parfaitement d'accord
avec la théorie régnante. En ce qui touche les produits agricoles, l'école a toute raison de soutenir que la liberté du commerce la plus étendue est, dans tous les cas, profitable à la
fois aux individus et aux États. On peut, il est vrai, encourager la production par des mesures restrictives ; mais l'avantage qu'on obtient par ce moyen n'est qu'apparent. On ne fait
ainsi, suivant le langage de l'école, que donner aux capitaux
et au travail une autre direction moins avantageuse. Mais
l'industrie manufacturière obéit à d'autres lois, et c'est ce que
malheureusement l'école n'a pas aperçu (1).

(1) On s'explique mal comment le système protecteur, qui, d'après List,
est si utilement applicable à l'industrie manufacturière, n'aurait que de fâcheux effets à l'égard de l'agriculture ; comment, en pareille matière, chacune de ces deux grandes branches de travail obéirait à des lois différentes ; comment la liberté suffirait à celle-ci, lui serait même indispensable,
tandis que celle-là ne pourrait pas se passer de secours ; comment enfin les
mêmes arguments de l'école seraient détestables dans un cas et excellents
dans un autre.

Quel que soit le produit brut ou manufacturé dont la loi restreint l'importation, les effets, bons ou mauvais, sont toujours les mêmes. Une perte temporaire de valeurs est toujours causée ; il s'agit de savoir si elle est rachetée,
comme s'exprime l'auteur du *Système national*, par un accroissement des
forces productives. Or, l'acquisition d'une grande industrie rurale augmente-
t-elle la puissance productive d'un pays à un moindre degré que celle d'une
grande industrie manufacturière ?

Suivant List, l'agriculture, à l'état primitif, est puissamment excitée par
le commerce extérieur ; plus tard, c'est avant tout de l'industrie manufactu-

Si les restrictions à l'importation des produits agricoles
nuisent, comme nous l'avons vu, à l'emploi des richesses
et des forces naturelles, les restrictions à l'importation des
produits fabriqués, dans un pays populeux, déjà suffisamment avancé dans son agriculture et dans sa civilisation,
appellent à la vie et à l'activité une multitude de forces naturelles, qui, dans un pays purement agriculteur, restent constamment inactives et mortes. Si les restrictions à l'importation des produits agricoles arrêtent le développement des
forces productives, non-seulement dans l'industrie manufacturière, mais encore dans l'agriculture, l'industrie manufacturière créée dans le pays à l'aide des restrictions sur les
produits fabriqués anime toutes les industries rurales bien au-

rière du pays qu'elle doit attendre une féconde impulsion. Mais, si la prospérité de l'industrie manufacturière réagit favorablement sur l'agriculture,
la prospérité de l'agriculture ne doit-elle pas réagir tout aussi bien sur l'industrie manufacturière ? Une nation ne peut-elle pas avoir un grand intérêt
à acclimater chez elle une nouvelle industrie rurale, ou même à en relever
une ancienne que la guerre ou d'autres causes ont affaiblie ? Pourquoi ne les
soutiendrait-elle pas dans le commencement de la même manière qu'elle
vient en aide aux premiers efforts du travail manufacturier ?

En thèse générale, la protection douanière ne doit pas plus être refusée à
l'agriculture qu'à l'industrie manufacturière. Cependant, il faut en convenir,
elle doit lui être dispensée avec beaucoup plus de réserve. L'agriculture
n'est pas exposée aux mêmes vicissitudes ni aux mêmes périls ; elle est le
plus souvent protégée par la nature même qui a réduit pour elle la concurrence étrangère dans les plus étroites limites ; les produits agricoles ne s'obtiennent qu'en quantités assez bornées eu égard aux besoins, et le transport
en est généralement difficile et coûteux. De plus, tandis que, sur les articles
fabriqués, les profits des capitalistes sont ramenés au taux commun et les
prix abaissés au niveau des prix étrangers par la concurrence intérieure,
l'inégale fertilité du sol diminue, à l'égard des produits ruraux ; les effets de
cette concurrence, et la mise en culture de terrains nouveaux ne font souvent qu'assurer des rentes élevées aux propriétaires des terrains les plus
favorisés.

L'opinion de l'auteur sur cette matière n'était pas, du reste, aussi absolue
qu'elle le paraît ici. Depuis que cet ouvrage est en cours d'impression, j'ai
eu sous les yeux un écrit qui date de 1846, et dans lequel List a bien voulu
consacrer plusieurs pages à mon livre de l'*Association douanière allemande*.
Au reproche que je lui avais adressé de refuser toute protection douanière à
l'agriculture, il répond en déclarant qu'il admet à cette règle générale des
exceptions qu'il avait omises dans le *Système national*.   (H. R.)

(*Note de la première édition.*)

trement que le commerce le plus actif avec l'étranger. Si l'importation des produits agricoles place l'étranger dans notre dépendance et lui ôte les moyens de fabriquer lui-même, nous nous mettons, par l'importation des produits fabriqués, dans la dépendance de l'étranger, et nous nous ôtons à nous-mêmes les moyens de devenir manufacturiers (1). Si l'importation des denrées alimentaires et des matières brutes enlève à l'étranger de quoi nourrir et occuper sa population, celle des produits fabriqués nous dérobe l'occasion d'augmenter la nôtre ou de lui donner du travail. Si l'importation des denrées alimentaires et des matières brutes étend l'influence de notre pays sur le monde et nous fournit le moyen de commercer avec tous les autres peuples, celle des produits fabriqués nous place sous le joug de la nation manufacturière la plus avancée, laquelle nous traite à peu près suivant son bon plaisir, comme l'Angleterre fait du Portugal. En un mot, l'histoire et la statistique attestent la justesse de cette maxime formulée par les ministres de Georges Ier : que les peuples sont d'autant plus riches et d'autant plus puissants qu'ils exportent plus d'articles fabriqués et qu'ils importent plus de denrées alimentaires et de matières brutes. On peut même établir que des nations entières ont péri pour n'avoir exporté que des denrées alimentaires et des matières brutes, et importé que des articles fabriqués.

Montesquieu, qui, mieux que personne avant lui et après lui, a su comprendre les leçons que l'histoire donne aux législateurs et aux hommes d'État, a parfaitement reconnu cette vérité, bien que l'économie politique fût trop peu avancée à

---

(1) L'étranger n'est pas dans notre dépendance, pour nous fournir des produits agricoles que souvent il pourrait vendre à un autre pays ou consommer lui-même. Nous ne sommes pas davantage dans la dépendance d'un peuple étranger, pour recevoir de lui des objets fabriqués que nous pourrions tirer d'ailleurs, ou que nous-mêmes, au besoin, nous pourrions produire. On ne conçoit de dépendance que là où il y a monopole. Cependant, il est vrai de dire avec l'auteur, que l'étranger pèse sur nous, lorsque, par une concurrence sans limites, il empêche notre développement industriel et nous prive ainsi des avantages attachés à ce développement.   (H. R.)

son époque pour qu'il lui fût possible de la démontrer clairement. En contradiction avec le système chimérique des physiocrates, il a soutenu que la Pologne eût été plus heureuse si elle avait complétement renoncé au commerce extérieur, c'est-à-dire si elle avait créé chez elle une industrie manufacturière, mis en œuvre ses matières brutes et consommé ses denrées alimentaires (1). C'est seulement par le développement des manufactures, au moyen de villes libres, bien peuplées, industrieuses, que la Pologne pouvait parvenir à une forte organisation intérieure, à la possession d'une industrie, d'une liberté, d'une richesse nationales, qu'elle pouvait conserver son indépendance et maintenir sa prépondérance politique sur les peuples moins cultivés de son voisinage. Au lieu de produits manufacturés, elle aurait dû, comme l'Angleterre à l'époque où elle se trouvait à un degré de culture analogue, importer de l'étranger des manufacturiers et des capitaux. Mais ses nobles préférèrent expédier au dehors le fruit pénible du travail de leurs serfs, et se vêtir des étoffes belles et peu chères de l'étranger. Leur postérité peut aujourd'hui répondre à cette question, si l'on doit conseiller à une nation d'acheter les produits des fabriques étrangères, tant que ses propres fabriques ne sont pas capables de lutter contre celles-ci pour le prix et pour la qualité. Que la noblesse des autres pays se rappelle leur destinée, chaque fois qu'elle sera prise de démangeaisons féodales ; qu'elle jette ensuite les yeux sur la noblesse anglaise, pour apprendre combien une puissante industrie manufacturière, une bourgeoisie libre et d'opulentes cités procurent d'avantages aux grands propriétaires territoriaux.

---

(1) « Si la Pologne ne commerçait avec aucune nation, ses peuples seraient plus heureux. Ses grands, qui n'auraient que leur blé, le donneraient à leurs paysans pour vivre ; de trop grands domaines leur seraient à charge, ils les partageraient à leurs paysans ; tout le monde trouvant des peaux ou des laines dans ses troupeaux, il n'y aurait plus une dépense immense à faire pour les habits ; les grands, qui aiment toujours le luxe, et qui ne le pourraient trouver que dans leurs pays, encourageraient les pauvres au travail. »

(*Esprit des lois*, liv. **XX**, chap. **XXIII**.)

Sans rechercher si les rois électifs de la Pologne étaient en mesure d'introduire un système commercial tel que celui celui que les rois héréditaires de l'Angleterre ont peu à peu établi, supposons qu'ils l'eussent introduit en effet ; ne voit-on pas quels beaux fruits un tel système eût portés pour la nationalité polonaise ? Avec le concours de grandes et industrieuses cités, la royauté fût devenue héréditaire, la noblesse eût consenti à composer une chambre haute et à émanciper ses serfs ; l'agriculture se fût perfectionnée comme elle a fait en Angleterre, la noblesse polonaise serait à l'heure qu'il est riche et considérée, la Pologne, sans être aussi respectée que l'Angleterre, sans exercer dans le monde autant d'influence, serait depuis longtemps assez civilisée et assez puissante pour étendre son action sur les contrées arriérées de l'Est. Privée de manufactures, elle a été démembrée, et elle serait destinée à l'être si elle ne l'était déjà. Par elle-même elle n'est point devenue manufacturière, et elle ne le pouvait pas, parce que ses efforts auraient été constamment paralysés par des nations plus avancées qu'elle. Sans un système de protection et sous l'empire du libre commerce avec des nations plus avancées, à supposer qu'elle eût jusqu'à nos jours maintenu son indépendance, elle n'eût pu avancer au delà d'une agriculture rabougrie ; elle ne fût point devenue riche et puissante, elle fût restée sans influence.

Ce fait, que l'industrie manufacturière transforme en capitaux productifs une multitude de richesses et de forces naturelles, explique en grande partie pourquoi les mesures protectrices influent si puissamment sur l'augmentation de la richesse nationale. La prospérité qui en résulte n'est point une fausse apparence comme les effets des restrictions sur les produits agricoles, c'est une réalité. Ce sont des forces naturelles entièrement mortes, des richesses naturelles entièrement dénuées de prix, qu'une nation agricole appelle à la vie et met en valeur lorsqu'elle se fait manufacturière.

C'est une ancienne observation que l'homme, de même que l'animal, s'élève intellectuellement et physiquement par le

croisement des races, et qu'il dégénère peu à peu lorsque les
mariages ont lieu constamment entre un petit nombre de familles, ainsi que les plantes lorsque la graine est constamment
semée dans le même sol. C'est la connaissance de cette loi naturelle qui explique pourquoi, chez plusieurs tribus peu nombreuses, sauvages tout à fait ou à demi, de l'Asie ou de l'A-
frique, les hommes choisissent leurs épouses dans des tribus
étrangères. L'expérience des oligarques dans les petites républiques municipales, lesquels, se mariant constamment entre
eux, s'éteignent peu à peu ou dégénèrent à vue d'œil, me
semble une preuve également claire de cette loi de la nature.
On ne peut nier que du mélange de deux races diverses il résulte, à peu près sans exception, une postérité robuste et belle,
et cette remarque s'étend jusqu'au mélange des blancs et des
noirs à la troisième et à la quatrième génération. C'est surtout
par cette raison, à ce qu'il semble, que les peuples sortis de
mélanges fréquemment répétés et embrassant la nation entière, surpassent tous les autres par la puissance de l'esprit et
du caractère, par la vigueur et par la beauté du corps (1).

(1) D'après Chardin, les Guèbres, descendance pure des anciens Perses,
sont une race laide, difforme et lourde comme tous les peuples d'origine
mongole, tandis que la noblesse persane, qui depuis des siècles s'unit à des
Géorgiennes et à des Circassiennes, se distingue par sa beauté et par sa force.
Le docteur Pritchard remarque que les Celtes purs de la haute Écosse sont
très-inférieurs en taille, en force physique et en bonne apparence aux habitants de la basse Écosse, issus à la fois des Celtes et des Saxons. Pallas fait
une observation semblable au sujet des rejetons mixtes des Russes et des
Tartares comparés à la descendance pure de l'une et de l'autre race. Azara
assure que les enfants qui naissent des unions entre les Espagnols et les naturels du Paraguay sont beaucoup plus beaux et beaucoup plus forts que
leurs ascendants des deux côtés. Les avantages des croisements des races se
manifestent non-seulement dans le mélange de deux peuples différents, mais
encore dans celui de différentes tribus d'un seul et même peuple. Ainsi, les
nègres créoles sont de beaucoup supérieurs, pour les qualités de l'esprit
comme pour celles du corps, aux nègres pur sang qui viennent d'Afrique en
Amérique. Les Caraïbes, la seule tribu indienne qui se marie habituellement
avec des femmes des tribus voisines, l'emportent à tous égards sur toutes les
autres peuplades américaines. Si c'est une loi de la nature, elle sert en partie à expliquer l'essor que les villes du moyen âge ont pris aussitôt après
leur fondation, ainsi que l'énergie et la forte constitution physique du peuple américain.

De là nous croyons pouvoir conclure que les hommes ne sont pas nécessairement des êtres pesants, gauches, paresseux d'esprit tels que ceux que, sous le régime d'une agriculture rabougrie, nous voyons dans de petits villages où quelques familles se sont depuis des siècles mariées entre elles, où, depuis des siècles, personne ne s'est avisé d'imiter un procédé nouveau, de changer la forme des vêtements, d'adopter un nouvel instrument ou une nouvelle idée, où le comble de l'art consiste, non pas à déployer toutes ses forces intellectuelles et physiques pour se procurer le plus possible de jouissances, mais à supporter le plus possible de privations.

Cet état de choses est changé au profit de l'amélioration de la race humaine dans le pays tout entier, par la création d'une industrie manufacturière. Une grande partie de l'accroissement de la population agricole se portant vers les manufactures, les agriculteurs de diverses localités s'unissent entre eux et avec les travailleurs des manufactures par les liens du mariage, l'apathie morale, intellectuelle et physique des habitants est arrêtée. Les relations que les manufactures et le commerce auquel elles servent de base établissent entre divers pays, entre diverses localités, infusent un sang nouveau dans la nation tout entière, de même que dans chaque commune et dans chaque famille.

L'industrie manufacturière n'exerce pas moins d'influence sur le perfectionnement des races d'animaux domestiques. Partout où ont fleuri les fabriques de laine, la race ovine s'est rapidement améliorée. Le grand nombre d'individus employés dans les manufactures déterminant une demande plus forte de bonne viande, le fermier s'appliquera à introduire de meilleures races de bêtes à cornes. Une demande plus active de chevaux de luxe provoque de même le perfectionnement de la race chevaline. On cesse alors de voir ces anciennes races, abâtardies par suite du défaut de croisement dans une agriculture rabougrie, et qui forment le digne pendant de leurs maîtres stupides.

Combien déjà les forces productives des nations ne doi—

vent-elles pas à l'introduction d'animaux étrangers et au perfectionnement des races indigènes, et combien n'y a-t-il pas encore à faire sous ce rapport? Tous les vers à soie de l'Europe proviennent de quelques œufs que, sous le règne de Constantin, des moines grecs ont apportés dans des bâtons creux de Chine à Constantinople, de Chine, où l'exportation en était sévèrement prohibée. La France doit une industrie brillante à l'importation des chèvres du Thibet. Il est à regretter que, en introduisant des espèces étrangères ou en perfectionnant les espèces indigènes, on ait eu principalement en vue la satisfaction des besoins de luxe et non pas plutôt le développement du bien-être des masses. Des voyageurs prétendent avoir vu dans quelques régions de l'Asie une race de bêtes à cornes, qui à une remarquable vigueur réunit une grande rapidité de mouvement, de manière à pouvoir servir avec presque autant de succès que le cheval pour l'équitation et pour l'attelage. Quels avantages immenses l'importation d'une pareille race ne procurerait-elle pas aux petits fermiers de l'Europe ! Quel accroissement de subsistances, de force productive et d'agrément les classes laborieuses n'y trouveraient-elles pas ! (1).

La force productive du genre humain est accrue par le perfectionnement et par la naturalisation des végétaux à un beaucoup plus haut degré que par le perfectionnement et par la naturalisation des espèces animales. Cela saute aux yeux, si l'on compare les plantes primitives, telles qu'elles sont sorties du sein de la nature, avec les plantes perfectionnées. Combien les espèces originaires des grains et des fruits, des légumes et des plantes oléagineuses ressemblent peu, pour la forme et pour l'utilité, à leur descendance améliorée ! Que de ressources alimentaires, que de jouissances, que d'occasions d'un utile emploi des forces productives n'ont-elles pas fournies ! La pomme de terre, la betterave, les prairies

(1) On connaît les utiles efforts de la Société d'acclimatation, récemment créée en France et présidée par M. Isidore Geoffroi-Saint-Hilaire.   (H. R.)

artificielles, avec de bons engrais et les machines, ont décuplé le produit de notre agriculture, comparativement à celle que pratiquent encore aujourd'hui les peuples d'Asie.

La science a déjà beaucoup fait pour la découverte des plantes nouvelles ou pour leur amélioration ; mais, dans l'intérêt de l'économie, les gouvernements sont loin jusqu'ici d'avoir consacré à cet important sujet toute l'attention qu'il mérite. Tout récemment on prétend avoir découvert dans les savanes de l'Amérique du Nord des espèces d'herbes qui produiraient sur le sol le plus pauvre un revenu plus élevé que les plantes fourragères connues sur le plus riche. Il est très-vraisemblable que dans les solitudes de l'Amérique, de l'Afrique, de l'Asie et de l'Australie croissent encore inutilement une multitude de végétaux dont la naturalisation et le perfectionnement augmenteraient immensément le bien-être des habitants de la zone tempérée. (1)

Il est évident que la plupart des perfectionnements et des naturalisations des espèces animales et végétales, que la plupart des découvertes effectuées sous ce rapport, de même que tous les autres progrès et toutes les autres inventions, tournent principalement au profit des contrées de la zone tempérée en général, et des contrées manufacturières en particulier.

CHAPITRE IX.

L'INDUSTRIE MANUFACTURIÈRE ET LES FORCES INSTRUMENTALES OU LES CAPITAUX MATÉRIELS DU PAYS.

La nation puise son énergie productive dans les forces morales et physiques des individus, dans ses institutions

---

(1) M. Colwell cite ici le caoutchouc et la gutta-percha, dont l'emploi dans l'industrie est postérieur à la publication du *Système national.*   (H. R.)

civiles et politiques, dans le fonds naturel placé à sa disposition, enfin dans les instruments qui se trouvent en son pouvoir, et qui sont eux-mêmes les produits matériels d'efforts antérieurs du corps et de l'esprit, c'est-à-dire dans le capital matériel agricole, manufacturier et commercial.

Nous avons traité dans les deux chapitres précédents de l'influence des manufactures sur les trois premières de ces sources de la puissance productive du pays ; le présent chapitre et celui qui va suivre sont consacrés à l'influence qu'elles exercent sur la dernière.

Ce que nous entendons par l'expression des *forces instrumentales*, l'école l'appelle *capital*.

Il est indifférent qu'on se serve de tel ou tel mot pour désigner un objet, mais il importe beaucoup que le mot qu'on a choisi désigne toujours un seul et même objet et n'ait pas un sens tantôt plus tantôt moins étendu. Chaque fois qu'il est question des différentes espèces d'une même chose, une distinction devient nécessaire. Or l'école entend par le mot de capital non-seulement les moyens matériels, mais aussi tous les moyens intellectuels et sociaux de la production. Elle devrait donc partout où il est question du capital, indiquer s'il s'agit du capital matériel, des instruments matériels de la production, ou du capital intellectuel, des forces morales et physiques, soit qu'elles tiennent à la personne, soit que les individus les trouvent dans l'état civil et politique de la société. L'oubli de cette distinction, dans les cas où elle doit être faite, ne peut manquer de conduire à de faux raisonnements, ou de servir à les dissimuler. Comme, du reste, nous avons moins à cœur de créer une terminologie nouvelle que de révéler les erreurs commises à la faveur d'une terminologie insuffisante, nous conserverons le mot de capital ; mais nous distinguerons entre le capital intellectuel et le capital matériel, entre le capital matériel de l'agriculture, celui des manufactures et celui du commerce, entre le capital privé et le capital national.

Adam Smith, à l'aide de cette expression vague de *capital*, dirige contre le système protecteur l'argument suivant, lequel a été adopté jusqu'à ce jour par tous ses disciples :

« A la vérité il peut se faire qu'à l'aide de ces sortes de règlements un pays acquière un genre particulier de manufacture plus tôt qu'il ne l'aurait acquis sans cela, et qu'au bout d'un certain temps ce genre de manufacture se fasse dans le pays à aussi bon marché ou à meilleur marché que chez l'étranger. Mais, quoiqu'il puisse ainsi arriver que l'on porte l'industrie nationale dans un canal particulier plus tôt qu'elle ne s'y serait portée d'elle-même, il ne s'ensuit nullement que la somme totale de l'industrie ou des revenus de la société puisse jamais recevoir aucune augmentation de ces sortes de règlements. L'industrie de la société ne peut augmenter qu'autant que son capital augmente, et ce capital ne peut augmenter qu'à proportion de ce qui peut être épargné sur les revenus de la société. Or, l'effet qu'opèrent immédiatement les règlements de cette espèce, c'est de diminuer le revenu de la société, et, à coup sûr, ce qui diminue son revenu n'augmentera pas son capital plus vite qu'il ne se serait augmenté de lui-même si l'on eût laissé le capital et l'industrie chercher l'un et l'autre leurs emplois naturels (1). »

A l'appui de cet argument, le fondateur de l'école cité l'exemple connu et déjà par nous réfuté de la folie qu'il y aurait à vouloir produire du vin en Écosse.

Dans le même chapitre il dit que le *revenu annuel* de la société n'est autre chose que la *valeur échangeable* du produit annuel de l'industrie nationale.

C'est là le principal argument de l'école contre le système protecteur. Elle accorde que, au moyen de mesures protectrices, des fabriques peuvent être établies et mises en état de produire des articles à aussi bas et même à plus bas prix que ceux qu'on tire de l'étranger ; mais elle soutient que l'effet immédiat de ces mesures est de diminuer les revenus de la société ou la valeur échangeable du produit annuel de l'indus-

---

(1) *Richesse des nations,* liv. IV, chap. II.

trie nationale. La société affaiblirait ainsi en elle la faculté
d'acquérir des capitaux, car les capitaux ne peuvent être formés qu'au moyen des épargnes réalisées par la nation sur ses
revenus annuels; or, le développement de l'industrie nationale
dépend de la quantité de ces capitaux, et c'est seulement dans
la proportion de ceux-ci qu'elle peut grandir. La société
affaiblit donc sa puissance industrielle, lorsque, par ces mesures, elle fait naître une industrie qui fût venue d'elle-même,
si l'on eût laissé aux choses leur libre cours.

Remarquons, en premier lieu, que, dans ce raisonnement,
Adam Smith emploie le mot capital dans le même sens où
les rentiers et les négociants ont l'habitude de le prendre pour
leur tenue de livres et pour l'établissement de leur balance, à
savoir comme le total de leurs valeurs échangeables en opposition aux revenus qu'ils en retirent.

Il oublie que lui-même, dans sa définition du capital, comprend sous ce terme les facultés morales et physiques des
producteurs (1).

Il soutient à tort que les revenus d'une nation dépendent
uniquement de la quantité de ses capitaux matériels. Son ouvrage prouve, en mille endroits, que ces revenus dépendent
principalement de la masse des forces intellectuelles et corporelles de la nation, ainsi que de ses progrès sociaux et
politiques, surtout de ceux qui résultent d'une division plus
parfaite du travail et de l'association des forces productives
du pays, et que, si des mesures de protection entraînent pour
quelque temps un sacrifice de richesses matérielles, on en est
dédommagé au centuple en forces productives, en moyens
d'acquérir des valeurs échangeables, et que, par conséquent,
ce sacrifice n'est qu'une dépense reproductive de la nation.

Il oublie que le moyen pour une nation d'augmenter la

_____

(1) On ne saurait désigner sous le nom de capital les facultés morales et
physiques. Outre que c'est dégrader l'homme que de l'assimiler à une machine, ces facultés se rattachent naturellement à un autre des trois grands
facteurs de la production, le travail. Ce n'est que par métaphore qu'on a pu
dire que l'homme est un capital accumulé.   (H. R.)

masse de ses capitaux matériels consiste principalement dans
la faculté de transformer les forces inemployées de la nature
en un capital matériel, en instruments doués de valeur et
productifs de revenus, et que, chez la nation purement agricole, une quantité considérable de forces naturelles, qui ne
peuvent être vivifiées que par les manufactures, demeurent
oisives ou mortes. Il ne se préoccupe pas de l'influence des
manufactures sur le commerce extérieur et intérieur, sur la
civilisation, sur la puissance de la nation, et sur le maintien
de son indépendance, ni des facilités qui en résultent pour
l'acquisition de la richesse matérielle.

Il ne tient pas compte, par exemple, de la masse de capitaux que les Anglais ont acquise par leurs colonisations ;
Martin en évalue le total à plus de deux milliards et demi de
liv. st. (62 milliards 1/2 de francs.)

Lui, qui montre ailleurs avec tant de clarté que les capitaux employés dans le commerce intermédiaire ne doivent pas
être considérés comme la propriété d'une nation en particulier, tant qu'ils n'ont pas été, pour ainsi dire, incorporés dans
son sol, ne prend pas garde que l'incorporation de ces capitaux ne peut mieux se réaliser que par la protection des manufactures indigènes.

Il ne réfléchit pas que l'appât de cette protection attire dans
le pays une quantité considérable de capitaux étrangers, intellectuels aussi bien que matériels.

Il soutient à tort que ces manufactures auraient surgi
d'elles-mêmes dans le cours naturel des choses, lorsqu'on
voit dans chaque nation la puissance politique intervenir pour
donner à ce cours naturel une direction artificielle dans son
intérêt particulier.

Cet argument, qui repose sur une équivoque et qui, par
conséquent, est essentiellement vicieux, il l'a expliqué par un
exemple tout aussi vicieux, quand, par la folie qu'il y aurait
à vouloir produire artificiellement du vin en Écosse, il essaie
de prouver qu'il serait insensé de créer artificiellement des
manufactures.

Il réduit l'œuvre de la formation des capitaux dans la nation à l'opération d'un rentier, dont le revenu se règle d'après la valeur de ses capitaux matériels, et qui ne peut l'augmenter que par des épargnes qu'il ajoute à ces capitaux.

. Il ne réfléchit pas que cette théorie de l'épargne, bonne pour le comptoir d'un négociant, mènerait une nation à la pauvreté, à la barbarie, à l'impuissance, à la dissolution. Là où chacun épargne et se prive le plus qu'il peut, il n'y a point de stimulant à produire. Là où chacun ne pense qu'à l'accumulation de valeurs échangeables, la force intellectuelle que demande la production disparaît. Une nation composée de ces avares extravagants renoncerait à se défendre pour éviter les frais de la guerre ; quand tout son avoir serait devenu la proie de l'étranger, elle comprendrait que la richesse des nations s'acquiert tout autrement que celle des rentiers.

Le rentier lui-même doit, comme père de famille, pratiquer une tout autre théorie que cette théorie de comptoir des valeurs matérielles échangeables que je viens d'exposer. Tout au moins est-il tenu de dépenser pour l'éducation de ses héritiers les valeurs échangeables nécessaires pour les mettre en état d'administrer les propriétés qu'il doit leur laisser.

La formation des capitaux matériels pour la nation ne s'opère pas uniquement par l'épargne, comme pour le rentier (1) ; de même que celle des forces productives en géné-

---

(1) On a l'habitude d'énoncer comme un axiome que le capital est le produit de l'épargne, et en cela on exagère singulièrement le rôle de cette dernière.

En présence du passage ci-dessus de List, et aussi, à ce qu'il paraît, des *Recherches économiques* de son compatriote, M. de Hermann, M. Roscher, dans ses *Principes d'économie politique*, a écrit ce qui suit : « Même sans épargne, il peut se former de nouveaux capitaux, notamment par suite de progrès de la civilisation, qui augmentent la valeur des capitaux déjà existants. Une maison, par exemple, peut doubler comme capital, lorsqu'on ouvre dans son voisinage une voie fréquentée. L'invention de la boussole a augmenté dans une proportion incalculable la valeur de tous les capitaux employés dans la navigation. »

Un autre économiste allemand, M. L. J. Gersler, dans une brochure publiée, en 1857, sous ce titre : *Essai sur la théorie du capital*, a combattu.

ral, elle résulte de l'action réciproque des capitaux intellectuels et matériels du pays, des capitaux de l'agriculture, de ceux des manufactures et de ceux du commerce les uns sur les autres.

au moyen d'une analyse ingénieuse, la proposition d'Adam Smith que l'épargne, et non le travail, est la cause *directe* de l'accroissement des capitaux.

« L'épargne, dit M. Gerster, suppose des produits déjà créés, elle ne les crée pas, mais les conserve simplement. On ne doit donc considérer comme cause *directe* de la création et de l'accroissement des capitaux que le travail et l'activité de l'homme. Le travail est le principe positif et créateur ; l'épargne, le principe négatif et conservateur. Elle n'est par conséquent que la cause *indirecte*.

« Son caractère est indéterminé. Elle sert à la consommation tout comme à la production, puisque les produits qu'elle accumule peuvent être employés comme objets de consommation aussi bien que comme moyens de production.

« Il y a des produits qui peuvent être regardés comme des capitaux, et à l'existence desquels l'épargne n'a pas eu la moindre part.

« Chez les tribus grossières de chasseurs et de pasteurs (et ici M. Gerster se réfère au *Système national* de List), l'épargne ne saurait exister ; elle les conduirait au dénûment plutôt qu'à l'abondance. Ce qui ne se corromprait pas naturellement deviendrait la proie de voisins pillards. Et cependant ces tribus possèdent des capitaux, ne fût-ce qu'une pierre, un bâton ou une hache, pour tuer le gibier dont elles se nourrissent. Ces objets constituent pour elles des moyens de production ; l'existence et l'accroissement de ces capitaux ne supposent rien de plus qu'un faible travail d'appropriation.

« A tous les degrés de civilisation, il y a nombre de produits que leur nature propre destine à la production, par exemple les instruments et les machines. L'épargne n'a pas besoin de les conserver pour qu'ils deviennent du capital.

« On pourra objecter que ces produits n'auraient pas existé, si l'épargne n'avait préalablement rassemblé les matériaux et les ressources nécessaires à cet effet. Cela est exact, on le reconnaît, dans beaucoup de cas ; mais il s'agit de la cause directe, immédiate de l'existence des produits, et le travail nous apparaît seul avec ce caractère.

« Mais les matériaux nécessaires, au lieu de consister en économies accumulées, peuvent être, et sont fréquemment, le résultat d'une heureuse découverte. Quel est le rôle de l'épargne, lorsque la sagacité de l'homme, en découvrant de nouvelles utilités dans des objets jusque-là sans valeur, accroît la masse des capitaux du pays ?

« Enfin, l'épargne est sans influence sur la création de la plupart des capitaux immatériels. Sert-elle à former une clientèle, à acquérir des débouchés ? Non, ces avantages sont dus souvent à des *circonstances favorables*, ce sont des présents de la fortune dans la véritable acception du mot. »

(H. R.)

L'accroissement des capitaux matériels de la nation dépend de l'accroissement de ses capitaux intellectuels et réciproquement.

La création des capitaux matériels de l'agriculture dépend de la création des capitaux matériels des manufactures et réciproquement.

Les capitaux matériels du commerce apparaissent partout comme intermédiaires et comme auxiliaires entre les deux autres.

Dans l'état primitif, chez les chasseurs et chez les pasteurs, la nature fournit presque tout ; le capital est à peu près nul. Le commerce extérieur accroît celui-ci ; mais par là même, en provoquant l'emploi d'armes à feu, de poudre, de plomb, il détruit entièrement la productivité de celle-là. La théorie de l'épargne ne saurait convenir au chasseur, il faut qu'il périsse ou qu'il devienne pasteur.

Dans l'état pastoral, le capital matériel croît rapidement, mais seulement autant que la nature offre spontanément de la nourriture au bétail. Mais l'accroissement de la population suit de près celui du bétail et des moyens d'alimentation. D'une part, le bétail et les pâturages se distribuent en portions toujours plus petites, et de l'autre, le commerce étranger excite à la consommation. Inutilement essaierait-on de prêcher au peuple pasteur la théorie de l'épargne ; il faut qu'il tombe dans la misère ou qu'il passe à l'état d'agriculteur.

Au peuple agriculteur s'ouvre, par l'emploi des forces mortes de la nature, un champ vaste, mais limité toutefois.

Le cultivateur peut obtenir des denrées alimentaires pour ses besoins personnels et au delà, améliorer ses champs, augmenter son bétail ; mais l'accroissement des subsistances est partout suivi de l'accroissement de la population. Les capitaux matériels, et, notamment, le sol et le bétail, à mesure que le premier devient plus fertile et le second plus nombreux, se partagent entre un plus grand nombre d'individus. Mais comme la superficie des terres ne peut pas être étendue par le travail, que, faute de voies de communication, voies qui, ainsi

que nous l'avons vu dans un chapitre précédent, ne peuvent
être que fort imparfaites à cause du manque de commerce,
que chaque terrain ne peut recevoir l'emploi qui lui convient
le mieux, et qu'un peuple purement agriculteur manque en
grande partie de ces instruments, de ces connaissances, de ces
stimulants, de cette énergie et de cette culture sociale que
donnent les manufactures et le commerce qui en est la suite ;
le peuple purement agriculteur arrive bientôt à ce point où
l'accroissement du capital matériel agricole ne peut plus marcher du même pas que l'accroissement de la population, et,
par conséquent, où la pauvreté des individus s'accroît de
jour en jour, bien que le capital collectif de la nation ne cesse
de s'accroître.

Dans un pareil état de choses, le produit le plus important
de la nation consiste en hommes, qui, ne pouvant trouver
dans le pays une existence suffisante, passent à l'étranger. Ce
sera pour un tel pays une très-médiocre consolation de savoir
que l'école considère l'homme comme un capital accumulé ;
car l'exportation des hommes n'entraîne point de retour, mais
un écoulement improductif de valeurs matérielles considérables sous la forme de meubles, de monnaies, etc.

Il est évident que, dans un pareil état de choses, où la division nationale du travail n'est qu'imparfaitement développée,
ni labeurs, ni épargnes ne peuvent accroître le capital matériel, ou enrichir matériellement les individus.

Sans doute, un pays agricole est rarement dépourvu de tout
commerce extérieur, et le commerce extérieur remplace, jusqu'à
un certain point, les manufactures indigènes quant à l'accroissement du capital, en ce qu'il met les manufacturiers du dehors
en relation avec les cultivateurs du dedans. Mais ces rapports
sont partiels et très-insuffisants ; d'abord parce qu'ils ne portent
que sur quelques produits spéciaux et ne s'étendent guère qu'au
littoral de la mer et aux rives des fleuves navigables ; en second
lieu parce qu'ils sont dans tous les cas très-irréguliers, et se
trouvent fréquemment interrompus par la guerre, par les fluctuations du commerce, par les mesures de douane, par des ré-

coltes abondantes ou par des importations d'un autre pays.

Le capital matériel de l'agriculteur ne s'accroît sur une grande échelle, régulièrement et indéfiniment, que du jour où une industrie manufacturière armée de toutes pièces apparaît au milieu des cultivateurs.

La plus vaste partie du capital matériel d'une nation est fixée dans le sol. En tout pays la valeur des fonds de terre, des propriétés bâties dans les campagnes et dans les villes, des ateliers, des fabriques, des ouvrages hydrauliques, des mines, etc., compose *des deux tiers aux neuf dixièmes de toutes les valeurs que la nation possède* ; on doit donc admettre en principe que tout ce qui augmente ou diminue la valeur de la propriété foncière accroît ou amoindrit la masse de capitaux matériels de la nation. Or, nous voyons que la valeur des terres d'une même fertilité naturelle est incomparablement plus grande dans le voisinage d'une petite ville que dans une région écartée, près d'une grande ville que près d'une petite, dans un pays manufacturier que dans un pays purement agricole. Nous voyons d'un autre côté que la valeur des maisons d'habitation ou des fabriques ainsi que des terrains à bâtir dans les villes s'abaisse ou s'élève, en général, suivant que les relations de la ville avec les agriculteurs s'étendent ou se restreignent, ou suivant que les agriculteurs prospèrent ou s'appauvrissent. Il s'ensuit que l'accroissement du capital agricole dépend de l'accroissement du capital manufacturier et réciproquement.

Mais, dans le passage de l'état purement agricole à l'état manufacturier, cette influence réciproque agit avec beaucoup plus de force du côté de l'industrie manufacturière que du côté de l'agriculture ; car, de même que, dans la transition de la vie du chasseur à celle du pasteur, l'accroissement du capital résulte principalement de l'augmentation rapide des troupeaux, et, dans le passage de la vie pastorale à l'agriculture, principalement de la rapide acquisition de nouvelles terres fertiles et d'un excédant de denrées ; de même, lorsqu'on s'élève de la simple agriculture à l'industrie manufacturière, l'accroissement du capital matériel de la nation est dû principalement aux valeurs et aux forces employées dans les manufactures, parce qu'une quantité considérable de forces naturelles et intellectuelles, jusque-là inutiles, sont transformées ainsi en capitaux matériels et intellectuels. Bien loin de faire obstacle à l'épargne matérielle, la création des manufactures fournit à la nation le moyen de placer avantageusement ses économies agricoles, c'est pour elle un stimulant à ces économies.

Dans les assemblées législatives de l'Amérique du Nord, on a fréquemment répété que, faute de débouché, le blé pourrit sur sa tige, parce qu'il ne vaut pas les frais de la moisson. On assure qu'en Hongrie l'agriculteur étouffe, pour ainsi dire, dans l'abondance, tandis que les articles manufacturés y coûtent trois ou quatre fois plus qu'en Angleterre. L'Allemagne elle-même peut se rappeler un pareil état de choses. Dans les pays purement agriculteurs, tout excédant des produits ruraux ne constitue donc pas un capital matériel. Ce n'est qu'à l'aide des manufactures qu'il devient, par l'accumulation dans les magasins, un capital commercial, et, par la vente à la population manufacturière, un capital manufacturier. Ce qui, entre les mains des agriculteurs, serait une provision inutile, devient un capital productif entre celles des manufacturiers et réciproquement.

La production rend la consommation possible, et le désir de consommer excite à produire. Le pays purement agricole dépend, pour sa consommation, de la situation des pays étrangers, et, quand cette situation ne lui est pas favorable, la production qu'avait provoquée le désir de consommer est anéantie. Mais, dans la nation qui réunit sur son territoire l'industrie manufacturière et l'agriculture, l'excitation réciproque ne cesse d'exister, et ainsi l'accroissement de la production continue des deux côtés ainsi que celui des capitaux.

La nation à la fois agricole et manufacturière étant toujours, par des causes déjà exposées, beaucoup plus riche en capitaux matériels que la nation purement agricole, ce qui, du reste, frappe les yeux, le taux de l'intérêt y est toujours beau-

coup plus bas, les entrepreneurs y ont à leur disposition des
capitaux plus considérables et à des conditions plus douces.
De là avantage dans la lutte avec les fabriques récentes de la
nation agricole ; de là inondation constante de produits manufacturés chez celle-ci ; de là ses dettes permanentes envers la
nation manufacturière, et, sur ses marchés, ces constantes
fluctuations dans la valeur des denrées, des articles fabriqués
et des monnaies, qui arrêtent chez elle l'accumulation des capitaux matériels, en même temps qu'elles portent atteinte à sa
moralité et à son économie intérieure.

L'école distingue le capital fixe du capital circulant, et
comprend de la façon la plus étrange sous la première dénomination une multitude de choses qui circulent, sans faire de
cette distinction aucune application pratique. Elle passe sous
silence le seul cas dans lequel cette distinction puisse avoir de
l'utilité. Ainsi, le capital matériel, comme le capital intellectuel, est en grande partie attaché à l'agriculture ou à l'industrie
manufacturière ou au commerce, ou à une branche particulière de l'une de ces trois industries, souvent même il l'est à
certaines localités. Les arbres fruitiers qui ont été abattus ont
évidemment, pour le manufacturier qui en fait des ouvrages
en bois, une autre valeur que pour l'agriculteur qui les emploie à la production des fruits. Des troupeaux de moutons
tués en masse, comme cela se voit quelquefois en Allemagne
et dans l'Amérique du Nord, ne possèdent plus la valeur qu'ils
avaient comme instruments pour la production de la laine.
Des vignobles ont comme tels une valeur qu'ils perdent si l'on
en fait des terres labourables. Les navires employés comme
bois à construire ou à brûler ont une valeur beaucoup moindre que lorsqu'ils servent aux transports. A quoi serviraient les
manufactures, les chutes d'eau et les machines, si la fabrication
des fils venait à périr ? Pareillement, les individus perdent d'ordinaire en se déplaçant la plus grande partie de leur force productive en tant qu'elle se compose d'expérience, d'habitudes et
de talents acquis. L'école donne à toutes ces choses, à toutes ces
qualités, le nom général de capital, et, en vertu de cette ter-

minologie, elle les transporte à son gré d'une branche de travail à une autre. Ainsi Say conseille aux Anglais de consacrer à l'agriculture leur capital manufacturier. Il n'a pas expliqué comment pouvait s'opérer ce miracle, et, jusqu'à ce jour, c'est encore un secret pour les hommes d'État de l'Angleterre. Évidemment Say a confondu ici le capital privé avec le capital national. Un manufacturier ou un négociant peut retirer ses capitaux de l'industrie manufacturière ou du commerce, en vendant sa fabrique ou ses navires et en achetant avec le prix de vente une propriété foncière; mais une nation tout entière ne saurait exécuter cette opération que par le sacrifice d'une grande partie de ses capitaux matériels et intellectuels. La raison pour laquelle l'école a obscurci ce qui était si clair, est manifeste. Quand on appelle les choses par leur véritable nom, on comprend sans peine que le déplacement des forces productives d'une branche de travail à une autre est soumis à des difficultés qui, loin d'appuyer toujours la liberté du commerce, fournissent souvent des arguments en faveur de la protection. (1)

(1) Il n'est pas seulement difficile pour une nation de passer d'une industrie à une autre, et de déplacer son capital, c'est absolument impossible. Un manufacturier peut vendre sa fabrique pour s'adonner à l'agriculture; cent ou mille individus peuvent le faire et changer ainsi d'occupation, mais l'industrie du pays n'aura pas pour cela éprouvé de changements. Le capital manufacturier consiste principalement en vastes édifices, entourés de logements pour les ouvriers, en machines et instruments ayant un emploi tout spécial, il ne saurait être appliqué à l'agriculture. Quand une nation a été mise hors d'état de fabriquer, les ouvriers peuvent trouver quelque autre occupation, quoique l'expérience enseigne qu'en pareil cas ils succombent par milliers; mais le capital placé dans les édifices et dans les machines est entièrement perdu. Et lorsque des hommes exercés au travail du fer et du coton, de la laine et de la soie sont obligés de gagner leur vie dans d'autres métiers, il s'est fait une perte énorme de puissance productive, leur habileté et leur expérience étant devenues inutiles. (S. COLWELL.)

CHAPITRE X.

L'INDUSTRIE MANUFACTURIÈRE ET L'INTÉRÊT AGRICOLE.

Si la protection en faveur des manufactures indigènes portait préjudice aux consommateurs de produits fabriqués et ne servait qu'à enrichir les fabricants, les propriétaires fonciers et les agriculteurs, qui constituent parmi ces consommateurs la classe la plus nombreuse et la plus importante, seraient particulièrement atteints. Mais on peut établir que cette classe retire des manufactures de plus grands avantages que les fabricants eux-mêmes; car les manufactures créent une demande pour une plus grande variété et pour une plus grande quantité de produits ruraux, augmentent la valeur échangeable de ces produits, et permettent à l'agriculteur de tirer un meilleur parti de sa terre et de son travail. Il s'ensuit une hausse de la rente territoriale, des profits et des salaires, et l'accroissement de la rente et des capitaux a pour conséquence l'accroissement de la valeur échangeable de la terre et du travail.

La valeur échangeable des biens de campagne n'est pas autre chose que leur rente capitalisée; elle dépend, d'une part, du montant et de la valeur de la rente, de l'autre, de la masse de capitaux et moraux et matériels qui se trouvent dans le pays.

Tout progrès individuel et social, tout développement de la force productive du pays en général, mais surtout l'établissement des manufactures, augmente la rente en quantité, tout en la diminuant en quotité. Dans un pays agricole peu cultivé et médiocrement peuplé, en Pologne par exemple, la rente s'élève à la moitié ou au tiers du produit brut; dans un pays avancé, populeux et riche, par exemple en Angleterre, elle n'atteint que le quart ou le cinquième. Toutefois le montant de la plus petite part est infiniment plus considérable que celui de la plus grande, surtout en argent et plus encore en objets fabriqués ; car le cinquième des 25 boisseaux (environ 9 hectolitres) (1), qui forment, en Angleterre, la moyenne du produit brut en froment, est de 5 boisseaux (1 hectol. 80), et le tiers des 9 boisseaux (3 hectol. 27), moyenne de la Pologne, n'est que de 3 (1 hectol. 09) ; de plus les 5 boisseaux en Angleterre valent moyennement de 25 à 30 schellings (de 31 fr. 25 c. à 37 fr. 50 c) (2), et les trois boisseaux en Pologne valent au plus de 8 à 9 schellings (de 10 fr. à 11 fr. 25 c.) ; enfin les objets manufacturés en Angleterre coûtent moitié moins qu'en Pologne, et, par conséquent, le propriétaire anglais peut, avec sa rente de 30 schellings, acheter 10 aunes de drap, tandis que le propriétaire polonais, avec ses 10 schellings de rente, n'en peut acheter que 2. Le premier, avec le cinquième du produit brut, est donc trois fois mieux partagé comme propriétaire touchant une rente, et cinq fois mieux comme consommateur d'objets manufacturés, que le second avec le tiers. Quant aux fermiers et aux ouvriers de l'agriculture, leur condition est aussi infiniment meilleure en Angleterre qu'en Pologne, même comme consommateurs d'objets manufacturés. En effet, sur un produit de 25 boisseaux, en Angleterre, il reste 20 boisseaux pour semences, labours, salaires et profits ; or, si l'on prend pour ces deux derniers éléments la moitié, soit 10 boisseaux (3 hectol. 63), la valeur moyenne de cette moitié sera de 60 schellings (75 fr.), et, à 3 schellings l'aune, représentera 20 aunes de drap ; en Pologne, au contraire, un produit brut de 9 boisseaux ne laissera que 6 boisseaux pour semences, labours, profits et salaires, et, si l'on prend de même pour les profits et les salaires la moitié, soit 3 boisseaux (1 hectol. 09), cette part ne vaut que 10 à 12 schellings (12 fr. 50 c. à 15 fr.) et ne représente que 2 aunes et demie de drap.

(1) Le boisseau anglais = 36 litres, 344.
(2) Le schelling = 1 fr. 25 c.

La rente est un des principaux moyens de placement des capitaux matériels. La valeur s'en règle, par conséquent, sur la masse des capitaux qui se trouvent dans le pays, et sur les rapports entre l'offre et la demande. L'abondance des capitaux que le commerce extérieur et intérieur réunit dans une nation manufacturière, le faible taux de l'intérêt et cette circonstance que, chez un peuple manufacturier et commerçant, un grand nombre d'individus enrichis cherchent constamment à placer dans la terre leur excédant de capital matériel, élèvent chez un pareil peuple le prix d'une même quantité de rente territoriale beaucoup au-dessus de ce qu'elle est dans un pays purement agricole. En Pologne la rente de la terre se vend 10 ou 20 fois, en Angleterre 30 ou 40 fois son montant.

De même que la valeur en argent de la rente de la terre est plus élevée chez la nation manufacturière et commerçante que chez la nation agricole, la valeur en argent des terres est aussi plus considérable. A égale fertilité naturelle, la valeur des terres est 10 ou 20 fois plus élevée en Angleterre qu'en Pologne.

Cette influence des manufactures sur la rente, et, par suite, sur la valeur échangeable de la terre, Adam Smith la signale, à la fin du IIᵉ chapitre de son premier livre, mais seulement en passant et sans mettre convenablement en lumière l'immense importance des manufactures à cet égard. Il distingue dans cet endroit les causes qui agissent *directement* sur l'élévation de la rente, telles que les améliorations agricoles et l'augmentation du bétail en quantité et en valeur échangeable, d'avec les causes dont l'opération est *indirecte*, et il range les manufactures parmi ces dernières. Ainsi les manufactures, qui sont la *cause principale de l'élévation de la rente* ainsi que de la valeur de la terre, sont mises par lui sur l'arrière-plan, de manière à être à peine aperçues, tandis que les améliorations foncières et l'accroissement du bétail, qui sont en majeure partie l'effet des manufactures et du commerce que celles-ci font naître, leur sont préférées, ou du moins opposées comme causes principales. Adam Smith et ses disciples n'ont pas compris, à beaucoup près, toute l'importance des manufactures sous ce rapport.

Nous avons fait la remarque que, sous l'influence des manufactures et du commerce qui s'y rattache, à égale fertilité naturelle, la valeur des terres était en Angleterre dix ou vingt fois plus élevée qu'en Pologne. Si nous comparons le montant total de la production et du capital manufacturier de l'Angleterre à celui de sa production et de son capital agricoles, nous trouvons que la plus grande partie de la richesse du pays consiste surtout dans la valeur de la propriété foncière.

Mac Queen trace le tableau suivant de la richesse et du revenu de l'Angleterre (1).

1. *Capital national.*

	liv. st.	liv. st.
1º Capital fixé dans l'agriculture, fonds de terre, mines et pêcheries..................	2,601,000,000	
Capital circulant en bétail, instruments, provisions et numéraire....................	655,000,000	
Mobilier des agriculteurs.	52,000,000	
	3,311,000,000	3,311,000,000
2º Capital placé dans les manufactures et dans le commerce.		
Manufactures et commerce intérieur des objets fabriqués..........................	178,500,000	
Commerce des denrées coloniales........	11,000,000	
Commerce des objets fabriqués avec l'étranger..........	16,500,000	
	206,000,000	
A quoi on peut ajouter depuis 1835, année où cette estimation a été faite.............	12,000,000	
	218,000,000	218,000,000
De plus, en constructions urbaines de toute espèce et en bâtiments pour fabriques......	605,000,000	
En navires.	33,500,000	
En ponts, canaux et chemins de fer.	118,000,000	
En chevaux autres que ceux de l'agriculture	20,000,000	
	776,500,000	776,500,000
TOTAL du capital national....................		4,305,500,000

(1) Il doit être bien entendu que les estimations de ce tableau ne sont et ne peuvent être que des approximations fort lointaines.   (H. R.)

II. *Revenu national brut.*

1. Agriculture, mines et pêcheries......................	589,000,000
2. Industrie manufacturière.....................	259,500,000
TOTAL....................	898.500,000

Il ressort de ce tableau :

1° Que la valeur du sol consacré à l'agriculture comprend les 26/45 de la fortune totale de l'Angleterre et est à peu près douze fois plus considérable que celle de l'ensemble des capitaux placés dans les manufactures et dans le commerce ;

2° Que l'ensemble des capitaux employés dans l'agriculture comprend plus des trois quarts du capital de l'Angleterre;

3° Que la valeur totale des propriétés immobilières de l'Angleterre, savoir :

Fonds de terre, etc. . . .	2,604,000,000 liv. st.
Constructions urbaines et bâtiments pour fabriques. .	605,000,000
Canaux et chemins de fer. .	118,000,000
Ensemble. .	3,327,000,000

compose plus des trois quarts de ce même capital ;

4° Que le capital manufacturier et commercial, y compris les navires, n'excède pas 241 millions et demi et ne constitue par conséquent qu'environ 1/18 de la richesse nationale ;

5° Que le capital agricole de l'Angleterre, qui est de 3,311 millions, produit un revenu brut de 539, soit environ 16 pour cent, tandis que le capital manufacturier et commercial, qui n'est que de 218 millions, donne un produit brut annuel de 559 millions et demi ou de 120 pour cent. On doit ici considérer avant tout que les 218 millions de capital manufacturier donnant un produit annuel de 259 millions et demi sont la cause principale pour laquelle le capital agricole a pu atteindre le chiffre énorme de 3,311 millions et en produire annuellement 539. De beaucoup la plus grande partie du capital agricole consiste dans la valeur des fonds de terre et du bétail. En doublant et en triplant la population du pays, en fournissant les moyens d'entretenir un immense commerce extérieur, une vaste navigation, d'acquérir et d'exploiter une multitude de colonies, les manufactures ont augmenté dans la même proportion la demande des denrées alimentaires et des matières brutes, donné aux agriculteurs le désir et le moyen de satisfaire à cet accroissement de demande, élevé la valeur échangeable de leurs produits, et déterminé ainsi une augmentation proportionnelle, en quantité et en valeur échangeable, de la rente de la terre et de la valeur du sol. Détruisez ce capital manufacturier et commercial de 218 millions, et vous verrez disparaître non-seulement le revenu de 259 millions et demi qu'ils rapportent, mais encore la plus grande partie des 3 milliards 311 millions de capital agricole, et, par conséquent, du revenu de 539 millions que donne ce capital. Le revenu de l'Angleterre ne diminuera pas simplement de 259 millions et demi, valeur de la production manufacturière; la valeur échangeable du sol baissera au taux où elle est en Pologne, c'est-à-dire au dixième ou au vingtième de son taux actuel.

Il suit de là que tout capital utilement employé dans les manufactures par la nation agricole décuple avec le temps la valeur du sol. L'expérience et la statistique confirment partout cette conclusion. Partout nous avons vu l'industrie manufacturière hausser rapidement la valeur des terres ainsi que celle du bétail. Que l'on compare cette valeur, pour la France en 1789 et en 1840, pour les États-Unis en 1820 et en 1830, pour l'Allemagne en 1830 et en 1840, c'est-à-dire dans un faible développement ou dans un vaste essor des manufactures, et l'on trouvera partout la justification de notre remarque.

Ce fait a pour cause l'accroissement de la force productive de la nation, accroissement qui lui-même est l'effet d'une division rationnelle du travail et d'une association plus énergique des forces nationales, d'un meilleur emploi des forces morales et naturelles dont le pays dispose, du commerce étranger enfin.

Il en est des manufactures comme des voies de communication perfectionnées ; non-seulement ces voies fournissent une rente et permettent ainsi d'amortir le capital employé, mais encore elles contribuent puissamment à la prospérité de l'industrie manufacturière et de l'agriculture, au point de décupler avec le temps la valeur des propriétés foncières situées dans leur voisinage. Vis-à-vis de l'entrepreneur de ces ouvrages, l'agriculteur a ce grand avantage que le décuplement de son capital lui est dans tous les cas assuré, et qu'il réalise ce profit sans aucun sacrifice ; tandis que l'entrepreneur expose son capital tout entier. La situation de l'agriculteur vis-à-vis des entrepreneurs de nouvelles fabriques est tout aussi favorable.

Mais, si l'action des manufactures sur la production agricole, sur la rente et sur la valeur de la propriété foncière est si remarquable, si elle est si avantageuse pour tous ceux qui sont intéressés dans l'agriculture, comment peut-on soutenir que les droits protecteurs favorisent les manufactures aux dépens des agriculteurs ?

Le bien-être matériel de l'agriculteur comme de tous les particuliers dépend avant tout de l'excédant de la valeur de sa production sur celle de ses consommations. Il s'agit donc pour lui beaucoup moins du bas prix des produits fabriqués que de l'existence d'une forte demande de produits ruraux de toute espèce, et de la haute valeur échangeable de ces produits. Si donc les droits protecteurs ont pour résultat de faire gagner à l'agriculteur par l'extension de son marché plus qu'il ne perd par la hausse de prix des articles fabriqués, il ne supporte point de sacrifices au profit du manufacturier. Or, ce résultat ne manque jamais de se produire chez toutes les nations qui ont une vocation manufacturière, et il se révèle chez elles avec éclat dans la première période qui suit l'établissement des manufactures ; parce que, à ce moment, la plupart des capitaux mis dans la nouvelle industrie sont consacrés à la construction de maisons d'habitation, de fabriques, d'ouvrages hydrauliques, etc., emplois généralement avantageux pour l'agriculteur. Mais, si dès le commencement les bénéfices qui résultent de l'agrandissement du débouché et de l'accroissement de valeur des produits compensent largement l'inconvénient de la hausse de prix des produits fabriqués, cet état de choses, déjà si favorable pour l'agriculteur, s'améliore de plus en plus, puisque, avec le temps, la prospérité des fabriques tend à élever de plus en plus le prix des produits agricoles et à abaisser celui des produits manufacturés.

Le bien-être de l'agriculteur, du propriétaire foncier en particulier, est intéressé à ce que la valeur de son instrument ou de sa propriété se maintienne tout au moins. C'est la condition principale, non pas seulement de son bien-être, mais souvent de toute son existence matérielle. Il n'est pas rare, en effet, de voir l'agriculteur produire dans l'année plus qu'il ne consomme et n'être pas moins ruiné. C'est ce qui arrive lorsque le crédit est ébranlé, au moment où sa propriété est grevée d'hypothèques; lorsque, d'une part, la demande d'argent surpasse l'offre, et que, de l'autre, l'offre des terres excède la demande. En pareils cas, le retrait général des sommes prêtées et l'offre générale des terres entraînent une dépréciation de la propriété foncière, et un grand nombre des cultivateurs les plus entreprenants, les plus habiles et les plus économes se ruinent, non parce que leur consommation a dépassé leur production, mais parce que leur instrument de travail ou leur propriété a perdu entre leurs mains, par des causes indépendantes de leur volonté, une notable partie de sa valeur, parce que leur crédit a été atteint et qu'enfin le montant des hypothèques dont leur propriété est grevée n'est plus en rapport avec la valeur de cette propriété en argent. De semblables crises ont plus d'une fois éclaté en Allemagne et aux États-Unis dans le cours du dernier siècle, et c'est ainsi qu'une grande partie de la noblesse allemande a perdu ses biens, sans comprendre qu'elle devait sa détresse à la politique de ses frères d'Angleterre, à ces tories aux si excellentes intentions.

Tout autre est la condition de l'agriculteur ou du propriétaire foncier dans les pays où les manufactures ont leur plein
essor. Là, tandis que la fertilité de la terre augmente ainsi que
le prix de ses denrées, il ne bénéficie pas seulement de l'excédant de la valeur de sa production sur celle de sa consommation
comme propriétaire ; il obtient, avec un accroissement de la
rente de sa terre, un accroissement proportionné de son capital. Sa fortune double et triple en valeurs échangeables ; non
qu'il travaille davantage, qu'il améliore ses champs, qu'il
fasse plus d'économies ; il doit cette plus-value aux manufactures. Alors il a les moyens et le désir de redoubler d'efforts,
d'améliorer ses champs, d'augmenter son bétail, de faire plus
d'économies, tout en consommant davantage. Sa propriété
ayant acquis plus de valeur, son crédit augmente, et il est
plus à même de se procurer les capitaux matériels que les
améliorations exigent.

Smith ne parle pas de cette influence qu'éprouve la valeur
échangeable du sol. Quant à Say, il est d'avis que la valeur
échangeable des terres importe peu, par la raison que, soit
qu'elles soient à bas prix ou à un prix élevé, leurs services
productifs sont toujours les mêmes. Il est triste de voir un
écrivain que ses traducteurs allemands ont qualifié de pré-
cepteur des peuples, exprimer une opinion si erronée dans
une question qui intéresse si profondément la prospérité des
nations. Nous croyons pouvoir soutenir, au contraire, qu'il
n'y a pas de mesure plus certaine de la prospérité nationale
que la hausse ou la baisse de la valeur échangeable du sol, et
que les fluctuations et les crises, en cette matière, doivent
être rangées parmi les plaies les plus funestes dont un pays
puisse être affligé (1).

L'école a été égarée ici par son attachement à la théorie de
la liberté du commerce telle qu'il lui plaît de l'entendre ;
car nulle part les fluctuations et les crises dans la valeur de la

---

(1) L'expérience de ces dernières années a prouvé surabondamment parmi
nous que la valeur du sol hausse ou baisse, en effet, suivant que la prospérité du pays augmente ou diminue.   (H. R.)

propriété foncière ne sont plus graves que chez les peuples
agricoles qui commercent librement avec de riches et puissantes nations manufacturières.

Le commerce étranger, il est vrai, influe aussi sur l'accroissement de la rente et de la valeur de la terre, mais avec infiniment moins d'énergie, d'uniformité et de persistance que ne
le fait l'industrie manufacturière du pays, l'augmentation
constante de sa production et l'échange de ses produits contre
ceux de l'agriculture indigène.

Tant que la nation possède encore une grande étendue de
terrains incultes ou mal cultivés, tant qu'elle produit d'importants articles que des nations manufacturières plus riches
qu'elle reçoivent en échange de leurs produits fabriqués, et
dont le transport est facile, tant que la demande de ces articles persiste et s'accroît annuellement dans la proportion des
forces productives de la nation agricole, qu'elle n'est interrompue, ni par la guerre, ni par des mesures restrictives, le
commerce étranger influe puissamment sur l'élévation de la
rente ainsi que sur la valeur du sol. Mais, qu'une de ces conditions vienne à manquer ou à cesser, il peut survenir un
temps d'arrêt, souvent même un mouvement rétrograde
marqué et continu.

Rien n'exerce une influence plus fâcheuse sous ce rapport
que les fluctuations de la demande étrangère, lorsqu'une
guerre, une mauvaise récolte, d'autres provenances qui font
défaut ou toute autre circonstance, déterminent chez la nation
manufacturière le besoin d'une plus grande quantité de denrées alimentaires et de matières brutes en général ou de certains grands articles en particulier, et qu'ensuite la paix, une
riche moisson, des importations plus considérables d'autres
contrées ou des mesures législatives font cesser en majeure
partie cette demande. Si elle ne dure que peu de temps, le
pays agricole peut en retirer quelque profit ; mais si elle se
prolonge durant une suite d'années, toute l'existence de ce
pays, toute son économie privée se réglera en conséquence. Le
producteur s'habituera à consommer; certaines jouissances

que, dans toute autre circonstance, il eût réputées de luxe, deviennent pour lui des besoins. L'accroissement de revenus et de valeur de sa propriété l'encouragera à entreprendre des améliorations et des constructions, à effectuer des acquisitions que sans cela il n'eût jamais faites. Les achats et les ventes, les baux, les emprunts seront conclus en raison de l'augmentation de la rente de la terre et de sa valeur. L'État lui-même n'hésitera pas à augmenter ses dépenses dans la même proportion que s'accroîtra le bien-être des particuliers. Mais, que cette demande vienne à cesser subitement, et plus d'équilibre entre la production et la consommation, entre des valeurs dépréciées et les créances dont elles sont le gage et dont le montant en argent ne diminue pas, entre les fermages en argent et le revenu de la terre aussi en argent, entre les revenus et les dépenses du pays ; ce qui entraîne la banqueroute, l'embarras, le découragement et le recul dans la voie du développement matériel aussi bien que dans celle de la culture morale et politique. La prospérité agricole a eu ainsi la vertu stimulante de l'opium et des liqueurs fortes, elle a excité pour un instant et affaibli pour toute la vie ; c'est la foudre de Franklin qui un moment éclaire les objets d'un jour éclatant, mais pour les replonger dans une nuit plus profonde.

Une prospérité passagère en agriculture est un bien plus grand mal qu'une pauvreté constante. Pour que la prospérité soit avantageuse aux individus ou aux nations, il faut qu'elle dure. Elle durera si elle s'accroît peu à peu et si le pays possède les garanties de cet accroissement et de cette durée. Une faible valeur échangeable du sol vaut beaucoup mieux qu'une fluctuation dans cette valeur ; une hausse persistante et progressive peut seule assurer au pays une prospérité durable, et l'existence de l'industrie manufacturière chez une nation bien constituée est la garantie d'une hausse régulière et soutenue.

On est encore bien peu éclairé au sujet de l'influence d'une industrie manufacturière indigène sur la rente et sur la valeur du sol, comparativement à celle qu'exerce le commerce étranger ; on peut en juger par les propriétaires de vignes en France, qui se croient toujours lésés par le système protecteur, et qui, dans l'espoir de faire hausser leurs rentes, réclament la plus grande liberté d'échanges avec l'Angleterre.

Le rapport du docteur Bowring sur les relations commerciales entre l'Angleterre et la France, rapport destiné à faire ressortir l'avantage qu'une plus grande importation de produits fabriqués anglais, et, par suite, une plus grande exportation de vins auraient pour la France, contient les données les plus concluantes contre l'argumentation de son auteur.

Le docteur Bowring oppose l'importation des Pays-Bas en vins français (2,515,193 gallons (1), soit 11,426, 521 litres, en 1829) à celle de l'Angleterre (431,509 gallons, soit 2,150, 345 litres), pour montrer de quelle extension le débouché des vins de France en Angleterre est susceptible sous un régime de libre commerce.

Eh bien ! supposons, ce qui est plus qu'invraisemblable, que le débit des vins français en Angleterre ne rencontre pas d'obstacle dans la préférence des habitants pour les spiritueux, pour la bière forte, pour les vins énergiques et à bon marché de Portugal, d'Espagne, de Sicile, de Ténériffe, de Madère et du Cap ; supposons que l'Angleterre augmente, en effet, sa consommation de vins français dans la proportion de celle des Pays-Bas ; cette consommation calculée d'après la population atteindrait de 5 à 6 millions de gallons (de 21 à 27 millions de litres) et serait, par conséquent, de dix à quinze fois supérieure à son chiffre actuel.

Au premier abord, c'est là pour la France, pour les vignerons français, une brillante perspective. Mais, si l'on y regarde de près, on en jugera différemment. Sous la plus grande liberté possible du commerce, nous ne dirons pas sous une liberté complète, bien que les principes et l'argumentation de M. Bowring nous y autorisent, il ne saurait être douteux que les Anglais conquerraient à leurs produits manufacturés,

(1) Le gallon = 4 litres 543.

en particulier à leurs lainages, à leurs cotonnades, à leurs toiles, à leurs objets en fer, à leur faïence, une grande partie du marché français. En calculant au plus bas, on peut admettre, la production manufacturière étant ainsi réduite en France, qu'il vivrait dans les villes un million d'hommes de moins, et qu'un million d'hommes de moins seraient employés dans les campagnes à pourvoir les villes de matières brutes et de denrées alimentaires. Or, le docteur Bowring lui-même estime la consommation des habitants de la campagne à 16 gallons 1/2 (75 litres) par tête et celle des habitants des villes au double ou à 33 gallons (150 litres). L'amoindrissement de l'industrie manufacturière du pays opéré par la liberté du commerce aurait donc pour effet de réduire la consommation intérieure en vins de 50 millions de gallons (216 millions de litres), tandis que l'exportation ne s'accroîtrait que de 5 à 6 millions (de 21 à 27 millions de litres). Une opération par laquelle la perte certaine sur la demande du pays serait dix fois plus forte que le gain éventuel sur celle de l'étranger, serait difficilement avantageuse aux propriétaires français.

En un mot, il en est de la production du vin comme de celle de la viande, comme de celle du blé et en général des denrées alimentaires ainsi que des matières brutes ; dans un grand pays ayant vocation pour l'industrie manufacturière, la production des fabriques du pays occasionne une demande dix ou vingt fois plus considérable des produits agricoles de la zone tempérée, et, par conséquent, influe avec dix ou vingt fois plus d'énergie sur l'élévation de la rente et sur la valeur échangeable des terres que l'exportation la plus active de ces mêmes produits. Le montant de la rente et la valeur échangeable des terres dans le voisinage d'une grande ville, comparée à ce qu'ils sont dans des provinces éloignées, bien que rattachées à la capitale par des routes et par des relations d'affaires, fournissent la preuve la plus concluante à cet égard.

La théorie de la rente peut être envisagée du point de vue

de la valeur ou de celui des forces productives ; on peut aussi n'y tenir compte que des intérêts privés, par exemple des rapports entre les propriétaires fonciers, les fermiers et les ouvriers, ou s'y préoccuper principalement des intérêts publics et nationaux. L'école n'a généralement abordé cette théorie que du point de l'économie privée. A notre connaissance, par exemple, elle n'a jamais exposé comment la consommation de la rente est d'autant plus avantageuse qu'elle a lieu plus près du lieu de production, comment néanmoins, dans différents États, la rente est généralement consommée là où réside le souverain, dans la capitale s'il s'agit d'une monarchie absolue, c'est-à-dire loin des provinces où elle est produite, et par conséquent, de la manière la moins avantageuse pour l'agriculture, pour les arts utiles et pour le développement des forces intellectuelles du pays. Là où la noblesse terrienne ne possède ni droits d'aucune espèce, ni influence politique à moins de vivre à la cour et d'exercer un emploi, et où toute la force publique est concentrée dans la capitale, les propriétaires fonciers sont attirés vers ce point central, ne pouvant guère trouver ailleurs le moyen de satisfaire leur ambition et l'occasion de consommer agréablement leurs revenus. Plus la majeure partie d'entre eux s'accoutume à vivre dans la capitale, moins la vie de la province offre à chacun en particulier de relations de société et de jouissances délicates pour les sens et pour l'esprit ; plus la province les repousse, plus la capitale les attire. La province perd ainsi presque tous les moyens de progrès que lui aurait procurés la consommation de la rente ; en particulier ces fabriques et ces travaux intellectuels que la rente aurait entretenus, la capitale les lui enlève. Celle-ci brille sans doute d'un vif éclat, parce qu'elle réunit tous les talents et la plus grande partie des industries de luxe. Mais les provinces sont privées de ces forces intellectuelles, de ces moyens matériels et en particulier de ces industries qui permettent au cultivateur les améliorations agricoles et qui l'y encouragent. Voilà ce qui explique en grande partie pourquoi en France, principalement sous la monarchie absolue, avec une capitale qui surpassait en éclat et en intelligence toutes les villes du continent européen, l'agriculture n'a accompli que de faibles progrès, et pourquoi la culture intellectuelle et les industries d'utilité générale ont fait défaut aux provinces. Mais, à mesure que la noblesse terrienne acquiert de l'indépendance vis-à-vis de la cour et de l'influence sur la législation et sur l'administration, que le système représentatif et l'organisation administrative étendent pour les villes et pour les provinces le droit de gérer leurs affaires et de participer à la législation et à l'administration du pays, qu'on peut par conséquent obtenir plus de considération et d'influence dans la province et par la province, la noblesse terrienne et la bourgeoisie instruite et aisée restent plus volontiers dans les localités d'où elles tirent leurs revenus, et la consommation de la rente influe davantage sur le développement des forces intellectuelles et des institutions sociales, sur les progrès de l'agriculture et sur l'essor au sein des provinces des industries utiles au plus grand nombre.

La situation économique de l'Angleterre peut être invoquée à l'appui de cette remarque. Le séjour du propriétaire anglais sur ses biens durant la plus grande partie de l'année, contribue de plus d'une manière à la prospérité de l'agriculture ; directement, en ce que le propriétaire consacre une portion de son revenu, soit à entreprendre lui-même des améliorations agricoles, soit à venir en aide à celles de ses fermiers ; indirectement, en ce que ses consommations entretiennent les manufactures et les travaux intellectuels du voisinage. Telle est encore en partie la cause pour laquelle en Allemagne et en Suisse, où manquent cependant les grandes villes, les moyens de communication sur une vaste échelle et les institutions nationales, l'agriculture et la civilisation en général sont beaucoup plus avancées qu'en France.

La plus grande erreur, toutefois, qu'Adam Smith et son école aient commise en cette matière, est celle que nous avons déjà mentionnée, mais que nous allons ici faire mieux ressortir ; c'est de n'avoir pas nettement compris, de n'avoir retracé

qu'incomplétement l'influence des manufactures sur l'accroissement de la rente, de la valeur échangeable de la propriété
foncière et du capital agricole, et d'avoir opposé l'agriculture
à l'industrie manufacturière en la présentant comme beaucoup plus importante pour le pays, comme la source d'une
prospérité beaucoup plus durable. En cela Smith n'a fait que
continuer, non sans la modifier cependant, l'erreur des physiocrates. Évidemment il a été trompé par ce fait que, dans le
pays le plus manufacturier, ainsi que nous l'avons montré
pour l'Angleterre au moyen de données statistiques, le capital
matériel de l'agriculture est dix ou vingt fois plus considérable que celui de l'industrie manufacturière, et que la production annuelle de la première surpasse notablement en valeur
le capital collectif de la seconde (1). Le même fait peut bien
aussi avoir conduit les physiocrates à exagérer le mérite de
l'agriculture vis-à-vis de l'industrie manufacturière. Une observation superficielle donne lieu de croire en effet que l'agriculture crée dix fois plus de richesse, mérite par conséquent dix
fois plus d'estime, et présente dix fois plus d'importance que
les manufactures. Mais ce n'est là qu'une apparence. Si nous
cherchons les causes de la prospérité de l'agriculture, nous
trouvons la principale dans l'industrie manufacturière.

(1) On lit en effet dans la *Richesse des nations*, liv. II, ch. v, que, de toutes
les manières dont un capital peut être employé, l'agriculture est, sans contredit, le plus avantageux à la société. La nature, y est-il dit, ne fait rien
pour l'homme dans les manufactures ; ainsi, non-seulement le capital employé à la culture de la terre met en activité une plus grande quantité de
travail productif qu'un pareil capital employé dans les manufactures, mais il
ajoute une plus grande valeur au produit annuel de la terre et du travail du
pays. Il y a là une erreur capitale qui a déjà été relevée. Cependant Adam
Smith, bien qu'influencé par les doctrines des physiocrates, est loin de partager leurs préjugés contre les manufactures ; dans la critique qu'il fait de
leur système au chapitre ix de son livre IV, il montre notamment une parfaite intelligence de cette étroite solidarité entre l'agriculture et l'industrie
manufacturière que List a retracée ici avec tant de vigueur : « Tout ce qui
« tend à diminuer dans un pays le nombre des artisans et des manufactu-
« riers tend à diminuer le marché intérieur, le plus important de tous les
« marchés pour le produit brut de la terre, et tend par là à décourager encore
« l'agriculture. »   (H. R.)

Ce sont les 218 millions de liv. st. de capital manufacturier qui ont en grande partie appelé à l'existence le capital agricole de 3,311 millions. Ils ont opéré absolument comme opèrent les voies de communication; ce sont les dépenses de construction d'un canal qui augmentent la valeur des terrains situés dans le rayon de ce canal. Qu'il cesse de servir comme voie de communication, qu'on emploie les eaux à l'irrigation des prairies, c'est-à-dire à l'augmentation apparente du capital de l'agriculture et de la rente de la terre ; et, supposons que la valeur des prairies s'accroisse de quelques millions, ce changement utile en apparence à l'agriculture diminuera dans une proportion dix fois plus forte la valeur collective des propriétés situées à proximité du canal.

De ce point de vue, le fait que le capital manufacturier d'un pays est minime comparativement à son capital agricole, conduit à des conclusions tout autres que celles que l'école régnante et celle qui l'a précédée en ont déduites. Il s'ensuit que le maintien et l'extension de l'industrie manufacturière importent d'autant plus aux cultivateurs eux-mêmes que, relativement à l'agriculture, elle ne peut employer qu'une faible quantité de capital. Il doit donc être évident pour les agriculteurs, en particulier pour ceux qui perçoivent des rentes foncières, pour les propriétaires, qu'ils ont intérêt à établir et à conserver dans le pays des manufactures, dussent-ils, en y consacrant le capital nécessaire, ne compter sur aucun profit direct, de même qu'il leur est avantageux de faire construire des routes, des canaux et des chemins de fer, même sans en retirer directement aucun revenu. Si nous considérons sous ce rapport les industries les plus indispensables, les plus utiles à l'agriculture, par exemple celle des moulins à farine, la justesse de notre observation paraîtra incontestable. Comparez la valeur de la propriété et de la rente foncière dans une localité où il ne se trouve point de moulins à farine à portée des cultivateurs et dans une autre localité où cette industrie s'exerce au milieu d'eux, et vous reconnaîtrez que cette seule industrie fait déjà sentir puissamment son influence ; qu'à fertilité égale, la valeur de la propriété s'est accrue, non pas du double des frais de construction du moulin, mais de dix ou vingt fois ces frais, et que les propriétaires auraient eu déjà du bénéfice à construire eux-mêmes le moulin à frais communs pour en faire cadeau au meunier. C'est ce qui a lieu journellement dans les solitudes de l'Amérique du Nord ; là, quand les individus manquent du capital nécessaire pour achever entièrement à leurs frais ces ouvrages, les propriétaires concourent volontiers à leur exécution par des travaux manuels, par des charrois, par des fournitures de bois de construction, etc. C'est ce qui a lieu aussi, bien que sous une autre forme, dans les pays de culture ancienne ; nul doute que les priviléges des moulins banaux n'aient une semblable origine.

Il en est des scieries, des moulins à huile, des moulins à plâtre, des forges, comme des moulins à farine ; il est facile de prouver que la rente et la valeur du sol s'élèvent constamment, suivant que les propriétés sont plus rapprochées de ces usines et que celles-ci ont des rapports plus intimes avec l'agriculture.

Et pourquoi n'en serait-il pas de même des manufactures de laine, de lin, de chanvre, de papier et de coton, de toutes les fabrications en général ? Ne voyons-nous pas la rente et la valeur du sol augmenter partout à proportion que la propriété est plus près de la ville, et que la ville est plus peuplée et plus industrieuse? Si, dans ces petits districts, nous calculons d'une part la valeur de la propriété foncière et du capital qui y est employé, de l'autre celle du capital placé dans les fabriques, et que nous le comparions l'une à l'autre, nous trouverons partout que la première est au moins décuple de la seconde. Il serait insensé d'en conclure qu'il est plus avantageux pour une nation de consacrer ses capitaux matériels à l'agriculture qu'à l'industrie manufacturière, et que l'agriculture est par elle-même plus favorable à l'accroissement des capitaux. L'accroissement du capital matériel de l'agriculture dépend en majeure partie de celui du capital matériel de l'industrie manufacturière, et les nations qui méconnaissent cette vérité, quelque favorisées qu'elles puissent être par la nature pour la culture de la terre, non-seulement n'avancent pas en richesse, en population, en civilisation et en puissance, mais elles reculent.

Il n'est pas rare cependant de voir les propriétaires fonciers considérer les mesures qui tendent à doter le pays d'une industrie manufacturière comme des priviléges qui ne profitent qu'aux manufacturiers et dont ils supportent seuls le fardeau. Eux qui, dans l'origine, se rendent si bien compte des avantages considérables que leur procure l'établissement d'un moulin à farine, d'une scierie, d'une forge dans leur voisinage, au point d'y concourir par les plus grands sacrifices, ne comprennent plus, dans un état de civilisation un peu plus avancé, quels profits immenses l'agriculture du pays retire d'une industrie manufacturière nationale complétement développée et combien elle a intérêt à se résigner aux sacrifices sans lesquels ce but ne peut être atteint. C'est que, excepté chez un petit nombre de nations très-avancées, le propriétaire, qui, généralement, voit assez bien de près, a rarement la vue longue.

On ne doit pas méconnaître non plus que la théorie régnante a contribué pour sa part à troubler le jugement des propriétaires. Adam Smith et Say se sont appliqués, d'une part à représenter les efforts de manufacturiers pour obtenir des mesures de protection comme des inspirations de l'égoïsme, de l'autre à vanter la générosité et le désintéressement des propriétaires, comme des gens bien éloignés de réclamer pour eux de semblables faveurs (1). On dirait que l'attention des propriétaires fonciers a été ainsi appelée vers cette vertu du

(1) Smith en particulier témoigne pour les propriétaires et contre les manufacturiers une partialité qui étonne dans un esprit si libéral. Il va jusqu'à prétendre que l'intérêt privé des propriétaires est toujours inséparable de l'intérêt général. Qu'eût-il dit de nos jours, en voyant sa doctrine de la liberté commerciale appliquée en Angleterre par les efforts de ces manufacturiers qu'il estimait si peu, en dépit des insistances égoïstes de ces propriétaires-fonciers pour lesquels il n'avait que des éloges ? (H. R.)

désintéressement dont on leur faisait un si grand mérite et qu'ils ont été encouragés à s'en affranchir. Car, dans la plupart des États manufacturiers et chez les principaux; eux aussi, dans ces derniers temps, ont demandé et obtenu des droits protecteurs, à leur très-grand préjudice du reste, ainsi que nous l'avons établi. Lorsque précédemment les propriétaires s'imposaient des sacrifices pour naturaliser dans le pays l'industrie manufacturière, ils se conduisaient comme le cultivateur dans la solitude, qui contribue à l'établissement dans son voisinage d'un moulin à farine ou d'une forge. Quand aujourd'hui ils réclament protection pour l'agriculture, c'est comme si le cultivateur dont nous venons de parler, après avoir aidé à construire le moulin, demandait au meunier de l'aider lui-même à labourer ses champs. Ce serait là, sans contredit, une demande insensée. L'agriculture ne peut fleurir, la rente et la valeur du sol ne peuvent hausser qu'autant que les manufactures et le commerce prospèrent, et les manufactures ne peuvent prospérer là où l'arrivage des matières brutes et des denrées alimentaires est entravé. C'est ce qu'ont partout compris les manufacturiers. Si cependant les propriétaires ont, dans la plupart des grands États, obtenu des droits protecteurs, il y a pour cela un double motif. Dans les États représentatifs leur influence sur la législation est prépondérante, et les manufacturiers n'ont pas osé résister opiniâtrément à un désir insensé, de peur de rendre ainsi les propriétaires favorables à la liberté du commerce ; ils ont préféré transiger avec eux.

L'école a de plus insinué aux propriétaires, qu'il était aussi extravagant de faire naître des manufactures par des moyens factices que de produire du vin en serre chaude sous un climat glacé, que les manufactures surgissaient d'elles-mêmes par le cours naturel des choses, que l'agriculture offre beaucoup plus d'occasions d'accroître le capital, que le capital du pays ne peut être augmenté par des mesures artificielles, qu'il ne peut recevoir de la loi et des règlements publics qu'une direction moins favorable au développement de la richesse. Enfin,

comme on ne pouvait méconnaître l'influence de l'industrie
manufacturière sur l'agriculture, on a essayé du moins de représenter cette influence comme aussi faible et aussi vague
que possible.

Sans doute, a-t-on dit, les fabriques agissent sur l'agriculture, et tout ce qui est nuisible aux fabriques nuit aussi
à l'agriculture; par conséquent, elles influent sur la hausse de
la rente foncière, mais seulement d'une manière indirecte. Ce
qui influe directement sur la rente, c'est l'accroissement de la
population, celui du bétail, les améliorations rurales, le perfectionnement des voies de communication. Cette distinction entre
l'influence directe et l'influence indirecte en rappelle d'autres
semblables faites par l'école, par exemple à propos de la production intellectuelle; et c'est ici le lieu d'appliquer une
comparaison dont nous nous sommes déjà servi. Le fruit de
l'arbre aussi serait évidemment indirect dans l'acception de
l'école, puisqu'il croît sur le rameau qui est le fruit de la
branche, qui est le fruit du tronc, qui est le fruit de la racine,
qui est le seul fruit direct de la terre. Est-ce qu'il n'est pas
tout aussi sophistique de présenter la population, le bétail, les
voies de communication, etc., comme des causes directes, et
l'industrie manufacturière comme une cause indirecte de la
hausse de la rente, lorsqu'un simple coup d'œil jeté sur un
grand pays manufacturier montre que les fabriques elles-
mêmes sont la cause principale du développement de la population, du bétail et des voies de communication? Est-il logique et conséquent de rapporter ces effets à leur cause, les
manufactures, puis de les représenter comme des causes principales et de leur subordonner les manufactures comme une
cause indirecte et en quelque sorte accessoire? Qu'est-ce qui
a pu induire un esprit aussi pénétrant qu'Adam Smith dans
un raisonnement si vicieux, si en désaccord avec la nature des
choses, si ce n'est l'intention de mettre dans l'ombre les manufactures et leur influence sur la prospérité et la puissance
de la nation en général, sur la hausse de la rente et de la valeur du sol en particulier? Et pourquoi cela, sinon pour éviter

des explications dont le résultat aurait témoigné hautement en faveur de la protection ?

En général l'école, depuis Adam Smith, a été malheureuse dans ses recherches sur la nature de la rente. Ricardo, et, après lui, Mill, Mac Culloch et d'autres sont d'avis que la rente est le prix de la fertilité naturelle de la terre (1). Le premier a construit sur cette idée tout un système. S'il avait fait une excursion dans le Canada, il aurait pu, dans chaque vallée, sur chaque colline, faire des observations qui l'auraient convaincu que sa théorie était bâtie sur le sable. Mais, n'ayant que l'Angleterre sous les yeux, il est tombé dans cette erreur, que les champs et les prés anglais, dont l'apparente fertilité naturelle produit de si beaux fermages, ont été de tout temps les mêmes. La fertilité naturelle d'un terrain est dans l'origine si insignifiante et elle donne à celui qui en jouit un excédant de produits si mince, que la rente qu'on en retire mérite à peine ce nom. Le Canada tout entier, dans son état primitif, uniquement habité par des chasseurs, aurait difficilement rapporté un revenu en viande et en peaux suffisant pour payer un professeur d'économie politique à Oxford. La capacité productive naturelle du sol, dans l'île de Malte, consiste en pierres dont on aurait peine à retirer une rente. Si l'on suit la marche

(1) La théorie de la rente n'appartient pas à Ricardo, comme on le dit communément; Mac Culloch nous apprend que dès 1777, c'est-à-dire peu après la publication de la *Richesse des nations*, elle a été pour la première fois produite par James Anderson dans une brochure relative à la législation des céréales, et cela avec une netteté qui n'a pas été surpassée depuis. List semble ne la connaître que par les écrits de J.-B. Say, qui n'en avait pas apprécié l'importance et qui a jeté sur elle de la défaveur parmi les économistes du continent, défaveur qu'un exposé lumineux de Rossi n'a pas complètement fait cesser; ou, du moins, s'il l'a étudiée dans les auteurs anglais eux-mêmes, il l'a bien mal comprise. S'il se fût fait une idée nette de la théorie de la rente, il ne l'eût pas défigurée comme il l'a fait ici; et, au lieu de s'escrimer puérilement contre elle, il y eût trouvé des arguments pleins de force pour établir à la fois l'influence que l'industrie manufacturière exerce sur le taux de la rente, et les inconvénients de la protection, du moins d'une protection élevée pour l'agriculture. Au fond List est, sur cette question, beaucoup plus d'accord avec Ricardo qu'il ne le croit.

(H. R.)

de la civilisation chez les peuples et leur passage de l'état de chasseurs à celui de pasteurs, de ce dernier à l'état agricole, etc., on comprendra aisément que partout la rente était nulle dans l'origine, et que partout elle a haussé avec les progrès de la culture et de la population, avec l'accroissement des capitaux intellectuels et matériels. Si l'on compare la nation purement agricole avec celle qui est à la fois agricole, manufacturière et commerçante, on reconnaît que vingt fois plus d'individus vivent de fermages dans la seconde que dans la première. D'après la statistique de la Grande-Bretagne par Marshal, l'Angleterre et l'Écosse comptaient en 1831 une population de 16,537,398 hommes, dont 1,116,398 percevaient des rentes. En Pologne, sur une même étendue de pays, on aurait peine à trouver le 20me de ce nombre. Si de ces généralités on descend aux détails et qu'on s'enquière de ce qui a déterminé la rente de chaque fonds de terre, on trouve partout qu'elle est le résultat d'une capacité productive, qui, loin d'être une libéralité de la nature, a été créée par les efforts et par les capitaux intellectuels et matériels, directement ou indirectement appliqués à ce fonds, et par les progrès de la société en général. On voit, il est vrai, des terrains auxquels la main de l'homme n'a pas touché, rapporter une rente, par exemple des carrières, des sablonnières, des pâturages, mais cette rente n'est qu'un effet de l'accroissement de la culture, du capital et de la population dans le voisinage. D'un autre côté on remarque que les terrains qui produisent les plus fortes rentes sont ceux dont la fertilité naturelle a été complètement anéantie et dont toute l'utilité consiste en ce que les hommes y boivent et y mangent, s'y asseyent, y dorment ou s'y promènent, y travaillent ou s'y amusent, y enseignent ou y reçoivent des leçons, c'est-à-dire ceux sur lesquels sont construits des édifices.

Le principe de la rente est l'avantage exclusif que la terre procure à ceux qui en ont la possession exclusive, et l'étendue de cet avantage se mesure sur la somme de capitaux intellectuels et matériels existant dans la société en général, ainsi que sur les moyens que la situation particulière, les qualités spéciales de la terre et le capital qui y a été employé fournissent à celui qui en a la légitime jouissance d'acquérir des valeurs matérielles ou de satisfaire des besoins ou des goûts du corps ou de l'esprit.

La rente est l'intérêt d'un capital fixé dans un fonds naturel, ou d'un fonds naturel capitalisé. Mais le territoire de la nation qui n'a fait que capitaliser le fonds naturel servant à l'agriculture, et cela de la manière très-imparfaite que comporte ce degré de civilisation, rapporte des rentes infiniment moindres que celui de la nation qui réunit l'agriculture et l'industrie manufacturière. Les propriétaires de la première vivent la plupart dans la contrée qui leur vend des objets manufacturés. Mais, lorsqu'une nation dont l'agriculture et la population ont déjà pris un notable développement fonde chez elle des manufactures, elle capitalise, ainsi que nous l'avons montré dans un chapitre précédent, non-seulement les forces naturelles particulièrement utiles aux manufactures et jusque-là restées oisives, mais aussi la plus grande partie des forces manufacturières qui servent à l'agriculture. L'accroissement de ses rentes est, par conséquent, de beaucoup supérieur à l'intérêt des capitaux matériels nécessaires pour l'établissement des manufactures (1).

(1) L'action que l'industrie manufacturière exerce sur la prospérité de l'agriculture a été depuis longtemps reconnue et mise en relief. Un ancien auteur anglais, Josiah Child, comparait la terre et l'industrie (land and trade) à deux jumeaux qui ont toujours cru ou dépéri, et ne cesseront de croître ou de dépérir ensemble. L'*Essai sur le commerce*, de David Hume, et le chapitre de la *Richesse des nations* qui a pour titre : *Comment le commerce des villes a contribué à l'amélioration des campagnes*, soutiennent la même thèse. Elle revient sans cesse dans les enquêtes et dans les débats parlementaires de la Grande-Bretagne sur les questions de douane. En la reprenant dans ce chapitre, List non-seulement y porte l'énergie qui lui est propre, mais il l'envisage d'un point de vue différent. Ses développements sont d'autant plus dignes d'attention qu'il n'est pas rare de voir parmi nous de prétendus amis de l'agriculture déblatérer contre l'industrie manufacturière.

— L'auteur allemand du *Système des sciences sociales* (Staatswissenschaft), dont le premier volume a paru en 1852, M. Stein, fait observer, en traitant de la rente de la terre et des progrès de l'agriculture sous l'influence

CHAPITRE XI.

L'INDUSTRIE MANUFACTURIÈRE ET LE COMMERCE.

Nous n'avons parlé jusqu'ici que des rapports entre l'agriculture et l'industrie manufacturière, parce que ce sont elles qui constituent les éléments essentiels de la production nationale, et que, si l'on n'a pas au préalable une idée claire de ces rapports, on ne saurait comprendre exactement la fonction et le rôle particuliers du commerce; sans doute le commerce aussi est productif, comme le soutient l'école, mais il l'est tout autrement que l'agriculture et que l'industrie manufacturière. Celles-ci fournissent des marchandises, tandis que le commerce n'est que l'*intermédiaire* de l'échange des marchandises entre les agriculteurs et les manufacturiers, entre les producteurs et les consommateurs (1). Il suit de là que le commerce doit être réglé suivant les intérêts et les besoins de l'agriculture et de l'industrie manufacturière, et non l'agriculture et l'industrie manufacturière suivant les intérêts et les besoins du commerce.

de la richesse générale, que c'est Frédéric List qui, le premier, a élevé une maxime reconnue sans doute, mais imparfaitement comprise, à la hauteur d'un principe économique.   (H. R.)

(1) On a prétendu, dans ces derniers temps, que le commerce n'est pas productif, que l'agriculture et l'industrie manufacturière seules le sont; d'où l'on a conclu le monopole du commerce entre les mains de l'État. Cette hérésie était permise à ceux qui, dans le siècle dernier, confondaient le commerce avec l'échange, et qui, de plus, attribuaient au mot production un sens qu'il ne peut avoir; elle ne l'est plus depuis que le commerce et la production ont été exactement définis. Il est évident que l'industrie qui transporte les marchandises, qui les met à la portée des consommateurs, qui les distribue, ajoute à la valeur de ces marchandises, et qu'elle est par conséquent productive. En soutenant que le commerce est productif à sa manière, en ce sens qu'il est l'intermédiaire des échanges entre les agriculteurs et les manufacturiers, List, on doit le remarquer, ne prête nullement son autorité à une pareille erreur.   (H. R.)

Mais l'école a pris justement le contre-pied de cette maxime, en adoptant pour devise le mot du vieux Gournay : *laissez faire, laissez passer*, mot qui n'est pas moins agréable aux brigands, aux fourbes et aux fripons qu'aux commerçants, et qui, par cela seul, est déjà suspect. Cette opinion insensée qui sacrifie les intérêts de l'industrie manufacturière et de l'agriculture aux prétentions du commerce, à une liberté absolue dans ses mouvements, est une conséquence naturelle de cette théorie qui ne se préoccupe que des valeurs et jamais des forces productives, et qui considère le monde entier comme une *république de marchands une et indivisible*. L'école ne s'aperçoit pas que le commerçant peut atteindre son but, qui consiste à acquérir des valeurs par la voie de l'échange, même aux dépens des agriculteurs et des manufacturiers, aux dépens des forces productives, que dis-je? de l'indépendance de la nation. Il ne s'inquiète nullement, et la nature de ses opérations et de son but l'en dispense, de rechercher l'influence que les marchandises qu'il importe ou qu'il exporte peuvent exercer sur la moralité, sur la prospérité et la puissance du pays. Il importe des poisons tout aussi bien que des remèdes. Il énerve des nations entières au moyen de l'opium et de l'eau-de-vie. Que, par l'importation légale ou par la contrebande, il procure à des centaines de milliers d'individus de l'occupation et du pain, ou qu'il les réduise à la mendicité, cela lui importe peu pourvu qu'il réalise un profit. Si ses compatriotes affamés essayent d'échapper par l'émigration à la misère qu'ils endurent dans leur patrie, il gagne encore des valeurs échangeables en les transportant. En temps de guerre il approvisionne l'ennemi d'armes et de munitions. Il vendrait à l'étranger, si c'était possible, jusqu'aux champs labourables et aux prairies, et, après avoir fait argent du dernier morceau de terre, il s'embarquerait sur son navire et s'exporterait lui-même (1).

(1) Quelles que soient les exagérations auxquelles la maxime du *laissez passer* a donné lieu, la liberté du commerce, on doit le dire, n'a jamais été réclamée dans l'intérêt particulier des commerçants. Les physiocrates la de-

Il est donc clair que les intérêts des commerçants en particulier et celui du commerce de la nation entière sont deux choses essentiellement distinctes. Aussi Montesquieu a-t-il dit : « Ce qui gêne le commerçant, ne gêne pas pour cela le commerce, et il n'est jamais moins croisé par les lois que dans les pays de la servitude (1). » Le commerce dérive de l'industrie manufacturière et de l'agriculture, et, de nos jours, une nation ne saurait voir un négoce important soit au dedans soit au dehors, si elle n'a poussé chez elle à un haut degré de perfection ces deux branches principales de la production. Autrefois, il est vrai, on a vu des villes ou des ligues de villes trouver chez des manufacturiers et chez des agriculteurs étrangers les éléments d'un grand commerce intermédiaire; mais, depuis que les grands États agricoles, manufacturiers et commerçants sont apparus, il ne peut plus être question d'un com-

mandaient au nom des intérêts agricoles : « Le commerce extérieur, disait Quesnay, 5e *Observation sur le Tableau économique*, doit être toujours fort libre, débarrassé de toutes gênes et exempt de toutes impositions, parce que ce n'est que par la communication qu'il entretient entre les nations qu'on peut s'assurer constamment le meilleur prix possible des productions du territoire. » Smith et ses disciples ont combattu la protection comme une immixtion du gouvernement dans l'industrie, et comme un obstacle à une division rationnelle du travail en général. On sait que, dans certains pays, les agriculteurs ou les manufacturiers sont tout aussi attachés à la théorie libérale que peuvent l'être les commerçants; et les commerçants eux-mêmes, le plus généralement, lui sont favorables ou contraires, suivant que les intérêts agricoles ou industriels auxquels leurs propres intérêts se lient en comportent ou non l'application.

Il est évident que ce passage a été inspiré à List par un mouvement de mauvaise humeur à l'égard du commerce des ports anséates et des grandes places de foire de l'Allemagne. Les reproches qu'il adresse aux négociants pourraient être tout aussi bien adressés aux agriculteurs et aux manufacturiers; il accuse les premiers, par exemple, de fournir à l'ennemi en temps de guerre des armes et des munitions; mais ceux qui produisent ces munitions et ces armes sont-ils moins coupables envers leur pays? La vérité est que les intérêts particuliers d'une classe quelconque de producteurs peuvent être quelquefois en désaccord avec l'intérêt général. Il est curieux de voir un adversaire du *laissez faire* ou du *laisser passer* se rencontrer, peut-être sans le savoir, avec le chef de l'école du *laissez passer* ou du *laissez faire*. Quesnay a écrit que l'*intérêt particulier du commerçant et l'intérêt de la nation sont opposés.*   (H. R.

(1) *Esprit des lois*, liv. **XX**, chap. **XII**.

merce intermédiaire tel que celui que possédait la Hanse. Dans tous les cas, ce commerce est si précaire de sa nature, qu'il mérite à peine d'être cité à côté de celui qui a pour base la production propre du pays.

Les objets les plus importants du commerce intérieur sont les denrées alimentaires, le sel, les combustibles, les matériaux de construction, les étoffes, puis les outils et instruments de l'agriculture et de l'industrie manufacturière, et les produits bruts des champs et des mines qui servent de matières premières aux fabriques. Dans un pays où l'industrie manufacturière est parvenue à un haut point de perfection, ce commerce intérieur est incomparablement plus considérable que dans une contrée purement agricole. Dans cette dernière, l'agriculteur réduit à peu près sa consommation à sa production particulière. Faute d'une demande active de produits de diverses espèces ainsi que de voies de communication, il est obligé de produire lui-même toutes les choses dont il a besoin, quelle que soit la nature spéciale de son fonds de terre ; faute de moyens d'échange, lui-même fabrique la plupart des objets manufacturés qui lui sont nécessaires. Les combustibles, les matériaux de construction, les denrées alimentaires et les minéraux n'ont, en l'absence de routes commodes, qu'un marché fort borné, et ne peuvent être exportés à de grandes distances. Avec ce marché limité, avec cette demande restreinte des produits agricoles, il n'y a point de stimulant à l'épargne et à la formation du capital. Aussi, dans ces pays purement agricoles, le capital consacré au commerce intérieur est-il presque nul ; aussi tous les produits, exposés aux vicissitudes de la température, y présentent-ils des fluctuations de prix extraordinaires ; aussi la cherté et la famine y sont-ils d'autant plus à craindre que la nation est adonnée plus exclusivement à l'agriculture.

C'est le développement des manufactures indigènes, les voies de communication perfectionnées que celles-ci provoquent et l'accroissement de la population qui font naître le commerce intérieur ; il devient alors dix ou vingt fois plus considérable que les transactions intérieures de la nation purement agricole, cinq ou dix fois plus que son commerce extérieur le plus florissant. Que l'on compare le commerce intérieur de l'Angleterre avec celui de la Pologne et de l'Espagne, et l'on y trouvera la confirmation de cette remarque.

Le commerce extérieur des nations agricoles de la zone tempérée, tant qu'il se borne aux denrées alimentaires et aux matières brutes, ne peut être considérable :

Premièrement, parce que la nation agricole ne trouve de débouché que dans un petit nombre de nations manufacturières qui pratiquent elles-mêmes l'agriculture, et qui, grâce à leurs fabriques et l'étendue de leur commerce, la pratiquent avec beaucoup plus d'habileté : un tel débouché n'est donc jamais ni certain ni constant. Le commerce de produits ruraux est toujours une affaire de spéculation, dont les profits reviennent en majeure partie aux négociants spéculateurs, mais qui ne tourne point à l'avantage des agriculteurs et de la force productive du pays ;

En second lieu, parce que l'échange des produits agricoles contre les articles fabriqués de l'étranger est fréquemment interrompu par des mesures restrictives et par des guerres ;

Troisièmement, parce que ce commerce n'intéresse que le littoral de la mer et des fleuves, mais non l'intérieur, c'est-à-dire la plus grande partie du territoire national ;

Quatrièmement, enfin, parce que la nation manufacturière peut trouver son intérêt à tirer des denrées alimentaires et des matières brutes d'autres contrées étrangères ou de colonies nouvellement fondées. C'est ainsi que l'écoulement des laines allemandes en Angleterre est restreint par les provenances de l'Australie, le débouché des vins de France et de l'Allemagne dans le même pays par celles de l'Espagne, du Portugal et de la Sicile ainsi que de Madère, des Açores et du Cap, et le débit des bois de la Prusse par les importations du Canada. Déjà même on s'est mis en campagne pour approvisionner l'Angleterre en majeure partie de coton des Indes orientales. Si les Anglais réussissent à rouvrir l'ancienne route du commerce, si le nouvel État du Texas s'affermit, si la civilisation fait des progrès en Syrie et en Égypte, au Mexique et dans les États de l'Amérique du Sud, les planteurs de coton de l'Amérique du Nord comprendront aussi que le marché intérieur procure la demande la plus sûre, la plus constante et la plus durable.

Dans la zone tempérée, le commerce extérieur dérive en majeure partie des manufactures nationales, et il ne peut être conservé ni accru qu'au moyen de l'industrie manufacturière.

Une nation qui produit aux prix les plus bas toute espèce d'articles fabriqués, peut seule nouer des relations commerciales avec les peuples de toutes les zones et de tous les degrés de civilisation; seule elle peut pourvoir à tous leurs besoins ou en créer chez eux de nouveaux, prenant en retour des matières brutes et des denrées de toute sorte. Une telle nation peut seule charger à bord de ses bâtiments la variété d'objets que réclame une contrée lointaine et dépourvue de manufactures. Ce n'est que lorsque les frets d'aller couvrent déjà les dépenses du voyage qu'on peut composer la cargaison de retour d'articles de moindre valeur.

Les importations des peuples de la zone tempérée consistent principalement en produits de la zone torride, tels que sucre, café, coton, tabac, thé, matières tinctoriales, cacao, épices, en articles désignés sous le nom de denrées coloniales. La grande masse de ces denrées est payée avec des objets manufacturés. Ce sont ces échanges qui expliquent surtout les progrès de l'industrie dans les pays manufacturiers de la zone tempérée et ceux de la civilisation et du travail dans les contrées de la zone torride. Ils constituent la division du travail et l'association des forces productives sur l'échelle la plus vaste ; il n'exista dans l'antiquité rien de pareil à cet état de choses qui est l'ouvrage des Hollandais et des Anglais.

Avant la découverte de la route du Cap, l'Orient surpassait de beaucoup l'Europe dans les manufactures. Excepté des métaux précieux, de faibles quantités de draps, de toiles, d'armes, de quincaillerie et quelques objets de luxe, les marchandises européennes n'y trouvaient presque point de débouchés. Le transport par terre enchérissait les retours tout autant que les envois. Quant aux produits agricoles et aux objets fabriqués communs, à supposer un excédant de production en Europe, il ne pouvait être question de les vendre en échange des soieries et des cotonnades, du sucre et des épices de l'Orient. Quoi qu'on ait écrit sur l'importance du commerce de l'Orient à cette époque, on ne doit l'entendre que relativement ; ce commerce n'était important que pour l'époque, il était insignifiant comparativement à ce qu'il est aujourd'hui.

Le commerce des produits de la zone torride devint plus actif, du jour où l'Europe tira de l'Amérique une grande masse de métaux précieux et qu'elle communiqua directement avec l'Orient au moyen de la route du Cap. Néanmoins il ne pouvait acquérir un vaste développement tant que l'offre de l'Orient en objets manufacturés excéderait sa demande.

Ce commerce doit son importance actuelle aux colonisations des Européens dans les Indes orientales et occidentales, dans l'Amérique du Nord et dans celle du Sud, à la transplantation de la canne à sucre, du caféier, des plantes qui donnent le coton, le riz, l'indigo, etc., à l'introduction des nègres en qualité d'esclaves dans l'Amérique et dans les Indes occidentales, puis aux succès remportés pas les fabricants de l'Europe sur ceux des Indes orientales, et à l'extension sur le globe de la domination des Hollandais et des Anglais ; deux nations, qui, au contraire des Espagnols et des Portugais, ont cherché et trouvé la fortune plutôt dans l'échange d'objets manufacturés contre des denrées coloniales que dans des extorsions.

A l'heure qu'il est, ce commerce occupe la portion la plus considérable de la grande navigation marchande de l'Europe ainsi que du capital commercial et manufacturier qu'elle consacre au négoce extérieur ; et les denrées qui, chaque année, pour une valeur de plusieurs centaines de millions, sont expédiées de la zone torride vers la zone tempérée, se soldent, à peu d'exceptions près, avec des objets manufacturés.

L'échange des denrées coloniales contre des objets manu-

facturés profite sous plus d'un rapport aux forces productives
des pays de la zone tempérée. Ces articles, par exemple le
sucre, le café, le thé, le tabac, servent en partie comme stimulants à la production agricole et manufacturière, en partie
comme moyens d'alimentation; la fabrication des objets nécessaires pour solder les denrées coloniales donne de l'occupation à un plus grand nombre de bras; les travaux manufacturiers peuvent être exécutés sur une plus grande échelle,
partant avec plus d'avantage; plus de navires, plus de marins
et plus de négociants trouvent de l'emploi; et, la population
croissant par ces causes diverses, la demande des produits de
l'agriculture du pays s'accroît aussi dans une proportion
énorme.

C'est cette corrélation entre l'industrie manufacturière de
la zone tempérée et la production de la zone torride qui fait que
les Anglais consomment moyennement deux ou trois fois plus
de denrées coloniales que les Français, trois ou quatre fois
plus que les Allemands, cinq ou dix fois plus que les Polonais.

On peut juger de l'extension dont la production coloniale
est susceptible par un calcul approximatif de la superficie
qu'emploie aujourd'hui la culture des denrées coloniales qui
entrent aujourd'hui dans le commerce.

Si nous estimons la consommation actuelle du coton à
10 millions de quintaux (environ 500 millions de kilog.) (1)
et le produit d'un acre de terre (0 hectare, 404, 671) seulement à 8 quintaux (406 kilog.), nous trouvons que cette
production ne demande pas plus de 1 million 1/4 d'acres
(environ 500,000 hectares) (2). Les quantités de sucre qui

---

(1) Le quintal anglais = 50 kilog. 797.

(2) La puissance productive des différentes plantations de coton est
extrèmement inégale; elle varie depuis deux ou trois quintaux par acre jusqu'à huit ou dix. Récemment, dans l'Amérique du Nord, on a découvert une
espèce de coton, qui, sur la terre la plus fertile, rapporterait quinze quintaux par acre. Au reste, une moyenne de huit quintaux par acre nous paraît
à nous-même un peu élevée. En revanche, notre moyenne de dix quintaux
pour le sucre est beaucoup trop faible, attendu que des terres ordinaires, dans
une récolte médiocre, produisent entre dix et vingt quintaux. Mais, que

entrent dans le commerce étant calculées à 14 millions de quintaux (environ 700 millions de kilog.) et le produit d'un acre à 10 quintaux (507 kilog.), il suffirait pour toute cette production de 1 million 1/2 d'acres (environ 600,000 hectares).

Si nous prenons pour les autres articles, café, riz, indigo, épices, etc., autant d'espace que pour les deux principaux, l'ensemble des denrées coloniales sur lesquelles opère aujourd'hui le commerce n'exigerait pas plus de 7 à 8 millions d'acres (2,800,000 à 3, 200,000 hectares), surface qui n'est probablement pas le quinzième de celle qui est propre à ces cultures.

Les Anglais dans les Indes orientales, les Français dans les Antilles, les Hollandais à Java et à Sumatra, nous ont fourni des preuves matérielles de la possibilité de les étendre immensément.

L'Angleterre, notamment, a quadruplé son importation en coton des Indes orientales, et les journaux anglais affirment hardiment qu'au bout de quelques années, surtout si elle réussit à prendre possession de l'ancienne route des Indes orientales, cette contrée pourra lui fournir toutes les denrées coloniales nécessaires à sa consommation. Cette espérance ne paraîtra pas exagérée si l'on considère l'immense étendue de l'empire anglo-indien, la fertilité du sol et le bas prix de la main-d'œuvre dans cette région.

En même temps que l'Angleterre exploitera les Indes orientales, les progrès des cultures hollandaises dans les îles suivront leur cours; la dissolution de l'empire turc rendra à la production une grande partie de l'Afrique ainsi que l'Asie occidentale et centrale, les habitants du Texas étendront sur tout le Mexique la civilisation nord-américaine; des gouvernements réguliers s'établiront dans l'Amérique du Sud et favoriseront l'exploitation d'un sol dont la fécondité n'a pas de bornes.

En produisant ainsi beaucoup plus de denrées qu'ils ne

notre estimation du produit de toutes les denrées de la zone torride soit trop forte ou trop faible, notre argument sur l'immense développement dont leur culture est susceptible n'en est nullement affecté.

l'ont fait jusqu'à présent, les pays de la zone torride acquer-
ront les moyens d'acheter aux pays de la zone tempérée
beaucoup plus d'objets manufacturés, et cet agrandissement
de leurs débouchés mettra ces derniers en état de consommer
des quantités plus considérables de denrées coloniales. Grâce
à ce développement de la production et à cet accroissement
des moyens d'échange, le commerce entre les agriculteurs de
la zone torride et les manufacturiers de la zone tempérée,
c'est-à-dire le grand commerce du globe, s'accroîtra dans
l'avenir avec bien plus de rapidité encore que dans le siècle
écoulé.

Cet essor du grand commerce du globe, tel qu'il est déjà,
tel qu'on doit l'espérer avec le temps, doit être rapporté à
plusieurs causes : aux progrès remarquables de l'industrie
manufacturière, au perfectionnement des voies de communication par terre et par eau, et aux grands événements du
monde politique.

Par les machines et par diverses inventions, la fabrication imparfaite de l'Orient a été anéantie au profit de l'industrie manufacturière de l'Europe ; celle-ci a été mise en état de
fournir aux contrées de la zone torride des masses de produits
fabriqués à bas prix, leur donnant ainsi des motifs de développer leurs forces productives.

Par le perfectionnement des voies de communication, les pays
de la zone torride ont été sensiblement rapprochés de ceux de
la zone tempérée ; leurs relations sont devenues moins dangereuses et plus rapides, moins coûteuses et plus régulières ;
elles s'amélioreront encore à un degré incalculable, lorsque
la navigation à la vapeur se sera généralisée et que les chemins de fer auront envahi jusqu'à l'intérieur de l'Asie, de
l'Afrique et de l'Amérique du Sud.

Par la séparation de l'Amérique du Sud d'avec l'Espagne et
le Portugal et par la dissolution de l'empire turc, une vaste
étendue de terres est tombée dans le domaine commun ; ces
pays, les plus fertiles du monde, attendent avec impatience
que les peuples civilisés, par une cordiale entente, les gui-

dent dans la voie de la sécurité et de l'ordre, de la civilisation et de la prospérité; elles demandent avant tout qu'on leur apporte des objets manufacturés, et qu'on prenne en retour les denrées de leur climat.

On le voit, il y a là pour toutes les régions de l'Europe et de l'Amérique du Nord appelées à être manufacturières un assez vaste champ pour faire prospérer leurs fabriques, pour accroître leur consommation en produits de la zone torride et pour développer dans la même proportion leurs relations directes avec les pays de cette zone.

CHAPITRE XII.

L'INDUSTRIE MANUFACTURIÈRE ET LA NAVIGATION MARCHANDE, LA MARINE MILITAIRE ET LA COLONISATION.

Les manufactures, bases d'un grand commerce intérieur et extérieur, sont aussi la condition essentielle d'une navigation considérable. Le commerce intérieur ayant surtout pour objet d'approvisionner les manufacturiers en combustibles et en matériaux de construction, en matières brutes et en denrées alimentaires, la navigation des côtes et des fleuves ne saurait prospérer dans un État purement agriculteur. Or, le cabotage est la pépinière des matelots et des capitaines, et l'école de la construction navale; l'élément principal de la grande navigation manque donc au pays agricole.

Ainsi que nous l'avons montré dans le chapitre précédent, le commerce international consiste principalement dans l'échange d'objets manufacturés contre des matières brutes et des produits naturels et, particulièrement, contre les produits de la zone torride. Mais les pays agricoles de la zone tempérée

n'ont à offrir à ceux de la zone torride que des choses que
ceux-ci produisent déjà eux-mêmes ou qu'ils ne peuvent
mettre en œuvre, savoir des matières brutes et des denrées
alimentaires ; dès lors il ne peut être question de relations directes, ni, par conséquent, de navigation entre eux et ces
derniers pays. Leur consommation en denrées coloniales doit
se restreindre aux quantités qu'ils peuvent acheter avec leurs
produits agricoles et avec leurs matières brutes aux nations
manufacturières et commerçantes ; ils n'obtiennent donc ces
articles que de seconde main. Mais, dans les relations entre
une nation agricole et une nation manufacturière et commerçante, celle-ci prendra toujours aux transports maritimes la
plus forte part, n'eût-elle pas le moyen de s'attribuer la part
du lion au moyen de lois de navigation.

Indépendamment du commerce intérieur et du commerce
international, la pêche maritime occupe un grand nombre de
bâtiments ; mais, en général, la nation agricole reste étrangère ou à peu près à cette branche d'industrie, par la raison
qu'une forte demande de produits de la mer ne peut pas naître
chez elle et que les pays manufacturiers, dans l'intérêt de leurs
forces navales, ont l'habitude de réserver leur marché à leurs
pêcheurs.

C'est dans la marine du commerce que la flotte recrute ses
matelots et ses pilotes, et l'expérience a partout enseigné
qu'on ne forme pas de bons marins comme des troupes de
terre, que leur éducation se fait dans le cabotage, dans la navigation internationale et dans la grande pêche. Aussi la puissance navale est-elle chez tous les peuples au même point que
ces industries maritimes, par conséquent à peu près nulle
dans un pays purement agricole.

Le couronnement de l'industrie manufacturière, du commerce intérieur et extérieur qu'elles créent, d'un cabotage
actif, d'une importante navigation au long cours et de grandes
pêcheries maritimes, d'une puissance navale respectable enfin, ce sont les colonies.

Le métropole approvisionne la colonie d'objets manufac- .

turés et reçoit en retour l'excédant de celle-ci en denrées agricoles et en matières brutes. Ce commerce anime ses manufactures, augmente sa population ainsi que la demande des
produits de sa propre agriculture, développe sa navigation
marchande et sa puissance navale. Son trop-plein en population, en capital et en esprit d'entreprise trouve par la colonisation un écoulement avantageux, et elle est largement indemnisée de sa perte ; une partie considérable de ceux qui ont
fait fortune dans la colonie lui rapportant leurs capitaux, ou,
du moins, venant consommer chez elle leurs revenus.

Les pays agricoles, hors d'état de fonder des colonies, ne
sauraient non plus ni en tirer parti ni les conserver. Ils ne
peuvent offrir aux colonies les produits dont celles-ci ont besoin ; ce qu'ils pourraient leur offrir, les colonies le possèdent
déjà.

L'échange des objets manufacturés contre les produits du
sol est la condition essentielle du commerce colonial d'aujour-
d'hui. Aussi les États-Unis de l'Amérique du Nord se sont-ils
séparés de l'Angleterre, dès qu'ils se sont senti le besoin et la
force d'être eux-mêmes fabricants, de se livrer, eux aussi, à
la navigation et au commerce avec les pays de la zone torride ;
aussi le Canada se séparera-t-il, lorsqu'il sera arrivé au
même point ; ainsi verra-t-on, avec le temps, surgir des États
à la fois agriculteurs, manufacturiers et commerçants dans
les contrées tempérées de l'Australie (1).

Mais, entre les pays de la zone tempérée et ceux de la zone
torride, cet échange se perpétuera, parce qu'il est dans la nature. C'est pourquoi les Indes orientales ont été dépouillées
par l'Angleterre de leur industrie manufacturière et de leur
indépendance, et toutes les régions chaudes de l'Asie et de
l'Afrique tomberont peu à peu sous la domination des nations

---

(1) Mieux éclairée aujourd'hui sur ses véritables intérêts qu'elle ne l'était
dans le dernier siècle, l'Angleterre, loin de mettre obstacle à un avenir
qu'elle prévoit, en prépare l'accomplissement de bonne grâce ; c'est ce qui
ressort du plan de réforme coloniale exposé en 1850 à la chambre des communes par lord John Russell.   (H. R.)

manufacturières et commerçantes de la zone tempérée ; c'est pourquoi aussi les îles de la zone torride rompront difficilement leurs liens coloniaux, et les États de l'Amérique du Sud demeureront toujours dans une certaine dépendance vis-à-vis des nations manufacturières et commerçantes.

L'Angleterre ne doit son immense empire colonial qu'à sa prépondérance manufacturière ; si les autres nations européennes veulent participer à l'œuvre avantageuse d'appeler des pays sauvages à la culture, de civiliser des peuples restés barbares, ou anciennement civilisés mais retombés dans la barbarie, elles doivent commencer par développer leur industrie manufacturière, leur navigation marchande et leur marine militaire. Et si, dans ces efforts, elles sont entravées par la nation qui exerce la suprématie dans les manufactures, dans le commerce et dans la marine, une association entre elles est le seul moyen d'avoir raison de ces prétentions illégitimes.

CHAPITRE XIII.

L'INDUSTRIE MANUFACTURIÈRE ET LES INSTRUMENTS DE CIRCULATION.

Si l'expérience du dernier quart de siècle a prouvé en partie l'exactitude des principes professés par la théorie régnante, en opposition aux maximes de ce qu'on appelle le système mercantile, touchant la circulation des métaux précieux et la balance du commerce, elle a d'un autre côté mis en lumière de graves erreurs de la théorie dans cette question.

L'expérience a montré plus d'une fois, notamment en Russie et dans l'Amérique du Nord, que, chez les peuples agriculteurs où les fabriques essuient la libre concurrence du pays parvenu à la suprématie manufacturière, la valeur des

25

objets manufacturés qui s'importent surpasse souvent dans
une proportion énorme celle des produits agricoles exportés,
et qu'il en résulte parfois tout-à-coup un écoulement extraordinaire des métaux précieux, qui porte le trouble dans l'économie de la nation, surtout si les transactions intérieures de
celle-ci reposent en majeure partie sur une circulation de
papier, et qui occasionne chez elle de grandes catastrophes.

La théorie soutient qu'on se procure les métaux précieux
comme toute autre marchandise ; qu'il importe peu au fond
que la quantité des métaux qui se trouvent dans la circulation
soit grande ou petite, puisque c'est le rapport des prix entre
eux qui détermine la cherté ou le bon marché d'une marchandise ; qu'une différence dans le cours du change opère
comme une prime d'exportation au profit des marchandises
du pays qui l'a momentanément contre lui ; que, par conséquent, la circulation monétaire et l'équilibre entre les importations et les exportations, de même que tous les autres
rapports économiques du pays, ne sauraient être plus sûrement et plus avantageusement réglés que par la nature des
choses.

Ce raisonnement est d'une parfaite justesse à l'égard du
commerce intérieur ; il est applicable aux relations entre deux
villes, entre la ville et la campagne, entre deux provinces du
même État et entre deux États qui font partie d'une même
confédération. L'économiste qui croirait que l'équilibre des
importations et des exportations entre les différents États de
la Confédération américaine ou ceux de l'Association allemande, ou entre l'Angleterre, l'Écosse et l'Irlande, peut être
mieux réglé par des mesures de l'autorité et par des lois,
qu'elle ne l'est par la liberté du commerce, serait digne de
pitié. Dans l'hypothèse d'une pareille union entre toutes les
nations du globe, le raisonnement de la théorie serait entièrement conforme à la nature des choses. Mais c'est contredire
ouvertement l'expérience que d'admettre que, dans l'état
actuel du monde, il en soit de même du commerce international.

Les importations et les exportations des nations indépendantes ne sont point réglées actuellement par ce que la théorie appelle la nature des choses ; elles dépendent en majeure partie de la politique commerciale et de la puissance du pays, de son importance dans le monde, de son influence sur des peuples étrangers, de ses possessions coloniales et de ses institutions de crédit, enfin de la paix et de la guerre. Ici, par conséquent, existent de tout autres rapports qu'entre des sociétés que des liens politiques, légaux et administratifs réunissent dans un état de paix perpétuelle et de parfaite unité des intérêts.

Considérons, par exemple, les relations entre l'Angleterre et l'Amérique du Nord. Si, de temps en temps, l'Angleterre verse des masses considérables d'objets manufacturés sur le marché nord-américain ; si la Banque d'Angleterre, par le taux élevé ou bas de ses escomptes, facilite ou restreint à un degré extraordinaire les envois pour l'Amérique du Nord et le crédit à cette contrée ; si le marché américain se trouve inondé ainsi d'objets manufacturés à ce point que les marchandises anglaises se vendent aux États-Unis à meilleur marché qu'en Angleterre, et quelquefois même au-dessous des frais de production ; si l'Amérique du Nord est de la sorte perpétuellement endettée vis-à-vis de l'Angleterre et a le change contre elle, il est certain que ce fâcheux état des relations s'améliorerait aisément de lui-même sous le régime d'une liberté de commerce illimitée. L'Amérique du Nord produit du tabac, du bois de construction, du blé et des denrées alimentaires de toute espèce à un prix incomparablement plus bas que l'Angleterre. Plus il s'expédie d'objets manufacturés d'Angleterre aux États-Unis, plus le planteur américain est stimulé à produire de semblables valeurs ; plus on lui accorde le crédit, plus il est disposé à acquérir les moyens de satisfaire à ses engagements ; plus le cours du change en Angleterre est défavorable à l'Amérique du Nord, plus l'exportation des produits agricoles de cette contrée est encouragée, plus les agriculteurs américains luttent avec

succès contre les agriculteurs anglais sur le marché de
l'Angleterre.

Grâce à ces exportations le cours du change reprendrait
bientôt son niveau ; il ne présenterait même plus d'inégalité
appréciable, parce que la prévision, la certitude dans l'Amérique du Nord, que la dette contractée dans le cours de l'année par suite d'une importation considérable de produits manufacturés serait couverte l'année suivante par un accroissement de production et par une exportation plus forte, déter-
minerait des arrangements amiables.

C'est ainsi que les choses se passeraient, dans le cas où les
relations entre les manufacturiers anglais et les agriculteurs
américains ne rencontreraient pas plus d'entraves qu'il n'en
existe entre les mêmes manufacturiers anglais et les agriculteurs d'Irlande. Mais il n'en est pas et il ne saurait en être
ainsi, lorsque l'Angleterre grève le tabac américain d'un
droit d'importation de 500 à 1,000 pour cent de la valeur,
lorsque, par son tarif, elle rend l'importation du bois de
construction impossible et ne permet celle des denrées alimentaires d'Amérique que dans le cas de cherté. Dans un tel
état de choses, la production agricole en Amérique ne peut
pas se mettre en équilibre avec la consommation des objets
manufacturés de l'Angleterre; la dette encourue par l'achat
de ces objets ne peut être acquittée en produits ruraux ; les
envois de l'Amérique du Nord à l'Angleterre sont resserrés
dans d'étroites limites, tandis que ceux de l'Angleterre à
l'Amérique du Nord n'en connaissent aucune; le cours du
change entre les deux pays ne peut se remettre de niveau, et
la dette de l'Amérique du Nord envers l'Angleterre ne peut
se solder que par des envois d'espèces.

Ces envois d'espèces, sapant dans sa base le système de la
circulation de papier, entraînent le discrédit des banques
américaines, et, par suite, une révolution générale dans la
valeur de la propriété et des marchandises qui se trouvent
dans le commerce ; en un mot ces perturbations désorganisa-
trices des prix et du crédit dont nous avons vu les États-Unis

affligés, chaque fois qu'ils n'ont pas pris des mesures pour
mettre leurs importations en équilibre avec leurs exportations.

C'est pour les Américains du Nord une assez triste consolation, que les banqueroutes et le ralentissement des consommations aient rétabli plus tard sur un pied tolérable les
échanges entre les deux pays. Car les dérangements et les
convulsions dans le commerce et dans le crédit, de même
que la réduction des consommations, portent aux forces productives, au bien-être des individus et à l'ordre public, des
coups dont on ne se remet pas promptement, et dont, s'ils
sont fréquemment répétés, les suites désastreuses ne peuvent
manquer d'être durables.

Les Américains du Nord seront encore moins rassurés par
cette thèse de la théorie, qu'il importe peu que les métaux
précieux circulent en grandes ou en petites quantités, qu'on
ne fait qu'échanger des produits contre des produits, et qu'il
est indifférent pour l'individu que cet échange s'opère avec
beaucoup ou avec peu d'espèces. Nul doute qu'il importe peu
au producteur ou au propriétaire d'un objet que son produit
ou sa propriété vaille cent centimes ou cent francs, si avec les
cent centimes il peut se procurer autant de satisfactions
qu'avec les cent francs. Mais des prix bas ou élevés ne sont
indifférents qu'autant qu'ils restent longtemps tels qu'ils sont.

Si les fluctuations de prix sont fréquentes et fortes, il s'ensuit de graves dérangements dans l'économie des individus
comme dans celle de la société. Celui qui a acheté des matières brutes lorsque les prix étaient élevés, ne peut rentrer dans
ses déboursés en vendant ses produits fabriqués lorsque les
prix sont bas. Celui qui avait acheté des propriétés foncières
et qui est resté débiteur d'une portion du prix d'acquisition,
devient insolvable et perd même sa propriété ; car, par suite
de la diminution des prix, la valeur du bien n'atteint peut-
être pas le montant de l'hypothèque. Celui qui avait conclu
un bail se trouve ruiné par l'avilissement des prix, ou du
moins hors d'état de remplir ses obligations. Plus la hausse
et la baisse des prix sont fortes, plus les fluctuations sont

répétées, plus la condition économique du pays, et en particulier le crédit, sont affectés. Nulle part ces effets désastreux d'un afflux ou d'un écoulement extraordinaire des métaux précieux ne se révèlent avec plus d'éclat que dans les pays, qui, pour leur approvisionnement en objets manufacturés et pour le débouché de leurs produits agricoles, dépendent entièrement de l'étranger, et dont le commerce est, en grande partie, fondé sur une circulation en papier.

On sait que la quantité de billets de banque qu'un pays peut mettre et conserver en circulation se règle sur celle des espèces qu'il possède. Chaque banque étend ou restreint sa circulation en papier et ses opérations dans la mesure des sommes de métaux précieux qui se trouvent dans ses caves. Si elle est abondamment pourvue en numéraire, soit de son capital, soit des dépôts qu'elle reçoit, elle accordera des crédits plus considérables, et permettra ainsi à ses débiteurs d'en faire eux-mêmes de plus larges ; de là un accroissement de la consommation et une hausse des prix, particulièrement de la valeur de la propriété foncière. Si, au contraire, elle se dégarnit de métaux précieux dans une proportion sensible, elle limitera ses crédits et déterminera ainsi un resserrement et des crédits et des consommations chez ses propres débiteurs et chez les débiteurs de ceux-ci, et, ainsi de suite, jusqu'à ceux qui ont coutume de consommer à crédit les objets manufacturés qui s'importent. Dans de pareils pays, par conséquent, un écoulement extraordinaire des espèces a pour effet de jeter la perturbation dans tout le système du crédit, dans le commerce de toutes les marchandises et de toutes les denrées, et surtout dans le prix en argent de toutes les propriétés foncières.

On a voulu trouver la cause de la dernière crise commerciale américaine de même que des précédentes, dans l'organisation des banques et de la circulation du papier ! La vérité est que les banques y ont contribué ainsi qu'on vient de l'indiquer, mais le principe de la crise réside dans ce fait que, depuis l'adoption de l'acte de compromis, la valeur des objets manufacturés importés d'Angleterre a de beaucoup surpassé celle des produits agricoles exportés d'Amérique, et que les États-Unis sont restés ainsi débiteurs envers les Anglais de plusieurs centaines de millions qu'ils n'ont pas pu acquitter avec des produits. Ce qui prouve que ces crises doivent être attribuées à des importations disproportionnées, c'est qu'elles ont constamment éclaté chaque fois que le retour de la paix ou des dégrèvements de douane ont déterminé une inondation d'objets manufacturés, et qu'elles n'ont jamais eu lieu tant que le tarif a tenu l'importation des produits fabriqués en équilibre avec l'exportation des produits agricoles.

On a voulu aussi expliquer ces crises par les capitaux considérables, qui, dans l'Amérique du Nord, ont été employés dans la construction des canaux et des chemins de fer et qu'on a en majeure partie empruntés à la Grande-Bretagne. La vérité est que ces emprunts ont seulement contribué à prolonger de quelques années et à aggraver la crise, mais qu'eux-mêmes ont été déterminés par le défaut d'équilibre entre l'importation et l'exportation, que, sans cette circonstance, ils n'auraient pas été contractés et n'auraient pas pu l'être.

L'Amérique du Nord ayant envers l'Angleterre, par suite d'une forte importation d'objets manufacturés, des dettes considérables, qui ne pouvaient être soldées avec des produits agricoles, mais seulement avec des métaux précieux, il était facile aux Anglais (et, en raison de l'inégalité du cours du change et du taux de l'intérêt, ils y avaient avantage) de se faire payer ce solde en actions américaines de chemins de fer, de canaux et de banques ou en fonds publics américains.

Plus l'importation des objets manufacturés surpassait l'exportation des produits agricoles, plus la demande de ces effets s'animait en Angleterre, plus aux États-Unis on était encouragé à entreprendre des travaux publics. D'un autre côté, à mesure que, dans l'Amérique du Nord, on employait plus de capitaux dans ces entreprises, la demande des objets manufacturés de l'Angleterre augmentait, et en même temps la disproportion entre l'entrée et la sortie.

Si, d'une part, l'importation des objets manufacturés d'Angleterre aux États-Unis était stimulée par les crédits des banques américaines, de l'autre, la Banque d'Angleterre travaillait dans le même sens par ses propres crédits et par le taux minime de ses escomptes. Il résulte du rapport officiel d'un comité de commerce et de manufactures en Angleterre que, par suite de ses escomptes, la banque avait réduit son encaisse métallique de 8 à 2 millions de liv. sterl. Par là elle diminuait au profit des manufacturiers anglais l'efficacité du système protecteur américain, en même temps qu'elle facilitait et qu'elle encourageait le placement en Angleterre des actions et des effets publics des États-Unis. Car, tant qu'on obtenait en Angleterre de l'argent à 3 pour cent, les entrepreneurs et les négociateurs d'emprunts des États-Unis qui offraient un intérêt de 6 pour cent ne pouvaient pas manquer d'y trouver des preneurs.

Cet état de choses, qui amena la chute successive des fabriques américaines, procura cependant l'apparence d'une grande prospérité. Car les agriculteurs des États-Unis trouvaient dans les ouvriers employés aux travaux publics et payés avec les capitaux anglais le débouché d'une grande partie des denrées que, sous un régime de libre commerce, ils auraient expédiées en Angleterre, ou que, sous un système de protection convenable pour les fabriques du pays, ils auraient vendues à la population manufacturière. Mais, avec la séparation des intérêts nationaux, des relations si peu naturelles ne pouvaient pas durer, et la rupture devait être d'autant plus funeste pour l'Amérique du Nord qu'elle avait été différée plus longtemps. C'était le cas d'un débiteur que son créancier peut soutenir longtemps à l'aide de nouveaux crédits, mais dont la faillite est d'autant plus considérable qu'il a été mis plus longtemps par son créancier à même de continuer de désastreuses opérations.

La faillite des banques américaines fut provoquée par la

sortie extraordinaire des métaux précieux de l'Angleterre à
l'étranger, laquelle fut déterminée elle-même par l'insuffisance des récoltes et par les systèmes protecteurs du continent. Nous disons par les systèmes protecteurs du continent ;
car, si les marchés de l'Europe eussent été ouverts aux Anglais, ils y auraient soldé en grande partie leurs achats
extraordinaires de blés par des envois extraordinaires de produits manufacturés, et leurs espèces, dans le cas où elles se
fussent écoulées sur le continent, auraient bientôt repris le
chemin de l'Angleterre. Nul doute en pareil cas que les fabriques continentales n'eussent payé par leur chute les frais des
opérations commerciales de l'Angleterre et des États-Unis.

Mais, dans l'état de choses existant, la banque d'Angleterre
ne pouvait se tirer d'embarras qu'en limitant ses crédits et en
élevant le taux de son escompte. Ces mesures eurent pour
objet, non-seulement de faire cesser en Angleterre la demande
des actions et des fonds publics des États-Unis, mais encore de
faire affluer sur le marché ceux de ces effets qui étaient dans la
circulation. Par là, les États-Unis se virent retirer les moyens
de faire face à leur déficit courant au moyen d'une nouvelle
émission de papier, et la dette entière que, dans le cours de
plusieurs années, ils avaient contractée envers l'Angleterre
en lui cédant des actions et des fonds publics, leur fut effectivement réclamée. On s'aperçut alors que les espèces qui
circulaient en Amérique étaient la propriété des Anglais. Il y
a plus, on reconnut que les Anglais pouvaient disposer à
leur gré de ces espèces dont la possession servait de base à
tout le système de banque et de crédit de l'Union américaine,
que, s'ils en disposaient, tout cet édifice croulerait comme
un château de cartes, et avec lui le fondement de la valeur de
la propriété foncière, par conséquent, l'existence matérielle
d'un grand nombre de particuliers.

Les banques américaines cherchèrent à détourner leur
chute en suspendant leurs paiements en espèces, et c'était là,
du moins, le seul moyen de l'adoucir. D'une part elles voulaient gagner du temps afin de diminuer la dette des États-

Unis avec le produit de la nouvelle récolte de coton et de l'acquitter peu à peu par ce moyen ; de l'autre elles espéraient,
par l'interruption des crédits, amoindrir l'importation des
objets manufacturés d'Angleterre et la mettre, pour l'avenir,
en équilibre avec l'exportation.

Il est fort douteux que l'exportation du coton en laine
puisse fournir le moyen de balancer l'importation des objets
fabriqués. Depuis plus de vingt ans, en effet, la production de
cet article en surpasse constamment la consommation, de
sorte que le prix a toujours été en baissant. Joignez à cela
que la fabrication du coton a trouvé une puissante concurrence dans celle du lin, si perfectionnée aujourd'hui à l'aide
des machines, et que la production de cette matière en a trouvé
une dans les plantations du Texas, de l'Égypte, du Brésil et
des Indes orientales. Quoi qu'il en soit, on doit considérer
que l'exportation de coton ne profite nullement aux États de
l'Union américaine qui consomment le plus d'objets manufacturés anglais.

Dans ces États, particulièrement dans ceux à qui la culture
du blé et l'élève du bétail offrent les moyens d'acheter des
produits fabriqués, une crise d'une autre espèce s'annonce en
ce moment. Les fabriques américaines ont succombé sous
l'importation d'objets manufacturés anglais. Tout le surcroît
de population et de capital a reflué ainsi forcément vers
l'Ouest. Chaque nouvel établissement augmente au commencement la demande des produits agricoles, mais au bout de
quelques années il fournit lui-même un excédant considérable. Tel est déjà le cas dans ces nouveaux établissements. Aussi,
dans les années prochaines, les États de l'Ouest expédieront-
ils, par les canaux et par les chemins de fer nouvellement
construits, d'énormes quantités de denrées à destination des
États de l'Est, de ces États où, les fabriques ayant été écrasées
par la concurrence étrangère, le nombre des consommateurs
a diminué et doit diminuer de plus en plus. Il s'ensuivra
nécessairement une dépréciation des produits agricoles et des
fonds de terre, et, si l'Union ne se hâte de prendre des me-

sures (1) pour fermer les sources d'où lui viennent les crises
monétaires telles que celles qu'on a retracées plus haut, une
faillite générale des agriculteurs dans les États qui s'adonnent à la culture du blé est inévitable.

Cet exposé des relations commerciales entre l'Angleterre et
les États-Unis enseigne donc ;

1° Qu'un pays de beaucoup inférieur à l'Angleterre sous le
rapport des capitaux et des manufactures, ne peut accorder
un large accès aux produits des fabriques de cette puissance,
sans devenir d'une manière permanente son débiteur, sans
se rendre dépendant de ses institutions de crédit et sans être
entraîné dans le tourbillon de ses crises agricoles, manufacturières et commerciales;

2. Que les opérations de la Banque d'Angleterre ont pu,
au profit des fabriques anglaises et au détriment des fabriques
américaines, abaisser sur le marché des États-Unis les prix
des articles manufacturés anglais;

3° Que, par suite de ces opérations, les Américains ont pu,
durant une série d'années, consommer en marchandises importées plus de valeurs qu'ils n'en pouvaient payer avec leurs
produits agricoles, et que c'est en exportant des actions et des
effets publics qu'ils ont fait face à leur déficit ;

4° Que, dans de telles circonstances, les Américains se
sont servis, pour leur commerce intérieur et pour leurs affaires de banque, d'espèces que la Banque d'Angleterre pouvait à sa volonté retirer à elle en majeure partie ;

5° Que les fluctuations sur le marché de l'argent exercent
en tout état de cause l'influence la plus funeste sur l'économie
des nations, et principalement là où une circulation étendue
de papier a pour base la possession d'une quantité limitée de
métaux précieux;

6° Que ces fluctuations et les crises qu'elles amènent ne
peuvent être prévenues et qu'un système solide de crédit ne

_____

(1) J'ai déjà eu occasion de dire que de pareilles mesures ont été prises
depuis la publication du *Système national*.   (H. R.)

peut être fondé qu'au moyen de l'équilibre entre les importations et les exportations.

7° Que cet équilibre s'établit d'autant plus difficilement que les produits manufacturés de l'étranger sont admis à rivaliser plus librement avec ceux du pays, et que l'exportation des produits agricoles du pays est plus restreinte par les tarifs étrangers ; que cet équilibre, enfin, sera d'autant moins troublé que le pays dépendra moins de l'étranger pour l'achat des articles fabriqués et pour la vente des produits du sol.

Ces enseignements sont confirmés par l'expérience de la Russie.

On se rappelle les convulsions du crédit public dans l'empire russe, tant que le marché de ce pays resta ouvert à l'inondation des articles manufacturés de l'Angleterre ; rien de pareil ne s'est reproduit depuis l'établissement du tarif des douanes de 1821.

Évidemment la théorie régnante est tombée dans l'extrême opposé aux erreurs de ce qu'on appelle le système mercantile. Sans doute, on avait tort de prétendre que la richesse des nations ne consiste qu'en métaux précieux ; qu'une nation ne peut s'enrichir qu'en exportant plus de marchandises qu'elle n'en importe, de manière à effectuer la balance en important des métaux précieux. Mais la théorie régnante se trompe aussi quand elle soutient que, dans l'état actuel du monde, la quantité de métaux qui circulent dans un pays n'importe nullement, que la crainte d'en posséder trop peu est frivole, qu'il faudrait encourager leur exportation plutôt que leur importation, etc. Ce raisonnement n'est juste qu'autant que tous les peuples du monde seraient unis par un lien fédéral, qu'il n'existerait de restrictions d'aucune espèce à l'égard de nos produits agricoles chez les peuples dont nous ne pouvons payer les articles fabriqués qu'à l'aide de ces produits, que les vicissitudes de la guerre et de la paix n'occasionneraient aucune fluctuation dans la production, dans la consommation et dans les prix, que les grands établissements de crédit ne chercheraient pas à étendre sur d'autres nations leur influence dans l'intérêt particulier de la nation à laquelle ils appartiennent. Mais, tant que des nationalités séparées subsisteront, la prudence commandera aux grands États de se préserver, au moyen de leur politique commerciale, de ces fluctuations monétaires et de ces révolutions dans les prix qui bouleversent toute leur économie intérieure, et ce but ne sera atteint que par un exact équilibre entre l'industrie manufacturière du pays et son agriculture, entre ses importations et ses exportations.

Il est manifeste que la théorie régnante n'a pas distingué, dans le commerce international, *la possession* des métaux précieux d'avec *la faculté de disposer* de ces métaux. Déjà, la nécessité de cette distinction apparaît dans les relations privées. Personne ne veut conserver l'argent, chacun cherche à s'en défaire aussi promptement que possible, mais chacun travaille à pouvoir disposer en tout temps de la somme dont il peut avoir besoin. L'indifférence pour la possession des espèces se mesure partout sur le degré de l'opulence. Plus l'individu est riche, moins il tient à la possession effective des espèces, pourvu qu'il puisse disposer à toute heure de celles qui se trouvent dans les caisses des autres. Plus il est pauvre, au contraire, moins il est en mesure de disposer de l'argent placé dans des mains étrangères, et plus il doit s'appliquer avec soin à garder une réserve. Il en est de même chez les nations industrieuses et chez les nations sans industrie. Si, en général, l'Angleterre s'inquiète peu de la quantité de lingots d'or et d'argent qui s'exportent de chez elle, elle sait fort bien qu'un écoulement extraordinaire des métaux précieux a pour effet, d'une part une hausse de la valeur de ces métaux ainsi que du taux de l'escompte, de l'autre une baisse de prix pour les articles fabriqués, et qu'une plus grande exportation d'articles fabriqués ou la réalisation des actions ou des effets publics étrangers la remet promptement en possession des espèces nécessaires à son commerce. L'Angleterre est le riche banquier qui, sans avoir un écu dans sa poche, peut tirer la somme qu'il lui plaît sur ses correspondants auprès ou au loin. Mais lorsqu'un écoulement extraordinaire de l'argent a lieu

chez des nations purement agricoles, la situation de celles-ci
est loin d'être aussi favorable ; les moyens qu'elles possèdent
de se procurer les espèces dont elles ont besoin sont bornés,
non seulement par la faible valeur échangeable de leurs produits agricoles, mais aussi par les obstacles que les tarifs
étrangers mettent à l'exportation de ces denrées. Elles ressemblent à l'homme pauvre qui ne peut pas tirer de lettre de
change sur ses correspondants, sur lequel il en est tiré, au
contraire, lorsque le riche est dans l'embarras, et qui, par conséquent, ne peut considérer comme sa propriété ce qui se
trouve entre ses mains.

Cette faculté de disposer de la quantité d'espèces constamment requise pour son commerce intérieur, la nation l'acquiert principalement par la production des marchandises et
des valeurs dont la puissance d'échange se rapproche le plus
de celle des métaux précieux.

Le degré différent de puissance d'échange dans les divers
objets a été négligé par l'école dans son étude du commerce
international, tout autant que la faculté de disposer des métaux précieux. Si nous examinons, sous ce rapport, les différentes valeurs qui se trouvent dans le commerce, nous
remarquons qu'un grand nombre d'entre elles ont été fixées
de telle manière qu'elles ne sont réalisables que sur place,
et même que leur vente est accompagnée des plus grands
frais ainsi que des plus grandes difficultés. Elles comprennent
plus des trois quarts de la richesse nationale, notamment les
biens immeubles et les instruments qui y sont attachés.
Quelque considérable que soit la fortune territoriale d'un
individu, il ne peut pas envoyer ses champs et ses prés à la
ville pour acheter des espèces ou des marchandises. Il peut,
sans doute, hypothéquer ses valeurs, mais il faut qu'il trouve
un prêteur ; plus il s'éloigne de sa propriété, moins il a de
chances de rencontrer ce qu'il cherche.

Après les valeurs attachées à une localité, les produits
agricoles, si l'on en excepte les denrées coloniales et un petit
nombre d'articles d'un grand prix, possèdent, dans le com-

merce international, la moindre puissance d'échange. La plus
grande partie de ces valeurs, telles que matériaux de construction, combustibles, céréales, fruits et bétail, ne trouvent
de débouché que dans le voisinage, et quand elles surabon-
dent, il faut qu'elles soient mises en magasin pour pouvoir
être réalisées. Lorsque de pareils produits vont à l'étranger,
leur débouché se borne à quelques nations manufacturières
et commerçantes ; et, chez celles-ci encore, il est le plus souvent subordonné au taux des droits d'entrée et au résultat de
la récolte. L'intérieur de l'Amérique du Nord a beau être
surchargé de bétail et de denrées, il ne pourrait, par l'exportation de ce trop-plein, se procurer des sommes considérables
de métaux précieux de l'Amérique du Sud, de l'Angleterre
ou du continent européen.

Les produits fabriqués d'un usage général ont une puissance d'échange incomparablement supérieure. Ils se vendent
habituellement sur tous les marchés ouverts, et, dans les
temps de crise où les prix tombent, sur ceux-mêmes où les
droits protecteurs n'ont été calculés que pour les temps ordinaires. Ces valeurs sont évidemment celles dont la puissance
d'échange se rapproche le plus de celle des métaux précieux,
et l'expérience de l'Angleterre montre que, lorsque de mauvaises récoltes provoquent des crises monétaires, une exportation plus considérable de produits des manufactures ainsi
que des actions et des effets publics étrangers, rétablit promptement l'équilibre. Ces actions et ces effets publics étrangers,
dont la possession est évidemment le résultat de balances
favorables déterminées par des envois de produits fabriqués,
mettent entre les mains de la nation manufacturière des
lettres de change, portant intérêt sur la nation agricole, lettres
qui, dans un besoin extraordinaire de métaux précieux, peuvent être tirées, avec perte, il est vrai, pour le particulier détenteur, comme se vendent les produits fabriqués
lors d'une crise monétaire, mais avec un immense profit
pour la nation dont la prospérité économique se trouve ainsi
maintenue.

Bien que l'école ait fort maltraité la doctrine de la balance du commerce, les observations qui précèdent nous encouragent à exprimer ici l'opinion que, entre de grandes nations indépendantes, il existe quelque chose comme une balance du commerce, qu'il serait dangereux pour de grandes nations d'être longtemps dans un désavantage marqué sous ce rapport et qu'une sortie considérable et continue des métaux précieux y entraînerait de graves révolutions dans le système de crédit et dans les prix. Nous sommes loin de vouloir réchauffer la doctrine de la balance du commerce, telle que l'entendait ce qu'on appelle le système mercantile, et de prétendre qu'une nation doive mettre obstacle à l'exportation des métaux précieux, ou qu'elle ait à tenir un compte sévère avec chaque pays en particulier, ou que, dans le commerce entre de grands peuples, il faille s'arrêter à quelque millions de différence entre l'importation et l'exportation. Ce que nous contestons est seulement ceci, qu'une nation grande et indépendante puisse, ainsi que le prétend Adam Smith à la fin du chapitre qu'il a consacré à cette matière, importer chaque année sensiblement plus de valeurs en produits du sol et des fabriques qu'elle n'en exporte, voir diminuer chaque année la quantité de métaux précieux qu'elle possède et y substituer une circulation de papier, qu'elle puisse enfin contracter envers une autre nation une dette toujours croissante, et cependant devenir de plus en plus prospère.

C'est uniquement cette thèse soutenue par Adam Smith et reproduite par son école, que nous déclarons cent fois contredite par l'expérience, contraire à la nature des choses bien observée, absurde en un mot. pour rendre à Adam Smith l'expression énergique que lui-même emploie.

Bien entendu, il ne s'agit pas ici des contrées qui produisent elles-mêmes avec avantage les métaux précieux, et où, par conséquent, l'exportation de ces articles présente tout à fait le caractère d'une exportation de produits fabriqués. Il n'est pas question non plus de cette différence dans la balance commerciale qui doit nécessairement se produire, lorsque la nation évalue les objets tant exportés qu'importés d'après les prix de ses places maritimes. En pareil cas il est évident que ses importations doivent excéder ses exportations de tout le montant des profits de son commerce, et cette circonstance est tout à son avantage. Encore moins contesterons-nous que, dans certains cas extraordinaires, la supériorité de l'exportation dénote des pertes plutôt que des gains, par exemple lorsque des valeurs ont péri dans un naufrage. L'école a tiré habilement parti de toutes ces illusions, résultat d'une appréciation étroite de comptoir, pour nier aussi les inconvénients d'une disproportion effective, persévérante, énorme entre les importations et les exportations d'un grand pays, d'une disproportion exprimée par des chiffres considérables comme pour la France en 1786, pour la Russie en 1820 et 1821, et pour l'Amérique du Nord après l'acte de compromis.

Enfin, et il importe d'en faire la remarque, nous ne voulons pas parler des colonies, ni des pays qui ne s'appartiennent pas, ni des petits États et des villes libres isolées, mais des nations complètes, grandes, indépendantes, qui possèdent un système de commerce à elles, un système national agricole et manufacturier, un système national de circulation et de crédit.

Il est évidemment dans la nature des colonies que leurs exportations surpassent sensiblement et constamment leurs importations, sans qu'on en puisse conclure l'accroissement ou la diminution de leur prospérité. La colonie prospère toujours dans la mesure où le montant total de ses importations et de ses exportations augmente chaque année. Si ses envois de denrées tropicales excèdent sensiblement et constamment les retours qu'elle fait en articles manufacturés, c'est surtout apparemment parce que ses propriétaires résident dans la métropole et qu'ils font venir leurs revenus sous la forme de denrées coloniales en nature ou sous celle du prix qu'on en a retiré. Si, au contraire, l'importation des articles fabriqués l'emporte dans une forte proportion, cela peut tenir principa-

lement à ce que l'émigration et l'emprunt font passer chaque
année dans la colonie des quantités considérables de capitaux.
Ce dernier état de choses est extrêmement favorable à la prospérité de la colonie. Il peut durer des siècles, et, pendant sa
durée, les crises commerciales sont rares ou impossibles,
parce que la colonie n'est lésée, ni par la guerre, ni par des
mesures hostiles, ni par les opérations de la banque métropo-
litaine, et, qu'au lieu d'avoir un système propre et indépendant de commerce, de crédit et d'industrie, elle est protégée
et soutenue par les institutions de crédit et par les lois de la
métropole.

De telles relations ont existé utilement durant des siècles
entre l'Amérique du Nord et l'Angleterre ; elles subsistent encore aujourd'hui entre l'Angleterre et le Canada, et il est
probable qu'elles dureront des siècles entre l'Angleterre et
l'Australie.

Mais elles s'altèrent essentiellement du jour où la colonie
s'émancipe et prétend aux attributs d'une grande et indépendante nationalité, à une politique à elle, à un système propre
de commerce et de crédit. Alors, l'ancienne colonie fait des
lois pour aider au développement de sa marine marchande
et de sa force navale ; elle établit en faveur de son industrie
un système de douanes ; elle fonde une banque nationale,
etc., si du moins elle se sent appelée par ses ressources navales, physiques et économiques à devenir une nation manufacturière et commerçante. De son côté, la métropole entrave la navigation, le commerce et l'agriculture de son
ancienne possession, et n'emploie ses institutions de crédit
que dans son propre intérêt.

Or, c'est justement par l'exemple des colonies de l'Amérique du Nord avant la guerre de l'indépendance, qu'Adam
Smith veut prouver la maxime paradoxale qu'on a plus haut
rappelée : qu'un pays peut augmenter son exportation d'or et
d'argent, restreindre sa circulation en métaux précieux, étendre sa circulation en papier, voir grossir sa dette envers une
autre nation, et, cependant, jouir d'une prospérité toujours

croissante. Adam Smith s'est bien gardé de citer l'exemple
de deux nations depuis longtemps indépendantes l'une de l'autre, et rivales en navigation, en commerce, en industrie manufacturière et en agriculture ; à l'appui de son opinion il n'allègue que les relations d'une colonie avec sa métropole. S'il
avait vécu jusqu'à notre époque et écrit actuellement son ouvrage, il se fût bien gardé de citer l'exemple des États-Unis,
qui prouve justement le contraire de ce qu'il voulait prouver.

Puisqu'il en est ainsi, pourrait-on nous objecter, il serait
beaucoup plus avantageux pour les États-Unis de revenir à la
condition de colonies anglaises. A cela nous répondrons : Oui,
si l'Amérique du Nord ne sait pas tirer parti de son indépendance pour se donner une industrie nationale, un système
propre et indépendant de commerce et de crédit. Car, ne voit-
on pas que, si ces colonies ne se fussent pas séparées, la législation anglaise des céréales ne fût pas née, que l'Angleterre
n'eût pas frappé de droits exorbitants le tabac américain, que
des masses de bois de construction eussent été sans relâche
expédiées des États-Unis en Angleterre, que l'Angleterre,
loin de penser à encourager dans d'autres pays la production
du coton, se fût appliquée à conserver aux Américains du
Nord le monopole de cet article ; que des crises commerciales,
comme celles qui ont affligé l'Amérique du Nord depuis un
certain nombre d'années, n'eussent pas éclaté. Oui, si les États-
Unis ne veulent ou ne peuvent avoir des fabriques, fonder un
système durable de crédit, posséder des forces navales, dans
ce cas, les habitants de Boston ont inutilement jeté le thé à la
mer, les Américains n'ont fait que déclamer vainement sur
l'indépendance et sur la grandeur future de leur pays ; et ce
qu'ils ont de mieux à faire est de rentrer le plus tôt possible
dans la dépendance de l'Angleterre. Alors l'Angleterre leur
viendra en aide au lieu de les entraver, et elle ruinera leurs
concurrents dans la culture du coton et dans celle des céréales,
au lieu de leur en susciter de nouveaux par tous les moyens.
La Banque d'Angleterre établira des succursales dans l'Amérique du Nord, le gouvernement anglais favorisera l'émigra-

tion ainsi que les envois de capitaux aux États-Unis; et d'une
part en anéantissant les fabriques américaines, de l'autre en
encourageant l'exportation des produits bruts américains en
Angleterre, il travaillera avec un soin paternel à prévenir le
retour des crises et à maintenir constamment en équilibre les
importations et les exportations de la colonie. En un mot, les
propriétaires d'esclaves et les planteurs de coton verront alors
se réaliser leurs plus beaux rêves.

Depuis longtemps, en effet, un pareil avenir satisfait mieux
le patriotisme, les intérêts et les besoins de ces planteurs que
l'indépendance et la grandeur des États-Unis. Ce n'est que
dans la première exaltation de la liberté et de l'affranchissement qu'ils ont rêvé l'indépendance industrielle. Mais bientôt
ils se sont refroidis, et, depuis un quart de siècle, la prospérité
des fabriques dans les États du Centre et de l'Est les offusque;
ils essayent de prouver dans le congrès que la prospérité américaine dépend de la domination industrielle de l'Angleterre
sur les États-Unis. Que signifie ce langage, sinon que l'Amérique du Nord serait plus riche et plus heureuse si elle rede-
venait colonie de l'Angleterre?

En général il nous semble que les partisans de la liberté
commerciale seraient, en ce qui touche les crises monétaires
et la balance du commerce, de même qu'à l'égard de l'industrie manufacturière, plus conséquents avec eux-mêmes, s'ils
conseillaient franchement à toutes les nations de se soumettre
à l'Angleterre et d'obtenir ainsi les avantages attachés à la
condition de colonies anglaises. Cet état d'assujettissement serait évidemment beaucoup plus favorable à leurs intérêts matériels que la situation fausse de ces peuples, qui, sans posséder un système propre d'industrie, de commerce et de
crédit, affectent néanmoins l'indépendance vis-à-vis de l'Angleterre. Ne voit-on pas comme le Portugal eût gagné, si,
depuis le traité de Méthuen, il eût été gouverné par un vice-
roi anglais, si l'Angleterre y eût acclimaté ses lois et son esprit national, et eût prit ce pays sous sa tutelle comme elle a
fait des Indes orientales? Ne voit-on pas combien ce régime

eût été avantageux pour l'Allemagne, pour tout le continent européen?

L'Inde, il est vrai, a vu son industrie manufacturière ruinée ; mais n'a-t-elle pas immensément profité sous le rapport de l'agriculture et de l'exportation de ses produits agricoles? Les guerres entre ses nababs n'ont-elles pas cessé? Ses princes et ses rois ne sont-ils pas heureux? N'ont-ils pas conservé leurs vastes revenus? Ne se voient-ils pas entièrement affranchis des pénibles soucis du gouvernement?

Au surplus, il est digne de remarque, et, bien que ces contradictions soient familières à ceux qui, comme Adam Smith, s'appuient sur des paradoxes, que cet écrivain célèbre, après toute son argumentation contre l'existence d'une balance commerciale, reconnaît néanmoins quelque chose qu'il appelle la balance entre la consommation et la production d'un pays, mais qui, examiné de près, est tout simplement notre balance du commerce réelle et effective. Un pays dont les exportations sont dans un équilibre convenable avec les importations, peut être assuré de ne pas consommer sensiblement plus de valeurs qu'il n'en produit ; tandis que celui qui, durant une suite d'années, comme dans ces derniers temps l'Amérique du Nord, importe des articles des fabriques étrangères pour des valeurs plus considérables qu'il n'exporte de ses produits agricoles, peut être certain qu'il consomme beaucoup plus de marchandises étrangères qu'il n'en produit d'indigènes. N'est-ce pas là ce qui ressort des crises de la France en 1788 et 1789, de la Russie en 1820 et 1821, et des États-Unis depuis 1833?

Pour terminer ce chapitre, nous nous permettrons d'adresser quelques questions à ceux qui rangent parmi les fables surannées la doctrine tout entière de la balance du commerce :

Pourquoi une balance sensiblement et constamment défavorable a-t-elle toujours eu pour cortége, dans tous les pays qui l'avaient contre eux, les colonies exceptées, des crises commerciales, des perturbations dans les prix, des embarras financiers et une faillite générale des établissements de crédit de même que des négociants, des manufacturiers et des agriculteurs?

Pourquoi les pays qui avaient la balance décidément en leur faveur ont-ils toujours présenté les phénomènes contraires, et pourquoi les crises commerciales de ceux avec lesquels ils entretenaient des relations n'ont-ils réagi sur eux que momentanément?

Pourquoi, depuis que la Russie produit elle-même la plus grande partie des articles manufacturés qu'elle consomme, la balance du commerce est-elle décidément et constamment en sa faveur? D'où vient que depuis lors on n'y entend plus parler de convulsions économiques et que la prospérité de cet empire s'est accrue d'année en année?

D'où vient qu'aux États-Unis les mêmes causes ont toujours produit les mêmes effets?

Pourquoi, lorsque l'acte de compromis eut provoqué une grande importation de produits fabriqués aux États-Unis, la balance du commerce leur a-t-elle été, pendant une suite d'années, si remarquablement défavorable, et pourquoi s'en est-il suivi des convulsions si fortes et si prolongées dans leur économie intérieure?

Pourquoi en ce moment les États-Unis se voient-ils tellement encombrés de produits bruts de toute sorte, coton, tabac, bétail, céréales, etc., que les prix ont partout baissé de moitié, et pourquoi néanmoins sont-ils hors d'état de rétablir l'équilibre entre leurs exportations et leurs importations, d'éteindre leur dette envers l'Angleterre et de rétablir sur des bases solides leur système de crédit?

S'il n'y a point de balance de commerce, ou s'il importe peu qu'elle soit pour ou contre nous, s'il est indifférent de voir sortir en grande ou en petite quantité les métaux précieux du pays, pourquoi l'Angleterre, lors d'une mauvaise récolte, le seul cas où elle ait la balance contre elle, compare-t-elle avec inquiétude et tremblement ses exportations avec ses importations? D'où vient qu'elle compte alors chaque once d'or ou d'argent qu'elle importe, ou qu'elle exporte, et que sa banque s'occupe avec anxiété à empêcher la sortie des métaux précieux et à en favoriser l'entrée? Si la balance du commerce était une *exploded fallacy* (1), nous le demandons, pourquoi, dans de pareils temps, ne trouve-t-on pas un seul journal anglais où il n'en soit question comme de l'affaire la plus sérieuse du pays?

D'où vient qu'aux États-Unis les mêmes esprits qui qualifiaient d'*exploded fallacy* la balance du commerce avant l'acte de compromis, n'ont pas cessé depuis d'en parler comme de l'affaire la plus sérieuse du pays?

Pourquoi, enfin, si la nature des choses procure constamment à chaque pays la quantité de métaux précieux dont il a besoin, la Banque d'Angleterre essaie-t-elle de se rendre favorable cette nature des choses par la limitation de ses crédits et par l'élévation du taux de son escompte, et pourquoi les banques américaines se voient-elles de temps en temps obligées de suspendre leurs paiements en espèces, jusqu'au rétablissement d'un certain équilibre entre les importations et les exportations (2)?

CHAPITRE XIV.

L'INDUSTRIE MANUFACTURIÈRE ET LE PRINCIPE DE CONSERVATION ET DE PROGRÈS.

En recherchant l'origine et les progrès des industries, nous trouvons qu'elles n'ont acquis que peu à peu les procédés

(1) Un mensonge décrié.

(2) C'est un des titres de gloire d'Adam Smith et de J.-B. Say d'avoir mis en lumière les illusions de la théorie de la balance du commerce, illusions qu'on doit croire à peu près dissipées aujourd'hui, dans lesquelles, en tout cas, les partisans de la protection douanière ne cherchent plus d'arguments. Il n'existe pas moins entre les importations et les exportations un équilibre dont le défaut amène des crises; et il est évident qu'une nation qui, par apa-

avancés, les machines, les édifices, les avantages de production, l'expérience et l'habileté ainsi que les connaissances et
les relations qui leur assurent l'arrivage de leurs matières
premières et le débouché de leurs produits à des conditions
favorables. Nous comprenons qu'en thèse générale il est incomparablement plus facile de perfectionner et d'agrandir
une entreprise déjà commencée que d'en fonder une à nouveau. Partout nous voyons les industries anciennes que poursuit une série de générations, exercées avec plus de profit que
les nouvelles. Nous remarquons qu'il est d'autant plus difficile de faire marcher une nouvelle entreprise qu'il en existe
moins de semblables dans le pays ; car alors entrepreneurs,
contre-maîtres, ouvriers ont à faire leur éducation ou doivent
être demandés à l'étranger, et l'on n'a pas encore assez de
notions sur les résultats que l'affaire peut donner, pour que
les capitalistes aient confiance dans son succès. En comparant
la situation des industries dans le même pays à diverses
périodes, nous constatons partout, qu'à moins de causes particulières de perturbation, elles ont accompli de grands progrès de génération en génération, non-seulement sous le
rapport du bon marché, mais encore sous celui de la quantité
et de la qualité des produits. Nous remarquons, d'autre part,
que, sous l'influence de causes perturbatrices, telles que la
guerre et la dévastation ou les mesures oppressives de la
tyrannie ou du fanatisme, par exemple la révocation de l'édit
de Nantes, des nations entières ont reculé de plusieurs siècles
dans leur industrie en général et dans quelques branches en
particulier, et ont été ainsi de beaucoup dépassées par d'autres nations sur lesquelles elles avaient pris une grande
avance.

Il est de toute évidence, en un mot, que, dans l'industrie
comme dans tous les travaux de l'homme, les œuvres consi-

thie, par découragement, ou par toute autre cause, ne pourrait pas solder
avec ses produits les produits qu'elle aurait reçus de l'étranger, marcherait
vers sa ruine. En cette matière, List rectifie heureusement ou plutôt il complète des prédécesseurs exclusivement préoccupés du soin de combattre les
erreurs accréditées de leur temps.   (H. R.)

dérables sont soumises à une loi naturelle qui ressemble beaucoup à celle de la division des tâches et de l'association des forces productives, et qui consiste en ce que plusieurs générations qui se succèdent combinent, pour ainsi dire, leurs forces pour atteindre un seul et même but et partagent en quelque sorte entre elles les efforts qu'il exige.

C'est en vertu du même principe que la monarchie héréditaire a été sans comparaison plus favorable au maintien et à l'affermissement des nationalités que l'instabilité de la monarchie élective.

C'est en partie cette loi naturelle qui garantit aux nations depuis longtemps en possession d'un bon gouvernement constitutionnel, de si grands succès dans l'industrie, dans le commerce et dans la navigation.

Cette loi explique aussi à quelques égards l'influence de l'écriture alphabétique et de l'imprimerie sur les progrès du genre humain. Par l'écriture alphabétique, l'héritage des lumières et des expériences a pu se transmettre d'une génération à une autre avec bien plus de fidélité que par la tradition orale.

La connaissance de cette loi naturelle est, sans contredit, une des causes de l'établissement des castes chez les peuples de l'antiquité, et de cette institution égyptienne d'après laquelle le fils était tenu d'exercer la même industrie que son père ; avant l'invention et la propagation de l'écriture, de telles institutions ont dû paraître indispensables pour la conservation et pour le progrès des arts et des métiers.

Les corporations aussi ont pris en partie leur origine dans la même considération.

C'est principalement aux castes sacerdotales de l'antiquité, aux monastères et aux universités, que nous sommes redevables de la conservation et du perfectionnement des beaux-arts et des sciences, ainsi que de leur transmission d'une génération à une autre.

A quelle puissance et à quelle influence ne sont pas parvenus les ordres religieux, les ordres de chevalerie et le saint-siége, en poursuivant le même but durant des siècles, chaque génération reprenant l'œuvre où sa devancière l'avait laissée !

L'importance de ce principe nous apparaît encore avec plus d'évidence dans les travaux matériels.

Des villes, des monastères et des corporations ont érigé des monuments qui ont coûté peut-être plus que toutes leurs propriétés ne valent aujourd'hui. C'est qu'une suite de générations appliquait ses économies à un seul et même grand but.

Considérez le système des canaux et des digues de la Hollande ; il est le fruit des efforts et des épargnes de plusieurs générations. Il faut une suite de générations pour établir dans un pays un système complet de communications, un système complet de fortification et de défense.

Le crédit public est une des plus belles créations de l'administration moderne, et c'est une bénédiction pour les peuples, lorsqu'il sert à répartir entre plusieurs générations les frais des ouvrages et des entreprises de la génération présente qui intéressent tout l'avenir de la nation et qui lui assurent existence, développement, grandeur, accroissement de ses forces productives. C'est une malédiction, lorsqu'il est employé pour des consommations inutiles, et qu'ainsi, loin d'aider aux progrès des générations futures, il leur ôte d'avance les moyens d'entreprendre de grands ouvrages, ou lorsque la charge des intérêts de la dette nationale est rejetée sur les consommations des classes laborieuses au lieu de porter sur les revenus de ceux qui possèdent.

Les dettes d'un État sont des lettres de change que la génération présente tire sur la génération future. Elles peuvent avoir été contractées dans l'intérêt particulier du présent, ou dans celui de l'avenir, ou dans l'intérêt commun de l'un et de l'autre. C'est dans le premier cas seulement qu'elles sont condamnables. Mais, chaque fois qu'il s'agit de la conservation et du développement de la nationalité, et que les dépenses nécessaires à cet effet excèdent les ressources de la génération présente, la dette rentre dans la dernière catégorie.

Aucune dépense de la génération présente n'est plus avantageuse aux générations à venir que celle de l'amélioration des voies de communication, d'autant mieux qu'en général ces ouvrages, qui déjà accroissent à un degré extraordinaire et dans une progression toujours croissante les forces productives des générations à venir, amortissent avec le temps le capital qu'ils ont employé, et rapportent même des intérêts. Ainsi non-seulement il est permis à la génération présente de rejeter sur les générations futures la dépense de ces ouvrages, y compris les intérêts du capital employé, jusqu'à ce qu'ils donnent un revenu suffisant ; mais elle est injuste envers elle-même et elle viole les vrais principes de l'économie politique, lorsqu'elle se charge de tout le fardeau ou même d'une portion considérable.

Pour revenir aux grandes industries dont nous nous occupons, il est évident que la continuité de travaux est d'une haute importance en agriculture, mais néanmoins qu'elle y est beaucoup moins sujette aux interruptions que dans l'industrie manufacturière, que les interruptions y sont beaucoup moins nuisibles, et que les dommages qu'elles causent y sont beaucoup plus prompts et plus faciles à réparer.

Quelques graves perturbations qu'éprouve l'agriculture, les besoins propres et la consommation particulière des agriculteurs, la diffusion générale des connaissances et des capacités qu'elle exige, la simplicité de ses procédés et de ses instruments, l'empêchent de succomber tout à fait.

Sitôt que les ravages de la guerre ont cessé, elle se relève. Ni l'ennemi ni la concurrence de l'étranger ne peuvent emporter le principal instrument de l'agriculture, qui est le sol ; et il ne faut rien moins que l'oppression d'une suite de générations pour changer en déserts des champs fertiles ou pour dépouiller les habitants d'un pays des moyens de le cultiver.

Au contraire, l'interruption la plus légère et la plus courte paralyse l'industrie manufacturière; celle qui se prolonge la tue. Plus une fabrication exige d'art, de dextérité et de capitaux, et plus les capitaux y sont attachés, plus l'interruption

est désastreuse. Les machines et les instruments ne sont plus
que du vieux fer et du bois à brûler, les édifices tombent en
ruines, les travailleurs émigrent ou cherchent leur vie dans
l'agriculture. Ainsi se trouve détruit en peu de temps un ensemble de forces et d'objets qui n'avait pu être réuni que par
les labeurs soutenus de plusieurs générations.

Si, dans les temps de croissance et de prospérité des manufactures, une industrie appelle, attire l'autre, la soutient et
la fait fleurir ; aux jours du déclin la ruine d'une industrie est
l'avant-coureur de la ruine de plusieurs autres et finalement
des éléments essentiels de la puissance manufacturière.

C'est le sentiment des puissants effets de la continuité dans
les travaux et des dommages irréparables de l'interruption
qui a fait accueillir l'idée de la protection douanière pour les
fabriques, et non les clameurs et les sollicitations égoïstes de
fabricants avides de priviléges.

Dans le cas où la protection douanière n'est d'aucun secours,
quand, par exemple, les fabriques souffrent par le manque de
débouché au dehors et que le gouvernement est hors d'état
de leur venir en aide, nous voyons souvent les fabricants continuer à travailler à perte. Dans l'attente de temps meilleurs,
ils veulent éviter les inconvénients irréparables de l'interruption des travaux.

Sous le régime de la libre concurrence, il n'est pas rare de
voir les manufacturiers, dans l'espoir de forcer leurs rivaux à
une interruption de travail, vendre leurs produits au-dessous
du cours et même avec perte. On veut non-seulement se préserver soi-même d'une pareille interruption, mais encore y
contraindre les autres, sauf à s'indemniser plus tard, par de
meilleurs prix, de la perte qu'on aura éprouvée.

La tendance au monopole est, il est vrai, dans la nature de
l'industrie manufacturière. Mais c'est là un argument pour et
non pas contre le système protecteur ; car, dans les limites du
marché intérieur, cette tendance a pour effet la baisse des prix
et le développement de l'industrie ainsi que la prospérité nationale, tandis que, si elle vient du dehors avec une énergie

prépondérante, elle entraîne l'interruption des travaux et la chute des manufactures du pays.

Le fait que la production manufacturière, surtout depuis qu'elle est si puissamment aidée par les machines, ne connaît d'autres bornes que celles du capital et du débouché, permet à la nation qui a pris le premier rang par une continuité de travaux ininterrompue durant un siècle, par l'accumulation de capitaux immenses, par un vaste commerce, par la domination financière au moyen de grandes institutions de crédit auxquelles il est loisible de baisser les prix des objets fabriqués et de stimuler les fabricants à l'exportation, permet, dis-je, à cette nation de déclarer aux manufacturiers de toutes les autres une guerre d'extermination. Dans de pareilles circonstances, il est tout à fait impossible qu'il s'élève chez d'autres nations, en conséquence de leurs progrès dans l'agriculture, ou *dans le cours naturel des choses*, suivant l'expression d'Adam Smith, des manufactures et des fabriques considérables, ou que celles qui, à l'aide des interruptions de commerce causées par la guerre, se sont élevées *dans le cours naturel des choses*, puissent se maintenir.

Elles sont dans le cas d'un enfant ou d'un jeune garçon, qui, en lutte avec un homme fait, aurait peine à remporter la victoire ou seulement à faire résistance. Les fabriques de la première puissance manufacturière et commerçante possèdent mille avantages sur celles des autres nations qui viennent de naître ou qui n'ont pas achevé leur crue. Elles ont, par exemple, des ouvriers habiles et exercés en grand nombre et pour de modiques salaires, les spécialités les plus capables, les machines les plus parfaites et les moins coûteuses, les conditions d'achat et de vente les plus favorables, les voies de communication les moins chères pour l'arrivage des matières brutes et pour l'envoi des produits fabriqués, des crédits étendus, au taux le plus bas, par suite des institutions financières; elles ont de l'expérience, des instruments, des bâtiments, des magasins, des relations, toutes choses qui ne peuvent être réunies et organisées que dans le cours de plusieurs générations, un immense marché intérieur, et, ce qui revient au même, un immense marché colonial, par conséquent la certitude, en tout état de cause, d'écouler avec profit de grandes masses d'articles, des garanties de stabilité et des moyens suffisants d'escompter durant plusieurs années l'avenir, s'il s'agit de conquérir un marché étranger.

En examinant un à un tous ces avantages, on reconnaît que, vis-à-vis d'une telle puissance, il serait insensé de compter sur le cours naturel des choses avec la libre concurrence, là où il y a des ouvriers et des hommes d'art à former, où la fabrication des machines et les voies de communication sont à naître, où, loin de faire des envois considérables à l'étranger, le fabricant n'a pas même la possession du marché intérieur, où il s'estime heureux de trouver du crédit dans la limite du strict nécessaire, où l'on peut craindre chaque jour que, sous l'influence de crises commerciales et des opérations de banque de l'Angleterre, des masses de marchandises étrangères ne soient versées dans le pays à des prix équivalant à peine à la valeur de la matière première et n'arrêtent pour plusieurs années les progrès de la fabrication.

Inutilement de pareilles nations se résigneraient-elles à subir à perpétuité la suprématie des manufactures anglaises, et se contenteraient-elles du rôle modeste de fournir à l'Angleterre ce que celle-ci ne peut produire ou ne peut pas tirer d'ailleurs. Dans cet abaissement même elles ne trouveraient pas leur salut. Que sert, par exemple, aux Américains du Nord de sacrifier la prospérité de leurs États les plus brillants et les plus avancés, des États du travail libre, peut-être même leur grandeur nationale à venir, à l'avantage d'approvisionner l'Angleterre de coton en laine? Empêchent-ils ainsi l'Angleterre de chercher à se procurer cette matière dans d'autres contrées? Les Allemands auraient beau se résigner à faire venir de l'Angleterre, en échange de leurs laines fines, les objets manufacturés qu'ils consomment, ils empêcheraient difficilement que, d'ici à vingt ans, l'Australie n'inondât l'Europe entière de ses belles toisons.

Cette situation subordonnée paraît encore plus déplorable, si l'on réfléchit que, par la guerre, ces nations perdent le débouché de leurs produits agricoles et, en même temps, les moyens d'acheter les articles des fabriques étrangères. Alors on renonce à toute considération, à tout système économique : c'est le principe de la conservation, de la défense personnelle, qui commande aux nations de mettre elles-mêmes en œuvre leurs produits agricoles et de se passer des objets fabriqués de l'ennemi. On ne s'arrête plus alors aux pertes qu'entraîne ce système prohibitif, né de la guerre. Mais, quand, par de grands efforts et par de grands sacrifices, la nation agricole a, durant la guerre, mis des fabriques en activité, voilà que la concurrence de la première puissance manufacturière, surgissant avec la paix, vient détruire toutes ces créations de la nécessité. En un mot, une continuelle alternative de création et de destruction, de prospérité et de détresse, est le sort des peuples qui ne s'appliquent pas, en réalisant chez eux la division nationale des tâches et l'association des forces productives, à s'assurer les avantages de la continuité des travaux de génération en génération.

CHAPITRE XV.

L'INDUSTRIE MANUFACTURIÈRE ET LES STIMULANTS A LA PRODUCTION ET A LA CONSOMMATION.

En société, produire, ce n'est pas seulement mettre au jour des produits proprement dits, ou de la force productive, c'est aussi exciter à la production et à la consommation, ou à la création de forces productives.

L'artiste influe par ses œuvres sur l'ennoblissement de l'esprit humain et sur la puissance productive de la société ; de plus, les jouissances de l'art supposant la possession d'objets matériels avec lesquels on les paie, il excite à la production matérielle et à l'épargne.

Les livres et les journaux exercent, par l'instruction qu'ils répandent, de l'influence sur la production matérielle et morale; mais leur acquisition coûte de l'argent, et le plaisir qu'ils procurent est ainsi un stimulant à la production matérielle.

L'éducation perfectionne la société; mais à combien d'efforts ne se livrent pas les parents, pour acquérir les moyens d'en procurer une bonne à leurs enfants!

Quels travaux immenses dans l'ordre moral comme dans l'ordre matériel ne doivent pas être attribués au désir de faire partie d'une société plus distinguée!

On peut habiter une cabane tout aussi bien qu'une ville; on peut, pour quelques florins, se garantir de la pluie et du froid tout aussi bien qu'avec les vêtements les plus élégants et les plus beaux. Les bijoux et la vaisselle ne sont pas plus commodes en or et en argent qu'en acier et en étain; mais la distinction qui s'attache à leur possession provoque des efforts de corps et d'esprit, encourage l'ordre et l'épargne, et la société doit à ce stimulant une portion considérable de sa puissance productive.

Le rentier lui-même, dont les seules occupations consistent à conserver, à percevoir et à consommer son revenu, influe de plus d'une manière sur la production morale et matérielle; d'abord en soutenant par ses consommations les arts, les sciences et les industries de goût, puis en exerçant, pour ainsi dire, la fonction de conserver et d'accroître le capital matériel de la société, puis enfin en e. 'tant par son luxe l'émulation de toutes les autres classes. De même que toute une école est animée au travail par des prix qui ne peuvent être cependant le partage que de quelques uns, la possession d'une grande fortune et le faste qui l'accompagne émeuvent la société tout entière. Cette influence disparaît d'ailleurs, là où l'opulence est le fruit de l'usurpation, de l'extorsion ou de la fraude, ou bien là où il n'est pas possible de la posséder et d'en jouir publiquement.

L'industrie manufacturière fournit ou des instruments de production, ou des moyens de satisfaire nos besoins, ou des objets de luxe. Généralement ces deux dernières classes d'articles se confondent. Partout les divers rangs de la société se distinguent par leur manière de se loger, de se meubler et de se vêtir, par le luxe de leurs équipages et par la qualité, le nombre et la tenue de leurs gens. Au plus bas degré de l'industrie manufacturière, cette distinction est faible, c'est-à-dire que tout le monde est mal logé et mal vêtu ; nulle part on ne remarque d'émulation. L'émulation naît et grandit à mesure que les métiers fleurissent. Dans les pays de fabriques qui prospèrent, chacun est bien logé et bien vêtu, quelques qualités diverses que présentent d'ailleurs les objets manufacturés qui se consomment. Pour peu qu'on se sente d'aptitude au travail, on ne veut pas avoir l'extérieur d'un nécessiteux. Les objets manufacturés excitent par conséquent la production sociale par des stimulants que l'agriculture ne peut offrir avec sa grossière fabrication domestique, avec ses matières brutes et ses denrées alimentaires.

Il existe, il est vrai, une notable différence parmi les denrées alimentaires, et l'excellence du manger et du boire a son attrait. Mais on ne fait pas ses repas en public, et un proverbe allemand dit avec justesse : On voit mon collet, mais non mon estomac (1). Si, dès le bas âge, on est accoutumé à une grossière nourriture, ou en désire rarement une meilleure. De plus la consommation des denrées alimentaires, quand elle se réduit aux produits du voisinage, a des bornes très-étroites. Ces bornes ne reculent dans les pays de la zone tempérée que par l'arrivage des denrées de la zone torride. Mais, nous l'avons vu dans un chapitre précédent, on ne peut se procurer ces dernières assez abondamment pour que toute la population du pays y ait part, autrement qu'au moyen d'un commerce extérieur d'articles manufacturés.

Évidemment les produits coloniaux, quand ils ne sont pas

(1) Man sieht mir auf den Kragen, nicht auf den Magen.

des matières premières pour les fabriques, servent plutôt comme stimulants que comme moyens d'alimentation. Personne ne peut nier qu'un café d'orge sans sucre est tout aussi nourrissant que du moka avec du sucre. Et, à supposer que ces produits contiennent quelque substance nutritive, ils présentent sous ce rapport si peu d'importance qu'on peut tout au plus les considérer comme des moyens de remplacer les denrées alimentaires du pays. Les épices et le tabac en particulier ne sont pas autre chose que des stimulants, c'est-à-dire, que leur utilité sociale consiste en ce qu'ils augmentent les jouissances de la masse de la population et l'excitent aux travaux de l'intelligence et du corps.

Dans quelques pays, parmi les personnes qui vivent de traitements ou de rentes, on se fait des idées très-fausses de ce qu'on appelle le luxe des classes inférieures. On s'étonne de ce que les ouvriers boivent du café avec du sucre, et on vante le temps où ils se contentaient de bouillie d'avoine ; on regrette que le paysan ait changé contre du drap son pauvre et uniforme vêtement de coutil ; on craint que la servante ne puisse bientôt plus être distinguée de la maîtresse, on exalte les règlements somptuaires des temps passés. Mais si l'on mesure le travail de l'ouvrier dans les contrées où il est nourri et vêtu comme le riche, et dans celles où il se contente d'aliments et de vêtements grossiers, on trouve que, dans les premières, l'accroissement des jouissances de l'ouvrier, loin de nuire à la prospérité générale, a augmenté les forces productives de la société. La besogne quotidienne de l'ouvrier y est le double ou le triple de ce qu'elle est ailleurs. Les règlements somptuaires n'ont fait que tuer l'émulation chez la plupart des habitants et n'ont encouragé que la paresse et la routine (1).

Les produits, sans doute, doivent avoir été créés avant de

(1) Cette appréciation judicieuse de l'utilité des consommations de luxe met au néant bien des déclamations dont elles ont été l'objet. D'autres économistes, du reste, et en particulier Mac Culloch, les ont approuvées en les envisageant du même point de vue, c'est-à-dire comme stimulants au travail. (H. R.)

pouvoir être consommés, de sorte qu'en thèse générale la production précède nécessairement la consommation. Mais, dans l'économie nationale, la consommation précède fréquemment la production. Les nations manufacturières, soutenues par des capitaux considérables et moins limitées dans leur production que les nations purement agricoles, font habituellement à celles-ci des avances sur le produit de leurs prochaines récoltes; ces dernières consomment avant de produire; elles ont été tardives à produire, parce qu'elles ont été promptes à consommer. Le même fait se produit sur une beaucoup plus vaste échelle dans les relations entre la ville et la campagne; plus le manufacturier est rapproché de l'agriculteur, et plus il a de stimulants et de moyens de consommation à lui offrir, plus l'agriculteur est excité à la production.

Au nombre des stimulants les plus efficaces se placent ceux que présente l'organisation civile et politique. Lorsqu'il n'est pas possible, par le travail et par l'opulence, de s'élever des derniers rangs de la société aux premiers, lorsque celui qui possède doit éviter de faire paraître sa fortune ou d'en jouir publiquement, de peur d'être troublé dans ses droits ou seulement d'être accusé de présomption et d'insolence; lorsque les classes qui produisent sont exclues des dignités, de la participation au gouvernement, à la législation et à l'administration de la justice, lorsque des travaux remarquables dans l'agriculture, dans l'industrie manufacturière et dans le commerce ne procurent pas la considération publique et la distinction sociale, les motifs les plus sérieux de consommer comme de produire n'existent pas.

Toute loi, toute institution publique tend à fortifier ou à affaiblir la production, ou la consommation, ou la puissance productive.

Les brevets d'invention sont comme des prix proposés au génie. L'espoir d'obtenir le prix éveille l'intelligence et la dirige vers les perfectionnements industriels. Ils mettent l'esprit d'invention en honneur dans la société et détruisent le préjugé si fâcheux qui attache les peuples incultes aux vieilles habitudes et aux vieux procédés. Ils procurent à ceux qui ne possèdent que le génie de découvrir les moyens matériels qui leur sont nécessaires, l'assurance de recueillir leur part des bénéfices espérés disposant les capitalistes à aider l'inventeur.

Les droits protecteurs opèrent comme des stimulants sur toutes les branches de l'industrie du pays dans lesquelles l'étranger a l'avantage, mais que le pays est capable d'exercer. Ils accordent une prime à l'entrepreneur et à l'ouvrier, en les mettant à même d'augmenter leur instruction et leur dextérité, au capitaliste indigène ou étranger, en lui offrant pendant quelque temps un placement particulièrement avantageux pour ses capitaux.

CHAPITRE XVI.

LA DOUANE ENVISAGÉE COMME MOYEN PUISSANT DE CRÉER ET D'AFFERMIR L'INDUSTRIE MANUFACTURIÈRE DU PAYS.

Il n'est pas dans notre plan de traiter des moyens d'encourager l'industrie du pays que tout le monde reconnaît efficaces et praticables. Dans cette classe se rangent, par exemple, les établissements d'instruction, et, particulièrement, les écoles techniques, les expositions, les distributions de prix, le perfectionnement des voies de communication, les brevets d'invention, enfin toutes les lois et toutes les institutions qui favorisent l'industrie et qui facilitent et règlent le commerce intérieur et extérieur. Nous n'avons à parler ici que de la législation de douane en tant que moyen d'éducation industrielle.

Dans notre système, ce n'est qu'exceptionnellement qu'il peut être question de prohibition et de droits à la sortie (1);

(1) Les prohibitions ou les droits de sortie sur les matières premières, dans l'intérêt des fabriques nationales, sont admis exceptionnellement par

en tous pays, les produits bruts ne doivent être imposés à l'entrée que pour le revenu, et non dans le but de
protéger l'agriculture du pays ; dans les États manufacturiers principalement, ce sont les produits de luxe de la zone
torride, et non les denrées de première nécessité, telles que
les céréales et le bétail, que les droits fiscaux doivent atteindre ; les contrées de la zone torride, les pays dont le territoire
est borné et dont la population est encore insuffisante, ou
qui sont arriérés dans leur civilisation et dans leurs institutions
sociales et politiques, ne doivent taxer l'importation des
objets manufacturés que pour le revenu.

Les droits fiscaux doivent toujours être assez modérés pour
ne pas restreindre sensiblement l'importation et la consommation, sans quoi non-seulement ils diminueraient la puissance productive du pays, mais ils manqueraient leur but.

Les mesures de protection ne sont légitimes que dans le but
d'aider et d'affermir l'industrie manufacturière du pays,
chez des nations qu'un territoire étendu et bien arrondi, une
population considérable, de vastes ressources naturelles, une
agriculture avancée, un haut degré de civilisation et d'éducation politique appellent à prendre rang parmi celles qui excellent à la fois dans l'agriculture, dans l'industrie manufacturière et dans le commerce, parmi les premières puissances
maritimes et continentales.

les économistes les plus libéraux. On les condamne, en thèse générale, au
point de vue des fabriques elles-mêmes qui seront d'autant mieux pourvues,
que les producteurs des matières premières auront un débouché plus large.
Mais J-B. Say, *Cours complet*, IVᵉ partie, chapitre xviii, ne les trouve plus
inadmissibles dans le cas où la matière que l'on retient ne serait pas susceptible d'accroissement par de nouveaux débouchés qui s'ouvriraient pour elle.
« C'est d'après cette considération, ajoute-t-il, qu'en France on interdit, peut-
être avec sagesse, l'exportation des vieux cordages et des chiffons dont on
fait le papier. » Mac Culloch, dans la préface de ses *Principes d'économie
politique*, après avoir reconnu qu'il y a des cas en petit nombre où une nation méconnaît gravement ses intérêts en permettant de libres rapports avec
ses voisins, allègue à l'appui de cette proposition que, si l'Angleterre avait
le monopole du charbon de terre, il serait dans l'intérêt de sa richesse,
comme de sa sûreté, de prohiber ou de frapper d'un droit élevé l'exportation
de cet article.   (H. R.)

La protection est accordée sous la forme, soit de la prohibition absolue de certains articles fabriqués, soit de droits élevés qui équivalent ou à peu près à la prohibition, soit enfin de droits modérés. Aucun de ces modes n'est absolument bon ou mauvais, et c'est la situation particulière de la nation et celle de son industrie qui indiquent lequel lui est applicable.

La guerre, qui crée un état forcé de prohibition, exerce une grande influence sur le choix des moyens. En temps de guerre les échanges cessent entre les parties belligérantes, et chaque pays, quelle que soit sa situation économique, doit essayer de se suffire. Alors, dans la nation la moins avancée sous le rapport des manufactures, l'industrie manufacturière, et, dans la plus avancée, l'agriculture, prennent un essor extraordinaire, à ce point que, si l'état de guerre s'est prolongé durant une suite d'années, la première juge prudent, en faveur des industries dans lesquelles elle ne peut pas encore soutenir la concurrence de la seconde, de continuer quelque temps pendant la paix la clôture que la guerre a faite.

Telle était la situation de la France et de l'Allemagne après la paix générale. Si, en 1815, la France avait, de même que l'Allemagne, la Russie et les États-Unis, admis la concurrence de la Grande-Bretagne, elle eût éprouvé le même sort que ces contrées ; la plupart des fabriques qui s'étaient élevées chez elle durant la guerre auraient succombé ; des progrès qu'elle a accomplis dans toutes les branches de fabrication, dans le perfectionnement des voies de communication, dans le commerce extérieur, dans la navigation à vapeur, fluviale et maritime, de l'augmentation de la valeur du sol, laquelle, pour le dire en passant, a doublé en France depuis cette époque, enfin, de l'accroissement de la population et des revenus de l'État, il n'en eût jamais été question. Les fabriques étaient encore dans l'enfance, le pays ne possédait qu'un petit nombre de canaux ; les mines n'étaient encore que peu exploitées, grâce aux convulsions politiques et à la guerre ; il ne s'y trouvait ni capitaux considérables, ni instruction

technique suffisante, ni ouvriers habiles, ni intelligence de
l'industrie, ni esprit d'entreprise ; les inclinations générales
étaient encore vers la guerre beaucoup plus que vers les arts
de la paix ; le peu de capitaux qu'on avait pu accumuler pendant la guerre se plaçait de préférence dans une agriculture
en détresse. Alors seulement la France put connaître les
progrès que l'Angleterre avait réalisés durant la guerre ;
alors elle put recevoir d'Angleterre des machines, des hommes
d'art, des ouvriers, des capitaux et l'esprit d'entreprise ; alors
la réserve exclusive du marché intérieur éveilla toutes les
forces et provoqua l'exploitation de toutes les ressources naturelles. Les résultats de ce système d'exclusion sont sous nos
yeux ; seul, l'aveugle cosmopolitisme peut les nier ; seul, il
peut prétendre que, sous le régime de la libre concurrence,
la France aurait marché plus rapidement. L'expérience de
l'Allemagne, des États-Unis et de la Russie surtout démontre
péremptoirement le contraire.

En déclarant que le système prohibitif a été utile à la
France depuis 1815, nous ne voulons pas défendre ses vices
et ses exagérations, ni soutenir l'utilité et la nécessité de son
maintien. La France a commis une faute en entravant par
des droits l'importation des matières brutes et des produits
agricoles, tels que le fer, la houille, la laine, le blé, et le
bétail (1) ; elle en commettrait une autre si, après que son
industrie manufacturière est devenue suffisamment robuste,
elle ne passait pas peu à peu à un système de protection modérée, si elle ne cherchait pas, au moyen d'une concurrence
limitée, à stimuler l'émulation de ses fabricants.

(1) Il n'y a pas d'article plus important que le fer ; il n'y a pas d'article
pour lequel une nation ait besoin au plus haut degré de ne pas dépendre des
chances de guerre ou des restrictions commerciales. Le fer, dont l'emploi
sur une grande échelle est le caractère essentiel de la civilisation, doit être,
autant que possible, produit dans le pays. Le fer en barre, matière première
pour certaines branches d'industrie, est lui-même un produit fabriqué dans
toute l'acception du mot. Les expressions de List sont également trop générales en ce qui concerne la laine. Pour chaque article en particulier il y
a lieu d'examiner attentivement ce que réclament les intérêts du travail et de
l'indépendance du pays.   (S. Colwell.)

En matière de droits protecteurs, il convient de distinguer si une nation veut passer de l'état de libre concurrence au système protecteur, ou de la prohibition à une protection modérée ; dans le premier cas, les droits doivent être faibles au commencement et s'élever ensuite peu à peu ; dans le second, ils doivent être d'abord très-élevés, puis décroître insensiblement. Un pays où les droits ne sont pas suffisamment protecteurs, mais qui se sent appelé à de grands progrès dans les manufactures, doit songer avant tout à encourager les industries qui produisent les articles d'une consommation générale. D'abord la valeur totale de ces articles est incomparablement plus forte que celle des objets de luxe, beaucoup plus chers cependant. Cette fabrication met donc en mouvement des masses considérables de forces productives naturelles, intellectuelles et personnelles, et, comme elle exige de grands capitaux, elle provoque d'importantes épargnes et attire de l'étranger des capitaux et des forces de toute espèce. Elle exerce, en grandissant, une influence puissante sur l'accroissement de la population, sur la prospérité de l'agriculture, et, particulièrement, sur le développement du commerce extérieur, par la raison que les pays moins civilisés réclament, avant tout, des produits fabriqués d'un usage général, et que les contrées de la zone tempérée trouvent dans la production de ces articles le principal moyen d'entretenir des relations directes avec celles de la zone torride. Un pays, par exemple, qui importe des fils et des tissus de coton, ne peut commercer directement avec l'Égypte, la Louisiane ou le Brésil, car il ne peut ni fournir à ces contrées des tissus de coton ni leur acheter leurs cotons en laine. Ces articles contribuent fortement, par le chiffre considérable de leur valeur collective, à assurer un équilibre convenable entre les importations et les exportations du pays, à conserver ou à procurer au pays les moyens de circulation qui lui sont nécessaires. C'est, en outre, par l'acquisition et par le maintien de ces vastes industries que la nation conquiert et conserve son importance industrielle ; car les interruptions de commerce que la guerre amène causent peu de dommage, lorsqu'elles ne font qu'arrêter l'importation des articles de luxe ; elles sont suivies, au contraire, de calamités terribles, lorsqu'elles entraînent le manque et la cherté des produits fabriqués ordinaires avec la fermeture d'un large débouché pour les produits agricoles. Enfin la contrebande et les déclarations inexactes de valeurs en vue d'éluder les droits sont beaucoup moins à craindre et beaucoup plus faciles à empêcher sur ces articles que sur les objets de luxe.

Les fabriques et les manufactures sont des plantes qui croissent lentement, et une protection douanière qui altère subitement les relations commerciales existantes nuit au pays dans l'intérêt duquel elle est établie. Les droits doivent s'élever à mesure que les capitaux, l'habileté industrielle et l'esprit d'entreprise augmentent dans le pays ou lui viennent de l'étranger, à mesure que la nation devient capable de mettre elle-même en œuvre les matières brutes qu'elle exportait auparavant. Il est sage d'arrêter d'avance l'échelle des droits progressifs, afin d'offrir une prime certaine aux capitalistes, ainsi qu'aux hommes de l'art et aux ouvriers qui se forment dans le pays ou que l'on attire du dehors. Il est indispensable de maintenir invariablement ces taux et de ne pas les diminuer avant le temps, parce que la seule crainte de la violation de l'engagement détruirait en grande partie l'effet de la prime.

Dans quelle proportion les droits d'entrée doivent-ils s'élever lorsque l'on passe de la libre concurrence au système protecteur, et descendre lorsqu'on passe du système prohibitif à la protection modérée ? La théorie ne peut le déterminer ; tout dépend des circonstances et des relations qui existent entre le pays le moins avancé et celui qui l'est le plus. Les États-Unis, par exemple, ont à prendre en considération particulière le débouché qu'offrent l'Angleterre à leurs cotons en laine et les colonies anglaises aux produits de leurs champs et de leurs pêcheries, ainsi que le haut prix que leur coûte la main-d'œuvre ; d'un autre côté, c'est pour eux une circon-

stance favorable que, plus que tout autre pays, ils peuvent
compter sur l'immigration des capitaux, des hommes d'art,
des entrepreneurs et des ouvriers de l'Angleterre.

En thèse générale, on doit admettre qu'un pays où une
branche de fabrication ne peut pas naître à l'aide d'une protection de 40 à 60 p. 0/0 à son début, et ne peut pas se soute-
tenir ensuite avec 20 à 30, manque des conditions essentielles
de l'industrie manufacturière. (1)

Les causes de cette impuissance peuvent être plus ou
moins faciles à écarter. Parmi celles qui peuvent aisément
disparaître se rangent le manque de voies de communication,
le défaut de connaissances techniques, d'expérience et d'esprit d'entreprise en industrie ; parmi les plus résistantes, le

---

(1) Il est fort difficile d'établir une règle générale quant aux taux des
droits protecteurs. Les taux ci-dessus énoncés doivent plus que suffire dans
la plupart des cas ; mais si des gouvernements et des fabricants étrangers
s'appliquent à écraser une industrie dès son enfance, le droit doit être assez
élevé pour paralyser toute tentative à cet effet. On sait que, dans beaucoup
d'industries anglaises, les intéressés continuent des années à travailler à
perte, et sacrifient de grandes sommes d'argent pour conserver des marchés
qu'ils sont en danger de perdre. Il n'a guère surgi d'industrie aux États-
Unis qui n'ait été, au début, rudement éprouvée par une réduction inattendue
du prix de l'article étranger.

Voici ce qu'on lit à ce sujet dans un rapport présenté en 1854, au Parlement, au sujet de la population des districts miniers.

« Je crois que les ouvriers en général, et en particulier ceux des districts
du fer et de la houille, ne se rendent pas compte de l'étendue de l'obligation
qu'ils ont souvent envers les maîtres qui les emploient, ni de l'énormité des
sacrifices que ceux-ci supportent dans les temps de crise, pour détruire la
concurrence étrangère, pour prendre ou pour conserver possession des marchés étrangers. Il y a des fabricants bien connus qui ont continué en pareils
cas de travailler à perte jusqu'à concurrence de 3 à 400,000 liv. ster. durant
plusieurs années. Si les tentatives dans le but d'encourager les coalitions
et les grèves d'ouvriers réussissaient à la longue, on verrait cesser ces vastes
accumulations de capitaux qui permettent à quelques hommes opulents
d'écraser toute concurrence étrangère dans les temps de crise. Les puissants
capitaux de ce pays sont ses grands instruments de guerre, s'il est permis de
parler ainsi, contre la rivalité des pays étrangers, et les moyens les plus essentiels qui nous restent pour maintenir notre supériorité manufacturière ; les
autres éléments, tels que la main-d'œuvre à bon marché, l'abondance des
matières brutes, les voies de communication, l'habileté industrielle, tendent
à se généraliser rapidement. »   (S. COLWELL.)

peu de goût pour le travail, le défaut de lumières, de moralité et de droiture dans le peuple, l'infériorité de l'agriculture et par conséquent l'insuffisance des capitaux matériels, mais plus encore de mauvaises institutions et l'absence de liberté et de garanties, enfin un territoire mal arrondi, qui met obstacle à la répression de la contrebande.

Les industries de luxe ne doivent appeler l'attention qu'en dernier lieu et elles méritent le moins d'être protégées, parce qu'elles exigent un haut degré d'instruction technique, parce que leurs produits comparés à la production totale du pays ne présentent qu'une valeur insignifiante et qu'ils peuvent être facilement achetés à l'étranger avec des produits agricoles, des matières brutes ou des articles fabriqués de consommation générale, parce que l'interruption de leur arrivage en temps de guerre ne cause aucune perturbation sensible, parce qu'enfin rien n'est plus aisé que d'éluder par la contrebande des droits élevés sur ces articles.

Les nations qui ne sont point encore très-avancées dans la mécanique, doivent laisser entrer en franchise toutes les machines compliquées ou du moins ne les taxer que faiblement, jusqu'à ce qu'elles soient en mesure d'égaler sous ce rapport la nation la plus habile. Les ateliers de machines sont en quelque sorte des fabriques de fabriques, et tout droit d'importation sur les machines étrangères est une entrave à l'industrie manufacturière du pays en général. Mais comme, en raison de leur puissante influence sur l'ensemble des manufactures, il importe que la nation ne dépende pas, pour son approvisionnement en machines, des vicissitudes de la guerre, cette industrie a des titres tout particuliers à l'appui direct de l'État, dans le cas où avec des droits modérés elle ne pourrait pas soutenir la concurrence du dehors. Au moins l'État doit-il encourager et soutenir directement les ateliers de machines du pays, dans la mesure voulue pour qu'en temps de guerre ils puissent d'abord suffire aux besoins les plus pressants, puis, dans le cas d'une interruption prolongée, servir de modèles à de nouveaux ateliers.

Il ne peut être question de drawbacks dans notre système, qu'autant que les produits à demi ouvrés qu'on importe du dehors, tels que le fil de coton, supportent un droit protecteur considérable, afin que le pays arrive peu à peu à les produire lui-même.

Les primes sont inadmissibles comme moyen permanent de venir en aide à l'industrie du pays dans sa lutte avec celle de nations plus avancées sur des marchés tiers; elles le sont plus encore comme moyen de conquérir l'approvisionnement de nations qui déjà elles-mêmes ont fait quelques progrès dans les manufactures. Quelquefois, pourtant, elles peuvent se justifier à titre d'encouragements passagers, par exemple lorsque l'esprit d'entreprise, endormi chez une nation, n'a besoin que d'être éveillé et de trouver quelque appui dans ses premiers efforts, pour qu'une industrie puissante et durable surgisse et fasse des exportations dans les pays dépourvus de manufactures. Mais, même en pareil cas, il faut considérer si l'État ne ferait pas mieux de prêter, sans intérêts, aux entrepreneurs et de leur accorder d'autres avantages, ou s'il ne conviendrait pas mieux de provoquer, pour ces premiers essais, la création de compagnies, et d'avancer à celles-ci sur les fonds de l'État une partie du capital nécessaire, en laissant aux actionnaires particuliers la préférence pour le paiement des intérêts. Nous citerons comme exemples les entreprises commerciales et maritimes dans des terres lointaines que le commerce des particuliers n'a pas encore abordées, l'établissement de lignes de bateaux à vapeur vers des régions éloignées, de nouvelles colonisations (1).

---

(1) Adam Smith combat les primes de sortie. « Nous ne pouvons pas, remarque-t-il spirituellement, forcer les étrangers à acheter nos marchandises, comme nous y avons forcé nos concitoyens. Par conséquent, a-t-on dit, le meilleur expédient qui nous reste à employer, c'est de payer les étrangers pour les décider à acheter de nous. » Mais les drawbacks ou restitutions de droits trouvent grâce devant lui, par la raison que « des encouragements de ce genre ne tendent point à tourner vers un emploi particulier une plus forte portion du capital du pays que celle qui s'y serait portée de son plein gré, mais seulement ont pour objet d'empêcher que cette portion ne soit

CHAPITRE XVII.

LA DOUANE ET L'ÉCOLE RÉGNANTE.

L'école régnante ne distingue pas, quant à l'effet des droits
protecteurs, entre la production agricole et la production
manufacturière ; elle invoque à tort l'influence fâcheuse que
ces droits exercent sur la première, comme preuve qu'ils
opèrent de même sur la seconde (1).

En ce qui touche l'introduction des manufactures, l'école
ne distingue pas entre les nations qui n'ont pas de vocation
pour elles, et celles qu'y appelle la nature de leur territoire,
leurs progrès agricoles, leur civilisation et le besoin d'assurer pour l'avenir leur prospérité, leur indépendance et leur
puissance.

L'école méconnaît que, sous le régime d'une concurrence
sans limites avec des nations manufacturières exercées, une

---

détournée forcément vers d'autres emplois par l'effet de l'impôt. » On s'é-
tonne après cela que J.-B. Say, *Cours complet*, IVe partie, chap. XX, enve-
loppe dans le même anathème les primes proprement dites et les drawbacks,
et élève contre ces derniers cette objection : « Pourquoi affranchissons-nous
l'étranger d'un droit que nous faisons payer à nos concitoyens ? » On s'en
étonne d'autant plus que, dans son *Traité d'économie politique*, livre II,
chap. XVII, il avait purement et simplement reproduit la doctrine de Smith.

(H. R.)

(1) List, nous en avons déjà fait la remarque, a distingué ici à tort l'agriculture d'avec l'industrie manufacturière. La protection peut, dans certains
cas, venir en aide à la première tout aussi utilement qu'à la seconde. Une
différence, néanmoins, que List n'a pas aperçue, et sur laquelle il convient
d'insister, c'est que, sous l'action de la concurrence intérieure, les profits des
capitaux employés dans les fabrications protégées ne tardent pas à se réduire
au taux commun, tandis que, le sol constituant un monopole naturel, la mise
en culture de nouveaux terrains que provoque la protection à l'agriculture,
tend à accroître d'une manière permanente la rente des terrains les plus
fertiles ou placés dans les conditions les plus favorables.   (H. R.)

nation peu avancée encore, quelque réelle que soit sa
vocation, ne saurait, sans protection douanière, arriver à
un complet développement manufacturier, à une complète
indépendance.

Elle ne tient pas compte de l'influence de la guerre ; elle ne
s'est pas aperçue en particulier que la guerre constitue un
système de prohibition, dont le système prohibitif des douanes
n'est qu'une continuation nécessaire.

Elle se prévaut des bienfaits de la liberté du commerce
intérieur pour prouver que les nations ne peuvent parvenir
que par la liberté absolue du commerce international au comble de la prospérité et de la puissance, lorsque l'histoire cependant montre partout le contraire.

Elle prétend que les mesures protectrices procurent aux
fabricants du pays un monopole et les rendent indolents,
tandis que la concurrence intérieure est pour eux, en tout
pays, un assez actif aiguillon.

Elle veut nous faire croire que les droits protecteurs favorisent les fabricants aux dépens des agriculteurs, quand il est
évident que l'agriculture indigène retire de l'existence dans le
pays d'une industrie manufacturière d'immenses avantages, au
prix desquels les sacrifices que le système protecteur lui
impose sont insignifiants.

Son argument capital contre les droits protecteurs est celui
des frais que coûte l'administration des douanes et des inconvénients de la contrebande. Ce sont là des maux incontesta-
bles ; mais faut-il s'en préoccuper lorsqu'il s'agit de mesures
qui exercent une si profonde influence sur l'existence, sur la
puissance et sur la prospérité du pays ? Les inconvénients des
armées permanentes et de la guerre sont-ils une raison pour
qu'une nation renonce à se défendre ? Lorsqu'on allègue que
les droits qui excèdent notamment les primes d'assurances de
la contrebande servent uniquement à encourager ce commerce illicite, et ne favorisent point les manufactures du pays,
on n'a raison qu'à l'égard des mauvaises administrations
douanières, des territoires mal arrondis et de peu d'étendue,

de la consommation aux frontières et des droits élevés sur les
articles de luxe d'un faible volume. Mais l'expérience enseigne partout qu'avec une bonne organisation et un tarif sagement calculé, dans les grands États dont le territoire est bien
arrondi, le but de la protection ne saurait être sensiblement
contrarié par la contrebande. Pour ce qui est des frais de
douane, la perception des droits fiscaux en absorbe déjà une
grande partie, et l'école ne prétend pas que les grands États
doivent se passer de ces sortes de droits.

L'école, du reste, ne rejette pas toute protection douanière.

Adam Smith permet dans trois cas la protection de l'industrie du pays : premièrement comme mesure de rétorsion,
si une nation étrangère repousse nos marchandises et que
nous ayons lieu d'espérer que nos représailles la décideront à
retirer ses restrictions ; en second lieu, pour la défense nationale, dans le cas où les articles manufacturés nécessaires à cet
effet n'auraient pas pu être produits dans le pays sous le régime de la libre concurrence ; troisièmement comme moyen
d'égalisation, lorsque les produits étrangers se trouvent moins
taxés que les produits nationaux. Say repousse la protection
dans toutes ces hypothèses, mais il l'admet dans une quatrième, celle d'une industrie qui paraît pouvoir devenir assez
avantageuse au bout de quelques années pour n'en avoir plus
besoin.

C'est donc Adam Smith qui veut introduire dans la politique commerciale le principe de rétorsion, principe qui peut
conduire aux mesures les plus insensées et les plus funestes,
surtout si les représailles, ainsi que Smith le demande, doivent être retirées aussitôt que l'étranger consent au retrait des
restrictions qu'il avait établies. Supposez que l'Allemagne se
venge par des représailles des obstacles que l'Angleterre met
à l'exportation de ses blés et de ses bois, qu'elle prohibe les
objets manufacturés de celle-ci et fasse naître ainsi artificiellement une industrie manufacturière indigène, si l'Angleterre
se décide à ouvrir ses ports aux blés et aux bois allemands,
l'Allemagne devra-t-elle laisser périr une création qui a exigé

d'énormes sacrifices ? Quelle extravagance ! L'Allemagne eût dix fois mieux fait de supporter paisiblement toutes les mesures restrictives de l'Angleterre, et, au lieu d'encourager chez elle la naissance des manufactures, d'empêcher le développement de celles qui, sans protection douanière, auraient surgi par le seul effet des prohibitions anglaises.

Le principe de rétorsion n'est rationnel et applicable qu'autant qu'il s'accorde avec celui de l'éducation industrielle du pays, et qu'il en est comme l'auxiliaire.

Oui, il est raisonnable et avantageux pour une nation de répondre, par des restrictions qui atteignent les produits manufacturés de l'Angleterre, à celles de l'Angleterre contre ses produits agricoles, mais *seulement pour une nation appelée à acclimater chez elle l'industrie manufacturière et à la conserver à tout jamais.*

Par la seconde exception Adam Smith justifie en réalité non-seulement la protection des manufactures qui fournissent les munitions militaires, par exemple des fabriques d'armes et de poudre, mais tout le système protecteur tel que nous l'entendons; car l'industrie manufacturière que ce système crée dans le pays exerce sur l'accroissement de sa population, de ses richesses matérielles, de sa puissance mécanique, de son indépendance et de toutes ses ressources intellectuelles, par conséquent de ses moyens de défense, incomparablement plus d'influence que ne le ferait la fabrication pure et simple des armes et de la poudre.

On peut en dire autant de la troisième exception. Si, les impôts qui pèsent sur notre production autorisent des droits protecteurs sur les produits moins taxés de l'étranger, pourquoi les autres désavantages de nos manufactures vis-à-vis des manufactures étrangères ne légitimeraient-ils pas la protection de l'industrie du dedans contre la concurrence écrasante de celle du dehors (1) ?

(1) Les exceptions admises par Adam Smith à la liberté du commerce ne sont ici ni exposées avec une suffisante exactitude, ni toutes appréciées convenablement.

L'auteur de la *Richesse des nations*, livre IV, chapitre II, distingue d'abord

J.-B. Say a compris l'inconséquence de ces exceptions ; mais celle qu'il leur a substituée ne vaut pas mieux. Car, chez une nation que ses dons naturels et sa culture appellent

deux cas dans lesquels il est avantageux en général d'établir quelque charge sur l'industrie étrangère pour encourager l'industrie nationale. Le premier, c'est quand une branche particulière de travail est nécessaire à la défense du pays, et Smith cite à ce propos l'acte de navigation ; il revient sur ce cas au chapitre v du même livre, et accorde que, si une fabrication nécessaire à la défense nationale ne peut se soutenir sans protection, il sera raisonnable que les autres industries soient imposées pour l'encourager ; que, d'après ce principe, les primes qui étaient alors allouées en Angleterre à l'exportation des voiles et de la poudre pouvaient peut-être se justifier. Le second cas, c'est quand le produit national est chargé lui-même de quelque impôt dans l'intérieur ; il lui paraît convenable qu'on établisse un pareil impôt sur le produit semblable venu de l'étranger. Plus loin il admet une troisième exception, qui se motive sur les forts droits ou sur les prohibitions par lesquelles une nation étrangère empêche l'importation chez elle de nos produits manufacturés ; suivant lui, des *représailles* peuvent être alors d'une bonne politique, s'il y a probabilité qu'elles amènent la révocation des gros droits ou des prohibitions dont on a à se plaindre ; car, ajoute-t-il, l'avantage de recouvrer un grand marché étranger fera plus que compenser l'inconvénient passager de payer plus cher, pendant un court espace de temps, quelques espèces de marchandises.

List est fondé à soutenir que l'exception qui s'appuie sur la nécessité de la défense nationale implique la concession de tout le système protecteur tel qu'il l'entend, système où il voit un moyen d'accroître les ressources et d'assurer l'indépendance du pays. Mais la conclusion semblable qu'il tire de celle relative aux industries qui supportent des droits à l'intérieur, est évidemment fautive. Smith, en effet, distingue avec soin les taxes directement et spécialement imposées sur certaines marchandises, telles que les droits d'excise, qui, établis aussi sur les produits étrangers, ne donnent point à l'industrie nationale le monopole du marché intérieur et ne portent point vers un emploi particulier plus de capital et de travail qu'il ne s'en serait porté naturellement, et le système des impôts en général, à quelque degré qu'il affecte ces marchandises. Smith n'admet pas que le gouvernement ait à encourager l'emploi des capitaux et de l'industrie des particuliers dans cette cherté artificielle causée par les impôts plus que dans la cherté naturelle qui résulte de la pauvreté du sol ou de la rigueur du climat. Quant aux mesures de rétorsion contre les nations étrangères qui repoussent nos produits, l'histoire commerciale offre, on ne peut le nier, quelques exemples, même récents, où elles ont porté de bons fruits en provoquant des arrangements avantageux aux deux parties contractantes ; mais, à part ces cas peu fréquents, elles constituent une détestable politique, qu'Adam Smith blâme aussi énergiquement que qui que ce soit. Toute nation a le droit de régler sa législation de douane en vue de ses intérêts bien ou mal compris, sans que

à l'industrie manufacturière, à peu près toutes les branches
de cette industrie doivent fleurir à l'aide d'une protection
persévérante et énergique, et·il est ridicule de ne lui accorder
que quelques années pour se perfectionner dans une grande
industrie ou dans l'ensemble de ses industries, comme à un
apprenti cordonnier pour apprendre à faire des chaussures (1).

Dans ses perpétuelles déclamations sur les immenses avan-

les étrangers qui peuvent ainsi se trouver lésés soient autorisés à se plaindre
d'actes que n'ont point dictés des sentiments hostiles.

Adam Smith, au surplus, est fort modéré dans l'application de sa doctrine, et il fait au système protecteur plus d'une concession. Voici, par
exemple, comment il s'exprime, livre V, chap. II : « Si l'on supprimait toutes
les prohibitions, et qu'on assujettît tous les objets de fabrication étrangère à
des droits modérés, et tels que l'expérience les démontrerait propres à rendre sur chaque article le plus gros revenu à l'État, alors nos propres ouvriers se trouveraient jouir encore, sur notre marché, d'un avantage assez
considérable, et l'État retirerait un très-gros revenu d'une foule d'articles
d'importation dont à présent quelques-uns ne lui en rapportent aucun, et
d'autres lui en rapportent un presque nul. » C'est le système qui a été appliqué par MM. Polk et Walker, auteurs du tarif américain de 1846, dans des
proportions, il est vrai, que Smith n'eût probablement pas avouées ; ce
tarif, calculé en vue du plus gros revenu possible, impliquait cependant une
protection (incidental protection) même assez élevée, mais une protection
aveugle, à ce point que la matière première y était souvent imposée plus fortement que le produit qu'elle sert à fabriquer. Un tarif libre-échangiste
conséquent ne doit point admettre de droits à l'entrée des articles qui ont
leurs analogues dans la production du pays.

Adam Smith, le croirait-on, n'avait pas une foi robuste dans l'avenir de
la liberté du commerce en Angleterre : « S'attendre, a-t-il écrit, livre IV,
chap. II, que la liberté du commerce puisse jamais être entièrement rendue à la Grande-Bretagne, ce serait une aussi grande folie que d'espérer
y voir jamais se réaliser la république d'Utopie ou celle d'Océana.

(H. R.)

(1) La pensée de J.-B. Say est rendue dans ce passage plus inexactement
encore que celle d'Adam Smith. List a quelquefois le défaut de citer de mémoire. Bien loin de trouver inconséquentes les deux exceptions formellement admises par son maître, J.-B Say, dans son Traité d'économie politique,
liv. I, chap. XVII, les adopte en les reproduisant ; il étend même la seconde,
celle qui concerne les produits chargés de quelque droit à l'intérieur, jusqu'à approuver les restrictions à l'importation des céréales en Angleterre à
cause des impôts excessifs qui pèsent sur l'agriculture, impôts qui n'offrent
pas cependant le caractère de spécialité voulu par Adam Smith, comme, par
exemple, les droits d'excise sur la fabrication du verre ou sur celle du pa-

tages de la liberté absolue du commerce et sur les inconvénients de la protection douanière, l'école a l'habitude d'invoquer l'exemple de quelques peuples. La Suisse prouve que l'industrie peut fleurir sans protection douanière et que la liberté absolue du commerce international est le fondement le plus solide de la prospérité publique. Le sort de l'Espagne fournit à toutes les nations qui cherchent dans la protection douanière assistance et salut, un exemple effrayant des désas-

pier ; et c'est là, certes, une large concession. Pour ce qui est des mesures rétorsives, il les condamne sans réserve.

Say ajoute : « Peut-être un gouvernement fait-il bien d'accorder quelques encouragements à une production qui, bien que donnant de la perte dans les commencements, doit donner évidemment des profits au bout de peu d'années..... Il est des circonstances qui peuvent modifier cette proposition généralement vraie, que chacun est le meilleur juge de l'emploi de son industrie et de ses capitaux. Smith a écrit dans un temps et dans un pays où l'on était et où l'on est encore fort éclairé sur ses intérêts, et fort peu disposé à négliger les profits qui peuvent résulter des emplois de capitaux et d'industrie, quels qu'ils soient. Mais toutes les nations ne sont pas encore parvenues au même point. Combien n'en est-il pas où, par des préjugés que le gouvernement seul peut vaincre, on est éloigné de plusieurs excellents emplois de capitaux !... Toute application neuve de la puissance d'un capital y est un objet de méfiance ou de dédain, et la protection accordée à un emploi de travail et d'argent vraiment profitable, peut devenir un bienfait pour le pays. On possède actuellement en France les plus belles manufactures de draps et de soieries qu'il y ait au monde ; peut-être les doit-on aux sages encouragements de Colbert. Il avança 2,000 francs aux manufactures sur chaque métier battant, etc. »

A part les mots : au bout de peu d'années, contre lesquels List a raison de se récrier, ces lignes, où l'argument de Smith est restreint dans de sages limites, semblent au premier abord une timide esquisse de la doctrine si vigoureusement accusée dans le Système national. Say, néanmoins, paraît avoir voulu parler, non de la protection proprement dite, mais des primes, des encouragements directs aux entrepreneurs, tels que ceux qu'il rappelle de la part de Colbert. Ce qui confirme cette interprétation, c'est non-seulement l'endroit du Traité où se trouve le morceau, mais encore le blâme sévère formulé dans le Cours complet, IV° partie, chap. XVIII, contre la protection en tant que moyen de doter un pays d'une industrie nouvelle.

Rossi, on a déjà eu occasion de le signaler, admet au besoin la protection dans ce dernier cas, à la fin d'une leçon qui se termine ainsi : « En résumé, il est irrécusable qu'il est des exceptions au principe de la liberté de l'industrie et du commerce, exceptions dont les unes ont leur fondement dans la science économique elle-même, et les autres découlent de considérations morales et politiques. »   (H. R.)

treux effets de cette protection. L'Angleterre, si bien faite, ainsi que nous l'avons montré dans un précédent chapitre, pour servir de modèle et d'objet d'émulation à toutes les nations qui ont une vocation manufacturière, est citée par les théoriciens à l'appui de leur assertion que la faculté d'exercer l'industrie manufacturière est un don naturel exclusivement réservé à certains pays, comme la faculté de produire des vins de Bourgogne, et que l'Angleterre, entre toutes les autres contrées, a reçu la mission de s'adonner aux manufactures et au commerce en grand. Examinons de près ces exemples.

En ce qui touche la Suisse, on doit remarquer tout d'abord qu'elle n'est point une nation, une nation normale, une grande nation, mais un assemblage de municipalités. Sans littoral maritime, resserrée entre deux grandes contrées, elle ne peut ambitionner une navigation marchande ni des relations directes avec les pays de la zone torride ; elle ne peut songer à se créer des forces navales, à fonder ou à acquérir des colonies. La Suisse a jeté les bases de sa prospérité actuelle, qui est au surplus fort modeste, dès le temps où elle appartenait à l'empire d'Allemagne. Depuis lors elle a été fort épargnée par la guerre ; les capitaux ont pu s'y accroître de génération en génération, d'autant mieux que ses gouvernements municipaux ne lui demandaient, pour ainsi dire, aucun impôt. Tandis que, dans les derniers siècles, le reste de l'Europe était en proie au despotisme, au fanatisme religieux, à la guerre et aux révolutions, la Suisse offrait un asile à tous ceux qui cherchaient un abri pour leurs capitaux et pour leurs talents, et il lui vint ainsi du dehors d'importantes ressources. L'Allemagne ne s'est point rigoureusement close vis-à-vis de la Suisse, et une grande partie de la production manufacturière de celle-ci y a de tout temps trouvé un débouché. Son industrie n'était pas du reste une industrie nationale à proprement parler, embrassant les objets de consommation générale, c'était principalement une industrie de luxe dont les produits étaient aisément introduits par la contrebande dans les pays voisins ou dans les contrées lointaines. De plus, la situation du pays est merveilleusement favorable et, à quelques égards, privilégiée pour le commerce intermédiaire. Déjà la facilité de connaître les idiomes, les lois, les institutions, la civilisation des trois nations limitrophes assurait aux Suisses de notables avantages pour ce commerce et pour tout le reste. La liberté civile et religieuse et la diffusion des lumières entretinrent parmi eux une vie, un esprit d'entreprise, qui, dans l'insuffisance de leur agriculture et de leurs ressources intérieures, les firent émigrer à l'étranger, où, par le service militaire, par le commerce et par toute sorte de professions, ils ramassaient une fortune pour la rapporter dans leur pays. Si, dans cette situation exceptionnelle, il s'est accumulé en Suisse des capitaux matériels et intellectuels pour faire marcher quelques industries de luxe (1) qui pouvaient vivre sans protection douanière avec les débouchés extérieurs, il n'en faut pas conclure que de grandes nations placées dans de tout autres circonstances puissent suivre le même système. Dans l'exiguïté de ses impôts la Suisse possède un avantage que de grandes nations ne peuvent acquérir qu'à la condition de se dissoudre en municipalités comme la Suisse, et d'exposer ainsi leur nationalité aux attaques des étrangers.

Que l'Espagne ait commis une extravagance en prohibant l'exportation des métaux précieux, lorsqu'elle en produisait avec surabondance, tout homme de sens le reconnaîtra. Mais

_____

(1) La liberté a fait surgir en Suisse d'autres industries que des industries de luxe, de celles qui exigent le plus d'habileté et d'efforts, notamment la construction des machines et la filature du coton; cette dernière a été aidée par le système continental; toutes l'ont été par l'exiguïté des salaires dont se contentent des ouvriers souvent possesseurs d'un petit champ. Dans les débats récents auxquels a donné lieu en Suisse la centralisation des péages, ou, en d'autres termes, la substitution d'un tarif fédéral à une multitude de droits cantonaux, des demandes de protection ont été formées par quelques cantons manufacturiers de l'Est, mais elles n'ont pas été accueillies. En revanche, le nouveau système, à tous autres égards fort libéral, protège les vignobles du pays, en exigeant des vins étrangers, non-seulement un droit fédéral d'entrée, mais encore des taxes cantonales de consommation excédant celles qui se perçoivent sur les vins indigènes.   (H. R.)

on impute à tort la décadence industrielle et la ruine de l'Espagne aux entraves qu'elle avait mises à l'importation des
objets manufacturés. Si l'Espagne n'avait pas chassé les
Maures et les Juifs et n'avait jamais eu d'inquisition, si Charles-Quint lui avait accordé la liberté de conscience, si ses
prêtres et ses moines s'étaient fait les éducateurs· du peuple
et que leurs richesses excessives eussent été sécularisées ou
du moins réduites au nécessaire, si la liberté civile eût ainsi
gagné du terrain, si la noblesse féodale avait été corrigée et
la monarchie contenue, si, en un mot, l'Espagne avait eu, à la
suite d'une réformation, un développement politique analogue à celui de l'Angleterre, et que le même esprit eût pénétré dans ses colonies ; les mesures de prohibition et de protection auraient eu en Espagne les mêmes résultats qu'en
Angleterre. C'est d'autant plus probable qu'à l'époque de
Charles-Quint, les Espagnols étaient, sous tous les rapports,
supérieurs aux Anglais et aux Français, et n'étaient devancés
que par les habitants des Pays-Bas, dont le génie industrieux
et commerçant aurait pu être communiqué à l'Espagne par
la protection douanière, si les institutions espagnoles avaient
appelé l'immigration des talents et des capitaux de l'étranger
au lieu de renvoyer à l'étranger ceux du pays.

Nous avons indiqué dans le cinquième chapitre de notre
premier livre les causes de la suprématie manufacturière et
commerciale de l'Angleterre.

C'est principalement la liberté de penser et la liberté civile,
l'excellence de la constitution et des institutions politiques en
général qui ont mis la politique commerciale anglaise à
même d'exploiter les richesses naturelles du sol et de développer les forces productives de la nation. Mais qui oserait
contester aux autres nations la faculté de s'élever au même
degré de liberté ? Qui oserait soutenir que la nature a refusé
aux autres peuples les moyens de se livrer à la fabrication ?

On a souvent allégué la richesse immense de l'Angleterre
en houille et en fer comme une preuve de sa vocation toute
spéciale pour les manufactures. Il est vrai qu'en cela l'An-

gleterre a reçu de la nature une grande faveur ; mais on peut
répondre que, sous le rapport de ces matières, la nature n'a
pas traité les autres pays en marâtre, que c'est le plus souvent
le défaut de bonnes voies de communication qui les empêche
de tirer tout le parti possible de leurs richesses, que d'autres
contrées possèdent en abondance des forces hydrauliques
inemployées, qui coûtent moins cher que la force de la vapeur ; qu'au besoin la houille peut y être remplacée par d'autres combustibles, que beaucoup de pays présentent pour la
fabrication du fer des ressources inépuisables, et qu'on peut
se procurer ces matières par la voie de l'échange.

Quelques mots, en terminant, des traités de commerce qui
stipulent de réciproques concessions de douane. L'école repousse ces traités comme inutiles et nuisibles, tandis que nous
y voyons le moyen le plus efficace d'adoucir peu à peu les
rigueurs des législations douanières et de conduire graduellement les nations à la liberté du commerce. Sans doute les traités
qu'on a vus jusqu'ici ne sont pas fort encourageants. Nous
avons montré dans de précédents chapitres quels désastres
ont causés le traité de Méthuen en Portugal et le traité d'Éden
en France. Les tristes résultats de ces concessions réciproques
semblent avoir motivé la répugnance de l'école pour les traités de commerce en général. Son principe de la liberté absolue du commerce y a été manifestement contredit par les
faits ; car, conformément à ce principe, les traités auraient dû
être avantageux pour les deux parties, au lieu de devenir une
cause de ruine pour l'une et d'immenses profits pour l'autre (1). Si nous recherchons l'explication de ces effets si différents, nous trouvons que, par suite de ces traités, le Portugal et la France renonçaient en faveur de l'Angleterre aux
progrès qu'ils avaient déjà accomplis dans les manufactures

---

(1) A cela les libre-échangistes sont en droit de répondre, comme ils l'ont
fait au surplus, que leur principe n'a rien de commun avec des stipulations
d'avantages exclusifs en faveur d'une nation en particulier, et ne peut être
par conséquent rendu responsable des tristes résultats de tel ou tel traité de
commerce.   (H. R.)

comme à ceux qui pouvaient leur être ultérieurement réservés, en vue de développer l'exportation de leurs produits agricoles en Angleterre ; et que ces deux pays sont tombés ainsi d'un degré relativement élevé de culture à un degré inférieur. Il s'ensuit qu'une nation qui, par des traités de commerce, sacrifie son industrie manufacturière à la concurrence de l'étranger et s'oblige ainsi à tout jamais à rester dans l'humble condition de nation purement agricole, commet un acte de folie. Mais il ne s'ensuit nullement que les traités destinés à encourager l'échange réciproque des produits agricoles et des matières brutes ou l'échange réciproque des produits manufacturés, soient nuisibles et condamnables.

Nous avons déjà établi que le libre commerce des produits agricoles et des matières brutes est utile à toutes les nations dans tous les degrés de culture ; par conséquent, un traité qui diminue ou qui supprime les entraves que rencontre ce commerce, doit profiter aux deux parties contractantes. Tel serait, par exemple, un traité entre la France et l'Angleterre qui faciliterait l'échange réciproque des vins et des eaux-de-vie contre les fers bruts et les houilles, ou un traité entre la France et l'Allemagne qui faciliterait l'échange du vin, de l'huile et des fruits secs contre les grains, les laines et les bestiaux.

Il résulte de nos déductions antérieures que la protection ne contribue à la prospérité d'une nation qu'autant qu'elle répond à son degré d'éducation industrielle ; que tout excès de protection est nuisible ; que les nations ne peuvent parvenir que graduellement à la perfection dans les manufactures. Deux nations, à des degrés différents d'éducation industrielle, peuvent donc, avec un égal avantage, se faire, par voie de traité, des concessions réciproques pour l'échange de produits manufacturés différents. La nation la moins avancée, hors d'état de fabriquer elle-même avec profit les articles fins, de coton et de soie par exemple, peut néanmoins être en mesure de fournir à la plus avancée une partie de son approvisionnement en articles communs.

De pareils traités sont plus admissibles encore et de nature à produire de meilleurs effets entre des nations qui se trouvent à peu près au même degré d'éducation industrielle, entre lesquelles, par conséquent, la concurrence, au lieu d'être restrictive ou paralysante, et d'assurer le monopole de l'une d'elles, ne fait, comme dans le commerce intérieur, qu'exciter l'émulation et provoquer les perfectionnements et les réductions de prix. Tel est le cas pour la plupart des nations du continent. La France, l'Autriche et l'Association allemande, par exemple, n'auraient que d'excellents résultats à attendre d'une modération des droits de douane, et, même entre ces contrées et la Russie, des concessions pourraient être échangées à l'avantage commun. Ce que toutes ont aujourd'hui à redouter, c'est uniquement la prépondérance de l'Angleterre (1).

De ce point de vue, la suprématie britannique dans les manufactures, dans le commerce, dans la navigation marchande et dans la possession de colonies paraît actuellement le plus grand de tous les obstacles au rapprochement des nations ; et

(1) Les traités de commerce qui se négocient de nos jours sont de plus d'une espèce. Les nations européennes ont coutume de régler par des stipulations formelles les conditions de leurs relations avec les États non chrétiens ; de plus, pour la sécurité de leur commerce, elles astreignent par des actes solennels les pays encore imparfaitement civilisés de l'Amérique méridionale et centrale au respect des principes du droit des gens qui, en Europe, n'ont plus besoin d'être exprimés ; de pareils traités sont nécessaires et irréprochables. Les conventions par lesquelles deux peuples s'accordent des réductions réciproques et exclusives sur quelques-unes de leurs marchandises, sont devenues plus rares, et souvent elles sont empêchées par la stipulation, écrite dans beaucoup d'actes diplomatiques, du traitement de la nation la plus favorisée. Cependant il en existe encore, et il s'en prépare de nouvelles que la politique et l'économie politique s'accordent à justifier ; ce sont surtout celles qui lient l'un à l'autre des pays limitrophes, soit qu'elles frayent la voie à une association douanière, soit qu'elles aient simplement pour but de faciliter les relations de voisinage. Ces conventions, qui ne reposent pas sur les bases justement réprouvées par les pères de la science économique, trouvent habituellement appui parmi les partisans les plus décidés de la liberté des échanges. On peut en dire autant des traités de réciprocité en matière de navigation, lesquels ont pour objet de lever des restrictions et d'ouvrir au commerce des voies nouvelles.			(H. R.)

toutefois on doit reconnaître qu'en s'efforçant d'atteindre à cette suprématie, la Grande-Bretagne a immensément augmenté la puissance productive du genre humain et qu'elle l'augmente encore tous les jours (1).

(1) Ici se termine l'exposé de la théorie de List. Quiconque a suivi le mouvement des idées économiques, la polémique des journaux et des débats parlementaires de l'Allemagne dans ces dernières années, sait la puissante influence que cette théorie a exercée et exerce encore au delà du Rhin.

L'un des disciples de List, M. Hœfken, a écrit dans l'*Austria* les lignes suivantes : « Depuis le temps où Krause, de Kœnigsberg, inoculait à l'administration prussienne les doctrines d'Adam Smith, l'économie politique allemande a fait de grands progrès ; et, parmi nos professeurs en renom, il n'en est pas un seul, depuis Rau jusqu'à Hermann et à Hildebrand, qui marche encore dans les sentiers battus de l'abstraction, et qui n'appuie ouvertement un système intelligent de protection et de réciprocité que réclament les circonstances. » Cette révolution économique est l'ouvrage de List.

Entre les contradicteurs que le *Système national* a rencontrés, j'en mentionnerai deux, MM. Bruggemann et Dœnniges ; il est digne de remarque que tous deux ont subi l'influence de la doctrine qu'ils combattent.

La principale accusation que M. Bruggemann dirige contre List, dans l'écrit qu'il a publié en 1845 sous ce titre : *Du Zollverein allemand et du système protecteur*, est celle de larcin. D'après lui, List n'aurait fait que reproduire, en les dénaturant, les idées d'un de ses compatriotes, Adam Müller, avec lequel il avait eu quelques entretiens durant son séjour à Vienne, idées en tous cas qui, sous la plume de leur prétendu inventeur, n'avaient pas jusque-là fait grande fortune ; on a déjà vu que l'auteur du *Système national* a été aussi accusé de plagiat à l'égard d'un professeur dont il ignorait jusqu'au nom. Du reste, M. Bruggemann déclare qu'il y a un point de vue plus élevé que celui d'Adam Smith, que la science doit voir la nation et non point l'individu, que la liberté absolue du commerce, dans le temps actuel, est une chimère ; et, tout en préférant d'autres mesures pour l'encouragement de l'industrie du pays, il ne repousse nullement les droits protecteurs.

M. Dœnniges, dans un ouvrage intitulé : *Le système du libre commerce et celui des droits protecteurs*, qui a paru en 1847, reprend les arguments habituels en faveur de la liberté commerciale ; mais il fait preuve, en les employant, de beaucoup de modération. Occupé de bonne heure d'études historiques, il s'est fait, dit-il, une habitude d'envisager les questions au point de vue de l'histoire. Il condamne chez les physiocrates la maxime de la liberté illimitée du commerce, et il s'indigne contre les journalistes qui lui reprochent de débiter des exagérations à la Cobden. Voici ce qu'il dit en propres termes : « L'établissement d'un droit protecteur ou une aggravation modérée est admissible, par la raison que la conservation d'une grande et fructueuse industrie peut procurer des avantages durables qui surpassent de beaucoup *l'inconvénient passager d'une augmentation dans le prix des marchandises.* »

Cet écrit de M. Dœnniges a provoqué une réponse importante d'un savant qui jouit en Allemagne d'une grande considération, M. de Hermann, de Munich. La citation suivante fait connaître le point de vue auquel s'est placé le *professeur* bavarois : « Du moment où le sentiment national s'est éveillé chez lui, un peuple veut, autant que possible, se suffire à lui-même et s'élever au niveau des autres nations indépendantes. Le concitoyen qui supporte les mêmes charges publiques que nous, peut réclamer une préférence vis-à-vis de l'étranger ; le complet développement des forces productives du pays peut exiger qu'on protége les industries pour lesquelles le pays est parfaitement préparé, mais qu'il ne saurait entreprendre ou pousser en concurrence avec l'étranger qui a pris les devants; enfin une nation ne peut, sans encourir le mépris du monde et en même temps de graves dommages matériels, supporter un mouvement rétrograde et de *l'inégalité dans ses relations commerciales.* L'histoire des peuples modernes atteste la justesse de ces observations. Le degré de la préférence et de la protection accordée à l'habitant du pays, les mesures employées par les États pour maintenir leur indépendance vis-à-vis des autres États, ont varié ; l'idée mère est partout la même, et son influence s'est fait sentir bien avant qu'on eût cherché à se rendre compte de ce que c'est que le commerce international. Le système mercantile n'a été que le premier essai de son *explication scientifique.* On a démontré suffisamment que ce système était défectueux, qu'une bonne analyse du commerce lui manquait, et que ses conceptions inexactes ont induit les gouvernements dans de fausses mesures. Mais, l'idée du développement le plus complet possible de l'économie intérieure d'une nation et *d'une entière égalité dans ses rapports avec les autres nations,* le système mercantile ne l'a point inventée ; il a essayé seulement de l'expliquer et de l'élaborer. La réfutation qu'on en a faite n'a point fait disparaître une exigence de l'indépendance nationale ; la théorie moderne n'a pas réussi à la supprimer; la même exigence est restée jusqu'ici la règle de la législation commerciale de tous les États indépendants, et elle ne cesse de prévaloir, parce qu'elle répond à une nécessité profonde des peuples et des États. C'est à la science à la ramener dans ses justes limites et à rechercher jusqu'à quel point une nation peut être économiquement indépendante sans porter aucun trouble dans l'économie des particuliers, et comment la libre activité des individus peut être conciliée avec cette exigence du sentiment national et de l'honneur national. »

M. Rau, dans la dernière édition de son *Traité d'économie politique,* Ier vol., reproche à tort à l'auteur du *Système national* de placer l'industrie manufacturière bien au-dessus de l'agriculture ; c'est le degré de civilisation où les manufactures fleurissent à côté de l'agriculture que List préfère à celui où l'agriculture existe seule et dans un état fort imparfait; mais M. Rau admet que, dans certains cas et sous certaines conditions, la théorie justifie la protection du travail du pays.

M. Roscher, qui occupe aujourd'hui un des premiers rangs parmi les économistes de l'Allemagne, a publié, entre autres ouvrages, un écrit intitulé : *Du commerce des grains et des mesures en cas de cherté.* J'emprunterai à cet écrit, dont nous devons la traduction à M. Maurice Block, un passage remarquable sur la protection à l'industrie manufacturière.

Après avoir montré les pertes que le système protecteur peut occasionner à son début, M. Roscher s'exprime en ces termes :

« Le sacrifice momentané demandé au consommateur, en faveur de certaines industries, peut et doit produire un avantage durable et suffisant pour compenser largement ces pertes, si ces industries ont de la vitalité et naissent dans un milieu favorable. On ne perd, comme dit List, que des valeurs d'échange, et on gagne des forces productives. N'en est-il pas ainsi, par exemple, des dépenses occasionnées par l'instruction? Quand les entrepreneurs sont encore craintifs et ne disposent pas de grands capitaux, ils négligent même les affaires offrant les chances les meilleures, si les débouchés ne sont pas assurés d'avance. De là vient que les privilèges des corporations, les droits d'entrepôt forcé et de foire, les compagnies commerciales privilégiées ont été si avantageux aux débuts de l'industrie et du commerce. Une plante précieuse a souvent besoin d'être abritée, soutenue, en un mot d'être protégée dans sa jeunesse ; ce n'est que lorsqu'elle a pris racine dans le sol qu'on peut l'exposer au vent et au froid, à la pluie et au soleil.

Qu'on se représente deux pays également bien partagés, tant sous le rapport des facultés physiques et intellectuelles de leurs habitants, que sous le rapport de la position géographique, et dont l'un renferme une industrie florissant depuis des siècles, tandis que l'autre en est encore aux premiers tâtonnements. Sous le régime d'une liberté entière du commerce, les fabricants appartenant au pays avancé ne pourront-ils pas, au moyen de leurs capitaux abondants et à bas prix, de l'habileté de leurs contre-maîtres et de leurs ouvriers, de l'habitude qu'ils ont des spéculations et des combinaisons industrielles et de leurs autres avantages, parvenir à écraser, dès le début, la plupart des entreprises tentées dans les pays arriérés? Lorsque les circonstances sont aussi avantageuses à leurs concurrents, les producteurs du pays arriéré doivent succomber, malgré le bas prix de leurs salaires et leur proximité du marché, à l'exception de quelques objets d'une fabrication grossière; ce pays pourrait ainsi être condamné à ne produire que des matières premières ou des produits bruts. Il se trouverait ainsi, vis-à-vis de son rival, dans les rapports de la campagne à la ville industrielle et commerciale. Le producteur, dans ce pays, ne voyant que le gain du moment, ne croira même pas devoir se plaindre de ce partage. Mais l'intérêt de la nation n'est nullement identique à la somme des intérêts privés de ces producteurs, fussent-ils même la majorité des habitants du pays. L'avantage réel et durable de tous les individus, y compris même ceux qui ne sont pas encore nés, peut seul former ce qu'on appelle l'*intérêt général*. Ce point est encore méconnu de nombreux théoriciens.

« On a pensé, il est vrai, que l'accroissement de la population et des capitaux suffisait pour faire naître des industries compliquées. Mais on oublie trop, d'une part, qu'on n'économise guère de capitaux que dans les pays où l'on espère les employer avec fruit; et, de l'autre, que l'augmentation de la population agricole peut produire un prolétariat rural et un morcellement excessif des cultures, tout aussi bien qu'un développement de l'industrie manufacturière. L'accroissement de la population ne fait avancer l'industrie que dans les pays où elle a déjà une certaine perfection.

« Nous pensons, en conséquence, qu'une liberté entière du commerce n'est utile qu'à des peuples encore peu avancés et à des nations qui ont dépassé leurs concurrents. Elle est utile aux premiers, parce qu'elle leur procure un degré de civilisation plus élevé, qui s'infiltre, chez eux, sous la forme de nouveaux besoins et de moyens de les satisfaire; elle est utile aux seconds, parce que des industries sans utilité peuvent seules y avoir besoin de protection. Pour des nations qui se trouvent dans une situation intermédiaire, au contraire, un système protecteur *sagement dirigé* est un excellent moyen d'éducation industrielle, quoiqu'il ne soit peut-être pas l'unique. Par une sage direction, nous entendons celle qui ne favorise que les industries dont le succès est probable et qui ne rencontrent d'obstacles ni dans la nature du pays, ni dans celle des habitants; celle qui observe une saine logique dans l'introduction de nouvelles industries; celle qui cherche à obtenir les plus grands effets à l'aide des plus petits sacrifices. La protection industrielle semble applicable surtout aux pays où deux des trois grands facteurs de toute production (la nature, le travail, le capital) se trouvent en abondance, et resteraient stériles par l'insuffisance du troisième, qui serait arrêté dans son développement par la concurrence étrangère.

« Ajoutons, enfin, une considération importante. Un individu qui voudrait approfondir toutes les sciences tenterait l'impossible; et une nation ne saurait atteindre la perfection en toutes choses. Mais, comme un homme bien élevé doit avoir une instruction générale, de même une nation doit se développer dans plusieurs directions. La santé morale d'un peuple, comme celle d'un individu, repose sur l'harmonie des forces, sur leur action et leur réaction bien combinées. A ce point de vue, la protection industrielle peut être une excellente mesure d'hygiène économique, en dérivant les forces des points où elles sont en surabondance vers ceux où elles font défaut. Dans le moyen âge d'une nation, l'agriculture et l'élément aristocratique prédominent. Pour qu'il y ait développement moral, il faut que les villes, les manufactures, les éléments mobiles et démocratiques s'étendent également. C'est là le but du système protecteur, qui s'établit, en effet, d'abord aux dépens des éléments autrefois dominants. Il est assez remarquable que, dans la plupart des nations modernes, le même principe qui a détruit le système féodal a établi la protection industrielle dans le pays. Mais, comme ces mesures tendent à l'avancement général, elles finissent par être utiles, même à ceux qu'elles avaient commencé par léser. Nous nous défions toujours des doctrines qui condamnent comme des erreurs, des systèmes adoptés par toutes les nations à une certaine période de leur existence. Dans la plupart des cas, ces systèmes ont satisfait en leur temps à un véritable besoin; ils se sont établis, pour ainsi dire, spontanément; la science n'est parvenue que plus tard à les justifier. C'est souvent un excellent moyen de trouver la vérité que d'étudier cette espèce d'inspiration populaire. »

Dans un ouvrage publié en 1848 sous ce titre : *L'économie nationale du présent et de l'avenir*, M. Hildebrand, professeur à l'Université de Marbourg, apprécie avec quelque détail List et ses doctrines. Critique consciencieux sans être, à mon avis, exact et juste à tous égards, il met à néant les prétendus emprunts que l'auteur du *Système national* aurait faits à Adam Muller, en montrant que, si List a formulé contre le système économique d'Adam Smith les mêmes objections que Müller, il l'a fait à un point de vue tout différent, et qu'il est arrivé à des conclusions diamétralement opposées, homme du présent et de l'avenir autant que son prédécesseur était homme du passé. M. Hildebrand définit en outre dans les termes suivants les titres de List :

« List a été comparé à Burke, on l'a même qualifié de Luther économique; et d'un autre côté on en a fait un imposteur ignorant. L'un et l'autre jugement sont exagérés. Mais l'existence même de partis exaltés pour ou contre List, témoigne déjà de son rare mérite. Il a été le premier économiste allemand qui ait intéressé le pays à la science, qui, sur le domaine économique, ait servi d'organe aux légitimes aspirations de l'époque vers l'indépendance nationale; agitateur industriel, malgré tous ses défauts, il a bien mérité de l'Allemagne en livrant les questions nationales à la discussion publique.

« Il a rendu un autre service. Il a poussé les économistes allemands dans la voie des études historiques. C'est à l'histoire qu'il a emprunté la moitié des preuves à l'appui de son système; il a essayé d'établir qu'en Italie, en France, en Angleterre, et dans tous les États de l'Europe placés à la tête de la civilisation moderne, l'industrie et le commerce ont grandi, par les moyens qu'il recommande, sous la tutelle de l'État; que les républiques italiennes, Amalfi, Pise, Gênes, Venise, ont péri faute de posséder l'unité nationale, et la suprématie maritime des villes anséatiques faute de s'appuyer sur un large développement des forces productives du reste de l'Allemagne. C'est ainsi qu'il a obligé ses adversaires à sortir de leurs abstractions pour se placer sur le terrain de l'histoire, et y suivre le développement de chaque nation.

« List, enfin, a le mérite d'avoir rendu dorénavant impossible l'argumentation d'Adam Smith dans la question de la protection douanière. Les trois maximes fondamentales sur lesquelles Smith établit sa théorie de la liberté du commerce, savoir : que c'est en cherchant, dans l'emploi de son travail et de ses capitaux, à obtenir pour lui-même le plus grand profit possible, qu'un individu se rend le plus utile à la société; que le revenu d'une nation consiste dans la somme des valeurs échangeables des différentes productions, et que toute diminution de ce revenu est pour la nation un dommage, ces maximes ont été péremptoirement réfutées. »

Je citerai encore parmi les Allemands M. Knies, auteur d'un ouvrage publié en 1853, sous le titre : *L'économie politique envisagée au point de vue de la méthode historique*. Ce titre est, à lui seul, une preuve de l'influence du *Système national*. M. Knies, qui est loin, d'ailleurs, de partager toutes les opinions de List, lui rend ce témoignage : « On serait injuste envers List, si on lui contestait le rare mérite d'avoir, par son énergie à rappeler le développement historique de l'économie nationale, par son insistance à invoquer les leçons irréfragables du passé, fait comprendre, mieux qu'aucun de ses prédécesseurs, l'importance de l'étude de l'histoire pour la solution exacte des problèmes économiques; c'est List aussi qui, en Allemagne du moins, a signalé le premier avec vigueur l'étroite connexité de l'économie politique et de la politique dans le développement économique des nations.

Je ne peux terminer cette longue note sans adresser mes vifs remerciements à ceux de mes compatriotes qui ont le plus contribué à faire connaître à la France le *Système national*, et en particulier à MM. Jules Burat et Darnis.

(H. R.)

LIVRE TROISIÈME ·

LES SYSTÈMES.

CHAPITRE PREMIER.

LES ÉCONOMISTES ITALIENS.

L'Italie a devancé toutes les nations modernes dans la théorie comme dans la pratique de l'économie. Le comte Pecchio a publié une histoire consciencieuse de cette branche de la littérature italienne ; le seul défaut de son livre est d'être trop servilement fidèle à la théorie régnante et de ne pas faire convenablement ressortir les causes principales de la chute de l'industrie en Italie, savoir, le manque d'unité nationale au milieu des grandes nationalités formées à l'aide de la monarchie héréditaire, puis la domination théocratique et la destruction des libertés dans les républiques et dans les villes. S'il eût mieux étudié ces causes, la véritable tendance du *Prince* de Machiavel lui eût difficilement échappé ; il ne se fût pas borné à mentionner en passant cet écrivain.

C'est la remarque de Pecchio, que, dans une lettre à son ami Guichardin en 1525, Machiavel avait proposé une association de toutes les puissances italiennes contre l'étranger, et que cette lettre communiquée au pape Clément VII avait puissamment concouru à la formation de la sainte Ligue en 1526 ; c'est cette remarque qui nous a conduit à imaginer que la même pensée avait inspiré le *Prince*. Ayant lu nous-même cet ouvrage, nous y avons trouvé tout d'abord la vérification de cette conjecture. Il est évident que le *Prince*, composé en 1513, avait pour but de pénétrer les Médicis de cette idée, que leur maison était appelée à réunir l'Italie entière sous une seule main, et de leur indiquer les moyens d'atteindre ce but (1).

. Le titre et la forme du livre, qui semble traiter du pouvoir absolu en général, ont été choisis visiblement par des motifs de prudence. Il n'y est question qu'en passant des princes héréditaires et de leur gouvernement. L'auteur n'a autre chose en vue qu'un usurpateur italien. Il faut que des principautés soient subjuguées, des dynasties renversées, la noblesse féodale abattue, la liberté des républiques anéantie. Vertus du ciel et ruses de l'enfer, prudence et audace, bravoure et perfidie, bonheur et hasard, l'usurpateur doit tout employer, tout mettre en œuvre, tout tenter pour fonder un empire italien. Puis on lui communique un secret dont la puissance a été suffisamment éprouvée dans les trois siècles suivants ; c'est de créer une armée nationale, à laquelle une nouvelle discipline, de nouvelles armes et une nouvelle tactique assurent la victoire (2).

Si la généralité de l'argumentation laissait subsister encore quelques doutes sur le but de l'auteur, le dernier chapitre les dissiperait. Il y déclare sans détour : que les invasions étrangères et le morcellement intérieur sont les causes principales de tous les maux de l'Italie, que la maison de Médicis, entre

---

(1) Dans un voyage en Allemagne, entrepris pendant l'impression du présent ouvrage, l'auteur a appris que les docteurs Ranke et Gervinus avaient porté sur le *Prince* le même jugement. (*Note de l'auteur.*)
— A ces témoignages, on peut ajouter l'autorité de l'historien anglais Macaulay, qui, dans un travail récent, explique Machiavel par son époque; nous disons explique, car il y a de ces choses qui ne se justifieront jamais.
(H. R.)

(2) Tout ce que Machiavel a écrit avant et après le *Prince*, montre qu'il agitait de tels plans dans son esprit. Comment expliquerait-on sans cela que lui, savant, ambassadeur, fonctionnaire public, qui n'avait jamais exercé le métier des armes, se soit occupé de l'art de la guerre, à ce point que l'ouvrage qu'il a composé sur cette matière a excité l'admiration des premiers capitaines de son temps?

les mains de laquelle se trouvaient la Toscane et l'État de l'Église, a reçu de la Providence mission d'accomplir le grand œuvre ; que le moment est favorable pour innover, qu'un nouveau Moïse doit surgir pour délivrer son peuple de la servitude d'Égypte ; enfin que rien ne procure à un prince plus d'autorité et de gloire que de grandes entreprises (1).

Ce qui montre que, dans les autres chapitres, la pensée de l'ouvrage doit être comprise à demi-mot, c'est le langage tenu par l'auteur dans le neuvième touchant l'État de l'Église. C'est ironiquement qu'il dit que les ecclésiastiques ont des terres et qu'ils ne les gouvernent pas, des seigneuries et qu'ils ne les défendent pas ; que leurs terres, les plus heureuses de toutes, sont directement protégées par la divine Providence, qu'il serait téméraire de porter à leur sujet un jugement. Il est clair qu'il a voulu ainsi, sans se compromettre, donner à entendre qu'un conquérant hardi, surtout un Médicis, dont le pape était le parent, ne rencontrerait pas sur ce terrain de grands obstacles.

Mais comment, avec les sentiments républicains de Machiavel, expliquer les conseils qu'il donne à son usurpateur concernant les républiques? Si ce républicain zélé, ce grand penseur et ce grand écrivain, ce patriote martyr conseille à l'usurpateur futur de détruire jusque dans ses racines la liberté des républiques, ne doit-on voir chez lui que le désir de gagner les bonnes grâces du prince auquel son livre est dédié et de poursuivre des avantages personnels ?

On ne peut nier que Machiavel, à l'époque où il écrivait le *Prince*, était dans le besoin, qu'il était inquiet de son avenir, qu'il désirait ardemment et qu'il espérait un emploi et un

---

(1) Frédéric le Grand, dans son *Anti-Machiavel*, ne considère le *Prince* que comme un traité purement théorique sur les droits et sur les devoirs des princes en général. Il est à remarquer qu'après avoir réfuté Machiavel chapitre par chapitre, il ne mentionne même pas le vingt-sixième et dernier, qui a pour titre : *Appel pour délivrer l'Italie des étrangers*, et qu'il intercale un chapitre complètement étranger à l'ouvrage de Machiavel, intitulé : *Des différents modes de négociation et des motifs légitimes de déclarer la guerre.*

secours des Médicis. Une lettre du 10 octobre 1515, qu'il adressa de sa pauvre retraite champêtre à son ami Vettori à Florence, met ce fait hors de doute.

Toutefois on a de sérieuses raisons de penser que, par cet écrit, il ne recherchait pas seulement la faveur des Médicis, qu'il ne poursuivait pas un but purement personnel, mais qu'il avait en vue l'exécution d'un plan d'usurpation, d'un plan qui n'était nullement en contradiction avec ses sentiments républicains et patriotiques, bien que la moralité de notre époque doive le réprouver comme impie. Ses ouvrages et sa correspondance diplomatique montrent qu'il connaissait à fond l'histoire de tous les États. Un regard qui plongeait si profondément dans le passé, et qui dans le présent avait tant de clairvoyance, dut aussi voir loin dans l'avenir. Une intelligence, qui, dès le commencement du seizième siècle, comprenait l'importance d'une armée nationale, dut aussi reconnaître que le temps des petites républiques était passé, que la période des grandes monarchies était venue, que la nationalité, dans l'état de choses existant alors, ne pouvait être réalisée que par l'usurpation et conservée que par le despotisme, que les oligarchies aux mains desquelles étaient les républiques italiennes, étaient le plus grand obstacle à l'unité nationale, qu'il fallait par conséquent les détruire, et que la liberté du pays renaîtrait ensuite de son unité. Évidemment, Machiavel livrait au despotisme, comme une proie, la liberté usée de quelques villes, dans l'espoir d'obtenir à l'aide de celui-ci l'unité nationale, et d'assurer par là aux générations futures la liberté sous une forme plus grande et plus imposante.

Le premier ouvrage spécial sur l'économie politique qui ait été écrit en Italie est celui d'Antonio Serra, de Naples, *Sur les moyens de faire affluer l'or et l'argent dans les royaumes.*

Say et Mac Culloch ne paraissent avoir lu de ce livre que le titre ; l'un et l'autre l'écartent dédaigneusement en faisant la remarque qu'il n'y est question que de la monnaie et que l'auteur a commis l'erreur de ne voir la richesse que dans les métaux précieux. S'ils en avaient lu davantage et s'ils l'avaient

étudié, peut-être y auraient-ils puisé d'utiles leçons. Antonio
Serra, bien que coupable du péché de considérer l'abondance
de l'or et de l'argent comme des signes de richesse, a cependant des idées assez nettes sur l'origine de la richesse. Il met
en première ligne, il est vrai, les mines comme les sources
directes des métaux précieux, mais il rend toute justice aux
moyens indirects par lesquels on les obtient. L'agriculture,
l'industrie manufacturière et le commerce sont pour lui les
sources principales de la richesse nationale. La fertilité du
sol est une source certaine de prospérité, mais les manufactures en sont une autre beaucoup plus abondante, par divers
motifs, mais principalement à cause du vaste commerce auquel elles servent de base. La fécondité de ces sources dépend
des qualités que les habitants possèdent, du point de savoir,
par exemple, s'ils sont laborieux, actifs, entreprenants, économes, et des circonstances naturelles et locales, par exemple, de la situation favorable d'une ville pour le commerce
maritime. Au-dessus de toutes ces causes, Serra place la
forme du gouvernement, l'ordre public, la liberté civile, les
garanties politiques, la stabilité des lois. « Un pays ne peut
prospérer, dit-il, si chaque nouveau prince peut y établir de
nouvelles lois ; c'est peut-être pour cela que les États du
Saint-Père sont moins florissants que d'autres dont le gouvernement et la législation sont plus stables. Voyez comme à
Venise la durée du même régime depuis des siècles influe sur
la prospérité publique. » Telle est la substance d'un système
d'économie politique, qui, tout en ne paraissant avoir d'autre
objet que l'acquisition des métaux précieux, se distingue,
dans l'ensemble, par le naturel et par le bon sens. Évidemment l'ouvrage de J.-B. Say, qui développe d'ailleurs des
notions économiques dont Antonio Serra n'avait aucune idée,
est très-inférieur à celui de Serra dans les points principaux
et notamment dans l'exacte appréciation du régime politique
relativement à la richesse des nations. Si Say avait étudié
Serra au lieu de le mettre de côté, il n'aurait sans doute pas
soutenu, dans la première page de son *Traité d'économie*

politique (1), que l'économie politique n'a point à se préoccuper de la constitution des États ; qu'on a vu sous toutes les formes de gouvernement des nations s'enrichir et se ruiner ; qu'il importe seulement pour un pays d'être bien administré.

Nous sommes loin de vouloir soutenir la supériorité absolue d'une forme de gouvernement sur toutes les autres. Il suffit de jeter un coup d'œil sur les États de l'Amérique du Sud pour se convaincre que le régime démocratique, chez des peuples qui ne sont pas encore mûrs à cet égard, peut les faire rétrograder notablement dans leur prospérité. Il suffit de jeter un coup d'œil sur la Russie, pour reconnaître que des peuples qui se trouvent encore à un degré inférieur de culture peuvent accomplir sous la monarchie absolue les progrès matériels les plus signalés. Mais cela ne prouve nullement qu'on ait vu, sous toutes les formes de gouvernement, des nations s'enrichir, c'est-à-dire atteindre le plus haut degré de prospérité. Bien au contraire, l'histoire enseigne que ce degré de prospérité publique, marqué par des manufactures et un commerce florissant, ne peut être atteint que dans les pays dont la constitution politique, qu'elle s'appelle république démocratique, république aristocratique ou monarchie limitée, garantit pleinement aux citoyens la liberté personnelle et la sûreté des biens, à l'administration l'activité et l'énergie dans la poursuite des intérêts sociaux avec la persévérance dans ces efforts. Car, dans un état avancé de civilisation, il s'agit moins d'être bien administré *pendant quelque temps*, que de l'être *constamment* et uniformément, de manière qu'une administration nouvelle ne détruise pas le bien que sa devancière a fait, que trente années d'une administration comme celle de Colbert ne soient pas suivies de la révocation de l'édit de Nantes, que, durant des siècles, on persévère dans un seul et même système, et qu'on poursuive un seul et même but. Ce sont les constitutions dans lesquelles les intérêts du pays sont représentés, et non le gouvernement absolu sous le-

---

(1) Discours préliminaire.

quel l'administration change avec la personne du monarque,
qui assurent, ainsi qu'Antonio Serra le remarque avec raison,
cette stabilité administrative. Il existe, d'ailleurs, des degrés
de culture où le gouvernement absolu peut être beaucoup plus
favorable et l'est généralement, en effet, aux progrès matériels
et moraux du pays, que ne le serait le gouvernement constitutionnel. Ce sont les périodes de l'esclavage et du servage, de
la barbarie et de la superstition, du morcellement national et
des priviléges de caste. Car alors la constitution garantit la durée, non pas seulement aux intérêts nationaux, mais encore
aux abus dominants, tandis qu'il est dans l'intérêt du gouvernement absolu et dans sa nature d'extirper ces abus, et qu'il
peut faire arriver au pouvoir un monarque de grande énergie
et de grandes lumières, qui fasse avancer la nation de plusieurs siècles et lui ouvre une ère indéfinie d'indépendance et
de progrès.

. Ainsi, c'est à l'aide d'un lieu commun, qui ne renferme
qu'une vérité relative, que J.-B. Say a voulu séparer sa doctrine de la politique (1). Sans doute il s'agit avant tout pour
un pays d'être bien administré ; mais la bonté de l'administration dépend de la forme du gouvernement, et la forme du
gouvernement la meilleure est évidemment celle qui répond
le mieux à la situation morale et matérielle du pays, aux intérêts de son avenir. On a vu les nations avancer sous toutes les
formes de gouvernement, mais on ne les a vues atteindre un
haut degré de développement économique, que là où la
forme du gouvernement garantissait un haut degré de liberté
et de puissance, la stabilité dans les lois et dans la politique
et de bonnes institutions.

Antonio Serra voit la nature des choses telle qu'elle est, et

---

(1) Bien que la recherche de la meilleure forme de gouvernement rentre
dans le domaine de la science politique, il appartient cependant à la science
économique d'expliquer en quoi la forme de gouvernement influe sur la
production et sur la distribution de la richesse. C'est probablement par réaction contre les physiocrates ses prédécesseurs que J.-B. Say s'est abstenu à
cet égard ; il aura voulu séparer nettement deux études qu'ils avaient à tort
confondues.   (H. R.)

non à travers les lunettes d'un système préconçu ou d'un
principe unique qu'il veut justifier et établir. Il compare la
situation des différents États de l'Italie, et trouve la plus
grande richesse là où existe le commerce le plus actif, là où
existe une industrie manufacturière avancée, et celle-ci là où
existe la liberté civile.

Le jugement de Beccaria est déjà influencé par les fausses
maximes des physiocrates. Cet écrivain, il est vrai, a découvert, soit avant Adam Smith, soit en même temps que lui, le
principe de la division du travail, ou bien il l'a trouvé dans
Aristote (1) ; il le pousse même plus loin qu'Adam Smith,
puisqu'il ne se borne pas, comme lui, au partage des tâches
dans une seule fabrique, mais qu'il montre comment la distribution des membres de la société en différentes industries
enfante la prospérité publique. Néanmoins, il n'hésite pas,
avec les physiocrates, à soutenir que les manufacturiers ne
sont pas productifs.

Rien de plus étroit que les vues du grand publiciste Filangieri. Imbu d'un faux cosmopolitisme, il croit que l'Angleterre, par ses restrictions commerciales, n'a fait que donner
une prime à la contrebande et diminuer son commerce.

Verri, qui était administrateur, ne pouvait pas se tromper
à ce point ; il admet qu'il est nécessaire de protéger l'industrie indigène contre la concurrence étrangère, mais il ne voit
pas ou il n'a pas osé voir que cette politique suppose la grandeur et l'unité du pays.

(1) C'est dans Xénophon ou dans Platon qu'il fallait dire.
                                              (H. R.)

CHAPITRE II.

LE SYSTÈME INDUSTRIEL, IMPROPREMENT APPELÉ PAR L'ÉCOLE SYSTÈME MERCANTILE (1).

Lorsque les grandes nationalités se constituèrent au moyen de réunions de peuples, opérées par la monarchie héréditaire, et de la centralisation de la puissance publique, les manufactures, le commerce et la navigation, c'est-à-dire les richesses avec la puissance maritime, se trouvaient en majeure partie, nous l'avons déjà fait voir, entre les mains de républiques municipales ou de confédérations de ces républiques. Mais, à mesure que les institutions de ces grandes nationalités se développèrent, on comprit de plus en plus la nécessité de naturaliser dans le pays ces éléments essentiels de puissance et de richesse.

Sentant qu'ils ne pourraient prendre racine ni fleurir que sur le terrain de la liberté, la puissance royale favorisa la liberté municipale, ainsi que les corporations dans lesquelles elle trouvait de plus un point d'appui contre une aristocratie féodale jalouse de son indépendance et hostile à l'unité nationale. Toutefois ce moyen fut reconnu insuffisant ; d'abord les avantages dont les particuliers jouissaient dans les villes libres

---

(1) Par le *système mercantile* on ne doit pas entendre un système conçu exclusivement en vue des intérêts du commerce. L'expression générale de *marchands* désignait chez nous tous ceux qui exerçaient une industrie dans une ville, les manufacturiers tout comme les commerçants. Adam Smith a donné du système mercantile la définition suivante : « Son objet est d'enrichir une grande nation plutôt par le commerce et les manufactures que par la culture et l'amélioration des terres, plutôt par l'industrie des villes que par celle des campagnes. » C'est donc, on le voit, mal à propos que List substitue à un mot depuis longtemps adopté un autre terme dont la signification est moins étendue. Ce dernier, du moins, ne s'applique au système qu'il s'agit de dénommer qu'autant que ce système encourageait les manufactures.   (H. R.)

et dans les républiques, étaient plus considérables que ceux que les monarchies pouvaient et osaient accorder aux habitants de leurs municipalités ; puis, sous le régime de la libre concurrence, il est très-difficile, impossible même à un pays qui a toujours fait de l'agriculture son occupation principale, de déposséder ceux qui, depuis des siècles, sont en possession des manufactures, du commerce et de la navigation ; enfin, au sein des grandes monarchies, les institutions féodales mettaient obstacle au développement de l'agriculture, par conséquent à l'essor des manufactures. C'est ainsi que le cours naturel des choses a conduit les grandes monarchies à restreindre l'importation des produits manufacturés, le commerce et la navigation de l'étranger, et à favoriser les manufactures, le commerce et la navigation du pays.

Tandis que, jusque-là, les taxes étaient établies principalement sur l'exportation des matières brutes, elles frappèrent alors principalement l'importation des produits fabriqués. Les avantages qui s'ensuivaient décidèrent les négociants, les marins, les fabricants des villes et des pays plus avancés à passer avec leurs capitaux dans les grandes monarchies où ils stimulèrent l'esprit d'entreprise chez les nationaux. La naissance de l'industrie fut promptement suivie de celle de la liberté. L'aristocratie féodale se vit obligée, dans son propre intérêt, à des concessions envers la population industrielle et commerçante aussi bien qu'envers la population rurale. De là des progrès dans l'agriculture, qui réagirent favorablement à leur tour sur les deux autres facteurs de la richesse nationale. Nous avons montré comment, à l'aide de ce système et de la réformation, l'Angleterre a grandi de siècle en siècle en forces productives, en liberté et en puissance. Nous avons exposé comment en France ce même système a été quelque temps imité avec succès, mais comment il y a échoué faute d'une réforme des institutions féodales, du clergé et de la monarchie absolue. Nous avons fait voir que la nationalité polonaise avait péri, parce que la monarchie élective ne possédait pas assez d'influence ni de stabilité pour faire surgir par ce moyen une bourgeoisie puissante et pour réformer l'aristocratie féodale.

Sous l'influence d'une telle politique, à la place de la cité commerçante et manufacturière et de la province agricole, le plus souvent sans lien politique avec elle, on vit apparaître la nation, formant un ensemble harmonieux et complet en soi, dans laquelle, d'une part, les dissonances qui avaient existé entre la monarchie, l'aristocratie féodale et la bourgeoisie se changèrent en un accord satisfaisant, et, de l'autre, l'agriculture, l'industrie manufacturière et le commerce entretinrent les plus intimes relations. Ce fut là un état social infiniment plus parfait que le précédent, car l'industrie manufacturière, jusque-là resserrée dans les étroites limites de la république municipale, s'étendait à un vaste territoire ; toutes les ressources qui s'y trouvaient y étaient placées à sa disposition ; la division du travail et l'association des forces productives, dans les diverses branches de l'industrie manufacturière comme dans l'agriculture, se réalisaient sur une bien plus grande échelle ; la classe nombreuse des cultivateurs était politiquement et commercialement mise en contact avec les manufacturiers et les négociants, et ainsi la paix perpétuelle pour ainsi dire établie entre eux, l'action réciproque de l'agriculture et de l'industrie manufacturière pour jamais assurée, enfin les cultivateurs admis à tous les avantages qui accompagnent les manufactures et le commerce. Le pays à la fois agriculteur, manufacturier et commerçant est une ville qui embrasse toute une contrée, ou une campagne élevée au rang de ville. En même temps que la production matérielle augmentait sous les auspices de cette association, les forces morales ne pouvaient manquer de se développer, les institutions politiques de se perfectionner, les revenus publics, les moyens de défense et la population de s'accroître. Aussi la nation qui la première a complétement réalisé l'État à la fois agriculteur, manufacturier et commerçant, est-elle aujourd'hui, sous tous ces rapports, à la tête des autres nations.

Le système industriel ne fut point mis d'abord par écrit, il ne fut point imaginé par des écrivains ; il fut purement et simplement appliqué jusqu'à Steuart qui l'a retracé en grande partie d'après la pratique de l'Angleterre (1), de même qu'Antonio Serra avait pris dans l'histoire de Venise les éléments de son propre système. Le livre de Steuart, d'ailleurs, n'est pas à proprement parler une œuvre scientifique. La monnaie, les banques, la circulation du papier, les crises commerciales, la balance du commerce et la population en remplissent la plus grande partie ; les développements de Steuart sur ces matières sont aujourd'hui encore instructifs à plus d'un égard, mais présentés avec peu de suite et d'intelligence ; la même idée y est répétée jusqu'à dix fois. Les autres parties de l'économie politique sont superficiellement traitées ou complétement omises. Ni les forces productives ni les éléments du prix des choses n'y sont approfondis. L'auteur n'a jamais devant les yeux que l'expérience et la situation de l'Angleterre. Son livre en un mot offre tous les mérites et tous les défauts de la pratique anglaise et de celle de Colbert.

Voici en quoi consistent les mérites du système industriel vis-à-vis des systèmes qui lui ont succédé :

1° Il comprend l'importance des manufactures et leur influence sur l'agriculture, sur le commerce et sur la navigation du pays, et il les reconnaît franchement ;

2° Il choisit en général le bon moyen pour créer l'industrie manufacturière dans la nation mûre à cet effet (2) ;

---

(1) Ce système a eu pour organes, au siècle dernier, en France Melon et Forbonnais, outre-Rhin J. G. Busch, de Hambourg, que les Allemands citent encore aujourd'hui avec respect comme le fondateur de la science dans leur pays.   (H. R.)

(2) Voici ce que dit Steuart, livre Iᵉʳ, chap. XXIX : « Pour l'avancement de l'industrie, un homme d'État doit *agir* aussi bien que *permettre*, il doit protéger. La fabrication des laines aurait-elle jamais pu être introduite en France par la seule considération des avantages que la France en a retirés, si le roi n'avait pas entrepris de la soutenir, en accordant divers priviléges aux fabricants et en prohibant sévèrement les draps étrangers? Y

3° Il prend l'idée de nation pour point de départ, et considérant les nations comme des unités, il tient compte partout des intérêts nationaux.

Voici maintenant les points principaux par lesquels pèche ce système :

1° En général, il n'a pas une notion exacte du principe de l'éducation industrielle du pays ni des conditions de son application ;

2° Il provoque par conséquent de la part de peuples qui vivent sous un climat contraire aux manufactures, d'États trop petits ou trop peu avancés, une imitation mal entendue du système protecteur ;

3° Il veut, au détriment de l'agriculture, étendre la protection aux matières brutes, bien que l'agriculture soit suffisamment protégée par la nature des choses contre la concurrence étrangère ;

4° Il veut, au détriment de l'agriculture et contre toute justice, favoriser les manufactures en entravant l'exportation des matières brutes ;

5° Il n'enseigne pas à la nation parvenue à la suprématie manufacturière et commerciale qu'elle doit ouvrir son marché à la libre concurrence pour préserver de l'indolence ses manufacturiers et ses négociants ;

6° Dans la poursuite exclusive du but politique, il méconnaît les relations cosmopolites des nations entre elles, et le but du genre humain ; il entraîne ainsi les gouvernements à adopter la prohibition là où la protection aurait suffi, ou à établir des droits prohibitifs là où des droits modérés auraient mieux convenu ;

7° Enfin, par cet oubli complet du principe cosmopolite, il ne voit pas dans l'union future de tous les peuples, dans l'établissement de la paix perpétuelle et de la liberté générale du commerce, le but vers lequel tous les peuples doivent

a-t-il d'autres moyens d'établir en quelque lieu que ce soit une nouvelle fabrication ? »

tendre et dont ils doivent de plus en plus se rapprocher (1).

Les écoles modernes ont injustement reproché à ce système de ne reconnaître d'autres richesses que les métaux précieux, bien que ce ne soient que des marchandises comme toutes les autres, et d'avoir pour maxime de vendre le plus possible aux autres pays en leur achetant le moins possible.

Pour ce qui est du premier reproche, on ne peut soutenir ni de l'administration de Colbert ni de celle des Anglais depuis Georges Ier, qu'elles aient attaché un si haut prix aux importations de métaux précieux. Encourager les manufactures, la navigation et le commerce extérieur du pays, tel était l'objet de leur politique commerciale, politique qui avait ses défauts, mais qui, dans l'ensemble, a produit des résultats considérables. Nous avons vu que, depuis le traité de Méthuen, les Anglais exportaient annuellement dans les Indes orientales de grandes quantités de métaux précieux, sans considérer ces envois comme un mal.

Lorsque les ministres de Georges Ier prohibèrent en 1721 l'importation des tissus de coton et des tissus de soie de l'Inde, ils ne dirent pas qu'il s'agissait pour une nation de vendre le plus possible à l'étranger et de lui acheter le moins possible ; cette absurdité fut ajoutée au système industriel par une école postérieure ; ils déclarèrent qu'une nation ne pouvait parvenir à la puissance et à la richesse *qu'en exportant les produits de ses fabriques et en important des matières brutes et des denrées alimentaires.* L'Angleterre a jusqu'ici suivi cette maxime, et c'est en la suivant qu'elle est devenue puissante et riche ; cette maxime est la seule vraie pour un pays

(1) Ce reproche est-il mérité? Est-il vrai que la pratique administrative ne se préoccupe que du moyen, qui est la restriction, et n'aperçoive pas le but qui est la liberté? On ne peut le dire du moins de l'administrateur qui a personnifié pendant une assez longue période le système protecteur de la France; M. de Saint-Cricq ne considérait pas la protection comme éternelle; en présentant le projet de loi de douane de 1829, il déclarait nettement qu'il fallait *tendre vers la liberté commerciale;* et telle a été, il convient de l'ajouter, la doctrine constante de l'administration française depuis cette époque.   (H. R.)

de civilisation ancienne dont l'agriculture a déjà atteint un haut degré de développement (1).

CHAPITRE III.

L'ÉCOLE PHYSIOCRATIQUE OU LE SYSTÈME AGRICOLE.

Si la grande tentative de Colbert avait réussi, si la révocation de l'édit de Nantes, le faste de Louis XIV et sa passion pour la gloire, les débauches et les dissipations de son successeur n'avaient pas étouffé les germes que Colbert avait semés, si, en conséquence, il s'était formé en France une

(1) L'opinion vulgaire qui attachait un prix exagéré à la possession des métaux précieux est fort ancienne, on la retrouve chez les écrivains de l'antiquité, et elle ne peut être imputée au système mercantile, qui n'a pas su, il est vrai, s'élever au-dessus d'elle, mais qui, cependant, a provoqué la levée des restrictions et la sortie du numéraire, quand ce numéraire était employé dans le commerce des Indes orientales. Les erreurs de nos aïeux en matière d'industrie et de commerce jusqu'à l'avénement de la science économique ont été nombreuses; on les trouve en quelque sorte résumées dans un passage de l'ouvrage le plus populaire de François Bacon, ses *Essais de morale et de politique*, où elles sont mêlées à des vérités : « Les moyens qui peuvent diminuer la pauvreté dans un État consistent à dégager toutes les routes du commerce, à lui en ouvrir de nouvelles et à en bien régler la balance, à encourager les manufactures, à bannir l'oisiveté, à mettre un frein au luxe et aux dépenses ruineuses par des lois somptuaires, et à encourager aussi par des récompenses et par de bonnes lois les perfectionnements agricoles, à régler le prix des denrées, à modérer les taxes..... Une nation ne peut s'accroître, par rapport aux richesses, qu'aux dépens des autres, attendu que, ce qu'elle gagne, il faut bien que quelqu'un le perde. Or, il est trois sortes de choses qu'une nation peut vendre à une autre, savoir, le produit brut, le produit manufacturé et le prêt. Lorsque ces trois roues principales tournent avec aisance, les richesses affluent dans le pays. Quelquefois, suivant l'expression du poëte, le travail a plus de prix que la matière; je veux dire que le prix de la main-d'œuvre ou du transport excède souvent celui de la matière première et enrichit plus promptement un État. C'est ce dont nous voyons un exemple éclatant dans les Pays-Bas. » Toutes les hérésies économiques contenues dans ces lignes constituent-elles ce qu'on appelle le système mercantile? c'est une affaire de définition. Ce qui caractérise essen-

classe de riches manufacturiers et de riches négociants, si d'heureuses conjonctures avaient fait passer les biens du clergé aux mains de la bourgeoisie, et qu'ainsi eût surgi une seconde chambre énergique sous l'influence de laquelle l'aristocratie féodale eût été réformée, le système physiocratique n'aurait peut-être pas vu le jour. Évidemment ce système avait été conçu d'après la situation de la France à l'époque où il apparut, et calculé uniquement pour cet État.

La plus grande partie du sol, en France, était alors entre les mains du clergé et de la noblesse. Les paysans qui le cultivaient

tiellement ce système, c'est, comme le dit Adam Smith, de chercher à enrichir les sociétés particulièrement à l'aide des manufactures et du commerce ; et l'état social de l'Europe avant 1789 explique suffisamment une préférence qui n'a plus de sens aujourd'hui ; cette tendance de la pratique qui résultait de la nature des choses a trouvé ses théoriciens inexpérimentés, dont les doctrines n'ont exercé d'ailleurs sur elle que peu d'influence ; car les restrictions commerciales ont été provoquées par l'intérêt bien ou mal entendu du travail du pays et par les haines nationales beaucoup plus souvent que par la théorie de la balance du commerce. Le grand moyen du système mercantile, ou la protection douanière, a survécu à cette théorie aujourd'hui décriée, et il a peut-être encore plus d'avenir que beaucoup d'économistes ne le supposent. Quoi qu'il en soit, la science doit faire une certaine part à ce qui a occupé et à ce qui occupe encore dans les faits une si large place.

(H. R.)

— Quelles qu'aient été les erreurs et les absurdités du système mercantile tel qu'il a été pratiqué par les hommes d'État de l'Angleterre durant les deux derniers siècles, elles ne sont pas comparables aux erreurs et aux absurdités de la théorie actuellement en vogue, telle qu'elle a été développée par les économistes. Les deux systèmes exagèrent l'importance du commerce, et en font un agent principal dans la production de la richesse. Ils oublient que le commerce n'est que le serviteur de l'industrie, l'agent de la distribution des produits de celle-ci. Le système mercantile a sur l'école moderne cet avantage, qu'il employait les restrictions commerciales pour protéger et pour encourager l'industrie, tandis que l'école ne demande autre chose que des opérations de négociants affranchis de toute entrave et libres de faire tout ce que l'amour du gain peut leur conseiller. Si l'ancien système a été appelé système mercantile, le nouveau devrait être désigné par le nom de système commercial, comme étant, en réalité, beaucoup plus commercial que le premier. Il remet les intérêts de l'industrie, les intérêts matériels du pays en général, aux mains des négociants.

Nous espérons que le temps n'est pas éloigné où le système industriel sera inauguré, non-seulement pour la production de la richesse, mais pour le développement du bien-être de l'homme, ainsi que des ressources et de la puissance de la nation. (S. COLWELL.)

languissaient dans le servage et dans la sujétion personnelle, en proie à la superstition, à l'ignorance, à la paresse et à la misère. Ceux entre les mains desquels se trouvaient les instruments de la production, tout entiers à la poursuite des frivolités, n'avaient ni l'intelligence ni le goût de l'agriculture; ceux qui conduisaient la charrue étaient dépourvus de toutes ressources intellectuelles ou matérielles pour les améliorations agricoles. L'oppression sous laquelle les institutions féodales faisaient gémir l'agriculture était aggravée par les insatiables exigences de la monarchie envers les producteurs, exigences d'autant plus difficiles à satisfaire que la noblesse et le clergé étaient exempts d'impôts. Dans de pareilles circonstances, les industries les plus importantes, c'est-à-dire celles qui se basent sur la production agricole du pays et sur la consommation de la grande masse de la population, ne pouvaient pas fleurir; celles-là seules pouvaient prospérer, qui fournissaient des objets de luxe aux classes privilégiées. Le commerce extérieur était borné par l'impuissance où se trouvaient les producteurs matériels de consommer de fortes quantités de denrées de la zone torride et de les solder avec l'excédant de leurs produits; le commerce intérieur était étouffé par les douanes provinciales.

Il est fort naturel, dans un tel état de choses, que des penseurs, après avoir réfléchi sur les causes de la misère qui régnait, aient été convaincus que, tant que l'agriculture ne serait pas délivrée de ses chaînes, tant que les possesseurs du sol et des capitaux ne s'intéresseraient pas à elle, que les paysans resteraient plongés dans la sujétion personnelle, dans la superstition, dans la paresse et dans l'ignorance, que les impôts ne seraient pas diminués et répartis avec équité, que les barrières intérieures subsisteraient et que le commerce extérieur ne fleurirait pas, le pays ne pouvait pas prospérer.

Mais ces penseurs étaient médecins du monarque et de la cour, protégés et amis intimes de la noblesse et du clergé; ils ne voulaient pas faire une guerre ouverte à la puissance absolue, pas plus qu'au clergé et à la noblesse. Il ne leur restait

donc d'autre expédient que d'envelopper leur plan de réforme
dans les ténèbres d'un système abstrus, de même qu'avant et
après eux des idées de réforme politique et religieuse se sont
couvertes du voile de systèmes philosophiques. A l'exemple
des philosophes de leur époque et de leur pays, qui, au milieu
de la décomposition de la France, cherchaient une consolation
dans le vaste champ de la philanthropie et du cosmopolitisme,
à peu près comme un père de famille ruiné et au désespoir va
chercher des distractions au cabaret, les physiocrates s'en-
gouèrent du principe cosmopolite de la liberté du commerce
comme d'une panacée qui devait guérir tous les maux du
pays. Après avoir recueilli cette idée dans les espaces, ils
creusèrent profondément, et ils trouvèrent dans le *revenu net*
du sol une base conforme à leurs vues. Alors fut construit le
système : « Le sol seul donne un revenu net, donc l'agriculture est la source unique de la richesse, » maxime d'où se
déduisaient d'importantes conséquences. D'abord tout l'édifice
féodal devait crouler, et cela dans l'intérêt des propriétaires
fonciers eux-mêmes, puis tous les impôts devaient être établis
sur le sol, comme sur la source de toute richesse, et ainsi
prenait fin l'immunité de la noblesse et du clergé ; enfin les
fabricants formaient une classe improductive, qui n'avait point
de taxe à payer, mais point de titres non plus à la protection
de l'État, ce qui entraînait l'abolition des douanes.

En un mot, on recourut aux arguments et aux allégations
les plus absurdes pour prouver les grandes vérités qu'on avait
entrepris d'établir.

De la nation, de son degré de culture et de sa situation vis-
à-vis des autres peuples, il ne pouvait être question ; l'*Encyclopédie méthodique* l'enseigne, le bien-être de l'individu dépend
de celui du genre humain. Il n'y avait, par conséquent, plus
de nations, plus de guerres, plus de restrictions commerciales
de la part de l'étranger ; l'histoire et l'expérience étaient mé-
connues ou défigurées.

On trouvait dans ce système le grand avantage de paraître
combattre contre le système de Colbert et contre les privi-

léges des manufacturiers en faveur des propriétaires du sol, tandis que les coups portaient principalement sur les priviléges de ces derniers. Le pauvre Colbert était seul responsable du triste état de l'agriculture française, quand tout le monde savait que la France ne possédait une grande industrie que depuis Colbert, et que le bon sens le plus vulgaire comprend que les manufactures sont le principal moyen de faire fleurir l'agriculture et le commerce.

La révocation de l'édit de Nantes, les guerres étourdies de Louis XIV et les prodigalités de Louis XV étaient complétement oubliées.

Quesnay a, dans ses ouvrages, reproduit et réfuté une à une les objections que son système avait rencontrées ; on s'étonne de tout ce qu'il met de bon sens dans la bouche de ses adversaires, et de tout ce qu'il leur oppose d'absurdité mystique. Toute cette absurdité, néanmoins, était réputée sagesse par les contemporains du réformateur, parce que la tendance de son système répondait à la situation de la France d'alors ainsi qu'au penchant cosmopolite du dix-huitième siècle (1).

(1) « Qu'on maintienne l'entière liberté du commerce, car la police du commerce intérieur et extérieur la plus sûre, la plus exacte, la plus profitable à la nation et à l'État, consiste dans la pleine liberté de la concurrence. » Telle est la 25e des *Maximes générales* de Quesnay. J'ai déjà fait observer dans une note précédente que la république universelle dont il parle ne s'entend que des commerçants, qu'il distingue des nations auxquelles ils appartiennent; son disciple Dupont de Nemours a dit quelque part, il est vrai, que « exactement parlant, il n'existe dans le monde qu'une seule société humaine, » et, d'après Turgot, « quiconque n'oublie pas qu'il y a des États politiques séparés les uns des autres et constitués diversement, ne traitera jamais bien aucune question d'économie politique; » mais ce n'est pas cette pensée cosmopolite qui a dicté la maxime du maître en faveur de la liberté absolue du commerce international. Ce n'est pas davantage une appréciation scientifique du commerce extérieur, en tant qu'il opère sur le globe une division meilleure du travail et qu'il multiplie nos jouissances. Pour Quesnay, le commerce extérieur est « un *pis aller* pour les nations auxquelles le commerce intérieur ne suffit pas pour débiter avantageusement les productions de leur pays. » Il voit surtout dans la liberté du commerce extérieur un moyen d'assurer un prix élevé aux produits agricoles, et de diminuer, par la concurrence, les salaires que, suivant lui, les agriculteurs paient aux ma-

CHAPITRE IV.

LE SYSTÈME DE LA VALEUR ÉCHANGEABLE, APPELÉ A TORT PAR L'ÉCOLE SYSTÈME INDUSTRIEL (1).

La doctrine d'Adam Smith en matière de commerce international n'est qu'une continuation de celle des physiocrates. Comme celle-ci, elle ignore la nationalité, elle exclut presque

nufacturiers et aux commerçants. Quesnay est mieux inspiré lorsque, s'attaquant à un préjugé grossier qui subsistait encore de son temps, il s'écrie dans son *Dialogue sur le commerce :* « Cessez d'envisager le commerce entre les nations comme un état de guerre et comme un pillage sur l'ennemi, et persuadez-vous enfin qu'il ne vous est pas possible d'accroître vos richesses aux dépens d'autrui par le commerce. »

Le jugement qu'il porte sur l'administration de Colbert est des plus légers et des plus injustes ; mais c'est par inadvertance que List reproche au chef de l'école physiocratique d'avoir oublié la révocation de l'édit de Nantes. Quesnay dit en propres termes, dans le même paragraphe où il accuse Colbert d'avoir provoqué la destruction de tous les revenus du pays : « Diverses causes d'émigration des hommes et des richesses hâtèrent les progrès de cette destruction ; » et une de ses *Maximes*, ainsi formulée : « Qu'on évite la désertion des habitants qui emporteraient leurs richesses hors du royaume, » témoigne que la grande faute de Louis XIV était présente à sa mémoire.

Quels qu'aient été, du reste, les torts et les erreurs des physiocrates, nous ne saurions avoir à leur égard trop de reconnaissance pour les services qu'ils ont rendus au pays en préparant quelques-uns des résultats les plus féconds de la révolution française, et pour les éléments précieux que leur système a laissés à la science positive de l'économie politique.   (H. R.)

(1) Ce n'est que par opposition au système agricole absolu des physiocrates qu'on a pu donner à l'ensemble des doctrines d'Adam Smith le nom de système *industriel*. Ce nom ne lui est nullement applicable, si on le prend dans le sens de *manufacturier ;* car, tout en restituant aux manufactures la faculté productive, Adam Smith ne cache pas ses préférences pour l'agriculture et pour les agriculteurs. En tous cas, il me paraît peu convenable de qualifier de système ce qui est déjà la science. Quant à la dénomination que List emploie, elle ne s'entend et ne peut s'entendre que de la théorie de la liberté du commerce telle qu'elle est formulée dans la *Richesse des nations.*
                    (H. R.)

absolument la politique et le gouvernement, elle suppose l'existence de la paix perpétuelle et de l'association universelle, elle méconnaît les avantages d'une industrie manufacturière nationale, ainsi que les moyens de l'acquérir, elle réclame la liberté absolue du commerce.

Adam Smith, marchant dans la voie où les physiocrates l'avaient devancé, a commis la faute capitale de considérer la liberté absolue du commerce comme une exigence de la raison, et de ne pas étudier à fond le développement historique de cette idée.

Le biographe intelligent d'Adam Smith, Dugald-Stewart, nous apprend que vingt-un ans avant la publication de son livre, c'est-à-dire en 1755, Smith avait, dans une Société littéraire, prononcé les paroles suivantes qui lui attribueraient la priorité de l'idée de la liberté du commerce (1): « L'homme est ordinairement considéré par les hommes d'État et par les faiseurs de projets comme la matière d'une sorte d'industrie politique. Ces faiseurs de projets troublent les opérations de

---

(1) D'après Mac Culloch, Smith avait eu en Angleterre même plus d'un devancier dans cette voie de la liberté du commerce, par exemple Dudley North, Matthieu Decker, Josiah Tucker.   (*Note de la première édition.*)

— M. Roscher a publié en 1851 un écrit sur l'histoire de l'économie politique chez les Anglais. Après y avoir analysé les ouvrages des prédécesseurs de l'auteur de la *Richesse des nations* jusqu'à la fin du dix-septième siècle, il conclut dans les termes suivants :

« Adam Smith n'a nullement découvert, comme on le croit communément, les vérités qu'il a exposées. Nous sommes loin de lui attribuer l'intention de rabaisser ses prédécesseurs; mais il est certain qu'il a contribué en fait par son rare talent de forme et de systématisation à les mettre dans l'ombre, malgré leur mérite. Les principaux éléments de son système sont nationaux en ce sens que les germes s'en retrouvent chez les plus distingués de ses devanciers. Dans le détail même, beaucoup de résultats importants de l'âge d'or de l'économie politique anglaise avaient eu, depuis un demi-siècle et même plus tôt, leurs précurseurs. Par cette observation on ne diminue pas la gloire d'Adam Smith, pas plus qu'on ne le ferait en signalant les perfectionnements apportés à sa doctrine par ses successeurs. C'est, au contraire, faire d'un grand esprit le plus bel éloge que de le placer, pour ainsi dire, au centre de l'histoire, de telle sorte que tout ce qui le précède est comme sa préparation, et tout ce qui vient après lui comme son développement. »

(H. R.)

la nature dans les affaires humaines, tandis qu'il faudrait l'abandonner à elle-même et la laisser agir librement afin qu'elle atteignît son but. Pour élever un État du dernier degré de barbarie au plus haut degré d'opulence, il ne faut que trois choses : la paix, des taxes modérées, et une administration tolérable de la justice ; tout le reste est amené par le cours naturel des choses. Tout gouvernement qui s'oppose à ce cours naturel, qui veut donner aux capitaux une autre direction ou arrêter la société dans ses progrès, se révolte contre la nature et devient, pour se maintenir, oppresseur et tyrannique. »

Cette pensée fondamentale servit de point de départ à Adam Smith, et ses travaux ultérieurs n'eurent d'autre but que de l'établir et de la mettre en lumière. Il y fut confirmé plus tard par Quesnay, Turgot et les autres coryphées de l'école physiocratique, dont il fit la connaissance en 1765 dans un voyage en France.

Évidemment Adam Smith voyait dans l'idée de la liberté du commerce la base sur laquelle il devait fonder sa réputation littéraire. Il est donc naturel que, dans son ouvrage, il se soit attaché à écarter et à combattre tout ce qui faisait obstacle à cette idée, qu'il se soit considéré comme le champion de la liberté commerciale absolue, qu'il ait pensé et écrit sous cette préoccupation.

Comment, avec cette idée préconçue, eût-il pu apprécier les choses et les hommes, l'histoire et la statistique, les mesures de gouvernement et leurs auteurs, d'un autre point de vue que celui de leur conformité ou de leur discordance avec son principe ?

Le passage de Dugald-Stewart qui vient d'être cité contient en germe tout le système d'Adam Smith. Le gouvernement ne peut et ne doit avoir d'autre tâche que de faire rendre une exacte justice et de lever le moins d'impôts possible. Les hommes d'État qui essaient de faire naître les manufactures, de développer la navigation, d'encourager le commerce extérieur, de le protéger à l'aide de forces navales, de fonder ou d'acquérir des colonies, sont à ses yeux des faiseurs de projets qui arrêtent les progrès de la société. Il n'existe point pour lui de nation; il ne voit qu'une société, c'est-à-dire des individus réunis. Les individus savent parfaitement l'industrie qui leur est le plus avantageuse, et sont parfaitement en état de choisir les moyens qui les conduiront au bien-être.

Cette annihilation complète de la nationalité et du gouvernement, cette exaltation de la personnalité devenue l'origine de toute force productive, ne pouvaient paraître plausibles qu'autant qu'on prenait pour objet principal de ses études, non pas la force productive, mais le produit, c'est-à-dire la richesse matérielle, ou plutôt uniquement la valeur échangeable du produit. Il fallait que le matérialisme servît d'escorte à l'individualisme, pour cacher les quantités immenses de forces que l'individu puise dans la nationalité, dans l'unité nationale et dans l'association nationale des forces productives. Il fallait réduire l'économie politique à une *théorie pure et simple des valeurs*, puisque ce sont les individus seuls qui produisent des valeurs, et que l'État, incapable d'en créer, doit borner toute son activité à éveiller, à protéger et à encourager les forces productives des individus. De ce point de vue, l'économie politique peut se résumer de la manière suivante : la richesse consiste dans la possession de valeurs échangeables. Les valeurs échangeables se produisent par le travail individuel uni aux agents naturels et aux capitaux. Les capitaux se forment par l'épargne ou par l'excédant de la production sur la consommation. Plus la masse des capitaux est considérable, plus grande aussi est la division du travail, et, par suite, la puissance productive. L'intérêt privé est le meilleur stimulant au travail et à l'épargne. Le comble de la sagesse, dans le gouvernement, consiste, par conséquent, à ne soumettre l'activité nationale à aucune entrave et à ne pourvoir qu'à la sécurité. Il est insensé de contraindre les particuliers par des règlements à produire eux-mêmes ce qu'ils pourraient faire venir à plus bas prix de l'étranger.

Ce système si conséquent, qui analyse les éléments de la

richesse, qui retrace avec une clarté lumineuse l'œuvre de la production, qui paraît réfuter si péremptoirement les erreurs des précédentes écoles, dut nécessairement être accepté faute d'un autre. Mais, au fond, ce système n'était autre chose que *l'économie privée de tous les individus d'un pays ou du genre humain tout entier, telle qu'elle se constituerait s'il n'y avait point de nations ni d'intérêts nationaux, point de guerres ni de passions nationales ;* ce n'était qu'une théorie des valeurs, une théorie de comptoir, et non la doctrine qui enseigne comment les forces productives de toute une nation sont éveillées, accrues, entretenues et conservées dans l'intérêt de sa civilisation, de sa prospérité, de sa puissance, de sa durée et de son indépendance.

Ce système envisage tout du point de vue du marchand. La valeur des choses est la richesse ; il ne s'agit que d'acquérir des valeurs. Le développement des forces productives, il l'abandonne au hasard, à la nature ou au bon Dieu, comme on voudra ; il n'y a que le gouvernement qui n'ait rien à y voir, il n'y a que la politique qui ne doive point se mêler de l'accumulation des valeurs. Il veut acheter toujours au meilleur marché ; que les importations ruinent les fabriques du pays, peu importe. Les nations étrangères allouent des primes d'exportation sur leurs produits fabriqués; tant mieux, il n'en achète qu'à plus bas prix. Ceux-là seuls qui produisent des valeurs échangeables sont des producteurs à ses yeux. Il reconnaît bien dans le détail les avantages de la division du travail; mais, les effets de cette même division du travail appliquée à la nation, il ne les découvre pas. Ce n'est que par les épargnes individuelles qu'il augmente les capitaux, et c'est seulement dans la mesure de l'accroissement de ses capitaux qu'il peut étendre ses affaires ; quant au développement de la force productive, déterminé par l'établissement de fabriques dans le pays, par le commerce extérieur et par la puissance nationale qui en résultent, il n'y attache aucun prix. L'avenir de la nation lui est indifférent, pourvu que les particuliers acquièrent des valeurs échangeables. Il ne connaît que la rente de la terre, et point la valeur des fonds de terre ; il ne voit pas que la plus grande partie de la richesse d'un pays consiste dans la valeur de ses fonds de terre et de ses immeubles. L'influence du commerce extérieur sur le prix des terres, les fluctuations et les calamités qu'il entraîne, ne le préoccupent nullement. En un mot, c'est le système mercantile (1) le plus absolu, le plus conséquent, et il est incroyable qu'on ait pu qualifier de ce nom le système de Colbert, tout industriel par ses tendances, puisque, sans tenir compte d'un gain ou d'une perte temporaire en valeurs échangeables, il n'a en vue que la création d'une industrie nationale, d'un commerce national.

Nous ne voulons point, toutefois, mettre en question les titres éminents d'Adam Smith. Le premier il a appliqué avec succès la *méthode de l'analyse* à l'économie politique. A l'aide de cette méthode et d'une pénétration extraordinaire, il a porté la lumière dans les branches les plus importantes de la science, restées jusque-là enveloppées de ténèbres. Avant Adam Smith, il n'y avait qu'une pratique ; ses travaux ont rendu possible la constitution d'une science de l'économie politique, et il a fourni à cet effet plus de matériaux que ses devanciers et que ses successeurs.

Mais les mêmes propriétés de son esprit auxquelles nous devons ses remarquables analyses économiques, expliquent aussi comment il n'a pas embrassé l'ensemble de la société, comment il n'a pu réunir les détails dans un tout harmonieux, comment il a négligé la nation pour les individus, comment, préoccupé de la libre activité des producteurs, il a

---

(1) Ce n'est pas là proprement un système *mercantile*, par la raison qu'un marchand éclairé comprend parfaitement, dans l'occasion, la nécessité de certains sacrifices actuels en vue de bénéfices à venir ; c'est un système *libéral exagéré*. Adam Smith a été conduit à prononcer un arrêt si absolu contre les restrictions douanières, non par un engouement pour le commerce extérieur qu'il jugeait infiniment moins avantageux que le commerce intérieur, mais par un respect outré de la liberté et par une foi trop vive dans la puissance de l'individu abandonné à lui-même. Il n'a pas d'ailleurs été toujours conséquent avec lui-même ; et, cette intervention du gouvernement dans l'industrie, qu'il réprouve, souvent avec raison, il l'a quelquefois conseillée dans des cas où elle ne produirait que du mal.   (H. R.)

perdu de vue le but national. Lui, qui comprend si bien les avantages de la division du travail dans une manufacture, ne voit pas que le même principe s'applique avec la même énergie à des provinces et à des nations entières.

Notre jugement est pleinement d'accord avec ce que Dugald-Stewart dit d'Adam Smith. Smith savait apprécier quelques traits d'un caractère avec la sagacité la plus rare ; mais s'il portait un jugement sur l'ensemble d'un caractère ou sur l'ensemble d'un livre, on était tout étonné du peu d'étendue et de justesse de ses aperçus. Il ne savait pas même juger sûrement ceux avec lesquels il avait vécu durant plusieurs années dans l'amitié la plus intime. « Le portrait, dit le biographe, était toujours vivant et expressif, il avait une grande ressemblance avec l'original considéré sous un certain point de vue, mais il n'en reproduisait pas une exacte et complète image dans tous les sens et sous tous les rapports. (1) »

(1) Plus tard, dans un écrit qu'une note précédente a mentionné, List a été plus juste envers Adam Smith, contre lequel son seul grief, en dernière analyse, était la doctrine de la liberté illimitée du commerce. J'avais dit dans l'*Association douanière allemande*, qu'Adam Smith, s'il reparaissait parmi nous, serait probablement moins absolu à cet égard ; en effet, s'il était d'un esprit généreux au siècle dernier de réagir passionnément contre une réglementation abusive, dans ce siècle-ci il est d'une intelligence éclairée de distinguer entre l'abus et l'usage : il s'est produit de plus, depuis quatre-vingts ans, des faits considérables auxquels la science ne peut fermer les yeux. C'est ce dernier point de vue que List a développé avec force dans le passage suivant, en montrant quels changements l'invention des machines a apporté dans l'industrie manufacturière et dans la situation respective des différentes nations :

« Richelot a grande raison de dire que, si Adam Smith reparaissait parmi nous, il serait d'un tout autre avis sur la liberté du commerce. Lorsque Adam Smith a écrit son ouvrage, on ne pouvait pas prévoir à quel point la révolution de toutes les industries causée par l'essor des sciences modifierait l'économie des nations. Alors liberté du commerce était synonyme de division des principales branches de travail entre les peuples industriels. Aujourd'hui que nous connaissons l'action des machines et que nous pouvons en soupçonner les effets ultérieurs, la liberté commerciale serait la dissolution de toutes les nationalités restées en arrière, au profit des plus avancées.....

« A cette époque, l'Angleterre, la France et l'Allemagne étaient dans leurs productions industrielles, sinon tout à fait, du moins à peu près au même degré d'avancement. Chacune de ces contrées avait sa branche dans

CHAPITRE V.

CONTINUATION DU PRÉCÉDENT.

JEAN-BAPTISTE SAY ET SON ÉCOLE.

Au fond Say n'a fait que mettre en ordre les matériaux confusément entassés par Adam Smith, les rendre intelligibles

laquelle elle excellait : l'Angleterre la fabrication des draps, l'Allemagne celle des toiles, la France celle des soieries. C'étaient là dans la concurrence internationale les trois industries de beaucoup les plus importantes, car il était alors si peu question de celle du coton, que le mot d'industrie du coton ne se trouve même pas dans les écrits d'Adam Smith, et la fabrication du fer, dans laquelle l'Allemagne avait encore les devants sur les deux autres pays, ne présentait alors que peu d'importance sous ce rapport. Non-seulement l'Angleterre, la France et l'Italie, mais encore l'Espagne et le Portugal avec leurs colonies étaient approvisionnées de toiles en majeure partie par l'Allemagne. La France et la Hollande, l'Espagne et le Portugal ne prenaient pas à la production coloniale une part moindre que l'Angleterre, et l'Allemagne ne le cédait à aucune autre contrée pour le débouché dans les régions tropicales de ses articles fabriqués ; la consommation des denrées coloniales était d'ailleurs insignifiante comparativement à ce qu'elle est aujourd'hui. Partout, excepté dans les colonies, les classes moyennes et inférieures ne consommaient, en fait d'objets manufacturés que ceux qui avaient été produits dans l'intérieur des familles, ou du moins, à une époque où chaque ville, chaque district, souvent même chaque village avait son costume particulier, sur les lieux mêmes ou dans le voisinage. Au lieu de s'étendre aux articles de grand débit, si l'on excepte les toiles dont la fabrication était aux mains des Allemands, la concurrence internationale se réduisait aux consommations relativement restreintes des hautes classes.

« En supposant, dans un tel état de choses, une libre concurrence de ces trois nations industrielles, on pouvait difficilement s'empêcher de reconnaître qu'elle leur serait également profitable à toutes trois. Aucune d'elles n'avait sur les deux autres une trop grande avance dans le commerce avec les contrées tropicales, dans la possession des capitaux, dans l'outillage ou dans les frais de production. Chacune possédait des avantages particuliers à l'égard de quelques articles, sans être trop en arrière de ses rivales dans son éducation industrielle générale, dans ses relations commerciales et dans la fabrication des autres objets.

« Il était fort naturel dans de pareilles circonstances que la théorie du

et les populariser ; possédant à un haut degré le talent de systématiser et d'exposer, il y a pleinement réussi. On ne

libre commerce fût accueillie, qu'on n'eût pas le moindre soupçon des dangers qu'elle portait dans son sein, et qu'Adam Smith représentât le système protecteur comme le produit de l'intérêt personnel et de l'esprit de routine des industriels.

« Les progrès des sciences, les grandes inventions et, surtout, les machines, les changements politiques et commerciaux, ont, dans le cours des quatre-vingts dernières années, déterminé une révolution industrielle depuis laquelle ce qui précédemment avait passé pour sagesse est devenu folie, et ce qui avait paru éminemment avantageux se trouve plein de périls.

« Pous nous faire une idée nette de la prépondérance que la puissance des capitaux et des machines a acquise sur le travail manuel, nous n'avons qu'à imaginer une lutte entre un bateau à vapeur et une barque. Quelques efforts que fassent les rameurs de la barque, fussent-ils au nombre de cent, fussent-ils doués d'une intelligence et d'une force de corps remarquables, ils seraient aisément distancés par deux hommes d'une capacité et d'une vigueur tout à fait ordinaires.....

« Précédemment un pays industriel ne pouvait produire pour les autres pays qu'une faible quantité d'objets manufacturés, parce que l'augmentation des salaires était un obstacle naturel à un développement extraordinaire de la production ; l'Angleterre, par conséquent, sous le régime de la liberté commerciale, n'aurait pu se présenter sur les marchés étrangers qu'avec le produit de centaines de mille d'ouvriers ; aujourd'hui, à l'aide de ses machines, elle offre sur ces mêmes marchés l'équivalent du produit de centaines de millions de bras, et il n'y a pas de raison pour que, sous la libre concurrence, elle ne centuple pas cette production.

« Précédemment la concurrence internationale ne portait que sur les objets de luxe et que sur un petit nombre d'articles ; aujourd'hui les nations industrielles les plus avancées sont, par les prix minimes de leurs produits, en mesure de détruire toutes les manufactures des peuples moins avancés, et jusqu'à une grande partie de ces petites industries qu'on avait crues jusqu'à présent attachées aux localités.

« Précédemment chaque industrie était quelque chose d'existant par soi-même, dont la prospérité et la conservation reposaient sur l'habileté des ouvriers et sur l'activité des entrepreneurs, dont l'existence n'était mise en péril que rarement et sous l'action persévérante de causes destructives, et dont la chute n'exerçait que peu d'influence sur l'ensemble du travail national ; aujourd'hui l'industrie manufacturière d'un grand pays forme un ensemble fondé sur la puissance des machines et sur la possession de capitaux considérables, qui permet aux nations les plus avancées, non-seulement d'exceller dans quelques branches, mais de primer dans toutes, non-seulement de supplanter pour un temps limité, dans quelques branches, les nations relativement en arrière, mais de les dépouiller de tout avenir industriel. »

(H. R.)

trouve dans ses écrits rien de nouveau ni d'original (1), si ce n'est qu'il réclame pour les travaux intellectuels la qualité de productifs qu'Adam Smith leur refuse. Mais cette idée, très-juste dans la théorie des forces productives, est en contradiction avec celles des valeurs échangeables, et Smith est évidemment plus conséquent avec lui-même que J.-B. Say. Les travailleurs intellectuels ne produisent point directement de valeurs échangeables, ils diminuent plutôt immédiatement par leurs consommations la masse des revenus et des épargnes, ou la richesse matérielle. Aussi le motif pour lequel J.-B, Say, de son point de vue, attribue la productivité aux travaux intellectuels, à savoir qu'ils sont rétribués avec des valeurs échangeables, n'a-t-il absolument rien de réel ; car ses valeurs sont déjà produites avant de passer aux mains des travailleurs intellectuels ; elles ne font que changer de possesseur ; mais leur quantité n'est pas accrue par cet échange. On ne peut donner le titre de producteurs aux travailleurs intellectuels qu'autant qu'on voit la richesse nationale dans les forces productives de la nation et non dans la possession des valeurs échangeables. Say se trouvait à cet égard vis-à-vis de Smith dans la même situation où Smith s'était trouvé vis-à-vis des physiocrates. Pour ranger les manufacturiers parmi les producteurs, Adam Smith dut élargir la notion de la richesse, et Say, de son côté, se trouva dans l'alternative, ou d'adopter, après Adam Smith, cette absurdité que les travaux intellectuels ne sont point productifs, ou d'étendre la notion de la richesse nationale comme avait fait son prédécesseur, de l'appliquer à la force productive et de dire que la richesse nationale consiste, non dans la possession des valeurs échangeables, mais bien dans celle de la force productive, de même que la richesse d'un pêcheur consiste à posséder, non pas des poissons, mais la capacité et les moyens de continuer à prendre autant de poissons qu'il lui en faut.

(1) List a oublié la théorie des débouchés dont les économistes anglais eux-mêmes ne contestent pas le mérite à notre illustre compatriote, théorie qui, du reste, comporte des réserves. (H. R.'

Il est digne de remarque, et, si nous ne nous trompons, on l'ignore généralement, que J.-B. Say avait un frère dont le bon sens et la sagacité avaient reconnu l'imperfection de la théorie des valeurs échangeables, et que lui-même, en présence des doutes de ce frère, a exprimé des doutes sur la vérité de sa doctrine.

Louis Say, de Nantes, pensait qu'il s'était introduit dans l'économie politique une vicieuse nomenclature, source de nombreuses difficultés, et que son frère même n'était pas sans reproche à cet égard (1). Dans son opinion, la richesse des nations consiste, non dans les biens matériels et dans leur valeur échangeable, mais dans le pouvoir de produire ces biens d'une manière continue. La théorie de la valeur échangeable de Smith et de J.-B. Say n'envisage la richesse que du point de vue étroit d'un marchand, et le système qui veut réformer ce qu'on appelle le système mercantile n'est pas lui-même autre chose qu'un étroit système mercantile. Jean-Baptiste avait répondu aux doutes et aux objections de son frère, que sa méthode (sa méthode à lui J.-B. Say ?), savoir la théorie de la valeur échangeable, *était loin d'être bonne, mais que la difficulté était d'en trouver une meilleure* (2).

(1) Louis Say, *Études sur la richesse des nations*. Préface, page IV.

(2) Voici les propres termes dont s'est servi Louis Say dans sa brochure, publiée en 1846 :

Préface, page IV : « Quoique Adam Smith ait beaucoup contribué à l'avancement de la science de la richesse des nations, cependant sa fausse théorie, ainsi que la vicieuse nomenclature qu'il y a introduite, a fait naître presque toutes les difficultés qu'elle présente. »

Page 10 : « La richesse de quelqu'un consiste bien dans le pouvoir qu'il a de satisfaire ses besoins et ses goûts, mais, cependant, pourvu que ce ne soit pas momentanément; car quelqu'un qui pourrait en satisfaire une immense quantité en un seul jour, et ne pourrait en satisfaire aucun le jour suivant, serait moins riche que celui qui peut en satisfaire une moins grande quantité, mais un grand nombre de jours. »

Note, page 14 : « L'école moderne d'Adam Smith appelle le système qui fait consister la richesse dans les métaux précieux, le système mercantile. Les marchands font consister la richesse dans la valeur vénale de ce qu'ils possèdent, et c'est son système qui doit être appelé le système mercantile. »

Note, page 36 : « Lorsque J.-B. Say, mon frère, me demanda mes obser-

Comment? d'en trouver une meilleure? Est-ce que son frère Louis ne l'avait pas trouvée? Mais ou l'on ne possédait pas assez de pénétration pour comprendre et pour développer l'idée vaguement exprimée par ce frère, ou bien on ne voulait pas dissoudre une école déjà fondée et enseigner justement le contraire de la doctrine à laquelle on devait sa célébrité.

Ce qui appartient à Say dans ses ouvrages, c'est seulement la forme du système, c'est sa définition de l'économie politique comme science de la production, de la distribution et de la consommation des richesses. C'est grâce à cette division des matières et à sa mise en œuvre que Say a réussi et fait école. On ne doit pas s'en étonner ; car tout y était palpable

---

vations sur son *Traité d'économie politique*, je fus frappé de la lumière qu'il répandait sur cette science, en établissant :

« Qu'il n'y a véritablement production de richesse que là où il y a création ou augmentation d'utilité, et par utilité il entend la faculté qu'ont certaines choses de satisfaire aux divers besoins des hommes ;

« Que l'utilité d'une chose constitue sa valeur réelle et technique ;

« Que la richesse est en proportion de cette valeur.

« Mais, quand je vis qu'un peu plus loin il se servait de la valeur vénale ou commerciale des choses pour en évaluer la plus ou moins grande utilité, je lui fis observer que cette méthode d'évaluation me paraissait fort inexacte et même capable d'entraîner dans de graves erreurs. Il me répondit qu'effectivement cette méthode était loin d'être bonne, mais que la difficulté était d'en trouver une meilleure. »

J'ajouterai ici quelques extraits du même écrit concernant la question du commerce international.

Page 67 : « Adam Smith a commis une grave erreur en faisant considérer comme une perte sans compensation pour une nation toute la différence qui peut exister entre le prix moins élevé d'un produit de l'industrie étrangère et le prix plus élevé de ce même produit obtenu par l'industrie nationale ; il y a perte effectivement, car cette différence diminue d'autant le revenu du consommateur de ce produit industriel ; c'est une espèce d'impôt mis sur lui, mais cette diminution de revenu est souvent compensée par l'augmentation du revenu tout entier dont ce produit a été l'occasion pour la classe industrielle nationale. »

Page 75 : « Pour résumer ce que je viens de dire à ce sujet, je pense qu'il ne faut pas adopter d'une manière absolue, à l'égard du commerce avec l'étranger, soit le système de liberté sans limites, soit le système restrictif complet; mais que l'impôt sur le consommateur ne doit être toléré que s'il en résulte un avantage évident pour la richesse de l'État. »

(H. R.)

pour ainsi dire, tant Say avait su retracer avec une clarté saisissante les procédés de la production et les forces individuelles qu'elle occupe, tant il avait rendu intelligible, dans sa sphère restreinte, le principe de la division du travail, tant il avait nettement expliqué le commerce des individus ! Il n'y avait pas d'artisan ni de boutiquier qui ne pût le comprendre, et qui ne le comprît d'autant mieux que J.-B. Say lui apprenait moins de choses nouvelles. Car, que, chez le potier, les bras et l'adresse, ou le *travail*, doivent concourir avec l'argile, ou la *matière première*, pour produire, au moyen du tour, du four à cuire et du bois à brûler, ou *du capital*, des pots, c'est-à-dire des *produits ayant de la valeur* ou des *valeurs échangeables*, c'était depuis longtemps connu dans toute honnête poterie ; seulement on ne savait pas désigner ces choses par des termes savants ni les généraliser au moyen de ces termes. Bien peu de boutiquiers, sans doute, ignoraient avant J.-B. Say que, dans un échange, les deux parties peuvent réaliser un gain, et que celui qui envoie pour mille thalers (3,750 fr.) de marchandises à l'étranger, et qui reçoit une valeur de 1,500 (5,625 fr.) en retour, gagne 500 thalers (1,875 fr.). On savait depuis longtemps que le travail enrichit et que la paresse engendre la misère, que l'intérêt personnel est l'aiguillon le plus puissant à l'activité, et que, pour avoir des poulets, il ne faut pas manger les œufs. On ne savait pas, il est vrai, que tout cela était de l'économie politique ; mais on était ravi de se voir si facilement initié aux plus profonds secrets de la science, d'être affranchi par elle de taxes odieuses qui enchérissent si fort nos consommations les plus agréables, et d'obtenir par-dessus le marché la paix perpétuelle, la fraternité sur tout le globe, le millénaire. On ne doit pas s'étonner non plus que tant d'hommes instruits et de fonctionnaires publics se soient rangés au nombre des admirateurs de Smith et de Say ; car le principe du *laisser aller* et du *laisser passer* n'exigeait de dépense d'esprit que chez ceux qui, les premiers, l'avaient mis au jour et établi ; les écrivains venus après eux n'avaient autre chose à faire que de reproduire les mêmes arguments, de les orner, de les éclaircir ; et qui n'eût eu l'ambition et la capacité d'être un grand homme d'État, lorsqu'il ne s'agissait pour cela que de rester les bras croisés ?

C'est le propre des systèmes qu'une fois qu'on a admis leurs principes, ou que, dans quelques chapitres, on s'en est aveuglément rapporté à l'auteur, on est perdu. Déclarons tout donc d'abord à M. J.-B. Say que l'économie *politique*, telle que nous l'entendons, ne se borne point à enseigner comment les valeurs échangeables sont produites par les individus, distribuées entre eux et consommées par eux ; déclarons-lui que l'homme d'État veut et doit savoir quelque chose de plus, qu'il doit connaître comment les forces productives de toute une nation sont éveillées, accrues, protégées, comment elles sont diminuées, endormies, ou même détruites, comment, au moyen des forces productives du pays, les ressources du pays peuvent être le plus efficacement employées à produire l'existence nationale, l'indépendance, la prospérité, la puissance, la civilisation et l'avenir de la nation.

Du principe extrême que l'État peut et doit tout régler, ce système est passé à l'extrême opposé, que l'État ne peut et ne doit rien faire, que l'individu est tout et que l'État n'est rien. L'opinion de Say sur la toute-puissance des individus et sur l'impuissance de l'État, est exagérée jusqu'au ridicule. Ne pouvant se défendre d'admirer les efforts de Colbert pour l'éducation industrielle de la nation, il s'écrie : « A peine eût-on pu espérer autant de la sagesse et de l'intérêt personnel des particuliers eux-mêmes. »

Si du système nous passons à l'auteur, nous trouvons dans celui-ci un homme qui, sans connaissance étendue de l'histoire, sans études politiques et administratives approfondies, sans coup d'œil d'homme d'État ou de philosophe, n'ayant en tête qu'une idée et une idée d'emprunt, remue l'histoire, la politique, la statistique, les relations commerciales et industrielles, pour y trouver quelques témoignagnes et quelques faits qui puissent lui servir, et pour les façonner à son usage.

Lisez ce qu'il a écrit sur l'acte de navigation, sur le traité de Méthuen, sur le système de Colbert, sur le traité d'Éden, etc., et vous y trouverez la confirmation de ce jugement. L'idée ne lui est pas venue d'étudier dans son enchaînement l'histoire du commerce et de l'industrie des nations. Il avoue que des nations sont devenues riches et puissantes sous la protection douanière ; mais, à l'en croire, elles sont devenues telles en dépit et non à cause de la protection, et il veut qu'on l'en croie sur parole. C'est, assure-t-il, parce que Philippe II leur avait interdit l'entrée des ports du Portugal, que les Hollandais ont été amenés à commercer directement avec les Indes orientales ; comme si une telle interdiction était justifiée par le système protecteur ! comme si les Hollandais n'auraient pas sans elle trouvé la route des Indes ! Say était encore moins satisfait de la statistique et de la politique que de l'histoire, sans doute parce qu'elles produisent de ces faits incommodes, qui si souvent se montraient rebelles à son système, et parce qu'il n'y entendait rien du tout. Il ne cesse de signaler les illusions auxquelles les données statistiques peuvent conduire, et de rappeler que la politique n'a rien de commun avec l'économie politique, ce qui revient à soutenir qu'en examinant un plat d'étain, on n'a pas à s'occuper du métal.

D'abord négociant, puis manufacturier, puis homme politique malheureux, Say s'adonna à l'économie politique, comme on essaie une nouvelle entreprise lorsque l'ancienne ne peut plus marcher. De son propre aveu, il hésitait dans le commencement s'il se prononcerait pour le système mercantile ou pour la liberté commerciale. En haine du système continental qui avait détruit sa fabrique et de l'auteur de ce système qui l'avait éliminé du tribunat, il se décida à prendre parti pour la liberté absolue du commerce.

Le mot de liberté, à quelque occasion qu'on le prononce, exerce depuis cinquante ans en France une influence magique. De plus, sous l'empire comme sous la restauration, Say appartenait à l'opposition, et il ne cessait de recommander l'épargne. Ses écrits devinrent ainsi populaires par des motifs indépendants de leur contenu. Comment sans cela cette popularité eût-elle survécu à la chute de Napoléon, dans un temps où la mise en vigueur de son système aurait infailliblement ruiné les fabriques françaises? Son attachement opiniâtre au principe cosmopolite, dans de pareilles circonstances, donne la mesure de sa portée politique. La fermeté de sa foi dans les tendances cosmopolites de Canning et de Huskisson montre à quel point il connaissait le monde. Il n'a manqué à sa gloire que de se voir confier par Louis XVIII ou par Charles X le département du commerce et des finances. Nul doute que l'histoire eût inscrit son nom à côté de celui de Colbert, celui-ci comme le créateur, celui-là comme le destructeur de l'industrie nationale (1).

On n'a jamais vu un écrivain exercer avec des moyens si faibles une si grande terreur scientifique que J.-B. Say ; le plus léger doute sur l'infaillibilité de sa doctrine était puni par le terme flétrissant d'obscurantisme, et jusqu'à des hommes tels que Chaptal redoutaient les anathèmes de ce pape de l'économie politique. L'ouvrage de Chaptal sur l'industrie française n'est d'un bout à l'autre qu'un exposé des résultats du système protecteur en France ; il le dit expressé-

---

(1) Peut-être J.-B. Say, ministre du commerce, eût-il été fort réservé dans l'application de sa théorie. Dans les pays où le système protecteur a une raison d'existence, on a vu plus d'un économiste ultra-libéral se tempérer aux affaires, de même qu'en Angleterre où la liberté du commerce la plus étendue était un intérêt public de premier ordre, on a vu des ministres passer du camp de la protection dans celui du libre échange. Quand des hommes distingués sont revêtus du pouvoir, ils n'y font jamais autre chose que l'œuvre de leur temps. Les vives attaques de J.-B. Say, non pas contre les excès du système protecteur, mais contre le système protecteur lui-même appliqué à notre pays, ne témoignent pas en faveur de son sens pratique ; mais on ne saurait les attribuer à des motifs de rancune. Say a dit quelque part : « Tourmenté d'un amour inné pour la vérité, je l'ai constamment cherchée avec la plus entière bonne foi. » La lecture de ses ouvrages ne permet pas d'en douter ; et, sans le réputer infaillible, sans voir en lui le dernier mot de la science, on ne peut qu'éprouver un profond respect pour celui qui a appris au continent à peu près tout ce qu'on y sait en économie politique.

(H. R.)

ment ; il déclare que, dans l'état actuel du monde, il n'y avait de salut à espérer pour la France que du système protecteur. Néanmoins, malgré la tendance contraire qui règne dans tout son ouvrage, Chaptal essaie, à l'aide d'un éloge de la liberté du commerce, de se faire pardonner son hérésie par l'école de Say. Say a imité de la papauté jusqu'à l'index. Il n'a pas, il est vrai, prohibé nominativement d'écrits hérétiques ; mais il est plus sévère encore, il les prohibe tous, les orthodoxes tout comme les infidèles ; il engage la jeunesse qui étudie l'économie politique à ne pas lire trop de livres, pour ne pas se laisser trop aisément égarer, mais à n'en lire qu'un petit nombre de bons ; c'était dire en d'autres termes : « Vous lirez Adam Smith et moi, et vous ne lirez que nous. » Mais le père de l'école aurait pu recevoir une trop forte part des hommages de la jeunesse ; son lieutenant et interprète en ce monde y mit bon ordre. D'après Say, les écrits de Smith sont pleins de confusions, de fautes et de contradictions, et il donne à entendre clairement que c'est de lui seul qu'on peut apprendre comment on doit lire Adam Smith.

Toutefois, lorsque Say avait atteint le zénith de sa gloire, on vit paraître de jeunes hérétiques, qui attaquèrent la base de son système avec tant de force et tant d'audace qu'il jugea à propos de les reprendre en particulier et d'éviter doucement un débat public ; parmi eux Tanneguy Duchâtel, depuis lors et encore aujourd'hui ministre, était le plus vif et le plus intelligent. « Selon vous, mon cher critique, écrit Say à M. Duchâtel dans une lettre particulière, il ne reste plus dans mon économie politique que des actions sans motifs, des faits sans explication, une chaîne de rapports, dont les extrémités manquent et dont les anneaux les plus importants sont brisés. Je partage donc l'infortune d'Adam Smith dont un de nos critiques a dit qu'il avait fait rétrograder l'économie politique. »

Dans un post-scriptum à cette lettre, il fait cette observation naïve : « Dans le second article que vous annoncez, il est bien inutile de revenir sur cette polémique, par laquelle nous pourrions bien ennuyer le public. »

Aujourd'hui l'école de Smith et de Say, en France, est dissoute, et, au despotisme inintelligent de la théorie de la valeur échangeable, a succédé une anarchie que ni M. Rossi ni M. Blanqui ne peuvent conjurer. Les saint-simoniens, les fouriéristes, avec des talents remarquables à leur tête, au lieu de réformer l'ancienne science, l'ont rejetée complétement et ont imaginé des utopies. Ce n'est que récemment que les plus intelligents d'entre eux ont essayé de rattacher leur doctrine à celle de l'école précédente et de mettre leurs idées en rapport avec l'état de choses actuel. De leurs travaux, en particulier de ceux de Michel Chevalier, ce grand talent, on doit attendre beaucoup. Ce que ces nouvelles théories contiennent de vrai et d'applicable à notre époque peut s'expliquer en grande partie par le principe de l'association et de l'harmonie des forces productives. L'annihilation de la liberté, de l'indépendance individuelle, est leur côté faible ; chez elles l'individu se perd entièrement dans la société, par opposition à la théorie de la valeur échangeable dans laquelle l'individu est tout et l'État ne doit être rien. Il est possible que l'humanité tende vers la réalisation d'un état de choses tel que ces sectes le rêvent ou le pressentent ; en tout cas, je pense qu'une longue suite de siècles doit s'écouler d'ici là. Il n'a été donné à aucun mortel de trouver dans les inventions et dans l'état social de leur temps la mesure des progrès de l'avenir. L'intelligence de Platon lui-même n'a pu pressentir qu'au bout de milliers de siècles les esclaves de la société seraient fabriqués avec du fer, de l'acier et du laiton ; celle de Cicéron n'a pu prévoir que la presse permettrait l'extension du système représentatif à des empires entiers, peut-être même à des parties du monde et à tout le genre humain. S'il a été donné à quelques grands esprits de deviner les progrès qui s'accompliraient au bout de milliers d'années, comme le Christ avait deviné l'abolition de l'esclavage, chaque époque, néanmoins, a sa mission particulière. La tâche de celle dans laquelle nous vivons ne paraît pas être de morceler le genre humain en phalanstères tels que ceux de Fourier, pour rendre les hommes aussi égaux que possible sous le rapport des jouissances intellectuelles et physiques, mais de perfectionner la force productive, la culture intellectuelle, le régime politique et la puissance des nations, et de les préparer, en les égalisant entre elles le plus possible, à l'association universelle. Car, à supposer que, dans l'état présent du monde, les phalanstères réalisent le but immédiat que se proposent leurs apôtres, on se demande quelle serait leur influence sur la puissance et sur l'indépendance du pays ? Une nation morcelée en phalanstères ne serait-elle pas exposée au danger d'être conquise par d'autres nations moins avancées, qui seraient restées dans leur ancien état, et de voir ces créations prématurées anéanties avec son existence tout entière (1)?

Présentement la théorie de la valeur échangeable est tombée dans une telle impuissance qu'elle s'occupe presque exclusivement de recherches sur la nature de la rente, et que Ricardo, dans ses *Principes d'économie politique*, a été jusqu'à dire que, déterminer les lois d'après lesquelles le produit du sol se partage entre le propriétaire, le fermier et l'ouvrier, constitue le principal problème de l'économie politique (2).

Tandis que quelques-uns déclarent hardiment que la science est complète et qu'il n'y a plus rien d'essentiel à y ajouter, ceux qui lisent avec le coup d'œil du philosophe ou de l'homme pratique les ouvrages qui en traitent, soutiennent qu'il n'y a point d'économie politique, que cette science est encore à créer, qu'elle n'a été jusqu'à présent qu'une astrologie, mais

---

(1) Ce passage remarquable, écrit en 1841, emprunte un nouvel intérêt de notre récente et lamentable histoire. (H. R.)

(2) Nul doute que le problème de la production ne domine celui de la distribution, en ce sens du moins qu'il faut qu'il y ait beaucoup de richesses créées pour qu'il y en ait beaucoup à répartir ; mais une forte préoccupation peut seule expliquer le dédain que List témoigne ici pour des travaux aussi sérieux que ceux de Ricardo, c'est-à-dire de l'économiste qui a jeté les bases de la science si importante de la distribution des richesses.

(H. R.)

qu'il est possible et qu'il est désirable qu'il en sorte une astronomie (1).

Afin qu'on ne se méprenne pas sur notre pensée, nous terminons par rappeler que notre critique des écrits de J.-B. Say ainsi que de ceux de ses devanciers et de ses successeurs ne porte que sur les rapports nationaux et internationaux, et que nous n'attaquons pas leur mérite en ce qui touche l'élaboration de doctrines subordonnées. Il est clair que les idées et les déductions d'un auteur sur quelques branches de la science peuvent être excellentes, et la base de son système erronée.

(1) Les hommes qui possèdent le plus d'autorité pour parler de l'économie politique n'ont jamais prétendu qu'elle eût atteint son complet développement. Nous nous croyons initiés, a dit l'un des plus savants, et nous ne sommes encore que sur le seuil. Il y a de la modestie dans ce langage de Mac Culloch, mais on ne peut voir qu'une boutade dans cette étrange assertion de List, que la science est encore à créer, qu'elle n'a été jusqu'à présent qu'à l'état d'astrologie. La science existe depuis trois quarts de siècle; depuis lors, au milieu des contradictions, des erreurs, des égarements de ses disciples, elle n'a cessé de marcher, et elle a répandu autour d'elle, quoi qu'on ait pu dire, une vive et bienfaisante lumière; d'elle aussi on serait tenté de dire : « Aveugle qui ne la voit pas! » Elle est beaucoup plus avancée qu'on ne le pense communément; mais il ne faut pas considérer les ouvrages de Smith et de Say, quel que soit leur immense mérite, comme l'expression de son état actuel; ni en Angleterre ni sur le continent, elle ne s'est arrêtée après la mort de ces deux hommes.   (H. R.;

LIVRE QUATRIÈME

LA POLITIQUE.

———

CHAPITRE PREMIER.

LA SUPRÉMATIE INSULAIRE ET LES PUISSANCES CONTINENTALES, L'AMÉRIQUE DU NORD ET LA FRANCE.

Dans tous les temps il y a eu des villes ou des pays qui ont surpassé les autres dans les manufactures, dans le commerce et dans la navigation ; mais le monde n'a point encore vu de suprématie comparable à celle de ce temps-ci. Dans tous les temps des États ont aspiré à la domination, mais aucun n'a encore construit sur une si large base l'édifice de sa puissance. Que l'ambition de ceux qui ont voulu fonder leur domination universelle uniquement sur la force des armes nous paraît misérable au prix de cette grande tentative de l'Angleterre de transformer son territoire tout entier en une immense ville manufacturière et commerçante, en un immense port, et de devenir ainsi parmi les autres contrées ce qu'une vaste cité est par rapport à la campagne, le foyer des arts et des connaissances, le centre du grand commerce et de l'opulence, de la navigation marchande et de la puissance militaire, une place cosmopolite approvisionnant tous les peuples de produits fabriqués et demandant en retour à chaque pays ses matières brutes et ses denrées, l'arsenal des grands capitaux, le banquier universel, disposant des moyens de circulation du monde entier, et se rendant tous les peuples tributaires par le prêt et par la perception des intérêts !

Soyons juste, du reste, envers cette puissance et envers son ambition. Loin d'avoir été arrêté dans ses progrès par l'Angleterre, le monde a reçu d'elle une forte impulsion. Elle a servi de modèle à tous les peuples, dans la politique intérieure et extérieure, dans les grandes inventions et dans les grandes entreprises de toute espèce, dans le perfectionnement des arts utiles et des voies de communication, dans la découverte et dans le défrichement des terres incultes, particulièrement dans l'exploitation des richesses naturelles de la zone torride et dans la civilisation des tribus restées ou retombées à l'état barbare. Qui sait jusqu'à quel point le monde ne serait point attardé, s'il n'y avait point eu d'Angleterre ? Et si l'Angleterre cessait d'exister, qui peut dire jusqu'où le genre humain ne reculerait pas ? Nous nous félicitons, par conséquent, des progrès rapides de cette nation, et nous faisons des vœux pour sa prospérité à tout jamais. Mais devons-nous souhaiter qu'elle fonde sur les débris des autres nationalités un empire universel ? Un cosmopolitisme chimérique ou un étroit esprit mercantile pourrait seul répondre oui à cette question. Nous avons dans les chapitres précédents retracé les conséquences d'une telle dénationalisation et montré que la civilisation du genre humain ne peut résulter que de l'élévation de divers peuples au même degré de culture, de richesse et de puissance ; que la même voie par laquelle l'Angleterre est parvenue d'un état de barbarie à sa grandeur actuelle est ouverte aux autres nations, et que plus d'une aujourd'hui est appelée à marcher sur ces traces.

Les maximes d'État à l'aide desquelles l'Angleterre est devenue ce qu'elle est aujourd'hui, peuvent être réduites aux formules suivantes :

Préférer constamment l'importation des forces productives à celle des marchandises (1) ;

___

(1) La production même de la laine en Angleterre est due en partie à l'application de cette maxime. Édouard IV importa, par une faveur spéciale, 3,000 moutons d'Espagne, pays où l'exportation des moutons était interdite, et les répartit entre les paroisses avec ordre de n'en tuer ni d'en châ-

Entretenir et protéger soigneusement le développement de la force productive;

Ne recevoir que des matières brutes et des produits agricoles, et n'exporter que des objets manufacturés ;

Employer à fonder des colonies et à soumettre des peuples barbares le trop-plein de la force productive ;

Réserver exclusivement à la métropole l'approvisionnement en objets fabriqués des colonies et des territoires soumis : en revanche, recevoir de préférence leurs matières brutes et, en particulier, leurs denrées tropicales ;

Se réserver le cabotage et la navigation entre la métropole et les colonies, encourager les pêches maritimes à l'aide de primes, et conquérir la part plus large possible dans la navigation internationale ;

Devenir ainsi la première puissance navale, au moyen de cette suprématie étendre son commerce extérieur et agrandir incessamment ses établissements coloniaux;

N'accorder de facilités dans le commerce colonial et dans la navigation qu'autant qu'elles procuraient plus de gain que de perte ; ne stipuler de réciprocité en matière de taxes de navigation qu'autant que l'avantage était du côté de l'Angleterre, et que c'était un moyen d'empêcher les puissances étrangères d'établir des restrictions maritimes à leur profit ;

Ne faire aux nations indépendantes de concessions qu'en ce qui touche l'importation des produits agricoles, et à la condition de concessions analogues relativement à l'exportation des produits manufacturés ;

Là où de pareilles concessions ne pouvaient être obtenues par voie de traité, atteindre le même but au moyen de la contrebande ;

Entreprendre des guerres ou conclure des alliances dans

trer aucun durant sept années. (*Essai sur le commerce d'Angleterre*, tom. Ier, pag. 379.) Après que le but de cette mesure eut été atteint, l'Angleterre répondit à la libéralité du gouvernement espagnol, en prohibant l'importation de la laine d'Espagne. L'effet de cette prohibition, quelque illégitime qu'elle fût, n'est pas plus contestable que celui de la prohibition des laines sous Charles II, en 1672 et 1674.

l'intérêt exclusif des manufactures et du commerce, de la navigation et des colonies ; réaliser par là des profits sur les amis
comme sur les ennemis ; sur ceux-ci en interrompant leur
commerce, sur ceux-là en ruinant leurs manufactures par des
subsides payés sous la forme de produits manufacturés.

Jadis ces maximes étaient ouvertement proclamées par
tous les ministres et par tous les membres du Parlement. Les
ministres de Georges Ier, en 1721, déclarèrent franchement,
à propos de la prohibition d'entrée sur les produits fabriqués.
de l'Inde, qu'une nation ne pouvait devenir riche et puissante
qu'en important des matières brutes et en exportant des objets
manufacturés. Encore du temps de lord Chatham et de lord
North on ne craignit pas de soutenir en plein Parlement qu'il
ne fallait pas permettre à l'Amérique du Nord de fabriquer
un fer de cheval.

Depuis Adam Smith une nouvelle maxime a été ajoutée à
celles qu'on vient d'énumérer, à savoir *dissimuler la vraie
politique de l'Angleterre à l'aide des expressions et des arguments cosmopolites imaginés par Adam Smith, de manière à
empêcher les nations étrangères de l'imiter.*

C'est une règle de prudence vulgaire, lorsqu'on est parvenu
au faîte de la grandeur, de rejeter l'échelle avec laquelle on
l'a atteint, afin d'ôter aux autres le moyen d'y monter après
nous. Là est le secret de la doctrine cosmopolite d'Adam
Smith et des tendances cosmopolites de son illustre contem-
porain William Pitt, ainsi que de tous ses successeurs dans le
gouvernement de la Grande-Bretagne. Une nation qui, par
des droits protecteurs et par des restrictions maritimes, a
perfectionné son industrie manufacturière et sa marine marchande au point de ne craindre la concurrence d'aucune
autre, n'a pas de plus sage parti à prendre que de repousser
loin d'elle ces moyens de son élévation, de prêcher aux autres
peuples les avantages de la liberté du commerce et d'exprimer tout haut son repentir d'avoir marché jusqu'ici dans les
voies de l'erreur et de n'être arrivée que tardivement à la
connaissance de la vérité.

William Pitt fut le premier homme d'État anglais qui comprit l'usage qu'on pouvait faire de la théorie cosmopolite d'Adam Smith, et ce n'était pas en vain qu'il avait constamment avec lui un exemplaire de la *Richesse des nations*. Son discours de 1786, prononcé à l'adresse, non du Parlement ou de son pays, mais évidemment des hommes d'État inexpérimentés et inhabiles de la France, et calculé uniquement pour les gagner au traité d'Éden, est un chef-d'œuvre de dialectique à la Smith. La France, à l'entendre, était naturellement appelée à l'agriculture et à la production du vin, comme l'Angleterre aux manufactures ; ces deux nations étaient l'une vis-à-vis de l'autre comme deux grands négociants, travaillant dans des branches différentes, qui s'enrichissent l'un l'autre en échangeant leurs marchandises (1). Pas un mot de l'ancienne maxime de l'Angleterre, que, dans le commerce extérieur, une nation ne peut parvenir au plus haut degré de richesse et de puissance que par l'échange de ses produits manufacturés contre des produits agricoles et des matières brutes. Cette maxime est restée depuis lors un secret d'État de l'Angleterre ; elle cessa d'être publiquement proclamée, mais elle ne fut que plus strictement suivie.

Du reste, si, depuis William Pitt, l'Angleterre avait effectivement renoncé au système protecteur comme à une béquille inutile, elle serait aujourd'hui beaucoup plus grande qu'elle ne

---

(1) « La France, disait Pitt, a sur l'Angleterre l'avantage du climat et d'autres dons de la nature, elle la surpasse sous le rapport des produits bruts ; mais l'Angleterre l'emporte sur la France par ses produits fabriqués. Les vins, les eaux-de-vie, les huiles et les vinaigres de France, les deux premiers articles surtout, présentent tant d'importance et tant de valeur, que nos richesses naturelles ne sauraient leur être comparées ; d'un autre côté, il n'est pas moins reconnu que l'Angleterre a le monopole de certaines branches de fabrication, et que dans d'autres elle possède assez d'avantage pour braver toute rivalité de la part de la France. C'est la condition et la base naturelle de relations avantageuses entre les deux pays. Chacun ayant de grands articles qui lui sont propres et possédant ce qui manque à l'autre, ils sont vis-à-vis l'un de l'autre comme deux grands négociants, travaillant dans des branches différentes, qui se rendent mutuellement service en échangeant leurs marchandises. »

l'est ; elle serait beaucoup plus près du but qu'elle poursuit,
ou du monopole de l'industrie manufacturière dans le monde.
Évidemment le moment le plus favorable pour atteindre ce
but était l'époque du rétablissement de la paix générale. La
haine qu'avait excitée le système continental, avait donné accès à la théorie cosmopolite chez toutes les nations du continent. La Russie, tout le nord de l'Europe, l'Allemagne, la Péninsule espagnole, les États-Unis, toutes ces contrées se seraient estimées heureuses d'échanger leurs produits agricoles
et leurs matières brutes contre les objets manufacturés de
l'Angleterre. La France elle-même, peut-être, aurait pu, au
moyen de concessions importantes en faveur de ses vins et de
ses soieries, être amenée à abandonner ses prohibitions. Le
temps était venu où, ainsi que Priestley l'a dit de l'acte de
navigation, il eût été aussi habile de la part de l'Angleterre
d'abolir son système de protection qu'il l'avait été autrefois de
l'établir.

Avec une telle politique, tout le superflu des deux continents
en matières brutes et en produits agricoles aurait afflué en
Angleterre, et le monde entier se serait vêtu de tissus anglais ; tout aurait concouru à accroître la richesse et la puissance de l'Angleterre. L'idée fût difficilement venue, dans le
cours du siècle actuel, aux Américains et aux Russes d'adopter un système de protection, aux Allemands de former
une association de douanes. On ne se serait pas décidé aisément à sacrifier les avantages du présent aux espérances d'un
avenir éloigné.

Mais il n'a pas été donné aux arbres de s'élever jusqu'au
ciel. Lord Castlereagh livra la politique commerciale de l'Angleterre à l'aristocratie territoriale, et celle-ci tua la poule
aux œufs d'or. Si elle avait souffert que les manufacturiers
anglais régnassent sur tous les marchés, et que la Grande-
Bretagne jouât vis-à-vis du reste du monde le rôle d'une ville
manufacturière vis-à-vis de la campagne, tout le sol de l'île
eût été, ou couvert de maisons et de fabriques, ou employé
en parcs de plaisance, en jardins potagers, en vergers, ou

affecté, soit à la production du lait et de la viande, soit à celle des plantes industrielles, à ces cultures, enfin, qui ne peuvent être pratiquées que dans le voisinage des grandes cités. Ces cultures seraient devenues pour l'agriculture anglaise infiniment plus lucratives que celle des céréales, et dès lors elles auraient, avec le temps, augmenté les revenus de l'aristocratie bien plus que ne pouvait le faire la prohibition des blés étrangers. Mais cette aristocratie, uniquement touchée de son intérêt du moment, préféra, à l'aide des lois sur les céréales, maintenir ses fermages aux taux élevés auxquels les avait portés l'exclusion, forcément opérée par la guerre, des produits bruts et des blés de l'étranger, et elle contraignit ainsi les nations du continent à chercher leur prospérité dans d'autres voies que celles du libre échange de leurs produits agricoles contre les produits fabriqués de l'Angleterre, c'est-à-dire dans l'établissement de manufactures. Les lois prohibitives de l'Angleterre opérèrent ainsi exactement comme le système continental de Napoléon, seulement avec un peu plus de lenteur.

Lorsque Canning et Huskisson arrivèrent au pouvoir, l'aristocratie territoriale avait déjà trop goûté du fruit défendu pour pouvoir se laisser persuader de renoncer à ses avantages. Ces hommes d'État, de même que les ministres anglais d'aujourd'hui, avaient à résoudre un problème insoluble. Il leur fallait convaincre les nations du continent des avantages de la liberté du commerce, et en même temps maintenir intactes au profit de l'aristocratie les restrictions contre les produits agricoles de l'étranger. Ils étaient, par conséquent, dans l'impossibilité de répondre aux espérances des partisans de la liberté commerciale dans les deux continents. Au milieu de ce déluge de phrases philanthropiques et cosmopolites qui se débitaient dans les discussions générales sur les systèmes commerciaux, ils ne voyaient pas d'inconséquence, chaque fois qu'il était question de modifier quelques taxes du tarif anglais, à appuyer leur argumentation sur le système protecteur.

Huskisson dégreva beaucoup d'articles, mais il ne manqua jamais de démontrer que, même avec un tarif plus faible, les fabriques du pays étaient encore suffisamment protégées. En cela il suivait à peu près les maximes de l'administration des digues en Hollande ; là où les eaux atteignent une grande hauteur, cette sage administration construit des digues élevées ; elle en fait de basses là où les eaux ne s'élèvent que faiblement. De la sorte la réforme, si pompeusement annoncée, du système commercial de l'Angleterre s'est réduite aux proportions d'une jonglerie économique. On a allégué la diminution du droit sur les soieries comme une preuve de la libéralité de l'Angleterre, sans réfléchir que l'Angleterre voulait purement et simplement, dans l'intérêt de ses finances et sans dommage pour ses fabriques de soie, arrêter la contre-bande qui s'exerçait sur cet article, et ce but, elle l'a complétement atteint. Mais, si un droit protecteur de 50 à 70 pour cent (c'est ce que paient encore aujourd'hui, y compris le droit additionnel, les soieries étrangères en Angleterre) doit être cité comme une preuve de libéralité, la plupart des nations seraient, sous ce rapport, en avant plutôt qu'à la suite de l'Angleterre (1).

Les démonstrations de Canning et de Huskisson ayant été principalement destinées à faire impression en France et dans l'Amérique du Nord, il ne sera pas sans intérêt de rappeler comment elles ont échoué dans l'un et dans l'autre pays.

De même qu'en 1786, les Anglais avaient encore en France à cette époque un parti nombreux parmi les théoriciens et parmi les libéraux. Séduit par la grande idée de la liberté du commerce et par les arguments superficiels de Say, en lutte contre un gouvernement détesté, soutenu enfin par les places maritimes, par les producteurs de vin et par les fabricants

---

(1) Les droits que les soieries payaient alors à l'importation en Angleterre avaient été calculés pour ressortir à 30 pour cent de la valeur; mais en fait, surtout par suite de la diminution des prix, ils dépassaient de beaucoup ce taux; ils atteignaient même, de l'aveu de sir Robert Peel, des taux bien supérieurs à ceux que l'auteur indique ici; en 1846, ils ont été réduits à 15 pour cent; ils n'ont pas encore perdu, par conséquent, le caractère de droits protecteurs.   (H. R.)

de soieries, le parti libéral réclamait avec emportement, de même qu'en 1786, l'extension du commerce avec l'Angleterre, comme le vrai et unique moyen de développer la prospérité du pays.

Quelques reproches qu'on puisse adresser à la Restauration, elle rendit du moins à la France un service qu'on ne peut méconnaître et que la postérité ne lui contestera pas ; elle ne se laissa entraîner ni par les menées de l'Angleterre, ni par les clameurs des libéraux en matière de politique commerciale. Canning avait cette affaire tellement à cœur, que lui-même se rendit à Paris pour convaincre M. de Villèle de l'excellence de ses mesures et pour le déterminer à les imiter. Mais M. de Villèle était trop pratique pour ne pas pénétrer le stratagème ; et l'on assure qu'il répondit à Canning : « Si l'Angleterre, dans l'état d'avancement de son industrie, admet la concurrence étrangère dans une plus large mesure qu'auparavant, cette politique est conforme à son intérêt bien entendu ; mais actuellement il est dans l'intérêt bien entendu de la France d'accorder à ses fabriques, dont le développement est encore imparfait, la protection qui leur est indispensable. Quand le moment sera venu où la concurrence étrangère sera utile à l'industrie française, lui, Villèle, ne manquera pas de faire son profit des exemples de M. Canning. »

Irrité de ce refus, Canning, à son retour, se vanta en plein Parlement d'avoir attaché une pierre au cou du gouvernement français avec l'intervention en Espagne ; ce qui prouve que l'esprit cosmopolite et le libéralisme européen de Canning n'étaient pas aussi sérieux que les honnêtes libéraux du continent voulaient bien le croire ; car, si la cause du libéralisme sur le continent l'avait intéressé le moins du monde, comment Canning eût-il pu abandonner la constitution libérale de l'Espagne à l'intervention française, dans le but unique d'attacher une pierre au cou du gouvernement français ? La vérité est que Canning était un Anglais dans toute la force du terme, et qu'il n'admettait les idées philanthropiques et cosmopolites qu'autant qu'elles pouvaient lui servir à affermir et à étendre

la suprématie industrielle et commerciale de l'Angleterre ou
à fasciner les nations rivales.

Du reste M. de Villèle n'avait pas besoin d'une grande pénétration pour s'apercevoir du piége que lui tendait Canning.
L'expérience d'un pays voisin, l'Allemagne, qui, depuis
l'abolition du système continental, n'avait cessé de rétrograder
dans son industrie, lui fournissait une preuve éloquente de la
valeur réelle du principe de la liberté commerciale tel qu'on
l'entendait en Angleterre. De plus, la France se trouvait trop
bien alors du système qu'elle avait adopté depuis 1815, pour
se laisser tenter, comme le chien de la fable, de quitter la proie
pour l'ombre. Les hommes les plus éclairés en matière d'industrie, tels que Chaptal et Charles Dupin, s'étaient exprimés
de la manière la moins équivoque sur les résultats de ce système.

L'ouvrage de Chaptal sur l'industrie française n'est pas
autre chose qu'une défense de la politique commerciale de la
France et un tableau de ses résultats dans l'ensemble et dans
les détails. La tendance de cet ouvrage ressort du passage suivant que nous lui empruntons (1) :

« Ainsi, au lieu de nous perdre dans le labyrinthe des abstractions métaphysiques, conservons ce qui est établi, et tâ-
chons de le perfectionner.

« Une bonne législation de douane est la vraie sauvegarde
de l'industrie agricole et manufacturière ; elle élève ou diminue
les droits aux frontières, selon les circonstances et les besoins ;
elle compense le désavantage que notre fabrication peut
trouver dans le prix comparé de la main-d'œuvre ou du combustible ; elle protége les arts naissants par les prohibitions,
pour ne les livrer à la concurrence avec les étrangers que lorsqu'ils ont pu réunir tous les degrés de perfection ; elle tend
à assurer l'indépendance industrielle de la France, et elle
l'enrichit de la main-d'œuvre, qui, comme je l'ai dit plusieurs
fois, est la principale source des richesses. »

_____

(1) *De l'industrie française*, tom. II, pag. 417.

Charles Dupin, dans son livre sur les forces productives de
la France et sur les progrès de l'industrie française de 1814 à
1827, avait si bien retracé les effets de la politique commerciale
suivie par la France depuis la Restauration, qu'un ministre
français n'eût pu s'aviser de sacrifier une création d'un demi-
siècle, si chèrement achetée, si riche en résultats et si pleine
d'espérances, pour prix des merveilles d'un nouveau traité
de Méthuen.

Le tarif américain de 1828 était une conséquence naturelle
et nécessaire du système commercial de l'Angleterre, système qui repoussait les bois, les blés, les farines et les autres
produits bruts des États-Unis, et n'admettait que leurs cotons
en échange des articles manufacturés anglais.

Le commerce avec l'Angleterre ne profitait ainsi qu'au travail agricole des esclaves américains ; les États de l'Union les
plus libres, les plus éclairés et les plus puissants se voyaient
arrêtés dans leurs progrès matériels, et réduits à envoyer dans
les solitudes de l'Ouest leur surcroît annuel de population et
de capital. Huskisson connaissait parfaitement cet état de
choses ; on savait que le ministre anglais à Washington l'avait
plus d'une fois averti des conséquences que devait entraîner
la politique de l'Angleterre. Si Huskisson avait été, en effet,
tel qu'on l'a dépeint à l'étranger, il eût saisi cette occasion
heureuse de la promulgation du tarif américain, pour faire
comprendre à l'aristocratie anglaise l'absurdité de ses lois sur
les céréales et la nécessité de leur abolition. Or, que fit Huskisson ? Il s'emporta contre les Américains ou du moins il
affecta la colère, et, dans son émotion, il se permit des assertions dont l'inexactitude était connue de tous les planteurs
américains, des menaces qui le rendirent ridicule. Huskisson soutint que les envois de l'Angleterre aux États-Unis formaient à peine le sixième de son exportation totale, tandis que
ceux des États-Unis à l'Angleterre composaient la moitié de la
leur. Il voulait prouver par là que les États-Unis dépendaient
de l'Angleterre plus que l'Angleterre ne dépendait des États-
Unis, et que l'Angleterre avait beaucoup moins à craindre

32

d'une interruption de commerce par suite de guerre, de non-intercourse, etc. Si l'on s'arrête au chiffre des valeurs importées et exportées, le raisonnement de Huskisson paraît plausible ; mais si l'on considère la nature des envois respectifs, on ne comprend pas comment Huskisson a pu employer un argument qui prouve le contraire de ce qu'il voulait établir. Les envois des États-Unis à l'Angleterre se composent, en totalité ou en majeure partie, de matières premières dont celle-ci décuple la valeur, dont elle ne peut se passer, et qu'elle ne peut tirer aujourd'hui d'autres contrées, du moins en quantité suffisante, tandis que toutes leurs importations d'Angleterre consistent en objets qu'ils pourraient ou fabriquer eux-mêmes ou acheter à d'autres pays. Si donc on envisage les suites d'une interruption de commerce entre les deux pays au point de vue de la théorie des valeurs, elles paraissent devoir être tout à fait désavantageuses pour les États-Unis, tandis que, appréciées au moyen de la théorie des forces productives, elles entraînent pour l'Angleterre un préjudice énorme. Chez celle-ci, en effet, les deux tiers des fabriques de coton s'arrêteraient et seraient ruinées, l'Angleterre perdrait, comme par un coup de baguette, une industrie dont le produit annuel surpasse de beaucoup la valeur collective de ses exportations ; les conséquences d'une pareille perte pour la tranquillité, pour la richesse, pour le crédit, pour le commerce et pour la puissance de l'Angleterre, sont incalculables. Quels seraient au contraire, les effets de l'interruption du commerce pour les États-Unis ? Obligés de fabriquer eux-mêmes les articles qu'ils tiraient jusque-là d'Angleterre, ils gagneraient en peu d'années ce que l'Angleterre aurait perdu. Nul doute que, comme autrefois entre l'Angleterre et la Hollande après l'acte de navigation, il ne s'ensuivît une lutte à mort ; et cette lutte aurait peut-être le même résultat que celle dont la Manche fut autrefois le théâtre. Ce n'est pas le moment de retracer tout au long les conséquences d'une rivalité qui, tôt ou tard, ce nous semble, éclatera par la force des choses. Ce qui précède suffit pour mettre en évidence le peu de solidité et le danger du

raisonnement de Huskisson, pour montrer combien l'Angleterre était imprudente de contraindre par ses lois sur les céréales les États-Unis à devenir manufacturiers, et combien
Huskisson eût été habile si, au lieu de jouer avec des arguments frivoles et périlleux, il se fût appliqué à écarter les
causes qui avaient provoqué le tarif américain de 1828.

Afin de prouver aux États-Unis les avantages de leur commerce avec l'Angleterre, Huskisson signalait l'accroissement
extraordinaire de leurs exportations de coton ; mais les Américains savaient à quoi s'en tenir sur la valeur de ce nouvel
argument. Depuis plus de dix ans, en effet, la production de
l'Amérique du Nord en coton avait, d'année en année, tellement dépassé la consommation, que les prix avaient diminué
à peu près dans la même proportion que l'exportation avait
augmenté, à ce point qu'après avoir, en 1816, retiré 24 millions de dollars (125 millions 400 mille francs) de 80 millions
de livres (36 millions de kilog.) de coton, les Américains n'a-
vaient obtenu en 1826 que 25 millions de dollars (133 millions 750 mille francs), pour 204 millions de livres (92 millions et demi de kilogrammes).

Enfin, Huskisson menaçait les Américains de l'organisation
sur une vaste échelle de la contrebande par le Canada. Il est
vrai que, dans l'état actuel des choses, ce moyen est la plus
grande entrave que puisse rencontrer le système protecteur
aux États-Unis. Mais que suit-il de là ? Que les Américains
doivent mettre leur tarif aux pieds du gouvernement britannique, et attendre humblement les décisions qu'il plaira à
celui-ci de prendre chaque année au sujet de leur industrie ?
Quelle folie ! Il s'ensuit seulement que les Américains pren-
dront et s'incorporeront le Canada, ou, du moins, qu'ils l'aideront à se rendre indépendant, dès que la contrebande cana-
dienne leur sera devenue intolérable. Mais n'est-ce pas le
comble de la démence pour une nation parvenue à la suprématie industrielle et commerciale, de contraindre un peuple
agriculteur qui lui est étroitement uni par les liens du sang,
du langage et des intérêts, à devenir manufacturier, puis, en

voulant l'empêcher de suivre une impulsion forcée, de l'obliger à aider ses colonies à elle à s'affranchir ?

Après la mort de Huskisson, M. Poulett Thompson prit la direction des affaires commerciales de l'Angleterre. Il continua la politique de son illustre prédécesseur. Toutefois, en ce qui touche l'Amérique du Nord, il lui resta peu à faire; car, dans cette contrée, sans l'intervention des Anglais, l'influence des planteurs de coton et des importateurs et les intrigues du parti démocratique avaient déjà provoqué en 1832 ce qu'on a appelé l'acte de compromis, acte qui, tout en corrigeant les exagérations et les vices du tarif précédent, et en laissant encore à la fabrication des tissus de coton et de laine communs une protection passable, fit aux Anglais toutes les concessions qu'ils pouvaient souhaiter, sans équivalents de la part de ceux-ci. Depuis, les envois de l'Angleterre aux États-Unis se sont si prodigieusement accrus et ont tellement dépassé ses importations de cette contrée, qu'il est à chaque instant au pouvoir de l'Angleterre d'attirer à elle la quantité qu'il lui plaît des métaux précieux qui circulent aux États-Unis, et d'y occasionner ainsi des crises commerciales chaque fois qu'elle éprouve elle-même un embarras d'argent. Ce qu'il y a de plus étonnant, c'est que l'acte de compromis a eu pour auteur le défenseur le plus considérable et le plus éclairé des intérêts manufacturiers américains, Henri Clay. La prospérité des fabricants à la suite du tarif de 1828 avait si fort excité la jalousie des planteurs de coton, que les États du Sud menaçaient d'une rupture de l'Union dans le cas où le tarif de 1828 n'eût pas été modifié. Le gouvernement fédéral, dévoué à l'opinion démocratique, s'était mis par des motifs de parti et par des considérations électorales du côté des planteurs du Sud, et avait su rallier les agriculteurs démocrates des États du Centre et de l'Ouest. Chez ces derniers, la hausse des prix, en grande partie produite par la prospérité des fabriques du pays et par la construction d'une multitude de canaux et d chemins de fer, avait refroidi l'ancienne sympathie pour l'intérêt manufacturier; ils pouvaient craindre, d'ailleurs, de voir les États du Midi pousser leur opposition jusqu'à une dissolution effective de l'Union et jusqu'à la guerre civile. Il convenait aussi aux démocrates du Centre et de l'Est de ménager les sympathies des démocrates du Sud. Par toutes ces causes, l'opinion publique était si favorablement disposée pour la liberté du commerce avec l'Angleterre, qu'un abandon complet des intérêts manufacturiers du pays à la concurrence anglaise était à redouter. Dans de telles circonstances, le bill de compromis de Henry Clay parut le seul moyen de sauver, au moins en partie, le système protecteur. Une partie de l'industrie américaine, la fabrication des articles élégants et chers, fut sacrifiée à la concurrence étrangère, pour sauver une autre partie, la fabrication des articles communs et de peu de prix.

Tout indique néanmoins que, dans le cours des prochaines années, le système protecteur relèvera la tête aux États-Unis, et qu'il y fera même de nouveaux progrès. Quels qu'aient été les efforts des Anglais pour diminuer ou pour adoucir les crises commerciales aux États-Unis, quelques capitaux considérables qu'ils y fassent passer sous la forme d'achats de fonds publics et de prêts ou au moyen de l'émigration, le défaut d'équilibre toujours subsistant et ne cessant de s'accroître entre la valeur des exportations et celle des importations ne peut pas à la longue être rétablie de cette manière ; des crises redoutables et de plus en plus graves ne peuvent manquer d'éclater, et les Américains finiront par découvrir les causes du mal et par adopter les moyens propres à l'arrêter.

Il est donc dans la nature des choses que le nombre des partisans de la protection augmente et que celui des partisans de la liberté du commerce diminue.

Jusqu'à présent la demande croissante des denrées alimentaires, causée par l'ancienne prospérité des manufactures, par l'exécution de grands travaux publics et par l'augmentation considérable de la production du coton, et en partie de mauvaises récoltes, ont maintenu à un taux excessif les prix des denrées agricoles ; mais on peut prévoir avec certitude que, dans le cours des années qui vont suivre, ces prix tomberont au-dessous de la moyenne autant qu'ils l'ont jusqu'ici dépassée. Depuis l'acte de compromis, le surcroît des capitaux américains s'est porté en grande partie vers l'agriculture et commence actuellement à donner des résultats. Ainsi, tandis que la production des denrées agricoles s'est énormément accrue, la demande a d'autre part énormément diminué ; premièrement, parce que les travaux publics ne sont plus exécutés sur la même échelle qu'auparavant ; en second lieu, parce que la concurrence étrangère arrête le développement de la population des fabriques ; troisièmement enfin, parce que la production du coton en a tellement excédé la consommation, que les planteurs ont été obligés de produire eux-mêmes les denrées alimentaires qu'ils tiraient auparavant des États du Centre et de l'Ouest. Si, en outre, il survient de riches moissons, les États du Centre et de l'Ouest se verront encombrés de denrées, tout comme ils l'étaient avant le tarif de 1828. Les mêmes causes produisant toujours les mêmes effets, les agriculteurs du Centre et de l'Est viendront de nouveau à comprendre que l'accroissement de la population manufacturière du pays peut seul augmenter la demande des produits agricoles, et qu'il ne peut résulter que d'un développement du système protecteur. En même temps que le parti protectionniste gagnera ainsi chaque jour en nombre et en influence, le parti opposé diminuera dans la même proportion, par la raison que les planteurs de coton, dans une situation différente, ne pourront manquer de reconnaître qu'il est dans leur intérêt bien entendu de voir la population manufacturière du pays s'accroître ainsi que la demande des denrées agricoles et des matières brutes.

Les planteurs de coton et les démocrates des États-Unis, comme nous venons de le montrer, ayant travaillé eux-mêmes avec le plus beau zèle en faveur des intérêts commerciaux de l'Angleterre, M. Poulett Thompson n'eut de ce côté aucune occasion de révéler son habileté diplomatique.

En France, les choses se passaient autrement. L'on y per-

sistait dans le système prohibitif. Il est vrai que beaucoup de
fonctionnaires et de députés théoriciens étaient favorables à
l'extension des relations commerciales entre l'Angleterre et la
France ; l'alliance qui existait entre les deux pays avait donné
à cette opinion quelque popularité ; mais on ne s'entendait
guère sur les moyens d'atteindre le but, et personne n'avait
d'idée nette à cet égard. Il paraissait évident et incontestable
que l'élévation des droits sur les denrées alimentaires et sur les
matières brutes, ainsi que l'exclusion des charbons et des
fers anglais, portait un grave préjudice à l'industrie française,
et qu'une plus forte exportation de vins, d'eaux-de-vie et de
tissus de soie serait extrêmement avantageuse au pays.

Du reste, on se bornait à de vagues déclamations sur les
inconvénients du système prohibitif. Mais on ne pensait pas
qu'il fût prudent d'y toucher, du moins immédiatement, le
gouvernement de Juillet trouvant ses appuis principaux dans
la riche bourgeoisie, en majeure partie intéressée dans les
grandes entreprises industrielles.

Ce fut alors que M. Poulett Thompson conçut un plan de
campagne qui fait honneur à sa finesse et à sa dextérité comme
diplomate. Il envoya en France un savant très au courant du
commerce, de l'industrie et de la politique commerciale de
ce pays et très-connu par la libéralité de ses opinions, le docteur Bowring. Celui-ci parcourut toute la contrée, puis la
Suisse, afin de recueillir sur les lieux des matériaux qui ser-
vissent d'arguments contre le système prohibitif et en faveur
de la liberté du commerce. Il s'acquitta de cette mission avec
l'habileté et la souplesse qui le caractérisent. Il mit principalement en lumière les avantages de relations plus faciles entre
les deux pays pour les houilles et pour le fer, pour les vins et
pour les eaux-de-vie. Dans le rapport qu'il a publié, son argumentation ne porte guère que sur ces articles ; quant aux
autres branches d'industrie, il se borne à des statistiques, sans
essayer d'établir comment le libre commerce avec l'Angleterre
pourrait les développer et sans faire à leur sujet de propositions.

En cela le docteur Bowring se conforma à ses instructions,

que M. Poulett Thompson avait rédigées avec une rare
habileté, et qui ont été imprimées en tête de son rapport.
M. Thompson y affiche les maximes les plus libérales, et témoigne beaucoup de ménagement pour les intérêts manufacturiers de la France ; il regarde comme invraisemblable qu'on
puisse, sous ce rapport, attendre de grands résultats des négociations projetées. Ces instructions étaient bien faites pour
rassurer sur les intentions de l'Angleterre les intérêts, devenus
si puissants, des industries françaises du coton et de la laine.
D'après M. Thompson, il serait insensé de réclamer de leur
part de fortes concessions. En revanche il insinue qu'il y aurait plus de chance de succès à l'égard des articles *de moindre
importance*. Ces articles de moindre importance ne sont pas
désignés dans les instructions, mais l'expérience de la France
a suffisamment révélé ce que ce terme signifiait. Il s'agissait
à cette époque d'ouvrir le marché français aux fils et aux tissus de lin de l'Angleterre.

Le gouvernement français, touché des observations du cabinet anglais et de ses agents, et désireux d'accorder à l'Angleterre une faveur peu importante et en dernière analyse
avantageuse à la France elle-même, diminua les droits sur les
fils et sur les tissus de lin, au point qu'en présence des progrès remarquables accomplis par les Anglais dans ces fabrications, ils cessèrent de protéger l'industrie française. Aussi
les envois de ces articles que fit l'Angleterre en France dans
les années suivantes s'accrurent-ils prodigieusement, jusqu'à
38 millions de francs en 1838 ; et la France, sur laquelle
l'Angleterre avait ici pris l'avance, courut le risque de perdre
entièrement, au grand préjudice de son agriculture et de toute
sa population rurale, une industrie dont la production s'élevait à une valeur de plusieurs centaines de millions, à moins
que, par une élévation de droits, elle n'opposât une digue à la
concurrence anglaise.

Il est manifeste que la France fut dupée par M. Poulett
Thompson. Évidemment ce dernier avait prévu, dès 1834, l'essor que la fabrication du lin en Angleterre allait prendre dans

les années suivantes par l'emploi des nouveaux procédés ; et, dans cette négociation, il avait compté sur l'ignorance où était le gouvernement français de ces procédés et de leurs conséquences nécessaires. Aujourd'hui les auteurs de ce dégrèvement veulent faire croire qu'il ne s'agissait que d'une concession à la fabrication belge. Mais justifient-ils ainsi leur ignorance des progrès de l'Angleterre et leur défaut de prévoyance ?

Quoi qu'il en soit, il n'est pas douteux, du moins, que la France, sous peine de sacrifier à l'Angleterre la plus grande partie de sa fabrication de toiles, doit la protéger de nouveau, et que le premier essai de notre époque pour étendre la liberté du commerce entre l'Angleterre et la France a fourni un témoignage ineffaçable de l'habileté britannique et de l'inexpérience française ; c'est comme un nouveau traité de Méthuen, et comme un second traité d'Éden (1).

Que fit M. Poulett Thompson quand il entendit les plaintes des fabricants de toiles en France et qu'il vit le gouvernement français disposé à réparer la faute qu'il avait commise ? Il fit ce que Huskisson avait fait avant lui, il menaça de prohiber les vins et les soieries de la France. Voilà le cosmopolitisme de l'Angleterre ! Il fallait que la France laissât périr une industrie qui datait d'un millier d'années, une industrie étroitement liée à toute l'existence des classes populaires et particulièrement à l'agriculture, dont les produits sont au nombre des objets de première nécessité pour toutes les classes, et peuvent être estimés à une valeur totale de trois à quatre cents millions, et cela pour acheter le privilége de vendre des vins et des soieries à l'Angleterre pour quelques millions de plus qu'auparavant. Indépendamment de cette disproportion dans les valeurs, on n'a qu'à se demander où en serait la France, dans le cas

---

(1) Sans rechercher ici si l'allégation de List sur le machiavélisme supposé de l'Angleterre et sur la prétendue duperie de la France est exacte, je ferai remarquer que l'exhaussement du tarif français sur les fils et tissus de lin et de chanvre en 1842 n'a pas tardé à vérifier ses prévisions.

(H. R.)

où les relations commerciales entre les deux pays seraient
interrompues par la guerre, si, par exemple, elle venait à ne
pouvoir plus écouler en Angleterre son excédant en tissus de
soie et en vins, et en même temps à manquer d'un objet indispensable tel que la toile.

On reconnaîtra, en y réfléchissant, que la question des
toiles n'est pas seulement une question de prospérité matérielle, que c'est surtout, comme toutes celles qui se rattachent
aux manufactures du pays, une question d'indépendance et
de puissance nationales.

On dirait que l'esprit d'invention, dans le perfectionnement
de l'industrie des toiles, s'est donné la mission de faire comprendre aux nations la nature de l'industrie manufacturière,
ses rapports avec l'agriculture, son influence sur l'indépendance et sur la puissance des États, et de mettre en évidence
les erreurs de la théorie. L'école, on le sait, soutient que
chaque nation possède dans les diverses branches de travail,
des avantages particuliers, dons de la nature ou résultats de
l'éducation, qui s'égalisent sous la liberté du commerce. Nous
avons prouvé, dans un chapitre précédent, que cette maxime
n'est vraie que de l'agriculture, où la production dépend en
grande partie du climat et de la fertilité du sol, mais qu'elle
ne l'est pas de l'industrie manufacturière pour laquelle tous
les peuples de la zone tempérée ont une égale vocation, pourvu
qu'ils possèdent les conditions matérielles, intellectuelles,
politiques et sociales requises à cet effet. L'Angleterre présente
aujourd'hui un exemple éclatant à l'appui de notre doctrine.
Si, par leur expérience, par leurs efforts persévérants et par
les ressources de leur sol, des peuples ont été particulièrement
appelés à la fabrication de la toile, ce sont assurément les
Allemands, les Belges, les Hollandais et les habitants du nord
de la France. Elle est depuis un millier d'années entre leurs
mains. Les Anglais, au contraire, jusqu'au milieu du dernier
siècle, y étaient si peu avancés, qu'ils importaient de l'étranger
une grande partie des toiles qu'ils employaient. Jamais, sans
les droits protecteurs qu'à cette époque ils lui accordèrent,

l'industrie du pays n'eût pu réussir à approvisionner le marché de l'Angleterre et celui des colonies britanniques, et l'on sait que les lords Castlereagh et Liverpool établirent dans le Parlement que, sans protection, la fabrication anglaise ne pourrait pas soutenir la concurrence des toiles de l'Allemagne. Or, aujourd'hui nous voyons les Anglais, qui, de tout temps, avaient été les plus mauvais fabricants de toiles de l'Europe, tendre, grâce à leurs inventions, à exercer en Europe le monopole de l'industrie linière, de même que, depuis cinquante ans, ils ont envahi l'Inde avec leurs tissus de coton, eux qui durant des siècles n'avaient pas même été capables de soutenir sur leur propre marché la concurrence des tissus de lin.

En ce moment on discute en France la question de savoir comment il se fait que, dans ces derniers temps, l'Angleterre ait accompli de si rapides progrès dans la fabrication de la toile, bien que Napoléon, le premier, ait provoqué, par un prix considérable, l'invention d'une machine à filer le lin, et que les mécaniciens et les industriels français se soient occupés de cet objet avant leurs rivaux d'outre-Manche. On se demande lesquels, des Anglais ou des Français, ont le plus de dispositions pour la mécanique. On donne toutes les explications, excepté la véritable. Il est déraisonnable d'attribuer aux Anglais plus de dispositions pour la mécanique, et une plus grande aptitude pour l'industrie en général qu'aux Allemands ou aux Français. Avant Édouard III, les Anglais étaient les plus grands fainéants, les plus grands vauriens de l'Europe ; alors l'idée ne leur fût pas venue de se comparer, pour le génie de la mécanique et pour l'aptitude industrielle, aux Italiens, aux Belges ou aux Allemands. Depuis, leur gouvernement a fait leur éducation, et ils sont arrivés peu à peu à pouvoir contester à leurs maîtres la capacité industrielle. Si, dans le cours des vingt dernières années, les Anglais ont su, mieux que d'autres peuples et en particulier que les Français, construire les machines nécessaires à l'industrie du lin (1),

---

(1) L'auteur paraît ignorer que c'est un Français, Philippe de Girard, qui a inventé la machine à filer le lin. (H. R.)

c'est 1° qu'ils étaient plus avancés dans la mécanique en général ; 2° qu'ils étaient aussi plus avancés dans le filage et dans le tissage du coton, lesquels ont tant de rapports avec le le filage et le tissage du lin ; 3° que leur politique commerciale leur avait procuré plus de capitaux que n'en possédaient les Français ; 4° que cette même politique avait ouvert à leurs produits liniers un marché intérieur beaucoup plus étendu ; 5° enfin, que leurs droits protecteurs, dans de pareilles circonstances, offraient au génie mécanique du pays une plus grande excitation à poursuivre le perfectionnement de cette industrie et de plus grands moyens de s'y appliquer.

Nous avons expliqué ailleurs que, dans l'industrie manufacturière, toutes les branches particulières sont étroitement solidaires, que le perfectionnement de l'une prépare et encourage le perfectionnement de toutes les autres, qu'aucune ne peut être négligée sans que toutes les autres ne s'en ressentent, qu'en un mot l'industrie manufacturière d'une nation constitue un tout indivisible ; les récents progrès de l'Angleterre dans l'industrie des toiles confirment ces maximes.

CHAPITRE II.

LA SUPRÉMATIE INSULAIRE ET L'UNION DOUANIÈRE ALLEMANDE.

L'Allemagne a expérimenté par elle-même, dans ces vingt dernières années, ce que c'est, de nos jours, qu'un grand pays sans une bonne politique commerciale, et ce qu'avec une bonne politique commerciale un grand pays peut devenir. Elle a été, ainsi que Franklin l'a dit de l'État de New-Jersey, comme un tonneau de tous les côtés percé et épuisé par ses voisins. L'Angleterre, non contente d'avoir ruiné la plus grande partie des fabriques de l'Allemagne et de fournir à celle-ci d'immenses quantités de tissus de laine et de coton

ainsi que de denrées coloniales, a repoussé ses blés, ses bois,
quelque temps même jusqu'à ses laines. Il y a eu un temps où
l'Angleterre trouvait en Allemagne, pour ses produits fabriqués, un débouché dix fois plus considérable que dans son
empire tant vanté des Indes orientales, et cependant ces insulaires monopoleurs refusaient aux pauvres Allemands ce qu'ils
accordaient aux Hindous leurs sujets, la faculté de solder
avec des produits agricoles les achats de produits fabriqués.
Inutilement les Allemands s'abaissaient jusqu'au rôle de por-
teurs d'eau et de fendeurs de bois des Anglais, on les traitait
plus durement qu'un peuple conquis. Il en est des peuples
comme des individus ; ceux qui se laissent maltraiter par un
seul seront bientôt méprisés de tous et finiront par devenir le
jouet des enfants. La France, qui vend cependant à l'Allemagne du vin, de l'huile, des soieries et des articles de mode
pour des valeurs considérables, a resserré le débouché de ses
bestiaux, de ses blés et de ses toiles. Que dis-je ? Une petite
province maritime, jadis allemande, habitée par des Allemands, qui, devenue riche et puissante grâce à l'Allemagne,
n'avait jamais pu subsister qu'avec elle et par elle, a fermé,
durant une demi-génération, au moyen de misérables chicanes, le plus beau fleuve de l'Allemagne. Pour comble de mo-
querie, on a enseigné dans cent chaires que les nations ne peuvent parvenir à la richesse et à la puissance que par la liberté
commerciale universelle.

Voilà où en était l'Allemagne ; où en est-elle aujourd'hui ?
Elle a, dans l'espace de dix années, avancé d'un siècle en prospérité et en industrie, en conscience d'elle-même et en puissance. Pourquoi cela ? La suppression des barrières qui séparaient entre eux les Allemands a été une mesure excellente,
mais elle n'eût porté que de tristes fruits si l'industrie du pays
fût restée exposée à la concurrence étrangère. C'est surtout la
protection du tarif de l'Association en faveur des produits fabriqués d'un usage général, qui a opéré ce prodige.

Avouons-le franchement, le docteur Bowring l'a péremptoirement établi, le tarif du Zollverein n'est pas, comme on

l'a allégué, un tarif purement fiscal ; il ne s'est pas arrêté
à 10, à 15 pour cent, ainsi que l'a cru Huskisson ; sur les
produits fabriqués d'un usage général, ne craignons pas de
le dire, il accorde une protection de 20 à 60 pour cent.

Or, quel est l'effet de cette protection ? Les consommateurs
paient-ils les produits fabriqués allemands 20 à 60 pour cent
de plus qu'ils ne payaient auparavant les produits étrangers ?
Ou bien les produits allemands sont-ils inférieurs ? Nullement. Le docteur Bowring lui-même atteste que les produits
des industries protégées par un tarif élevé sont de meilleure
qualité et à plus bas prix que les articles étrangers. La concurrence du dedans et la protection contre la concurrence
écrasante de l'étranger ont opéré ces miracles, que l'école
ignore et veut ignorer. Il n'est donc pas vrai, comme le prétend l'école, que la protection renchérisse les produits indigènes du montant du droit protecteur. Elle peut causer un
renchérissement momentané, mais, dans tout pays préparé
pour les manufactures, la concurrence intérieure réduit bientôt les prix au-dessous des chiffres qu'ils auraient atteints
sous le régime de la libre importation.

L'agriculture a-t-elle souffert de ces droits élevés ? En aucune façon ; elle a prospéré, elle a réalisé depuis dix ans des
profits décuples. La demande des produits agricoles s'est accrue, et les prix se sont élevés ; il est notoire que, sous l'influence de l'industrie manufacturière, la propriété foncière a
partout haussé de 50 à 100 pour cent; que partout le travail a
obtenu de meilleurs salaires ; que partout de nouvelles voies
de communication ont été construites ou projetées.

Des résultats si brillants ne peuvent qu'encourager à avancer
dans la même voie ; plusieurs États de l'Union ont fait des
propositions dans ce sens ; mais ils n'ont pas réussi encore,
parce que d'autres États, paraît-il, n'attendent leur salut que
de l'abolition en Angleterre des droits sur le blé et sur les bois,
et que des personnages influents, assure-t-on, ont toujours
foi dans le système cosmopolite et se défient de leur expérience.
Le rapport du docteur Bowring contient à ce sujet, ainsi que

sur la situation du Zollverein et sur la tactique du gouvernement anglais, d'importantes révélations. Examinons un peu
cet écrit.

Nous commencerons par signaler le point de vue qui a
présidé à sa composition. M. Labouchère, président du Conseil de commerce dans le cabinet Melbourne, avait envoyé
le docteur Bowring en Allemagne, dans le même but que
M. Poulett Thompson, en 1834, lui avait donné une mission
en France. Il s'agissait de décider les Allemands à ouvrir leur
marché aux produits manufacturés anglais, à l'aide de concessions en faveur de leurs blés et de leurs bois, de même
que les Français à l'aide des concessions en faveur de leurs
vins et de leurs eaux-de-vie ; seulement les deux missions
différaient en ce point, que les concessions à proposer aux
Français ne rencontraient point d'opposition en Angleterre,
tandis que celles qu'on offrait aux Allemands devaient être
d'abord emportées dans l'Angleterre même.

Les deux rapports, par conséquent, devaient avoir une
portée différente. Celui qui traitait des relations commerciales
entre la France et l'Angleterre était exclusivement à l'adresse
des Français. Il fallait leur dire que Colbert, avec son système
protecteur, n'avait fait rien de bon, il fallait leur faire croire
que le traité d'Éden avait été avantageux à la France, et que
le système continental, ainsi que le système prohibitif qui la
régissait encore, lui avait été funeste. En un mot, on n'avait
ici qu'à s'en tenir à la théorie d'Adam Smith, et à mettre ouvertement en question les résultats du système protecteur.

Le second rapport était moins facile ; il devait s'adresser
à la fois aux propriétaires anglais et aux gouvernements allemands. Aux premiers, il fallait dire : « Voici une nation qui,
à l'aide des droits protecteurs, a déjà accompli d'immenses
progrès industriels, et qui, pourvue de toutes les ressources
nécessaires, se prépare résolûment à conquérir son marché
intérieur tout entier et à rivaliser avec l'Angleterre sur les
marchés étrangers ; c'est votre œuvre maudite, à vous, tories
de la chambre haute, à vous gentilshommes de la chambre

basse ; c'est le résultat de votre législation insensée sur les céréales; par elle, les prix des denrées alimentaires, des matières
brutes et de la main-d'œuvre ont été déprimés en Allemagne,
par elle les fabriques allemandes ont été placées dans de meilleures conditions que les fabriques anglaises. Hâtez-vous
donc, fous que vous êtes, d'abolir cette législation. Vous
causerez ici aux fabriques allemandes un double, un triple
dommage ; d'abord il s'ensuivra en Allemagne une hausse et
en Angleterre une baisse des denrées alimentaires, des matières brutes et de la main-d'œuvre ; en second lieu l'exportation des blés d'Allemagne en Angleterre facilitera l'écoulement des produits fabriqués d'Angleterre en Allemagne ;
troisièmement, l'Association douanière allemande s'est déclarée prête à réduire ses droits sur les tissus de coton et de
laine communs dans la même proportion que l'Angleterre favorisera l'importation des blés et des bois allemands. Nous
ne pouvons donc manquer, nous autres Anglais, de ruiner de
nouveau les fabriques allemandes. Mais il faut se presser.
Chaque année les intérêts manufacturiers acquièrent dans l'U-
nion plus d'influence, et, si vous hésitez, l'abolition de la législation sur les céréales viendra trop tard. Encore quelque
temps, et le fléau de la balance se déplacera. Bientôt les fabriques allemandes créeront une si forte demande de produits
agricoles que l'Allemagne n'aura plus de blé à vendre à
l'étranger. Quelles concessions aurez-vous alors à lui offrir,
pour la décider à porter la main sur ses fabriques, pour
l'empêcher de filer elle-même le coton qu'elle tisse et de vous
disputer en tout pays votre clientèle étrangère ? »

Voilà ce que l'auteur du rapport avait à faire comprendre
aux propriétaires fonciers du Parlement. Le régime politique
de la Grande-Bretagne ne permet pas de rapports secrets de
chancellerie. L'écrit du docteur Bowring devait donc être public, par conséquent parvenir au moyen de traductions et
d'extraits à la connaissance des Allemands. Il fallait donc s'y
abstenir de toute expression de nature à éclairer les Allemands sur leurs véritables intérêts. Chaque argument à l'a-

dresse du Parlement devait être tempéré par un antidote à l'usage des gouvernements d'Allemagne ; il fallait soutenir que les droits protecteurs en Allemagne avaient donné une direction fausse à beaucoup de capitaux, qu'ils portaient préjudice aux intérêts agricoles ; que ces intérêts ne devaient s'occuper que des marchés extérieurs, que l'agriculture était la première industrie allemande, puisqu'elle occupait les trois quarts des habitants, qu'ainsi c'était se moquer que de parler de protection pour les producteurs, que les intérêts manufacturiers eux-mêmes ne pouvaient prospérer qu'au moyen de la concurrence avec l'étranger ; que l'opinion publique en Allemagne était pour la liberté du commerce ; que les lumières y étaient trop répandues pour que des réclamations en faveur de droits élevés y pussent réussir ; que les hommes les plus éclairés du pays étaient partisans d'une diminution des droits sur les tissus communs en laine et en coton, dans le cas où les droits du tarif anglais sur le blé et sur le bois viendraient à être adoucis.

De ce rapport, en un mot, s'élèvent deux voix opposées et contradictoires. Laquelle est la vraie ? celle qui s'adresse au parlement d'Angleterre, ou celle qui parle aux gouvernements d'Allemagne ? Il est difficile de répondre aux considérations que présente le docteur Bowring pour décider le Parlement à diminuer les droits d'entrée sur le blé et sur le bois en s'appuyant sur des données statistiques, sur des calculs précis, sur des témoignages ; toutes celles qui ont pour but de détourner les gouvernements allemands du système protecteur se réduisent à de simples assertions.

Arrêtons-nous sur les arguments par lesquels le docteur Bowring prouve au Parlement, que, dans le cas où les progrès du système protecteur en Allemagne ne seraient pas arrêtés par les moyens qu'il propose, le marché allemand serait irrévocablement perdu pour les manufactures anglaises.

Le peuple allemand se distingue, dit-il, par la modération, par l'économie, par l'application et par l'intelligence. Il est généralement instruit. D'excellentes écoles spéciales ont

33

répandu les connaissances techniques dans tout le pays. L'art
du dessin y est même cultivé beaucoup plus qu'en Angleterre. L'accroissement considérable que la population présente, chaque année, ainsi que le nombre des bestiaux et surtout des moutons, témoigne de l'essor qu'y a pris l'agriculture
(le docteur Bowring omet ici le fait capital de la hausse dans
la valeur des propriétés et dans le prix des produits agricoles).
Dans les districts manufacturiers le taux des salaires s'est
accru de 30 pour cent ; le pays surabonde en chutes d'eau
inemployées, en chutes d'eau, les moins coûteuses de toutes
les forces motrices. L'exploitation des mines y offre partout
une activité qu'elle n'a jamais eue jusque-là. De 1832 à
1837 (1), l'Allemagne a accompli des progrès signalés dans
toutes les branches d'industrie protégées, et particulièrement
dans les lainages et dans les cotonnades d'un usage général,
dont l'importation d'Angleterre a complétement cessé. Néanmoins le docteur Bowring reconnaît, d'après des témoignages
qui lui paraissent dignes de foi : « que le prix des tissus prussiens est sensiblement plus bas que celui des tissus anglais,
que certaines couleurs, sans doute, n'égalent pas celles des
meilleures teintureries anglaises, mais que d'autres sont irréprochables et aussi parfaites que possible ; que, pour le
filage, le tissage et tous les procédés d'élaboration, l'Allemagne marche complétement de pair avec la Grande-Bretagne,
qu'elle décèle seulement une infériorité marquée sous le
rapport de l'apprêt, mais que les imperfections de son industrie disparaîtront avec le temps. »

On conçoit aisément que de pareils exposés finissent par
décider le Parlement anglais à abolir une législation qui,
jusqu'à présent, a opéré comme une protection à l'égard
de l'Allemagne ; mais ce qui nous paraît souverainement
incompréhensible, c'est qu'on ait pu espérer par ce rapport
disposer l'Union allemande à abandonner un système auquel
elle est redevable d'immenses progrès.

(1) J'ai supprimé ici toute une page de chiffres qui seraient aujourd'hui
fort arriérés.   (H. R.)

Le docteur Bowring nous assure que l'industrie de l'Allemagne est protégée aux dépens de son agriculture ; mais quelle foi pouvons-nous mettre dans son assertion, quand nous voyons la demande des produits agricoles, le prix de ces produits, le taux des salaires, la rente et la valeur des biens-fonds augmenter partout dans une proportion considérable, sans que l'agriculture achète les objets manufacturés plus cher qu'auparavant ?

Le docteur Bowring estime qu'en Allemagne on compte trois agriculteurs sur un manufacturier ; mais il ne fait en cela que nous prouver que le nombre des manufacturiers n'est pas encore en rapport avec celui des agriculteurs ; et l'on ne voit pas comment on pourrait rétablir la proportion, si ce n'est en étendant la protection à ces industries qu'exercent encore aujourd'hui en Angleterre, pour approvisionner le marché allemand, des travailleurs qui consomment les denrées de l'Angleterre au lieu de celles de l'Allemagne.

Le docteur Bowring prétend que l'agriculture ne doit s'occuper que de l'étranger pour l'accroissement de ses débouchés ; mais non-seulement l'exemple de l'Angleterre enseigne qu'une forte demande des produits agricoles ne peut être déterminée que par une fabrication indigène florissante, le docteur Bowring lui-même le reconnaît implicitement en exprimant dans son rapport la crainte que, si l'Angleterre retarde encore de quelques années l'abolition de sa loi sur les céréales, l'Allemagne n'ait plus ni blés ni bois à vendre à l'étranger.

Le docteur Bowring est dans le vrai, lorsqu'il soutient que l'intérêt agricole a conservé la prépondérance en Allemagne ; mais cet intérêt, par cela même qu'il est prépondérant, doit, ainsi que nous l'avons montré dans de précédents chapitres, travailler, par le développement de l'intérêt manufacturier, à établir un juste équilibre ; car la prospérité de l'agriculture repose sur son équilibre avec l'intérêt manufacturier et non sur sa propre prépondérance.

Mais l'auteur du rapport se trompe complétement, à notre avis, en affirmant que l'intérêt des manufactures allemandes elles–mêmes appelle la concurrence de l'étranger sur les marchés allemands, par la raison que, sitôt qu'elles seront en mesure d'approvisionner le pays, elles rencontreront au dehors, pour l'excédant de leur production, cette même concurrence qu'elles ne pourront soutenir que par le bon marché; or, le bon marché est contraire à l'essence du système protecteur, qui n'a pour but que d'assurer des prix élevés au fabricant. Ce raisonnement contient autant d'erreurs et de faussetés que de mots. Le docteur Bowring ne saurait nier que le fabricant peut vendre ses articles à un prix d'autant plus bas qu'il produit davantage, et que, par conséquent, une industrie qui est déjà maîtresse du marché du pays peut d'autant mieux travailler à bon marché pour l'étranger. Il en trouvera la preuve dans les tableaux mêmes qu'il a publiés sur les progrès de l'industrie allemande; à mesure, en effet, qu'elle prenait possession du marché national, elle développait aussi ses exportations. La récente expérience de l'Allemagne, de même que l'expérience ancienne de l'Angleterre, enseigne que le système protecteur n'a point pour conséquence nécessaire le prix élevé des objets manufacturés. L'industrie allemande, enfin, est loin encore de suffire à l'approvisionnement du marché national. Pour y parvenir, il faut d'abord qu'elle fabrique les 13,000 quintaux (650,000 kilog.) (1) de tissus de coton, les 18,000 quintaux (900,000 kilog.) de tissus de laine, et les 500,000 quintaux (2,500,000 kilog.) de fils de coton et de lin, qui actuellement s'importent d'Angleterre. Une fois ce résultat atteint, l'Allemagne aura à importer en plus un demi-million de quintaux (2,500,000 kilog.) de coton en laine, et à cet effet elle accroîtra dans la même proportion ses relations directes avec les pays de la zone torride, en payant une grande partie, sinon la totalité de ce coton, avec les produits de ses fabriques.

L'opinion émise dans le rapport que le sentiment public en Allemagne est pour la liberté du commerce, doit être rectifiée

____

(1) Le quintal du Zollverein = 50 kilog.

en ce sens que, depuis la constitution de l'union douanière, on se fait une idée plus nette de ce que veut dire en Angleterre le mot de liberté du commerce ; car depuis lors, comme le dit le docteur Bowring lui-même, « les idées du peuple allemand ont quitté la sphère de l'espérance et de la fantaisie pour celle des intérêts positifs et matériels. »

Il dit avec raison que les lumières sont très-répandues en Allemagne ; c'est pour cela qu'on a cessé d'y poursuivre des rêves cosmopolites, qu'on y pense aujourd'hui par soi-même, qu'on s'en rapporte à son propre jugement, à son expérience personnelle, à son bon sens particulier plus qu'à des systèmes exclusifs que démentent toutes les expériences ; que l'on commence à comprendre pourquoi Burke, s'ouvrant à Adam Smith, lui déclarait qu'une nation doit être gouvernée, non d'après des systèmes cosmopolites, mais d'après une connaissance approfondie de ses intérêts ; c'est pour cela qu'on se défie en Allemagne de ces conseillers qui soufflent en même temps le froid et le chaud ; qu'on apprécie à leur juste valeur les avantages de rivaux industriels et leurs propositions ; qu'on se rappelle enfin, chaque fois qu'il est question d'offres de l'Angleterre, le mot fameux sur les présents des Grecs.

Il y a donc lieu de douter que des hommes d'État influents en Allemagne aient sérieusement fait espérer à l'auteur du rapport, que ce pays renoncerait à son système protecteur pour prix de la misérable concession de pouvoir faire en Angleterre quelques envois de blés et de bois. Dans tous les cas, l'opinion publique hésiterait à ranger ces hommes d'État dans la classe de ceux qui réfléchissent. Pour mériter aujourd'hui ce titre en Allemagne, il ne suffit pas d'avoir appris par cœur les phrases banales et les arguments connus de l'école cosmopolite ; on exige qu'un homme d'État connaisse les forces et les besoins du pays, et, sans se préoccuper des systèmes, s'applique à développer les premières et à pourvoir aux seconds. Celui-là trahirait une ignorance grossière de ces forces et de ces besoins, qui ne saurait pas quels immenses efforts ont été nécessaires pour porter l'industrie d'un pays au degré où l'in-

dustrie allemande est déjà parvenue, qui serait incapable de
prévoir le brillant avenir de celle-ci, qui pourrait tromper la
confiance que les industriels allemands ont placée dans la sagesse de leurs gouvernements et porter une profonde atteinte
à l'esprit d'entreprise de la nation ; qui ne saurait pas distinguer le rang élévé qu'occupe une nation manufacturière de
premier ordre d'avec l'humble situation d'un pays exporta-
teur de blé et de bois ; qui ne comprendrait pas combien est
précaire, même en temps ordinaire, un débouché étranger
pour ces articles, avec quelle facilité des concessions dont elles
auraient été l'objet peuvent être retirées, et quelles convulsions
entraînerait une interruption de ce commerce causée par la
guerre ou par des restrictions ; qui enfin n'aurait pas appris
par l'exemple des autres grands États à quel point l'existence,
l'indépendance et la puissance d'une nation dépendent de la
possession d'une industrie manufacturière développée dans
toutes ses branches.

En vérité, il faut tenir bien peu de compte de l'idée de nationalité et d'unité qui a surgi en Allemagne depuis 1830, pour
croire avec l'auteur du rapport que la politique de l'Association se réglera sur les intérêts de la Prusse (1), par la raison
que les deux tiers de la population y sont prussiens, que les
intérêts de la Prusse réclament l'exportation de ses bois et de
ses blés en Angleterre, que son capital manufacturier est insignifiant, que la Prusse, par conséquent, s'opposera à toute
entrave à l'importation des produits fabriqués étrangers, que
tous les chefs des départements ministériels y sont déterminés.

On lit cependant dans le commencement du rapport :

_____

(1) Les intérêts de la Prusse sont loin d'être homogènes, ainsi qu'on le
pourrait conclure du rapport de M. Bowring ; il faut distinguer soigneusement les intérêts des provinces manufacturières de l'Ouest ou en deçà du
Wéser, qui sympathisent avec le midi de l'Association allemande et où les
idées de protection prédominent, d'avec ceux de provinces de l'Est ou au
delà du Wéser, et particulièrement des provinces agricoles de la Baltique qui
exportent des blés et des bois en Angleterre, et où prévaut la doctrine de la
liberté commerciale. Du reste, dans les conférences douanières du Zollverein,
la Prusse s'est montrée protectionniste modérée, jamais ultra-libérale.

(H. R.)

.« L'Association commerciale allemande est la réalisation de l'idée de nationalité si répandue dans ce pays. Si cette association est bien dirigée, elle amènera la fusion de tous les intérêts allemands en un seul. Ses bienfaits l'ont rendue populaire. C'est le premier pas vers l'unité allemande. Par la communauté des intérêts dans les questions de commerce, elle a frayé la voie à l'unité politique et elle a substitué à des vues étroites, à des préjugés et à des habitudes surannées un large et puissant élément national. » Comment concilier avec ces observations si pleines de justesse l'opinion que la Prusse sacrifierait l'indépendance et la grandeur future du pays à de mesquines considérations d'intérêt privé, d'intérêt mal entendu et en tout cas temporaire, qu'elle ne comprendrait pas que l'Allemagne s'élève ou descend suivant qu'elle est ou non fidèle à sa politique commerciale, comme la Prusse elle-même monte ou tombe avec l'Allemagne ? Comment concilier cette assertion, que les chefs de départements, en Prusse, seraient contraires au système protecteur, avec ce fait que les droits élevés sur les tissus de laine et de coton communs sont émanés de la Prusse ? Ces contradictions, et le brillant tableau que le docteur a tracé de l'industrie saxonne et de ses progrès, ne doivent-ils pas donner à penser qu'il a voulu éveiller la jalousie de la Prusse ?

Quoi qu'il en soit, il est étrange que le docteur Bowring ait attaché tant d'importance au sentiment particulier des chefs de départements, lui, publiciste anglais, qui connaît la puissance de l'opinion publique, et qui doit savoir que, de nos jours, les idées personnelles des chefs de départements, même dans les États non constitutionnels, sont de peu de poids quand elles se trouvent en lutte avec cette opinion publique, avec les intérêts matériels du pays, quand leur tendance est rétrograde et antinationale. Il le comprend fort bien, du reste, lorsqu'il avoue, page 98, que le gouvernement prussien, de même que le gouvernement anglais au sujet de l'abolition de l'acte sur les céréales, a reconnu par expérience que l'opinion des fonctionnaires publics pouvait

bien ne pas partout prévaloir ; qu'il y avait lieu par conséquent de considérer si le blé et le bois de l'Allemagne ne devaient pas être admis en Angleterre, même sans concessions
préalables de l'Union allemande, de manière à frayer la voie
sur les marchés allemands aux produits des fabriques anglaises. Cette manière de voir est parfaitement juste. Le docteur
Bowring comprend que les lois des céréales en Angleterre
ont fait grandir l'industrie allemande, que, sans elles, cette
industrie n'aurait pas pris de force, que leur abolition est de
nature non seulement à arrêter ses progrès ultérieurs, mais
encore à la faire reculer, si l'on suppose du moins que la législation de douane de l'Allemagne reste telle qu'elle est. Il
est fâcheux seulement que les Anglais n'aient pas reconnu, il
y a vingt ans, la justesse de ce raisonnement. Aujourd'hui,
après que la législation anglaise elle-même a isolé l'agriculture allemande des manufactures britanniques, l'Allemagne,
qui, depuis vingt ans, a avancé dans la voie du progrès industriel au prix d'immenses sacrifices, serait aveugle de se
laisser détourner par l'abolition des lois anglaises du grand
but national qu'elle poursuit. Oui, nous avons la ferme conviction que l'Allemagne, dans cette hypothèse, devrait élever
ses droits protecteurs de manière à compenser l'avantage que
l'abolition des lois sur les céréales donnerait aux fabriques
anglaises vis-à-vis des fabriques allemandes. Longtemps encore l'Allemagne n'aura pas d'autre politique à suivre vis-à-
vis de l'Angleterre que celle d'une nation manufacturière
arriérée encore, qui déploie tout son énergie pour rejoindre
celle qui l'a devancée. Toute autre politique mettrait en péril
la nationalité allemande. Si les Anglais ont besoin des blés
ou des bois de l'étranger, qu'ils en tirent d'Allemagne ou de
tout autre pays. L'Allemagne ne travaillera pas moins à conserver les progrès que son industrie a déjà accomplis et à
encourager ses progrès à venir. Si les Anglais ne veulent pas
entendre parler des blés et des bois de l'Allemagne, rien de
mieux ; son industrie, sa navigation marchande et son commerce extérieur ne grandiront que plus vite, son système de

communications intérieures ne se perfectionnera que plus rapidement, et la nationalité allemande n'acquerra que plus sûrement sa base naturelle. Peut-être la Prusse ne verra-t-elle pas le prix des blés et des bois de ses provinces de la Baltique hausser aussi promptement dans ce cas que dans celui de l'ouverture immédiate du marché britannique ; mais le perfectionnement des voies de communication à l'intérieur et la demande de produits agricoles créée par les manufactures du pays accroîtront, avec une certaine rapidité, le débouché de ces provinces au sein même de l'Allemagne, et tout progrès basé sur ce débouché intérieur de leurs denrées leur sera pour jamais acquis ; elles n'oscilleront plus, comme elles l'ont fait jusqu'à présent, d'une période décennale à une autre, entre la détresse et la prospérité. Pour ce qui est de la puissance, la Prusse, en suivant cette politique, gagnera en influence réelle sur l'intérieur de l'Allemagne cent fois plus qu'elle n'aura sacrifié en valeurs dans ses provinces de la Baltique ou plutôt qu'elle n'aura prêté à l'avenir.

Il est évident qu'au moyen de ce rapport le ministère anglais désire obtenir l'admission en Allemagne des tissus communs de laine et de coton, soit par la suppression ou la modification des droits au poids, soit par l'abaissement du tarif, soit par l'admission sur le marché anglais des blés et des bois allemands ; ainsi serait ouverte la première brèche au système protecteur de l'Allemagne. Les articles de consommation générale sont, ainsi que nous l'avons déjà fait voir, de beaucoup les plus importants ; ils constituent la base de l'industrie nationale. Avec un droit de 10 pour 0/0 *ad valorem*, tel que le veut l'Angleterre, et les déclarations inexactes dans lesquelles elle est exercée, la plus grande partie de l'industrie allemande serait sacrifiée à la concurrence anglaise, surtout lors de ces crises commerciales où les fabricants anglais sont obligés de se défaire à tout prix de leurs marchandises. Il n'y a donc pas d'exagération à soutenir que les propositions de l'Angleterre ne tendent à rien moins qu'au renversement de tout le système protecteur allemand, afin de

rabaisser l'Allemagne à l'état de colonie agricole de l'Angleterre. C'est dans ce but qu'on signale à la Prusse le profit que
son agriculture retirerait d'un abaissement des droits sur les
blés et sur les bois en Angleterre, et le peu d'importance de
ses intérêts manufacturiers. C'est dans cette pensée qu'on lui
offre la perspective d'un dégrèvement des eaux-de-vie. Pour
ne pas négliger entièrement les autres États, on promet de
réduire à 5 pour 0/0 les droits sur les articles de Nuremberg,
sur les jouets d'enfants, sur l'eau de Cologne et sur d'autres
bagatelles. Cela fait plaisir aux petits États et coûte peu de
chose.

On veut, par le rapport, persuader aux gouvernements
allemands qu'il est dans l'intérêt de leur pays que l'Angleterre
file pour lui le coton et le lin. Nul doute que la politique de
l'Union, qui a consisté à venir en aide d'abord à l'impression,
puis au tissage, et à importer les fils de qualités moyennes et
supérieures, n'ait été jusqu'ici la bonne. Mais il ne s'ensuit
nullement qu'elle soit bonne à toujours. La législation de
douane doit marcher avec l'industrie nationale, afin de remplir sa mission. Il a déjà été question des immenses avantages
que la filature du coton, indépendamment de son importance
intrinsèque, amène avec elle; elle nous crée des relations
directes avec les pays de la zone torride, elle exerce par là
une influence considérable sur notre navigation marchande
et sur notre exportation d'objets manufacturés, et, plus que
toute autre industrie, elle anime nos ateliers pour la construction des machines. Puisqu'il est constant que ni le manque de
cours d'eau et de bons ouvriers, ni le défaut de capitaux
matériels ou d'intelligence n'empêcheront l'Allemagne d'exercer elle-même cette grande et féconde industrie, on ne voit
pas pourquoi nous n'élèverions pas peu à peu la protection
sur les divers numéros de fils de coton, de manière à filer
nous-mêmes en moyenne, au bout de 5 ou 10 ans, de quoi
suffire à nos besoins. Si haut que l'on estime les avantages de
l'exportation du blé et du bois, ils sont loin d'égaler ceux que
nous procurerait le filage. Oui, nous n'hésitons pas à le dé-

clarer, le calcul des consommations de produits agricoles et
forestiers qu'occasionnerait le filage du coton, établirait péremptoirement que cette branche d'industrie doit assurer aux
propriétaires fonciers d'Allemagne de tout autres profits que
ceux que peut leur offrir le marché étranger.

Le docteur Bowring doute que le Hanovre, le Brunswick (1),
les deux Mecklembourg, Oldenbourg et les villes anséatiques
accèdent au Zollverein, à moins que celui-ci n'opère une
diminution radicale de ses droits d'entrée. Pour le moment
il ne peut être question d'un moyen, qui serait cent fois pire
que le mal auquel on veut porter remède. Notre foi dans l'a-
venir de l'Allemagne n'est pas d'ailleurs aussi faible que celle
de l'auteur du rapport. De même que la révolution de Juillet
a été féconde pour l'Association allemande, la première
grande commotion fera disparaître tous les petits scrupules
qui ont empêché jusqu'ici ces petits États de céder aux exigences supérieures de la nationalité. A quel point l'unité
commerciale importe à la nationalité, et combien, abstraction
faite des intérêts matériels, elle est utile aux gouvernements
allemands, on en a fait récemment une première et remarquable expérience, lorsqu'en France on a affiché des prétentions sur la frontière du Rhin.

Chaque jour les gouvernements et les peuples en Allemagne
comprendront mieux que l'unité nationale est le roc sur lequel
doit reposer l'édifice de leur prospérité, de leur considération,
de leur puissance, de leur sûreté dans le présent et de leur
grandeur dans l'avenir. Chaque jour, par conséquent, la
révolte des petits États du littoral contre le Zollverein appa-
raîtra non-seulement aux États associés, mais aux États
séparés eux-mêmes, comme un scandale national qu'il convient de faire cesser à tout prix. Du reste, si l'on y regarde
de près, les avantages matériels de l'accession sont pour ces
derniers bien supérieurs aux sacrifices qu'elle exige. Plus
l'industrie manufacturière, les voies de communication, la

(1) Le Brunswick a accédé en 1842, Hanovre et Oldenbourg en 1854.

(H. R.)

navigation marchande et le commerce extérieur de l'Allemagne se développeront, comme ils peuvent et doivent le faire
dans un pays plein de ressources, sous l'influence d'une politique commerciale habile, plus le désir de prendre une part
directe à ces avantages s'éveillera dans ces États, plus ils
renonceront à l'habitude coupable d'attendre leur fortune de
l'étranger.

Quant aux villes anséatiques en particulier, l'esprit d'indépendance qui anime le district souverain de Hambourg ne
détruit point nos espérances. Dans ces villes, au témoignage
du docteur Bowring lui-même, un grand nombre d'esprits
comprennent que Hambourg, Brême et Lubeck doivent être
à l'Allemagne ce que Londres et Liverpool sont à l'Angleterre,
ce que New-York, Boston, Philadelphie sont aux États-Unis,
et reconnaissent que la confédération promet à leur commerce
des avantages dépassant beaucoup les inconvénients de la
soumission à ses résolutions collectives, qu'une prospérité
sans garantie de durée n'est en dernière analyse qu'une pure
apparence.

Quel habitant sensé de ces ports de mer pourrait se réjouir
sans réserve de l'augmentation constante de leur tonnage, de
l'extension progressive de leurs relations, quand il réfléchit
que deux frégates parties d'Helgoland, qui se présenteraient
aux embouchures du Wéser et de l'Elbe, pourraient détruire
en vingt-quatre heures l'ouvrage d'un quart de siècle ? L'Association garantira pour toujours à ces places leur prospérité
et leurs progrès, d'une part au moyen d'une flotte à elle, de
l'autre à l'aide d'alliances. Elle protégera leurs pêcheries,
favorisera leur navigation, et, par une bonne organisation
consulaire, par des traités, elle affermira et développera leurs
relations commerciales dans toutes les parties du monde et
dans tous les ports. En partie par leur entremise elle fondera
des colonies, et son commerce colonial sera entre leurs mains.
Car une confédération de 35 millions d'âmes (elle en comptera
autant pour le moins quand elle sera complète), qui, avec un
accroissement moyen annuel d'un et demi pour cent dans sa

population, peut aisément chaque année envoyer au dehors
deux ou trois cent mille individus, dont les provinces fourmil-
lent d'hommes instruits, intelligents, disposés à chercher fortune en de lointains pays, prenant racine en tout lieu, s'établissant partout où il y a des terres vierges à défricher, une
telle confédération est destinée par la nature à prendre le premier rang parmi les nations qui fondent des colonies et qui
propagent la civilisation.

La nécessité de cet achèvement du Zollverein est si généralement sentie en Allemagne que l'auteur du rapport ne peut
s'empêcher d'en faire la remarque : « Un littoral plus étendu,
un plus grand nombre de ports, une navigation plus considérable, un pavillon fédéral, une marine militaire et marchande,
voilà ce que désirent généralement les partisans du Zollverein ;
mais l'Union a peu de chances de prévaloir contre les escadres
grandissantes de la Russie et contre les marines commerciales
de la Hollande et des villes anséatiques. » Contre elles, sans
doute, l'Union ne peut rien, mais elle ne serait que plus forte
avec et *par* elles. Il est dans la nature de tout pouvoir de di-
viser pour régner. Après avoir expliqué comment les États du
littoral seraient insensés d'accéder au Zollverein, le docteur
Bowring sépare à jamais les grands ports allemands du reste
de l'Allemagne, en nous entretenant des magasins d'Altona
qui pourraient nuire à ceux de Hambourg, comme si un
grand État commercial ne trouverait pas le moyen de tirer
parti des magasins d'Altona. Nous ne suivrons pas l'auteur
dans ses raisonnements subtils, nous nous bornerons à remarquer que, appliqués à l'Angleterre, ils prouveraient que Londres et Liverpool accroîtraient immensément leur prospérité
en se séparant du reste du pays. La pensée inspiratrice de cette
argumentation ressort nettement du rapport du consul anglais
à Rotterdam : « Dans l'intérêt du commerce britannique, dit
M. Alexandre Ferrier à la fin de son rapport, il est extrêmement important de ne négliger aucun moyen d'empêcher l'accession au Zollverein des États précités, ainsi que de la Belgique, et cela par des motifs trop clairs pour avoir besoin d'être

expliqués. » Si M. Ferrier et le docteur Bowring tiennent un
tel langage, si le cabinet anglais agit comme ils parlent, qui
pourrait le leur reprocher ? C'est l'instinct anglais qui parle
et qui agit chez eux. Mais attendre monts et merveilles pour
l'Allemagne de propositions émanées d'une telle source, c'est
en vérité dépasser la mesure de notre facilité nationale.

« Quoi qu'il arrive, ajoute M. Ferrier, la Hollande doit
être toujours considérée comme le principal intermédiaire
des communications de l'Allemagne méridionale avec les
autres pays. » Il est évident que, par les *autres pays*, M. Ferrier entend seulement l'Angleterre, et qu'il veut dire : « Si
la suprématie manufacturière anglaise perd ses têtes de pont
allemandes sur la mer du Nord et sur la Baltique, il lui reste
du moins une autre grande tête de pont, la Hollande, pour
approvisionner l'Allemagne du Midi en articles fabriqués et
en denrées coloniales. » De notre point de vue national à
nous, voici ce que nous disons et ce que nous soutenons :
« La Hollande est, par sa situation géographique, par ses relations commerciales et industrielles, par l'origine de ses habitants et par leur langage, une province allemande, séparée à
l'époque des déchirements intestins de la contrée, et qui doit
lui être de nouveau incorporée, sans quoi l'Allemagne ressemblerait à une maison dont la porte serait la propriété d'un
étranger. La Hollande appartient à l'Allemagne tout aussi
bien que la Bretagne et la Normandie à la France, et tant
que la Hollande voudra former un État distinct, l'indépendance et la puissance de l'Allemagne seront aussi peu réelles
que l'eussent été celles de la France, si la Bretagne et la Normandie fussent restées aux mains des Anglais. Si la Hollande
a perdu sa puissance commerciale, c'est à son insignifiance
territoriale qu'elle doit s'en prendre. Malgré la prospérité de
ses colonies, la Hollande continuera de déchoir, parce qu'elle
n'est pas en état de suffire aux frais immenses d'un établissement militaire et naval. Ses efforts pour conserver sa nationalité ne serviront qu'à l'endetter de plus en plus. Elle ne
demeure pas moins subordonnée à l'Angleterre, dont elle ne

fait par son indépendance apparente qu'affermir la suprématie. C'est le secret motif pour lequel l'Angleterre au congrès de Vienne s'est intéressée au rétablissement de la prétendue indépendance hollandaise. Il en est de la Hollande comme des villes anséatiques. Elle n'est que l'humble servante de la flotte anglaise ; incorporée à l'Allemagne, elle aurait le commandement de la marine allemande. Dans son état actuel, la Hollande est loin de pouvoir exploiter ses possessions coloniales comme elle le ferait si elle faisait partie de la Confédération germanique, par cela seul qu'elle manque des éléments nécessaires pour coloniser, savoir d'hommes et de forces intellectuelles. De plus, la culture de ses colonies, telle qu'elle a eu lieu jusqu'ici, dépend en grande partie de la facilité de l'Allemagne ou plutôt de l'ignorance où est celle-ci de ses intérêts commerciaux ; car, tandis que les autres nations sont approvisionnées de denrées tropicales par leurs colonies et par les pays qui leur sont assujettis, les Hollandais n'ont que l'Allemagne pour écouler leur trop-plein de ces denrées. Mais, dès que les Allemands comprendront que ceux qui leur fournissent des denrées coloniales doivent consentir à recevoir par préférence leurs objets manufacturés, ils sauront qu'il est en leur pouvoir d'obliger les Hollandais à accéder au Zollverein. Cette réunion serait éminemment avantageuse aux deux pays. L'Allemagne fournirait à la Hollande les moyens non-seulement d'exploiter beaucoup mieux ses colonies, mais encore de fonder et d'acquérir de nouveaux établissements. L'Allemagne favoriserait la navigation hollandaise et anséate, et accorderait aux produits des colonies néerlandaises un traitement privilégié. En revanche, la Hollande et les villes anséatiques exporteraient de préférence les produits des fabriques allemandes, et emploieraient le surplus de leurs capitaux dans l'industrie manufacturière et dans l'agriculture de l'Allemagne.

Déchue comme puissance commerciale, parce que, simple raction de nationalité, elle a voulu exister comme un tout ; arce qu'elle a cherché son avantage dans l'oppression et dans l'affaiblissement des forces productives de l'Allemagne, au lieu de fonder sa grandeur sur la prospérité du pays situé derrière elle, dont elle était solidaire ; parce qu'elle a voulu s'élever en s'isolant de l'Allemagne et non en s'associant à elle, la Hollande ne peut retrouver son ancienne splendeur que par l'Association allemande et en s'unissant à elle par les liens les plus étroits (1). Cette union seule peut fonder une nation agricole, manufacturière et commerçante de premier ordre.

Le docteur Bowring réunit dans son tableau des importations et des exportations le Zollverein avec les villes anséatiques, la Hollande et la Belgique, et ce rapprochement fait ressortir à quel point tous ces pays dépendent encore des manufactures de la Grande-Bretagne et dans quelle proportion énorme leur puissance productive serait accrue par une association. Il évalue le total des marchandises que ces pays reçoivent d'Angleterre à 19,842,121 liv. st. (496,053,000 fr.), valeur officielle, et à 8,550,347 (213,758,675 fr.), valeur déclarée, et leurs envois en Angleterre seulement à 4,804,491 liv. st. (120,112,275 fr), y compris, bien entendu, des quantités considérables de café de Java, de fromage et de beurre que l'Angleterre tire de la Hollande. Ces chiffres en apprennent autant que des volumes. Nous remercions le docteur pour ce rapprochement de faits ; puisse-t-il annoncer un prochain rapprochement politique !

CHAPITRE III.

LA POLITIQUE CONTINENTALE.

Le but le plus élevé de la politique rationnelle est, ainsi que nous l'avons expliqué dans notre second livre, l'association

(1) Je n'ai pas besoin de dire que la Hollande ne paraît nullement disposée à entrer dans cette voie, et qu'elle ne cesse pas d'attacher le plus grand prix au maintien de sa nationalité propre.   (H. R.)

des peuples sous le régime du droit. Ce but ne peut être atteint que par l'élévation des nations les plus importantes à un degré aussi égal que possible de culture, de prospérité, d'industrie et de puissance, par le changement des antipathies et des querelles qui les divisent en sympathie et en bon accord. Mais la solution de ce problème est une œuvre de très-longue durée.

Aujourd'hui les nations sont éloignées les unes des autres par diverses causes. En première ligne se placent les questions de territoire. La division politique de l'Europe ne répond pas encore à la nature des choses. Dans la théorie même on ne s'est pas encore entendu sur les bases d'une distribution territoriale. Les uns veulent que, sans égard au langage, à l'origine, à la direction du commerce, leur territoire soit arrondi pour le besoin de leur capitale, de manière que celle-ci soit située au centre et mise, autant que possible, à l'abri de l'agression étrangère ; ils demandent des fleuves pour limites. D'autres soutiennent, avec plus d'apparence de raison, qu'un littoral maritime, des montagnes, la langue et l'origine sont de meilleures frontières que les fleuves. Il existe encore des nations qui ne possèdent ni l'embouchure de leurs fleuves ni leur littoral maritime, indispensables cependant pour le développement de leurs relations extérieures et de leur puissance navale.

Si chaque nation se trouvait en possession du territoire nécessaire pour son développement intérieur et pour le maintien de son indépendance politique, industrielle et commerciale, tout empiétement serait contraire à une saine politique ; car alors un agrandissement disproportionné tiendrait en éveil les susceptibilités de la nation lésée, et ainsi les sacrifices auxquels la nation usurpatrice serait obligée pour conserver ses nouvelles provinces, surpasseraient de beaucoup les avantages qu'elles lui procureraient Mais aujourd'hui on ne peut songer à une division rationnelle, cette question se compliquant de divers intérêts d'une autre nature. Il n'est pas permis ·de méconnaître toutefois qu'un territoire bien arrondi est un des premiers besoins des nations, que le désir de satisfaire ce besoin est légitime, et que parfois même il peut justifier la guerre.

D'autres motifs d'antipathie existent actuellement entre les peuples, la diversité des intérêts par rapport aux manufactures, au commerce, à la marine marchande, à la puissance maritime et coloniale, l'inégalité de civilisation, la différence de religion et de régime politique. Tous ces intérêts sont croisés de mille manières par les questions de dynastie et de puissance.

Les causes d'antipathie sont aussi des causes de sympathie. Les moins forts sympathisent ensemble contre celui qui l'est trop, les opprimés contre le conquérant, les puissances continentales contre la suprématie maritime, les peuples dont l'industrie et le commerce sont dans l'enfance contre celui qui prétend au monopole, les civilisés contre les barbares, ceux qui vivent sous la monarchie contre ceux dont le gouvernement est plus ou moins démocratique.

Les peuples poursuivent la satisfaction de leurs intérêts et de leurs sympathies au moyen d'alliances entre eux, contre les intérêts et contre les tendances contraires. Mais comme ces intérêts et ces tendances se croisent en sens divers, les alliances sont précaires. Des nations amies aujourd'hui peuvent devenir ennemies demain, et réciproquement, suivant qu'un des grands intérêts, ou un des grands principes qui les divisent ou qui les rapprochent, est mis en question.

La politique a depuis longtemps compris que l'égalité des nations est son objet final. Ce qu'on appelle le maintien de l'équilibre européen n'a jamais été autre chose que la résistance des moins forts aux empiétements de la puissance prépondérante. La politique, néanmoins, a fréquemment confondu son but prochain avec son but éloigné, et *vice versâ*.

L'objet prochain de la politique consiste toujours à distinguer clairement lequel des divers intérêts du pays réclame le plus impérieusement une satisfaction immédiate, et, jusqu'à ce que cette satisfaction soit obtenue, à ajourner et à renvoyer sur l'arrière-plan toutes les autres questions.

Lorsque les intérêts dynastiques, monarchiques et aristo-cratiques de l'Europe, oubliant toute autre question de puissance et de commerce, s'allièrent contre les tendances révolutionnaires de 1789, leur politique fut intelligente.

Elle le fut également lorsque l'empire substitua la conquête à la propagande révolutionnaire.

Par son système continental, Napoléon voulut organiser une coalition contre la prépondérance maritime et commerciale de l'Angleterre. Pour réussir, il aurait dû tout d'abord rassurer les nations du continent contre la crainte d'être conquises par la France. Il échoua, parce que, chez ces nations, la terreur de sa prépondérance continentale dépassait de beaucoup les inconvénients que la suprématie maritime leur faisait éprouver.

Avec la chute de l'empire, la grande alliance avait cessé d'avoir un but. Depuis lors les puissances continentales n'étaient menacées ni par les tendances révolutionnaires ni par la soif de conquêtes de la France ; d'un autre côté, la supériorité de l'Angleterre sous le rapport des manufactures, de la navigation, du commerce, des établissements coloniaux et des forces navales, s'était immensément accrue durant la lutte contre la révolution et contre la conquête. A partir de ce moment il était de l'intérêt des puissances du continent de s'allier à la France contre cette prépondérance commerciale et maritime. Mais la peur qu'inspirait la peau du lion mort empêcha les puissances continentales de voir plein de vie le léopard qui avait jusque-là combattu dans leurs rangs. La sainte alliance fut une faute politique.

Aussi cette faute s'expia-t-elle par la révolution de Juillet. La sainte alliance avait sans nécessité provoqué un contraire qui n'existait plus ou du moins qui n'aurait pas reparu de longtemps. Par bonheur pour les puissances du continent, la dynastie de Juillet en France réussit à apaiser l'esprit révolutionnaire. La France et l'Angleterre conclurent entre elles une alliance, la France dans l'intérêt de la dynastie de Juillet et de l'affermissement de la monarchie constitutionnelle, l'An-

gleterre dans l'intérêt du maintien de sa suprématie commerciale.

L'alliance franco-anglaise a cessé sitôt que la dynastie de
Juillet et la monarchie constitutionnelle en France se sont
senties suffisamment affermies, et que les intérêts de la France
en matière de puissance maritime, de navigation marchande,
de commerce, d'industrie et de possessions au dehors ont
reparu sur le premier plan. La France a visiblement dans ces
questions le même intérêt que les autres puissances continentales, et la formation d'une alliance du continent contre la prépondérance maritime de l'Angleterre pourra venir à l'ordre du
jour, si la dynastie de Juillet réussit à établir en France un parfait accord de volonté entre les divers organes de la puissance publique, à refouler sur l'arrière-plan les questions de territoire
soulevées par l'esprit révolutionnaire, et à rassurer entièrement les monarchies du continent contre les tendances agita-
trices et conquérantes de la France.

Le principal obstacle aujourd'hui à une étroite union du
continent européen tient à ce que le centre de ce continent ne
remplit pas le rôle qui lui appartient. Au lieu de servir d'intermédiaire entre l'Orient et l'Occident dans toutes les questions de territoire, de constitution, d'indépendance nationale
et de puissance, mission qui lui est dévolue par sa position
géographique, par son système fédératif qui exclut toute
crainte de conquête de la part des nations voisines, par sa tolérance religieuse et par son esprit cosmopolite, enfin par ses
éléments de civilisation, ce centre n'est à présent qu'une
pomme de discorde entre l'une et l'autre partie de l'Europe,
dont chacune espère attirer de son côté une puissance affaiblie
par l'absence d'unité, et constamment incertaine et oscillante.
Si l'Allemagne, avec son littoral, avec la Hollande, la Belgique et la Suisse, constituait une robuste unité commerciale
et politique, si ce puissant corps de nation conciliait, autant
que cela est possible, les intérêts monarchiques, dynastiques
et aristocratiques existants avec les institutions représentati-
ves, l'Allemagne pourrait garantir une longue paix à l'Europe

et en même temps former le noyau d'une alliance continentale faite pour durer.

Il est évident que l'Angleterre surpasse immensément les autres puissances maritimes, sinon par le nombre de ses voiles, du moins par son habileté navale, que par conséquent les autres puissances sont obligées de s'unir entre elles pour lui faire équilibre. Il s'ensuit que chacune d'elles est intéressée au maintien et au développement des forces navales des autres, et de plus que des fragments de nation qui, jusqu'à présent isolés, sont restés sans marine, du moins sans marine qui pût compter, doivent constituer une marine collective. Il y a perte pour la France et pour l'Union américaine vis-à-vis de l'Angleterre, lorsque la marine de la Russie décline, et *vice versâ*. Il y a profit pour toutes, si l'Allemagne, la Hollande et la Belgique organisent en commun des forces de mer ; car, séparées, elles sont aux ordres de la suprématie anglaise ; réunies, elles fortifient l'opposition de toutes les marines secondaires contre cette suprématie.

Aucune de ces nations maritimes ne possède, ni une marine marchande hors de proportion avec son commerce extérieur, ni une industrie manufacturière d'une supériorité marquée ; aucune d'elles, par conséquent, n'a sujet de redouter la concurrence des autres. Toutes, en revanche, ont un intérêt commun à se défendre contre la concurrence *destructive* de l'Angleterre, toutes doivent mettre du prix à ce que l'industrie anglaise perde dans la Hollande, dans la Belgique et dans les villes anséatiques la tête de pont par laquelle elle a jusqu'à présent dominé les marchés du continent.

Les denrées de la zone torride étant soldées principalement avec les produits des fabriques de la zone tempérée, la consommation des premières dépendant ainsi du débouché des seconds, et toute nation manufacturière devant par suite s'appliquer à établir avec les pays de la zone torride des relations directes, si les nations manufacturières de second ordre ont l'intelligence de leur intérêt et agissent en conséquence, il ne pourra plus subsister de prépondérance coloniale dans la

zone torride. Si, par exemple, l'Angleterre réussissait, au gré
de ses désirs, à produire dans les Indes orientales les denrées
tropicales dont elle a besoin, elle n'entretiendrait de relations
avec les Indes occidentales qu'autant qu'elle aurait le moyen
d'écouler dans d'autres pays les denrées qu'elle y recevrait en
échange des produits de ses fabriques. Faute de ce débouché
ses possessions des Indes occidentales lui deviendraient inutiles ; elle n'aurait plus alors que le choix ou de les émanciper complétement ou de leur permettre de commercer librement avec les autres pays manufacturiers (1). Il s'ensuit que
toutes les nations manufacturières et maritimes de second ordre ont un intérêt commun à pratiquer cette politique et à se
soutenir mutuellement ; il s'ensuit qu'aucune d'entre elles ne
peut perdre par suite de l'accession de la Hollande à l'Union
commerciale allemande, ou d'étroites relations entre l'Allemagne et les colonies hollandaises.

Depuis l'émancipation des colonies espagnoles et portugaises de l'Amérique du Sud et dans les Indes occidentales,
il n'est plus nécessaire pour une nation manufacturière de
posséder des colonies dans la zone torride, pour pouvoir
échanger directement des produits fabriqués contre des denrées tropicales. Le marché de ces contrées affranchies étant
libre, tout pays manufacturier capable d'y soutenir la concurrence peut entretenir avec elles des rapports directs. Mais il
ne s'y produira beaucoup de denrées tropicales et par suite il
ne s'y consommera de grandes quantités d'objets manufacturés que lorsque l'aisance et la moralité, la paix, l'ordre légal et la tolérance religieuse s'y seront acclimatés. Toutes les
nations maritimes de second ordre, surtout celles qui n'ont
point de colonies ou qui n'en possèdent que d'insignifiantes,
ont dès lors un intérêt commun à préparer cet état de choses

(1) Depuis que ceci est écrit, l'Angleterre a accordé à ses colonies, en
1846, le droit de régler elles-mêmes leur législation de douane, de sorte
qu'elles sont ouvertes aujourd'hui aux produits de l'étranger de même qu'à
ceux de la métropole, et, en 1849, elle leur a permis de se servir de tout
pavillon quelconque pour leurs importations et pour leurs exportations, sous
la réserve toutefois d'un ordre en conseil de la couronne.   (H. R.)

par le concours de leurs efforts. L'état social de ces pays importe beaucoup moins à la première puissance commerciale, laquelle est déjà suffisamment pourvue de denrées tropicales par ses marchés fermés et soumis des deux Indes, ou du moins espère l'être.

La question si grave de l'esclavage doit être envisagée aussi en partie de ce point de vue. Nous sommes loin de méconnaître qu'il y a eu beaucoup de philanthropie et de droiture dans le zèle qu'a mis l'Angleterre à poursuivre l'affranchissement des noirs, zèle infiniment honorable pour le caractère britannique ; toutefois, quand nous considérons les résultats directs des mesures qu'elle a adoptées à cet effet, nous ne pouvons nous défendre de penser que la politique et l'intérêt mercantile y sont entrés aussi pour beaucoup. Voici ces résultats : premièrement, l'émancipation subite des noirs, le passage rapide d'une infériorité et d'une insouciance presque bestiale à un haut degré d'indépendance personnelle, doit avoir pour effet de diminuer énormément, et en définitive de réduire à peu près à zéro la production des denrées tropicales dans l'Amérique du Sud et dans les Indes occidentales ; l'exemple de Saint-Domingue, où, depuis l'expulsion des Français et des Espagnols, la production a décru d'année en année et ne cesse de décroître, en est une preuve sans réplique ; en second lieu, les noirs émancipés cherchant à obtenir des salaires toujours plus élevés, tout en bornant leur travail à la production des objets les plus indispensables, leur liberté ne peut aboutir qu'à la paresse ; troisièmement, l'Angleterre possède dans les Indes orientales des moyens d'approvisionner le monde entier en denrées tropicales. On sait que les Hindous, si laborieux, si adroits dans toutes les industries, sont d'une frugalité extrême par suite de leurs lois religieuses qui leur interdisent la viande. Ajoutez le manque de capital chez les indigènes, la grande fertilité du sol en produits végétaux, les entraves du système des castes et la grande concurrence des bras. Il résulte de tout cela que la main-d'œuvre est incomparablement moins chère dans les Indes orientales que dans

les Indes occidentales et dans l'Amérique du Sud, soit que
dans ces dernières régions la culture soit pratiquée par des
noirs libres ou par des esclaves ; que, par conséquent, la production des Indes orientales, dès que le commerce y aura été
affranchi et que de sages principes d'administration y auront
prévalu, doit s'accroître énormément, et que le temps n'est
pas éloigné où l'Angleterre en tirera non-seulement toutes les
denrées coloniales nécessaires à sa consommation, mais encore
des quantités immenses à verser sur les autres pays. Ainsi, en
diminuant la production des Indes occidentales et de l'Amérique du Sud où les autres pays envoient des produits fabriqués,
l'Angleterre ne peut essuyer aucune perte ; elle sera, au contraire, en bénéfice, si la production des denrées tropicales
prend de gigantesques proportions dans un marché dont ses
manufactures ont l'approvisionnement exclusif. Quatrièmement enfin, on a soutenu que, par l'émancipation des esclaves,
l'Angleterre a voulu suspendre un glaive sur la tête des Etats
à esclaves de l'Amérique du Nord, que les dangers augmentent pour l'Union à mesure que cette émancipation gagne du
terrain et éveille chez les nègres du pays le désir de la même
liberté.

A y regarder de près, une expérience philanthropique d'un
résultat si incertain pour ceux mêmes en faveur desquels elle
a été faite, ne paraît rien moins qu'avantageuse pour les nations appelées à commercer avec l'Amérique du Sud et avec
les Indes occidentales, et ce n'est pas sans motif qu'elles
pourraient poser ces questions : Le passage subit de l'esclavage à la liberté n'est-il pas plus nuisible aux nègres eux-
mêmes que le maintien de leur condition actuelle ? Une suite
de générations n'est-elle pas nécessaire pour former au travail
libre des hommes accoutumés, pour ainsi dire, au joug de la
brute ? Ne vaudrait-il pas mieux opérer la transition de l'esclavage à la liberté au moyen d'un bon système de servage
assurant au serf certains droits au sol qu'il cultive et une juste
part des fruits de son labeur, et laissant en même temps au
propriétaire une autorité suffisante pour habituer le serf à l'or-

dre et au travail ? Un tel régime ne serait-il pas préférable à
la condition de ces misérables hordes de nègres libres comme
on les appelle, ivrognes, paresseux, débauchés, mendiants,
condition en comparaison de laquelle la misère irlandaise,
sous sa forme la plus hideuse, peut être qualifiée d'aisance et
de civilisation ?

Si l'on nous soutenait que le besoin des Anglais d'élever
tout ce qui vit sur cette terre au même degré de liberté où ils
sont eux-mêmes parvenus est si vif et si irrésistible qu'ils sont
excusables d'avoir oublié que la nature ne procède point par
sauts et par bonds, nous demanderions si la condition des
castes inférieures de l'Hindoustan n'est pas beaucoup plus
misérable et plus abjecte que celle des noirs en Amérique ?
Comment il se fait que la philanthropie de l'Angleterre ne
s'est jamais émue pour les plus infortunés de tous les mor-
tels ? D'où vient que l'Angleterre n'a pris encore aucune mesure en leur faveur, et qu'elle ne s'est encore appliquée qu'à
exploiter leur détresse, sans songer à intervenir pour la soulager ?

La politique anglaise dans les Indes orientales nous conduit
à la question d'Orient. Si l'on retranche de la politique du
jour tout ce qui se rapporte aux débats territoriaux, aux intérêts dynastiques, monarchiques, aristocratiques et religieux,
aux relations entre les cabinets, on ne peut méconnaître que
les puissances continentales ont dans la question d'Orient un
grand et même intérêt économique. Les gouvernements
pourront momentanément réussir à éloigner cette question
sur l'arrière-plan, elle reparaîtra toujours plus grave sur le
premier. C'est un fait, depuis longtemps reconnu par les
hommes qui réfléchissent, qu'un pays tel que la Turquie,
dont l'existence religieuse et morale, sociale et politique est
minée de toutes parts, ressemble à un cadavre qui peut tenir
encore quelque temps debout avec l'appui des vivants, mais
qui n'est pas moins en décomposition. Il en est à peu près
des Perses comme des Turcs, des Chinois comme des Hindous, et de même de toutes les autres populations asiatiques.

Partout où la civilisation putréfiée de l'Asie vient à être touchée par le souffle frais de l'Europe, elle tombe en poussière,
et l'Europe se verra tôt ou tard dans la nécessité de prendre
l'Asie entière sous sa tutelle comme déjà l'Angleterre s'est
chargée de l'Inde. Dans tout ce pêle-mêle de territoires et de
populations, il ne se trouve pas une seule nationalité digne ou
capable de durée et de régénération. La complète dissolution
des nations asiatiques paraît donc inévitable, et une régénération de l'Asie ne semble possible qu'au moyen d'une infusion de vie européenne, par l'introduction graduelle du
christianisme, de nos mœurs et de notre culture, par l'immigration européenne, par la tutelle des gouvernements européens.

Quand nous réfléchissons sur la marche que pourra prendre
cette renaissance, une circonstance nous frappe tout d'abord,
c'est que la plus grande partie de l'Orient est abondamment
pourvue de richesses naturelles, qu'elle peut produire pour
les nations manufacturières de l'Europe des quantités considérables de matières brutes et de denrées alimentaires, particulièrement de denrées de la zone torride, et ouvrir ainsi
aux produits de leurs fabriques un marché immense. C'est là
une indication de la nature, que cette renaissance, comme la
culture des peuples barbares en général, doit s'opérer par la
voie du libre échange des produits agricoles contre les produits manufacturés ; c'est pourquoi les nations européennes
devraient commencer par admettre ce principe qu'aucune
d'entre elles ne doit obtenir de privilége commercial dans une
partie quelconque de l'Asie, qu'aucune ne doit être favorisée
de préférence aux autres (1). Afin de développer ce commerce, il conviendrait d'ériger les principales places de l'O-
rient en villes libres, où la population européenne aurait le

_____

(1) Ce principe a reçu une consécration éclatante par l'ouverture du
Céleste-Empire au commerce de toutes les nations, soit que l'on doive
faire honneur de ce résultat à la libéralité des négociateurs anglais ou à la
prudence des mandarins chinois, et enfin à l'une ou à l'autre en même
temps.   (H. R.)

droit de s'administrer elle-même moyennant une redevance annuelle aux gouvernements du pays. A côté de ceux-ci, d'après les précédents de l'Angleterre dans l'Inde, seraient placés des agents européens, dont les gouvernements indigènes seraient tenus de suivre les conseils en ce qui touche la sûreté publique, l'ordre et la civilisation.

Toutes les puissances du continent ont un intérêt commun et puissant à ce que les deux routes de la Méditerranée à la mer Rouge et au golfe Persique ne deviennent pas la possession exclusive de l'Angleterre et ne demeurent pas inaccessibles entre les mains de la barbarie asiatique. Il est évident que la solution qui présente le plus de garanties à l'Europe consisterait à remettre à l'Autriche la garde de ces points importants.

Toutes les puissances du continent, conjointement avec l'Amérique du Nord, ont aussi un égal intérêt à faire prévaloir la maxime : « Le pavillon couvre la marchandise, » et cette doctrine que les neutres ne doivent respecter que le blocus effectif de tel ou tel port, et non pas une simple déclaration de blocus contre tout un littoral (1).

Enfin le droit d'occupation des contrées incultes et inhabitées paraît avoir besoin d'être revisé dans l'intérêt des puissances continentales. On rit de nos jours de ce que le Saint-Père a osé jadis donner en cadeau des îles et de vastes régions, que dis-je? partager d'un trait de plume le globe en deux parts et assigner l'une à celui-ci, l'autre à celui-là. Mais est-il beaucoup plus raisonnable de reconnaître un droit de propriété sur toute une contrée à celui qui le premier y a planté quelque part une perche ornée d'une guenille de soie ? Que, pour des îles de peu d'étendue, on respecte le droit de celui qui les a découvertes, la raison peut l'admettre ; mais quand il s'agit d'îles aussi vastes qu'un grand État européen, comme la Nouvelle-Zélande, ou d'un continent plus grand que l'Europe,

---

(1) List semble avoir prévu les déclarations échangées entre les principales puissances européennes à la suite du traité qui a terminé en 1856 la guerre d'Orient.　　　　　　　　　　　　　　　　(H. R.)

comme l'Australie, elle ne reconnaît de droit exclusif qu'à la
suite d'une occupation effective au moyen de la colonisation
et seulement sur le territoire effectivement colonisé ; et l'on
ne voit pas pourquoi l'on contesterait aux Allemands et aux
Français le droit de fonder des colonies dans ces contrées, sur
des points éloignés des établissements britanniques.

Si nous considérons l'importance des intérêts communs aux
nations continentales vis-à-vis de la première puissance maritime, nous reconnaissons que rien ne leur est plus nécessaire
que l'union, et que rien ne leur serait plus funeste que la
guerre. L'histoire du siècle écoulé enseigne d'ailleurs que
chaque guerre des puissances continentales entre elles n'a
servi qu'à développer l'industrie, la richesse, la navigation,
l'empire colonial et la puissance de la Grande-Bretagne.

Il n'est donc pas douteux que le système continental de
Napoléon avait pour base une exacte appréciation des besoins
et des intérêts du continent ; seulement Napoléon voulait réaliser une idée juste par elle-même, en portant atteinte à l'indépendance et aux intérêts des autres puissances continentales.
Le système de Napoléon avait trois grands défauts. D'abord
il voulait substituer à la suprématie maritime de l'Angleterre
la suprématie continentale de la France ; au lieu d'avoir en
vue le développement et l'égalité des autres puissances du
continent, il poursuivait leur abaissement ou leur dissolution
au profit de la France. Puis il fermait la France aux autres
puissances du continent, alors que celle-ci prétendait à la libre
concurrence sur leurs marchés. Enfin, ayant détruit presque
entièrement les relations entre les pays manufacturiers de
l'Europe et les contrées de la zone torride, il contraignit de
remplacer artificiellement les produits de cette zone.

L'idée du système continental reparaîtra toujours, la nécessité de sa réalisation s'imposera d'autant plus fortement
aux nations continentales que l'Angleterre grandira davantage
en industrie, en richesse et en puissance ; cela est déjà évident
aujourd'hui et cela le deviendra chaque jour davantage. Mais
il n'est pas moins certain qu'une alliance continentale n'aura

de résultats qu'autant que la France saura éviter les fautes de Napoléon.

Il est donc insensé de la part de la France d'élever vis-à-vis de l'Allemagne des questions de frontières contraires au droit et à la nature des choses, et d'obliger ainsi d'autres nations du continent à s'attacher à l'Angleterre.

Il est insensé de sa part de parler de la Méditerranée comme d'un lac français, et d'aspirer à une influence exclusive dans le Levant et dans l'Amérique du Sud.

Un système continental efficace ne peut émaner que de la libre association des puissances du continent, et ne peut réussir que sous la condition d'une participation égale de toutes aux avantages qui doivent en résulter. C'est ainsi, et non autrement, que les puissances maritimes du second ordre se feront assez respecter de l'Angleterre pour que, sans qu'on recoure à la force des armes, celle-ci fasse droit à leurs légitimes prétentions. Ce n'est qu'au moyen de cette alliance que les nations manufacturières du continent pourront conserver leurs relations avec les pays de la zone torride et défendre leurs intérêts en Orient comme en Occident.

Sans doute il pourra paraître pénible à ces Anglais altérés de suprématie de voir ainsi les nations du continent, par de mutuelles facilités commerciales, développer leur industrie manufacturière, fortifier leur marine marchande et leur marine militaire, et rechercher partout dans la culture et la colonisation des contrées barbares et incultes, ainsi que dans le commerce avec la zone torride, la juste part d'avantages que la nature leur a départie ; mais un coup d'œil jeté sur l'avenir les consolera des dommages imaginaires.

Les mêmes causes, en effet, auxquelles l'Angleterre doit son élévation actuelle, feront parvenir l'Amérique, vraisemblablement dans le cours du siècle prochain, à un degré d'industrie, de richesse et de puissance, qui la placera au-dessus de l'Angleterre autant que l'Angleterre elle-même est aujourd'hui au-dessus de la Hollande. Par la force des choses, les États-Unis, d'ici là, se peupleront de centaines de millions

d'habitants ; ils étendront sur toute l'Amérique centrale et
méridionale leur population, leur constitution, leur culture
et leur esprit, comme récemment ils l'ont fait à l'égard des
provinces mexicaines limitrophes ; le lien fédératif unira
entre elles toutes ces immenses contrées ; une population de
plusieurs centaines de millions d'âmes exploitera un continent
dont l'étendue et les ressources naturelles dépassent énormément celles de l'Europe ; et la puissance maritime du monde
occidental surpassera alors celle de la Grande-Bretagne dans
la même proportion que son littoral et ses fleuves surpassent
le littoral et les fleuves britanniques en développement et en
grandeur.

Ainsi, dans un avenir qui n'est pas extrêmement éloigné,
la même nécessité qui prescrit aujourd'hui aux Français et
aux Allemands de fonder une alliance continentale contre la
suprématie britannique, commandera aux Anglais d'organiser une coalition européenne contre la suprématie de l'Amérique. Alors la Grande-Bretagne cherchera et trouvera dans
l'hégémonie des puissances européennes associées sa sûreté et
sa force vis-à-vis de la prépondérance de l'Amérique, et un
dédommagement de la suprématie qu'elle aura perdue.

L'Angleterre fera donc sagement de s'exercer de bonne
heure à la résignation, de se concilier par des concessions
opportunes l'amitié des puissances européennes, et de s'accoutumer dès aujourd'hui à l'idée d'être la première parmi
des égales (1).

(1) Dans un écrit composé peu de temps avant sa mort, List a émis des
idées bien différentes de celles que développe ce chapitre. Renonçant au
projet d'une alliance continentale, il se fait le promoteur d'une alliance entre
l'Allemagne et l'Angleterre. Au moment de sa publication dans la *Gazette
d'Augsbourg* en 1847, j'ai essayé d'apprécier ce curieux opuscule dans les
termes suivants :

« List lui-même nous apprend dans un court avant-propos comment il a
été amené à composer cet écrit. C'est, dit-il, le résumé, la quintessence de
ses études depuis la publication de son *Système national*, c'est-à-dire durant
un espace de six années. Déjà, depuis un an, il s'occupait de réunir ses
idées, et il avait l'intention de publier ce nouveau travail comme une suite
de son précédent ouvrage, en recourant d'abord à la publicité de la *Gazette*

CHAPITRE IV.

LA POLITIQUE COMMERCIALE DE LA NATION ALLEMANDE.

Si un pays est destiné à l'industrie manufacturière, c'est à coup sûr l'Allemagne. Le haut rang qu'elle occupe dans les sciences, dans les beaux-arts et dans la littérature, de même que sous le rapport de l'enseignement, de l'administration

d'Augsbourg, lorsqu'il fit réflexion qu'au lieu d'appeler ainsi sur certains points l'attention des *ennemis* de l'Angleterre et de l'Allemagne, il serait plus convenable et plus patriotique de soumettre ses vues aux hommes d'État les plus éminents des deux pays. C'est ainsi qu'il conçut le projet d'un voyage à Londres, et que, encouragé par de puissants personnages, mais sans autre mission que celle qu'il s'était donnée à lui-même, il partit en qualité d'ambassadeur de l'Allemand Michel auprès de l'Anglais John Bull.

« La négociation échoua complétement, et il faut avouer que List l'avait entreprise dans un moment des plus inopportuns. C'était au lendemain de la grande victoire de la Ligue et de l'adoption du bill des céréales, lorsque le règne du libre échange avait été établi en Angleterre, et qu'on s'y flattait de l'étendre au reste du monde par l'autorité de l'exemple. Venir dans un pareil moment proposer une alliance à l'Angleterre, en lui demandant pour condition de cette alliance de ne pas mettre obstacle à l'affermissement du système protecteur en Allemagne, était une démarche hardie, paradoxale et d'un succès impossible. Les réponses de sir Robert Peel et de lord Palmerston à l'auteur du *Mémoire* ont été publiées dans les feuilles allemandes. Sir Robert Peel sympathise de tout son cœur à l'idée d'une étroite alliance entre l'Allemagne et l'Angleterre, mais il ne partage pas les idées de List sur les moyens de la réaliser. L'économiste allemand se trompe, dit-il, en pensant que, par le consentement qu'elle donnerait à l'établissement ou au maintien de droits élevés sur quelques-uns de ses produits, l'Angleterre se concilierait l'affection de l'Allemagne et jetterait les bases d'une amitié durable entre les deux contrées. Suivant lui, le but ne saurait être mieux atteint que par la suppression des obstacles à l'échange des produits respectifs; l'opinion publique allemande ne lui paraît pas aussi prononcée que le soutient le docteur List en faveur du système protecteur ; si elle est telle, en effet, le devoir des hommes d'État et des écrivains de l'Allemagne est de combattre des idées tout à fait erronées, des idées préjudiciables à l'Allemagne aussi bien qu'à l'Angleterre et de nature à empêcher une intimité si désirable entre

publique et des institutions d'utilité générale ; son sens moral
et religieux, son amour du travail et de l'économie ; sa persévérance opiniâtre en même temps que son esprit inventif, sa
population considérable et robuste, l'étendue et la nature de

deux puissantes nations dont les intérêts politiques se confondent, pour ainsi
dire. Ce langage de sir Robert Peel était de tout point conforme aux tradi-
tions de la politique commerciale anglaise, et l'on ne pouvait en attendre un
autre de celui qui venait de s'illustrer en consommant la grande réforme
douanière de 1846. La lettre de lord Palmerston est écrite dans le même
esprit, avec cette différence qu'au lieu d'être convenable et polie, elle est
dogmatique et pédantesque.

« List n'avait pourtant pas été avare de politesses envers l'Angleterre ;
il lui prodiguait, au contraire, les éloges les plus vifs, et il ne la priait de
permettre à l'Allemagne de devenir riche et puissante que pourservir un
jour d'instrument à la grandeur britannique. On s'étonne, au premier
abord, en lisant le *Mémoire*, de ce changement soudain de langage ; on se
demande si c'est bien là le même homme, si c'est bien là le patriote ardent
qui ne cessait d'exciter ses concitoyens à secouer le joug des Anglais, à les
expulser du littoral de la mer du Nord, sans épargner au besoin l'invective
à ces orgueilleux dominateurs. Si l'on regarde de plus près, c'est toujours
en effet le même homme, invariablement appliqué à la poursuite du même
but, l'émancipation de son pays ; il a seulement changé de moyens. Au milieu d'une lutte persévérante dont les résultats effectifs avaient été jusque-
là des plus minces, List s'était figuré qu'il pourrait obtenir du bon sens et
de l'intérêt bien entendu de ses adversaires ce qu'il n'avait pu leur arracher
en les combattant. C'était la plus étrange des illusions ; on ne doit jamais son
émancipation qu'à soi-même, et les influences prépondérantes ne se retirent
point volontairement, elles ne cèdent que devant une force supérieure. Le
Zollverein ne se complétera que par ses seuls efforts, et l'Allemagne ne deviendra indépendante et riche qu'à la condition de surmonter tous les obstacles qui lui seront opposés ; ce développement pénible et disputé, c'est la
loi de tous les peuples et de tous les temps. Peut-être, sous l'empire de la
préoccupation du moment, celle d'écarter l'opposition des intérêts britanniques, List a-t-il fait bon marché de l'avenir de son pays en lui assignant
pour destinée d'aider l'Angleterre à triompher de ses rivales et à étendre sur
le monde, des parages de la Manche aux mers de la Chine et de la Malai-
sie, sans solution de continuité, le réseau d'une domination gigantesque.
Est-ce donc pour ce rôle secondaire, pour cette mission subalterne qu'il a
si éloquemment et si constamment convié l'Allemagne à l'unité? Quelque
puissantes que soient les affinités de race, elles ne suffisent pas cependant
pour cimenter des alliances entre les peuples ; si la communauté d'origine
n'empêche pas la rivalité des États-Unis avec l'Angleterre, on ne voit pas
pourquoi, ainsi que List le suppose, elle deviendrait entre l'Angleterre et
l'Allemagne, l'Allemagne devenue une et puissante, un principe d'intimité,
d'une intimité qui subordonnerait l'un des deux pays à l'autre.

« Cette alliance avec l'Angleterre avait pour but de mettre l'Allemagne à

son territoire, le développement de son agriculture, ses ressources naturelles, sociales et intellectuelles, tout lui donne
cette vocation.

Si un pays est fondé à attendre d'un système protecteur
approprié à sa situation des résultats avantageux pour le développement de ses fabriques, pour l'accroissement de son
commerce extérieur et de sa navigation marchande, pour
l'amélioration de ses voies de communication, pour la prospérité de son agriculture, de même que pour l'affermissement
de son indépendance et pour l'augmentation de son influence
au dehors, c'est encore l'Allemagne.

Nous ne craignons pas d'affirmer que du perfectionnement
du système protecteur dépendent l'existence, l'indépendance
et l'avenir de la nationalité allemande. L'esprit national ne

---

l'abri de l'ambition des deux grandes nations militaires entre lesquelles elle
est située. Ici, nous devons le dire, List s'est trompé à l'égard de la France,
et il a été profondément injuste envers elle. Si la Russie pèse sur la frontière
orientale de l'Allemagne, comme l'Angleterre sur son littoral du Nord, la
France aujourd'hui ne menace nullement sa frontière occidentale. Que List
refuse à la nation française certaines facultés qu'elle n'a pas déployées jusqu'ici avec éclat, mais que, sous le régime de la liberté constitutionnelle,
elle ne peut manquer d'acquérir, nous ne lui en ferons pas un sujet de reproche ; mais il est inexcusable à nos yeux de voir dans les Français d'à
présent un peuple altéré de gloire militaire, dans leurs institutions un mécanisme pour la guerre, dans les combats qu'ils livrent aux Arabes d'Afrique
une préparation à la conquête du continent européen. Ces jugements erronés, que nous regrettons vivement de la part d'un écrivain dont l'autorité est
grande au delà du Rhin, ne peuvent s'expliquer que par des impressions de
jeunesse que les démonstrations belliqueuses de 1840 auront rafraîchies. Nul
ne songe en France à recommencer l'épopée de l'empire ; toutes les pensées
y sont tournées vers le développement des libertés publiques et du bien-être
général ; une guerre sur le Rhin y est considérée comme une guerre impie,
et l'un des mérites que l'on y trouve à la possession de l'Algérie, c'est d'être
une des garanties de la paix en Europe, en ouvrant un meilleur champ de
gloire et d'activité militaires. La France n'a plus de motifs de convoiter la
limite du Rhin, du moment qu'elle est assurée des dispositions pacifiques et
amicales de l'Allemagne ; et comme elle-même n'éprouve que de la sympathie pour le développement des libertés allemandes, comme elle est pleine
de respect pour l'indépendance de sa voisine et que les progrès de celle-ci
ne lui font point ombrage, elle est en droit de compter sur de semblables
dispositions. » (H. R.)

peut prendre racine, ne peut donner de belles fleurs et des
fruits abondants que sur le terrain de l'aisance générale. De
l'unité des intérêts matériels, seulement, peut sortir l'unité
morale, et de l'une et de l'autre réunies, la force de la nation.
Que peuvent signifier nos efforts, à tous tant que nous sommes,
gouvernants ou gouvernés, nobles ou bourgeois, savants ou
illétrés, soldats ou hommes du civil, manufacturiers, agriculteurs ou négociants, si nous n'avons pas de nationalité, si nous
manquons de garantie pour la durée de notre nationalité?

Or, le système protecteur allemand n'aura rempli que très-
imparfaitement sa mission, tant que l'Allemagne ne produira
pas elle-même le fil mécanique de coton et de lin qu'elle emploie, tant qu'elle ne tirera pas directement de la zone torride,
en les soldant avec les produits de ses fabriques, les denrées
tropicales qu'elle consomme, tant qu'elle ne fera pas ces
opérations au moyen de ses bâtiments, qu'elle ne saura pas
faire respecter son pavillon, qu'elle ne possédera pas un système complet de communications par fleuves, par canaux et
par chemins de fer, que son association de douanes ne s'étendra pas à tout son littoral, ainsi qu'à la Hollande et à la Belgique. Nous avons traité ces objets avec détail dans diverses
parties de cet ouvrage, et nous n'avons par conséquent ici
qu'à nous résumer.

Quand nous importons du coton en laine de l'Égypte, du
Brésil ou des États-Unis, nous le payons avec les produits de
nos manufactures; quand nous importons du coton filé
d'Angleterre, nous donnons en échange des matières brutes,
ou des denrées alimentaires que nous pourrions, avec plus
de profit, mettre en œuvre ou consommer nous-mêmes, ou
de l'argent comptant qui nous vient d'ailleurs et qui pourrait
nous servir à acheter à l'étranger des matières premières pour
notre industrie ou des denrées coloniales pour notre consommation.

De même le développement de la filature du lin à la mécanique nous fournit les moyens non-seulement d'augmenter
notre consommation en toiles et de perfectionner notre agri-

culture, mais encore d'étendre immensément nos relations avec les pays de la zone torride.

Pour la filature du coton et pour celle du lin, comme pour la fabrication de la laine, nous sommes, avec nos chutes d'eau inemployées, avec le bas brix de nos denrées alimentaires et de notre main-d'œuvre, aussi bien partagés que tout autre pays. Il ne nous manque autre chose que des garanties à nos capitalistes contre la perte de leurs fonds, à nos industriels contre la misère. Un droit modéré, qui, dans le cours des cinq prochaines années, s'élèverait à environ 25 pour cent, resterait pendant quelques années à ce taux, et descendrait ensuite à 15 ou 20 pour cent, suffirait pour donner ces garanties. Tout ce que les partisans de la théorie des valeurs peuvent alléguer contre une telle mesure, a été réfuté par nous. On peut faire valoir encore en sa faveur cette considération, que de grandes industries comme celles-là offrent le moyen de fonder sur une vaste échelle la construction des machines et de former une classe d'hommes instruits et exercés dans les arts industriels.

En ce qui touche l'achat des denrées tropicales, l'Allemagne, de même que la France et l'Angleterre, doit adopter pour principe de donner la préférence aux pays de la zone torride qui nous prennent nos articles manufacturés ; en un mot *nous devons acheter à ceux qui nous achètent*. C'est le cas dans nos relations avec les Indes occidentales et avec les deux Amériques.

Mais il en est autrement de la Hollande qui nous fournit des quantités énormes de ses produits coloniaux, et ne nous prend en échange que de faibles quantités d'articles de nos manufactures.

La Hollande, cependant, trouve en Allemagne le débouché de la plus grande partie de ses denrées coloniales ; car l'Angleterre et la France, étant principalement approvisionnées par leurs colonies et par les pays placés dans leur dépendance, colonies et pays dont leurs manufactures ont l'approvisionnement exclusif, ne peuvent offrir qu'un très-étroit accès à ces denrées néerlandaises.

La Hollande ne possède point une grande industrie manufacturière, mais elle a une production coloniale qui a grandi immensément dans les dernières années et qui grandira encore immensément. Or, elle se conduit mal envers l'Allemagne, elle méconnaît son véritable intérêt, lorsque, trouvant en Allemagne le débouché de la majeure partie de ses produits coloniaux, elle s'approvisionne de produits fabriqués là où il lui plaît. C'est de sa part une politique à courte vue, dont les avantages ne sont qu'apparents ; car, si la Hollande donnait la préférence aux produits des fabriques allemandes chez elle et dans ses colonies, la demande de l'Allemagne en denrées coloniales néerlandaises croîtrait dans la même proportion qu'augmenterait la vente des produits fabriqués de l'Allemagne à la Hollande et à ses colonies. Ces relations d'échange sont troublées par le fait de la Hollande, lorsqu'elle vend ses denrées coloniales à l'Allemagne, et s'approvisionne de produits fabriqués en Angleterre, tandis que l'Angleterre, quelque débouché qu'elle trouve en Hollande pour ses objets manufacturés, tire toujours de ses colonies et des contrées qui lui sont soumises la majeure partie des denrées tropicales dont elle a besoin.

L'intérêt de l'Allemagne, par conséquent, exige qu'elle obtienne en faveur de ses produits manufacturés un droit différentiel qui lui assure l'approvisionnement exclusif de la Hollande et de ses colonies, ou, en cas de refus, qu'elle établisse elle-même un droit différentiel à l'importation en faveur des provenances de l'Amérique du Centre et du Sud ainsi que des marchés libres des Indes occidentales (1).

(1) Cette question des droits différentiels à établir pour développer les relations directes entre l'Allemagne et les pays transatlantiques et pour imprimer à la navigation nationale un nouvel essor, a été au delà du Rhin, il y a quelques années, l'objet de la controverse la plus vive. On se ferait difficilement idée de la masse d'écrits qu'elle a provoqués, sans cependant être jamais résolue. Je citerai comme les plus remarquables ceux de MM. d'Arnim, de Roenne et Duckwitz. M. le baron d'Arnim, qui a laissé les meil-

Cette dernière mesure serait le moyen le plus efficace de provoquer l'accession de la Hollande à l'Association allemande.

Dans l'état actuel des choses, l'Allemagne n'a aucun motif de sacrifier ses fabriques de sucre de betterave au commerce avec la Hollande. Car ce n'est que dans le cas où l'Allemagne pourrait payer avec le produit de ses manufactures les denrées de luxe qui lui sont nécessaires, qu'il lui sera plus avantageux de se les procurer par voie d'échange avec

leurs souvenirs comme ministre de Prusse à Paris, et qui, après la révolution de Février, a dirigé durant quelques mois les affaires extérieures de son pays, proposait que le traité de commerce et de navigation, conclu en 1844 entre le Zollverein et la Belgique et dont il avait été le négociateur, servît de point de départ pour la conclusion d'autres traités avec les divers États des deux Amériques. M. de Roenne, qui présidait alors avec distinction le *Handelsamt*, ou département du commerce de Prusse, depuis nommé ministre à Washington, préférait une simple résolution des gouvernements du Zollverein, d'accord avec ceux du littoral de la mer du Nord, par laquelle les importations directes d'outre-mer auraient joui d'un dégrèvement de 20 p. 0/0. M. Duckwitz, de Brême, qui a été depuis le ministre intelligent et laborieux de l'éphémère empire allemand de Francfort-sur-le-Mein, demandait des arrangements entre le Zollverein et les États dissidents du Nord, à l'effet d'adopter un système commun de navigation et une surtaxe sur les produits transatlantiques importés sous pavillons non assimilés. En 1847, des propositions analogues à ces dernières, soumises par le cabinet de Berlin à ces États, y avaient été accueillies avec quelque faveur; mais Hambourg, dont le sénat publia un mémoire qui fit une certaine sensation, les avait énergiquement repoussées. Elles n'avaient pas, on doit le dire, la majorité des suffrages dans les ports prussiens de la Baltique, dont les opérations maritimes dépassent rarement les limites de la mer du Nord; elles étaient surtout soutenues par les industriels de l'intérieur, qui espéraient de nouveaux débouchés pour leurs produits. A la suite des événements de 1848, la question a été agitée de nouveau; les droits différentiels de navigation, au parlement de Francfort, étaient envisagés par leurs partisans sous deux points de vue divers; les uns y voyaient un moyen de protection pour la marine marchande de l'Allemagne; les autres, et telle était l'opinion du ministère de l'empire, n'y cherchaient qu'un moyen d'obtenir pour elle des conditions favorables de la part des puissances étrangères. L'acte de navigation britannique de 1849, et après lui la réforme des lois de navigation dans les Pays-Bas, ont créé une situation nouvelle; aujourd'hui, si les États maritimes de l'Allemagne songeaient à arrêter de concert un acte de navigation, ils ne sauraient guère s'écarter des bases qu'a adoptées l'Angleterre.

(H. R.)

les contrées de la zone torride qu'en les produisant elle-même.

Aujourd'hui, par conséquent, l'Allemagne devrait se préoccuper avant tout d'étendre son commerce avec les Amériques et avec les marchés libres des Indes occidentales. Dans ce but, outre les moyens déjà indiqués, les mesures suivantes se recommandent à elle : l'établissement d'une navigation régulière à la vapeur entre les villes maritimes allemandes et les principaux ports de ces contrées, encouragement de l'émigration vers elles, consolidation des relations amicales entre elles et le Zollverein, développement de leur civilisation.

L'expérience des derniers temps a surabondamment enseigné quel essor immense la navigation régulière à la vapeur imprime au grand commerce. La France et la Belgique marchent déjà sous ce rapport sur les traces de l'Angleterre, sachant bien que tout pays qui reste en arrière pour ces communications perfectionnées rétrogradera nécessairement dans son commerce extérieur. Déjà les places maritimes de l'Allemagne le comprennent ; déja une compagnie par actions qui s'est formée à Brême est à la veille de construire deux ou trois bateaux à vapeur destinés au commerce avec l'Amérique du Nord. Mais ce n'est pas suffisant. Les intérêts commerciaux de l'Allemagne exigent des relations régulières par bâtiments à vapeur, non-seulement avec l'Amérique du Nord et en particulier avec New-York, Boston, Charlestown et la Nouvelle-Orléans, mais encore avec Cuba, Saint-Domingue, l'Amérique du Centre et du Sud. Pour ces diverses communications, l'Allemagne ne devrait le céder à aucun autre pays. On ne peut méconnaître à la vérité que les moyens nécessaires à cet effet dépassent les ressources des places maritimes allemandes, et nous inclinons à croire que l'exécution de pareils plans n'est possible qu'au moyen de larges subventions de la part des États du Zollverein. La perspective d'une telle subvention, ainsi que de droits différentiels en faveur de la navigation allemande, devrait être pour ces places un motif puissant d'accession au Zollverein. Si l'on considère le déve-

loppement que recevraient ainsi l'exportation des produits
manufacturés et l'importation des denrées tropicales, par
suite les recettes douanières des États associés, on ne peut
manquer de reconnaître qu'une dépense considérable dans ce
but serait un placement avantageux dont il y aurait lieu d'attendre de gros intérêts.

La facilité des communications avec ces contrées y encou-
ragerait puissamment l'émigration des Allemands, base excellente d'une extension ultérieure de nos relations avec elles. A
cet effet les États associés devraient instituer partout des con-
suls et des agents, faciliter par leur entremise les établissements et les entreprises des Allemands, et, en général, aider
ces pays, par tous les moyens, à consolider leurs institutions
politiques et à perfectionner leur état social.

Nous sommes très-loin de partager l'opinion que les contrées de l'Amérique, situées sous la zone torride, offrent moins
d'avantages à la colonisation allemande que le climat tempéré
de l'Amérique du Nord. Bien que prévenus, nous l'avouons,
en faveur de ce dernier pays, et sans pouvoir ni vouloir contester que l'ouest des États-Unis offre à un émigrant allemand
isolé, possesseur d'un certain capital, les meilleures chances
de se créer un avenir, nous ne devons pas moins déclarer ici
que, du point de vue national, l'émigration dans l'Amérique
centrale et méridionale, bien conduite et opérée sur une grande
échelle, promet à l'Allemagne des avantages beaucoup plus
grands. Que sert à la nation allemande la fortune de ses
émigrants aux États-Unis, si eux-mêmes sont à jamais perdus
pour elle, et si elle ne peut attendre de leur travail que d'insignifiants résultats? C'est se faire illusion que de croire que
la langue allemande se conservera chez les Allemands établis
dans l'Union américaine, ou qu'avec le temps il s'y formera
des États tout à fait allemands. Nous avons autrefois partagé
cette erreur, mais, après dix années d'observation sur les
lieux mêmes, nous en sommes revenus. L'assimilation, tant
sous le rapport de la langue et de la littérature que sous celui de
l'administration et des lois, est dans le génie de toute nationa-

lité, et il est bon qu'il en soit ainsi ; elle caractérise particulièrement l'Amérique du Nord. Quel que soit le nombre des
Allemands qui habitent présentement les États-Unis, il n'y en
a pas un seul dont les arrière-petits-fils ne doivent préférer
l'anglais à l'allemand, et cela par un motif très-simple, c'est
que l'anglais est aux États-Unis l'idiome des hommes instruits, la langue des lettres, des lois, de l'administration, des
tribunaux, celle du commerce et des relations sociales. Il en
sera nécessairement des Allemands aux États-Unis comme il
en a été des huguenots en Allemagne et des Français à la
Louisiane ; ils se fondront par la force des choses dans la population dominante, les uns un peu plus tôt, les autres un peu
plus tard, suivant qu'ils auront vécu entre eux dans une union
plus ou moins étroite.

On doit encore moins compter sur des relations actives
entre l'Allemagne et ceux de ses enfants qui sont établis
dans l'ouest des États-Unis. Le premier colon est toujours
obligé de fabriquer lui même la plus grande partie de ses vêtements et de ses meubles, et les habitudes qu'engendre ainsi
la nécessité se transmettent généralement jusqu'à la seconde
et à la troisième génération. Joignez à cela que l'Amérique
du Nord s'adonne avec énergie à l'industrie manufacturière,
et qu'elle tend de plus en plus à se suffire à cet égard.

Ce n'est pas à dire, du reste, que le marché américain n'ait
pas pour les manufactures de l'Allemagne une grande importance.

Bien au contraire ; à notre avis, c'est un des plus considérables qui existent pour divers objets de luxe et pour des
articles d'un transport facile, dans lesquels la main-d'œuvre
est le principal élément du prix ; en ce qui touche ces marchandises, son importance pour l'Allemagne s'accroîtra
d'année en année. Ce que nous prétendons, c'est que les Allemands qui vont s'établir dans l'ouest de l'Amérique du Nord ne
contribuent pas sensiblement à augmenter cette demande des
produits des fabriques allemandes, et que, sous ce rapport,
l'émigration dans l'Amérique du Centre et du Sud mérite

beaucoup plus et a beaucoup plus besoin d'être encouragée (1).

Ces dernières contrées sont surtout destinées à produire des denrées tropicales ; jamais elles n'iront loin dans l'industrie manufacturière. Il y a là un marché neuf et vaste à conquérir ; ceux qui y établiront de solides relations les conserveront à tout jamais. Dépourvues de l'énergie morale nécessaire pour parvenir à un plus haut degré de culture, pour fonder des gouvernements réguliers et stables, ces contrées comprendront mieux chaque jour la nécessité d'une assistance du dehors par le moyen de l'immigration. Les Anglais et les Français y sont haïs pour leur arrogance par des peuples jaloux de leur indépendance nationale, les Allemands y sont aimés par le motif contraire. Les États du Zollverein devraient, par conséquent, porter de ce côté toute leur attention.

Il faudrait organiser un bon système d'agents consulaires et diplomatiques allemands en correspondance les uns avec les autres. Il faudrait inviter de jeunes naturalistes à parcourir ces pays et à les faire connaître par des rapports impartiaux, de jeunes négociants à les explorer, de jeunes médecins à y aller pratiquer leur art. Il faudrait appeler à la vie, soutenir par des prises d'actions sérieuses et environner d'une protection particulière des compagnies qui se constitueraient dans les places maritimes pour acheter dans ces contrées de vastes espaces de terres et pour les coloniser avec des Allemands, des sociétés de commerce et de navigation ayant pour but d'y ouvrir de nouveaux débouchés aux produits des fabriques allemandes et d'organiser des lignes de paquebots, des sociétés minières qui se proposeraient d'employer les lumières et le labeur des Allemands à l'exploitation d'immenses richesses minérales. Les États associés devraient chercher par tous les moyens possibles à se concilier le bon vouloir des peuples et surtout celui des gouvernements et à l'employer au profit de la sûreté générale, des voies de communication, de l'ordre public ; il ne faudrait pas hésiter même, si c'était un moyen de s'atta-

(1) Les essais tentés à cet égard depuis la publication du *Système national* ont complétement échoué.   (II. R.)

cher les gouvernements de ces pays, à leur venir en aide par l'envoi de forces auxiliaires respectables.

La même politique devrait être suivie à l'égard de l'Orient, de la Turquie d'Europe et des pays du bas Danube. L'Allemagne a un immense intérêt à voir régner dans cette région la sûreté et l'ordre, et l'émigration qui se dirigerait de ce côté est la plus facile pour les individus comme la plus avantageuse pour la nation. Avec cinq fois moins d'argent et de temps qu'il n'en coûte pour se rendre aux bords du lac Érié, un habitant du haut Danube peut se transporter dans la Moldavie et dans la Valachie, ou dans la Servie, ou encore sur la côte sud-ouest de la mer Noire. Ce qui l'attire de préférence vers les États-Unis, c'est le haut degré de liberté, de sûreté et d'ordre qui y règne. Mais, dans la situation où se trouve la Turquie, il ne serait pas impossible aux États allemands, de concert avec l'Autriche, d'opérer dans l'état social de cette contrée des améliorations qui détruiraient les répugnances des colons allemands, surtout si les gouvernements fondaient des compagnies de colonisation, y participaient eux-mêmes et leur prêtaient un appui persévérant.

Il est évident que de pareilles colonisations ne profiteraient à l'industrie des États associés qu'autant que l'échange des produits des fabriques allemandes contre les produits agricoles des colons ne rencontrerait aucun obstacle, et serait convenablement aidé par des voies de communication économiques et rapides. Il est donc dans l'intérêt des États associés que l'Autriche facilite le plus possible le commerce de transit sur le Danube, que la navigation à vapeur de ce fleuve prenne une grande activité, et qu'à cet effet elle soit, au commencement, soutenue avec vigueur par les gouvernements.

Rien, au reste, ne serait plus désirable que de voir le Zollverein et l'Autriche, un peu plus tard, lorsque l'industrie des États associés aurait fait de nouveaux progrès et se serait rapprochée davantage de l'industrie autrichienne, se faire des concessions réciproques sur les produits de leurs fabriques (1).

(1) L'idée émise dans ce passage est un germe qui a reçu depuis un dévelop-

Après la conclusion d'un traité sur cette base, l'Autriche aurait, avec les États associés, un intérêt commun à exploiter les provinces turques au profit de leurs manufactures et de leur commerce extérieur.

En attendant l'accession des villes anséatiques et de la Hollande au Zollverein, il serait à désirer que la Prusse, prenant dès aujourd'hui l'initiative, créât un pavillon de commerce allemand, jetât les bases d'une flotte allemande, et s'occupât de la fondation de colonies allemandes dans l'Australie ou dans la Nouvelle-Zélande, ou dans d'autres îles de la cinquième partie du monde.

Les moyens de faire face à ces essais ainsi qu'aux subventions et aux entreprises que nous avons recommandées devraient être puisés aux mêmes sources où l'Angleterre et la France trouvent des ressources pour venir en aide à leur commerce extérieur et à leurs colonisations, et pour entretenir des flottes puissantes, c'est-à-dire dans le produit des droits d'entrée sur les denrées tropicales. Afin qu'il y ait de l'unité, de l'ordre et de l'énergie dans ces œuvres collectives, les États associés devraient en confier la direction à la Prusse, en ce qui touche le Nord et les relations transatlantiques, à la Bavière, quant au Danube et aux rapports avec l'Orient. Un droit additionnel de 10 p. 0/0 sur les objets manufacturés et sur les denrées coloniales à l'importation fournirait déjà chaque année quelques millions. L'accroissement continu de l'exportation de nos produits fabriqués devant avoir pour effet de doubler ou même de tripler avec le temps la consommation des denrées tropicales dans les États associés, les recettes de douane s'élèveraient naturellement dans la même proportion. Les États associés pourraient donc pourvoir convenablement aux dépenses collectives, s'ils décidaient

pement immense. L'Allemagne a été vivement émue des vastes plans du ministre autrichien de Bruck pour la préparation d'une union douanière austro-allemande, embrassant une population de 70 millions d'âmes, union à laquelle il a été préludé par le traité du 19 février 1853.

(H. R.)

qu'indépendamment des 10 p. 0/0 de droit additionnel, une portion de l'accroissement ultérieur du produit des droits d'entrée serait mise à la disposition du gouvernement prussien pour les affecter aux emplois qu'on vient d'indiquer.

Pour ce qui est de l'établissement d'un système national de voies de communication et en particulier de chemins de fer, nous renvoyons à l'écrit où nous avons traité spécialement ce sujet. Cette grande amélioration couvre ses frais par elle-même, et tout ce qu'il y a ici à réclamer des gouvernements peut se résumer en un seul mot, l'*énergie* (1).

(1) Les diverses questions économiques et commerciales que l'auteur a abordées dans ce chapitre, sont celles qui, depuis la publication de son ouvrage, ont le plus fortement préoccupé ses compatriotes. (H. R.)

FIN DU SYSTÈME NATIONAL.

www.ingramcontent.com/pod-product-compliance
Lightning Source LLC
Chambersburg PA
CBHW031345210326
41599CB00019B/2659